W0340072

MAX HEINDEL

DIE WELTANSCHAUUNG DER ROSENKREUZER

ODER MYSTISCHES CHRISTENTUM

Max Heindel

MAX HEINDEL

DIE WELTANSCHAUUNG DER ROSENKREUZER

ODER MYSTISCHES CHRISTENTUM

Eine grundlegende Abhandlung über
die vergangene Entwicklung,
die gegenwärtige Wesenheit
und die künftige Entfaltung der Menschheit

Botschaft und Auftrag:
Ein urteilsfähiger Verstand
Ein fühlendes Herz
Ein gesunder Körper

1991
ROSENKREUZER-GEMEINSCHAFT E.V.
DARMSTADT

Aus dem Amerikanischen übertragen
von L. Kilian

Titel der amerikanischen Originalausgabe:
The Rosicrucian Cosmo-Conception

ISBN 3-88956-004-0

Alle Rechte vorbehalten
Photographische und photomechanische Wiedergabe, auch auszugsweise,
nur mit Genehmigung der

© Rosenkreuzer-Gemeinschaft e. V.
Deutsche Zentralstelle
Postfach 11 12 18 · 6100 Darmstadt 11

Gesamtherstellung:
Hoppenstedt Druck GmbH · Darmstadt · 1991

Printed in Germany

Inhalt

II. TEIL

Kosmogenesis und Anthropogenesis

III. TEIL
Die zukünftige Entwicklung und Einweihung des Menschen

Verzeichnis der Diagramme

Vorwort zur deutschen Ausgabe 1991

Mit der Neuübersetzung 1991 der „Weltanschauung der Rosenkreuzer“ legt die Rosenkreuzer-Gemeinschaft e. V., Deutsche Zentralstelle, ein Werk vor, das sich eng an den Urtext der ersten 1909 in englischer Sprache geschriebenen Ausgabe von „The Rosicrucian-Cosmo-Conception“ hält und von Max Heindel später vorgenommene Änderungen und Ergänzungen berücksichtigt.

In fast einem Jahrhundert verändert sich die Sprache eines Landes. Daher kam es bei der Bearbeitung darauf an, Geist und Inhalt von Max Heindels Urfassung so exakt wie möglich wiederzugeben und in gut lesbare deutsche Gegenwartssprache zu übertragen.

Zur Erleichterung der Studienmöglichkeiten wurden die alphabetische Schlagwortliste und das Sachregister übersichtlich zusammengefaßt und durch zahlreiche Personendaten ergänzt.

Eine derartig umfassende Übersetzungsarbeit kann nicht ohne Fehler und Irrtümer sein. Der geneigte Leser wird herzlich gebeten, solche der Rosenkreuzer-Gemeinschaft e. V., Deutsche Zentralstelle, Darmstadt, mitzuteilen.

Der Vorstand der Deutschen Zentralstelle dankt dem Vorstand von „The Rosicrucian Fellowship“ in Oceanside, Kalifornien, und vielen Mitgliedern der Rosenkreuzer-Gemeinschaft für freundliche Anregungen sowie allen Bearbeitern dieser Ausgabe und dem Verlag für ihre selbstlose, aufopferungsvolle Tätigkeit.

Allen Lesern und Studierenden dieses Werkes wünscht er Gottes Segen und Licht auf dem Weg zu geistiger Erkenntnis und Erfahrung.

Johanni 1991

Aus dem Vorwort der zweiten Ausgabe von „The Rosicrucian Cosmo-Conception“

In den Monaten Januar, Februar und März 1908 kam der Ältere Bruder, den der Autor kannte und als Lehrer verehrte, von Zeit zu Zeit, gekleidet in seinen Lebensleib, und erleuchtete den Verfasser über verschiedene Punkte. Im April und Mai wurde der Autor zu einer Reise an einen Ort eingeladen, an dem der Rosenkreuzertempel errichtet ist.

Hier traf er den Älteren Bruder in seinem physischen Körper. Dem Verfasser wurde die weitreichende zusammenfassende Philosophie vermittelt, wie sie in dem vorliegenden Werk in Worte gekleidet ist. Nach Meinung vieler alter Forscher in England, auf dem Kontinent und in Amerika enthält sie alles, was in der Vergangenheit öffentlich oder geheim gelehrt wurde.

Eine indische Darstellung besagt, daß jeder, der zwei halbkreisförmige Linien auf dem Handballen des Daumengelenkes hat, „ein Reiskorn mit sich trägt“. Sie versichert, daß ein solcher Mensch, wo immer er auch hingehe, stets gut und gastfrei empfangen und als Freund behandelt werde. Der Autor besitzt diese Merkmale.

Die Voraussage hat sich in seinem Fall wunderbar als wahr erwiesen. Überall haben sich Freunde gefunden und haben ihn in einer solchen Weise behandelt, daß er in jeder Lage buchstäblich mit Güte überschüttet wurde, so auch bei der Arbeit an diesem Buch.

Dr. von Brandis versah ihn mit den Mitteln, so daß er in Berührung mit den Rosenkreuzerlehren kam. Commander Kingsmill und Frau J. Brewster halfen ihm bereitwillig in literarischem Sinn, Frau M. E. Rath Merrill und Fräulein Allene Merrill fertigten eine Anzahl Zeichnungen und William N. Patterson hat dem Autor persönliche und finanzielle Dienste geleistet und es ihm ermöglicht, die Druckkosten aufzubringen und das Buch zu veröffentlichen.

Dieses Werk ist ein Werk der Liebe. Wer damit zu tun hatte, vom Ersten bis zum Letzten, hat alles freiwillig getan und nicht einen Penny als Belohnung erhalten. Deshalb wünscht der Autor, ihnen allen seine von Herzen kommende Dankbarkeit auszudrücken.

Zum Geleit der dritten deutschen Auflage
(Auszug)

Einige Umstände machten es notwendig, die dritte Auflage in Riga, Lettland, in Druck zu geben. Der Text wurde gründlich überprüft und manche schwer verständliche Stelle in eine einfachere Sprache gefaßt. Um den Sinn möglichst nah an den Urtext Max Heindels zu bringen, der erstmalig in englischer Sprache im Jahre 1909 herausgegeben worden ist, konnten sprachliche Äußerlichkeiten stellenweise nicht immer beachtet werden.

Neu hinzu kamen außer dem Bild Max Heindels drei Diagramme und eine erweiterte Nährwerttabelle. Klischees wurden durchweg neu angefertigt und dadurch manche Zeichnung übersichtlicher gestaltet.

So möge diese Auflage in erneuter Weise die Lehren Max Heindels in die Welt tragen und helfen, die blühenden Rosen auf dem Kreuze zu pflegen.

Biographische Notizen

Dank neuer urkundlicher Forschungen ist es möglich, eine kurze biographische Übersicht über Max Heindels Leben zu geben.

Der Gründer von The Rosicrucian Fellowship wurde am 23. Juli 1865 in Aarhus geboren und am 15. Oktober desselben Jahres in der Kathedrale dieser dänischen Stadt auf den Namen Carl Louis Fredrik Graßhoff getauft.

Bereits im frühen Kindesalter von noch nicht ganz drei Jahren verlor er durch ein Explosionsunglück seinen aus Berlin eingewanderten deutschen Vater, den Bäckermeister Frantz Graßhoff, der die Tochter eines dänischen Holzschuhmachers geheiratet hatte.

Carl Louis Fredrik ging mit neunzehn Jahren nach Glasgow in Schottland. Hier arbeitete er zunächst in einem Tabakgeschäft. Später war er Schiffsmaschinist bei der Handelsmarine in Liverpool. Nach Rückkehr in seine Heimat betätigte er sich beruflich zusammen mit seinem jüngeren Bruder Louis acht Jahre lang bei gutem Verdienst im Kopenhagener Importhandel.

1896 wanderte er nach Amerika aus. Hier nahm er den Namen Max Heindel an.

Nach mehrjährigem Aufenthalt in Sommerville, einem Vorort von Boston, übersiedelte er nach Los Angeles, wo er dem Theosophen C. W. Leadbeater begegnete, Mitglied der Theosophischen Gesellschaft, und ein Jahr später ihr stellvertretender Vorsitzender wurde.

Während eines mehrmonatigen Aufenthaltes in Deutschland im Jahre 1908 erhielt Max Heindel von einem der Älteren Brüder die esoterische Einweihung. Dieser, sein von ihm verehrter Lehrer, beauftragte ihn ein Jahr später, die Rosenkreuzer-Philosophie in einem Schriftwerk zusammenzufassen und zu veröffentlichen. Die erste in Chicago gedruckte Ausgabe von „The Rosicrucian Cosmo-Conception" kam 1909 heraus. Inzwischen ist das Buch in viele Sprachen der Welt übersetzt worden.

Am 8. August 1909 gründete Max Heindel in Seattle „The Rosicrucian Fellowship". Nach Ankauf eines Grundstücks in Kalifornien, das er „Mount Ecclesia" nannte, wurde in Oceanside deren Weltzentrale errichtet. Von hier aus konnten die weiteren literarischen Rosenkreuzerwerke des Gründers herausgegeben und viele Schüler in aller Welt mit den Rosenkreuzerlehren vertraut gemacht werden.

Im gleichen Jahr heiratete Max Heindel Augusta Foss, die am 27. Januar 1865 in Mansfield, Ohio, geborene Tochter des aus Mogendorf im Westerwald stammenden Ehepaares Wilhelm und Anna Voß.

Max Heindels erfülltes Erdenleben endete am 6. Januar 1919 in Oceanside.

Credo oder Christus

Kein Mensch liebt Gott, der seinesgleichen haßt,
Der seiner Brüder Herz und Seele tritt.
Wer ihren Geist in Höllenfesseln faßt,
Naht sich der Menschheit Ziel mit keinem Schritt.

Gott schenkte Segen jeder Religion
Und wies den Weg zur Wahrheit und zum Licht
Durch Christus, seinen eingebor'nen Sohn;
Um Sünde, Gram und Kampf er Frieden flicht.

Den Weltgeist sandte sein erhab'nes Wort
Zu allen Kirchen, nicht nur einer, hin.
Die Flammenzung' am pfingstlich heil'gen Ort
Ein jeden Jüngers frommes Haupt umschien.

Seither kämpft Mensch mit Mensch in Geiergier
Um Sinn und Deutung nur von leeren Namen.
Das Dogma, das Bekenntnis ist Brevier,
Und einer schickt den andern in die Flammen.

Läßt Christ sich teilen? Starb den Kreuzestod
Ein Kephas, Paulus unter tausend Schmerzen?
Wenn nicht, tut Trennung hier und allem not?
Faßt doch die Liebe Christi alle Herzen!

Nicht Grenzen kennt des Heilands zarte Liebe,
Gezogen durch des Credo starren Wall.
Daß ihm des Vaters Teil als Eigen bliebe,
Umschlingt er liebevoll das Weltenall.

Nehmt ihn beim Wort und laßt durch kein Bekenntnis
Das Allumfassen eures Glaubens trüben!
Sei eine Wahrheit eures Heils Erkenntnis:
So wie euch selbst sollt ihr den Bruder lieben!

Nur eines tut zu wissen not der Welt,
Nur eines, dem der Menschheit Jammer fällt,
Nur ein Weg führt zum Himmel allezeit:
Die Nächstenliebe ist's, die Menschlichkeit.

Max Heindel

Ein Wort an den Weisen

Der Begründer der Christlichen Religion sprach eine esoterische Wahrheit aus, als er sagte: „Wer das Reich Gottes nicht annimmt wie ein Kind, wird nicht hineinkommen." (Markus 10, 15). Alle Esoteriker erkennen die weitreichende Bedeutung dieser Lehre Christi an und bemühen sich, Tag für Tag nach ihr zu leben.

Wenn der Welt eine neue Philosphie gegeben wird, kommen ihr verschiedene Menschen auf unterschiedliche Weise entgegen.

Der eine ergreift jede neue philosophische Bemühung, um festzustellen, wie weit sie seine eigenen Gedanken stützt. Die Philosophie selbst ist ihm nicht so wichtig. Ihr Hauptwert liegt für ihn in der Rechtfertigung seiner eigenen Ideen. Entspricht das philosophische Werk in dieser Hinsicht seinen Erwartungen, wird er es begeistert aufnehmen und in blinder Parteilichkeit an ihm festhalten. Ist das nicht der Fall, wird er das Buch wahrscheinlich ablehnen und enttäuscht zur Seite legen; er wird der Meinung sein, der Autor habe ihm Unrecht getan.

Den anderen dagegen erfüllen Zweifel, wenn er bemerkt, daß diese Philosophie etwas enthält, worüber er bisher weder gelesen noch gehört hat, oder das nicht aus seinem eigenen Denken hervorgegangen ist. Wahrscheinlich würde er die Behauptung, seine Geisteshaltung sei der Gipfel von Selbstzufriedenheit und Unduldsamkeit, als höchst ungerechtfertigt ansehen und übelnehmen; dennoch ist es so. Und dadurch verschließt er sich gegen Wahrheiten, die vielleicht in dem leichthin Abgelehnten verborgen liegen.

Beide stehen sich selbst im Licht. „Fixe“ Ideen machen sie unempfindlich für die Strahlen der Wahrheit. Ein kleines Kind ist in dieser Hinsicht ganz das Gegenteil der Erwachsenen. Es ist weder von einem überwältigenden Gefühl überlegenen Wissens durchdrungen, noch fühlt es sich verpflichtet, weise auszusehen oder seine Unwissenheit über einen Sachverhalt durch Lächeln oder Spötteln zu verbergen. Es ist offen unwissend, nicht durch vorgefaßte Meinungen festgelegt und daher außerordentlich gelehrig. Alles nimmt es mit dem wunderschönen Vertrauen auf, das wir „Kinderglauben“ nennen, und in dem kein Schatten eines Zweifels liegt. In diesem Glauben behält es die Lehre, bis sie bewiesen oder widerlegt wird.

In allen esoterischen Schulen wird der Schüler als erstes unterwiesen, alles andere zu vergessen, wenn ihm eine neue Lehre gegeben wird. Er lernt, sich nicht von Vorliebe oder Voreingenommenheit leiten zu lassen, sondern den Geist in ruhiger, würdevoller Erwartung zu halten. Wie uns Skepsis in wirksamster Weise gegenüber der Wahrheit erblinden läßt, so ermöglicht diese ruhige, vertrauensvolle Geisteshaltung der **Intuition,** der **„Belehrung von innen“,** aufgeschlossen für die Wahrheit zu werden. Es ist die einzige Art, ein vollkommen sicheres Erkennen der Wahrheit zu entwickeln.

Der Schüler braucht nicht ohne weiteres zu glauben, ein von ihm als weiß erkannter Gegenstand sei in Wirklichkeit schwarz, wenn ihm gegenüber eine solche Angabe gemacht worden ist. Doch er sollte eine Geisteshaltung pflegen, die an „die Möglichkeit jeden Geschehens“ glaubt. Sie wird ihm erlauben, zeitweilig sogar die allgemein ernsthaft „anerkannten Tatsachen“ beiseite zu schieben und nachzuforschen, ob es vielleicht einen anderen, von ihm bisher unbeachteten Standpunkt gibt, von dem aus gesehen der angeführte Gegenstand schwarz erscheinen würde. In der Tat, jene Geisteshaltung würde ihm nicht gestatten, etwas als „anerkannte Tatsache“ anzusehen. Denn er erkennt klar, welche Bedeutung es hat, den Verstand in der beweglichen, Kindern eigenen Anpassungsfähigkeit zu erhalten. In jeder Faser seines Wesens fühlt er, daß wir „gegenwärtig wie durch ein dunkles Glas sehen". Und wie der griechische Held Ajax ist er stets wachsam und sehnt sich nach „Licht, mehr Licht".

Der große Vorteil einer solchen Geisteshaltung bei der Erforschung eines gegebenen Gegenstandes, eines Sachverhaltes oder einer Idee liegt auf der Hand. Angaben, die ausdrücklich und unzweideutig widersprüchlich zu sein scheinen und die in den Vertretern entgegengesetzter Richtungen einen außerordentlichen Gefühlsaufwand hervorgerufen haben, können, wie ein Beispiel im vorliegenden Buch zeigt, dennoch zu vollkommener Versöhnung fähig sein. **Das Band der Übereinstimmung kann nur durch Aufgeschlossenheit gegenüber der Sache gefunden werden.** Wenn sich das vorliegende Werk auch von anderen unterscheidet, so hofft der Verfasser doch auf Grund nachfolgender Beurteilung auf eine unparteiische Aufnahme. Wird das Buch „gewogen und zu leicht befunden", wird er sich nicht beklagen. Er fürchtet nur ein vorschnelles Urteil, das auf Mangel an Kenntnis des von ihm vertretenen Systems beruht, eine Anhörung, in der das Urteil „fehlgeht", weil ein unparteiisches „Abwägen" abgelehnt wurde. Außerdem möchte er darauf hinweisen, daß eine Meinung, die denjenigen ehren soll, der sie äußert, **auf Kenntnis beruhen sollte.**

Als weiteren Grund, beim Aussprechen der Urteile vorsichtig zu sein, führen wir an, daß es für viele Menschen überaus schwierig ist, eine voreilig geäußerte Meinung zu widerrufen. Daher wird der Leser gebeten, alle Äußerungen von Lob und Tadel zurückzuhalten, bis ihn das Studium dieses Werkes von dessen Wert oder seiner Unzulänglichkeit überzeugt hat.

„Die Weltanschauung der Rosenkreuzer" ist nicht dogmatisch; sie beruft sich auf keine andere Autorität als auf die Vernunft des Studierenden. Sie ist nicht polemisch, sondern wird in der Hoffnung herausgegeben, daß sie zur Klärung einiger Schwierigkeiten beitragen möge, die in der Vergangenheit den Verstand von Studenten der höheren Philosophie bedrängt haben. Um ernsthafte Mißverständnisse zu vermeiden, wird der Schüler jedoch eindringlich darauf aufmerksam gemacht, daß eine unfehlbare Enthüllung über diesen schwierigen Gegenstand, der alles unter und auch über der Sonne einschließt, nicht möglich ist.

Eine fehlerfreie Darstellung würde Allwissenheit des Verfassers voraussetzen. Selbst die Älteren Brüder sagen uns, daß sie manchmal in ihrer Beurteilung auf falscher Fährte sind. Deshalb gibt es kein Buch, das das letzte Wort über die Weltenmysterien aussagt, und der Verfasser des vorliegenden Werkes stellt nichts anderes vor als die elementarsten Lehren der Rosenkreuzer.

Die Rosenkreuzer-Bruderschaft hat die weitestreichende und logischste Auffassung über das Weltenmysterium, von der der Autor in den vielen Jahren, in denen er sich ausschließlich dem Studium dieses Gebietes widmete, einige Kenntnisse gewonnen hat. Soweit es ihm zu forschen möglich war, konnte er feststellen, daß ihre Lehren mit den ihm bekannten Tatsachen übereinstimmen. Und doch ist er überzeugt, daß die „Weltanschauung der Rosenkreuzer" noch weit davon entfernt ist, das letzte Wort über dieses Thema zu sagen, und daß sich mit unserem Fortschritt größere Ausblicke auf die Wahrheit eröffnen und uns viele Dinge klar werden, die wir jetzt „wie durch ein dunkles Glas" sehen. Gleichzeitig glaubt er fest daran, daß alle anderen Philosophien der Zukunft denselben Hauptlinien folgen werden, denn sie scheinen absolut wahr zu sein.

Aus dem eben Gesagten wird deutlich, daß der Verfasser dieses Buch nicht für das Alpha und Omega, nicht für das Letzte esoterischer Erkenntnis hält. Obgleich es den Titel „Die Weltanschauung der Rosenkreuzer" trägt, möchte er doch ausdrücklich betonen, daß es nicht als ein übermitteltes, den Rosenkreuzern durch den Begründer des Ordens oder durch eine andere Persönlichkeit ein für allemal überliefertes Glaubensbekenntnis verstanden werden soll. Es wird eindringlich betont, daß **dieses Werk nur des Verfassers Verständnis der Rosenkreuzerlehren hinsichtlich des Weltenmysteriums** verkörpert und was durch seine persönlichen Forschungen in den inneren Welten, im vorgeburtlichen und nachtodlichen Zustand des Menschen und so weiter bestärkt wird. Der Autor hat klar erkannt, welche Verantwortung derjenige übernimmt, der andere Menschen wissentlich oder unwissentlich irreführt. So gut es möglich ist, möchte er sich davor hüten. Und er möchte auch andere davor bewahren, ungewollt falsche Wege zu gehen.

Was in diesem Werk geschrieben wurde, kann vom Leser nach eigenem Ermessen angenommen oder abgelehnt werden. Mit äußerster Sorgfalt wurde versucht, die Lehre begreiflich zu machen, und große Mühe wurde verwandt, sie in leicht verständliche Worte zu kleiden. Um einen Begriff zu vermitteln, ist deshalb durchweg nur ein Ausdruck gewählt worden. Wo immer ein Wort verwendet wird, hat es dieselbe Bedeutung. Soll mit ihm eine Idee zum erstenmal beschrieben werden, hat der Autor die klarstmögliche Definition gegeben. Im englischen Text wurden nur englische Fachausdrücke verwendet und die einfachste Sprache gebraucht. Der Verfasser hat versucht, Beschreibungen der Themen so genau und bestimmt wie möglich zu geben, jede Doppelsinnigkeit auszuschalten und alles deutlich zu erklären. Wie weit ihm das gelungen ist, sollte der Beurteilung durch den Leser überlassen bleiben. Der Autor scheute keine Mühe, die Lehre zu übermitteln. Daher fühlt er auch die Verpflichtung, sich gegen die Möglichkeit zu verwahren, dieses Buch als eine wörtliche Darstellung der Rosenkreuzerlehren anzusehen. Die Vernachlässigung dieser Vorsichtsmaßregel könnte diesem Werk in der Meinung einiger Studenten übermäßige Bedeutung zumessen. Das wäre weder der Bruderschaft noch dem Leser gegenüber aufrichtig. Denn es würde von der Absicht zeugen, jener die Verantwortung für die Fehler, die hier wie in allen menschlichen Werken auftreten können, anzulasten. Daher diese Warnung.

Es ist bemerkenswert, daß die Forschungen, die seit der Niederschrift des vorhergehenden Absatzes verflossen sind, alle in diesem Werk enthaltenen Lehren bekräftigen, so daß der Verfasser heute von der Wahrheit der Lehren zutiefst überzeugter ist als zu der Zeit, in der das Buch geschrieben wurde. Neue Tatsachen vervollständigten und erweiterten die in der ersten Auflage enthaltenen Lehren. Sie wurden der zweiten und dritten Auflage hinzugefügt. Doch sogar seit Erscheinen der dritten Auflage wurden neue und wichtige Entdeckungen gemacht, die man in der vorliegenden deutschen Übersetzung finden wird.

In den vier Jahren, die seit der Niederschrift des vorletzten Absatzes verflossen sind, hat der Verfasser seine Forschungen in den unsichtbaren Welten fortgesetzt. Durch Anwendung der in den Westlichen Mysterienschulen gegebenen Regeln erfuhr er hinsichtlich der Naturreiche eine Bewußtseinserweiterung.

Auch andere Forscher, die die in diesem Buch beschriebenen, besonders für die Menschen des Westens geeigneten Methoden der Seelenentfaltung befolgten, erwarben sich die gleiche Fähigkeit; sie konnten sich selbst von der Wahrheit vieler hier vermittelter Dinge überzeugen. Dadurch wurde das Verständnis des Verfassers für das, was ihm von den Älteren Brüdern gegeben wurde, in gleicher Weise bestätigt, und es scheint im wesentlichen richtig zu sein. Deshalb fühlt sich der Autor verpflichtet, dieses Wissen für diejenigen zur Ermutigung weiterzugeben, die noch nicht imstande sind, selbst zu schauen.

Wenn wir geschrieben hätten, daß der Lebensleib aus Prismen gebildet ist statt aus Punkten, wäre es besser gewesen. Denn wie auch von anderen Forschern beobachtet wurde, verwandelt sich das farblose Sonnenfluidum infolge der Lichtbrechung durch die winzigen Prismen in einen rosigen Farbenhauch.

Weitere neue und wichtige Entdeckungen wurden gemacht. Beispielsweise wissen wir jetzt, daß die Silberschnur in jedem Leben von neuem wächst. Ein Teil entsprießt dem großen Wirbel der Leber im Keimatom des Empfindungsleibes, der andere dem Keimatom im Herzen des physischen Körpers. Beide Teile vereinigen sich im Keimatom des Lebensleibes, im Sonnengeflecht, dem Solarplexus. Diese Verbindung der höheren und niederen Träger verursacht das Wachsen. Die Weiterentwicklung der Silberschnur zwischen dem Herzen und dem Sonnengeflecht in den ersten sieben Lebensjahren hat eine wichtige Beziehung zum Geheimnis des Kinderlebens. Ebenso verursacht ihr vollständigeres Wachsen von der Leber zum Sonnengeflecht in der zweiten Siebenjahresperiode das Jugendalter. Die Vollendung der Silberschnur kennzeichnet das Ende der Kindheit. Von nun an beginnt die Sonnenenergie, die durch die Milz eintritt und durch die Lichtbrechung im prismatischen Keimatom des Lebensleibes, das seinen Sitz im Sonnengeflecht hat, gefärbt wird, der Aura jene von uns bei den Erwachsenen beobachtete unverkennbare und individuelle Färbung zu geben.

*Max Heindel**)

---

*) Siehe Anhang, Anmerkung 1

I. TEIL

Die gegenwärtigen Wesensglieder des Menschen und die Methode der Entwicklung

Diagramm A

Die vier Reiche

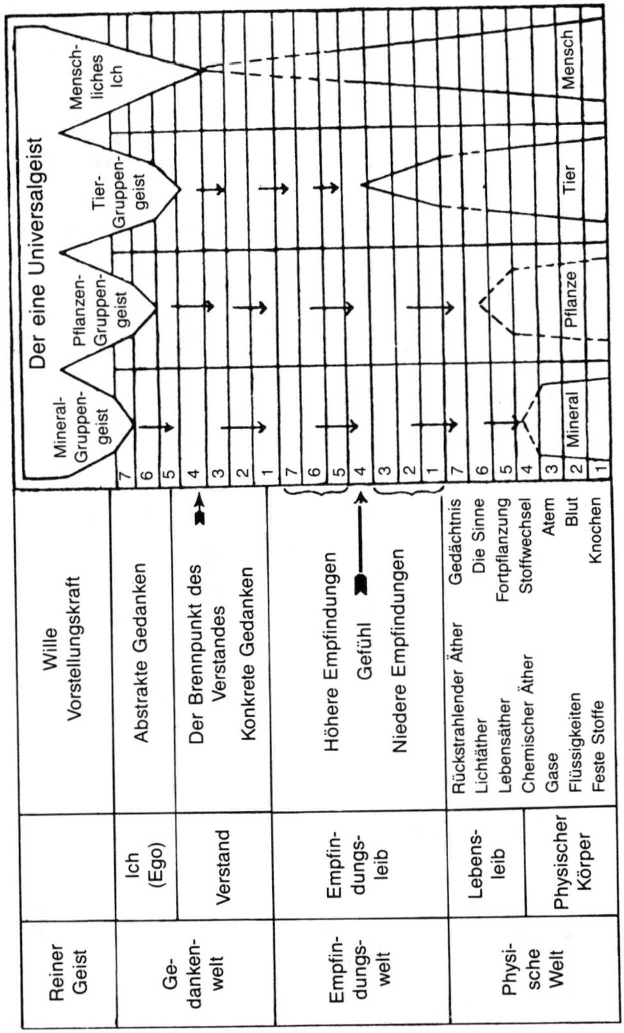

Einführung

Aus Gründen, die auf den folgenden Seiten erörtert werden sollen, hält es der Rosenkreuzer für gewiß, daß das wahre Esoterische Christentum zur Weltreligion bestimmt ist.

Buddha, der Große, der Erleuchtete, der Erhabene, mag das „Licht Asiens“ sein, doch Christus wird als das „Licht der Welt“ anerkannt werden müssen. So wie die Sonne den hellsten Stern des sichtbaren Himmels überstrahlt, wie sie jeden Anflug von Finsternis auflöst und allen Wesen Licht und Leben gibt, so wird Christi wahre Religion in nicht zu ferner Zukunft zum Wohle der Menschheit alle anderen Religionen ersetzen und aufheben.

In unserer gegenwärtigen Kultur dehnt sich zwischen Verstand und Herz eine tiefe und weite Kluft aus. Je mehr der Verstand in den Reichen der Wissenschaft von Entdeckung zu Entdeckung eilt, umso tiefer und weiter wird der Abstand, und das Herz bleibt mehr und mehr zurück. Der Verstand fordert laut und will sich nur mit materiell nachweisbaren Erklärungen des Menschen und seiner Mitgeschöpfe, die die Welt der Erscheinungen vervollkommnen, zufriedenstellen lassen. Das Herz fühlt instinktiv, daß es Größeres gibt, und es sehnt sich nach der von ihm empfundenen höheren Wahrheit, die vom Verstand allein nicht erfaßt werden kann. Die menschliche Seele wäre froh, sich in die ätherischen Höhen der Intuition erheben, sie wäre froh, in der ewigen Quelle des geistigen Lichts und der Liebe leben zu können. Doch die modernen wissenschaftlichen Meinungen haben ihr die Flügel beschnitten. Sie ist gefesselt und stumm; ein unerfülltes Sehnen nagt an ihren Trieben wie der Adler*) an der Leber von Prometheus.

Ist das notwendig? Gibt es keine gemeinsame Grundlage, auf der sich Kopf und Herz begegnen können, auf der eines dem anderen beisteht, jedes durch die Hilfe des anderen bei der Suche nach universeller Wahrheit erfolgreicher wird und jedes die gleiche Zufriedenheit empfängt?

So wahr das zuerst vorhandene Licht das Auge erschuf, durch das es gesehen wird, so wahr der ursprüngliche Wunsch nach Wachstum dafür das Verdauungs- und Assimilationssystem schuf, so wahr der Gedanke früher vorhanden war als das Gehirn, das als sein Ausdrucksmittel erschaffen wurde und noch erschaffen wird, so wahr der Verstand vorankommt und der Natur durch seinen Wagemut die Geheimnisse entringt, so wahr wird das Herz einen Weg finden, seine Fesseln zu sprengen und sein Sehnen zu stillen. Gegenwärtig ist es durch das dominierende Gehirn gebunden. Die Zeit wird kommen, an dem es seine Kraft zum Aufbrechen seiner Schranken sammeln wird. Dann wird es größere Kraft erhalten als der Verstand.

Sicher ist, daß es in der Natur keinen Widerspruch geben kann. Deshalb müssen Herz und Verstand fähig sein, sich zu vereinigen. Auf diesen gemeinsamen Grund hinzuweisen, ist die Absicht des vorliegenden Buches. Es zeigt, wo und wie der Verstand, unterstützt durch die Intuition des Herzens, tiefer in die Geheimnisse, in die Mysterien des Seins, eindringen kann, als es jedem der beiden allein möglich wäre. Es zeigt, wie das Herz durch Vereinigung mit dem Verstand vor dem Verlorengehen bewahrt werden kann; es zeigt, wie jedes genügend Spielraum hat, sich zu betätigen, wobei keines dem anderen Gewalt antut, jedoch beide, Verstand und Herz, zufriedengestellt werden können.

Wenn diese Zusammenarbeit erreicht und vervollkommnet ist, wird der Mensch das höhere und wahrere Verständnis seiner

---

*) Siehe Anhang, Anmerkung 2

selbst und der Welt, deren Teil er ist, erlangen. Und nur das kann ihm einen umfassenden Geist und ein großes Herz geben.

Bei jeder Geburt scheint neues Leben zu uns zu kommen. Wir sehen, wie die kleine Gestalt lebt, wächst und für Tage, Monate oder Jahre ein Faktor in unserem Leben wird. Schließlich, eines Tages, stirbt die Form und löst sich auf. Dann hat uns das aus unbekannten Welten herangekommene Leben verlassen und ist in das unsichtbare Jenseits entschwunden. Kummervoll fragen wir uns: „Woher kam es? Warum war es hier? Wohin ist es gegangen?"

Über jede Schwelle wirft der Tod seinen gefürchteten Schatten. Alt oder jung, gesund oder krank, reich oder arm, alle müssen in diesem Schatten dahinschwinden. Zu allen Zeiten erklang der traurige Ruf nach einer Lösung des Lebensrätsels, des Rätsels vom Tod. Doch so sehr sich die Mehrheit der Menschen für die drei großen Fragen, woher sind wir gekommen, warum sind wir hier, wohin gehen wir, interessiert, sie hat bis heute keine Antwort gefunden.

Leider ist allgemein die Meinung verbreitet, man könne nichts Bestimmtes über diese Dinge tiefsten menschlichen Interesses wissen. Doch solches Denken irrt. Jedermann — und da gibt es keine Ausnahme — kann fähig werden, genaue Kenntnis darüber aus erster Hand zu erhalten. Er kann selbst die vorgeburtlichen und nachtodlichen Zustände des menschlichen Geistes erforschen. Dazu sind weder Bevorzugungen noch besondere Gaben notwendig. In jedem von uns ruht die Fähigkeit, alles über diese Tatsachen zu erkennen. Doch da ist ein „Aber" und zwar ein „ABER", das groß geschrieben werden muß. Diese Fähigkeiten sind in allen Menschen vorhanden, in den meisten jedoch unentwickelt, latent. Sie zu erwecken bedarf es geduldiger und beharrlicher Anstrengungen und das scheint mächtig abschreckend zu sein. Denn tatsächlich sind nur wenige bereit, so zu leben, wie es zu ihrer Erweckung erforderlich ist. Wäre es möglich, diese „wachen und bewußten“ Fähigkeiten für finanzielle Gegenleistung zu erwerben, viele Menschen würden den Preis, selbst wenn er hoch wäre, bezahlen, um einen solchen unermeßlichen Vorteil gegenüber ihren Mitmenschen zu erhalten.

Doch sie können nicht erkauft werden. Einen bequemen Weg hin zu ihnen gibt es nicht.

Um Klavierspielen zu lernen, muß man üben, wer Uhrmacher werden will, muß seine Lehrjahre absolvieren. Wenn jedoch die Angelegenheiten der Seele, des Todes, des Jenseits und der großen Ursachen des Seins zur Sprache kommen, denken die meisten Menschen, ebensoviel davon zu wissen und ein gleiches Recht auf Meinungsäußerung zu haben wie jeder andere; und doch studierten sie solche Fragen keine einzige Stunde.

In der Tat sollte nur derjenige erwarten, daß seine Ansichten beachtet werden, der sich durch Studium für diese Dinge qualifiziert hat. In rechtlichen Angelegenheiten werden Sachverständige erst auf ihre Zuständigkeit überprüft. Ist ihre durch Studium und Praxis erworbene Berechtigung festgestellt, werden sie mit größtem Respekt und Ehrerbietung angehört. Bestätigen andere, gleichbewanderte Fachleute deren Urteil, wird es wesentlich an Bedeutung gewinnen.

Die unwiderlegbare Äußerung eines qualifizierten Sachverständigen wiegt leicht die Aussage eines Dutzend oder einer Million Menschen auf, die nichts von dem wissen, von dem sie sprechen; denn eine Million mal nichts bleibt doch immer nichts. Diese Gesetzmäßigkeit gilt sowohl in der Mathematik als auch für alle anderen Bereiche.

Wie schon erwähnt, werden diese Tatsachen bereitwillig anerkannt, solange es sich um materielle Angelegenheiten handelt. Wenn aber Dinge erörtert werden, die außerhalb der Sinnenwelt im Bereich des Metaphysischen liegen und Gottes Beziehungen zum Menschen, die innersten Geheimnisse des unsterblichen göttlichen Funken, gemeinhin Seele genannt, überprüft werden sollen, beansprucht jeder, daß die Meinungen und Gedanken beachtet werden, die er sich über die geistigen Dinge zurechtlegte, die aber der Weise durch ein Leben geduldigen und mühevollen Suchens gewonnen hat.

Nicht nur das. Viele Menschen begnügen sich nicht einmal damit, die gleiche Wertschätzung zu beanspruchen. Sie verhöhnen und verspotten auch noch die Worte des Weisen und suchen sein Zeugnis als Betrug zu entlarven. Mit dem größten Vertrauen tiefster Unwissenheit beteuern sie, es könne unmöglich jemand anderes etwas davon wissen, wenn ihnen selbst nichts von diesen Dingen bekannt sei.

Wer seine Unwissenheit erkennt, hat den ersten Schritt zum Wissen getan.

Der zur unmittelbaren Erkenntnis führende Pfad ist nicht leicht zu begehen. Wertvolles kommt nur durch beharrliche Anstrengung zustande. Es kann nicht oft genug wiederholt werden: Besondere Gaben oder „Glück" gibt es nicht. Was man ist oder was man hat, ist das Ergebnis von Bemühungen. Was dem einen Menschen im Vergleich zum anderen fehlt, schlummert in ihm und kann durch geeignete Übung entwickelt werden.

Sofern der Leser, der diese Gedanken vollständig erfaßt hat, fragen sollte, was er tun müsse, um Kenntnisse aus erster Hand zu erlangen, möge ihm folgende Geschichte helfen, sich von der Idee, dem Kern der Esoterik, beeindrucken zu lassen.

Einst kam ein Jüngling zu einem Weisen und fragte ihn: „Meister, was muß ich tun, um weise zu werden?" Der Weise gewährte ihm keine Antwort. Der junge Mann wiederholte seine Frage mit dem gleichen Mißerfolg noch mehrere Male. Schließlich verließ er den Weisen, kehrte jedoch am nächsten Tag mit der gleichen Frage zurück, auf die er wieder keine Antwort erhielt. Am dritten Tag kam er abermals und wiederholte: „Meister, was muß ich tun, um weise zu werden?"

Endlich wandte sich der Weise um und ging zu einem nahen Fluß. Er stieg ins Wasser und winkte dem Jüngling, ihm zu folgen. Als er tief genug im Wasser war, nahm er den Jüngling bei den Schultern und hielt ihn, so sehr dieser sich auch sträubte, unter Wasser. Schließlich aber ließ er ihn wieder frei. Als der Jüngling zu Atem gekommen war, fragte ihn der Weise:

„Sohn, was ersehntest du am meisten, als du unter Wasser warst?“

Ohne zu zögern erwiderte der Gefragte: „Luft! Luft! Ich wünschte mir Luft!“

„Hättest du nicht lieber Reichtum und Macht, Vergnügen oder Liebe gehabt, mein Sohn? Dachtest du an eines derselben?“ forschte der Weise.

„Nein, Meister, ich wollte Luft und dachte nur an die Luft“, war die sofortige Antwort.

„Wohlan“, sagte der Weise, „wenn du weise werden willst, mußt du die Weisheit mit derselben Heftigkeit wünschen, mit der du dich soeben nach Luft sehntest. Du mußt um sie kämpfen und jedes andere Lebensziel ausschließen. Bei Tag und bei Nacht muß sie dein erstes und einziges Bestreben sein. Wenn du die Weisheit mit dieser Inbrunst suchst, mein Sohn, wirst du gewiß weise werden.“

Das Erste und das Wichtigste für jeden, der nach verborgener Weisheit strebt, ist ein unentwegtes Verlangen, ein brennendes Dürsten nach Erkenntnis, ein Eifer, der sich durch kein Hindernis besiegen läßt. Doch das Leitmotiv dieses Strebens nach esoterischer Erkenntnis muß der innige Wunsch sein, der Menschheit zu nützen, ohne bei dieser Tätigkeit für die anderen an sich selbst zu denken. Wer nicht von diesem Motiv bewegt wird, für den ist esoterisches Wissen gefahrbringend. Ohne diese Eigenschaft, besonders die letztere, die Selbstlosigkeit, in gewissem Maße zu besitzen, wäre jeder Versuch, den beschwerlichen esoterischen Pfad zu betreten, ein gefährliches Unternehmen.

Eine weitere Vorbedingung, Erkenntnisse aus erster Hand zu erwerben, ist das Studium der Esoterik aus zweiter Hand. Zu unmittelbarer Erforschung von Angelegenheiten, die mit dem vorgeburtlichen und nachtodlichen Sein des Menschen zusammenhängen, bedarf es gewisser esoterischer Kräfte. Niemand braucht jedoch daran zu zweifeln, Kenntnisse darüber zu erhalten, wenn sie bei ihm noch unentwickelt sind. Wie jemand über Afrika Bescheid wissen kann, weil er entweder selber dort gewesen ist oder Beschreibungen von Afrikareisenden gelesen hat, so kann der Mensch, der sich darauf vorbereitet und dafür fähig ist, die überirdischen Reiche aufsuchen, wenn er will. Er kann aber auch lernen, was andere, die dafür geeignet waren, als Ergebnis ihrer Forschungen berichten.

Christus sagte: „Die Wahrheit wird euch frei machen" (Johannes 8, 32). Doch die Wahrheit wird nicht ein für allemal gefunden. Sie ist ewig, und ewig muß auch das Forschen nach ihr sein. Die Esoterik kennt keinen für alle Zeiten überlieferten Glauben. Es gibt bleibende Grundwahrheiten, die allerdings von verschiedenen Gesichtspunkten aus betrachtet werden können. Jeder bringt eine andere Ansicht, durch die die vorhergehenden ergänzt werden. Deswegen kann man nach dem gegenwärtigen Stand der Dinge sagen, daß es ein Finden der letzten Wahrheit nicht gibt.

Die Aussagen, in denen „Die Weltanschauung der Rosenkreuzer" von anderen philosophischen Werken abweicht, sind in unterschiedlichen Blickrichtungen begründet. Den Schlußfolgerungen und Ideen anderer Forscher wird dabei alle Hochachtung entgegengebracht. Der Verfasser dieses Werkes hegt die ernste Hoffnung, daß das Studium der nachfolgenden Seiten dem Lernenden helfen möge, seine Gedanken voller und abgerundeter zu gestalten, als sie es vorher waren.

KAPITEL I

Die sichtbaren und die unsichtbaren Welten

Der erste Schritt in die Esoterik ist das Studium der unsichtbaren Welten. Diese Welten sind für die meisten Menschen infolge des Ruhens der feineren und höheren Sinne unsichtbar. Durch diese Sinne könnten sie in derselben Art wahrgenommen werden wie die sichtbare Welt um uns herum durch die physischen Sinne. Die meisten Menschen stehen den überirdischen Welten wie der Blindgeborene unserer Sinnenwelt gegenüber. Obwohl diesen Licht und Farbe umgeben, ist er unfähig, sie wahrzunehmen. Sie sind für ihn nicht vorhanden und unbegreiflich, weil ihm der Gesichtssinn fehlt. Gegenstände kann er fühlen; sie sind für ihn Wirklichkeit. Doch Licht und Farbe liegen außerhalb seines Wahrnehmungsvermögens.

Ähnliches gilt für die meisten Menschen. Sie fühlen und sehen Gegenstände in der irdischen Welt und hören Töne. Die anderen, von den Hellsehern „Höhere Welten" genannten Regionen sind für sie aber ebenso unverständlich wie Licht und Farbe für den Blinden. Daß dieser die physischen Erscheinungen nicht sehen kann, ist jedoch kein Beweis für deren Nichtexistenz. Auch die Tatsache, daß die meisten Menschen die übersinnlichen Welten nicht zu schauen vermögen, ist kein Argument dafür, daß sie angeblich von niemandem wahrgenommen werden können. Wenn die höheren Sinne von denjenigen, die im Metaphysischen blind sind, durch geeignete Methoden erweckt werden, wird es auch ihnen möglich, die für sie bis dahin verborgenen Welten wahrzunemen.

Während viele Menschen den Fehler begehen, der Existenz Höherer Welten ungläubig zu begegnen, verfallen andere, sobald sie von deren Wirklichkeit überzeugt sind, in das entgegengesetzte Extrem. Sie meinen, daß dem Hellseher sogleich alle Wahrheit eröffnet wird und daß man, wenn man „sehen“ kann, auf einmal „alles über sie weiß.“

Das ist ein großer Fehler. In Angelegenheiten des täglichen Lebens erkennen wir den Irrtum einer solchen Ansicht gerne an. Nie würden wir annehmen, ein sehend gewordener Blindgeborener wisse auf einmal alles über die irdische Welt. Allerdings wissen wir auch, daß selbst diejenigen, die ihr Leben lang fähig waren, alle Dinge der Welt zu sehen, weit davon entfernt sind, eine umfassende Kenntnis von ihnen zu besitzen. Uns ist bekannt, daß es eingehender Studien und jahrelangen Fleißes bedarf, um über den nur unendlich kleinen Teil der Dinge, mit dem wir in unserem täglichen Leben zu tun haben, Kenntnisse zu gewinnen. Wenn wir den Hermetischen Grundsatz „wie oben, so unten“ umkehren, verstehen wir sogleich, daß es in der anderen Welt ebenso sein muß. Wahr ist aber auch, daß es in den Höheren Welten weitaus günstigere Gelegenheiten gibt, Wissen zu erwerben; allerdings nicht so günstige, daß die Notwendigkeit eingehender Studien und die Möglichkeit, sich bei Beobachtungen zu irren, ausgeschlossen werden könnten. Alle Zeugnisse zuverlässiger und geeigneter Hellseher beweisen, daß man den Beobachtungen dort noch mehr Sorgfalt zuwenden muß als hier.

Auch diese Forscher müssen erst üben, ehe ihre Beobachtungen von wirklichem Wert sind. Je weiter sie sich entwickeln, umso bescheidener werden sie bei Mitteilungen über das, was sie sehen, und umso mehr Ehrfurcht bringen sie den Darstellungen anderer entgegen. Denn sie sind sich bewußt, wieviel es zu lernen gibt und wie wenig jeder von ihnen von allen berichteten Einzelheiten seiner Forschungen erfassen kann.

Das erklärt auch die Verschiedenheit der Darstellungen, die von oberflächlichen Menschen als Argument gegen die Existenz der Höheren Welten vorgebracht werden. Diese Menschen bestehen darauf, daß die Forscher notwendigerweise gleichlautende Berichte zurückbringen müßten, wenn solche Welten vorhanden wären. Ein Beispiel aus dem alltäglichen Leben zeigt den Irrtum dieser Ansicht.

Nehmen wir an, eine Zeitung schickt zwanzig Berichterstatter in eine große Stadt, um über sie schreiben zu lassen. Reporter sind geübte Beobachter oder sollten es wenigstens sein. Ihr Beruf ist es, alles zu sehen, und sie sollten die besten Beschreibungen liefern, die man von jemandem erwarten kann. Dennoch ist sicher, daß einander nicht zwei der zwanzig Darstellungen vollkommen gleichen würden; wahrscheinlich wären sie grundverschieden. Obwohl einige von ihnen gemeinsame Hauptmerkmale haben mögen, würden andere in Art und Umfang einzigartig sein.

Sprechen solche voneinander abweichenden Berichte gegen das Vorhandensein der Stadt? Gewiß nicht. Jeder Berichterstatter sieht diese von seinem eigenen besonderen Blickpunkt aus. Statt sich durch die verschiedenartigen Berichte verwirren und entmutigen zu lassen, kann man sicherlich sagen, daß eine genaue Prüfung aller Darstellungen ein besseres, genaueres Verständnis und Bild der Stadt ergeben würde, als wenn nur ein einzelner gelesen und die anderen in den Papierkorb geworfen würden. Jeder Aufsatz würde die anderen abrunden und ergänzen.

Dasselbe gilt auch für Berichte von Forschern in Höheren Welten. Jeder hat seine persönliche Art, die Dinge anzuschauen. Er kann nur beschreiben, was er von seinem individuellen Gesichtspunkt aus sieht. Der von ihm gegebene Bericht mag von denen der anderen abweichen, doch alle sind vom persönlichen Standpunkt des Beobachters aus gleich wahr.

Manchmal wird gefragt: „Wozu soll man diese Welten durchforschen? Warum ist es nicht das Beste, sich zur Zeit mit nur einer zu begnügen und für die Gegenwart mit den Lehren zufrieden zu sein, die in der irdischen Welt gelernt werden können? Wenn es unsichtbare Welten gibt, sollten wir mit ihrer Erforschung nicht warten, bis wir zu ihnen gelangen? Jeder Tag ist mühevoll genug. Warum soll man sich noch mehr aufladen?"

Wenn wir zweifelsfrei wüßten, daß jeder von uns in ein fernes Land gebracht würde, in dem wir viele Jahre unter neuen und fremden Bedingungen leben müßten, wäre es dann nicht vernünftig, mit Freuden alle Gelegenheiten wahrzunehmen, schon vor unserem Umzug etwas darüber zu erfahren? Diese Kenntnisse würden uns die Anpassung an die neuen Bedingungen sehr erleichtern.

Es gibt im Leben nur eine Gewißheit, und das ist der Tod. Wenn wir nun ins Jenseits übergehen und dort in neue Lebensbedingungen gestellt werden, ist deren Kenntnis sicher die größte Hilfe.

Doch das ist noch nicht alles. Um die sichtbare Welt zu begreifen — sie ist die Welt der Wirkungen —, ist es unerläßlich, die überirdischen Welten zu verstehen. Wir sehen Straßenbahnen fahren, und wir hören das Ticken des Telegraphenapparates. Doch die geheimnisvolle Kraft, die diese Erscheinungen, diese Phänomene hervorruft, bleibt für uns verborgen. Wir sagen, es sei die Elektrizität; doch dieser Name gibt uns keine Erklärung. Wir erfahren nichts von der Kraft selbst, wir hören und sehen nur ihre Wirkungen.

Wenn eine Schüssel mit kaltem Wasser in eine Umgebung mit genügend niederer Temperatur gebracht wird, bilden sich bald Eiskristalle; man kann den Gestaltungsprozeß verfolgen. Die Linien, an denen entlang das Wasser kristallisiert, waren als Kraftlinien immer in ihm vorhanden, doch man konnte sie solange nicht sehen, bis das Wasser gefror. Die schönen „Eisblumen" an den Fensterscheiben sind sichtbare Verkörperungen ständig auf uns einwirkender Strömungen der Höheren Welten. Die meisten von uns nehmen sie nicht wahr; das verringert ihre Wirksamkeit aber nicht.

Die Höheren Welten sind somit die Welten der Ursachen, die Welten der Kräfte. Erst wenn wir uns über sie klar werden und sie kennen, können wir ihre Wirkungen — das sind die materiellen Dinge — und die physische Region wirklich verstehen.

Für die meisten Menschen scheinen die unsichtbaren Welten Luftspiegelungen und eben weniger stofflich zu sein als das physische Dasein. Doch so merkwürdig es klingen mag, jene Welten sind weitaus wirklicher und die Dinge in ihnen dauerhafter, unzerstörbarer als diejenigen der Physischen Welt. Ein Beispiel wird das sofort erläutern.

Ein Architekt beginnt seinen Bau nicht damit, Material zu kaufen und die Bauleute ohne Leitgedanken oder Plan aufs Geratewohl Stein auf Stein setzen zu lassen. „Er denkt sich das Bauwerk aus." In seiner Vorstellung nimmt es allmählich Gestalt an. Schließlich entsteht ein klares Bild, gewissermaßen die Gedankenform des Hauses.

Dieses Gebäude ist für niemanden außer für den Architekten zu sehen. Er bringt es zu Papier, indem er die Pläne zeichnet. Und nach diesem sichtbar gewordenen objektiven Bild der Gedankenform errichten die Bauleute das Haus aus Holz, Eisen oder Steinen.

So wird das Gedankenbild zur irdischen Wirklichkeit. Der nur der Materie zugewandte Mensch wird behaupten, diese sei viel wirklicher, dauernder und körperlicher als das Vorstellungsbild des Architekten. Doch sehen wir uns die Sache näher an. Ohne die Gedankenform hätte das Haus nicht gebaut werden können. Das materielle Objekt kann durch Sprengstoff, Erdbeben, Feuer oder Verfall zugrunde gehen. Das gedankliche Bild wird bleiben, solange der Architekt lebt. Von ihm ausgehend kann man viele gleiche Häuser errichten, wenn das eine nicht mehr vorhanden ist. Sogar der Architekt ist nicht in der Lage, die Gedankenform zu vernichten. Selbst nach seinem Tod kann sie von Menschen, die fähig sind, im Gedächtnis der Natur zu lesen, wieder gefunden werden. Doch das wird später besprochen.

Nachdem wir das Vernünftige dieser uns umgebenden und über uns vorhandenen Welten gesehen haben und uns von deren Wirklichkeit, ihrer Beständigkeit und der Nützlichkeit ihrer Kenntnis überzeugt haben, werden wir sie nun besonders und im einzelnen untersuchen, wobei wir mit der Physischen Welt beginnen.

Die Chemische Region der Physischen Welt

Nach den Lehren der Rosenkreuzer ist das Weltall in sieben verschiedene Welten oder Zustände der Materie unterteilt:

1. Die Welt Gottes.
2. Die Welt der Jungfräulichen oder Urgeister.
3. Die Welt des Göttlichen Geistes.
4. Die Welt des Lebensgeistes.
5. Die Gedankenwelt.
6. Die Empfindungswelt.
7. Die Physische oder Körperwelt.

Diese Einteilung ist nicht willkürlich, sondern notwendig. Die Substanz jeder einzelnen Welt unterliegt Gesetzen, die in den anderen wirkungslos sind. So untersteht beispielsweise die Materie in der Körperwelt dem Gesetz der Schwerkraft, der Zusammenziehung und der Ausdehnung. In der Empfindungswelt gibt es weder Hitze noch Kälte; die Körper schweben hier so leicht in die Höhe, wie sie herniedersteigen. Auch Raum und

Zeit, die in der Physischen Welt bestehen, verlieren in der Empfindungswelt, deren Materie sich von derjenigen der Physischen Welt auch durch den Grad ihrer Dichte unterscheidet, beinahe allen Einfluß. Die Körperwelt ist unter allen sieben die dichteste.

Jede Welt wird wieder in sieben Regionen oder Unterabteilungen der Materie eingeteilt. In der Physischen Welt bilden die festen Körper, die Flüssigkeiten und Gase die drei niederen Unterabteilungen; die vier weiteren enthalten Äther verschiedener Dichte. In den anderen Welten sind ähnliche Aufgliederungen in Unterabteilungen erforderlich, weil die Materie, aus der sie bestehen, ebenfalls nicht von gleicher Dichte ist.

Man muß noch zwei weitere Unterscheidungen vornehmen. Die drei niederen Unterabteilungen der Physischen Welt, die festen, flüssigen und gasförmigen Körper bilden die Chemische Region. Ihr Stoff ist die Grundlage jeder physischen Form.

Auch der Äther ist physische Materie. Er ist in vier verschiedenen Zuständen vorhanden und nicht, wie die Wissenschaft annimmt, durchweg gleichgeartet homogen. Für den belebenden Geist, der allen Körpern in der Chemischen Region Lebenskraft verleiht, ist er das Eintrittselement. Die vier feineren oder ätherischen Unterabteilungen der Physischen Welt sind zusammen das, was unter dem Namen Ätherregion bekannt ist.

In der Gedankenwelt bilden die drei höheren Unterabteilungen die Grundlage des abstrakten Denkens. Zusammen werden sie deshalb die Region der Abstrakten Gedanken genannt. Die vier dichteren Unterabteilungen liefern den Gedankenstoff, in dem wir unsere Ideen verkörpern und verfestigen. Ihre Bezeichnung ist „Region der Konkreten Gedanken“.

Die sorgfältige Betrachtung, die der Esoteriker den Eigenschaften der Physischen Welt widmet, könnte überflüssig sein, würde er nicht alle Dinge von einem Standpunkt aus betrachten, der sich weitgehend von dem des modernen Wissenschaftlers unterscheidet. Letzterer erkennt drei Zustände der Materie an, feste, flüssige und gasförmige. Sie alle sind chemisch, denn sie bestehen aus den chemischen Bestandteilen der Erde. Alle mineralischen, pflanzlichen, tierischen und menschlichen Körperformen sind aus ihnen entstanden. Deshalb sind sie ebenso chemisch wie die sonst allgemein so bezeichneten Stoffe. Ob wir den Berg oder die seinen Gipfel umhüllende Wolke betrachten, den Saft der Pflanzen oder das Blut des Tieres, den Faden der Spinne, den Flügel des Schmetterlings oder die Knochen des Elefanten, die Luft, die wir atmen, oder das Wasser, welches wir trinken, alle sind aus demselben chemischen Stoff gebildet.

Wer veranlaßt nun diese Grundsubstanz, sich zu der uns umgebenden, sichtbaren Formenvielfalt zu entwickeln? Es ist der Eine Universalgeist, der sich selbst in vier großen Lebensströmen auf verschiedenen Entwicklungsstufen ausdrückt. Dieser vierfache geistige Impuls gestaltet die chemische Erdenmaterie zu den mannigfaltigen Formen der vier Reiche, des Mineral-, des Pflanzen-, des Tier- und des Menschenreichs. Wenn eine Form ihren Zweck als Ausdrucksträger der drei höheren Lebensströme erfüllt hat, wird sie von den chemischen Kräften aufgelöst. So kann die Materie in ihren ursprünglichen Zustand zurückgeführt und dadurch für das Bilden neuer Formen verfügbar gemacht werden. Der Geist oder das Leben drückt sich in der geformten Gestalt aus. Doch die verwendete Materie ist für ihn ebenso fremd, wie der Zimmermann persönlich unabhängig von dem Haus ist, das er zu seinen eigenen Wohnzwecken erbaut.

Da alle Mineral-, Pflanzen-, Tier- und Menschenkörper ebenso wie Materie im ursprünglichen Zustand chemisch sind, müssen sie logischerweise auch ebenso tot und gefühllos sein. Die Rosenkreuzer bestätigen, daß es tatsächlich so ist.

Einige Wissenschaftler meinen, jedes lebende oder tote Gewebe, welchem Reich auch immer es angehört, habe Gefühl. Sie schließen sogar diejenigen Stoffe, die normalerweise zu den Mineralien gezählt werden, in die Kategorie der fühlenden Dinge ein. Als Beweismittel legen sie Diagramme mit Energiekurven vor, die sie durch Untersuchungen gewonnen haben. Andere Forscher lehren, daß es außer im Gehirn, dem Sitz des Gefühls, nicht einmal im menschlichen Körper Gefühl gebe. Sie sagen, das Gehirn, nicht der verletzte Finger, fühle den Schmerz. So ist die Wissenschaft wie in den meisten anderen Punkten auch in diesem geteilter Meinung. Jeder hat teilweise recht. Alles hängt davon ab, was wir unter „Gefühl" verstehen. Wenn wir nur die Reaktion auf einen Anstoß meinen, wie etwa den Rückprall eines zu Boden fallenden Gummiballs, ist es natürlich richtig, mineralischem, pflanzlichem und tierischem Gewebe Gefühl zuzusprechen. Vergnügen und Schmerz, Liebe und Haß, Freude und Sorge den niederen Lebensformen, wie es beispielsweise abgetrenntes Gewebe ist, der mineralischen Grundsubstanz oder dem Gehirn zuzuschreiben, ist abwegig. Denn solche Gefühle sind Ausdruck des selbstbewußten unsterblichen Geistes. Das Gehirn ist nur die Tastatur des wunderbaren Instruments, auf dem der menschliche Geist seine Lebenssymphonie spielt, so wie sich der Musiker selbst auf seiner Geige zum Ausdruck bringt.

Es gibt Menschen, die können nicht verstehen, daß es Höhere Welten geben muß und auch gibt. Andere machen es sich nach deren Kennenlernen zur Gewohnheit, die Physische Welt zu unterschätzen. Eine solche Haltung ist ebenso fehlerhaft wie die der Wissenschaftler. Die großen, weisen Wesen, die den Willen und die Absicht Gottes erfüllen, setzen uns in die irdische Umgebung, damit wir bedeutende und wichtige Lehren lernen, die wir unter anderen Bedingungen nicht in uns aufnehmen können. Es ist unsere Pflicht, das Wissen von den Höheren Welten nach unseren besten Kräften zum Erlernen der Lektionen, die uns die materielle Welt zu bieten hat, zu verwenden.

In gewissem Sinn ist die Physische Welt eine Art Modellschule, eine Versuchsanstalt. Sie lehrt uns, in den anderen

Welten richtig zu arbeiten. Das tut sie, ob wir von ihrer Existenz wissen oder nicht. Damit gibt sie uns den Beweis für die Weisheit des Schöpfers dieser Welt. Hätten wir nur Kenntnis von den Höheren Welten, würden wir viele Fehler machen. Sie würden erst dann sichtbar werden, wenn irdische Bedingungen als Maßstab geschaffen wären. Um das zu verdeutlichen, wollen wir uns einen Erfinder vorstellen, der seine Idee zur Herstellung einer Maschine ausarbeitet. Zuerst baut er seine Erfindung in seinen Gedanken. In Gedanken sieht er sie vollständig vor sich und in Betrieb. Sie führt die geplante Arbeit bestens aus. Dann fertigt er eine Zeichnung seines Planes an. Dabei stellt er vielleicht fest, daß Änderungen an seiner ersten Vorstellung erforderlich sind. Wenn er an Hand seiner Zeichnungen von der Ausführbarkeit seines Planes überzeugt ist, wird er die Maschine aus geeignetem Material herstellen. Ziemlich sicher ist, daß noch weitere Änderungen notwendig sein werden, bevor die Maschine wie geplant arbeiten kann. Vielleicht könnte sich herausstellen, daß sie vollständig umgestaltet werden muß. Möglicherweise ist sie in ihrer jetzigen Form insgesamt sogar nutzlos und muß aufgegeben, neu entworfen werden. Und gerade hier liegt der zu beachtende Punkt. Die neue Idee oder der neue Plan wird erarbeitet, um die Fehler der nutzlosen Maschine zu beseitigen. Hätte man diese nicht materiell konstruiert, so daß sich die Fehler der ersten Vorstellungen herausstellten, wäre auch keine zweite Idee entwickelt worden. Das läßt sich auf alle Lebensgebiete anwenden, auf gesellschaftliche, wirtschaftliche und humane. Viele Pläne erscheinen für diejenigen, die sie entwickeln, ausgezeichnet zu sein; sie können auf Papier sogar gut aussehen. Oft versagen sie jedoch, wenn man sie auf wirkliche Anwendbarkeit überprüft. Das sollte uns nicht entmutigen. Es ist wahr, daß wir mehr „aus unseren Fehlern lernen als aus unseren Erfolgen“. So ist unsere Physische Welt eine Schule für wertvolle Erfahrungen, in der wir Lehren von äußerster Wichtigkeit in uns aufnehmen.

Die Ätherregion der Physischen Welt

Sobald wir dieses Reich der Natur betreten, sind wir in der unsichtbaren, untastbaren Welt. Hier lassen uns unsere gewöhnlichen Sinne im Stich. Deshalb ist dieser Teil der Physischen Welt wissenschaftlich praktisch nicht erforscht.

Die Luft ist unsichtbar. Und doch ist den Wissenschaftlern ihr Vorhandensein bekannt. Ihre Windgeschwindigkeit ist mit Apparaten meßbar; durch Druck kann sie zu flüssiger Luft umgestaltet und somit sichtbar gemacht werden. Mit dem Äther ist das jedoch nicht so einfach. Die Wissenschaft stellt fest, daß er notwendigerweise für die Übertragung von Elektrizität mit oder ohne Draht in Betracht gezogen werden muß. Sie ist gezwungen, einen Stoff anzunehmen, der feiner ist als die bekannten Substanzen. Sie nennt ihn „Äther". Tatsächlich weiß sie nicht, daß es ihn gibt. Wissenschaftlicher Scharfsinn vermochte es bisher nicht, ein Gefäß zu erfinden, in das dieser Stoff eingeschlossen werden könnte. Äther weicht der Bequemlichkeit des „Laboratorium-Zauberers" zu leicht aus. Er ist weder meß- noch wägbar und nicht mit gegenwärtig zur Verfügung stehenden Apparaten zu analysieren.

Wahrlich, die Errungenschaften der modernen Wissenschaften sind bewundernswert! Doch statt Geräte zu erfinden, ist der beste Weg zur Ergründung der Naturgeheimnisse, den Forscher selbst zu vervollkommnen. Der Mensch trägt die Fähigkeiten in sich, Entfernungen auszuschalten. Mit ihrer Hilfe kann er die Mängel des bloßen Auges stärker ausgleichen, als Fernrohr und Mikroskop es vermögen. Diese Sinne oder Fähigkeiten sind Forschungsmittel des Esoterikers. Auf der Suche nach Wahrheit sind sie sein „Sesam öffne dich!" Für den geübten Hellseher ist der Äther ebenso tastbar wie die festen, flüssigen und gasförmigen Stoffe der Chemischen Region für die allgemeine Menschheit. Er sieht die Kräfte, die den mineralischen Körpern, Pflanzen, Tieren und Menschen Leben verleihen und mit Hilfe der vier Ätherzustände in diese Formen einfließen. Die Namen und die besonderen Aufgaben dieser vier Ätherarten sind:

1. Der Chemische Äther. Er ist in seiner Erscheinungsform sowohl positiv als auch negativ. Durch ihn wirken die Kräfte, die Assimilation und Ausscheidung verursachen. Die verschiedenen nährenden Elemente werden von den Körpern der Pflanzen, Tiere und Menschen durch Assimilation aufgenommen. Das geschieht durch Kräfte, die wir später noch kennenlernen werden. Sie wirken längs des positiven Pols des Chemischen Äthers, ziehen die notwendigen Nahrungselemente an und bauen sie in die betreffenden Formen ein.

Dabei arbeiten sie weder blind noch mechanisch, sondern auf eine den Wissenschaftlern aus ihren Wirkungen gut bekannte auswählende Weise. Damit erfüllen sie ihren Zweck, den Körper zu bilden und zu erhalten.

Die Ausscheidung erfolgt durch Kräfte derselben Art, die aber längs des negativen Pols des Chemischen Äthers wirken. Mit seiner Hilfe scheiden sie diejenigen Stoffe aus der Nahrung aus, die zum Gebrauch untauglich sind oder ihre Nutzbarkeit im Körper erfüllt haben und nun aus dem Organismus entfernt werden müssen. Dieser Vorgang ist wie alle anderen vom menschlichen Willen unabhängige Vorgänge weise, auswählend und in seinem Funktionsablauf nicht rein mechanisch. Man kennt ihn beispielsweise von der Nierentätigkeit. Bei ihr wird nur dann Urin durchgefiltert, wenn diese Organe gesund sind. Bei Nierenerkrankung, also in anomalem Zustand, treffen sie nicht die richtige Auswahl und lassen Eiweiß mit dem Urin entweichen.

2. Der Lebensäther. Durch den Chemischen Äther wirken die zur Erhaltung der individuellen Form erforderlichen Kräfte, durch den Lebensäther die der Arterhaltung dienenden Fortpflanzungskräfte. Auch der Lebensäther hat wie der Chemische Äther seinen positiven und seinen negativen Pol. Längs des positiven Pols wirken die Kräfte, die während der Schwangerschaft im weiblichen Organismus arbeiten und ihn zu der positiven, aktiven Tätigkeit befähigen, neues Leben in die irdische Welt zu geben. In männlichen Organismen erzeugen die längs des negativen Pols wirkenden Kräfte den Samen.

Die längs des positiven Pols strömenden Kräfte bringen bei der Arbeit am befruchteten Ei von Tier und Mensch oder am Pflanzensamen männliche Pflanzen, Tiere und Menschen hervor, während die sich durch den negativen Pol äußernden Kräfte weibliche Wesen erzeugen.

3. Der Lichtäther. Er ist ebenfalls positiv und negativ. Die längs seines positiven Pols verlaufenden Kräfte erzeugen in höher organisierten Tierarten und im Menschen jene Blutwärme, die sie zu individuellen Wärmequellen macht. Die längs des negativen Lichtätherpols strömenden Kräfte wirken durch die Sinne. Sie zeigen sich als passive Funktionen des Sehens, Hörens, Tastens, Schmeckens und Riechens. Auch bilden und ernähren sie das Auge.

Bei den kaltblütigen Tieren lassen die Kräfte des positiven Lichtätherpols das Blut zirkulieren; die negativen haben hinsichtlich des Auges dieselben Funktionen wie diejenigen der höheren Tiere und des Menschen. Wo Augen fehlen, erschaffen oder ernähren sie vielleicht andere Sinnesorgane, so wie sie es bei Wesen tun, die Sinnesorgane besitzen.

In den Pflanzen bewirken die längs des positiven Lichtäthers tätigen Kräfte die Zirkulation der Pflanzensäfte. Im Winter, wenn dieser Äther nicht wie im Sommer mit Sonnenlicht beladen ist, hört deshalb der Saft solange auf zu fließen, bis die Frühlingssonne ihn wieder mit ihrer Kraft belebt. Die längs des negativen Pols tätigen Kräfte setzen das Blattgrün, das Chlorophyll der Pflanze ab; sie färben auch die Blumen. Tatsächlich wird in allen Naturreichen jede Farbe mit Hilfe des negativen Lichtätherpols eingefügt. Deshalb haben Tiere die tiefste Farbe auf dem Rücken, und Blumen sind auf der dem Licht zugewandten Seite am sattesten gefärbt. In den Polarregionen der Erde, in denen die Sonnenstrahlen an Lichtkraft schwach sind, werden alle Farben heller. In manchen Fällen sind sie so spärlich vorhanden, daß sie im Winter völlig verschwinden und die Tiere weiß werden.

4. Der Rückstrahlende Äther. Oben wurde gesagt, daß die in Gedanken vorhandene Idee eines Hauses im Gedächtnis der Natur wieder aufgefunden werden kann. Alles, was jemals geschah, hat im Rückstrahlenden Äther ein unauslöschliches Bild hinterlassen. Die Riesenfarne aus der Urzeit der Erde prägten ihre Bilder in die Kohlenlager; das Vorrücken der Gletscher in vergangenen Zeiten kann an den Spuren nachgewiesen werden, die sie längs ihres Weges auf den Felsen zurückgelassen haben. Ebenso sind die Gedanken und Handlungen des Menschen unauslöschlich durch die Natur im Rückstrahlenden Äther aufgezeichnet. Hier kann der geübte Seher ihre Geschichte mit der Genauigkeit lesen, die seiner Fähigkeit entspricht.

Der Rückstrahlende Äther verdient seinen Namen aus mehr als einem Grund, denn die in ihm enthaltenen Bilder sind nur **Rückstrahlungen** des Gedächtnisses der Natur. Ihr wirkliches Gedächtnis ist in einer viel höheren Welt zu finden. Ein gründlich geübter Hellseher kümmert sich nicht um das Lesen im Rückstrahlenden Äther, da dessen Bilder im Vergleich zu denen, die in der Höheren Welt gefunden werden, verwischt und undeutlich sind. Menschen, die in diesem Äther lesen, haben im allgemeinen keine Wahl. Sie wissen meist nicht, worin sie lesen. Unwillkürliche Hellseher und Medien beziehen ihre Kenntnisse in der Regel durch den Rückstrahlenden Äther. Auch der Schüler auf den ersten Stufen der esoterischen Schulung liest in geringem Maße in ihm. Damit er jedoch nicht so leicht falsche Schlüsse zieht, warnt ihn sein Lehrer, daß dieser Äther zum Erlangen richtiger Unterweisungen unzureichend ist. Mit dieser Hilfe wird er dann nicht so leicht Fehlschlüsse ziehen.

Die Region der Konkreten Gedanken umfaßt vier Unterabteilungen der Gedankenwelt; der Rückstrahlende Äther hängt äußerst eng mit ihrer vierten, ihrer höchsten, zusammen. Durch ihn bewirken die Gedanken Eindrücke auf das menschliche Gehirn. In der Region der Konkreten Gedanken findet man eine wesentlich klarere Fassung des Gedächtnisses der Natur als im Rückstrahlenden Äther. Sie ist die Heimat des menschlichen Verstandes.

Die Empfindungswelt

Wie die Physische Welt und jedes andere Naturreich hat auch die Empfindungswelt sieben Unterabteilungen, „Regionen" genannt. Doch abweichend von der irdischen ist bei ihr keine der Chemischen und der Ätherregion vergleichbare große Zweiteilung vorhanden. Als Material für die Verkörperung der Empfindungen haben wir in allen sieben Regionen oder Unterabteilungen den Empfindungsstoff. Die Chemische Region ist das Reich der Formen. In diese tragen die in der Ätherregion beheimateten Kräfte die Lebenstätigkeiten und befähigen sie, sich zu bewegen und fortzupflanzen. In gleicher Weise wirken die Kräfte in der Empfindungswelt auf den belebten physischen Körper. Sie veranlassen ihn, sich in dieser oder jener Richtung zu bewegen.

Wenn nur die Tätigkeiten der Chemischen und der Ätherregion der Physischen Welt vorhanden wären, hätten wir lebende Körper, die sich wohl bewegen könnten, doch der Antrieb dazu würde ihnen fehlen. Ihn geben die in der Empfindungswelt wirkenden Kosmischen Kräfte. Ohne deren Aktivität, die jede Faser des belebten Körpers durchströmt, den sie zur Tätigkeit nach dieser oder jener Richtung drängen, gäbe es weder Erfahrungen noch moralisches Wachstum. Die Wirkungen der verschiedenen Ätherarten würden zwar für das körperliche Wachsen sorgen, doch moralisches würde vollständig fehlen. Die Evolution sowohl der Form als auch des Lebens wäre unmöglich. Denn die Entwicklung der Formen zu höheren Stufen geschieht nur als Reaktion auf die Anforderungen geistigen Wachstums. Hieraus erkennen wir sofort die große Bedeutung dieses Naturreichs.

Verlangen, Wünsche, Leidenschaften und Gefühle äußern sich in der Materie der verschiedenen Empfindungswelt-Regionen ebenso wie Form und Gestalt in der Chemischen Region. Sie nehmen Formen an, die je nach der Stärke des darin verkörperten Verlangens, der Wünsche oder Leidenschaften für längere oder kürzere Zeit bestehen bleiben. Der Unterschied zwischen den Kräften und der Materie ist in der Empfindungswelt nicht so deutlich und offensichtlich wie in der Physischen Welt. Fast könnte man sagen, hier seien die Ideen der Kraft und des Stoffes identisch oder austauschbar. Es ist zwar nicht ganz so, doch wir können sagen, daß die Empfindungswelt aus Kraft-Materie besteht.

Wenn wir von dieser Materie der Empfindungswelt sprechen, müssen wir berücksichtigen, daß sie weniger dicht ist als der Stoff der Physischen Welt. Doch wir erhalten ein falsches Bild, wenn wir meinen, sie sei feinere physische Materie. Diesen irrtümlichen Gedanken vertreten viele Menschen, die sich mit esoterischen Philosophien beschäftigt haben. Der fehlerhafte Eindruck wird hauptsächlich durch die Schwierigkeiten hervorgerufen, eine derartig vollständige und genaue Beschreibung zu geben, wie sie für ein eingehendes Verständnis der Höheren Welten erforderlich wäre. Leider dient unsere Sprache der Beschreibung materieller Dinge. Daher ist sie für die Wiedergabe der Zustände überphysischer Reiche völlig ungeeignet. Alles, was darüber gesagt wird, muß eher als Versuch, als Gleichnis, weniger als wirkliche Beschreibung aufgefaßt werden.

Obwohl Berg und Gänseblümchen, Mensch und Pferd oder ein Stück Eisen aus ein und derselben atomaren Substanz bestehen, können wir nicht sagen, das Gänseblümchen sei eine feinere Form des Eisens. Ebenso unmöglich ist es, mit Worten den Wechsel oder Unterschied in der physischen Materie zu erklären, der eintritt, wenn sie zu Empfindungsstoff aufgelöst wird. Gäbe es keinen Unterschied, würde sie den Gesetzen der Physischen Welt unterliegen. Das ist nicht der Fall.

Das Gesetz der Materie in der Chemischen Region ist Trägheit, die Neigung, im gegenwärtigen Zustand, im status quo, zu verbleiben. Eine gewisse Kraftmenge ist erforderlich, diese Trägheit zu überwinden, einen ruhenden Körper zu bewegen und einen sich bewegenden zur Ruhe zu bringen. Anders ist es mit der Materie der Empfindungswelt.

Hier lebt der Stoff beinahe selbst. Er ist unaufhörlich in Bewegung, in immerwährendem Fluß, und nimmt alle vorstellbaren und unvorstellbaren Formen mit unbegreiflicher Leichtigkeit und Schnelligkeit an. Gleichzeitig funkelt und schimmert er in tausend ständig wechselnden Farbschattierungen, die sich mit nichts vergleichen lassen, was wir in unserem physischen Bewußtsein kennen. Einen schwachen Abglanz von Aktivität und Erscheinung dieser Materie gibt uns das Farbenspiel einer ins Sonnenlicht gehaltenen, hin und her bewegten Perlmutterschale.

Charakteristisch für die Empfindungswelt sind ständige Licht- und Farbenwechsel. In ihnen vermengen sich die Kräfte von Mensch und Tier mit denen unzähliger Hierarchien geistiger Wesen, die nicht in unserer Physischen Welt erscheinen, aber in der Empfindungswelt ebenso aktiv sind wie wir hier. Über einige soll später berichtet und ihre Verbindung zur Evolution des Menschen beschrieben werden.

Die von dieser großen und mannigfaltigen Wesensschar ausgehenden Kräfte formen je nach der sie hervorrufenden Bewegungsenergie des Impulses den sich ständig bewegenden und verändernden Stoff der Empfindungswelt. Sie gestalten ihn zu unzähligen, unterschiedlichen, mehr oder weniger beständigen Formen.

Schon aus dieser flüchtigen Beschreibung kann man ersehen, wie schwierig es für einen Neuling, für einen Neophyten ist, dessen geistige Augen soeben geöffnet wurden, sein Gleichgewicht in der Empfindungswelt zu finden. Der geübte Hellseher hört bald auf, sich über die manchmal von Medien gegebenen unmöglichen Beschreibungen zu wundern. Solche Darstellungen können vollkommen ehrlich sein. Doch die Möglichkeiten, sich zu irren, sind so zahlreich und von feinster Art, daß es ein echtes Wunder ist, wenn überhaupt etwas richtig vermittelt wird. In unserer Kindheit mußten wir alle sehen lernen. Das kann man am Kleinkind leicht beobachten. Es greift nach Dingen auf der anderen Seite des Raumes, der Straße oder gar nach dem Mond. Entfernungen abzuschätzen ist ihm unmöglich. Ein sehend gewordener Blinder schließt oft zuerst die Augen, um von einer Stelle zur anderen zu gelangen. Bis er gelernt hat, seine Augen zu benutzen, erklärt er, sei es einfacher, sich tastend fortzubewegen als sehend. Auch derjenige, dessen innere Wahrnehmungsorgane belebt wurden, muß sich erst im Gebrauch seiner neu erworbenen Fähigkeit üben. Daher wird der Neophyt zuerst versuchen, seine durch Erfahrung in der Physischen Welt gewonnenen Kenntnisse in der nun von ihm zu betretenden Empfindungswelt anzuwenden, deren Gesetze er sich noch nicht angeeignet hat. Das wird zur Quelle vieler Unannehmlichkeiten und Verwirrungen. Bevor der Neuling verstehen lernt, muß er wie ein kleines Kind werden, das Wissen ohne Beziehung zu vorhergehenden Erfahrungen in sich aufnimmt.

Um zu einem richtigen Verständnis der Empfindungswelt zu gelangen, sollte man sich bewußt werden, daß sie die Welt der Gefühle, Wünsche und Gemütsbewegungen ist. Diese inneren Tätigkeiten stehen unter der Herrschaft zweier großer Kräfte, der Anziehung und der Abstoßung. Sie sind in den drei dichteren Regionen der Empfindungswelt in anderer Weise tätig als in den drei feineren oder höheren Bereichen, während die mittlere „Neutraler Grund“ genannt werden kann.

Dieses mittlere Gebiet ist die Region des Gefühls. In ihr wird das Gleichgewicht durch das Interesse für oder die Gleichgültigkeit gegen einen Sachverhalt oder eine Idee zugunsten einer der beiden erwähnten Kräfte beeinflußt. Dabei werden Angelegenheit und Idee in die drei höheren oder in die drei niederen Regionen der Empfindungswelt verwiesen oder aber ausgeschaltet. Wir werden gleich sehen, wie das vor sich geht.

In der feinsten und dünnsten Substanz der drei höheren Empfindungswelt-Bereiche hat die Anziehungskraft die alleinige Herrschaft. Allerdings ist sie auch in gewissem Maß in der dichteren Materie der drei unteren Regionen vorhanden. Hier wirkt sie der in ihr herrschenden Abstoßungskraft entgegen. Diese auflösende Kraft würde bald jede in die drei niederen Regionen kommende Form zerstören, wenn ihr nicht auf diese Weise entgegengewirkt würde. In der dichtesten, niedersten, der dritten Region ist sie am stärksten. Sie reißt und schüttelt die hier geschaffenen Formen, daß es schrecklich anzusehen ist. Dennoch ist sie keine zerstörende, keine vandalische Kraft. In der Natur ist nichts vandalisch. Selbst was so zu sein scheint, arbeitet nur dem Guten in die Hand. So ist es auch mit dieser Kraft und ihrer Tätigkeit im untersten Bereich der Empfindungswelt. Die Körper sind hier dämonische Schöpfungen, geschaffen von den gröbsten Leidenschaften und Begierden der Menschen und Tiere.

Jede Form in der Empfindungswelt hat die Neigung, alles Gleichartige anzuziehen und dadurch zu wachsen. Würde diese Anziehungstendenz in den niedersten Bereichen vorherrschen, müßte das Böse wie Unkraut wachsen. Dann gäbe es im Kosmos Gesetzlosigkeit statt Ordnung. Das wird durch die überwiegende

Abstoßungskraft in dieser Region verhindert. Wenn eine grobe Empfindungsform zu einer anderen gleichartigen hingezogen wird, entsteht in ihren Schwingungen Disharmonie. Dadurch wirken sie zersetzend aufeinander ein. Statt daß Übel sich mit Übel eint und beide miteinander verschmelzen, zerstören sie sich gegenseitig. So wird das Böse in der Welt in vernünftigen Grenzen gehalten. Wenn wir die Arbeit der Zwillingskräfte so auffassen, verstehen wir den esoterischen Grundsatz: „In der Empfindungswelt ist die Lüge sowohl Mord als auch Selbstmord."

Alles, was sich in der Physischen Welt ereignet, strahlt zurück in sämtliche anderen Naturreiche. Es erschafft sich in der Empfindungswelt, wie wir gesehen haben, seine entsprechende Form. Sobald ein wahrer Bericht des Geschehenen gegeben wird, bildet sich eine andere, der ersten vollkommen gleichende Form. Beide ziehen sich an, vereinen sich und stärken einander. Wird jedoch ein unwahrer Bericht gegeben, entsteht eine sich von der ersten, der wahren Grundform unterscheidende und ihr feindliche Gestalt. Weil beide mit demselben Ereignis zu tun haben, werden sie zusammengezogen. Da sie aber unterschiedliche Schwingungen haben, wirken sie zerstörend aufeinander ein. Schlechte, boshafte Lügen können also, wenn sie stark genug sind und oft genug wiederholt werden, alles Gute töten.

Umgekehrt aber wird das Suchen nach dem Guten im Bösen dieses mit der Zeit in Gutes verwandeln. Ist die zur Verringerung des Bösen geschaffene Form schwach, wird sie wirkungslos bleiben und durch die böse Form zerstört werden. Wenn sie jedoch stark ist und oft wiederholt wird, beseitigt sie die Gestalt des Bösen und ersetzt sie durch die gute. Man verstehe richtig. Diese Wirkung wird nicht durch Verleugnen oder Verneinen des Bösen erzielt, sondern durch die Suche nach dem Guten. Der esoterische Wissenschaftler wendet das Prinzip, in allen Dingen nach dem Guten zu suchen, sehr gewissenhaft an, denn er weiß, welche Kraft es besitzt, um das Böse niederzuhalten.

Es gibt eine Legende von Christus, die diesen Punkt beleuchtet. Als der Herr einst mit seinen Jüngern wanderte, kamen sie an dem verwesenden, übelriechenden Kadaver eines Hundes vorüber. Die Jünger wandten sich angewidert ab und ließen sich über den abschreckenden Anblick aus. Christus aber blickte auf den toten Körper und sagte: „Perlen sind nicht weißer als seine Zähne." Er war entschlossen, das Gute zu finden, denn er kannte die wohltätige Wirkung, die sich durch seine Äußerung in der Empfindungswelt ergeben würde.

Der niederste Bereich der Empfindungswelt wird die „Region der Leidenschaften und des sinnlichen Verlangens" genannt. Die zweite Unterabteilung ist am besten durch den Namen „Region der Eindrucksfähigkeit" zu kennzeichnen. In ihr gleichen sich die Wirkungen der Zwillingskräfte von Anziehung und Abstoßung gerade aus. Dieser Bereich ist neutral. Daher sind alle unsere aus deren Materie bestehenden Eindrücke neutral. Wenn lediglich die Zwillingsgefühle, denen wir in der vierten Unterabteilung begegnen werden, zur Tätigkeit gelangen, kommen die Zwillingskräfte ins Spiel. Doch der reine Eindruck, gleich welcher Art, ist vollständig von dem Gefühl, das er hervorruft, zu trennen. Er ist neutral und eine Tätigkeit der zweiten Unterabteilung der Empfindungswelt, in der sich durch die Kräfte der Sinneswahrnehmung Bilder im Lebensleib des Menschen formen.

In der dritten Unterabteilung hat die verbindende, aufbauende Anziehungskraft bereits die Oberherrschaft über die dem Zerstören zuneigende Abstoßungskraft gewonnen. Wenn wir begreifen, daß Selbstbehauptung der Hauptantrieb der Abstoßungskraft ist und ein Verdrängen alles anderen, um für sich selbst Raum zu gewinnen, werden wir verstehen, daß sie sehr leicht dem Verlangen nach anderen Dingen nachgibt. Der Stoff der dritten Empfindungswelt-Unterabteilung wird hauptsächlich durch die Kraft der Anziehung zu anderen Dingen beherrscht. Deshalb ist sie die „Region der Wünsche".

Die Unterabteilung der groben Begierden kann mit den festen Körpern, die Abteilung der Eindrucksfähigkeit mit den flüssigen und die schwankende, schwingende Natur der Region der Wünsche mit den gasförmigen Anteilen der Physischen Welt verglichen werden. Diese drei Unterabteilungen geben den Stoff für die Formen ab, die Erfahrung, Seelenwachstum und Entwicklung fördern, indem sie alles Zerstörende läutern und das für den Fortschritt verwendbare Material zurückbehalten.

Die vierte Unterabteilung der Empfindungswelt ist die „Region des Gefühls". In ihr wird das Empfinden hervorgerufen, das sich auf die schon beschriebenen Formen bezieht. Von ersterem hängt es ab, wie weit letztere für uns lebendig und wirksam werden. Auf dieser Stufe ist es nicht wichtig, ob die vorliegenden Dinge und Ideen an und für sich gut sind. Es ist unser eigenes Gefühl des Interesses oder der Gleichgültigkeit, das für das Schicksal des Gegenstandes zum entscheidenden Faktor wird.

Ist das Gefühl, mit dem wir dem Eindruck eines Gegenstandes oder einer Idee begegnen, Interesse, so hat es dieselbe Wirkung auf ihn wie Sonnenlicht und Luft auf die Pflanze. Eine solche Idee wächst und gedeiht in unserem Leben. Begegnen wir hingegen einem Eindruck oder einer Idee mit Gleichgültigkeit, so welkt sie dahin wie die in einen dunklen Keller gestellte Pflanze.

Aus dieser Mittelregion kommt der Impuls zu Handlungen oder auch die Entscheidung, sich von ihnen zurückzuhalten; letzteres ist im Sinn der Geisteswissenschaft auch Handlung. Denn auf unserer gegenwärtigen Entwicklungsstufe liefern die Zwillingsgefühle Interesse und Gleichgültigkeit den Anreiz zu solchartiger Aktivität. Sie sind die Triebfedern, die die Welt bewegen. Auf einer späteren Stufe werden diese Gefühle jeden Einfluß verlieren. Dann wird das Pflichtbewußtsein der entscheidende Faktor sein.

Das Interesse setzt die Kräfte der Anziehung und Abstoßung in Bewegung. Richtet sich die Gleichgültigkeit gegen einen Gegenstand oder eine Idee, läßt sie diese, soweit sie unsere Beziehungen zu ihnen betrifft, dahinwelken.

Ruft unser Interesse dagegen Abstoßung hervor, streben wir natürlich danach, aus unserem Leben jede Verbindung mit dem sie auslösenden Gegenstand oder der Idee zu entfernen. Vielleicht erklärt ein Beispiel die Funktionsweise der Zwillingsgefühle und der Zwillingskräfte deutlicher.

Drei Männer gehen eine Straße entlang. Sie sehen einen kranken Hund. Er ist mit entzündeten Wunden bedeckt und leidet offensichtlich unter Qualen und Durst. Das ist allen Männern klar; ihre Sinne sagen es ihnen. Nun kommt ein Gefühl auf. Zwei von ihnen „interessieren" sich für das Tier, doch dem dritten ist es „gleichgültig". Er geht vorüber und überläßt den Hund seinem Schicksal. Die beiden anderen bleiben zurück. Sie interessieren sich, doch ihr Interesse äußert sich unterschiedlich. Den einen erfüllen Mitgefühl und Hilfsbereitschaft. Sie veranlassen ihn, sich um das arme Tier zu kümmern, seine Schmerzen zu stillen und es gesund zu pflegen. Jene Gefühle haben in dem Hilfsbereiten die Anziehungskraft wachgerufen. Das Interesse des dritten Mannes ist andersartig. Er sieht nur ein ihm widerwärtiges Bild und wünscht, sich und die Welt so schnell wie möglich davon zu befreien. Deshalb rät er, das Tier sofort zu töten und zu begraben. In ihm hat das Gefühl des Interesses die zerstörende Kraft der Abstoßung hervorgerufen.

Wenn dieses Interesseempfinden die Anziehungskraft wachruft und sich auf niedere Gegenstände und Begierden richtet, bewegt es sich in den unteren Regionen der Empfindungswelt, in denen sich, wie oben beschrieben wurde, die zuwiderhandelnde

Abstoßungskraft auswirkt. Aus dem Kampf der Zwillingskräfte Anziehung und Abstoßung entstehen alle Schmerzen und Leiden, die an unrechte oder fehlgeleitete Bemühungen geknüpft sind, einerlei ob sie beabsichtigt waren oder nicht.

Daraus ersehen wir, wie wichtig das Gefühl ist, das wir für ein Lebewesen oder einen Gegenstand haben. Denn davon hängt die Art der Atmosphäre ab, die wir uns selbst schaffen. Lieben wir das Gute, so erhalten und ernähren wir als Schutzengel alles, was gut um uns herum ist. Im anderen Fall bevölkern wir unseren Weg mit Dämonen unserer eigenen Schöpfung.

Die Namen der drei höheren Bereiche der Empfindungswelt sind die „Region des Seelenlebens", die „Region des Seelenlichtes" und die „Region der Seelenkraft". In ihnen wohnen Kunst, Nächstenliebe, Menschenfreundlichkeit und alle Tätigkeiten des höheren Seelenlebens. Wenn wir uns vorstellen, daß diese Bereiche jene Eigenschaften in die Formen der niederen Regionen strahlen, auf die ihre Namen hinweisen, dann verstehen wir die höheren und niederen Tätigkeiten richtig. Seelenkraft kann zeitweise sowohl für schlechte als auch gute Zwecke eingesetzt werden; schließlich jedoch zerstört die Abstoßungskraft das Laster. Auf seinen zertrümmerten Ruinen baut die Anziehungskraft die Tugend auf. Letztlich arbeiten alle Dinge zusammen am Guten.

Die Physische und die Empfindungswelt sind räumlich nicht voneinander getrennt. Sie sind sich näher als „Hände und Füße". Es ist nicht notwendig, sich zu bewegen, um von der einen Welt in die andere oder von einem Bereich in den nächsten zu gelangen. Wie sich feste, flüssige und gasförmige Stoffe in unseren Körpern durchdringen, so leben auch die verschiedenen Regionen der Empfindungswelt in uns. Wieder können wir die Kraftlinien, an denen sich die Eiskristalle im Wasser bilden, mit den unsichtbaren, in der Empfindungswelt entstehenden und in der Physischen Welt in Erscheinung tretenden Ursachen vergleichen. Sie geben uns den Antrieb zum Handeln in beliebiger Richtung.

Als Ursache allen Geschehens im irdischen Dasein wird die Physische Welt von der Empfindungswelt und ihren unzähligen Bewohnern so durchdrungen, wie die Kraftlinien das Wasser unsichtbar, aber allgegenwärtig und wirksam durchziehen.

Die Gedankenwelt

Auch die Gedankenwelt hat sieben Regionen veränderlicher Eigenschaften und Dichte. Wie die Physische Welt wird sie in zwei Hauptabteilungen unterteilt, in das Gebiet der Konkreten Gedanken, das die vier dichtesten Regionen umfaßt, und das Gebiet der Abstrakten Gedanken, zu dem die drei Regionen der feinsten Substanz gehören. Die Gedankenwelt ist das mittlere der fünf Reiche, aus denen der Mensch seine Träger, seine Vehikel, erhält, hier begegnen sich Körper und Geist. Sie ist auch das höchste der drei Reiche, in denen die gegenwärtige menschliche Entwicklung vor sich geht, während uns Menschen die beiden höheren Welten jetzt noch nicht erschlossen sind.

Wir wissen, daß die Stoffe der Chemischen Region zum Aufbau aller physischen Formen verwendet werden. Diesen wurde durch die in den Ätherregionen tätigen Kräfte Leben und Bewegungsfähigkeit gegeben. Einige dieser belebten Formen werden durch die Zwillingsgefühle der Empfindungswelt zur Tätigkeit angeregt. Die Region der Konkreten Gedanken liefert den Gedankenstoff. In ihn kleiden sich die in der Region der Abstrakten Gedanken als Gedankenformen entstandenen Ideen, um als Ordnungselemente und harmonische Anreger gemäß den Eindrücken aus der Welt der Erscheinungen die Impulse in der Empfindungswelt hervorzubringen.

So sehen wir, wie sich die drei Welten, in denen sich der Mensch jetzt entwickelt, gegenseitig ergänzen. Sie bilden ein Ganzes, das die höchste Weisheit des Baumeisters jenes Weltensystems offenbart; ihm gehören wir an und ihn verehren wir durch den heiligen Namen Gott.

Betrachten wir die verschiedenen Abteilungen der Region der Konkreten Gedanken im einzelnen, so finden wir die Urbilder, die Urtypen der physischen Formen, einerlei, welchem Reich sie angehören, in der niedersten Unterabteilung, der **„Kontinentalen Region“.** In ihr leben auch die mit den Erdteilen und Inseln unserer Welt übereinstimmenden Urtypen. Veränderungen in der Erdrinde müssen zunächst in der Kontinentalen Region herbeigeführt werden. Erst wenn das Urbild umgestaltet worden ist, können die physischen Bedingungen, die das irdische Angesicht der Erde umformen, von den Intelligenzen, die wir, um unsere Unwissenheit zu verbergen, „Naturgesetze“ nennen, hervorgerufen werden. Das geschieht entsprechend den Abänderungen, die von den mit der Evolution betrauten Hierarchien entworfen wurden. Diese hohen Wesen planen gleich einem Architekten, der die Umbauten eines Gebäudes durchdenkt, bevor ihnen die Werkleute konkrete Formen geben. In ähnlicher Weise sind die Umgestaltungen von Flora und Fauna den Verwandlungen, den Metamorphosen, ihrer jeweiligen Urbilder zuzuschreiben.

Wenn wir von Urtypen der verschiedenen Formen in der Physischen Welt sprechen, dürfen wir nicht meinen, sie seien lediglich Modelle in dem Sinn, wie man einen Gegenstand als Kleinmalerei, als Miniatur erstellt, oder aus einem anderen Material als das seiner eigentlichen oder letztendlichen Ausführung. Sie sind nicht nur Abbilder oder Muster der Formen, die wir um uns herum sehen, sondern schöpferische Urbilder. Das heißt, sie bilden die Körper der Physischen Welt nach ihrem Ebenbild oder besser gesagt, nach ihren Ebenbildern. Denn oft arbeiten viele zusammen, um eine bestimmte Art zu gestalten, wobei jeder Urtyp einen Teil von sich selbst hingibt, um die erwünschte Form zu bilden.

Die zweite Unterabteilung der Region der Konkreten Gedanken wird die **„Ozeanische Region“** genannt. Am besten kann sie als fließendes, pulsierendes, also als rhythmisch an- und abschwellendes Leben beschrieben werden. In ihr findet man als Urbilder alle die Kräfte, die durch die vier Äthergattungen der Ätherregion wirken. Sie ist ein Strom flutenden, durch die Formen pulsierenden Lebens, ähnlich dem Blut, das durch den Körper pulst. Hier erkennt der geschulte Hellseher die Wahrheit, daß „alles Leben eins ist“.

Die **„Luftregion“** ist die dritte Abteilung der Region der Konkreten Gedanken. In ihr finden wir die Urbilder des Verlangens, der Leidenschaften, Wünsche, Gefühle und Gemütsbewegungen, wie wir sie in der Empfindungswelt erfahren. Alle Tätigkeiten der Empfindungswelt muten an wie luftartige Zustände. Wie von einem warmen, sanften Sommerwind, einem sommerlichen Zephierhauch, werden die Sinne des Hellsehers von Gefühlen der Freude und Fröhlichkeit umweht. Das Sehnen der Seele erscheint wie das Seufzen des Windes in Baumwipfeln und die Leidenschaften kriegführender Nationen wie das Aufblitzen von Beleuchtung. In dieser Atmosphäre der Region der Konkreten Gedankenwelt befinden sich auch Bilder des Gefühlslebens von Mensch und Tier.

Die **„Region der Urtypenkräfte“** ist die vierte Abteilung der Region der Konkreten Gedanken. Sie ist die mittlere und wichtigste Zone der fünf Welten, in denen die Evolution der Menschheit weitergeführt wird. Auf ihrer einen Seite sind die drei höheren Regionen der Gedankenwelt sowie die Welten des Lebens- und des Göttlichen Geistes, auf der anderen befinden sich die drei Regionen der Gedankenwelt und die Empfindungs- sowie die Physische Welt. So wird die Region zu einer Art „Kreuz“, das an der einen Seite durch die Welten des Geistes, an der anderen durch diejenigen der Form begrenzt ist. Sie ist der Brennpunkt, durch den der Geist in die Materie strahlt.

Wie schon der Name andeutet, ist diese Region die Heimat der „Urtypenkräfte", die die Tätigkeit der Urbilder in der Region der Konkreten Gedanken lenken. Aus dieser Region wirkt der Geist gestaltend auf die Materie. Diagramm 1 zeigt schematisch die Idee, nach der die Formen in der niederen Welt Spiegelungen des Geistes der Höheren Welten sind. Die fünfte Region, die dem Brennpunkt auf der geistigen Seite am nächsten ist, spiegelt sich in der dritten, der dem Brennpunkt auf der Formseite am nächsten liegenden Region. Die sechste Region spiegelt sich in der zweiten und die siebente in der ersten Region.

Die Gesamtheit der Abstrakten Gedankenregion spiegelt sich in der Empfindungswelt, die Welt des Lebensgeistes in der Ätherregion der Physischen Welt und die Welt des Göttlichen Geistes in der Chemischen Region der Physischen Welt.

Diagramm 2 gibt einen umfassenden Überblick über die sieben Welten unserer Entwicklungssphäre. Wir müssen jedoch gedanklich sorgfältig festhalten, daß diese Welten nicht, wie sie im Diagramm dargestellt sind, übereinander liegen. Es ist zu betonen, daß sie sich gegenseitig durchdringen, so wie es an dem vergleichenden Beispiel der Beziehungen von Physischer und Empfindungswelt gezeigt wurde. Letztere kann mit den Kraftlinien in gefrierendem Wasser, die Körperwelt mit dem Wasser selbst verglichen werden. Ebenso dürfen wir uns vorstellen, eine der Kraftlinien sei eine der sieben Welten und das Wasser würde, wie wir es an unseren Beispiel sehen können, der nächstdichteren Welt in der Stufenleiter entsprechen. Vielleicht kann ein anderes Beispiel die Sache noch deutlicher erklären.

Stellen wir uns die physische Erde, die Chemische Region, als kugelförmigen Schwamm vor. Denken wir uns, Sand durchdringe alle seine Poren und bilde auch eine Schicht um ihn

Diagramm 1

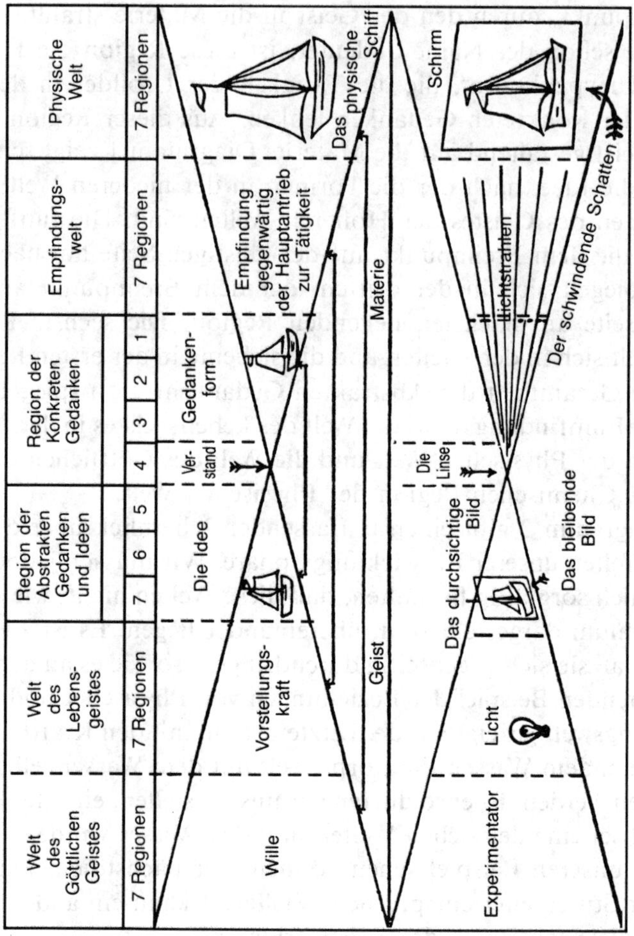

Die gegenseitige Stellung der sichtbaren
und der unsichtbaren Welten
(Im Vergleich mit einem Projektionsapparat dargestellt)

herum. Er sei die Ätherregion, die die physische Erde in gleicher Weise durchdringt und sich über ihre Atmosphäre erstreckt.

Denken wir uns Schwamm und Sand in ein mit reinem Wasser gefülltes kugelförmiges Glasgefäß eingetaucht, das etwas größer ist als der sanddurchzogene Schwamm. Wir setzen Schwamm und Sand so in die Mitte des Gefäßes, wie sich der Dotter in einem Ei befindet. Nun haben wir zwischen dem Glasgefäß und dem Schwamm einen mit reinem Wasser gefüllten Raum. Das Wasser als Ganzes soll die Empfindungswelt darstellen. Denn so, wie es zwischen die Sandkörner selbst in die kleinsten Poren des Schwammes dringt und noch außerhalb eine klare Schicht bildet, so durchzieht die Empfindungswelt die physische Erde und auch den Äther; und sie erstreckt sich noch über beide Stoffe hinaus.

Wir wissen, daß im Wasser Luft ist. Und wenn wir uns in unserer Betrachtung die Luft im Wasser als Darstellung der Gedankenwelt vorstellen, haben wir ein gutes geistiges Bild von der Art und Weise, wie die feinere und zartere Welt der Gedanken die beiden dichteren Welten durchdringt.

Nun stellen wir uns vor, das Glasgefäß mit Wasser, Sand und Schwamm würde in die Mitte eines größeren kugelförmigen Gefäßes gesetzt. Dann würde die Luftschicht zwischen beiden Gefäßen den Teil der Gedankenwelt veranschaulichen, der über die Empfindungswelt hinausragt.

Jeder Planet unseres Sonnensystems hat drei solche einander durchdringende Welten. Denken wir uns jeden aus drei Welten bestehenden Planeten als einen Schwamm und die vierte, die Welt des Lebensgeistes, als Wasser in einem großen Gefäß, in dem diese dreifach getrennten Schwämme schwimmen, so erfassen wir den Vergleich. Wie das Wasser im Gefäß den Raum zwischen den Schwämmen füllt und sie selbst gleichzeitig durchdringt, so durchzieht die Welt des Lebensgeistes den interplanetarischen Raum und durchdringt die einzelnen Planeten. Jene

Diagramm 2

DIE SIEBEN WELTEN				
DIE WELT GOTTES		bestehend aus GOTT sieben Regionen		
DIE WELT DER JUNGFRÄULICHEN ODER URGEISTER		Diese Welt umfaßt sieben Regionen und ist der Aufenthaltsort der Jungfräulichen Geister vor ihrer Pilgerfahrt durch die Materie, nachdem sie in Gott differenziert worden sind.	Träger des Menschen	
DIE WELT DES GÖTTLICHEN GEISTES		umfaßt sieben Regionen und ist Aufenthaltsort des höchsten geistigen Einflusses im Menschen.	Göttlicher Geist	Das Ich
DIE WELT DES LEBENSGEISTES		umfaßt sieben Regionen und ist der Aufenthaltsort des zweiten Teiles vom dreifachen Geiste des Menschen.	Lebens-Geist	Das Ich
GEDANKENWELT	REGION DER ABSTRAKTEN GEDANKEN	Die 7. Region enthält die Keimideen der Formen von Mineralien, Pflanzen, Tieren und Menschen. Die 6. Region enthält die Keimidee des Lebens in Pflanzen, Tieren und Menschen. Die 5. Region enthält die Keimidee des Verlangens und der Gemütsbewegungen von Tieren und Menschen. Aufenthaltsort des 3. Aspektes vom Geist im Menschen.	Menschlicher Geist	Das Ich
GEDANKENWELT	REGION DER KONKRETEN GEDANKEN	Die 4. Region enthält die Kräfte der Urbilder und den menschlichen Verstand. Sie ist der Brennpunkt, durch den sich der Geist in der Materie widerspiegelt. Die 3. Region enthält die Urbilder des Verlangens und der Gemütsbewegungen (Luftregion). Die 2. Region enthält die Urbilder der universellen Lebenskraft (Ozeanische Region). Die 1. Region enthält die Urbilder der Formen (Kontinentale Region).	Verstand	Das Bindeglied
EMPFINDUNGSWELT		7. Region Seelenkraft 6. Region Seelenlicht } Anziehung 5. Region Seelenleben 4. Region Gefühl { Interesse / Gleichgültigkeit 3. Region Wünsche 2. Region Eindrucksfähigkeit 1. Region Leidenschaft und niederes Verlangen } Abstoßung	Empfindungsleib	Die Persönlichkeit
PHYSISCHE WELT	ÄTHERREGION	7. Region Rückstrahlender Äther, Gedächtnis der Natur 6. Region Lichtäther, Vermittler der Sinneswahrnehmung 5. Region Lebensäther, Vermittler der Fortpflanzung 4. Region Chemischer Äther, Vermittler der Assimilation und Ausscheidung	Lebensleib	Die Persönlichkeit
PHYSISCHE WELT	CHEMISCHE REGION	3. Region Gase 2. Region Flüssigkeiten 1. Region physische Körper	Physischer Körper	Die Persönlichkeit

Welt bildet zwischen diesen ein gemeinsames Band. So wie es erforderlich ist, daß uns ein Schiff zur Verfügung steht und wir es führen können, wenn wir von Amerika nach Afrika segeln wollen, so müßten wir ein entsprechendes, bewußt zu beherrschendes Beförderungsmittel haben, um von einem Planeten zum anderen reisen zu können. In ähnlicher Weise, wie uns die Welt des Lebensgeistes mit den anderen Planeten unseres Sonnensystems verbindet, setzt uns die Welt des Göttlichen Geistes mit den weiteren Sonnensystemen in Beziehung. Wenn wir uns diese einzeln als Schwämme vorstellen, die in der Welt des Göttlichen Geistes „schwimmen", wird uns deutlich, daß der Mensch fähig sein müßte, bewußt in seinem höchsten Träger, dem Göttlichen Geist, tätig zu sein, um von einem Sonnensystem zum anderen zu gelangen.

KAPITEL II

Die vier Reiche

Die drei Welten unseres Planeten sind gegenwärtig das Evolutionsfeld für mehrere verschiedene Lebensbereiche unterschiedlicher Entwicklungsstufen. Wir brauchen nur vier der Reiche in Betracht zu ziehen, das Mineral-, das Pflanzen-, das Tier- und das Menschenreich.

Sie sind, je nach Fortschritt der Erfahrung, mit den drei Welten in verschiedenartige Verbindungen zu bringen. Soweit es sich um die Form handelt, bestehen die physischen Körper aller Reiche aus denselben chemischen Substanzen, den festen, flüssigen und gasförmigen Stoffen der Chemischen Region. Der physische Leib der Menschen ist wie der Stein, der nur von mineralischem Leben beseelt wird, eine chemische Verbindung. Doch wenn wir vom rein physischen Standpunkt ausgehen und alle anderen Betrachtungen weglassen, finden wir zwischen dem festen menschlichen Körper und dem Mineral der Erde mehrere bedeutsame Unterschiede. Der Mensch bewegt sich; er wächst und pflanzt seine Art fort, das Mineral in seinem natürlichen Zustand aber nicht.

Vergleichen wir den Menschen mit den Formen des Pflanzenreiches, so finden wir, daß beide, Pflanze und Mensch, einen wachstums- und fortpflanzungsfähigen physischen Körper besitzen. Doch der Mensch hat Fähigkeiten, die der Pflanze fehlen. Er hat Empfindungen und Bewegungskraft und kann Dinge außerhalb seiner selbst wahrnehmen.

Wenn wir den Menschen mit dem Tier vergleichen, finden wir, daß beide Empfindungs-, Bewegungs-, Wachstums-, Fortpflanzungs- und Sinneswahrnehmungs-Fähigkeiten haben. Außerdem besitzt der Mensch die Sprache, eine überlegene Struktur des Gehirns und Hände; alles große physische Vorteile. Besonders bemerkenswert ist die Entwicklung des Daumens, die unsere Hand viel wertvoller macht als die der Menschenaffen, der Antropoiden. Auch hat der Mensch eine bestimmte Sprache entwickelt, durch die er seine Gefühle und Gedanken ausdrücken kann. Das alles stellt seinen physischen Körper in eine besondere, den drei anderen Bereichen überlegene Klasse.

Um die Unterschiede in den vier Reichen erklären zu können, müssen wir in den unsichtbaren Welten forschen. In ihnen finden wir die Ursachen, warum dem einen Naturreich gegeben wird, was den anderen versagt bleibt.

Die erste Bedingung, in einer Welt zu handeln und ihre besonderen Eigenschaften ausdrücken zu können, ist, einen aus ihrer Materie bestehenden Träger, ein Vehikel, zu besitzen. Um in der dichten physischen Welt zu wirken, benötigen wir einen physischen, unserer Umgebung angepaßten Körper. Sonst wären wir für die meisten irdischen Wesen unsichtbare Geister. Bevor wir Leben zum Ausdruck bringen, wachsen oder andere besondere Eigenschaften der Ätherregion ausdrücken können, benötigen wir einen Lebensleib.

Um Gefühle und Gemütsbewegungen zu zeigen, ist es notwendig, einen aus der Materie der Empfindungswelt bestehenden Träger zu besitzen, und um Denkleistungen zu ermöglichen, ist ein aus der Substanz der Konkreten Gedankenregion gebildeter Verstand erforderlich.

Prüfen wir die vier Reiche in bezug auf die Ätherzone, so finden wir, daß die Mineralien keinen besonderen Lebensleib haben. Das ist der Grund, warum sie nicht wachsen, sich nicht fortpflanzen und kein Sinnesleben zeigen können.

Wissenschaftlich sind zunächst unbewiesene Annahmen notwendig, um bekannte Tatsachen zu erklären. Deshalb stellt die Wissenschaft die Hypothese auf, daß sich zwei Atome weder im festesten, haltbaren Körper noch im feinsten, dünnsten Gas berühren, daß jedes Atom von einem Äther umgeben wird und daß die Atome im Universum in einem Meer von Äther schweben.

Die esoterische Wissenschaft weiß, daß das für die Chemische Region richtig ist, daß das Mineral jedoch keinen besonderen Lebensleib aus Äther besitzt. Der Unterschied liegt darin, daß nur der Planetarische Äther alle mineralischen Atome einhüllt. Wie wir sahen, ist es notwendig, einen besonderen Lebensleib, einen Empfindungsleib und so weiter zu haben, um die Eigenschaften des betreffenden Reiches zum Ausdruck zu bringen. Denn die Atome der Empfindungswelt, der Gedankenwelt und selbst der Höheren Welten durchdringen das Mineral so gut wie den physischen menschlichen Körper. Wenn das Eindringen des Planetarischen Äthers, der die mineralischen Atome umhüllt, genügen würde, um dem Mineral Gefühl und Fortpflanzungsmöglichkeit zu geben, müßte das Durchdringen der Planetarischen Gedankenwelt ebenfalls genügen, es denkfähig zu machen. Das ist nicht möglich, da ihm ein besonderer Träger fehlt. Es wird nur vom Planetarischen Äther durchdrungen. Daher ist ihm persönliches Wachstum nicht möglich. Im Mineral wirkt nur der niederste der vier Ätherarten, der Chemische Äther. Ihm verdankt es seine chemischen Kräfte.

Betrachten wir Pflanzen, Tiere und Menschen in bezug auf die Ätherregion, so können wir beobachten, daß alle einen besonderen Lebensleib haben und außerdem vom Planetarischen Äther, der die Ätherregion gestaltet, durchdrungen werden. Dennoch ist ein Unterschied zwischen den Lebenskörpern der Pflanzen und denen der Tiere und Menschen vorhanden. Im pflanzlichen Lebensleib sind nur Chemischer und Lebensäther voll tätig. Deshalb kann die Pflanze durch die Wirkung des Chemischen Äthers wachsen und ihre Art durch die Tätigkeit des Lebensäthers, aus dem ihr gesonderter Ätherleib*) besteht, fortpflanzen. Der Lichtäther ist vorhanden. Doch er ist teilweise ruhend, latent; der Rückstrahlende Äther fehlt. So wird offensichtlich, daß die Fähigkeiten der Sinneswahrnehmung und des Erinnerungsvermögens, Eigenschaften dieses Äthers, nicht durch das Pflanzenreich zum Ausdruck kommen können.

Wenn wir unsere Aufmerksamkeit dem Ätherleib*) des Tieres zuwenden, werden wir finden, daß in ihm der Chemische, der Lebens- und der Lichtäther dynamisch wirken. Daher besitzt das Tier die Fähigkeiten der Nahrungsassimilation und des Wachsens, die durch die Tätigkeiten des Chemischen Äthers hervorgerufen werden. Und wie den Pflanzen ist ihm durch den Lebensäther auch die Möglichkeit der Fortpflanzung gegeben. Durch das Wirken des dritten, des Lichtäthers, hat es darüber hinaus die Fähigkeit, innerlich Wärme zu erzeugen und durch die Sinne wahrzunehmen. Der vierte Äther ist im Tier noch nicht tätig. Daher hat dieses Lebewesen weder Denk- noch Erinnerungsvermögen. Was als solche erscheinen, ist anderer Natur, was später nachgewiesen wird.

Wenn wir das menschliche Wesen untersuchen, finden wir, daß in seinem hochorganisierten Lebensleib alle vier Ätherarten dynamisch aktiv sind. Durch die Tätigkeit des Chemischen Äthers ist der Mensch fähig, Nahrung aufzunehmen und zu wachsen. Die im Lebensäther wirkenden Kräfte befähigen ihn, seine Art fortzupflanzen. Die Kräfte des Lichtäthers versorgen den physischen Körper mit Wärme, wirken auf das Nervensystem und die Muskeln und öffnen so durch die Sinne die Tore zur Außenwelt. Der Rückstrahlende Äther gibt dem Geist die Fähigkeit, seinen Träger durch das Denken zu beherrschen. Dieser Äther speichert im Gedächtnis auch vergangene Erfahrungen.

---

*) Siehe Anhang, Anmerkung 3

Der Lebensleib von Pflanze, Tier und Mensch dehnt sich als Ätherische Region über den Umfang des physischen Körpers aus. Jene Region ist der Lebensleib eines Planeten; sie überragt seinen dichten Teil. Das beweist wieder die Wahrheit des hermetischen Grundsatzes „Wie oben, so unten". Die Ausdehnung des Lebensleibes über den physischen Körper hinaus beträgt beim Menschen ungefähr vier Zentimeter. Der Teil, der sich außerhalb des physischen Leibes befindet, ist stark leuchtend; seine Farbe gleicht einer soeben aufgegangenen Pfirsichblüte. Menschen mit schwacher unwillkürlicher Hellsichtigkeit haben ihn oftmals gesehen. In Gesprächen des Autors mit manchen von ihnen stellte sich häufig heraus, daß sie nicht unterrichtet waren, etwas Ungewöhnliches wahrzunehmen; sie wissen nicht, was sie sehen.

Der physische Körper ist während des vorgeburtlichen Lebens in die Gebärmutter seines Lebensleibes eingefügt worden und ist mit einer einzigen Ausnahme, Molekül für Molekül, die genaue Nachbildung eben dieses Lebensleibes. Wie die Kraftlinien in gefrierendem Wasser die Zugänge für die Bildung der Eiskristalle sind, so bestimmen die Kraftlinien im Lebensleib die Gestalt des physischen Körpers. Während des ganzen Lebens wird die physische Form vom Lebensleib wiederhergestellt. Gäbe es das ätherische Herz nicht, müßte das physische Herz bald unter den ihm ständig zugemuteten Anstrengungen zerbrechen. Soweit es in seiner Macht liegt, tritt der Lebensleib jedem Mißbrauch entgegen, den wir mit unserem physischen Leib treiben, und er kämpft unaufhörlich gegen den Tod des physischen Körpers.

Die oben erwähnte Ausnahme ist, daß der Lebensleib des Mannes weiblich oder negativ, derjenige der Frau männlich oder positiv ist. Wir finden darin den Schlüssel zu zahlreichen schwierigen Problemen des Lebens. Daß die Frau ihren Gefühlsregungen nachgibt, ist eine Folge der erwähnten Polarität. Denn ihr positiver Lebensleib erzeugt ein Übermaß an Blut, das sie unter einen außergewöhnlichen inneren Druck stellt. Er würde das physische Gebäude zerbrechen, wenn er nicht durch das Sicherheitsventil des periodischen Abfließens vermindert werden könnte. Ein anderes Ventil verringert den bei besonderen Gelegenheiten entstehenden Druck durch Tränen. Sie sind „Weißes Blut".

Ein Mann hat vielleicht oder wirklich genauso starke Gemütsbewegungen wie eine Frau. Er kann sie aber im allgemeinen, ohne Tränen zu vergießen, unterdrücken, denn sein negativer Lebensleib erzeugt nicht mehr Blut, als er leicht beherrschen kann.

Im Gegensatz zu den höheren Trägern der Menschheit verläßt der Ätherleib, abgesehen von Umständen, die später bei der Behandlung des „Einweihungsvorgangs" erklärt werden, den physischen Körper für gewöhnlich erst beim Tod. Dann werden die chemischen Kräfte des physischen Leibes nicht mehr durch das sich entwickelnde Leben unter Kontrolle gehalten. Sie beginnen, die Materie durch Auflösung wieder in ihren Urzustand zurückzuführen, so daß sie im Haushalt der Natur zur Bildung anderer Formen verfügbar werden kann. Die Auflösung ist somit eine Folge der Tätigkeit planetarischer Kräfte im Chemischen Äther.

Das Gewebe des Lebensleibes kann etwa mit jenen Bilderrahmen verglichen werden, die aus Hunderten ineinandergreifender kleiner Holzstücke hergestellt sind und dem Betrachter unzählige Punkte zeigen. Der Lebensleib weist Millionen von Punkten*) auf. Sie dringen in die hohlen Zentren der dichten Atome ein und erfüllen sie mit Lebenskraft, die sie in höhere Schwingungen versetzen, als diejenigen der Mineralien versetzt worden sind, die nicht so beschleunigt und beseelt werden.

Wenn ein Mensch ertrinkt, von einer Höhe herunterfällt oder erfriert, verläßt der Lebensleib den physischen Körper. Dabei werden die Atome vorübergehend unbeweglich. Während der Wiederbelebung kehrt der Lebensleib in den irdischen Körper

---

*) Siehe auf Seite 10 in „Ein Wort an den Weisen" den Hinweis, daß es besser wäre, hier von Prismen zu sprechen.

zurück, und die „Punkte“ werden erneut in die dichten Atome eingefügt. Deren Trägheit verursacht, daß sie der Schwingungs-Wiederaufnahme widerstehen. Dadurch kommt es zu den heftigen, stechenden Schmerzen und dem prickelnden Gefühl, die, normalerweise nicht bemerkt, in solchen Augenblicken jedoch wahrgenommen werden. Aus dem gleichen Grund werden wir uns des beginnenden Gehens oder des Stehenbleibens einer Uhr bewußt, während wir, wenn sie in Gang ist, unempfindlich gegen ihre Ticken sind.

Es gibt gewisse Fälle, in denen der Lebensleib den physischen Körper teilweise verläßt. Beispielsweise kann man die ätherische Hand bei ihrem „Einschlafen“ wie einen Handschuh unter dem physischen Arm hängen sehen. Das eigentümlich prickelnde Gefühl wird durch die Punkte der Ätherhand hervorgerufen, wenn diese wieder in die physische einzieht. Manchmal teilt sich in der Hypnose der Kopf des Lebensleibes; er hängt dann außerhalb des physischen Kopfes, auf jeder Schulter eine Hälfte, oder er legt sich wie der Kragen eines Pullovers um den Hals. Weil ein Teil vom Lebensleib des Hypnotiseurs während der Hypnose die betreffende Stelle seines Opfers eingenommen hatte, fehlt beim Wiedererwachen in solchen Fällen das Prickeln.

In der Narkose wird der Lebensleib teilweise zusammen mit den höheren Trägern aus dem physischen Körper herausgezwungen. Geschieht das durch zu starke Anwendung, folgt der Tod. Dieselbe Erscheinung kann auch bei Materialisationsmedien beobachtet werden. Tatsächlich gibt es zwischen diesen und einem allgemeinen Menschen Unterschiede. Bei Alltagsfrauen und -männern sind Lebensleib und physischer Körper im gegenwärtigen Stadium der Evolution fest ineinander verwoben; beim Medium hingegen ist nur eine lose Verbindung vorhanden. Das war nicht immer so, und die Zeit wird wiederkommen, in der der Lebensleib den physischen Träger ganz normal verlassen kann; diese Möglichkeit ist heute nicht gegeben. Erlaubt ein Medium Wesenheiten der Empfindungswelt, die sich materialisieren wollen, seinen Lebensleib zu gebrauchen, fließt die Lebenskraft im allgemeinen auf der linken Seite durch ihr besonderes Tor, die Milz, heraus. Normalerweise strömt sie in den Körper. Das kann nun nicht geschehen. Das Medium kommt in einen starken Erschöpfungszustand. Manche von ihnen greifen dann zu gegenwirkenden Anregungsmitteln; sie können mit der Zeit zu unheilbaren Trinkern werden.

Die Lebenskraft der Sonne, die uns wie ein farbloses Fluidum umgibt, wird durch das ätherische Gegenüber der Milz vom Lebensleib aufgesogen, indem sie eine merkwürdige farbliche Verwandlung durchmacht. Sie wird blaß-rosarot und breitet sich längs der Nerven über den gesamten physischen Körper aus. Für das Nervensystem ist sie das, was die Elektrizitätskraft für ein Telegraphensystem ist. Fehlt jene, kann keine Botschaft übermittelt werden, auch wenn alle Drähte, Instrumente und Telegraphisten in Ordnung sind. Ich, Gehirn und Nervensystem können offenbar vollkommen heil und gesund sein. Wenn aber die Lebenskraft nicht vorhanden ist, die Botschaften des Ich durch die Nerven zu den Muskeln zu tragen, wird der physische Körper unbeweglich bleiben. Das ist der Fall, wenn Teile von ihm gelähmt werden. Dann ist der Lebensleib krank geworden, und die Lebenskraft kann nicht länger strömen. Wie bei den meisten Erkrankungen ist die Störung in dem feineren, unsichtbaren Träger zu suchen. In bewußtem oder unbewußtem Anerkennen dieser Tatsache wenden die meisten erfolgreichen Ärzte Suggestion, die auf die höheren Träger wirkt, als medizinisches Hilfsmittel an. Je mehr Glauben und Hoffnung der Arzt seinen Patienten geben kann, um so schneller wird die Krankheit vergehen, und vollkommene Gesundheit wird sich einstellen.

Im Gesundheitszustand erzeugt der Lebensleib einen Überschuß an Lebenskraft. Nachdem diese den physischen Körper durchströmt hat, strahlt sie wie der Halbmesser eines Kreises vom Zentrum in gerader Richtung nach allen Seiten aus. Bei Erkrankungen ist der Lebensleib geschwächt. Dann kann er nicht so viel Kraft an sich heranziehen. Außerdem zehrt der irdische Körper an ihm. Die aus dem Lebensleib heraustretenden Strahlen des Lebensfluidums sind gekrümmt und gebogen. Das beweist, daß sie unter Kräftemangel leiden. Im Gesundheitszustand führen diese Ausstrahlungen Keime und Mikroben mit sich, die für die Gesundheit des physischen Körpers schädlich sind. Ist die Lebenskraft durch Krankheit geschwächt, können Krankheitskeime durch diese Ausstrahlungen nicht ausgestoßen werden. Deshalb ist die Ansteckungsgefahr bei Minderung der Lebenskräfte größer als bei guter Gesundheit.

Wenn Teile des physischen Körpers amputiert werden, begleitet sie nur der planetarische Äther. Der abgetrennte Lebens- und der physische Leib lösen sich nach dem Tod gleichzeitig auf. So ist es auch mit dem ätherischen Gegenbild des amputierten Gliedes, das sich so, wie das feste Körperteil verwest, allmählich auflöst. Betroffene Menschen behaupten, ihre Finger zu spüren oder in ihnen Schmerzen zu haben. Das liegt daran, daß das Ätherglied noch eine Zeitlang vorhanden ist. Unabhängig von Entfernungen bestehen auch Verbindungen zu begrabenen Körperteilen. Es wird von einem Mann berichtet, der im amputierten Glied einen heftigen Schmerz verspürte, so als stecke ein Nagel im Fleisch. Das Körperglied wurde exhumiert. Man fand, daß beim Einsargen ein Nagel ins Fleisch eingedrungen war. Er wurde entfernt, der Schmerz hörte sofort auf. Mit diesem Sachverhalt stimmt auch überein, daß sich Menschen noch zwei oder drei Jahre nach der Amputation über Schmerzen in abgenommenen Gliedern beklagen. Die Krankheit verblieb in dem noch nicht abgetrennten ätherischen Glied, dessen Auflösung der des amputierten, verwesenden Teiles folgt, nach der erst der Schmerz endet.

Wir haben jetzt die Beziehungen der vier Reiche zur Ätherregion der Physischen Welt betrachtet. Als nächstes werden wir unsere Aufmerksamkeit denjenigen zur Empfindungswelt zuwenden.

Hier finden wir, daß Mineralien und Pflanzen keinen eigenen Empfindungskörper besitzen. Sie werden vom planetarischen Empfindungsleib, der Empfindungswelt, durchdrungen. Da ihnen der gesonderte Träger fehlt, können sie nicht fühlen, wünschen und Gemütsbewegungen empfinden. Denn alle diese Fähigkeiten gehören der Empfindungswelt an. Wird ein Stein zerschlagen, fühlt er es nicht. Doch es wäre falsch, anzunehmen, daß sich mit dieser Handlung kein Fühlen verbindet, obwohl das die Ansicht der meisten Menschen ist. Der esoterische Wissenschaftler weiß, daß es keine Tat, ob groß oder klein, gibt, die nicht überall im Universum gefühlt wird. Und wenn der Stein, der keinen gesonderten Empfindungsleib hat, nicht fühlen kann, so fühlt doch der Geist der Erde, denn sein Empfindungsleib durchdringt das Gestein. Wenn sich ein Mensch in den Finger schneidet, fühlt nicht der Finger, der keinen besonderen Empfindungsleib hat, den Schmerz, sondern der Mensch, dessen Empfindungsleib den Finger durchdringt. Zieht man eine Pflanze mitsamt den Wurzeln aus dem Boden, wird das vom Geist der Erde so gefühlt, wie ein Mensch spürt, wenn ihm ein Haar vom Kopf gerissen wird. Unsere Erde ist ein lebender, fühlender Körper. Alle Formen, die keinen eigenen Empfindungsleib haben, durch den ihr belebender Geist Gefühl erfahren könnte, sind in den Empfindungsleib der Erde einbezogen. Er hat Gefühl. Das Brechen von Steinen und das Abbrechen einer Pflanze bringen der Erde Freude, während ihr das Herausreißen von Pflanzen mitsamt den Wurzeln Schmerz bereitet.. Die Begründung hierfür wird in einem späteren Teil dieses Buches gegeben. Auf dieser Stufe unseres Studiums würde die Erklärung für den Durchschnittsleser unverständlich sein.

Die planetarische Empfindungswelt pulsiert durch den physischen Körper und den Lebensleib von Tier und Mensch ebenso, wie sie die Mineralien und Pflanzen durchdringt. Allerdings haben Tiere und Menschen noch ihren gesonderten Empfindungsleib. Durch ihn können sie Verlangen, Gemütserregungen und Leidenschaften fühlen. Mit einem Unterschied. Der Empfindungsleib des Tieres ist ausschließlich aus dem Stoff der dichten Regionen der Empfindungswelt gebildet. Doch selbst bei den niedersten Menschenrassen ist in diese Zusammensetzung ein wenig Materie der oberen Regionen mit einbezogen. Die Gefühle der Tiere und der niedersten Menschenrassen bewegen sich fast ausschließlich um die Befriedigung der niedersten Wünsche und Leidenschaften, die sich durch die Materie der drei unteren Regionen der Empfindungswelt ausdrücken. Damit ihnen Gefühle, die sie für ihre Erziehung zu Höherem benötigen, zuteil werden können, sollten die entsprechenden Stoffe in ihren Empfindungskörpern vorhanden sein. Im Fortschreiten des Menschen in der Schule des Lebens lehren ihn seine Erfahrungen, und sein Verlangen wird mit der Zeit reiner und besser. Gleichzeitig unterliegt das Material seines Empfindungsleibes entsprechenden Veränderungen. Der reinere und hellere Stoff der höheren Empfindungswelt-Regionen ersetzt die trüben Farben der niederen Unterabteilungen. Auch wächst der Empfindungsleib an Größe. Bei einem Heiligen ist eine wahrhaft prächtige Aura zu beobachten. Die Reinheit ihrer Farben und ihre leuchtende Lichtdurchlässigkeit sind unvergleichlich. Man muß sie gesehen haben, um sie würdigen zu können.

Bei den meisten Menschen setzt sich der Empfindungsleib gegenwärtig aus höheren und niederen Kräften zusammen. Kein Mensch ist so schlecht, daß er nicht einen guten Charakterzug hätte. Das drückt sich in der Materie der höheren Regionen aus, die wir in seinem Empfindungsleib finden. Andererseits aber sind sehr, sehr wenige Menschen so gut, daß sie nicht Materie der niederen Regionen verwerten.

An dem Beispiel von Schwamm, Sand und Wasser sahen wir, wie die planetarischen Äther- und Empfindungskörper die dichte Materie der Erde durchdringen. Ebenso durchwirken Lebens- und Empfindungsleib die physischen Körper von Pflanze, Tier und Mensch. Doch während des menschlichen Lebens hat der Empfindungsleib nicht die Gestalt des dichten und des Lebensleibes. Er nimmt sie erst nach dem Tod an. Während des Lebens gleicht er einem leuchtenden, eiförmigen Körper, der den physischen Leib in den Stunden des Wachens so völlig umgibt wie das Eiweiß den Eidotter. Er erstreckt sich zwischen dreißig und vierzig Zentimetern über den dichten Körper hinaus. In diesem Empfindungsleib befinden sich zahlreiche Sinneszentren. Bei den meisten Menschen sind sie jedoch unentwickelt, latent. Das Erwecken dieser Wahrnehmungszentren entspricht in unserem früheren Beispiel dem Öffnen der Augen des blinden Menschen.

Der Stoff des menschlichen Empfindungsleibes ist in unaufhörlicher, unfaßbarer Bewegung. Da gibt es keinen bestimmten Platz für ein Teilchen wie im physischen Körper. Die Substanz, die sich im einen Augenblick über dem Kopf befindet, kann im nächsten Moment an den Füßen sein und wieder zurückfluten. Der Empfindungsleib hat keine Organe wie der physische und der Lebensleib. Doch er besitzt Wahrnehmungszentren, die sich in der Tätigkeit wie Wirbel zeigen und immer in derselben relativen Stellung zum irdischen Körper bleiben. Größtenteils befinden sie sich über dem Kopf. Bei den meisten Menschen sind sie nur Wirbel und nicht als Wahrnehmungszentren zu gebrauchen. Doch sie können in allen erweckt werden; allerdings führen verschiedene Methoden zu unterschiedlichen Ergebnissen.

Beim unwillkürlich Hellsehenden, der sich nach einer unrichtigen, negativen Leitlinie entwickelt hat, drehen sich diese Wir-

DURCHSCHNITTSMENSCH

Die Sinneszentren und Ströme des Empfindungsleibes. Sie sind unklar, da sie noch nicht erweckt wurden.

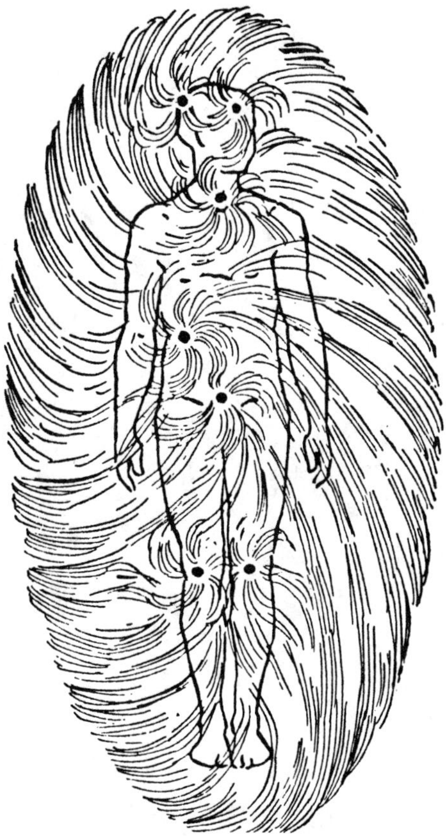

DER NATURGEMÄSS GESCHULTE HELLSEHER
Die Sinneszentren sind willkürlich geordnet und gebrauchsfähig

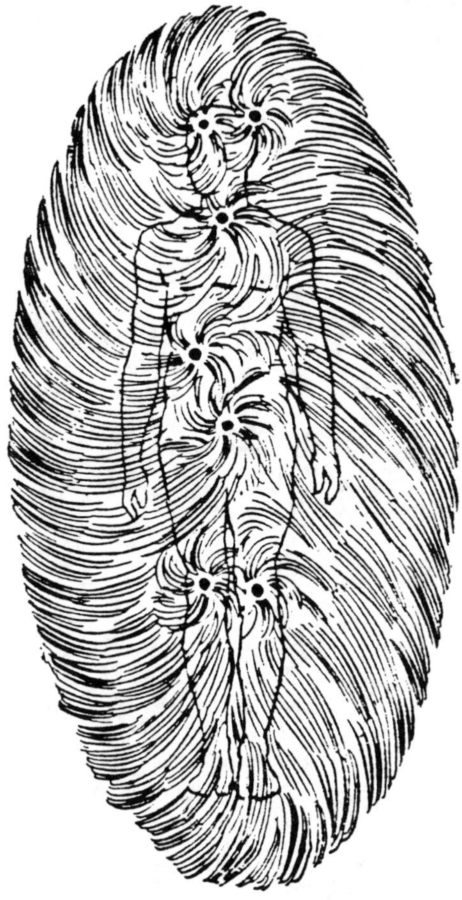

DER UNWILLKÜRLICHE HELLSEHER
ODER DAS MEDIUM
Negative unzuverlässige Entwicklung

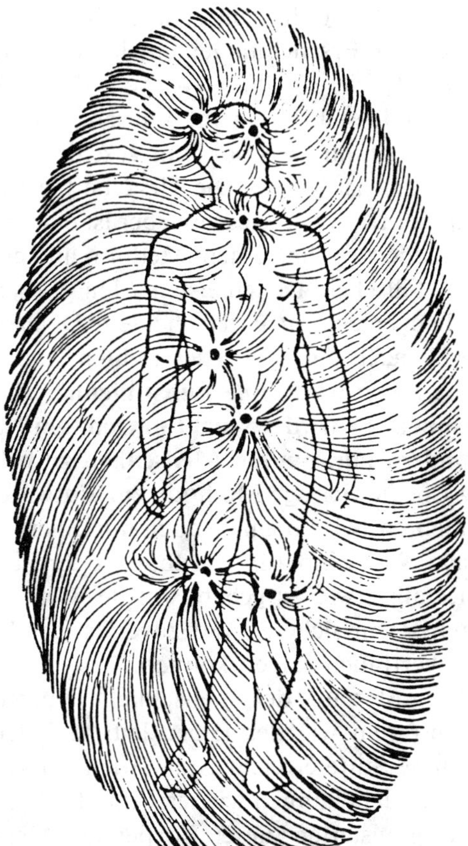

bel von rechts nach links, also in Gegenrichtung zur Bewegung der Uhrzeiger.

Im Empfindungsleib des richtig geschulten Hellsehers bewegen sie sich im Uhrzeigersinn. Sie glühen in prächtigem, die Leuchtkraft des gewöhnlichen Empfindungsleibes weit übertreffendem Glanz und vermitteln dem geübten Seher die Wahrnehmungsfähigkeiten für Erscheinungen in der Empfindungswelt; er sieht und forscht, wie er will. Menschen, deren Zentren umgekehrt, also gegen den Uhrzeigersinn kreisen, sind wie ein Spiegel, der das zurückstrahlt, was vor ihm geschieht. Sie sind unfähig, Informationen zu geben. Die Ursache hierfür gehört in ein späteres Kapitel. Das oben Gesagte aber ist einer der grundlegenden Unterschiede zwischen einem Medium und einem gründlich geschulten Hellseher. Den meisten Menschen ist es nicht möglich, zwischen beiden zu unterscheiden. Doch es gibt eine unfehlbare Regel, nach der sich jeder richten kann. **Ein wahrhaft entwickelter Seher wird seine Kunst niemals für Geld oder Geldeswert ausüben. Er wird sie nicht nutzen, um Neugierde zu befriedigen, sondern nur, um der Menschheit zu helfen.** Derjenige, der fähig ist, die richtige Methode zur Entwicklung dieser Fähigkeiten zu lehren, wird niemals auch nur einen Deut für die Lektion nehmen. Wer Geld für Ausübung oder Schulung verlangt, hat keinesfalls etwas zu geben, was des Geldes wert wäre. Die obige Regel ist ein sicherer und zuverlässiger Führer, dem alle mit vollem Vertrauen folgen können.

In ferner Zukunft wird der menschliche Empfindungsleib ebenso organisiert sein wie der Lebensleib und der physische Körper. Wenn diese Stufe erreicht ist, werden wir alle im Empfindungsleib so handeln können wie jetzt im physischen, dem ältesten und bestorganisierten dieser Körper des Menschen. Der Empfindungsleib ist der jüngste Körper. Er wurzelt in der Leber, so wie der Lebensleib aus der Milz herausfließt.

Bei allen warmblütigen Lebewesen geht der Lebensstrom von der Leber aus. Die höchstentwickelten Geschöpfe haben Gefühle, Leidenschaften und Gemütsbewegungen, die sich in bestimmter Zeit mit Wünschen zu wirklichem Leben und nicht nur zum Vegetieren nach außen in die Empfindungswelt erstrecken. Der Empfindungsstoff quillt fortwährend in Bächen oder Strömen heraus, die sich in gebogener Linie zu jedem Punkt der Peripherie des eiförmigen Körpers bewegen und dann durch mehrere Wirbel zur Leber zurückkehren. Es ist fast so wie kochendes Wasser, das ständig von der Wärmequelle aufsteigt und nach vollendetem Umlauf zu ihr zurückkehrt.

Den Pflanzen fehlt dieses antreibende, energiespendende Prinzip. Deshalb können sie nicht wie höher entwickelte Lebewesen Leben und Bewegung zeigen. Wesen, die Leben und Bewegung, aber kein rotes Blut haben, fehlt der eigene Empfindungsleib. Sie befinden sich einfach im Übergangszustand zwischen Pflanze und Tier und bewegen sich daher ausschließlich durch die Kraft des Gruppengeistes.

Die **kalt**blütigen Tiere, die eine Leber und rotes Blut besitzen, haben einen gesonderten Empfindungsleib. Der Gruppengeist lenkt die Strömungen nach **innen.** Denn bei diesen Lebewesen ist, wie beispielsweise bei allen Fischen oder Reptilien, der eigene Geist gänzlich außerhalb des physischen Trägers.

Wenn sich der Organismus so weit entwickelt hat, daß der gesonderte Geist anfangen kann, in seine Träger einzuziehen, beginnt er, die Ströme nach **außen** zu lenken. Nun können wir den Beginn leidenschaftlichen Lebens und warmen Blutes bemerken, des roten Blutes in der Leber von Organismen, die sich genügend entwickelt haben, um einen **inne**wohnenden Geist aufzunehmen, der die nach außen gehenden Ströme des Empfindungsstoffes aktiviert. Dadurch enfalten Tier oder Mensch Verlangen und Leidenschaften. Das hat noch keinen völlig **inne**wohnenden Geist, der erst dann einziehen wird, wenn die Punkte des Lebensleibes und des physischen Körpers, wie im 12. Kapitel erklärt werden wird, miteinander in Verbindung treten. Aus diesem Grund ist das Tier kein „Lebender“. Das heißt, es lebt nicht so vollkommen wie der Mensch, denn es hat nicht die Fähigkeit für feine Gefühle und Gemütsbewegungen, da es kein volles Bewußtsein hat. Die Säugetiere unserer Zeit sind auf einer höheren Stufe, als es der Mensch im Tierstadium seiner Evolution gewesen ist. Sie haben warmes, rotes Blut, das der Mensch damals nicht besaß. Dieser Unterschied erklärt sich aus dem spiralförmigen Weg der Evolution. Und darin liegt auch die Begründung, daß der Mensch in seinem Menschsein ein höherer Typus ist, als es die jetzigen Engel in ihrem menschlichen Stadium gewesen sind. Die Säugetiere der Gegenwart, die schon in ihrem Tierzustand rotes, warmes Blut erwarben und daher einigermaßen fähig sind, durch Gefühle und Begierden Erfahrungen zu sammeln, werden in der Jupiterperiode ein reinerer und besserer Menschentypus sein, als wir es jetzt sind. Gleichzeitig werden gerade in jener Periode einige offen und ausgesprochen Gottlose aus unserer gegenwärtigen Menschheit hervorgehen. Sie werden dann allerdings nicht fähig sein, ihre Leidenschaften, wie es heute möglich ist, zu verbergen; doch sie werden uneingeschränkt Böses tun.

Angesichts der Verbindung zwischen der Leber und dem Leben des Organismus ist es bemerkenswert, daß dasselbe Wort in verschiedenen europäischen Sprachen, im Englischen, Deutschen und dem Skandinavischen, das Körperorgan und auch „einen, der lebt“, bezeichnet.

Wenn wir unsere Aufmerksamkeit den vier Reichen in ihrer Beziehung zur Gedankenwelt zuwenden, werden wir finden, daß Mineralien, Pflanzen und Tiere keinen Träger besitzen, um sich mit jener Welt zu verbinden. Gleichwohl wissen wir, daß einige Tiere denken. Doch das sind nur die höchstentwickelten Haustiere. Sie standen durch Generationen mit dem Menschen in naher Verbindung und haben eine Fähigkeit entwickelt, die anderen, nicht so begünstigten Tieren fehlt. Dasselbe Prinzip finden wir auf dem Gebiet der Elektrizität. Ein hoch geladener Draht ruft in einem nahe an ihn herangebrachten anderen einen schwächeren Induktionsstrom hervor. Menschen mit starker Moral erwecken in schwächeren Naturen eine Moralstärkung, während eine schwache Moral zugrunde gerichtet wird, wenn sie in den Einflußbereich von schlechten Charakteren kommt. Alles, was wir tun, sagen oder sind, spiegelt sich in unserer Umgebung wider. Deshalb denken auch die höchstentwickelten Haustiere. Sie sind die höchsten Tiere ihrer Art, fast schon an dem Punkt, sich zu individualisieren. Die Gedankenwellen des Menschen haben in ihnen eine einfache Aktivität niedrigerer Art „induziert". Außer den eben angeführten Ausnahmen hat das Tierreich keine Denkfähigkeit entwickelt. Seine Lebewesen sind nicht **individualisiert.** Das ist der große, der Hauptunterschied zwischen dem Reich des Menschen und anderen Reichen. Der Mensch ist eine Individualität. Tiere, Pflanzen und Mineralien sind in Arten gegliedert und nicht in demselben Sinn individualisiert.

Es ist wahr, daß wir das Menschengeschlecht in Rassen, Stämme und Völker einteilen. Wir bemerken den Unterschied zwischen Kaukasiern*), Schwarzen, Indianern und so weiter. Das ist aber nicht der entscheidende Punkt. Wenn wir die Merkmale des Löwen, des Elefanten oder einer niederen Tierart studieren wollen, genügt es, ein Exemplar der betreffenden Gattung auszuwählen. Haben wir die Charakteristiken eines Tieres kennengelernt, ist uns seine ganze Art bekannt. Alle Glieder desselben Tierstammes sind gleich. Das ist der Punkt. Ein Löwe, sein Vater- oder sein Sohnestier, alle sehen sie gleich aus; ihre Aktivität wird unter denselben Bedingungen unterschiedslos gleich sein. Alle haben dieselben Neigungen und Abneigungen, eines wie das andere.

---

*) siehe Anhang, Anmerkung 15.

Die Menschenwesen sind anders. Wenn wir das Charakteristikum der Schwarzen herausfinden wollen, genügt es nicht, eine einzige Individualität dieser Rasse zu betrachten. Wir müßten jeden einzelnen studieren. Und selbst dann werden wir zu keinem Wissen über die Schwarzen als Ganzes kommen, weil sich die Merkmale eines einzelnen nicht auf die gesamte Rasse übertragen lassen.

Wenn wir den Charakter Abraham Lincolns kennenlernen möchten, nützt es uns nichts, seinen Vater, seinen Großvater oder seinen Sohn zu studieren, denn sie sind grundverschieden voneinander. Jeder wird seine besonderen Eigentümlichkeiten haben, die sich von den Eigenempfindlichkeiten, den Idiosynkrasien Abraham Lincolns vollständig abheben.

Daher geben wir eine Beschreibung der Mineralien, Tiere und Pflanzen, wenn wir unsere Aufmerksamkeit einem Exemplar jeder Gattung widmen. Unter den menschlichen Wesen sind dagegen so viele Arten, wie es Individuen gibt. Jeder Mensch ist eine „Art", ein Gesetz für sich, ganz und gar getrennt von jedem anderen. Er unterscheidet sich von seinem Mitmenschen wie eine Gattung des niederen Reiches von der anderen. Wir können die Biographie eines Menschen schreiben, denn jeder hat einen individuellen, innewohnenden Geist, der die Gedanken und Handlungen des einzelnen lenkt. Ein Tier aber kann keine Biographie haben. Denn jede Art der verschiedenen Tiere oder Pflanzen hat einen gemeinsamen Gruppengeist.*) Er wirkt auf sie alle von außen ein. Der Tiger, der die Wildnis indischer Dschungel durchstreift, und der im Käfig eines Tiergeheges eingesperrte Tiger sind Äußerungen desselben Gruppengeistes, der beide durch die Empfindungswelt beeinflußt. Denn Entfernungen spielen in den inneren Welten fast keine Rolle.

In ihnen wurden den Gruppengeistern der drei niederen Reiche unterschiedliche Stellungen angewiesen. Wir werden darauf bei

*) Klammerzusatz an dieser Stelle in der ersten deutschen Ausgabe: „gewöhnlich auch ‚Gruppenseele' genannt".

der Erforschung des Bewußtseins der verschiedenen Reiche näher eingehen. Um die Lage dieser Gruppengeister in den inneren Welten genau zu erkennen, ist es notwendig, sich an das zu erinnern und klar zu verstehen, was über die Formen gesagt wurde, die aus Urbildern und Ideen der inneren in die sichtbare Welt herauskristallisiert worden sind. Man denke an die Beispiele vom Haus des Architekten und der Maschine des Erfinders. In ähnlicher Weise, wie sich die Säfte aus dem weichen Körper der Schnecke zum harten Haus, das sie auf dem Rücken trägt, kristallisieren, haben die Geistwesen der höheren Welten die physisch-materiellen Körper der verschiedenen Naturreiche aus sich herausgeformt.

Deshalb sind die „höheren" Träger keineswegs Ausstrahlungen, „Emanationen", aus dem physischen Körper, obwohl sie so fein und nebelartig sind, als ob sie unsichtbar wären. Vielmehr entspricht der irdische Träger in allen Naturreichen dem Schneckenhaus. Die Schnecke, die es aus sich herauskristallisiert hat, entspricht dem Geist, während die Säfte ihres Körper, die den Kristallisationsvorgang vermittelten, den Verstand, den Empfindungskörper und den Lebensleib darstellen können. **Diese verschiedenen Träger sind Emanationen des Geistes aus sich selbst heraus,** um durch sie Erfahrungen zu sammeln. So wie die Schnecke ihr Haus mit sich fortträgt, so bewegt der Geist den Körper, wohin er will. Es ist nicht der Körper, der die Bewegung des Geistes beaufsichtigt. Je enger der Geist mit seinem Träger in Verbindung treten kann, umso besser kann er ihn lenken und sich durch ihn äußern und umgekehrt. Das ist der Schlüssel zu den einzelnen Bewußtseinszuständen in den verschiedenen Reichen.

Eine Betrachtung der Diagramme 3 und 4 sollte ein klares Verständnis für die Träger jedes Reiches vermitteln, außerdem die Art und Weise, wie sie und die sich ergebenden Bewußtseinszustände zu den einzelnen Welten in Beziehung stehen.

Diagramm 3

zeigt die Träger jedes Reiches und die Art, in der sie mit den verschiedenen Welten in Beziehung stehen

	Naturreich			
Welten	Mineralreich	Pflanzenreich	Tierreich	Menschheit
Region der Abstrakten Gedanken . . .	Gruppengeist und Ich	Gruppengeist und Ich	Gruppengeist und Ich	Ich
Region der Konkreten Gedanken . . .	kein Träger	kein Träger	kein Träger	Verstand
Empfindungswelt	kein Träger	kein Träger	Empfindungsleib	Empfindungsleib
Physische Welt; sie umfaßt die Ätherregion . . .	kein Träger	Lebensleib	Lebensleib	Lebensleib
und die Chemische Region	physischer Körper	physischer Körper	physischer Körper	physischer Körper

Diagramm 4

zeigt den jedem Reich zugehörenden Bewußtseinszustand

Welt	Naturreich				Bewußtseinszustand
	Mineralreich	Pflanzenreich	Tierreich	Menschheit	
Region der Abstrakten Gedanken . . . und Region der Konkreten Gedanken . . .	Gruppengeist und Ich	Gruppengeist und Ich			Trancebewußtsein (tiefe Bewußtlosigkeit) Traumloser Schlaf
Empfindungswelt			Gruppengeist und Ich		Traumbewußtsein
Physische Welt: Sie umfaßt die Ätherregion . . . und die Chemische Region	physischer Körper	Lebensleib physischer Körper	Empfindgl. Lebensleib physischer Körper	Ich Verstand Empfindgl. Lebensleib physischer Körper	Waches Bewußtsein

Aus Diagramm 3 lernen wir, daß das individuelle Ich mit dem Universalgeist in der Region der Abstrakten Gedanken lebt. Es zeigt, daß nur der Mensch die vollständige Kette von Trägern hinsichtlich aller Einteilungen der drei Welten besitzt. Dem Tier fehlt ein Glied in der Kette, der Verstand, der Pflanze zwei, Verstand und Empfindungsleib. Dem Mineral fehlen drei Glieder der Trägerkette, die es zu selbstbewußtem Wirken in der Physischen Welt benötigen würde, der Verstand, der Empfindungs- und der Lebensleib.

Der Grund für die mannigfaltigen Unzulänglichkeiten ist, daß das Mineralreich die Äußerung des jüngsten Stromes sich entwickelnden Lebens ist. Das Pflanzenreich wurde von einer Lebenswoge beseelt, die sich schon länger auf dem Evolutionspfad befindet. Die Lebenswoge des Tierreiches hat eine noch längere Vergangenheit, während der Mensch, besser gesagt das Leben, das sich gegenwärtig in der menschlichen Gestalt ausdrückt, die längste Reise aller vier Reiche hinter sich hat und deshalb führend ist. Mit der Zeit werden die drei Lebenswogen, die jetzt die niederen Reiche beleben, den menschlichen Zustand erreichen, und wir werden dann in höhere Entwicklungsstadien übergegangen sein.

Um die Bewußtseinsstufe, die sich aus dem Besitz der Träger ergibt und die von dem sich in den vier Reichen entwickelnden Leben gebraucht wird, zu verstehen, betrachten wir nun Diagramm 4. Es zeigt, daß der Mensch, das Ich, der Denker in die Chemische Region der Physischen Welt heruntergestiegen ist. Hier hat er alle seine Träger, seine Vehikel, geordnet und dadurch den Zustand wachen Bewußtseins erreicht. Er lernt, sie zu beherrschen. Die Organe des Empfindungsleibes und des Verstandes sind jetzt noch nicht entwickelt. Letzterer ist noch nicht einmal ein Körper. Er ist gegenwärtig nur ein Kettenglied, eine Abgrenzung, die vom Ich als Sammelpunkt verwendet wird, und der letzte der geschaffenen Träger. Der Geist wirkt nach und nach aus der feinen in die gröbere Substanz. Auch die Träger werden zuerst in feinem, dann in gröberem Stoff gestaltet. Zuerst wurde der physische Körper geschaffen, der jetzt in das vierte Stadium seiner Dichte gekommen ist; der Lebensleib ist im dritten, der Empfindungsleib im zweiten Stadium. Letzterer ist daher gegenwärtig wolkenähnlich und die Abgrenzung des Verstandes noch undeutlicher. Da diese Träger bis jetzt noch keine Organe entwickelt haben, wird klar, daß sie als Bewußtseinsträger allein nutzlos wären. Das Ich jedoch zieht in den physischen Körper ein und verbindet diese organlosen Träger mit den physischen Sinneszentren. Auf diese Weise wird der Wachzustand des Bewußtseins in der Physischen Welt erreicht.

Der Student sollte besonders beachten, daß diese höheren Träger durch Ihre Verbindung mit den hervorragend organisierten Lebensvorgängen des physischen Leibes gegenwärtig besonders wertvoll sind. Dadurch wird er den Fehler vermeiden, der häufig von Menschen gemacht wird, die den physischen Leib verachten und ihn als „niedrig“ und „gemein“ bezeichnen, wenn sie Kenntnis der höheren Träger erhalten haben. Sie heben dann ihre Augen zum Himmel und wünschen, sie mögen bald fähig sein, diesen irdischen Lehmklumpen zu verlassen, um sich in ihren „höheren Körpern“ auszubreiten.

Diese Menschen erkennen im allgemeinen nicht den Unterschied zwischen „höher“ und „vollkommen“. Gewiß, der physische Körper ist insofern der niederste, als er der schwerfälligste ist und den Menschen in Beziehung zur Welt der Sinne mit allen ihren Begrenzungen bringt. Wie bereits gesagt wurde, hat er eine unendlich lange Evolutionszeit hinter sich. Er ist auf der vierten Stufe seiner Entwicklung, hat gegenwärtig eine hohe und bewundernswerte Leistungsfähigkeit erreicht und wird zur rechten Zeit vollkommen werden. Doch schon jetzt ist er der bestorganisierte unter den Trägern des Menschen. Der Lebensleib ist in seiner dritten Evolutionsphase und weniger gut organisiert als der physische Körper. Empfindungsleib und Verstand sind bis jetzt nur Wolken, fast völlig ungegliedert. Bei den niedersten Menschenwesen sind sie nicht einmal ausgesprochen eiförmig, dafür mehr oder weniger unbestimmt.

Der physische Leib ist ein wundervoll erschaffenes Instrument. Das sollte jeder erkennen, der meint, etwas von der menschlichen Konstitution zu wissen. Man sehe sich beispielsweise den Oberschenkelknochen an. Er trägt das ganze Gewicht des Körpers. Außen hat er eine dünne Schicht fester Knochen, innen wird er durch Balken und Querbalken in so wunderbarer Weise verstärkt, daß der geschickteste Brückenbau- oder Konstruktionsingenieur niemals das Kunststück vollbringen könnte, einen Pfeiler von gleicher Stärke und so geringem Gewicht zu bauen. Die Knochen der Schädeldecke sind auf ähnliche Weise gestaltet. Immer wird die geringstmögliche Materialmenge verwendet und das Höchstmaß an Stärke erreicht. Man betrachte die Weisheit, die sich im Aufbau des Herzens offenbart und frage sich, ob es dieser herrliche Mechanismus verdient, verachtet zu werden. Der Weise ist für seinen physischen Körper dankbar und pflegt ihn bestmöglichst, denn er weiß, daß er das wertvollste unserer gegenwärtigen Instrumente ist.

Der Geist des Tierreiches hat bei seinem Herabkommen nur die Empfindungswelt erreicht. Er entwickelte sich noch nicht soweit, daß er in den physischen Körper „eintreten" kann. Deshalb hat das Tier keinen individuellen, **inne**wohnenden Geist, sondern einen Gruppengeist, der es **von außen** lenkt. Es besitzt einen physischen Körper, einen Lebens- und einen Empfindungsleib; der diese leitende Gruppengeist aber ist außerhalb von ihnen. Lebens- und Empfindungsleib, besonders der Kopfteil, befinden sich nicht ganz im physischen Leib. Beispielsweise ragt der Ätherkopf eines Pferdes über den physischen Kopf hinaus. In seltenen Fällen kommt es vor, daß er sich in den physischen hineinzieht. Dann kann das Pferd lesen, zählen und Beispiele des elementaren Rechnens ausführen. Dieser Eigentümlichkeit ist es auch zu verdanken, daß Pferde, Hunde, Katzen und andere Haustiere die Empfindungswelt mit den Sinnen aufnehmen, aber nicht immer den Unterschied zur Physischen Welt erfassen. Ein Pferd scheut vor der Erscheinung einer für den Kutscher nicht sichtbaren Gestalt. Eine Katze bewegt sich, als würde sie sich an unsichtbaren Beinen reiben. Sie sieht die geistige Gestalt, erkennt jedoch nicht, daß sie keine physischen Beine zum Sich-daran-Reiben hat. Der Hund, der klüger als Pferd oder Katze ist, nimmt oft die Erscheinung seines toten Herrn, dessen Hand er nicht lecken kann, mit den Sinnen wahr, kann das, was da geschieht, aber nicht erfassen. Er wird jämmerlich heulen und sich, den Schwanz zwischen den Beinen, in einen Winkel verkriechen. Vielleicht kann folgendes Beispiel den Unterschied zwischen dem Menschen mit seinem innewohnenden Geist und dem Tier mit seinem Gruppengeist genauer veranschaulichen.

Stellen wir uns einen Raum vor, der durch einen Vorhang geteilt ist. Eine Seite sei die Empfindungs-, die andere die Physische Welt. In jedem Raumteil ist ein Mensch. Keiner kann den anderen sehen, keiner von einem Raumteil in den benachbarten gelangen. Im Vorhang sind jedoch zehn Löcher. Derjenige, der in der Abteilung der Empfindungswelt ist, kann seine zehn Finger durch die zehn Löcher in die Abteilung der Physischen Welt stekken. Dadurch stellt er ganz ausgezeichnet den in der Empfindungswelt wirkenden Gruppengeist dar. Seine Finger entsprechen den zu einer Gattung gehörenden Tieren. Sie können von ihm so bewegt werden, wie er es will. Aber er kann sie weder so frei noch so intelligent gebrauchen wie derjenige, der in der Physischen Welt umhergeht und seinen Körper verwendet. Letzterer sieht die durch den Vorhang gesteckten Finger. Er bemerkt, daß sie sich alle bewegen, kann aber ihren Zusammenhang nicht erkennen. Ihm scheint, als seien sie voneinander getrennt und unterschiedlich zueinander. Daß sie einem Menschen hinter dem

Vorhang gehören und durch dessen Intelligenz in ihren Bewegungen gelenkt werden, kann er nicht sehen. Verletzt er einen Finger, so verletzt er nicht nur ihn, sondern hauptsächlich den Menschen hinter dem Vorhang. Wenn ein Tier verwundet wird, leidet es nicht so sehr wie der Gruppengeist. Der Finger hat kein eigenes Bewußtsein. Er bewegt sich, wie sein Besitzer es will. Ebenso bewegen sich die Tiere nach dem Willen des Gruppengeistes. Wir hören von „Tierinstinkt“ und „blindem Instinkt“. So etwas Unbestimmtes wie einen „blinden Instinkt“ gibt es nicht. An der Art, wie der Gruppengeist seine irdischen Glieder lenkt, ist nichts „Blindes“; es ist Weisheit, in großen Lettern buchstabierend zu schreiben: WEISHEIT.

Wenn der geschulte Hellseher in der Empfindungswelt tätig ist, kann er mit den Gruppengeistern der Tierarten verkehren. Er findet sie weitaus intelligenter als einen großen Teil der menschlichen Wesen. Und er kann erkennen, mit welcher Einsicht sie ihre physischen Körper, die Tiere, führen.

Der Gruppengeist sammelt seine Vogelscharen im Herbst und veranlaßt sie, nicht zu früh und nicht zu spät in den Süden zu ziehen, um dem Eishauch des Winters zu entgehen. Im Frühling lenkt er ihre Rückkehr; er läßt sie in der richtigen, bei den einzelnen Arten unterschiedlichen Höhe fliegen. Der Gruppengeist lehrt den Biber, seinen Damm in genau passendem Winkel durch einen Wasserlauf zu bauen. Wie ein gelernter Ingenieur berücksichtigt er dabei exakt die Strömungsgeschwindigkeit und alle anderen Verhältnisse; er zeigt sich in jeder handwerklichen Einzelheit ebenso auf der Höhe der Zeit wie der geschulte, technisch ausgebildete Mensch. Die Weisheit des Gruppengeistes leitet die Biene an, ihre sechseckigen Zellen mit geometrischer Genauigkeit zu erstellen; er lehrt die Schnecke, ihr Haus zu einer genauen, schönen Spirale zu gestalten, er bringt den Mollusken des Ozeans die Kunst bei, ihre Schalen regenbogenfarbig schillernd zu schmücken. Weisheit, überall Weisheit! So erhaben, so groß, daß derjenige, der sich aufmerksam umsieht, mit Erstaunen und Ehrfurcht erfüllt wird.

An dieser Stelle ergibt sich natürlich die Frage, warum der Mensch nicht mehr Weisheit entfaltet, so daß man ihm das Errichten von Dämmen und geometrischen Bauwerken beibringen muß, wenn doch der Gruppengeist im Verhältnis zur kurzen Evolutionszeit des Tierreichs alles das ohne Belehrung verrichtet.

Die Antwort ergibt sich aus dem Herabsteigen des Universalgeistes in immer dichtere Materie. In den höheren Welten sind seine Träger seltener und feiner. Er steht in enger Verbindung mit der kosmischen Weisheit, die in einer Weise ausstrahlt, daß es für unsere Physische Welt unfaßbar ist. Wenn aber der Geist herniedersteigt, wird das Weisheitslicht zeitweilig mehr und mehr getrübt, bis es schließlich in der dichtesten aller Welten fast ganz verdunkelt ist.

Ein Beispiel soll das verdeutlichen. Die Hand ist der wertvollste Diener des Menschen. Durch ihre Geschicklichkeit ist sie fähig, auf seine leiseste Bitte zu reagieren. Bei einigen Berufen wie beispielsweise Bankangestellten wird der feinfühlige Tastsinn so empfindsam, daß die Betreffenden fähig sind, eine gefälschte Münze in einer Art und Weise von einer echten zu unterscheiden, daß man meinen könnte, ihre Hand sei mit individueller Intelligenz ausgestattet.

Möglicherweise erreicht die Hand ihre Höchstleistung beim Musizieren, kann sie doch die schönsten, seelenvollsten Melodien erzeugen. Die feinfühlige, schmeichelnde Berührung entlockt dem Instrument die zartesten Töne, die so von Leid und Freude, von Hoffnungen, Furcht und dem Sehnen der Seele erzählen, wie eben nur Musik es kann. Musik ist die Sprache der himmlischen Welt, der wahren Heimat des Geistes. Sie kommt als Botschaft aus seinem Heimatland zu dem im Fleisch gefangenen göttlichen Funken. Musik spricht ohne Rücksicht auf

Rasse, Glaubensbekenntnis oder andere weltliche Würden zu allen. Je höher und geistvoller der Mensch ist, umso reiner spricht sie zu ihm, und sogar „das harte Herz“ bleibt von ihr nicht unberührt.

Stellen wir uns vor, ein meisterhafter Musiker würde dünne Handschuhe anziehen und versuchen, seine Geige zu spielen. Wir bemerken sofort, daß die feinfühlige Berührung nicht mehr so zart sein kann; die Seele der Musik ist entflohen. Zieht er nun ein zweites schwereres Paar Handschuhe über das erste, ist die Hand so behindert, daß er gelegentlich statt der früheren Harmonie einen Mißklang hervorrufen wird. Sollte er schließlich über das hinderliche Handschuhpaar noch schwerere Fäustlinge ziehen, wäre er vorübergehend vollständig unfähig zu spielen. Jemand, der ihn vorher nicht gehört hätte, würde natürlich denken, daß er überhaupt nicht spielen könne und das besonders dann, wenn er von der Behinderung der Hände nichts wüßte.

So ist es auch mit dem Geist. Für ihn ist jeder Schritt hinab, jedes Herniedersteigen in gröbere Materie das, was für den Musiker das Anlegen von einem Paar Handschuhen ist. Jeder Schritt nach unten beschränkt seine Ausdruckskraft, bis er sich an die Grenzen gewöhnt und sein Zentrum gefunden hat. Es geht ihm wie dem Auge, das erst seinen Brennpunkt finden muß, wenn wir an einem hellen Sommertag in ein Haus eintreten. In dem strahlenden Licht der Sonne verengt sich die Pupille bis zu ihrer Grenze; beim Betreten des Hauses scheint alles dunkel zu sein. Sobald sie sich aber wieder erweitert und das Licht durchläßt, sieht der Mensch im verdunkelten Licht des Hauses ebenso gut wie im hellen Sonnenlicht.

Der Zweck der Evolution des Menschen in dieser Physischen Welt, in der das Licht der Weisheit verborgen zu sein scheint, ist es, seinen eigenen Mittelpunkt zu erkennen. Wenn der Mensch „das Licht“ zur rechten Zeit „gefunden“ hat, wird seine Weisheit fortan in seinem Tun leuchten und die sich im Tier ausdrückende Weisheit des Gruppengeistes weit übertreffen.

Außerdem ist ein Unterschied zu machen zwischen dem Gruppengeist und den Jungfräulichen Geistern der Lebenswoge, die sich jetzt in der Tierwelt ausdrücken. Der Gruppengeist gehört einer anderen Evolutionswoge an und ist der Wächter der Tiergeister.

Der physische Leib, in dem wir wirken, setzt sich aus zahlreichen Zellen zusammen; jede von ihnen hat ihr eigenes, allerdings sehr untergeordnetes Zellenbewußtsein. Solange jene einen Teil unseres Körpers bilden, sind sie von unserem Bewußtsein abhängig und werden von ihm geführt. Der Gruppengeist der Tiere wirkt in einem „geistigen Körper". Dieser Leib ist dessen niederster Träger, der aus einer unterschiedlichen Zahl Jungfräulicher Geister gebildet wird, die während ihres Seins vom Bewußtsein des Gruppengeistes erfüllt sind. Letzterer lenkt die unter ihrer Obhut gebildeten Träger, sorgt für sie und hilft den Urgeistern, sie zu gestalten. So wie sich seine Schützlinge entwickeln, vervollkommnet sich auch der Gruppengeist. Dabei erfolgen bei ihm eine Reihe von Verwandlungen. Das geschieht in ähnlicher Weise wie unser Wachstum und die Bereicherung unserer Erfahrung durch das körperliche Aufnehmen von Nahrungszellen. Deren Bewußtsein wird dadurch gleichzeitig erweckt, indem sie eine Zeitlang von unserem Bewußtsein durchdrungen werden.

Während also in jedem menschlichen Körper ein eigenständiges, selbstbewußtes Ich wohnt und die Tätigkeiten seines besonderen Trägers lenkt, ist der Geist im einzelnen Tier noch nicht individualisiert und mit Selbstbewußtsein ausgestattet. Aber er gestaltet einen Teil des Trägers einer selbstbewußten Wesenheit, die zu einer anderen Evolutionswoge als er selbst gehört.

In Übereinstimmung mit dem kosmischen Gesetz lenkt dieser Gruppengeist die Tätigkeiten der Tiere, bis die Jungfräulichen

Geister unter seiner Obhut das Selbstbewußtsein erhalten und menschlich werden. Die Urgeister werden dann allmählich ihren eigenen Willen offenbaren, mehr und mehr Freiheit gegenüber dem Gruppengeist gewinnen und für ihre individuellen Taten verantwortlich sein. Der Gruppengeist selbst wird jedoch solange — allerdings nachlassend — durch Rasse, Stamm, Gemeinwesen oder Familie auf sie einwirken, bis jeder einzelne fähig wird, in voller Übereinstimmung mit dem kosmischen Gesetz zu handeln. Bis dahin wird das Ich allerdings nicht völlig frei und unabhängig sein. Der Gruppengeist aber wird in eine höhere Evolutionsstufe eingehen.

Die Stellung, die der Gruppengeist in der Empfindungswelt einnimmt, gibt dem Tier ein Bewußtsein, das sich von dem klaren und deutlich wachen des Menschen unterscheidet. Letzterer nimmt die sich **außerhalb** von ihm befindenden Dinge in scharfen, genauen Umrissen wahr. Dank des spiralförmigen Evolutionspfades sehen die höheren Haustiere, besonders Hund, Pferd, Katze und Elefant, die Objekte fast ebenso, wenn auch vielleicht nicht so scharf umrissen. Alle anderen Tiere haben ein inneres „Bilderbewußtsein", das dem Traumzustand des Menschen ähnelt. Wird eines von ihnen einem Objekt gegenübergestellt, nimmt es innerlich unmittelbar ein Bild wahr, das von einem starken Eindruck begleitet wird, je nachdem ob das Gegenüber feindlich oder zuträglich für sein Wohlergehen ist. Wenn ein Furchtgefühl hervorgerufen worden ist, verbindet es sich mit einer Anregung des Gruppengeistes, wie das Tier der drohenden Gefahr entkommen kann. Dieser negative Bewußtseinszustand macht es dem Gruppengeist leicht, die physischen Körper seiner Schutzbefohlenen durch Suggestion zu leiten. Denn Tiere haben keinen eigenen Willen.

Der Mensch kann, ob mit oder ohne seine Zustimmung, nicht so leicht von außen geführt werden. Seit Beginn der Evolution und seitdem die Menschheit zunehmend zur Entscheidung kam, will sie nicht mehr durch äußere Anregung geführt werden, sondern ohne Rücksicht auf Fremdeinwirkung frei sein und tun, was sie will. Das ist der Hauptunterschied zwischen ihr und den anderen Naturreichen. In diesen wird nach Gesetz und Gebot des Gruppengeistes — wir nennen ihn Instinkt — gehandelt. Der Mensch hingegen wird nach und nach sein eigenes Gesetz. Wir fragen das Mineral nicht, ob es kristallisieren will oder nicht, die Blume nicht, ob sie blühen will oder nicht, den Löwen nicht, ob er zu rauben aufhören will oder nicht. Alle diese Wesen der Natur stehen im kleinsten wie im größten unter der vollkommenen Herrschaft des Gruppengeistes. Sie sind ohne freien Willen und ohne die Eigeninitiative, die der Mensch in gewissem Maß besitzt. Alle Tiere ein und derselben Gattung sehen nahezu gleich aus, denn sie sind vom selben Gruppengeist ausgegangen. Hingegen finden sich unter den eineinhalb Milliarden*) menschlichen Wesen, die die Erde bevölkern, nicht zwei, die sich genau gleichen, nicht einmal heranwachsende Zwillinge. Denn der Stempel, der jedem durch sein innewohnendes individuelles Ich aufgedrückt wird, ruft den Unterschied in Aussehen und Charakter hervor.

Daß alle Ochsen Gras und alle Löwen Fleisch fressen, aber „des einen Menschen Speise des andern Menschen Gift ist", kann als weiteres Beispiel für den allumfassenden Einfluß des Gruppengeistes angesehen werden. Er steht dem Ich gegenüber, dessen Wirken für jeden Menschen andere Nahrungsbedürfnisse entstehen läßt. Ärzte beobachten erstaunt dieselben Eigentümlichkeiten beim Verabreichen von Medikamenten. Ein und dieselbe Medizin wirkt bei verschiedenen Menschen unterschiedlich. Alle Tiere gleicher Gattung folgen den Geboten und kosmischen Gesetzen des Gruppengeistes und verhalten sich unter denselben Umständen stets gleich. Daher rufen gleiche Medikamente bei ihnen auch gleichartige Effekte hervor. Nur der

*) Heute, 1991, sechs Milliarden.

Mensch kann seinen eigenen Wünschen innerhalb bestimmter Grenzen einigermaßen folgen. Zuzugestehen ist, daß er viele und schmerzliche Fehler begeht. Manch einer würde meinen, es wäre besser für ihn, in den rechten Weg hineingezwungen zu werden. Unter diesen Umständen würde er aber niemals lernen, das Rechte zu tun. Lehren zum Unterscheiden von Gut und Böse kann er nur erfassen, wenn er seinen eigenen Weg frei wählen kann und gelernt hat, das Böse „als den Schoß des Schmerzes" zu meiden. Würde er das Gute tun, weil er keine Wahl hätte, anders zu handeln, wäre er ein Automat und nicht ein sich entwickelnder Gott. Wie der Baumeister an seinen Häusern lernt, so kommt der Mensch durch seine Fehler und das sie verursachende Leid zu höherer — weil selbstbewußter — Weisheit als das Tier, das tätig ist, weil es von seinem Gruppengeist dazu veranlaßt wird.

Im Laufe der Zeit werden die Tiere menschlich werden und die Freiheit des Willens erhalten, manche Fehler machen und gleich uns durch sie lernen.

Diagramm 4 zeigt, daß der Gruppengeist des Pflanzenreiches seinen niedersten Träger in der Region der Konkreten Gedanken hat. Er ist zwei Stufen von seinem festen Träger entfernt. Daher besitzen die Pflanzen ein Bewußtsein, das dem traumlosen Schlaf gleicht. Der Gruppengeist des Mineralreiches hat seinen niedersten Träger in der Region der Abstrakten Gedanken, also drei Stufen von seinem festen Körper entfernt. Das Mineral ist daher in einer dem Trancezustand ähnlichen Unbewußtheit.

Wir haben jetzt gesehen, daß der Mensch ein individueller, innewohnender Geist ist, ein sich von allen anderen Wesenheiten unterscheidendes Ich. Er lenkt und wirkt von innen heraus aus einer Reihe von Trägern. Pflanzen und Tiere werden durch einen Gruppengeist von außen geführt, der in unserer Physischen Welt für eine Anzahl von ihnen zuständig ist; sie unterscheiden sich nur durch die Erscheinung.

Die Beziehungen von Pflanze, Tier und Mensch zu den Lebensströmen in der Erdatmosphäre werden symbolisch durch das Kreuz dargestellt. Das Mineralreich ist in dieses Bild nicht mit aufgenommen worden, denn es besitzt keinen individuellen Lebensleib. Daher kann es nicht Träger von Strömen sein, die höheren Welten angehören. Plato — er war ein Eingeweihter — äußerte oft esoterische Wahrheiten. Er sagte: „Die Weltenseele ist gekreuzigt". Der untere senkrechte Teil des Kreuzes stellt die Pflanze mit ihren Wurzeln im chemisch-mineralischen Boden dar. Ihre Gruppengeister, die, wie man sich erinnern wird, in der Region der Konkreten Gedanken sind, die wie sämtliche anderen Welten die Erde durchdringt, leben in deren Mittelpunkt. Von ihnen fluten in alle Richtungen Ströme zur Erdoberfläche, die der Länge nach durch Pflanze und Baum nach außen dringen.

Der Mensch wird durch den oberen senkrechten Teil des Kreuzes dargestellt. Er ist die **umgekehrte** Pflanze, die ihre Nahrung durch die Wurzeln aufnimmt, während die des Menschen durch den Kopf eingeht. Die Pflanze streckt ihre Zeugungsorgane der Sonne entgegen, der Mensch, die umgekehrte Pflanze, wendet seine zum Erdmittelpunkt. Die Pflanze wird durch die geistigen Ströme des Gruppengeistes gestützt, die, vom Erdenzentrum kommend, durch die Wurzeln in sie eingehen. Später wird aufgezeigt werden, daß der höchste geistige Einfluß für den Menschen, die umgekehrte Pflanze, von der Sonne kommt, die ihre Strahlen durch den Kopf abwärts sendet. Die Pflanze nimmt das vom Menschen ausgeatmete, giftige Kohlendioxyd auf und gibt den lebenspendenden Sauerstoff ab, der wiederum vom Menschen eingeatmet wird.

Das Tier, symbolisiert durch den waagerechten Arm des Kreuzes, steht zwischen Pflanze und Mensch. Sein Rückgrat verläuft in horizontaler Richtung; die Ströme seines Gruppengeistes, die die Erde umfassen, durchziehen es.

Ein Tier kann nicht ständig aufrecht gehalten werden. Denn dann wäre es nicht durch die Ströme des Gruppengeistes zu führen. Und da es nicht genügend individualisiert ist, die geistigen Ströme zu ertragen, die in das aufrechte menschliche Rückgrat einfließen, würde es sterben.

Um Ausdrucksform für ein individuelles Ich zu sein, benötigt ein Körper drei Eigenschaften, einen **aufrechten Gang,** der ihn in Berührung mit den soeben erwähnten Strömen bringt, einen **aufrechten Kehlkopf,** denn nur durch einen solchen ist die Fähigkeit zum Sprechen gegeben — Papageien und Stare sind ein Schulbeispiel für die Wirkung des aufrechten Kehlkopfes — und schließlich infolge der Sonnenwärme **warmes Blut,** das für das Ich von wesentlicher Bedeutung ist. Darüber wird später noch verständlich und klar gesprochen. An dieser Stelle wurden die oben genannten Erfordernisse nur als Schlußworte über die Stellung der Naturreiche zueinander und zu den Welten erwähnt.

KAPITEL III

Der Mensch und die Methode der Evolution

Lebenstätigkeiten; Gedächtnis und Seelenwachstum

Bis hierher hat uns unser Studium der sieben Welten oder der Zustände der Materie gezeigt, daß jede im Haushalt der Natur einen bestimmten Zweck erfüllt und Gott, der große Geist, in dem wir wirklich und wahrhaftig „leben, uns bewegen und unser Sein haben", die Kraft ist, die das ganze Universum mit ihrem Leben durchdringt und erhält. Während dieses in jedes Atom der sechs niederen Welten und in alles, was sie enthalten, eingeht und in ihm wohnt, ist im siebenten, dem höchsten, allein der Dreieinige Gott.

Das nächsthöhere oder sechste Reich ist das der Jungfräulichen Geister. Hier haben die Funken der göttlichen „Flamme" ihr Dasein, bevor sie ihre lange Pilgerreise durch die fünf dichteren Welten antreten, um latente Möglichkeiten in dynamische Kräfte umzuwandeln. Wie der Same seine verborgenen Möglichkeiten entfaltet, wenn er in den Boden gelegt wird, so werden diese Jungfräulichen Geister im Laufe der Zeiten, in denen sie die Materie, die Schule der Erfahrung, durchwandern, auch göttliche „Flammen" und fähig, aus sich selbst heraus Welten hervorzubringen.

Die fünf Welten bilden das Feld der Evolution des Menschen. Die drei niederen oder dichteren sind der Schauplatz seiner ge-

Diagramm 4a

Die siebenfache Wesenheit des Menschen

Welt oder Region				entsprechender Träger	
5.	Welt des Göttlichen Geistes		. . . Göttlicher Geist	der Dreifache Geist	das Ich
4.	Welt des Lebensgeistes		. . . Lebensgeist		
3.	Gedan- ken- welt	Region der Abstrakten Gedanken	. . . menschlicher Geist		
		Region der Konkreten Gedanken.	. . . Verstand.	Der Verstand ist der Spiegel, durch den sich der Dreifache Geist im dreifachen Körper widerspiegelt. Der Brennpunkt (siehe Diagramm 1).	
2.	Empfindungswelt		. . . Empfindungsleib	Der dreifache Körper; der Schatten des Dreifachen Geistes	
1.	Physische Welt	Ätherregion	. . . Lebensleib		
		Chemische Region	. . . physischer Körper		

genwärtigen Entwicklungsphase. Wir werden jetzt den Menschen in seiner Beziehung zu diesen fünf Welten betrachten und uns erinnern, daß zwei von ihnen in zwei große Gruppen eingeteilt sind und daß der Mensch für jede von ihnen einen Träger besitzt.

Im Wachzustand sind diese Träger alle zusammen. Sie durchdringen einander so wie sich Blut, Lymphe und die anderen Säfte des Körpers durchdringen. Dadurch kann das Ich in der Physischen Welt wirken.

Als Ich handeln wir direkt in der feinen Substanz der Region der Abstrakten Gedanken, die wir in der Peripherie unserer persönlichen Aura besonders ausgebildet haben. Von hier aus betrachten wir die durch die Sinne von der Außenwelt im Lebensleib gemachten Eindrücke. Wir betrachten sie zugleich mit den von diesen im Empfindungsleib hervorgerufenen und durch den Verstand widergespiegelten Empfindungen und Gefühlen.

Aus diesen geistigen Bildern ziehen wir in der Substanz der Region der Abstrakten Gedanken die Schlußfolgerungen über die Dinge, mit denen wir uns befassen. Es sind Ideen. Mit Hilfe der Willenskraft projizieren wir eine solche durch den Verstand, in welchem sie als Gedankenform reale Gestalt annimmt, indem sie aus der sie umgebenden Region der Konkreten Gedanken Verstandesstoff heranzieht.

Der Verstand ist wie die Sammellinse eines Projektionsapparates. Nach dem Willen des Denkers, der die Gedankenform beseelt, projiziert er das Bild in eine von drei Richtungen.

1. Im Bestreben, ein Gefühl anzuregen, das zu unmittelbarem Handeln führt, kann die Projektion auf den Empfindungsleib gerichtet werden.

a) Erweckt der Gedanke Interesse, wird eine der Zwillingskräfte, Anziehung oder Abstoßung, hervorgerufen.

Wenn die zum Mittelpunkt hin wirkende Anziehungskraft die Zentripetalkraft, angeregt wird, ergreift sie den Gedanken, wirbelt ihn in den Empfindungsleib, stattet die Vorstellung mit vermehrtem Leben aus und umkleidet sie mit Empfindungsstoff. Dann kann der Gedanke auf das Äthergehirn einwirken und die Lebenskraft durch das zuständige Gehirnzentrum und die Nerven zu den willkürlichen Muskeln lenken; diese führen die notwendigen Tätigkeiten aus. So wird die Kraft im Gedanken ausgegeben. Die Vorstellung aber verbleibt als Erinnerung an die Tat und an das von ihr hervorgerufene Gefühl im Äther des Lebensleibes.

b) Abstoßung ist die nach außen gerichtete Zentrifugalkraft. Wenn sie durch das Denken angeregt wird, entsteht in der Gedankenform ein Kampf zwischen den geistigen Kräften, dem Willen des Menschen und dem Empfindungsleib. Es ist die Auseinandersetzung zwischen Gewissen und Verlangen, zwischen höherer und niederer Natur. Trotz Widerstandes strebt die Geisteskraft danach, die Gedankenform in Empfindungsstoff zu kleiden, der erforderlich ist, Gehirn und Muskeln zu handhaben. Die Abstoßungskraft wird sich bemühen, die Materie zu zerstreuen und den Gedanken zu verdrängen. Ist die geistige Energie stark, kann sie ihren Weg zum Gehirnzentrum durchsetzen, während sie die Lebenskraft verwendet und ihre Umhüllung aus Empfindungsstoff festhält. So setzt sie eine Tätigkeit durch. In diesem Fall wird sie im Gedächtnis einen lebendigen Eindruck von Kampf und Sieg zurücklassen. Ist die geistige Energie erschöpft, ehe es zur Tätigkeit kommt, wird sie durch die Abstoßungskraft überwunden. Hat sie ihre Kraft ausgegeben, wird das Ergebnis, wie alle Gedankenformen, im Gedächtnis aufbewahrt.

c) Begegnet die Gedankenform dem vernichtenden Gefühl der Gleichgültigkeit, hängt es von der in ihr enthaltenen geistigen Kraft ab, ob sie fähig sein wird, eine Handlung durchzusetzen oder ob sie, nachdem ihre bewegende Kraft erschöpft ist, im Rückstrahlenden Äther des Lebensleibes nur einen schwachen Eindruck hinterläßt.

2. Wo die von außen einwirkenden geistigen Bilder keine unmittelbare Handlung erfordern, können sie mit den von ihnen erzeugten Gedanken zu späterem Gebrauch unmittelbar in den Rückstrahlenden Äther projiziert werden. Der durch den Verstand arbeitende Geist hat direkten Zugang zum Speicher des bewußten Gedächtnisses. Um eine Handlung zu veranlassen, kann er zu jeder Zeit jedes beliebige vorhandene Bild erstehen lassen, es mit neuer geistiger Kraft versehen und in den Empfindungskörper projizieren. So oft ein solches Bild verwendet wird,

gewinnt es an Lebendigkeit, Stärke und Wirksamkeit. Es wird leichter längs seiner besonderen Linie Handlungen hervorrufen als bei vorhergehenden Gelegenheiten. Denn es gräbt Spuren, erzeugt das Phänomen des Denkens und läßt uns durch Wiederholung „besser“ werden und „wachsen“.

3. Eine dritte Möglichkeit, Gedankenformen zu verwenden, ist, sie auf einen anderen Verstand zu übertragen, um ihn anzuregen, Nachrichten wie bei Gedankenübertragungen zu übermitteln und so weiter. Die Gedanken können auch auf den Empfindungsleib eines anderen Menschen gerichtet werden, um diesen wie bei Fernhypnose zu Handlungen zu veranlassen. Sie wirken dann so, als seien sie die eigenen Gedanken des Opfers. Stimmen sie mit dessen Neigungen überein, wird es wie in Abschnitt 1 a wirken. Widersprechen sie seiner Natur, wirken sie, wie es in 1 b oder 1 c beschrieben wurde.

Wenn die Tätigkeit, die für eine derartig projizierte Gedankenform bestimmt ist, beendet oder ihre Kraft in vergeblichen Versuchen, ihr Ziel zu erreichen, ausgegeben wurde, strebt sie zu ihrem Urheber zurück. Sie bringt ihm den unauslöschlichen Bericht ihrer Reise mit. Ihr Erfolg oder Mißerfolg prägt sich den negativen Atomen des Rückstrahlenden Äthers im Lebensleib ihres Schöpfers ein. Aus dem Bericht über Leben und Taten des Denkenden bildet sie hier den Teil, den wir gelegentlich Unterbewußtsein nennen.

Diese Aufzeichnung ist viel wichtiger als das Gedächtnis, zu dem wir bewußten Zugang haben. Denn das setzt sich aus unvollständigen und täuschenden Sinneswahrnehmungen zusammen und ist das willkürliche Gedächtnis oder der bewußte Verstand.

Das gegenwärtig von uns nicht beherrschbare unwillkürliche Gedächtnis oder Unterbewußtsein entsteht auf andere Weise. Dem lichtempfindlichen Film im Photoapparat übermittelt der Äther einen genauen Eindruck der umgebenden Landschaft. Dabei wird die kleinste Einzelheit aufgenommen ohne Rücksicht, ob der Photograph sie bemerkt hat oder nicht. In ähnlicher Weise führt der Äther in der von uns eingeatmeten Luft ein richtiges und genaues Bild unserer gesamten Umgebung mit sich; und das nicht nur von den materiellen Gegenständen, sondern auch von den Verhältnissen, wie sie in jedem Augenblick in unserer Aura vorhanden sind. Den Lungen werden die unbedeutendsten Gedanken, Gefühle und Gemütsbewegungen vermittelt und von ihnen aus ins Blut weitergeleitet, das eines der höchsten Produkte des Lebensleibes, der Nahrungsträger für jeden Körperteil und der unmittelbare Träger des Ich ist. Die Bilder, die es enthält, werden den negativen Atomen des Lebensleibes eingeprägt. Sie dienen nach dem Tod als Gebieter über das menschliche Schicksal.

Bewußtes und unterbewußtes Gedächtnis beziehen sich vollständig auf die Erfahrungen dieses Lebens. Sie setzen sich aus Ereignissen zusammen, die sich in den Lebensleib eingeprägt haben und können verändert oder sogar ausgetilgt werden, wie in der einige Seiten weiter unten folgenden Erläuterung über die Sündenvergebung erwähnt wird. Dieses Verändern oder Austilgen hängt von dem Entfernen der Eindrücke aus dem Äther des Lebensleibes ab.

Es gibt auch ein überbewußtes Gedächtnis. Es ist der Speicher, in dem alle in vorhergehenden Leben erworbenen Fähigkeiten und Kenntnisse aufbewahrt werden, auch wenn sie in diesem Leben latent sein sollten. Diese Aufzeichnungen sind unauslöschlich im Lebensgeist eingegraben. Sie äußern sich im allgemeinen, allerdings nicht in vollem Maße als Gewissen und Charakter. Das überbewußte Gedächtnis beseelt alle Gedankenformen. Manchmal wirkt es als Ratgeber, zuweilen erzwingt es mit unwiderstehlicher Kraft Handlungen, die sogar der Vernunft und dem Verlangen entgegenstehen können.

Bei vielen Frauen, deren Lebensleib positiv ist, und bei reifen Menschen beiderlei Geschlechts, deren Lebensleib durch ein reines und heiliges Leben, durch Gebete und Konzentration sensibilisiert wurde, braucht sich das dem Lebensgeist innewohnende überbewußte Gedächtnis nicht in Verstandesstoff und Empfindungsmaterie zu kleiden, um Handlungen zu veranlassen. Auch muß es sich nicht immer der Gefahr aussetzen, einem Beweisführungsprozeß unter- und von ihm vielleicht verworfen zu werden. Manchmal drückt es sich selbst in Form von Intuition oder innerer Belehrung in den Rückstrahlenden Äther des Lebensleibes ein. Je bereitwilliger wir lernen, es anzuerkennen und seinen Weisungen zu folgen, umso öfter wird es sich zu unserem ewigen Wohl offenbaren.

Durch ihre Tätigkeit während der Zeit des Wachseins zerstören Empfindungsleib und Verstand fortwährend den physischen Träger. Jeder Gedanke, jede Bewegung zehrt an seinem Gewebe. Andererseits bemüht sich der Lebensleib gewissenhaft, die Harmonie wieder herzustellen und das aufzubauen, was die anderen Träger niedergerissen haben. Dem machtvollen Ansturm der Impulse und Gedanken kann er jedoch nicht vollständig widerstehen. Er verliert allmählich an Boden, und schließlich kommt eine Zeit, in der er zerbricht. Seine „Spitzen" schrumpfen ein. Der Lebensstrom fließt nicht länger in ausreichender Menge durch die Nerven; der Körper wird schläfrig. Dadurch wird der „Denker" gezwungen, sich zurückzuziehen, wobei er den Empfindungsleib mitnimmt. Die höheren Träger hinterlassen den vom Ätherleib durchdrungenen physischen Leib in dem besinnungslosen Zustand, den wir Schlaf nennen.

Im Gegensatz zur allgemeinen Annahme ist das Schlafen kein untätiger Zustand. Wäre es das, würde sich der Körper beim Erwachen am Morgen in der gleichen Verfassung befinden wie beim abendlichen Einschlafen; seine Müdigkeit wäre ebenso groß. Es ist vielmehr eine Zeit intensiver Tätigkeit. Je stärker diese ist, umso größer ist ihr Wert. Denn sie scheidet die Gifte aus dem zerstörten Gewebe aus, die sich durch die geistige und körperliche Tätigkeit des Tageslebens gebildet haben. Die Zellen werden wieder aufgebaut und der Rhythmus des Körpers wieder hergestellt. Je vollständiger diese Arbeit durchgeführt wird, desto größer ist die dem Schlaf erwachsende Wohltat.

Die Empfindungswelt ist ein „Meer“ an Weisheit und Harmonie. In dieses bringt das Ich den Verstand und den Empfindungsleib, während die niederen Träger im Schlaf zurückbleiben. Seine erste Sorge gilt der Wiederherstellung von Rhythmus und Harmonie für Verstand und Empfindungsleib. Das vollzieht sich nach und nach, sobald diese Körper von den harmonischen Schwingungen der Empfindungswelt durchflutet werden. In ihnen ist eine Wesenheit, die mit dem Lebensstrom übereinstimmt und den physischen Körper mit Hilfe des Lebensleibes durchdringt. Die höheren Träger versenken sich selbst in dieses Lebenselixier. Wenn sie wieder erstarkt sind, beginnen sie ihre Tätigkeit am Lebensleib, der im schlafenden physischen Körper zurückgeblieben ist. Jener beginnt dann, die Sonnenenergie aufs neue abzusondern. Er baut den physischen Körper wieder auf, wobei er sich hauptsächlich des Chemischen Äthers bedient.

Die Tätigkeit der verschiedenen Träger während des Schlafes bildet die Grundlage für die Aktivität des folgenden Tages. Ohne sie gäbe es kein Wiedererwachen. Denn das Ich mußte seine Träger verlassen; sie waren wegen ihrer Müdigkeit nutzlos geworden. Würde die Arbeit, diese Müdigkeit zu beseitigen, nicht erfolgen, müßten die Körper im Schlaf bleiben, wie es manchmal im natürlichen Trancezustand der Fall ist. Gerade wegen dieser ausgleichenden, Erholung bringenden Tätigkeit bewahrt der Schlaf die Gesundheit besser als der Arzt oder die Medizin. Ein bloßes Ausruhen läßt sich nicht mit dem Schlaf vergleichen. Nur solange sich die höheren Träger in der Empfindungswelt befinden, werden unbrauchbare Stoffe ausgeschieden, strömt wiederherstellende Kraft ein. Es ist wahr, daß der Lebensleib während des Schlafes in seiner Arbeit nicht durch Gewebe gehemmt wird, das durch aktive Bewegung und gespannte Muskeln zerstört wurde. Doch er muß sich noch mit der geschwächten Gedankenkraft begnügen und erhält nicht die durch den Empfindungsleib von außen kommende wiederaufbauende Kraft wie während des Schlafes.

Es kommt jedoch vor, daß sich der Empfindungsleib nicht vollständig zurückzieht, so daß Teile von ihm mit dem Lebensleib, dem Träger der Sinneswahrnehmung und des Gedächtnisses in Verbindung bleiben. Dann erfolgt die Wiederherstellung nur teilweise, und die Schauplätze und Handlungen der Empfindungswelt treten als Träume in unser physisches Bewußtsein ein. Natürlich sind die meisten Träume verworren, da die Wahrnehmungsachse durch die ungeeignete Verbindung der beiden Körper verschoben ist. Auch das Gedächtnis verwirrt sich durch die nicht übereinstimmende Beziehung der Träger zueinander. Folge des Verlustes von wiederherstellender Kraft ist ein traumerfüllter, ruheloser Schlaf und ein sich beim Erwachen müde fühlender Körper.

Während des Lebens wirkt der dreifache Geist, das Ich, am und im dreifachen Körper, mit dem er durch das Bindeglied des Verstandes in Beziehung steht. Diese Tätigkeit bringt die dreifache Seele ins Dasein. Sie ist das vergeistigte Produkt des Körpers.

Wie geeignete Nahrung den Körper im materiellen Sinn versorgt, so fördert die Tätigkeit des Geistes, die als **„rechtes Handeln“** zutage tritt, im dichten Körper das Wachsen der Bewußtseinsseele. Die Kräfte der Sonne spielen im Lebensleib und ernähren ihn, damit er auf den irdischen Leib einwirken kann. So fördert die **Erinnerung** an Taten im dichten Körper, an Wünsche, Gefühle und Gemütsbewegungen des Empfindungsleibes sowie an Gedanken und Ideen des Verstandes das Wachsen der

Diagramm 5

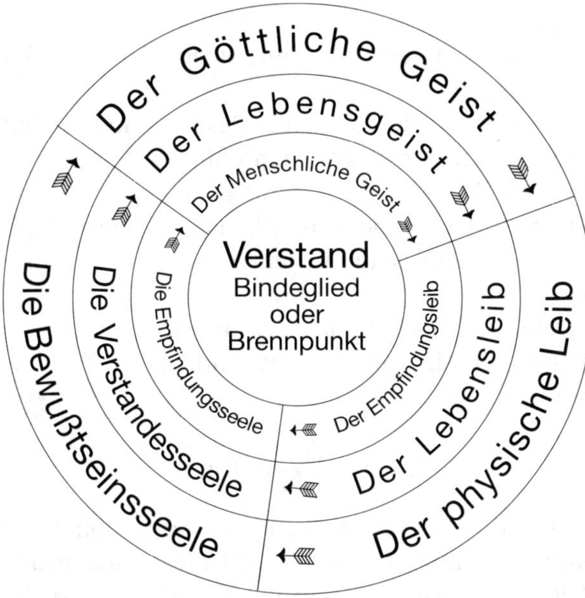

Diagramm 5 zeigt die zehnfache Wesenheit des Menschen

Der Mensch ist ein dreifacher Geist. Er besitzt einen Verstand, durch den er einen dreifachen Körper lenkt, den er aus sich selbst ausströmt, um Erfahrungen zu sammeln. Diesen dreifachen Körper verwandelt er in eine dreifache Seele, von der er sich von der Ohnmacht zur Allmacht nährt.

Der Göttliche Geist	strömt	den physischen Körper	und entzieht	die Bewußtseinsseele
Der Lebensgeist	aus	den Lebensleib	als	die Verstandesseele
Der Menschliche Geist	sich	den Empfindungsleib	Nahrung	die Empfindungsseele

Außerdem trägt der als Spiegel bezeichnete Verstand zunehmend zu geistigem Wachstum bei, da er die Gedanken, die er zum Geist hin und aus ihm heraus übermittelt, zu größerer Klarheit verfeinert und seinen Brennpunkt mehr und mehr zu einem einzigen, vollkommen anpassungsfähigen und unter der Aufsicht des Geistes stehenden Punkt schärft und verstärkt.

Verstandesseele. In ähnlicher Art formen die **höchsten Empfindungen und Gemütsbewegungen** des Empfindungskörpers die Empfindungsseele.

Die dreifache Seele erhöht dann wieder das Bewußtsein des dreifachen Geistes.

Die Empfindungsseele als Extrakt des Empfindungsleibes vermehrt die wirksame Kraft des Menschlichen Geistes, des spirituellen Doppelbildes des Empfindungsleibes.

Die Verstandesseele gibt dem Lebensgeist Kraft, weil sie aus seinem materiellen Gegenbild, dem Lebensleib, herausgezogen ist.

Die Bewußtseinsseele läßt das Bewußtsein des Göttlichen Geistes wachsen, weil sie seinem Gegenbild, dem physischen Körper, entnommen ist.

Tod und Fegefeuer

So gestaltet und sät der Mensch, bis der Augenblick des Todes herankommt. Dann sind Saatzeit und die Perioden des Wachsens und Reifens vorüber. Wenn das Skelettgespenst des Todes mit Sense und Stundenglas erscheint, ist die Erntezeit da. Das ist ein gutes Symbol. Das Skelett ist Sinnbild für den bedingt dauerhaften Teil des Körpers. Die Sense vertritt die Tatsache, daß dieser dauerhafte Teil, der jetzt vom Geist geerntet werden soll, die Frucht des nun zu Ende gehenden Lebens ist. Das Stundenglas in seiner Hand zeigt an, daß die Stunde erst schlägt, wenn sich die in Übereinstimmung mit den unwandelbaren Gesetzen dahineilende Zeit erfüllt hat. Sobald dieser Augenblick gekommen ist, findet eine Trennung der Träger statt. Da das Leben in der Physischen Welt für die gegenwärtige Zeit beendet ist, besteht für diesen Menschen keine Notwendigkeit mehr, seinen irdischen Träger zu behalten. Der Lebensleib, der, wie wir dargelegt haben, auch zur Physischen Welt gehört, tritt durch den

Kopf aus dem Körper aus und läßt den irdischen Leib unbelebt zurück.

Man kann beobachten, wie die höheren Träger Lebensleib, Empfindungsleib und Verstand den physischen Körper in spiralförmigen Bewegungen verlassen. Sie nehmen die Seele eines dichten Atoms mit; nicht das Atom selbst, sondern die Kräfte, die es durchströmten. Die Erfahrungen die in diesem soeben beendeten Leben durch den Besitz des physischen Körpers gemacht wurden, sind in dieses besondere Atom eingeprägt worden. Alle anderen Atome des menschlichen Körpers wurden von Zeit zu Zeit erneuert; dieses dauerhafte Atom aber ist geblieben. Es hatte nicht nur in einem Leben Bestand; es war ein Teil jedes physischen Körpers, der immer wieder von einem einzelnen Ich gebraucht wurde. Im Tod wird es nur zurückgezogen, um beim Beginn eines anderen irdischen Lebens wieder als Kern zu dienen, sobald ein neuer physischer Körper zur Benutzung für dasselbe Ich um ihn herum gebildet worden ist. Deshalb wird es das „Keim- oder Samenatom" genannt. Während des Lebens hat es seinen Sitz in der linken Herzkammer, nahe der Herzspitze. Beim Tod steigt es auf dem Weg des pneumo-gastrischen Nervs zum Gehirn und verläßt den physischen Leib zusammen mit den höheren Trägern durch die Nähte zwischen den Wand- und Hinterhauptbeinen.

Diagramm 5a

Die Silberschnur

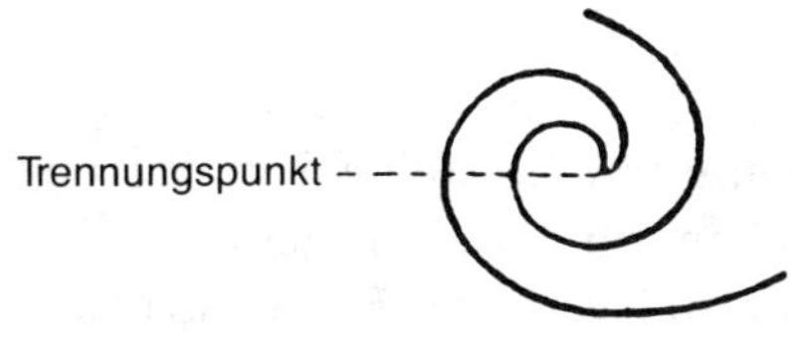

Wenn die höheren Träger den physischen Leib verlassen haben, sind sie noch durch eine dünne, silberglänzende Schnur verbunden, die den Formen von zwei „Sechsen" sehr ähnlich ist; eine von ihnen steht aufrecht, die andere verkehrt herum; beide hängen an ihren inneren Enden zusammen. (Siehe Diagramm 5 a).

Das eine Ende der Silberschnur ist durch das Keimatom am Herzen befestigt. Bricht das Samenatom, hört das Herz auf zu schlagen. Die Schnur selbst wird erst abgetrennt, wenn das im Lebensleib enthaltene Panorama des vergangenen Lebens überblickt wurde.

Es sollte darauf geachtet werden, den Körper nicht früher als drei Tage nach dem Tode zu verbrennen oder einzubalsamieren. Solange der Lebensleib und die höheren Träger durch die Silberne Schnur noch mit dem physischen Körper verbunden sind, wird nach dem Ableben jede Untersuchung oder andere Verletzung des irdischen Leibes von dem betreffenden Menschen in einem gewissen Maß empfunden.

Besonders sollte die Verbrennung in den ersten drei Tagen nach dem Tod vermieden werden. Sie tendiert dahin, den Lebensleib aufzulösen; er sollte aber unversehrt bleiben, bis das Panorama des vergangenen Lebens in den Empfindungsleib eingeprägt worden ist.

Die Silberschnur bricht an der Stelle, an der die beiden Sechsen zusammenkommen. Eine Hälfte bleibt beim dichten Körper, die andere bei den höheren Trägern. Von dem Augenblick an, in dem sich die Schnur gelöst hat, ist der physische Körper gänzlich tot.

Anfang 1906 machte Dr. McDougall im General Hospital zu Massachusetts eine Reihe von Versuchen, um, wenn möglich, festzustellen, ob etwas für gewöhnlich nicht Sichtbares den Körper beim Tod verlasse. Er konstruierte eine Waage, die Unterschiede von etwa einem Zehntel einer Unze*) anzeigte. Auf eine Seite der Plattform wurde der Sterbende in seinem Bett gebracht, auf die andere kamen die entsprechenden Gewichte. In jedem einzelnen Fall wurde beobachtet, daß die Waagschale mit den Gewichten in dem Augenblick, in dem der Sterbende seinen letzten Atemzug aushauchte, überraschend schnell sank und sich die Plattform mit dem Bett und dem Körper des Toten hob. Dadurch zeigte sich, daß den Körper etwas Unsichtbares, das Gewicht besitzt, verließ. Daraufhin meldeten alle Zeitungen, Dr. McDougall habe „die Seele gewogen".

Die Esoterik begrüßt erfreut die Entdeckungen der modernen Wissenschaft, da sie beharrlich bestätigen, was die Geisteswissenschaft schon lange lehrt. Dr. McDougalls Experimente zeigten überzeugend, daß den Körper beim Tod etwas verläßt, das für die Augen der Allgemeinheit unsichtbar ist, etwas, das die geschulten Hellseher gesehen hatten und das Jahre vor dieser Entdeckung in Vorlesungen und der Fachliteratur vorgetragen worden war.

Doch dieses unsichtbare „Etwas" ist nicht die Seele; es ist etwas grundlegend anderes. Die Berichterstatter griffen die Schlußfolgerung auf, als sie meldeten, daß die Gelehrten die Seele abgewogen hätten. Die Seele gehört höheren Reichen an; sie kann niemals gewogen werden, selbst wenn die irdische Waage auf Unterschiede von einem Millionstel Gran**) reagieren würde statt auf den zehnten Teil einer Unze.

Die Wissenschaftler haben den Lebensleib gewogen. Er wird aus den vier der Physischen Welt angehörenden Ätherarten gebildet.

---

*) 1 Unze (engl. Ounce) = 28,3495 Gramm oder als Goldgewicht 1,103 Gramm.

**) 1 Gran (engl. auch grain) ist ein altes Gewicht im Gold- und Juwelenhandel und für Apotheker = 0,648 Gramm.

Wie wir gesehen haben, wird eine gewisse Menge dieses Äthers von dem Äther „überlagert“, der die Partikel des menschlichen Körpers umhüllt. Während des irdischen Lebens ist er hier gefesselt, wobei er das Gewicht der Pflanzen, Tiere und Menschen geringfügig vergrößert. Beim Tod entflieht er; daher die Gewichtsverminderung, die Dr. McDougall feststellte, sobald der Mensch starb, mit dem er experimentierte.

Dr. McDougall versuchte seine Waage auch an sterbenden Tieren. Obwohl einer der Hunde ein großer Bernhardiner war, ergab sich keine Gewichtsverminderung. Daraus schloß man, daß Tiere keine Seele hätten. Wenig später experimentierte Professor La V. Twining, Vorsitzender der Wissenschaftlichen Abteilung der Politechnischen Schule in Los Angeles, mit Mäusen und Katzen, die er in hermetisch versiegelte Glasflaschen einschloß. Seine Waagen waren die empfindlichsten, die man beschaffen konnte. Sie wurde in Glaskästen gestellt, aus denen man jede Feuchtigkeit entfernt hatte. Dabei fand man, daß alle beobachteten Tiere beim Tod an Gewicht verloren. Eine ziemlich große Maus, die 12,886 Gramm wog, verlor beim Tod 3,1 Milligramm an Gewicht.

Bei einem anderen Experiment verlor ein Kätzchen 100 Milligramm und bei seinem letzten Atemzug plötzlich nochmals 60 Milligramm. Danach sank sein Gewicht entsprechend der Ausdünstung langsam weiter ab.

Durch die Verwendung fein genug messender Waagen wurde so auch die Lehre der Geisteswissenschaft bestätigt, nach der Tiere Lebensleiber besitzen. Diese sind leichter als diejenigen der Menschen. Das beweist das Wiegen des Bernhardiners mit einer verhältnismäßig unempfindlichen Waage, bei dem keine Gewichtsverringerung festgestellt wurde, als er starb.

Wenn die „Silberschnur“ im Herzen gelöst und der Mensch von seinem physischen Körper befreit worden ist, kommt für das Ich ein Augenblick von höchster Bedeutung. Man kann den

Verwandten eines sterbenden Menschen nicht ernst genug einprägen, daß es ein großes Verbrechen gegenüber der hinscheidenden Seele ist, sich in lautem Kummer und in Wehklagen zu ergehen. Denn der Sterbende ist dann mit einer Angelegenheit von größter Wichtigkeit beschäftigt. Ein großer Teil des Wertes, den ein vergangenes Leben hat, hängt davon ab, wieviel Aufmerksamkeit die Seele dieser Angelegenheit zuwenden kann. Das wird deutlicher, wenn wir das Leben des Menschen in der Empfindungswelt betrachten.

Ein Verbrechen gegenüber dem Sterbenden ist es auch, Reizmittel anzuwenden, die die höheren Träger mit einem Ruck in den physischen Körper zurückzwingen und dem Menschen dadurch einen starken Schock versetzen. Das Entschlafen ist keine Qual. Aber es ist tatsächlich eine Quälerei, in den irdischen Körper zurückgezogen zu werden und weiter leiden zu müssen. Einige Abgeschiedene haben Forschern erzählt, daß sie auf diese Weise stundenlang im Sterben gehalten wurden. Sie hatten gebetet, daß ihre Verwandten ihre verfehlte Güte einstellen und sie hinübergehen lassen möchten.

Für die geistige Kraft des Menschen ist der physische Körper gleich dem dicken Handschuh des Musikers aus unserem früheren Beispiel das schwerste Hindernis. Wenn sie von ihm befreit ist, kehrt sie in gewissem Maße zurück. Dann ist der Mensch in der Lage, die Bilder im negativen Pol des Rückstrahlenden Äthers seines Lebensleibes, dem Sitz des unterbewußten Gedächtnisses, zu lesen.

Vor seinem Blick zieht sein ganzes vergangenes Leben wie ein Panorama in umgekehrter Reihenfolge vorüber. Zuerst kommen die Ereignisse der Tage, die dem Tod unmittelbar vorangingen; und dann geht es zurück durch das Mannes- oder Frauenalter zur Jugendzeit, zur Kindheit, zum Säuglingsalter. Alles wird erinnert.

Der Mensch steht als Zuschauer vor diesem Panorama seines vergangenen Lebens. Er sieht die vorüberziehenden Bilder, die sich selbst in seine höheren Träger einprägen. Aber die Betrachtung ist für ihn in dieser Zeit mit keinem Fühlen verbunden; das ist seinem Eintritt in die Empfindungswelt, der Welt der Gefühle und Gemütsbewegungen, vorbehalten. Im gegenwärtigen Augenblick befindet er sich nur in der Ätherregion der Physischen Welt.

Das Panorama dauert von einigen Stunden bis zu mehreren Tagen; es hängt ab von der Zeit, die ein Mensch wach bleiben kann. Manch einem ist das für eine Dauer von nur zwölf Stunden oder weniger möglich, anderen bei gegebenen Gelegenheiten von mehreren Tagen. Das Panorama aber währt so lange, wie der Mensch wach zu bleiben vermag.

Dieses Schauspiel des Lebens nach dem Tod gleicht demjenigen, das man während des Ertrinkens oder des Fallens von einer Höhe hat. Auch dann verläßt der Lebensleib den physischen Körper, und der Betreffende sieht sein Leben blitzartig an sich vorüberziehen, denn er verliert sogleich das Bewußtsein. Die Silberschnur bricht aber nicht, sonst gäbe es keine Wiederbelebung.

Wenn der Lebensleib die Grenze seines Bestehens erreicht hat, fällt er so, wie es beim Phänomen des Schlafes beschrieben wurde, zusammen. Solange die Träger während des physischen Lebens von ihrem Ich gelenkt werden, beendet dieses Zusammenfallen die Stunden des Wachseins. Nach dem Tod beendet das Ich das Panorama des Lebens. Es setzt das Zurückziehen des Menschen in die Empfindungswelt durch. Die Silberne Schnur bricht an der Stelle, an der sich die beiden „Sechsen“ vereinen. Während des Schlafes findet dieselbe Trennung wie beim Tod statt, allerdings mit dem wesentlichen Unterschied, daß der Lebensleib den physischen Körper nun nicht mehr durchdringt, obwohl er zu ihm zurückkehrt. Er verweilt einfach über ihm, schwebt über dem Grab und löst sich gleichzeitig mit dem irdischen Träger auf. Daher ist der Friedhof ein schrecklicher Anblick für den geschulten Hellseher. Wenn auch andere Menschen dieses Geschehen wahrnehmen könnten, würde es nur weniger Erörterungen bedürfen, sie von der gegenwärtigen unhygienischen Beerdigungspraxis zu der vernünftigeren Methode des Verbrennens überwechseln zu lassen. Durch diese werden die Elemente in ihren Urzustand zurückgeführt, ohne die unangenehmen Begleiterscheinungen des langsamen Verfalls hervorzurufen.

Beim Verlassen des Lebensleibes ist der Vorgang im großen und ganzen so wie beim Aufgeben des physischen Körpers. Auch hier werden einem Atom die Lebenskräfte entzogen. Sie dienen als Kern für den Lebensleib einer zukünftigen Inkarnation. So bringt der Mensch bei seinem Eintritt in die Empfindungswelt außer Empfindungsleib und Verstand die Keimatome des physischen Körpers und des Lebensleibes mit.

Könnte der Sterbende sein ganzes Verlangen zurücklassen, würde sein Empfindungsleib sehr rasch von ihm abfallen und ihm die Freiheit geben, in die himmlische Welt einzugehen; doch im allgemeinen ist das nicht der Fall. Die meisten Menschen, vor allem diejenigen, die in der Blüte des Lebens sterben, werden durch viele Bande und Interessen an das Erdenleben gefesselt. Durch den Verlust ihres physischen Körpers haben sich ihre Empfindungen nicht verändert. Ja, oftmals verstärken sich diese sogar durch ein starkes Sehnen nach Rückkehr zur Erde. Dadurch werden die Menschen in sehr unangenehmer Weise an die Empfindungswelt gebunden, obwohl es ihnen nicht bewußt wird. Andererseits gehen alte und altersschwache Menschen sowie diejenigen, die durch lange Krankheit sehr geschwächt und des Lebens müde sind, schnell weiter.

Ein Vergleich mit einem Kern, der leicht aus der reifen Frucht fällt, wobei von dem enganliegenden Fruchtfleisch nichts an ihm haften bleibt, während dasjenige unreifer Früchte an ihm festhält, beleuchtet dieses Phänomen. Für Menschen, die auf der Höhe ihrer physischen Gesundheit und Stärke durch einen Unfall aus ihrem Körper genommen werden, ist das hart. Sie sind in vieler Hinsicht durch die Aktivitäten des irdischen Lebens beschäftigt und werden in den Verbindungen zu ihrem Ehepartner, zur Familie, den Verwandten, Freunden und dem Hingeben an Geschäfte und Vergnügungen festgehalten.

Der Selbstmörder, der dem Leben zu entfliehen versucht, wird nur finden, daß er so lebendig ist wie immer; seine Lage ist erbärmlich. Er kann diejenigen beobachten, die er vielleicht durch seine Tat entehrte. Und das Schlimmste von allem ist ein ihn beherrschendes unaussprechliches Gefühl. Es ist ihm, als sei er wie „ausgehöhlt". Der Teil seiner eiförmigen Aura, den sein physischer Körper bisher einnahm, ist leer. Wenn auch der Empfindungsleib die Form des abgelegten irdischen Körpers eingenommen hat, fühlt sich der Mensch, als sei er eine leere Schale. Der Grund hierfür ist im Schöpferischen Urbild zu suchen, das solange in der Region der Konkreten Gedanken als leere Schablone fortwirkt, wie der physische Leib eigentlich gelebt haben sollte. Stirbt ein Mensch eines natürlichen Todes, wenn auch in der Blüte seines Lebens, hört die Tätigkeit des Urbildes auf. Dem paßt sich der Empfindungsleib an; er füllt die ganze Form aus. Nach einem Selbstmord bleibt das schreckliche Gefühl der „Leere" bis zu dem Zeitpunkt, an dem der natürliche Tod eingetreten wäre.

Solange der Mensch das an das Erdenleben gebundene Verlangen behält, muß er in seinem Empfindungsleib bleiben. Die Weiterentwicklung des einzelnen erfordert, daß er in höhere Regionen eingehe. Daher muß das Sein in der Empfindungswelt notwendigerweise reinigend wirken. Es hat den Menschen von seinem ihn bindenden Verlangen zu befreien. Wie das vor sich geht, ist am besten einigen grundlegenden Beispielen zu entnehmen.

Der Geizige, der im Erdenleben sein Gold liebte, hat es nach dem Tod genauso gern. Aber er kann jetzt nicht noch mehr erwerben, da er keinen physischen Körper besitzt, mit dem er es ansammeln könnte. Und das Schlimmste ist, er kann nicht einmal behalten, was er während des Lebens angehäuft hatte. Vielleicht geht er hin, setzt sich an seinen Geldschrank und bewacht das gehegte Gold oder die Pfandbriefe. Nun aber kommen die Erben, und es kann sein, daß sie mit schmerzendem Spott über den „geizigen alten Narren" reden, den sie nicht sehen, der sie seinerseits aber sieht und hört. Sie werden seinen Safe öffnen. Und obgleich er sich, der Verstorbene, über sein Gold werfen kann, um es zu bewahren, werden sie sich nicht darum kümmern; sie wissen ja nichts von seiner Anwesenheit. Sie werden ihre Hände durch ihn hindurchstecken und hingehen, seinen Schatz zu verbrauchen, während er in Kummer und ohnmächtiger Wut leidet.

Und er leidet schwer. Seine Leiden sind umso schrecklicher, weil sie rein geistiger Art sind und der physische Leib Leiden ausgleichend dämpft. In der Empfindungswelt haben diese, wie auch immer, vollen Einfluß, und der Mensch duldet, bis er lernt, daß Gold ein Fluch sein kann. So wird er sich allmählich mit seinem Schicksal aussöhnen und schließlich von seinem Empfindungsleib befreit werden. Dann ist er bereit, weiterzugehen.

Oder man nehme den Fall eines Alkoholikers. Er hat seine berauschenden Getränke nach seinem Tod genauso gern wie vorher. Der physische Leib bittet nicht um einen Trunk. Er erkrankt durch den Alkohol und würde ihn lieber meiden. Vergebens wehrt er sich auf verschiedene Weise gegen die Aufnahme von alkoholischen Getränken. Doch der Empfindungsleib des Trinkers bittet dringend darum und zwingt den physischen Körper zum Trinken, damit er die Lust genießen kann, die sich aus den erhöhten Schwingungen ergibt. Nach dem Tod des irdischen Leibes bleibt das Verlangen erhalten. Doch der Empfindungsleib des Trinkers hat weder einen Mund zum Trinken noch einen Magen, um irdische Flüssigkeiten festzuhalten. Er kann in Gaststätten gehen und geht auch hinein. Hier zwängt er seinen Leib in die Körper von Trinkenden, damit er durch Induktion ein wenig von ihren Schwingungen mitbekommen kann. Doch diese Empfindung ist zu schwach, um ihm genügend Befriedigung zu verschaffen. Er kann sich auch in Whiskyfässer begeben und tut das manchmal. Aber auch das hilft ihm nicht, denn in ihnen entstehen nicht dieselben Dünste, wie sie von den Verdauungsorganen eines Trinkers erzeugt werden. Dieser verspürt keine Wirkung und gleicht einem Menschen in einem offenen Boot auf dem Ozean: „Wasser, überall Wasser, aber kein Tropfen zum Trinken!“ Und er leidet Qualen. Mit der Zeit begreift er die Erfolglosigkeit seines Verlangens nach Getränken, die er nicht erhalten kann. Wie in unserem Erdenleben viele unserer Wünsche dahinschwinden, so stirbt in der Empfindungswelt alles Verlangen durch Mangel an Gelegenheiten, sie zu befriedigen. Wenn der Trinker geläutert worden ist, ist er, soweit es diese Gewohnheit betrifft, bereit, das „Fegefeuer“ zu verlassen und in die himmlische Welt aufzusteigen.

Wir ersehen daraus, daß es nicht eine rächende Gottheit ist, die Fegefeuer oder Hölle für uns schafft. Es sind unsere eigenen, individuellen üblen Gewohnheiten und Taten. Zeitdauer und aufgebürdete Leiden der Reinigung werden der Stärke unseres Verlangens entsprechen. In den erwähnten Fällen wäre es für den Trinker nicht leidvoll gewesen, seinen weltlichen Besitz zu verlieren. Selbst wenn er einen solchen gehabt hätte, hätte er nicht an ihm gehangen. Auch den Geizigen hätte es nicht geschmerzt, keine berauschenden Getränke zu erhalten. Und mit Sicherheit kann man sagen, daß es ihn nicht bekümmern würde, wenn in der Welt kein Tropfen Alkohol vorhanden wäre. Er sorgte sich um sein Gold, der Trinker kümmerte sich um sein Getränk. So gab das unfehlbare Gesetz jedem, was er bedurfte, um sich von seinem unseligen Verlangen und den üblichen Gewohnheiten zu läutern.

Das ist das Gesetz, das sinnbildlich durch die Sense des Schnitters Tod dargestellt wird, durch das Gesetz, das besagt: „Was auch immer der Mensch sät, das soll er ernten." Es ist das Gesetz von Ursache und Wirkung, das physisch, moralisch und geistig alle Dinge in den drei Welten, in jedem Naturreich beherrscht. Es wirkt überall unaufhaltsam, bringt alles in Ordnung und stellt, wo immer die geringste Tat eine Störung hervorgerufen hat, die jedem Handel anhaftet, das Gleichgewicht wieder her. Das Ergebnis kann sich augenblicklich zeigen, es kann sich um Jahre oder Leben verzögern. Doch einmal, irgendwo, wird die gerechte und angemessene Vergeltung erfolgen. Der Schüler sollte besonders beachten, daß die Wirkungsweise dieses Gesetzes absolut unpersönlich ist.

Im Universum gibt es weder Lohn noch Strafe. Alles ist Folge eines unveränderlichen Gesetzes. Seine Wirkungsweise wird im nächsten Kapitel eingehender erläutert, in dem wir es in Verbindung mit einem anderen Großen Kosmischen Gesetz finden werden, das auch in die Evolution des Menschen eingreift. Das Gesetz, das jetzt in Betracht kommt, wird das Gesetz von Ursache und Wirkung genannt.

In der Empfindungswelt reinigt es von niederem Verlangen. Es gleicht Schwächen und Fehler aus, die den Menschen in seinem Fortschritt hindern. Es läßt ihn in der Art dulden, die diesem Zweck am ehesten angepaßt ist. Wenn er anderen Menschen Leid zugefügt oder ungerecht an ihnen gehandelt hat, wird mit ihm ebenso verfahren werden. Es ist dabei zu beachten, daß sich ein Mensch, der seine Untugend oder seine Ungerechtigkeit überwunden und das Unrecht soweit wie möglich wieder gut gemacht hat, durch solche Reue, Veränderung oder Wiederherstellung von diesen besonderen Fehlern und üblen Taten reinigt. Das Gleichgewicht ist wieder hergestellt und die Lehre während der Verkörperung gelernt worden; daher ist kein Grund für ein Leiden nach dem Tod vorhanden.

In der Empfindungswelt vergeht das Leben ungefähr dreimal so schnell wie in der irdischen. Ein Mensch, der in der Physischen Welt fünfzig Jahre alt geworden ist, würde dieselben Ereignisse in ihr in ungefähr sechzehn Jahren durchleben. Das ist selbstverständlich nur ein allgemeiner Maßstab. Es gibt Menschen, die bleiben viel länger in der Empfindungs- als in der Physischen Welt. Andere wiederum, die ein Leben mit weniger grobem Verlangen geführt haben, durchlaufen sie in bedeutend kürzerer Zeit. Doch das oben angegebene Maß stimmt im wesentlichen für den gegenwärtigen Durchschnittsmenschen.

Es sei daran erinnert, daß das vergangene Leben beim Verlassen des physischen Körpers in Bildern am Menschen vorüberzieht; Gefühl aber ist in diesem Augenblick nicht vorhanden.

Auch während des Lebens in der Empfindungswelt laufen diese Lebensbilder in umgekehrter Reihenfolge wie das Geschehen im irdischen Leben ab. Während eine Szene nach der anderen vorüberzieht, hat der Mensch nun aber so viele Gefühle dabei, wie er haben kann. Er durchlebt nochmals jeden Augenblick seines Lebens. Wenn er an einen Punkt kommt, an dem er einem Menschen Unrecht getan hatte, empfindet er es so, wie der betreffende Mensch es gefühlt hat. Dabei lernt er, wie schmerzlich die Verletzung und wie schwer der von ihm verursachte Kummer zu ertragen waren. Wie bereits erwähnt kommt hinzu, daß das Leiden viel stärker empfunden wird, weil der physische Körper den Schmerz nicht mehr abschwächen kann. Vielleicht ist das auf die Verdreifachung der Lebensgeschwindigkeit zurückzuführen, so daß das Leiden an Dauer verlieren kann, was es an Heftigkeit gewinnt. Die Maße der Natur sind wunderbar gerecht und wahr.

Es gibt noch eine andere charakteristische Eigenart dieses nachtodlichen Lebensdaseins. Sie ist eng mit der Entfernungslosigkeit in der Empfindungswelt verbunden. Wenn der Mensch stirbt, scheint er auf einmal in seinen Lebensleib hineinzuschwellen; er hat den Eindruck, als nähme er selbst unermeßliche Ausdehnungen an. Dieses Gefühl kommt nicht von wirklichem Wachsen des Körpers, sondern von den zahlreichen, aus verschiedenen Quellen erhaltenen Eindrücken, die alle ganz nah zu sein scheinen. Dasselbe gilt auch vom Empfindungsleib. Der Mensch hat den Eindruck, bei allen Menschen gegenwärtig zu sein, mit denen er auf der Erde in verbesserungsbedürftigen Beziehungen stand. Wenn er einen Menschen in San Franzisko und einen anderen in New York verletzt hatte, wird er den Eindruck haben, als sei jeweils ein Teil von ihm in jedem der beiden Orte. Das gibt ihm das seltsame Gefühl des Zerrissenseins.

Der Studierende dieses Buches wird jetzt die Bedeutung des Panoramas über das vergangene Leben während des reinigenden Daseins, in dem die Lebensübersicht in entscheidenden Gefühlen erfaßt wird, verstehen. Dauert es lange und wird der Mensch nicht gestört, macht der Eindruck, der dem Empfindungsleib voll, tief und klar eingeprägt wird, das Leben in der Empfindungswelt lebendiger und bewußter. Die Reinigung ist dann gründlicher. Das wäre sie nicht, wenn der Abgeschiedene aus Qual über laute Trauerausbrüche am Totenbett und während der Drei-Tages-Periode nur einen unbestimmten Eindruck seines vergangenen Lebens erhalten würde. Der Geist, der seinem Empfindungsleib einen tiefen und deutlichen Eindruck hinterlassen hat, wird die Fehler des vergangenen Lebens viel klarer und eindeutiger erkennen, als es der Fall wäre, wenn die Bilder durch Ablenkung der Aufmerksamkeit des Menschen aufgrund von Leid und Kummer seiner Umgebung verschleiert würden. Das Gefühl für die Ursache seiner Leiden wird in der Empfindungswelt viel bestimmter sein, wenn es von einem deutlichen, umfassenden Eindruck des Panoramas herrührt. Bei kurzer Dauer des Vorgangs wäre das nicht so.

Dieses tiefgreifende und eindeutige Gefühl ist für zukünftige Leben von unermeßlichem Wert. Es vermittelt dem Keimatom des Empfindungsleibes einen unauslöschlichen Eindruck. **Die Erfahrungen werden in nachfolgenden Leben vergessen sein; das Gefühl wird bleiben.** Bieten sich Gelegenheiten, die Fehler in späteren Leben zu wiederholen, wird es deutlich und unmißverständlich zu uns sprechen. Es ist die „stille, kleine Stimme", die uns warnt, obwohl wir nicht wissen, warum. Je klarer die Panoramen der vergangenen Leben gewesen sind, umso öfter, stärker und deutlicher werden wir diese Stimme hören. Daraus ersehen wir, wie wichtig es ist, den in das andere Sein hinübergehenden Geist nach dem Tod in vollkommener Ruhe zu lassen. Handeln wir entsprechend, helfen wir ihm, aus dem soeben beendeten Leben den größtmöglichen Gewinn zu ziehen und in zukünftigen Leben ein Fortsetzen derselben Fehler zu vermeiden. Unsere selbstsüchtigen, hysterischen Wehklagen können ihm hingegen viel von dem Wert des soeben abgeschlossenen Lebens rauben.

Der Auftrag des Fegefeuers ist es, die nachteiligen Gewohnheiten auszumerzen, indem ihre Befriedigung unmöglich gemacht wird. Der Mensch leidet genauso, wie er andere durch seine Unredlichkeit, seine Grausamkeit, seine Unduldsamkeit oder was sonst auch immer leiden ließ. Durch dieses Leid lernt er, in Zukunft gütig, ehrlich und nachsichtig gegenüber anderen und als Folge dieses wohltätigen Zustandes tugendhaft zu sein sowie richtig zu handeln. Wenn er wiedergeboren wird, ist er frei von schlechten Gewohnheiten. Dann entspringt jede üble Tat dem eigenen Willen. Die Neigung, Böses vergangener Leben zu wiederholen, bleibt, denn wir müssen lernen, das Rechte bewußt und aus freiem Willen zu tun. Gelegentlich versuchen uns diese Neigungen. Dadurch geben sie uns Gelegenheit, uns selbst auf die Seite von Barmherzigkeit und Tugend oder auf die des Lasters und der Grausamkeit zu stellen. Das Gefühl, das sich aus der

Reinigung von den Fehlern und dem Sühnen der falschen Taten vergangener Leben ergibt, hilft uns, die rechte Handlungsweise zu erkennen und widerstandsfähig gegen die Fallen und Tücken der Versuchung zu sein. Wenn wir beachten, daß Gefühl und Enthaltsamkeit von dem besonderen Übel fernhalten, wird die Versuchung aufhören. Wir haben uns für alle Zeiten davon befreit. Geben wir nach, werden wir solange größeres Leid als vorher erfahren, bis wir endlich gelernt haben, nach der Goldenen Regel zu leben, denn der Weg für den Übertreter ist schwer. Aber selbst dann ist das Endziel noch nicht erreicht. Anderen Gutes zu tun, damit sie uns wieder Gutes tun, ist im Grunde selbstsüchtig. Wir müssen zur rechten Zeit lernen, Gutes zu tun, ohne Rücksicht darauf zu nehmen, wie wir von anderen behandelt werden. Christus sagte, wir sollen sogar unsere Feinde lieben (Matth. 5, 44).

Über Methode und Zweck dieser Reinigung unterrichtet zu sein, ist eine unschätzbare Wohltat. Denn dadurch wird es uns möglich, unser Fegefeuer schon hier und jetzt, Tag für Tag zu durchleben und Fortschritte viel schneller zu machen, als es sonst möglich wäre. Im letzten Teil dieses Buches ist als Hilfe für das Entwickeln geistigen Sehens eine Reinigungsübung angegeben. In ihr werden die Ereignisse des Tages überdacht, nachdem man sich zur nächtlichen Ruhe begeben hat. Wir blicken in umgekehrter Reihenfolge zurück auf alle Ereignisse des Tages, beachten besonders die moralische Seite und überlegen, ob wir in jedem einzelnen Fall hinsichtlich Geisteshaltung und Gewohnheiten recht oder unrecht getan haben. Durch solche tagtägliche Selbstbeurteilung und das Bemühen, die Fehler und die unrechten Taten abzustellen, werden wir die Gegebenheit des Fegefeuers wesentlich verkürzen, vielleicht sogar vollkommen ausschließen und nach dem Tod unmittelbar in den ersten Himmel eingehen. Wenn wir so unsere Schwächen bewußt überwinden, machen wir auch wesentliche Fortschritte in der Schule der

Evolution. Selbst wenn wir im Verbessern unserer Handlungen nachlassen, ziehen wir doch großen Nutzen aus unserer Selbstbeurteilung. Wir rufen die Sehnsucht nach dem Guten hervor, das bestimmt zur richtigen Zeit Früchte in rechtschaffenem Handeln hervorbringen wird.

Im Rückblicken auf die Tagesereignisse und im Tadeln unseres Unrechts sollten wir nicht vergessen, unsere guten Taten in unpersönlicher Art und Weise anzuerkennen und uns zu entschließen, noch besser zu handeln. Wir fördern das Gute, indem wir es bejahen und durch Tadel dem Bösen entsagen.

Reue und Besserung sind ebenfalls machtvolle Faktoren zur Abkürzung der fegefeuerlichen Existenz, denn die Natur verschwendet niemals Anstrengungen in nutzlosen Vorgängen. Wenn wir uns das Unrecht bestimmter Gewohnheiten oder Handlungen unseres vergangenen Lebens vergegenwärtigen und uns entscheiden, die ersteren zu ändern und dem begangenen Unrecht abzuhelfen, tilgen wir ihre Bilder aus dem unterbewußten Gedächtnis. Nach dem Tod werden sie nicht mehr vorhanden sein, um über uns zu richten. Sind wir selbst nicht in der Lage, unser Unrecht wiedergutzumachen, wird die Aufrichtigkeit unserer Reue genügen. Die Natur zielt nicht auf „Heimzahlen" oder darauf ab, sich zu rächen. Unserem Opfer kann Vergeltung auf andere Weise zukommen.

Jemand, der die Zeit zur Charakterverbesserung durch Selbstbeurteilung und Fehlerbeseitigung ausnutzt, wird viele allgemeine, ihm vorbehaltene Fortschritte für zukünftige Leben machen. Diese Übung wird ernstlich empfohlen. Sie ist vielleicht die wichtigste Lehre des vorliegenden Werkes.

Das Grenzland

Das Fegefeuer nimmt die drei niederen Regionen der Empfindungswelt ein. Der erste Himmel befindet sich in den drei höchsten Regionen. Die mittlere ist eine Art Grenzland, weder Himmel noch Hölle. In ihr finden wir ehrliche und rechtschaffene Menschen, die niemandem Unrecht getan haben, die aber in geschäftliche Angelegenheiten vertieft waren und niemals an ein höheres Leben gedacht hatten. Für sie ist das Leben in der Empfindungswelt unbeschreiblich eintönig. Es gibt hier weder „Geschäftliches" noch etwas, das an seine Stelle treten könnte. Bis die Menschen lernen, an höhere Dinge als an Geschäftsbücher und Wechsel zu denken, durchleben sie eine sehr harte Zeit. Diejenigen, die über das Problem des Lebens nachdachten und zur Schlußfolgerung gekommen sind, daß „der Tod alles beendet", und die Existenz von Dingen außerhalb der materiellen Sinnenwelt verneinen, fühlen diese schreckliche Eintönigkeit. Sie hatten die Auflösung des Bewußtseins erwartet. Stattdessen finden sie sich mit vermehrter Wahrnehmungsfähigkeit für Menschen und Dinge ihrer Umgebung wieder. Sie waren es gewöhnt gewesen, diese Möglichkeiten so energisch abzulehnen, daß sie oft meinen, die Empfindungswelt sei eine Sinnestäuschung. Und in tiefer Verzweiflung kann man sie häufig rufen hören: „Wann wird das enden, wann wird das enden?"

Diese Menschen sind wirklich in einem bedauernswerten Zustand. Ihnen ist im allgemeinen nicht mehr zu helfen. Sie leiden viel länger als die meisten anderen. Außerdem haben sie fast kein Leben in der Himmelswelt, in der das Gestalten von Körpern für zukünftigen Gebrauch gelehrt wird. Deshalb werfen sie alle ihre kristallisierenden Gedanken in einen beliebigen Träger, den sie für ihr künftiges Leben erschaffen. So entstehen Körper mit verhärtenden Tendenzen, wie wir sie beispielsweise bei schwindsüchtiger Auszehrung sehen können. Manchmal wendet das mit einem solchen gebrechlichen Körper verbundene Leiden die Gedanken, die die Wesenheit beseelen, zu Gott und ihre Entwicklung kann fortschreiten. Die größte Gefahr, die Verbindung mit dem Geist zu verlieren und ein Ausgestoßener zu werden, liegt im materialistischen Verstand. Deshalb waren die Älteren Brüder in den letzten Jahrhunderten sehr ernsthaft um das Schicksal der westlichen Welt besorgt. Hätten sie sich nicht so segenbringend bemüht, würden wir eine soziale Sintflut gehabt haben, gegen die die Französische Revolution ein Kinderspiel gewesen wäre. Der geschulte Hellseher kann wahrnehmen, wie knapp die Menschheit einem verheerenden Unheil entgangen ist. Es hätte ganze Erdteile ins Meer gerissen. In Kapitel XVIII wird der Leser eine eingehende und vollständige Darstellung des Zusammenhangs zwischen dem Materialismus und vulkanischen Ausbrüchen finden. Die Liste der Eruptionen des Vesuv scheint die Feststellung einer solchen Beziehung zu bestätigen, wenn man sie nicht als „Zufall" bezeichnen will, wie es der Skeptiker im allgemeinen tut, wenn er Tatsachen und Zahlen nicht erklären kann.

Der erste Himmel

Ist die Läuterungszeit im Fegefeuer vorüber, wird der gereinigte Geist in den ersten Himmel erhoben. Er befindet sich in den drei höchsten Regionen der Empfindungswelt, in der die Ergebnisse seiner Leiden dem Keimatom des Empfindungsleibes einverleibt werden, das die Eigenschaft rechten Fühlens weitergibt. Sie wirkt in der Zukunft als Anregung zum Guten und als Abschreckungsmittel gegenüber dem Bösen. Hier entrollt sich, abermals rückwärts ablaufend, das Panorama des vergangenen Lebens. Doch jetzt sind es die guten Taten, die zur Grundlage der Gefühle werden. Wenn wir zu den Geschehnissen kommen, in denen wir anderen halfen, erkennen wir von neuem die Freude des Helfens, die wir in dem damaligen Augenblick hatten; außerdem fühlen wir die ganze Dankbarkeit, die uns der Empfänger unserer Hilfe entgegenbrachte. Wenn wir zu Szenen gelangen, in denen uns geholfen wurde, spüren wir nochmals alle Dankbarkeit, die wir für unsere Wohltäter empfunden hatten. Daraus entnehmen wir den Einfluß, den die Würdigung des Wohlwollens hat, das uns von anderen erwiesen wurde. Denn Dankbarkeit fördert das Seelenwachstum. Unser Glück im Himmel hängt ab von der Freude, die wir anderen bereitet haben und von der Anerkennung für das, was andere für uns getan haben. Es sollte stets daran gedacht werden, daß die Möglichkeit zu geben nicht in erster Linie reichen Menschen verliehen worden ist. Unüberlegte Geldspenden können sogar von Übel sein. Es ist gut, sie für einen Zweck zu geben, von dem wir überzeugt sind, daß er sinnvoll ist. Dienen aber ist tausendmal besser. Whitman sagt:

> „Siehe! Nicht Lehren geb' ich noch Speis'!
> Wenn ich gebe, geb' ich mich ganz."

Ein freundlicher Blick, der Ausdruck des Vertrauens, eine sympathische und liebevolle Hilfsbereitschaft können von jedermann ohne Rücksicht auf Wohlstand gegeben werden. Darüber hinaus sollten wir vor allen Dingen dem Bedürftigen behilflich sein, sich selbst, sei es finanziell, moralisch oder geistig, zu helfen und ihn nicht von uns oder anderen abhängig werden lassen.

Die Ethik des Gebens und die Wirkung auf den Geber als eine geistige Lehre werden in schöner Weise in Lowells „Die Vision von Sir Launfal" gezeigt. Der junge und ehrgeizige Ritter Sir Launfal reitet in schimmernder Rüstung auf einem prachtvollen Streitroß aus seiner Burg, um den Heiligen Gral zu suchen. Auf seinem Schild glänzt das Kreuz, das Zeichen der Milde und Güte unseres geduldigen und demütigen Heilands. Das Herz des Ritters aber ist erfüllt von Stolz und hochmütiger Verachtung gegenüber den Armen und Bedürftigen. Sir Launfal trifft einen Aussätzigen, der um ein Almosen bittet. Mit finsterem Blick wirft er ihm, wie man einem hungrigen Hund einen Knochen vorwirft, eine Münze hin. Aber:

„Der Sieche ließ liegen das Gold im Grund:
‚Die Kruste, gespart von des Armen Mund,
Und Segen des Armen — sind besser fürwahr,
Verlaß ich sein Haus gleich hungrig und bar.
Kein Almosen ist's, was die Hand hier empfing!
Die Gabe in Gold — verächtliches Ding,
Wenn Pflicht allein zum Geben ihn zwang.
Wenn einer ein Scherflein, ein kleines, hingibt,
Dem Unsichtbaren, den er so liebt,
Der webet die Schönheit, umfassend sie schlang,
Das All vereinend, das so er durchdrang,
Sein Schenken ist groß; die Hand nicht umfaßt,
Das Herz nur bezwingt die kostbare Last,
Denn ihr folgt ein Gott und bringt sie als Hort
Zur hungernden Seele an tiefdunklem Ort."

Bei seiner Rückkehr findet Sir Launfal einen anderen im Besitz seiner Burg. Er selbst wird vom Burgtor vertrieben.

„Ein alter Mann, gebeugt vom Gram,
Von Gralesnot zurück er kam;
Verlust des Reichtums, ihn kümmert es nicht;
Kein Kreuz mehr strahlt vom Gewande so schlicht.
Doch tief im Herzen das Zeichen ihm stand,
Des Armen und Leidenden trostreiches Pfand."

Erneut begegnet er dem Aussätzigen, der ihn wieder um ein Almosen bittet. Diesmal antwortet der Ritter anders.

„Sir Launfal spricht: ‚Du bist mir ein Bild
Des gekreuzigten Heilands, so gütig und mild;
Auch dich hat die Welt mit Dornen gekrönt,
Auch dich hat getreten sie, ach, und verhöhnt,
Dein Leben mit heiligen Schmerzen empfand
Die Wunden in Seite und Fuß und Hand.
Mariens Sohn, sei gnädig zu mir,
Durch ihn, mein Bruder, ich schenke dies Dir!'"

Ein Blick in das Auge des Aussätzigen bringt ihm Erinnerung sowie das Wiedererkennen und

„Zu Asch' und Staub ward im Innern sein Herz,
Die Brotkruste teilt er, so hart wie von Erz.
An Baches Rand er brach es, das Eis.
Dem Aussätz'gen reichet er Trank hin und Speis.

Eine Umwandlung findet statt:

Der ächzte nicht länger arm und beraubt,
Ein Glorienschein umstrahlte sein Haupt,
. . . .
Und die Stimme, die sanfter als Schweigen, spricht:
‚Ich bin es! Steh' auf und fürchte dich nicht!
In manch einem Land, als Kämpfenden Frucht,
Hast du den Gral vergeblich gesucht.
Sieh, er ist hier, hier in der Hand.
Gefüllt für mich an des Bachwassers Rand.
Die Kruste, mein Leib, für dich er zerbrach,
Mein Blut, vergossen, die Flut aus dem Bach.
So wird zum Heiligen Abendmahl,
Was teilen wir gern, auch Not und Qual.
Die Gabe, Almosen, das nicht allein
Gibt wahren Wert; Geschenktes ist Schein.
Gibst mit der Gabe hin selber du dich,
Nährest du dich, den Armen und mich.'"

Der erste Himmel ist der Ort der Freude ohne einen einzigen Tropfen Bitterkeit. Der Geist lebt über dem Einflußbereich der materiellen irdischen Bedingungen und nimmt alles Gute aus seinem vergangenen Leben auf, so wie es an ihm vorüberzieht. Hier sind die Ziele aller edlen Bestrebungen, denen sich der Mensch zuwandte, in vollstem Maße verwirklicht. Es ist ein Ort der Ruhe. Je härter das Leben gewesen ist, um so mehr wird die Ruhe erfreuen. Krankheit, Kummer und Schmerz sind unbekannt. Hier ist das Sommerland der Esoteriker, der Ort, an dem die Gedanken der andächtigen Christen das Neue Jerusalem geschaffen haben.

Menschen, die nach dem Besitz schöner Häuser, Blumen und dergleichen strebten, erhalten sie hier. Sie gestalten sie selbst durch Gedanken aus feinem Empfindungsstoff. Dennoch sind diese Dinge für sie ebenso wirklich und greifbar, wie es für uns die materiellen Häuser sind. Hier wird allen Menschen die Befriedigung zuteil, die sie im Erdenleben nicht hatten.

Kinder haben in dieser Welt ein besonders schönes Leben. Könnten wir sie sehen, würde unser Kummer schnell vergehen. Stirbt ein Kind vor der Geburt seines Empfindungsleibes — sie erfolgt ungefähr im vierzehnten Lebensjahr —, steigt es in den ersten Himmel. Denn es ist für seine Handlungen so wenig verantwortlich wie das ungeborene Kind für die Schmerzen, die es seiner Mutter durch seine Bewegungen in ihrem Schoß bereitet. So hat es auch keine fegefeuerliche Existenz. Und was nicht lebendig wurde, kann nicht sterben. Empfindungsleib und Verstand bleiben daher bis zu einer neuen Geburt erhalten, weshalb sich Kinder, wie wir aus einem Beispiel sehen werden, oft an ihr früheres Erdenleben erinnern können.

Für diese Wesen ist der erste Himmel ein Ort, an dem sie von einem bis zu zwanzig Jahre bleiben und warten, bis sich eine Gelegenheit zu einer neuen Wiederverkörperung bietet. Da in dieser Zwischenzeit viele Fortschritte erzielt werden, ist er mehr als ein Ort des Wartens.

Stirbt ein Kind, wird es stets von Verwandten erwartet. Fehlen sie, sind Menschen da, die im Erdenleben gerne Kinder „bemutterten“ und sich nun freudig des kleinen heimatlosen Wesens annehmen. Die außerordentliche Formbarkeit des Empfindungsstoffes macht es leicht, die herrlichsten lebendigen Spielzeuge für die Kinder zu erschaffen, deren Leben ein einziges schönes Spiel ist. Dennoch wird ihre Unterweisung nicht vernachlässigt. Ohne Rücksicht auf ihr Alter werden sie, je nach ihrem Temperament, in Gruppen eingeteilt. In der Empfindungswelt ist es leicht, Anschauungsunterricht über den Einfluß zu geben, den gute und böse Leidenschaften auf Verhalten und Glück ausüben. Diese Lehren prägen sich dem empfindsamen und gefühlsbetonten Empfindungsleib des Kindes unauslöschlich ein. Sie verbleiben ihm bis nach seiner Wiederverkörperung, so daß mancher Mensch es größtenteils dieser Erziehung verdankt, wenn sein Leben ideal verläuft. Wird ein schwacher Geist geboren, lassen ihn die „Mitleidigen", die unsichtbaren Führer, die unsere Entwicklung lenken, oftmals in frühen Jahren sterben, damit er seine besondere Erziehung erhalte und fähig werde, ein möglicherweise hartes Leben zu führen. Das scheint besonders dann der Fall zu sein, wenn die Schrift im Empfindungsleib schwach war, weil der Sterbende durch das Wehklagen seiner Angehörigen gestört wurde oder die Erdenwelt durch einen Unglücksfall oder auf dem Schlachtfeld verlassen hatte. In seiner nachtodlichen Existenz erfuhr er keine entsprechende Gefühlsintensität. Dieser Mangel wird ausgeglichen, wenn er wiederverkörpert wird und als Kind stirbt. Oft fällt die Pflicht, sich im himmlischen Leben um ein solches Kind zu kümmern, denjenigen zu, die diesen Mangel verursacht hatten. So bietet sich ihnen eine Gelegenheit, ihren Fehler gutzumachen und besseres Handeln zu lernen. Vielleicht werden sie auch die Eltern der Geschädigten und haben während der wenigen Jahre ihres Erdenlebens für sie zu sorgen. Wenn sie dann bei deren Tod in hysterisches Wehklagen ausbrechen, macht es nichts, weil im Lebensleib eines Kindes keine schlußfolgernden Bilder entstehen werden.

Der Himmel ist auch ein Ort, an dem alle, die studiert haben, künstlerisch begabt oder menschenfreundlich gewesen sind, Fortschritte machen. Studenten und Philosophen erhalten unmittelbaren Zugang zu allen Bibliotheken der Welt. Der Maler freut sich unendlich über die ständig wechselnden Verbindungen der Farben. Er lernt bald, daß letztere durch seine Gedanken nach seinem Willen gemischt und gestaltet werden können. Seine Schöpfungen leuchten und funkeln voller Leben, wie es derjenige, der mit den matten Erdenfarben arbeitet, niemals erreichen könnte. In der Empfindungswelt malt er gleichsam mit lebendem, strahlendem Material, und seine Entwürfe kann er in einer Leichtigkeit ausführen, die seine Seele mit Entzücken erfüllt. Der Musiker hat hier noch nicht den Ort erreicht, an dem seine Kunst voll zum Ausdruck kommt. Die physische Welt ist die Welt der Form, die Empfindungswelt, in der wir das Fegefeuer und den ersten Himmel finden, vorwiegend die Welt der Farbe. Erst die Gedankenwelt, in der der zweite und dritte Himmel liegen, ist die Sphäre der Töne. Himmlische Musik ist eine Tatsache und nicht nur eine Redewendung. Pythagoras war kein Phantast, als er von der Musik der Sphären sprach. Denn jeder Himmelskörper hat seinen bestimmten Ton. Alle klingen zusammen zur himmlischen Symphonie, die Goethe im Prolog seines „Faust" erwähnt, dessen Schauplatz im Himmel liegt. Der Erzengel Raphael spricht:

„Die Sonne tönt nach alter Weise
In Brudersphären Wettgesang,
Und ihre vorgeschrieb'ne Reise
Vollendet sie mit Donnergang."

Selbst hier in der Physischen Welt erreicht uns der Widerhall dieser himmlischen Musik. Er ist unser kostbarster Besitz, obwohl er so flüchtig wie ein Irrlicht ist und nicht wie andere Kunstwerke, eine Statue, ein Bild oder ein Buch, dauerhaft geschaffen werden kann. In der Physischen Welt stirbt und verschwindet der Ton sogleich, nachdem er geboren wurde. Im ersten Himmel sind diese Nachklänge naturgemäß viel schöner und andauernder. Daher hört der Musiker hier lieblichere Weisein, als es ihm jemals in seinem Erdenleben möglich war.

Die Erfahrungen des Dichters sind denen des Musikers verwandt. Dichtkunst ist der in Worte gefaßte Ausdruck innerster Seelengefühle, der nach denselben Gesetzen von Harmonie und

Rhythmus, die auch das Ausströmen des Geistes in die Musik lenken, geordnet ist. Der Dichter erhält außerdem wunderbare Eingebungen durch Bilder und Farben, den Hauptcharakteristiken der Empfindungswelt. Daher wird er den Stoff, den er im nächsten Erdenleben verwenden wird, an sich heranziehen. Ebenso sammelt der Schriftsteller Material und Fähigkeiten. Der Philanthrop arbeitet seine altruistischen Pläne zur Hebung des Menschengeschlechtes aus. Hatte er in einem Leben Fehler gemacht, wird er im ersten Himmel den Grund dafür erkennen und nun lernen, Hindernisse zu überwinden und Irrtümer, die seine Pläne undurchführbar machten, zu vermeiden.

Zu gegebener Zeit wird ein Punkt erreicht, an dem Kummer und Leiden des Fegefeuers zusammen mit den Freuden, die aus den guten Taten des vergangenen Lebens hervorgegangen sind, in das Keimatom des Empfindungsleibes eingepflanzt werden. Gemeinsam bilden sie das Gewissen, die anregende Kraft, die uns vor Bösem, dem Verursacher von Kummer, warnt und uns dem Guten, der Quelle von Glück und Freude, zuneigen läßt. Wie der Mensch seinen physischen und den Lebensleib verlassen hat, so verläßt er nun seinen sich danach auflösenden Empfindungskörper. Er nimmt nur die Kräfte des Keimatoms mit. Sie gestalten den Kern des zukünftigen Empfindungsleibes, den bleibenden Teil seines vergangenen Gefühlsträgers.

Wie oben erwähnt werden die Kräfte des Keimatoms zurückgezogen. Für den materialistisch denkenden Menschen sind Kraft und Stoff untrennbar. Der Esoteriker weiß es anders. Für ihn sind sie nicht zwei völlig verschiedene, gesonderte Begriffe, sondern die beiden Pole des einen Geistes.

Materie ist kristallisierter Geist.*)
Kraft ist derselbe noch unkristallisierte Geist.

---

*) Zur gleichen Erkenntnis sind inzwischen auch die Atomphysiker gekommen.

Das wurde bereits gesagt, doch es kann nicht fest genug eingeprägt werden. In diesem Zusammenhang ist das Beispiel der Schnecke sehr hilfreich. Die Materie, der kristallisierte Geist, entspricht dem Schneckenhaus, der kristallisierten Schnecke. Die durch Stoffumwandlung entstehende, Materie bewegende Kraft macht sie zur Formbildung brauchbar. Und auch hier ist die ihr Haus bewegende Schnecke eine gute Entsprechung. Was jetzt Schnecke ist, wird mit der Zeit Haus, und was jetzt Kraft ist, zu gegebener Zeit, wenn der Kristallisationsprozeß fortgeschritten ist, Materie. Auch der entgegengesetzte Vorgang, Materie wieder in Geist aufzulösen, findet ständig statt. Die gröbere Phase, den Auflösungsprozeß sehen wir, wenn der Mensch seine Träger zurückgelassen hat. In dieser Zeit läßt sich der Geist eines Atoms leicht von dem einfacheren Geist, der sich als Materie geäußert hatte, trennen.

Der zweite Himmel

Schließlich geht der Mensch, das Ich, der dreifache Geist, in den zweiten Himmel ein. Er ist vom Verstand umgeben, der die drei Keimatome, die Quintessenz der drei verlassenen Träger enthält.

Wenn der Mensch stirbt und seinen physischen Körper sowie den Lebensleib verläßt, ist er in demselben Zustand, wie wenn er einschläft. Der Empfindungsleib hat kein verwendungsfähiges Organ. Er ist nicht von einem eiförmigen Körper in eine dem physischen Leib ähnelnde, jetzt verlassene Form verwandelt worden. Wir können leicht verstehen, daß ein dem Schlaf gleichender Zwischenzustand von Unbewußtheit vorhanden sein muß, bevor der Mensch in der Empfindungswelt wieder erwacht. Es kommt jedoch oft vor, daß sich Menschen lange Zeit nicht bewußt sind, was mit ihnen geschehen ist. Sie begreifen nicht, daß sie gestorben sind. Wohl wissen sie, daß sie in der Lage sind, sich zu bewegen und zu denken. Doch es ist manchmal sehr mühsam, ihnen begreiflich zu machen, daß sie tatsächlich „tot" sind. Sie bemerken, daß einiges anders geworden ist, können jedoch nicht verstehen, was es ist.

Anders ist es beim Übergang vom ersten Himmel, der Empfindungswelt, zum zweiten, der Region der Konkreten Gedanken. Da verläßt der Mensch seinen Empfindungsleib. Er ist vollständig bewußt und geht in eine große Stille ein. Zunächst scheint alles hinwegzuschwinden. Der Mensch kann nicht denken. In ihm ist keine Fähigkeit lebendig, und doch weiß er, daß er ist. Er hat das Gefühl, in „Der Großen Unendlichkeit" zu stehen, völlig allein, jedoch ohne Furcht. Seine Seele ist von einem wunderbaren Frieden erfüllt, der „alles Verstehen übersteigt". Die Esoterik nennt das **„Die Große Stille".**

In ihr ist der Geist in seiner Heimatwelt, dem Himmel. Nun kommt das erste Erwachen. Es bringt den Klang „der Sphärenmusik". In unserem Erdenleben sind wir so in die kleinen Geräusche und Laute unserer begrenzten Umgebung versenkt, daß wir die Musik der kreisenden Gestirne nicht hören können. Der esoterische Wissenschaftler aber vernimmt sie. Er weiß, daß die zwölf Tierkreiszeichen und die sieben Planeten den Resonanzboden und die Saiten von „Apolls siebensaitiger Leier" bilden. Und ihm ist auch bekannt, daß eine einzige Dissonanz zum Verderben der himmlischen Harmonie dieses erhabenen Instrumentes führen und „den Untergang der Materie sowie den Zusammenbruch der Welten" hervorrufen würde.

Die Kraft rhythmischer Schwingungen ist allen bekannt, die dieser Sache auch nur die geringste Aufmerksamkeit gewidmet haben. Beispielsweise wird Soldaten befohlen, den Gleichschritt zu unterbrechen, wenn sie über eine Brücke marschieren, weil ihr rhythmischer Tritt die stärksten Konstruktionen zertrümmern würde. Für den Esoteriker ist die Biblische Geschichte vom Erschallen der Widderhörner beim Umschreiten der Mauern von Jericho nicht unsinnig. Es sind ähnliche Dinge geschehen, ohne daß die Welt ungläubig und überlegen dazu gelächelt hätte. Vor einigen Jahren übte eine Musikkapelle in einem Garten, der nahe der sehr massiven Mauern einer alten Burg lag. An einer bestimmten Stelle kam ein lange zu haltender und sehr durchdringender Ton. Als er erklang, stürzte die Burgmauer plötzlich ein. Die Musiker hatten ihren Grundton getroffen, und er war genügend lange gehalten worden, um sie zu zertrümmern.

Wenn gesagt wurde, der zweite Himmel sei die Welt der Töne, so ist damit nicht gemeint, daß dort keine Farben vorhanden wären. Viele Menschen wissen, daß es einen engen Zusammenhang zwischen Klang und Farbe gibt. Wenn ein bestimmter Ton erklingt, entsteht gleichzeitig eine gewisse Farbe. So ist es auch in der Himmlischen Welt. Farbe und Klang sind hier gegenwärtig. Die Töne aber sind die Schöpfer der Farben; sie erschaffen alle Formen in der Physischen Welt. Der Musiker kann in verschiedenen Gebieten der Natur gewisse Töne hören, so in den Winden im Wald, im Brechen der Wellen am Strand, im Brausen des Meeres und im Rauschen des Wasserfalls. Alle diese Klänge vereinigen sich zu einem Ganzen. Das ist der Grundton der Erde, ihr „Ton". So wie sich geometrische Figuren auf einer mit Sand bestreuten Glasplatte bilden, an deren Rand man mit einem Geigenbogen entlangstreicht, so sind die Körper um uns herum die kristallisierten Klangfiguren der Urtypenkräfte, die in den Urformen der Himmlischen Welt spielen.

Das Leben des Menschen in der Himmelswelt ist vielseitig. Es ist nicht im geringsten ein untätiges, träumerisches oder illusorisches Dasein. Wie der Schlaf eine aktive Vorbereitung für die Aufgabe des folgenden Tages ist, so ist es eine Zeit größten, wichtigsten Wirkens zur Vorbereitung auf das nächste Leben.

Hier wird die Quintessenz der drei Körper in den dreifachen Geist eingearbeitet. Was der Mensch in seinem Empfindungsleib während seines Lebens gereinigt und vom Verlangen sowie den Gemütsregungen befreit hat, wird in seinen eigenen Geist eingeschmolzen. Das gibt ihm für die Zukunft einen besseren Verstand.

Was der Lebensgeist vom Lebensleib aufgearbeitet, verwandelt, vergeistigt und so vor dem Verfall, dem dessen Rest unterliegt, bewahrt hat, wird mit ihm verwoben, um für das zukünftige Leben einen besseren Lebensleib, ein besseres Temperament zu schaffen.

Was der Göttliche Geist vom physischen Körper durch richtiges Handeln gerettet hat, wird in ihn selbst eingearbeitet; es schafft eine bessere Umgebung und günstigere Gelegenheiten.

Diese Vergeistigung der Träger wird durch die Pflege der Beobachtungsgabe, der Unterscheidungsfähigkeit und des Gedächtnisses, durch Hingabe an hohe Ideale, Gebete, Konzentration, Beharrlichkeit und rechten Gebrauch der Lebenskräfte gewonnen.

Der zweite Himmel ist die wahre Heimat des Menschen, des Ich, des Denkers, der hier jahrhundertelang verweilt. Hier nimmt er die Früchte des letzten Erdenlebens auf, und hier bereitet er die irdischen Bedingungen vor, die für seinen nächsten Entwicklungsschritt am besten geeignet sind. Der Klang oder der Ton, der diese Region durchdringt und sich überall als Farbe offenbart, ist gewissermaßen sein Werkzeug. Das Wachstum hängt von dieser harmonischen Klangschwingung ab; sie fügt die Quintessenz des dreifachen Körpers als Lebenselexier in den dreifachen Geist ein.

Das Leben im zweiten Himmel ist in verschiedenen Beziehungen überaus aktiv. Das Ich nimmt, wie oben bereits erwähnt wurde, die Früchte des letzten Erdenlebens in sich auf und bereitet die Umgebung für die neue physische Existenz vor. Es genügt nicht, nur anzunehmen, daß die neuen Bedingungen durch das Verhalten und die Taten in dem soeben beendeten Leben bestimmt werden. Die Früchte der Vergangenheit müssen in die Welt, den nächsten Schauplatz der Tätigkeit, eingearbeitet werden, in der das Ich neue irdische Erfahrungen und weitere Früchte sammelt. Deshalb gestalten alle Bewohner der Himmelswelt an den in der Region der Konkreten Gedanken lebenden Modellen der Erde. Sie verändern ihre physischen Merkmale allmählich so, daß bei jeder Wiederkehr eine andere Umgebung vorbereitet worden ist, in der neue Erfahrungen gewonnen werden können. Unter der Leitung höherer Wesen, von denen später die Rede sein soll, werden Klima, **Flora** und **Fauna** durch den Menschen verändert. Dadurch ist die Welt genau das, was wir selbst individuell und gemeinsam aus ihr gemacht haben; und sie wird so sein, wie wir sie gestalten. Der esoterische Wissenschaftler sieht in allem Geschehen Ursachen der sich offenbarenden geistigen Natur. Er übergeht nicht die Beeinflussung der beunruhigend zunehmenden Erdbebenstörungen durch das materielle Denken.

Es ist richtig, daß rein physische Ursachen solche Störungen hervorrufen können. Ist das aber das letzte Wort darüber? Können wir stets durch bloße Aufzeichnungen die volle Erklärung für das erhalten, was auf der Erdoberfläche geschieht? Gewiß nicht. Wir sehen zwei Menschen auf der Straße miteinander sprechen. Plötzlich schlägt einer den anderen zu Boden. Ein Beobachter könnte sagen, ein zorniger Gedanke habe den Mann niedergeschlagen. Ein anderer könnte sich über diese Aussage lustig machen und erklären, daß er den aufgehobenen Arm, die sich zusammenziehenden Muskeln sowie den ausholenden und mit dem niedergeschlagenen Opfer in Berührung gekommenen Arm gesehen habe. Das ist auch richtig. Man kann aber ruhig sagen, daß es ohne den **vorherigen** zornigen Gedanken nicht zu dem Schlag gekommen wäre. Ebenso sagt der Esoteriker, daß sich Erdbeben nicht ereignet hätten, wenn der Materialismus nicht gewesen wäre.

Die Tätigkeit des Menschen in der Himmelswelt beschränkt sich nicht allein auf die Umgestaltung der Erdoberfläche, der Stätte seines zukünftigen Ringens zur Unterwerfung der Physischen Welt. Der Mensch bemüht sich aktiv, einen Körper bilden zu lernen, der ein besseres Ausdrucksmittel wird. Seine Bestimmung ist es, eine Schöpferische Intelligenz zu werden, und er dient ihr während seiner gesamten Lehrzeit. In seinem Himmelsleben lernt er, alle Arten von Körpern einschließlich des menschlichen Leibes zu gestalten.

Wir sprachen von den Kräften, die längs der positiven und negativen Pole der verschiedenen Ätherarten wirken. **Der Mensch selbst ist ein Teil von ihnen.** Diejenigen, die wir tot nennen, helfen uns zu leben. Ihnen wiederum wird von den ihnen unterstellten „Naturgeistern" geholfen. Der Mensch wird bei dieser Arbeit von den höheren Schöpferischen Hierarchien gelenkt. Bevor er sein Selbstbewußtsein erreichte, halfen ihm diese, seine Träger zu gestalten, die er damals so schuf, wie er sie jetzt im Schlaf wieder aufbaut. Während des himmlischen Lebens lehren sie ihn bewußt. Der Maler erfährt, wie er ein genaues Auge gestalten kann, das fähig ist, eine vollkommene Perspektive, charakteristische Farben und Schatten so aufzunehmen, daß es für diejenigen, die sich nicht für Farbe und Licht interessieren, unbereiflich ist.

Der Mathematiker hat es mit dem Raum zu tun. Die Fähigkeit, ihn zu erfassen, hängt mit der feinen Ausgestaltung der drei halbkreisförmigen Kanäle im Inneren des Ohres zusammen, von denen jeder in eine andere Raumesrichtung weist. Logisches Denken und mathematische Begabung stehen im Verhältnis zur Genauigkeit der Anordnung dieser halbkreisförmigen Kanäle. Die musikalische Fähigkeit ist ebenfalls davon abhängig. Doch der Musiker benötigt auch noch besonders feine

Fibern des „Cortischen Organs",*) von denen das menschliche Ohr ungefähr zehntausend hat. Jede von ihnen kann etwa fünfundzwanzig Tonabstufungen wiedergeben. In den Ohren der meisten Menschen ist das hingegen nur für drei bis zehn möglich. Unter den Durchschnittsmusikern steigt die Zahl für eine Fiber bis auf fünfzehn Klänge. Der Meister aber, der fähig ist, Musik aus der Himmelswelt herunterzubringen und wiederzugeben, braucht eine größere Anzahl, um die verschiedenen Töne unterscheiden und die kleinsten Disharmonien in den komplizierten Akkorden wahrnehmen zu können. Menschen, die Organe von einer solchen außerordentlichen Feinfühligkeit benötigen, um ihre Gaben so zum Ausdruck zu bringen, wie es die höhere Stufe ihrer Entwicklung verdient und erfordert, beachten das besonders. Kein anderer Bereich ist so hoch, wie der des Musikers. Dieser Gedanke ist berechtigt, wenn wir beachten, daß der Maler die Inspirationen hauptsächlich aus der Welt der Farbe, der näherliegenden Empfindungswelt, entnimmt, der Musiker indessen versucht, uns die Atmosphäre der von uns als Geistwesen bewohnten himmlischen Heimatwelt zu bringen und sie in Klänge des Erdenlebens umzusetzen. Seine Mission ist die höchste, denn als Erscheinungsform des sich äußernden Seelenlebens steht die Musik an oberster Stelle. Daß sich die Musik von den anderen Künsten unterscheidet und höher ist als diese, geht auch daraus hervor, daß eine einmal geschaffene Statue oder ein Gemälde dauerhaften Bestand haben. Sie sind der Empfindungswelt entnommen und daher kristallisierter, während die Musik als Botschaft aus der himmlischen Welt flüchtiger ist und neu geschaffen werden muß, so oft wir sie hören wollen. Man kann sie nicht einschließen, was man aus den erfolglosen Versuchen vor allem mit mechanischen Erfindungen wie Phonographen**)

*) Benannt nach dem italienischen Anatomen Alfonso Marquis de Corti.

**) Phonograph, die „Sprechmaschine", der von Thomas Alva Edison erfundene Vorgänger des Schallplattenapparates.

und Pianola*) ersehen kann. Die auf diese Weise erzeugte Musik verliert viel von der beseelenden Reinheit, die sie besitzt, wenn sie direkt aus ihrer eigenen Welt kommt, die Seele an ihre Heimat erinnert und in einer Sprache zu ihr spricht, der keine in Marmor oder auf einem Gemälde zum Ausdruck gebrachte Schönheit gleichen kann.

Das Ohr, mit dem der Mensch die Musik aufnimmt, ist das vollkommenste Sinnesorgan seines Körpers. Im Gegensatz zum Auge, das oftmals entstellt, was es sieht, ist es in dem Sinn zuverlässig, wie es jeden Ton ohne Verzerrung hört.

Um die aufgenommenen Melodien wiedergeben zu können, muß der Musiker lernen, eine lange, feine Hand mit schlanken Fingern und empfindsamen Nerven zu bilden.

Es ist ein Naturgesetz, daß niemand einen leistungsfähigeren Körper bewohnen kann, als er ihn herzustellen vermag. Zuerst lernt er, einen Leib von gewisser Qualität zu gestalten, und dann, in ihm zu leben. Dadurch bemerkt er dessen Fehler und wird belehrt, wie er sie beheben kann.

Im vorgeburtlichen Leben wirken alle Menschen bis zu dem Zeitpunkt unbewußt an der Schaffung ihrer Träger, von dem an die von ihnen bewahrte Quintessenz der früheren Körper eingefügt wird. Dann gestalten sie bewußt. Daraus ist zu erkennen, daß der Mensch umso unsterblicher wird, je mehr Fortschritte er macht und je mehr er an seinen Trägern arbeitet. Manchmal beginnt ein weiterentwickelter Schüler einer esoterischen Schule für sich selbst zu gestalten, sobald die Tätigkeit in den ersten drei ausschließlich der Mutter gehörenden Wochen vollendet wurde. Wenn die Zeit des unbewußten Gestaltens vorüber ist, hat der Mensch Gelegenheit, seine zunehmende schöpferische Kraft zu üben, und der wahrhafte, ursprünglich schöpferische Vorgang, die „Epigenesis“, beginnt.

---

*) Das selbsttätig spielende Klavier.

So sehen wir, daß der Mensch lernt, seine Träger in der Himmlischen Welt zu **erschaffen** und in der Physischen Welt zu **verwenden**. In bewundernswerter Weise und mit vollendeter Weisheit versorgt die Natur für alle Phasen der Erfahrung. Je mehr wir lernen, tiefer und tiefer in ihre Geheimnisse einzudringen, umso mehr werden wir von unserer eigenen Bedeutungslosigkeit und von einer zunehmenden Erfurcht vor Gott erfüllt, dessen sichtbares Symbol die Natur ist. Und je mehr wir von deren Wundern erkennen, umso mehr gewinnen wir die Überzeugung, daß sein Weltensystem im Gegensatz zu dem, was uns gedankenlose Menschen einreden wollen, kein riesiges „Perpetuum mobile" ist. Ebenso unlogisch wäre es, anzunehmen, die Schriftzeichen einer in die Luft geworfenen Schachtel voll loser Buchstaben würden sich bei ihrem Herabfallen zu einem schönen Gedicht ordnen. Je vielschichtiger der Plan ist, umso gewichtiger ist das Argument zugunsten der Theorie eines intelligenten Göttlichen Urhebers.

Der dritte Himmel

Wenn der Mensch alle Früchte seines vergangenen Lebens aufgenommen und die äußere Gestalt der Erde so verändert hat, daß sie ihm die notwendige Umgebung für seinen nächsten Schritt zur Vollendung bieten kann, wenn er durch das Wirken an Körpern anderer gelernt hat, einen geeigneten Leib zu gestalten, mit dessen Hilfe er sich selbst in der Physischen Welt ausdrücken kann, und wenn er schließlich den Verstand in dem Wesen aufgelöst hat, das den dreifachen Geist erschafft, steigt sein unverhüllter Geist in die höhere Region der Gedankenwelt, den dritten Himmel, auf. In ihm wird er durch die unaussprechliche Harmonie dieser höheren Welt für sein nächstes Eintauchen in die Materie gestärkt.

Nach einiger Zeit stellt sich der Wunsch nach weiteren Erfahrungen und die Besinnung auf eine neue Geburt ein. Das ruft vor seinem Geist ein Panorama des zukünftigen, für ihn bereitgehaltenen Lebens herauf. Aber man beachte wohl: Dieses Panorama enthält nur die Hauptereignisse. Hinsichtlich der Einzelheiten hat der Geist freien Willen. Es ist so, als wolle ein Mensch in eine entfernte Stadt reisen, wobei der Fahrschein bei freier Wahl der Fahrstrecke für bestimmte Zeit gültig sei. Nachdem er gewählt und seine Reise begonnen hat, ist es nicht sicher, ob er seine Route nun noch ändern kann. Er darf sich innerhalb der zulässigen Zeit an so vielen Orten aufhalten, wie er will; zurückkehren aber kann er nicht. Durch seine vorausgegangene Wahl wird er mit fortschreitender Reise mehr und mehr eingeengt. Hat er ein durch Kohlenstaubfeuerung angetriebenes Beförderungsmittel gewählt, kann er erwarten, beschmutzt und verrußt zu werden. Hätte er ein durch Anthrazitheizung oder durch Elektrizität betriebenes Fahrzeug benutzt, wäre er sauberer geblieben. Ebenso ist es mit dem Menschen in einem neuen Leben. Ihm kann eine harte Erdenzeit bestimmt sein; er hat aber die freie Wahl, sie rein oder im Sumpf watend zu durchleben. Auch andere Bedingungen des Lebens kann er innerhalb der Grenzen seiner letzten Entscheidungen und Taten beherrschen.

Die Bilder im Panorama des zu erwartenden Lebens beginnen bei der Wiege und enden am Grab. Sie bewegen sich in der entgegengesetzten Reihenfolge wie diejenigen im Panorama nach dem Tod, die unmittelbar nach der Erlösung vom physischen Körper vor dem geistigen Auge vorüberziehen.

Der Grund für diesen fundamentalen Unterschied in den beiden Panoramen ist, dem sich wiederverkörpernden Ich in der Überschau vor der Geburt zu zeigen, wie bestimmte **Ursachen** oder Taten stets gewisse **Wirkungen** hervorrufen. Beim nachtodlichen Panorama ist es umgekehrt. Es hat aufzuzeigen, wie jedes Ereignis im letzten Leben die **Wirkung** einer weiter zurückliegenden **Ursache** war. Natur oder Gott tun nichts ohne logischen Grund. Je weiter wir suchen, umso offenbarer wird es für uns, daß die Natur eine weise Mutter ist, die immer die besten Mittel anwendet, um zum Ziel zu gelangen.

Man könnte vielleicht fragen: „Warum müssen wir wiederverkörpert werden? Warum müssen wir in dieses begrenzte und elende Erdendasein zurückkehren? Warum können wir nicht in jenen höheren Reichen Erfahrungen sammeln, ohne zur Erde zu kommen? Wir sind dieses traurigen, lästigen Lebens müde!"

Solche Fragen beruhen auf verschiedenen Mißverständnissen. Vor allem sollten wir uns darüber klar werden und uns tief in unser Gedächtnis einprägen, **daß der Sinn des Lebens nicht Glückseligkeit, sondern Erfahrung ist.** Sorge und Kummer sind unsere gütigsten Lehrer, Freuden des Lebens nur flüchtig.

Das scheint eine strenge Lehre zu sein. Das Herz schreit vor Leid auf bei dem Gedanken, daß sie möglicherweise wahr ist. Sie ist wirklich wahr, und wir werden bei näherer Untersuchung finden, daß sie nicht einmal so streng ist.

Betrachten wir die Segnungen des Schmerzes. Wenn wir unsere Hand auf einen heißen Ofen legen und keinen Schmerz fühlen würden, ließen wir sie wahrscheinlich, ohne davon zu wissen, solange liegen, bis es zu spät ist, um sie zu retten, und sie sowie vielleicht sogar auch der Arm verbrannt sind. Der sich aus der Berührung mit dem heißen Ofen ergebende Schmerz läßt uns die Hand zurückziehen, ehe ernstlicher Schaden entstanden ist; statt sie zu verlieren, kommen wir mit einer schnell verheilenden Blase davon. Das ist ein Beispiel aus dem physischen Bereich. Dasselbe Prinzip gilt in den Seelischen und Geistigen Welten. Wenn wir den Geist verletzen, werden uns die Gewissensbisse vor einer Wiederholung der Tat bewahren. Und wenn wir die erste Lektion nicht beachten, wird uns die Natur härtere und immer härtere Erlebnisse schicken, bis schließlich in unser Bewußtsein aufgenommen wurde, daß

„jeder Weg des Übertreters schwer“ ist. Das wird sich solange fortsetzen, bis wir dazu gebracht worden sind, uns einer neuen Richtung, einem besseren Leben zuzuwenden.

Erfahrung ist „Kenntnis der Wirkungen, die sich aus Taten ergeben“. Das ist zusammen mit der Entwicklung des „Willens“ der Sinn des Lebens. Der Wille ist die Kraft, durch die wir die Ergebnisse der Erfahrung anwenden. Erfahrungen müssen gewonnen werden. Aber wir haben die Wahl, ob wir sie auf dem harten Weg des persönlichen Erlebens oder durch Beobachten und Beurteilen von Taten anderer Menschen und durch Nachdenken im Licht des bereits Erfahrenen gewinnen wollen.

Das ist die Methode, durch die der Schüler der Esoterik lernen sollte, statt nach den Schlägen von Unglück und Schmerz zu verlangen. Je williger wir dazu bereit sind, umso weniger werden wir die stechenden Dornen dieses „Schmerzensweges“ fühlen und umso schneller auf „den Pfad des Friedens“ gelangen.

Die Wahl ist unser. Aber solange wir nicht alles gelernt haben, was in dieser Welt zu lernen ist, müssen wir in sie zurückkehren. Wir können erst dann in den höheren Welten verbleiben und dort lernen, wenn wir die Lehren des Erdenlebens gemeistert haben. Anders wäre es so unvernünftig, wie ein Kind heute in den Kindergarten und morgen in die Hochschule zu schicken. Zuerst hat es Tag für Tag in den Kindergarten zurückzukehren und Jahre in der Grund- sowie der höheren Schule zuzubringen, ehe seine geistigen Fähigkeiten die genügende Reife für das Hochschulstudium erlangt haben.

Auch der Mensch geht in die Schule, in die Schule der Erfahrung. Er muß oftmals wiederkommen, bevor er hoffen kann, alle Erkenntnisse der Sinnenwelt zu beherrschen. Ein einziges Leben, und sei es noch so reich, kann nicht alle Erkenntnisse umfassen. Und so gebietet die Natur, daß das Ich nach Pausen der Ruhe zur Erde zurückkehren und seine Arbeit an dem Punkt wieder aufnehmen muß, an dem es sie beendet hatte, so wie das

Kind seine Arbeit in der Schule am nächsten Tag wieder aufnimmt, nachdem es in der dazwischenliegenden Nacht geschlafen hat. Es ist auch kein Argument gegen diese Theorie, daß sich der Mensch nicht an seine vergangenen Leben erinnern kann. Nicht einmal alle Ereignisse unseres gegenwärtigen Lebens können wir ins Gedächtnis zurückrufen. Wir erinnern uns nicht an die Bemühungen, die uns das Schreibenlernen kostete. Aber wir erwarben die Kenntnis dieser Kunst, und das beweist, daß wir sie erlernten. Alle unsere Fähigkeiten sind ein Beweis dafür, daß wir sie irgendwann und irgendwo einmal erworben haben. Wie am Ende des nächsten Kapitels gezeigt wird, erinnern sich einige Menschen ihrer vergangenen Leben, was nur ein Beispiel von vielen ist.

Wenn es keine Wiederkehr zur Erde gäbe, was wäre dann der Sinn des Lebens? Warum sollte man sich um irgend etwas bemühen? Inwiefern wäre ein glückliches Leben im Himmel die Belohnung für ein gut geführtes Leben hier auf Erden? Welche Vorteile könnte man in einem Himmel, in dem jedermann sowieso schon glücklich ist, von einem solchen guten Leben hier auf der Erde haben? Sicherlich ist an einem Ort, an dem jedermann glücklich und zufrieden ist, kein Platz für Sympathie, Selbstaufopferung oder weisen Rat. Niemand würde diese Eigenschaften dort benötigen. Aber auf der Erde gibt es viele, die sich nach ihnen sehnen. Und solche menschenfreundlichen, selbstlosen, altruistischen Qualitäten sind für die sich abmühende Menschheit von größtem Nutzen. Deshalb bringt das im Dienst des Guten tätige große Gesetz den Menschen wieder zurück; in der Erdenwelt kann er zum Segen für sich und andere arbeiten. Ausgestattet ist er dabei mit seinen erworbenen Schätzen, die im Himmel brachliegen würden, weil niemand sie dort benötigt.

Vorbereitung zur Wiederverkörperung

Nachdem wir die Notwendigkeit für wiederholte Verkörperungen gesehen haben, wollen wir zu der Methode übergehen, durch die diese Absicht ausgeführt wird.

Vor dem Untertauchen in die Materie ist der dreifache Geist nackt. Er besitzt nur die Kräfte der vier Keimatome. Sie sind die Kerne des dreifachen Körpers und die Hülle des Verstandes. Das Niedersteigen gleicht, wie im früher erwähnten Beispiel, dem Anziehen von mehreren Handschuhpaaren zunehmender Dicke. Die Verstandeskräfte aus dem letzten Erdenleben werden wieder aus ihrer Verborgenheit im Keimatom erweckt. Dieses beginnt, vergleichbar einem Magneten, der Eisenspäne anzieht, Materie aus der höchsten Unterabteilung der konkreten Gedankenregion aufzunehmen.

Wenn wir einen Magneten über eine Mischung feiner Messing-, Silber-, Eisen-, Gold-, Bleispäne und solcher anderer Metalle halten, werden wir finden, daß er nur Eisenspäne auswählt. Selbst von diesen zieht er nur so viele an, wie es seine Stärke zuläßt. Er besitzt eine bestimmte und auf ein gewisses Maß beschränkte Anziehungskraft. Das Gleiche gilt für das Keimatom. Es kann aus jeder Region nur Wesensverwandtes und ebenfalls nicht mehr als eine bestimmte Menge entnehmen. So wird der Träger, der sich um diesen Keim herum bildet, ein genaues Abbild des entsprechenden Körpers aus dem vergangenen Erdenleben, vermindert um das Böse, das durch Reinigung entfernt wurde, und vermehrt um die im Keimatom niedergelegte Quintessenz des Guten.

Die vom dreifachen Geist ausgewählten Stoffe formen sich zu einem großen, glockenförmigen, an einem Ende offenen Gebilde, an dessen Spitze sich das Keimatom befindet. Bei diesem Bild können wir an eine Taucherglocke denken, die in ein Meer mit einer zunehmend dichter werdenden Flüssigkeit hinabsinkt, das den verschiedenen Unterabteilungen der einzelnen Welten entspricht. Die aufgenommene Materie macht den glockenförmigen Körper schwerer, so daß er in die nächstniedere Unterabteilung sinkt; aus ihr entnimmt er den ihr eigenen Anteil. Er wird noch schwerer und sinkt jetzt tiefer, bis er durch die vier Unterabteilungen der Region der Konkreten Gedanken hindurchgegangen ist und die Hülle für den neuen Verstand des Menschen vollendet wurde. Als nächstes werden die Kräfte im Keimatom des Empfindungsleibes erweckt. Dieses setzt sich inwendig an die Spitze der Glocke. Die Materie der siebenten Region der Empfindungswelt zieht sich ringsherum zusammen, bis das Keimatom in die sechste Region sinkt und dort weiteren Stoff aufnimmt. Dieser Prozeß setzt sich fort, bis die erste Region der Empfindungswelt erreicht ist. Die Glocke hat jetzt zwei Schichten, außen die Hülle des Verstandes und innen den neuen Empfindungsleib.

Nun wird das Keimatom des Lebensleibes zur Tätigkeit erweckt. Hier ist das Geschehen allerdings nicht so einfach, wie bei Verstand und Empfindungsleib. Denn es muß daran erinnert werden, daß diese beiden Träger verhältnismäßig unorganisiert, Lebensleib und physischer Körper dagegen organisierter und sehr vielschichtig sind. Die Materie von gegebener Menge und Beschaffenheit wird in derselben Weise und unter Wirkung desselben Gesetzes wie im Fall der höheren Körper angezogen. Das Bilden des neuen Körpers jedoch und seine Unterbringung in der richtigen Umgebung wird von vier großen, unermeßlich weisheitsvollen Wesen, den „Berichterstattenden" Engeln oder „Herren des Schicksals", vorgenommen. Diese beeinflussen den Rückstrahlenden Äther des Lebensleibes in der Weise, daß er die Bilder des kommenden Lebens widerspiegelt. Der Lebensleib wird von den Bewohnern der Himmelswelt und von den Elementargeistern so gestaltet, daß ein besonderer Gehirntypus entsteht. Doch man merke sich: **Das zurückkehrende Ich selbst ver-**

einigt darin die Quintessenz seiner früheren Lebenskörper und vollbringt außerdem noch ein wenig eigene Arbeit. Das geschieht, damit im künftigen Leben noch ein gewisser Platz für originellen und individuellen Ausdruck zur Verfügung steht, der vorher nicht durch vergangene Taten festgelegt wurde.

Es ist sehr wichtig, sich daran zu erinnern. Die Neigung, zu meinen, alles jetzt Bestehende sei das Ergebnis von vorher Vorhandenem, ist zu groß. Wenn es so wäre, würde kein Spielraum für neues und ursprüngliches Bemühen und für neue Ursachen verbleiben. Die Kette von Ursachen und Wirkungen ist keine eintönige Wiederholung. **Zu allen Zeiten strömt Neues und Ursprüngliches ein.** Das ist das eigentliche Rückgrat der Evolution, das einzige Geschehen, das ihr Sinn verleiht und sie zu etwas anderem macht als zu einem Verbreiter latent vorhandener Wirklichkeiten. Es ist „Epigenesis", der freie Wille, der etwas vollständig Neues beginnen kann und nicht nur zwischen zwei Handlungsweisen wählen darf. Und es ist die wichtige bestimmende Ursache, die allein das System, dem wir angehören, befriedigend erklären kann. Dafür reichen Involution und Evolution nicht aus. Aber in Verbindung mit Epigenesis bilden sie den vollen Dreiklang der Erklärung.

Das Schicksal eines Menschen, der unter dem Gesetz von Ursache und Wirkung gezeugt wurde, ist vielschichtig. Es schließt zu allen Zeiten die Verbindung mit Ichwesen innerhalb und außerhalb der irdischen Existenz ein. Sogar diejenigen, die zur selben Zeit leben, können das nicht am selben Ort tun, so daß es für das Schicksal einer Individualität unmöglich ist, in einer einzigen Lebenszeit oder an einem einzigen Ort alles aufzuarbeiten. Und deshalb wird das Ich in eine bestimmte Umgebung und in eine Familie gebracht, mit der es in gewisser Weise verwandt ist. Für das abzuarbeitende Schicksal ist es zuweilen bedeutungslos, in welcher besonderen Umgebung das Ich wiedergeboren wird. Wenn das der Fall ist, ist ihm die Wahl soweit als möglich erlaubt. Ist ein Ich einmal so gestellt, wachen die ausübenden Kräfte der „Herren des Schicksals“ unsichtbar darüber, daß die Auswirkung des gewählten Schicksalanteils durch kein Handeln des freien Willens vereitelt wird. Tun wir etwas, um diese Pflicht zu umgehen, werden sie andere Maßnahmen ergreifen und auf der Erfüllung des Schicksals bestehen. Es kann jedoch nicht oft genug wiederholt werden, daß das den Menschen nicht hilflos macht. Es ist dasselbe Gesetz, das wirkt, wenn wir eine Pistole abgefeuert haben. Wir können das Geschoß dann nicht aufhalten oder von seiner Bahn ablenken. Seine Richtung wurde im Augenblick des Abfeuerns durch die Haltung der Pistole bestimmt. Sie hätte vor dem Abdrücken noch geändert werden können. Denn zu dieser Zeit hatten wir die vollständige Kontrolle über sie. Dasselbe gilt für ein Tätigsein, das neues, zukünftiges Schicksal schafft. Bis zu einem gewissen Punkt können wir bereits in Bewegung gesetzte Ursachen verändern oder ihnen ganz und gar entgegenwirken. Wenn sie aber einmal begonnen haben und sich keine weiteren Handlungen ergeben, werden sie aus unserer Kontrolle geraten. Das wird „reifes“ Schicksal genannt. Jeder Versuch, diesem auszuweichen, wird von den „Herren des Schicksals“ verhindert. Hinsichtlich unserer Vergangenheit sind wir in großem Maße hilflos. Über zukünftiges Handeln aber haben wir, soweit wir nicht durch unsere vergangenen Handlungen gehindert werden, völlige Gewalt. In dem Maße jedoch, in dem wir nach und nach lernen, daß wir selbst die Ursache unserer eigenen Freuden und Schmerzen sind, sollen wir dazu erwachen, unser Leben mehr in Harmonie mit den Gesetzen Gottes zu bringen und uns so über jene der Physischen Welt zu erheben. Das ist der Schlüssel zur Befreiung, wie Goethe sagt:

> „Von der Gewalt, die alle Wesen bindet,
> Befreit der Mensch sich, der sich überwindet.“

Der von den „Herren des Schicksals" gestaltete Lebensleib bildet den physischen Körper und gibt ihm seine Organe, eines nach dem anderen. Die Matrize oder Gußform wird hierauf in den Schoß der künftigen Mutter gelegt. Das Keimatom für den physischen Leib befindet sich im dreieckigen Kopf eines Spermatozoons des väterlichen Samens; das allein macht die Befruchtung möglich. Daraus erklärt sich, daß geschlechtliche Vereinigungen so oft unfruchtbar sind. Die chemischen Bestandteile der Samenflüssigkeit und des Eies sind zu allen Zeiten die gleichen. Wären sie die einzigen Erfordernisse für das Zustandekommen einer Befruchtung, könnte die Ursache für Unfruchtbarkeit, die meistens in der materiellen, sichtbaren Welt gesucht wird, nicht gefunden werden. Sie wird jedoch deutlich, wenn wir bedenken, daß die Wassermoleküle nur entlang der im Wasser vorhandenen Kraftlinien gefrieren und sich als Eiskristalle offenbaren, statt zu einer homogenen Masse zusammenzuschmelzen. Das würde geschehen, wenn vor dem Gefrieren nicht solche Linien vorhanden wären. Ebenso kann ein physischer Körper erst geschaffen werden, wenn ein Lebensleib existiert, in den die Materie eingegeben werden kann. Auch muß ein Keimatom für den physischen Leib vorhanden sein, um als Maß für Qualität und Quantität der in ihn einzuarbeitenden Materie zu dienen. Obgleich im gegenwärtigen Entwicklungsstadium in den Bestandteilen des physischen Leibes niemals volle Harmonie herrscht — das würde einen vollendeten Körper bedingen —, darf der Mißklang jetzt noch nicht so groß sein, daß er den Organismus stört.

Die Theorie der Vererbung ist in erster Linie nur hinsichtlich der Materie des irdischen Leibes richtig. Die seelischen Eigenschaften sind voll und ganz individuell. Auch leistet das sich verkörpernde Ich an seinem physischen Körper einen Teil der Arbeit, indem es ihm die Quintessenz seiner vergangenen physischen Eigenschaften einverleibt. Ein Leib ist niemals eine genaue Mischung aus den Eigenschaften der Körper seiner Eltern, obwohl das Ich zur Entnahme seines Materials auf sie beschränkt ist. Deshalb inkarniert sich der Musiker dort, wo er Material zur Ausgestaltung der schlanken Hände und des feinen Gehörs mit den empfindlichen Fibern des „Cortischen Organs" und den drei genau angeordneten halbkreisförmigen Kanälen erhält. Die gesamte Art der Eingliederung dieses Materials unterliegt der Kontrolle des Ich. Es ist, als würde man einem Zimmermann einen Stoß Bretter zum Erbauen eines Wohnhauses zur Verfügung stellen, es ihm jedoch überlassen, welche Art von Haus er daraus errichten wolle.

Auf unserer jetzigen Evolutionsstufe ist dieses Wirken des Ich nur bei sehr hoch entwickelten Wesen bedeutungsvoll. Der größte Spielraum ist für die Ausgestaltung des Empfindungsleibes vorhanden, ein sehr kleiner für die des Lebensleibes und fast gar keiner für die des physischen Körpers. Doch dieses Wenige genügt schon, jeden Menschen zum Ausdruck seiner eigenen, sich von seinen Eltern unterscheidenden Individualität zu machen.

Nachdem die Befruchtung des Eies stattgefunden hat, gestaltet der mütterliche Empfindungsleib für die Dauer von achtzehn bis einundzwanzig Tagen an ihm. In dieser Zeit bleibt das Ich in seinem Empfindungskörper und seiner Gedankenhülle, jedoch außerhalb und dennoch immer in enger Berührung mit der Mutter. Nach Ablauf dieses Zeitraumes geht es in den Körper der Mutter ein. Die glockenförmigen Träger senken sich über den Kopf des Lebensleibes, und die Glocke selbst schließt sich unten. Von nun an bis zur Geburt des Kindes brütet das Ich über seinem werdenden Träger, das neue Erdenleben des sich reinkarnierenden Ich beginnt.

Geburt des physischen Körpers

Die Träger des neugeborenen Kindes werden nicht sogleich tätig. Noch lange Zeit nach der Geburt ist der physische Leib hilflos. Durch analoge Schlußfolgerung erkennen wir, daß das gleiche auch bei den höheren Trägern der Fall sein muß. Der esoterische Wissenschaftler sieht es und durch Nachdenken zeigt sich auch ohne hellsichtige Fähigkeit, daß es so ist. Wie der physische Körper in der schützenden Hülle des Mutterleibes langsam für das getrennte, individuelle Leben vorbereitet wird, so werden die übrigen Körper nach und nach geboren und zum Wirken gebracht. Obgleich die in der folgenden Beschreibung angegebenen Zeitspannen nur annähernde sind, sind sie, allgemein gesehen, immerhin genau genug. Sie zeigen die Verbindung zwischen Mikrokosmos und Makrokosmos, zwischen dem einzelnen Menschen und der Welt.

In dem der Geburt unmittelbar nachfolgenden Zeitabschnitt durchdringen sich die verschiedenen Träger wie in unserem früheren Beispiel der Sand den Schwamm, so wie das Wasser den Sand und den Schwamm durchdringen. Obgleich beim Kind alle Körper wie im Erwachsenenleben vorhanden sind, sind sie eben nur da. Keine ihrer positiven Fähigkeiten ist tätig. Der Lebensleib kann die längs des positiven Pols der Äther wirkenden Kräfte nicht verwenden. Die Stoffaufnahme, die längs des gleichartigen Pols des Chemischen Äthers erfolgt, ist im Kindesalter sehr feinfühlig. Und die Äther des makrokosmischen Lebensleibes wirken bis zum siebenten Lebensjahr auf den Lebensleib des Kindes, den sie in dieser Zeit allmählich wie einen Mutterleib heranreifen lassen. Die Fortpflanzungsfähigkeit, die längs des positiven Lebensätherpols wirkt, ist ebenfalls latent. Die Erwärmung des Körpers, die längs des positiven Lichtätherpols weitergeführt wird, und der Blutkreislauf sind dem makrokosmischen Lebensleib zuzuschreiben. Die Äther wirken auf das Kind und entwickeln es langsam zu dem Punkt, von dem aus es diese Funktionen selbst kontrollieren kann. Die längs des negativen Pols wirkenden Kräfte sind umso aktiver. Die Ausscheidung fester Stoffe, die durch den negativen Pol des Chemischen Äthers erfolgt — er entspricht der festen Unterabteilung der Chemischen Region —, ist sogar zu ungehemmt. Ebenso wird auch die Absonderung der Flüssigkeit längs des negativen Lebensätherpols weitergeführt; ihm entspricht die zweite oder flüssige Abteilung der Chemischen Region. Ferner herrscht die den Kräften des Lichtäthers zuzuschreibende passive Sinneswahrnehmung vor, weshalb das Kind für Sinneseindrücke sehr empfänglich, „ganz Auge und Ohr“ ist.

In den ersten Lebensjahren sind auch die längs des negativen Pols des Rückstrahlenden Äthers wirkenden Kräfte sehr aktiv. In dieser Zeit können Kinder die Höheren Welten „sehen“. Oft plaudern sie über das Geschaute, bis sie das Gelächter der Älteren oder Bestrafung für „erzählte Geschichten“ zu schweigen lehrt.

Es ist bedauernswert, daß die Kleinen wegen der Ungläubigkeit ihrer „Älteren“ zum Lügen oder wenigstens zum Verleugnen der Wahrheit gezwungen werden. Selbst die Arbeiten der Gesellschaft für Psychische Forschung erbrachten die Beweise, daß Kinder oft unsichtbare Spielgefährten haben, von denen sie, bis sie einige Jahre alt sind, häufig besucht werden. In dieser Zeit hat ihre Hellsichtigkeit denselben negativen Charakter wie diejenige des Mediums.

Die im Empfindungsleib wirkenden Kräfte entwickeln sich auf gleiche Weise. Das passive Empfinden physischer Schmerzen ist vorhanden, das Fühlen von Gemütsbewegungen fehlt hingegen fast ganz. Gewiß zeigt auch das Kind bei geringstem Anlaß Gefühle; sie sind jedoch oberflächlich und nur von kurzer Dauer.

Das Kind hat auch das Bindeglied des Verstandes. Aber es ist fast unfähig zu individueller Gedankentätigkeit. Für Kräfte des negativen Pols hat es eine besondere Empfänglichkeit, weshalb es nachahmt und sehr gelehrig ist.

Wir sehen also, daß alle negativen Eigenschaften im neugeborenen Wesen tätig sind. Doch bevor das Kind fähig wird, seine verschiedenen Körper zu gebrauchen, müssen die positiven Eigenschaften herangereift sein.

Deshalb wird jeder Leib durch die Tätigkeit des entsprechenden makrokosmischen Körpers zu einer gewissen Reife gebracht. Bis sie erreicht ist, dienen die Kräfte des Makrokosmos als „Mutterleib“.

Vom ersten bis zum siebenten Lebensjahr wächst und reift der Lebensleib langsam im Schoß des makrokosmischen Lebensleibes. Und weil dieser größere Weisheit besitzt, ist der Körper des Kindes runder und wohlgeformter als derjenige im späteren Leben.

Geburt des Lebensleibes

Während der makrokosmische Lebensleib das Wachstum des Kindeskörpers leitet, bewahrt er ihn vor Gefahren, die ihm später drohen, wenn ihn der unwissende individuelle Lebensleib ungehindert in Obhut nimmt. Das geschieht im siebenten Lebensjahr zu Beginn des verstärkten, gefahrbringenden Wachstums, das sich die nächsten sieben Jahre hindurch fortsetzt. In dieser Zeit hat der makrokosmische Empfindungsleib die Aufgabe, dem individuellen Empfindungsleib als Mutterleib zu dienen.

Wenn der Lebensleib im menschlichen Reich denselben andauernden und uneingeschränkten Einfluß wie in der Pflanzenwelt hätte, würde der Mensch zu einer ungeahnten Größe heranwachsen. In weit zurückliegender Vergangenheit gab es eine Zeit, in der er wie eine Pflanze gebildet war und nur einen physischen Körper und einen Lebensleib besaß. Die über die ganze Welt verbreiteten Traditionen der Mythologie und der von Riesen berichtenden Volkssagen sind vollkommen wahr. Denn damals wurden die Menschen aus demselben Grund so groß wie Bäume.

Geburt des Empfindungsleibes

Der Lebensleib der Pflanze bildet Blatt um Blatt und läßt den Stamm höher und höher werden. Das würde er unbeschränkt weiter tun. Doch der makrokosmische Empfindungsleib greift an einem gewissen Punkt ein und verhindert weiteres Wachsen. Die nicht mehr erforderliche Wachstumskraft steht nun für andere Zwecke zur Verfügung und wird zur Gestaltung der Blüte und des Samens verwendet.

Beim Menschen ist es ähnlich. Wenn der physische Körper nach dem siebenten Lebensjahr unter den Einfluß des Lebensleibes kommt, läßt ihn dieser sehr schnell wachsen. Ungefähr im vierzehnten Lebensjahr wird der individuelle Empfindungsleib aus dem Mutterleib des makrokosmischen Empfindungsleibes herausgeboren. Er ist dann frei, an seinem physischen Körper tätig zu werden. Das übermäßige Wachsen hört auf. Die dadurch freiwerdende Kraft steht nun für die Fortpflanzung zur Verfügung, damit die menschliche „Pflanze blühen und Früchte hervorbringen kann“. Deshalb leitet die Geburt des persönlichen Empfindungsleibes die Periode der Pubertät ein. Von dieser Zeit an wird die Anziehungskraft zum anderen Geschlecht gefühlt. Sie ist im dritten Jahrsiebt des menschlichen Lebens, also in der Zeit vom vierzehnten bis zum einundzwanzigsten Lebensjahr, besonders stark, denn der zurückhaltende Verstand ist dann noch nicht geboren.

Geburt des Verstandes

Nach dem vierzehnten Lebensjahr wird der menschliche Verstand vom makrokosmischen Verstand „ausgebrütet“ und genährt. Er entfaltet seine verborgenen Möglichkeiten und befähigt ihn zu eigenständigem Denken. Die Kräfte der verschiedenen Träger des einzelnen sind nunmehr soweit herangereift, daß sie das Ich zu seiner Entwicklung verwenden kann. Daher gelangt es mit dem einundzwanzigsten Lebensjahr in den vollen Besitz aller seiner Träger. Das vollzieht sich durch die Blutwärme und durch die Entwicklung des individuellen Blutes und erfolgt in Verbindung mit der vollständigen Entwicklung des Lichtäthers.

Das Blut als Träger des Ich

In der frühen Kindheit und bis zum vierzehnten Lebensjahr bilden die roten Markknochen nicht alle Blutkörperchen. Die meisten werden durch die Thymusdrüse abgegeben. Diese ist im Fötus am größten und nimmt, sowie sich die individuelle Fähigkeit der Blutbildung entwickelt, allmählich ab. In ihr ist gewissermaßen ein Zuschuß an Blutkörperchen enthalten, der dem Kind von den Eltern mitgegeben wurde, das sein Blut aus dieser Quelle bezieht. Und deshalb erkennt es seine Individualität nicht. Erst wenn es selbst Blut erzeugt, denkt es von sich als „Ich“. Und wenn die Thymusdrüse im Alter von vierzehn Jahren zurückgebildet wird, erreicht das Ichgefühl seinen vollen Ausdruck.*) Denn von da an wird das Blut vom Ich allein her-

*) Die Thymusdrüse oder der Thymus, die innere Brustdrüse hinter dem Brustbein, wächst nur bis zur Geschlechtsreife. Danach erfolgen Rückbildung und Umwandlung in Fettgewebe. Jedoch verbleiben beachtliche Mengen an Thymusnucleinsäure. Die Thymusdrüse steht in Wechselbeziehung zu den Keimdrüsen und hat Beziehung zum Wachstum. (Willibald Pschyrembel, Klinisches Wörterbuch, 252. Auflage, Berlin und New York, 1975, Seite 1212)

vorgebracht und beherrscht. Dieser Gedanke und seine Logik sollen im folgenden erklärt werden.

Es wird noch erinnerlich sein, daß Nahrungsaufnahme und Wachstum von den Kräften abhängen, die längs des positiven Pols des im Lebensleib vorhandenen Chemischen Äthers wirken. Dieser wird im siebenten Lebensjahr zugleich mit dem Rest des Lebensleibes freigegeben. Zu jener Zeit ist nur der Chemische Äther völlig reif. Die anderen Äther bedürfen noch des Ausreifens, das für den mit der Fortpflanzung zusammenhängenden Lebensäther im vierzehnten Lebensjahr voll erreicht wird. In der Zeit von sieben bis vierzehn Jahren hat die übermäßige Stoffaufnahme eine Menge Kraft aufgespeichert. Sie wird zu den Geschlechtsorganen gelenkt und steht zur Verfügung, sobald der Empfindungsleib freigesetzt ist.

Diese geschlechtliche Kraft wird in der dritten Siebenjahres-Periode im Blut aufbewahrt. In dieser Zeit ist der Lichtäther, der Zugang der Blutwärme, entwickelt. Er beherrscht das Herz, so daß der Körper weder zu warm noch zu kalt wird. In der frühen Kindheit steigt die Wärme des Blutes oft auf ungewöhnliche Temperaturen. Doch bei der unbeherrschten, ungehemmten Jugend treiben Leidenschaft und Temperament das Ich oft durch Überhitzung des Blutes heraus. Wir nennen das sehr richtig Aufwallen oder Überschäumen des Temperaments, was auch als „Den-Kopf-verlieren“ bezeichnet wird. Das heißt, der Mensch wird denkunfähig. Das geschieht, wenn Leidenschaft, Zorn oder Temperament das Blut erhitzen und das Ich dadurch aus den Körpern herausgetrieben wird. Es stimmt genau, wenn wir von einem solchen Menschen sagen: „Er hat die Gewalt über sich verloren“. Sein Ich befindet sich nun außerhalb seiner Träger. Diesen fehlt jetzt der führende Einfluß des Denkens, dessen Tätigkeit teilweise dazu dient, die inneren Regungen zu dämpfen. Und so laufen sie Amok. Solche Ausbrüche sind vor dem Wiedereintritt in die Körper für ihren Besitzer sehr gefährlich.

Ein körperloses Wesen könnte sie sich aneignen und ihn selbst dabei aussperren. Man nennt das „Besessenheit". Nur derjenige Mensch, der gelassen bleibt und nicht einem Übermaß an Erhitzung erlaubt, sich selbst auszutreiben, kann richtig denken. Ein Beweis für die Feststellung, daß das Ich in einem Körper mit zu warmem oder zu kaltem Blut nicht arbeiten kann, ist die bekannte Tatsache, daß uns übergroße Wärme müde macht. Hat sie einen bestimmten Grad überschritten, treibt sie das Ich aus und läßt den Körper in Ohnmacht, das heißt bewußtlos, zurück. Auch übermäßige Kälte hat die Tendenz, den Körper müde oder bewußtlos werden zu lassen. Nur wenn die Temperatur des Blutes normal oder sehr wenig darunter oder darüber ist, kann das Ich diese Körperflüssigkeit als Bewußtseinsträger verwenden.

Die Verbindung des Ich mit dem Blut zeigt sich außerdem in dem brennenden, schamhaften Erröten. Es ist ein Beweis für die Art, in der jenes zum Kopf steigt, das Gehirn überhitzt und das Denken lähmt. Furcht erweckt im Ich das Bedürfnis, sich gegen eine Gefahr von außen zu schützen. Sie lenkt das Blut zum Mittelpunkt des Körpers. Und weil es die Oberfläche verlassen und Wärme verloren hat, erbleicht der Mensch. Das lähmt sein Denken, sein Blut „gefriert", er schaudert und seine Zähne klappern, als ob die Temperatur durch atmosphärische Bedingungen herabgesetzt worden sei. Ein Übermaß an Hitze ruft im Fieber Delirium hervor.

Der vollblütige Mensch ist, sofern sein Blut nicht zu warm wird, körperlich und geistig rege, der blutarme hingegen müde. Bei ersterem hat das Ich mehr Gewalt, bei letzterem weniger. Wenn es denken will, läßt es richtig erwärmtes Blut zum Gehirn fließen. Und wenn eine schwere Mahlzeit die Tätigkeit des Ich auf den Verdauungstrakt konzentriert, kann der Mensch nicht denken; er wird müde.

Die alten Normannen und Schotten erkannten, daß das Ich im Blut lebt. Ein Fremder konnte erst dann als Verwandter mit

Diagramm B

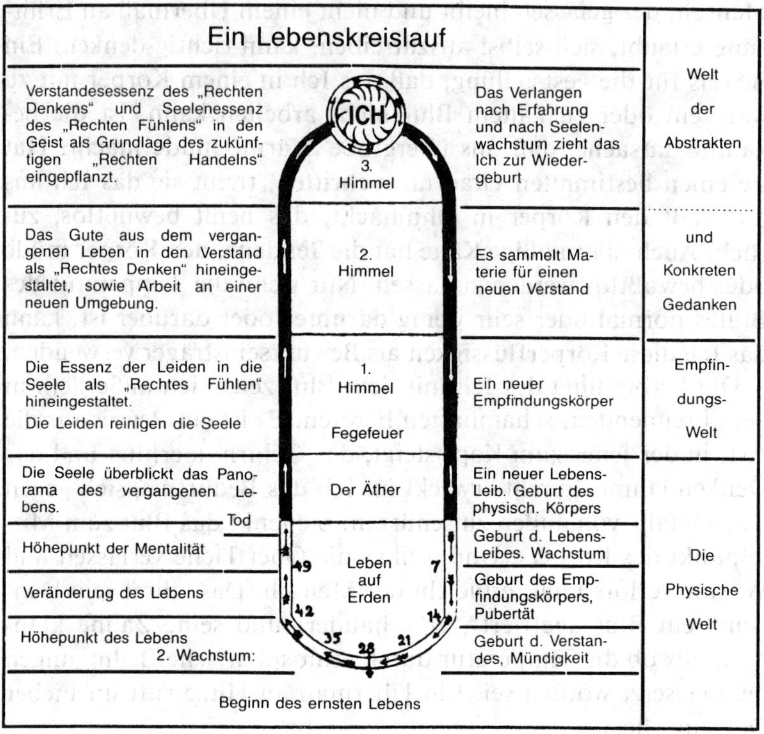

Ein Lebenskreislauf
Verstandesessenz des „Rechten Denkens“ und Seelenessenz des „Rechten Fühlens“ in den Geist als Grundlage des zukünftigen „Rechten Handelns“ eingepflanzt.
ICH
3. Himmel
Das Verlangen nach Erfahrung und nach Seelenwachstum zieht das Ich zur Wiedergeburt
Welt der Abstrakten und Konkreten Gedanken
Das Gute aus dem vergangenen Leben in den Verstand als „Rechtes Denken“ hineingestaltet, sowie Arbeit an einer neuen Umgebung.
2. Himmel
Es sammelt Materie für einen neuen Verstand
Die Essenz der Leiden in die Seele als „Rechtes Fühlen“ hineingestaltet.
Die Leiden reinigen die Seele
1. Himmel
Fegefeuer
Ein neuer Empfindungskörper
Empfindungs-Welt
Die Seele überblickt das Panorama des vergangenen Lebens.
Tod
Der Äther
Ein neuer Lebens-Leib. Geburt des physisch. Körpers
Höhepunkt der Mentalität
Veränderung des Lebens
Höhepunkt des Lebens
2. Wachstum:
Leben auf Erden
49
42
35
28
21
14
7
Geburt d. Lebens-Leibes. Wachstum
Geburt des Empfindungskörpers, Pubertät
Geburt d. Verstandes, Mündigkeit
Die Physische Welt
Beginn des ernsten Lebens

ihnen verbunden werden, wenn er sein „Blut“ mit ihrem „gemischt“ hatte und er somit einer der ihren geworden war. Auch Goethe — er war bekanntlich ein Eingeweihter — zeigte das in seiner Faustdichtung. Faust ist im Begriff, seinen Vertrag mit Mephisto zu unterzeichnen und fragt:

> „Soll ich mit Griffel, Meißel, Feder schreiben?
> Ich gebe jede Wahl dir frei.“

Mephisto antwortet:

> „Blut ist ein ganz besondrer Saft.“

Er weiß, daß derjenige den Menschen besitzt, der dessen Blut hat, und daß sich das Ich nicht ohne das warme Blut ausdrükken kann.

Die richtige Wärme für den wahren Ausdruck des Ich ist erst vorhanden, wenn der Verstand aus dem makrokosmischen Verstand heraus geboren wurde. Diese Geburt findet etwa im 21. Lebensjahr statt. Auch das Gesetz erkennt dieses Alter als den frühesten Zeitpunkt an, von dem an der Mensch das Wahlrecht ausüben kann.*)

Auf der gegenwärtigen Entwicklungsstufe geht der Mensch in jedem Lebenszyklus von einer Geburt bis zur nächsten durch diese Hauptabschnitte hindurch.

---

*) In den vierziger und fünfziger Jahren des Zwanzigsten Jahrhunderts wurde die Grenze für die Ausübung des aktiven Wahlrechts in verschiedenen Ländern aus äußeren, nicht aus innermenschlichen Gründen auf das vollendete 18. Lebensjahr herabgesetzt.

KAPITEL IV

Wiederverkörperung und das Gesetz von Ursache und Wirkung

Nur drei Theorien, die jemals die Lösung des Rätsels von Leben und Tod vorwärts brachten, sind beachtenswert.

Eine von ihnen, die der Wiederverkörperung und das sie begleitende Gesetz von Ursache und Wirkung, ist im vorhergehenden Kapitel in gewissem Umfang erörtert worden. Es scheint angebracht zu sein, sie mit den beiden anderen zu vergleichen und dabei einen Blick auf ihre entsprechende Grundlage in der Natur zu werfen.

Wir sehen das Blühen der Rose, das Fließen des Flusses oder das in der irdischen Welt ständig vor unseren Augen geschehende Wirken sichtbarer Tätigkeiten. Und weil wir das alles sehen, sagen wir davon nicht: „Wir glauben", sondern „Wir wissen". So ergeht es dem Esoteriker hinsichtlich der Wiederverkörperung und des sie begleitenden Gesetzes und seiner Folgen. Für ihn gibt es hier keinen Zweifel. Er sagt davon nicht: „Ich glaube", sondern „Ich weiß". Denn er sieht das Ich und kann dessen Pfad von dem Augenblick an, in dem es seinen physischen Körper durch den Tod verlassen hat, verfolgen, bis es durch eine neue Geburt wieder auf die Erde kommt. Deshalb ist für ihn ein „Daran-Glauben" nicht erforderlich. Für die Gewißheit der Mitmenschen und um zu einer verstandesmäßigen Schlußfolgerung zu gelangen, mag es immerhin angebracht sein, die drei Theorien von Tod und Leben zu untersuchen.

Jedes große Naturgesetz muß notwendigerweise mit allen anderen Naturgesetzen übereinstimmen. Deshalb kann es für den Fragenden besonders hilfreich sein, diese Theorien in ihrem Verhältnis zu den allgemein „bekannten und anerkannten Naturgesetzen", die man in dem uns vertrauteren Teil unseres Universums beobachtet, zu prüfen. Dazu wollen wir die drei Theorien zuerst kurz betrachten.

1. Die Materialistische Theorie stellt fest, das Leben sei eine Reise vom Mutterschoß bis zum Grab und der Verstand das Ergebnis gewisser wechselseitiger Beziehungen innerhalb der Materie. Der Mensch sei die höchste Intelligenz im Kosmos, die zugrunde gehe, sobald sich der Körper im Tod auflöst.

2. Die Theologische Theorie sagt, bei jeder Geburt betrete eine von der Hand Gottes neuerschaffene Seele den Schauplatz des Lebens. Sie gelange aus einem unsichtbaren Zustand durch das Tor der Geburt in die sichtbare Existenz. Am Ende einer kurzen Lebensspanne in der materiellen Welt gehe sie durch das Tor des Todes hinüber in das unsichtbare Jenseits. Aus ihm kehre sie nie wieder zurück. Ihr dortiges Glück oder Elend werde für alle Ewigkeit durch ihre Taten während des unendlich kleinen Zeitabschnittes zwischen Geburt und Tod bestimmt.

3. Die Theorie der Wiederverkörperung lehrt, daß jede Seele ein Wesensbestandteil Gottes ist, der alle göttlichen Möglichkeiten umfaßt, so wie der Same die Pflanze umschließt. Durch wiederholtes Leben in einem zunehmend qualitativ verbesserten Erdenkörper werden die verborgenen Möglichkeiten langsam zu dynamischen Kräften entwickelt. Durch diesen Vorgang geht nichts verloren. Zu guter Letzt wird die gesamte Menschheit das Ziel der Vollkommenheit und die Wiedervereinigung mit Gott erreichen.

Die erste dieser Theorien ist monistisch. Sie sucht alle Tatsachen des Daseins als Vorgänge innerhalb der materiellen Welt zu erklären. Die beiden anderen — und darin stimmen sie überein — sind dualistisch. Sie schreiben einen Teil der Existenztatsachen und -phasen einem überphysischen, unsichtbaren Zustand zu. In anderen Punkten aber weichen sie weit voneinander ab.

Vergleichen wir die Materialistische Theorie mit den bekannten Gesetzen des Universums, so finden wir, daß die Fortdauer der Kraft ebenso besteht wie das Fortdauern der Materie; beide bedürfen keiner Erläuterung. Wir wissen auch, daß Kraft und Materie in der Physischen Welt untrennbar sind. Das widerspricht der Materialistischen Theorie, die daran festhält, daß der Verstand beim Tod zugrunde gehe. Wenn nichts zerstört werden kann, muß das auch für den Verstand gelten. Mehr noch. Wir wissen, daß der Geist der Materie überlegen ist, denn er formt das Angesicht, so daß es zu einem Vorbild oder zu einer Spiegelung des Geistes wird. Wir haben darauf hingewiesen, daß sich die Moleküle des Körpers ständig verändern und in jedem Atom der Materie, aus denen diese zusammengesetzt ist, wenigstens einmal in sieben Jahren ein Wechsel stattfindet. Wäre die Materialistische Theorie wahr, müßte das Bewußtsein ebenfalls einem Wandel unterliegen. Es könnte keine Erinnerung an das haben, was vorher gewesen ist, so daß sich der Mensch zu keiner Zeit an ein Ereignis erinnern könnte, das länger als sieben Jahre zurückliegt. Wir wissen, daß es nicht so ist. Wir erinnern uns an die Ereignisse unserer Kindheit. Obgleich viele der alltäglichsten Vorfälle dem allgemeinen Bewußtsein längst entfallen waren, ist bei Ertrinkenden in einer raschen Vision das ganze Leben deutlich zurückgerufen worden. Von dieser Erfahrung berichteten Betroffene nach ihrer Wiederbelebung. Ähnliche Erfahrungen werden auch ganz allgemein im Trancezustand gemacht. Diese Erscheinungen des Unter- und Überbewußtseins kann die Materialistische Theorie nicht erklären. Sie ignoriert sie. Beim gegenwärtigen Stand der wissenschaftlichen Forschungen, in dem führende Gelehrte die Existenz dieser Phänomene zweifelsfrei nachgewiesen haben, ist die Gewohnheit, sie nicht zu beachten, ein ernsthafter Fehler in einer Theorie, die den Anspruch erhebt, das größte Rätsel des Lebens, das Leben selbst, zu lösen.

Deshalb können wir uns von der Materialistischen Theorie, die ungeeignet ist, das Mysterium von Leben und Tod zu lösen, unbesorgt abwenden und die nächste Theorie betrachten.

Einer der größten Einwände gegenüber der orthodoxen Theologischen Lehre, so wie sie ausgelegt wird, ist ihre vollständige und zugegebene Unangemessenheit. Von den Myriaden erschaffener Seelen, die diesen Erdball seit Beginn seiner Existenz bewohnt haben — selbst wenn der Weltenbeginn nicht weiter zurückreichen würde als sechstausend Jahre —, sollte die unbedeutende Zahl von „einhundertvierundvierzigtausend" gerettet, der Rest für ewige Zeit gefoltert werden? Das Beste von ihnen bekäme allezeit der Teufel. Man kann nicht umhin, mit Buddha zu sagen: „Wenn Gott solches Elend zuläßt, kann er nicht gut sein; und wenn er nicht die Macht hat, es zu verhindern, kann er nicht Gott sein."

In der Natur ähnelt nichts einem solchen Vorgehen, das erschafft, um Zerstörung folgen zu lassen. Es wird gelehrt, „daß Gott alle Wesen zu retten wünscht und gegen den Untergang eines jeden ist, da er zu ihrer Erlösung seinen einzigen Sohn gegeben hat". Und dennoch sollte „dieser glorreiche Rettungsplan" fehlschlagen?

Wenn ein Übersee-Passagierschiff mit zweitausend Seelen an Bord einen Funkspruch abgäbe, daß es soeben bei Sandy Hook sinke, könnte es dann als „glorreicher Rettungsplan" angesehen werden, wenn ein schnelles Motorboot zur Hilfe entsandt würde, das nur zwei oder drei Menschen fassen kann? Wenn man nicht angemessene Mittel zur Rettung von mindestens dem größten Teil der Gefährdeten aufbringen würde, würde eine solche Maßnahme viel eher als „Plan der Vernichtung" angeprangert werden.

Der theologische Rettungsplan ist jedoch weitaus schlimmer. Denn zwei oder drei von zweitausend sind ein bedeutend höherer Prozentsatz als er es zuläßt, wenn er der von allen Myriaden erschaffener Seelen nur einhundertvierundvierzigtausend retten will. Wir können auch diese Theorie getrost als unwahr verwerfen, ist sie doch nicht voll durchdacht. Wenn Gott allwissend wäre, hätte er einen wirksameren Plan entwickelt. Und das hat er auch. Die oben angeführte Theorie ist nur diejenige der Theologie. Wie sich später zeigen wird, ist die Lehre der Bibel grundlegend anders.

Wir wenden uns nun der Wiederverkörperungslehre zu. Sie setzt einen langsamen Entwicklungsvorgang als wahr voraus, der mit unerschütterlicher Beharrlichkeit durch wiederholte Verkörperungen in stets leistungsfähigeren Trägern fortschreitet. Dadurch werden alle mit der Zeit zu einer für uns jetzt noch unbegreiflichen Höhe geistiger Herrlichkeit geführt. In einer solchen Theorie ist nichts Undurchdachtes, nichts, was schwer anzunehmen wäre. Wenn wir uns umsehen, finden wir dieses langsame, beharrliche Streben nach Vollendung überall in der Natur. Plötzliche Schöpfungs- oder Zerstörungsprozesse können wir nirgends bemerken, überall dagegen „Evolution".

Die Evolution ist „die Geschichte des Fortschritts des Geistes in der Zeit". Überall, wo wir um uns herum im Universum die verschiedenartigen Phänomene erblicken, erkennen wir, daß der Evolutionspfad eine Spirale ist. Jede ihrer Windungen ist ein Kreislauf. Jeder Kreislauf verläuft so, wie sich die Windungen der Spirale fortsetzen, und jeder ist das verbesserte Ergebnis des vorhergehenden und der Schöpfer der ihm nachfolgenden entwickelteren Zustände.

Eine gerade Linie ist die Ausdehnung eines Punktes. Sie nimmt im Raum nur eine Dimension ein. Die Materialistische und die Theologische Theorie würden dieser Linie entsprechen. Der Materialist läßt die Lebenslinie bei der Geburt beginnen und, um folgerichtig zu bleiben, muß die Todesstunde sie beenden. Die Theologie beginnt ihre Linie mit der unmittelbar vor der Geburt erfolgten Erschaffung der Seele, die nach dem Tod weiterlebt. Ihr Schicksal ist unwiderruflich durch die Taten einiger weniger Erdenjahre bestimmt. Eine Wiederkehr zum Berichtigen von Fehlern gibt es nicht. Die Linie läuft gerade weiter; sie enthält ein Minimum an Erfahrung und kein Aufsteigen der Seele nach dem Tod.

Im Gegensatz zu diesen beiden Theorien verfolgt der natürliche Fortschritt keine gerade Linie, auch keinen kreisförmigen Pfad. Denn das würde einen unendlichen Kreislauf derselben Erfahrungen und die Anwendung von nur zwei Ausdehnungen im Raum bedeuten. Alle Dinge bewegen sich in fortschreitenden Kreisläufen. Um sämtliche Gelegenheiten für den Fortschritt auszunutzen, die durch unser dreidimensionales Universum geboten werden, ist es für das sich entwickelnde Leben notwendig, den dreidimensionalen Pfad, die stets vorwärts und aufwärts führende Spirale, zu gehen.

Ob wir in unserem Garten die bescheidenste kleine Pflanze anschauen oder in den Redwooddistrikt Kaliforniens gehen und einen Mammutbaum (Sequóia gigantéa) mit seinem nahezu 10 m*) großen Durchmesser untersuchen, es ist immer dasselbe: Jeder Ast, jeder Zweig oder jedes Blatt wächst entweder in einer einfachen oder in einer doppelten Spirale oder in einander gegenüberstehenden Paaren, wobei jedes dem anderen wie Ebbe und Flut, Tag und Nacht, Leben und Tod und weiteren wechselnden Naturtätigkeiten das Gleichgewicht hält.

Untersuche den gewölbten Himmelsbogen und beobachte die feurigen Urnebel oder den Weg des Sonnensystems! Überall be-

---

*) Im englischen Originaltext der 7. Ausgabe von 1920 steht „forty-foot", in der 20. Ausgabe von 1937 und den folgenden „thirty-foot". 1 Foot = 30,48 cm.

gegnet das Auge der Spirale. Im Frühjahr wirft die Erde ihre weiße Decke ab und kommt aus ihrer Ruhezeit, aus ihrem Winterschlaf heraus. Alle Aktivitäten bringen neues Leben hervor. Die Zeit vergeht. Korn und Traube reifen und werden geerntet. Und wieder verblaßt der belebte Sommer zur Ruhe und Stille des Winters, wieder wird die Erde von der Schneedecke eingehüllt. Doch ihr Winterschlaf ist nicht ewig. Denn sie wird wieder zum Gesang des neuen Frühlings erwachen, der für sie einen kleinen Fortschritt auf dem Pfad der Zeit bedeutet.

Ebenso ist es mit der Sonne. Sie geht täglich auf und hat an jedem Morgen auch ein Stück ihrer Jahresreise zurückgelegt.

Überall ist die Spirale, **vorwärts, aufwärts, für immer und ewig!**

Ist es möglich, daß dieses Universalgesetz in allen anderen Reichen wirkt, nur nicht im Leben des Menschen? Soll die Erde alle Jahre aus ihrem Winterschlaf erwachen, sollen Baum und Blume abermals leben und der Mensch sterben? Es kann nicht sein! Dasselbe Gesetz, das in der Pflanze Leben zu neuem Wachstum erwachen läßt, wird das menschliche Wesen zu neuen Erfahrungen, zu weiterem Fortschritt erwecken und es dem Ziel der Vollkommenheit entgegenführen. Deshalb befindet sich die Theorie der Wiedergeburt, die wiederholtes Verkörpern in ständig sich verbessernden Trägern lehrt, in völliger Übereinstimmung mit der Evolution und den Erscheinungen der Natur. Das ist bei den beiden anderen Theorien nicht der Fall.

Wenn wir das Leben vom ethischen Gesichtspunkt aus betrachten, werden wir finden, daß das Gesetz der Wiedergeburt in Verbindung mit dem Gesetz von Ursache und Wirkung die einzige Theorie ist, die unser Gerechtigkeitsgefühl in Einklang mit den um uns herum wahrzunehmenden Tatsachen des Lebens befriedigt.

Für den logischen Verstand ist es nicht leicht zu verstehen, wie ein „gerechter und liebender" Gott von unzähligen Wesen dieselben Tugenden verlangen kann, die er in unterschiedlichen Verhältnissen nach nicht offenbarter Regel und nicht durchschaubarem System, doch wohl oder übel entsprechend seiner eigenen launenhaften Stimmung „nach Belieben verteilt hatte“. Der eine lebt im Luxus, der andere von „Tritten und Krusten“. Einer hat eine moralische Erziehung erhalten und durfte in einer Atmosphäre hoher Ideale aufwachsen, der andere muß in armseliger Umgebung leben und wurde zum Lügen und Stehlen angehalten. Je mehr er darin leistet, umso größer ist sein Erfolg. Ist es gerecht, von beiden dasselbe zu verlangen? Ist es recht, den einen für ein gutes Leben zu belohnen, wenn er in eine Umgebung gegeben wurde, die ihm ein Abirren vom rechten Weg außerordentlich schwer machte, oder den anderen zu bestrafen, der so stark belastet wurde, daß er niemals erkennen konnte, was wahre Sittenreinheit bedeutet? Sicher nicht! Ist es nicht logischer, anzunehmen, daß wir die Bibel nicht richtig ausgelegt haben, als Gott solche ungeheuerlichen Handlungsweisen zur Last zu legen?

Wollte man sagen, wir sollten nicht nach den Mysterien Gottes fragen, weil sie über unserem Fassungsvermögen stünden, wäre das sinnlos. Aus den Zwillingsgesetzen der Wiederverkörperung sowie der Ursache und Wirkung können die Unzulänglichkeiten des Lebens zufriedenstellend erklärt und in Einklang mit der von Christus selbst gelehrten Vorstellung eines gerechten und liebenden Gottes gebracht werden.

Außerdem wird durch diese beiden Gesetze ein Weg gewiesen, wie man sich, was bereits erwähnt wurde, aus gegenwärtigen unerwünschten Lagen oder Umgebungen befreien kann. Zugleich erkennt man die Mittel, mit deren Hilfe jeder beliebige Entwicklungsgrad zu erreichen ist, einerlei wie unvollkommen wir jetzt sein mögen.

Was wir sind und was wir haben, alle unsere guten Eigenschaften sind die Ergebnisse unserer vergangenen Taten. Was uns jetzt noch an hervorragenden physischen, moralischen oder geistigen Gaben fehlt, können wir uns in Zukunft aneignen. Genauso wie wir unser Leben jeden Morgen dort wieder aufzunehmen haben, wo wir es am vorhergehenden Abend niedergelegt hatten, schufen wir in früheren Leben durch unsere Taten die Bedingungen, unter denen wir nun leben und wirken. Und wir schaffen jetzt die Voraussetzungen für unser künftiges Leben. Statt das Fehlen dieser oder jener von uns heftig begehrten Fähigkeit zu beklagen, sollten wir bereit sein, sie durch Arbeit zu erwerben.

Wenn ein Kind auf einem Musikinstrument mühelos gut zu spielen lernt, während ein anderes trotz beharrlicher Anstrengungen im Vergleich zu ihm ein weniger guter Spieler bleibt, zeigt dieser Unterschied lediglich, daß sich jenes im vergangenen Leben bemüht hatte und eine frühere Vollkommenheit leicht wiedergewinnt. Die Anstrengungen des anderen haben erst im gegenwärtigen Leben begonnen. Infolgedessen sehen wir sein mühevolles Üben. Wenn aber das letztere Kind beharrlich bei der Sache bleibt, kann es dem ersteren sogar in diesem Leben überlegen werden, wenn sich dieses nicht ständig verbessert.

Daß wir uns nicht an die Anstrengungen erinnern, die wir hatten, um eine Fähigkeit zu erlangen, ist unwesentlich. Es ändert nichts an der Tatsache, daß uns die Fähigkeit bleibt.

Genialität ist das Zeichen einer fortgeschrittenen Seele, die sich in vielen früheren Leben durch harte Arbeit auf manche Art und Weise über den Durchschnitt der Rasse hinaus entwickelt hat. Sie gibt uns einen Einblick in die Stufe der Vollkommenheit, wie sie Allgemeinbesitz kommender Geschlechter sein wird. Das Genie kann nicht durch die Vererbungstheorie erklärt werden, die sich nur zum Teil auf den physischen Körper, nicht aber auf die Eigenschaften der Seele anwenden läßt. Warum hatte Thomas Alva Edison nicht eine lange Reihe von Mechaniker-Vorfahren, wenn sein Genius als vererbt anzusehen wäre?

Und weshalb pflanzt sich Genialität nicht von selber fort. Warum ist Siegfried, der Sohn, nicht größer als Richard Wagner, der Vater?

Wenn das Ausdrucksmittel des Genies an den Besitz besonders ausgestalteter Organe gebunden ist, die zu ihrer Entwicklung Zeitalter benötigen, wird das Ich selbstverständlich in einer Familie wiedergeboren, in der sich die menschlichen Wesenheiten durch Generationen bemühten, ähnliche Organe zu schaffen. Deshalb wurden in der Familie Bach in einem Zeitraum von zweihundertfünfzig Jahren neunundzwanzig Musiker von größerer oder geringerer Genialität geboren. Dieser Genius ist eine Äußerung der Seele und nicht des Körpers. Das geht eindeutig aus der Tatsache hervor, daß sich die Genialität nicht allmählich entwickelte und in Johann Sebastian Bach ihren Höhepunkt erreichte, sondern daß sie die Fähigkeit seiner Vorfahren und Nachkommen weit überragte.

Der Körper ist nur Werkzeug. Die Arbeit, die er leistet, hängt von dem ihn leitenden Ich ebenso ab, wie die Qualität der Melodie von dem Können des Musikers, die durch die **Tonqualität** des Instrumentes unterstützt wird. Ein guter Musiker kann sich auf einem minderwertigen Instrument nicht vollkommen ausdrücken und selbst auf ein und demselben können nicht alle Musiker in gleicher Weise spielen. Wenn ein Ich danach strebt, sich als Kind eines großen Musikers zu inkarnieren, ist damit nicht gesagt, daß es ein noch größeres Genie sein muß. Das könnte nur der Fall sein, wenn die Genialität physisch vererbbar wäre. Doch sie ist eine Eigenschaft der Seele.

Das „Gesetz der Anziehung" erklärt das, was wir der Vererbung zuschreiben, wirklich hinreichend. Uns ist bekannt, daß sich Menschen gleicher Neigungen gegenseitig suchen. Wenn ein Freund in einer Stadt wohnt, wir seine Adresse jedoch nicht kennen, werden unsere Bemühungen, ihn zu finden, von Natur aus durch gesellschaftliche Gepflogenheiten geleitet. Ist er Musiker, wird er sicher dort zu finden sein, wo sich Musiker im allgemeinen aufhalten. Ist er Student, wird man in Bibliotheken, Leseräumen und Buchhandlungen nachfragen. Ist er Wettliebhaber oder Spieler, würden wir ihn bei Pferderennen, in Billardräumen oder Spielbanken suchen. Unwahrscheinlich dürfte es sein, daß sich Musiker oder Studenten häufig an letztgenannten Orten aufhalten. Auch können wir sicher sein, daß ein Suchen des Wettliebhabers in der Bibliothek oder in einem klassischen Konzert vergeblich wäre.

In ähnlicher Weise neigt das Ich im allgemeinen zu geistesverwandten Beziehungen. Dazu wird es durch eine der Zwillingskräfte der Empfindungswelt, durch die Kraft der Anziehung angehalten.

Der Einwand mag sich aufdrängen, daß es in ein und derselben Familie Menschen mit völlig entgegengesetzten Neigungen, ja sogar erbitterten Feindschaften gibt. Was kann sie zusammengeführt haben, wenn das Gesetz der Anziehung herrscht?

Nun, während des Erdenlebens eines Ichs wurden viele Verbindungen mit verschiedenen Menschen geschaffen. Teils waren sie angenehm, teils unangenehm. Einerseits schlossen sie die damals nicht erfüllten Verpflichtungen ein oder andererseits die Heimsuchung von Schaden und ein starkes Haßgefühl zwischen dem Geschädigten und seinem Feind. Das Gesetz von Ursache und Wirkung verlangt einen genauen Ausgleich der Schuld. Der Tod „bezahlt das nicht alles“. Auch das Übersiedeln in eine andere Stadt begleicht keinesfalls finanzielle Schulden. Es kommt die Zeit, in der sich die beiden Feinde wieder begegnen. Der alte Haß hat sie zusammen in dieselbe Familie gebracht. Denn Gottes Absicht ist es, daß sich alle Menschen lieben sollen. Deshalb muß der Haß in Liebe umgewandelt werden. Obgleich die beiden vielleicht viele Leben damit zubringen, ihn „auszufechten“, werden sie die Lehre irgendwann erfassen und Freunde statt Feinde und gegenseitige Wohltäter werden. Das Interesse, das diese Menschen füreinander hatten, erweckte in solchen Fällen die Kraft der Anziehung, und die führte sie zusammen. Wären sie sich nur gleichgültig gewesen, hätten sie keine Verbindung zueinander bekommen können.

So lösen die Zwillingsgesetze der Wiederverkörperung und der Ursache und Wirkung sinnvoll alle im menschlichen Leben vorkommenden Probleme, während der Mensch selbst unverwandt der nächsten Evolutionsstufe, dem Übermenschen, entgegengeht. Die Theorie dieser Gesetze besagt, daß die Richtung des menschlichen Fortschritts stets nach vorne und nach oben weist. Einige indische Stämme stellen sich die Lehre der Wiederverkörperung so vor, als ob der Mensch in Tieren oder Pflanzen wiedergeboren werde. Das wäre ein Rückschritt. In der Natur oder in den heiligen Büchern aller Religionen kann nichts gefunden werden, was diese Lehre glaubwürdig machen würde. Nur in einer einzigen religiösen indischen Schrift wird sie berührt. In den Kathopanishaden, Kapitel 5, Vers 9,*) wird festgestellt, daß „einige Menschen aufgrund ihrer Taten in den Mutterleib, andere in den ‚sthanu' eingehen". „Sthanu" ist ein Wort aus dem Sanskrit. Es bedeutet sowohl „bewegungslos" als auch „Säule" und wurde so interpretiert, als ob manche Menschen wegen ihrer Sünde in das unbewegliche Pflanzenreich zurückkehren.

Geistige Wesen verkörpern sich nur, um Erfahrungen zu gewinnen, die Welt zu erobern, das niedere Selbst zu überwinden und Selbstbeherrschung zu erlangen. Wenn wir das erkennen, werden wir verstehen, daß eine Zeit kommen wird, in der weitere Inkarnationen nicht mehr notwendig sind, weil alle Lehren gelernt wurden. Die Lehre der Kathopanishaden weist daraufhin, daß der Mensch dereinst in den Ruhezustand des „Nirvana" ein-

---

*) Die Kathopanishaden, auch Kathupanishaden, Katha Upanishaden oder Kathaka-Upanishad gehören zum philosophischen Teil der Veden.

gehen wird, statt an das Rad von Geburt und Tod gebunden zu sein.

In der Offenbarung des Johannes finden wir die Worte: „Wer überwindet, den werde ich zu einer **Säule** im Tempel meines Gottes machen, **und er wird seinen Platz dort nie wieder verlieren“** (Offb. 3, 12). Das bezieht sich auf die endgültige Befreiung vom irdischen Leben. Nirgends gibt es einen Hinweis auf die Lehre der Seelenwanderung. Ein Mensch, der eine individuelle Seele entwickelt hat, kann auf dem Weg seines Fortschritts nicht umkehren und nicht in den Träger der unter einem Gruppengeist stehenden Tiere und Pflanzen eingehen. Der individuelle Geist ist eine höhere Evolution als der Gruppengeist. Der geringere Geist kann einen größeren nicht enthalten.

Oliver Wendell Holmes kleidet die Idee des beständigen Fortschritts innerhalb der sich allmählich verbessernden Träger und die schließliche Befreiung in seinem schönen Gedicht „Die Kammern des Nautilus“ in Worte. Nautilus baut seine spiralförmige Schale in begrenzten Abschnitten. Stets verläßt er die kleinere Kammer, der er entwachsen ist, zugunsten der zuletzt geschaffenen.

Im Stillen, man sah Jahr für Jahr
Sich wölben die Spirale klar.
Noch als sie wuchs, verließ der Gast
Den schimmernd leuchtenden Palast,
Den er bewohnt; schlich weichen Schritts,
Erbaute neu auf nutzlos' Tor;
Streckt sich ins größ're Heim empor.

Dank, dir, oh Kind unsteter Flut,
Verworf'nes, du, dein hoher Mut
Des Himmels Botschaft zu mir bringt.
Ein klarer Zeichen ist geborn
Als Triton durch bekränztes Horn
Erschallen ließ je an mein Ohr.
Im Denken singt der Stimmen Chor:

Bau dir ein stattlicheres Haus,
O Seele mein! Verlaß, zieh aus!
Wie eilet hin die Jahreszeit!
Geh von gewölbt' Vergangenheit
Aus jeden Tempels prächt'germ Schein,
Bis Meister du der freien Kunst
Und frei von ruhelosem Sein!

Die oben erwähnte Notwendigkeit, einen Organismus von besonderer Beschaffenheit zu erhalten, bringt einen interessanten Zeitabschnitt der Zwillingsgesetze von Wiederverkörperung sowie von Ursache und Wirkung in Erinnerung. Die Bewegung der Weltenkörper, der Sonne, der Planeten und der Tierkreiszeichen hängt mit diesen Gesetzen zusammen und ist harmonisch mit ihnen verbunden. Sie wird in ihren Bahnen von den innewohnenden geistigen Intelligenzen, den Planetengeistern, gelenkt. Durch das Vorrücken des Äquinoktiums, der Tagundnachtgleiche, bewegt sich die Sonne mit einer Geschwindigkeit von ungefähr einem Bogengrad in 72 Jahren rückwärts durch die zwölf Zeichen des Zodiaks, durch jedes Zeichen, das 30 Grade umfaßt, in ungefähr 2100, um den ganzen Kreis in etwa 26 000 Jahren.

Der Grund hierfür ist in der langsam schwingenden Eigenbewegung der Erde um ihre nicht feststehende Achse zu finden. Sie gleicht dem Schwanken eines Brummkreisels, der mit seiner Kraft fast am Ende ist. Auf diese Weise beschreibt die Erdachse einen Kreis im Raum, so daß ein Stern nach dem anderen zum Polarstern wird.

Aufgrund dieser schwankenden Erdenbewegung kreuzt die Sonne den Äquator jedes Jahr nicht an derselben Stelle, sondern einige hundert Meter*) weiter rückwärts. Der Name „Präzession der Äquinoktien" ist von dem lateinischen Wort „prae-

*) Im englischen Originaltext heißt es: „. . . a few hundred rods . . ."
1 rod = 5,029 m.

cedo“, vorangehen, abgeleitet, eben weil das Äquinoktium vorausgeht, zu früh kommt.

Alle Ereignisse auf der Erde im Zusammenhang mit weiteren Himmelskörpern und ihren Bewohnern stehen mit diesen und anderen kosmischen Bewegungen in Verbindung. Ebenso verhält es sich mit den Gesetzen von Wiederverkörperung und der Ursache und Wirkung.

Wie die Sonne die verschiedenen Zeichen des Zodiaks innerhalb des Jahres durchläuft, so wirken klimatische und andere Veränderungen in unterschiedlicher Weise auf den Menschen und seine Tätigkeit. Ähnlich bringt der durch die Präzession des Äquinoktiums hervorgerufene Durchgang der Sonne durch die zwölf Tierkreiszeichen — er wird das „Große Weltenjahr“ genannt — auf der Erde Bedingungen von weit größerer Mannigfaltigkeit hervor. Für das Seelenwachstum ist es erforderlich, sie alle zu erfahren. Die Bedingungen werden tatsächlich, wie wir gesehen haben, vom Menschen selbst zwischen den jeweiligen Verkörperungen in der Himmlischen Welt vorbereitet. Deshalb wird jedes Ich, solange die Sonne ein Zeichen des Zodiaks durchläuft, zweimal geboren. Die Seele selbst ist notwendigerweise zweigeschlechtlich. Um alle Erfahrungen zu erhalten, die sich weitgehend von Geschlecht zu Geschlecht unterscheiden, wird sie abwechselnd in einem männlichen und einem weiblichen Körper wiedergeboren. Innerhalb von tausend Jahren verändern sich die äußeren Bedingungen nicht wesentlich. Deshalb erlauben sie dem Geist, in derselben Welt Erfahrungen sowohl vom männlichen als auch vom weiblichen Standpunkt aus zu sammeln.

Das sind allgemeine Grundsätze, nach denen das Gesetz der Wiederverkörperung wirkt. Da es kein blindes Gesetz ist, unterliegt es häufigen Veränderungen, die von den „Herren des Schicksals“, den „Engeln der Chronik“, veranlaßt werden. Nehmen wir an, ein Ich benötigt ein empfindsames Auge oder Ohr.

Es findet Gelegenheit, das erforderliche „Werkzeug“ in einer Familie zu erhalten, zu der früher Beziehungen bestanden. An der Zeit für seine kommende Wiederverkörperung mögen entsprechend der durchschnittlichen Verweildauer vielleicht noch zweihundert Jahre des Reifens fehlen. Erkennen die „Herren des Schicksals“, daß das Ich möglicherweise vier- oder fünfhundert Jahre über diese Durchschnittszeit im Himmel verbringen müßte, weil jene Gelegenheit nicht ergriffen wurde, kann es vorzeitig zur Wiederverkörperung gebracht werden. Der Mangel an Ruhe im dritten Himmel wird zu anderer Zeit ausgeglichen. So sehen wir, daß nicht nur die Abgeschiedenen vom Himmel aus an uns wirken, sondern wir auch an ihnen, indem wir sie zu uns heranziehen oder von uns abstoßen. Eine günstige Gelegenheit, ein geeignetes köperliches „Werkzeug“ zu erhalten, kann ein Ich zur Wiederverkörperung anregen. Hätte kein brauchbares Instrument zur Verfügung gestanden, wäre die Seele länger im Himmel gehalten und die überschüssige Zeit dann von ihrem zukünftigen himmlischen Leben abgezogen worden.

Auch das Gesetz von Ursache und Wirkung arbeitet harmonisch mit den Sternen zusammen, **so daß der Mensch zu einer Zeit geboren wird, in der die Stellung der Himmelskörper im Sonnensystem die notwendigen Bedingungen für seine Erfahrungen und seinen Fortschritt in der Schule des Lebens gibt.** Aus diesem Grund ist die Astrologie eine absolut wahre Wissenschaft. Dennoch können selbst dem besten Astrologen Mißdeutungen unterlaufen, ist er doch wie alle menschlichen Wesen nicht unfehlbar. Die Sterne weisen auf den Zeitpunkt im Leben eines Menschen, an dem die von den „Herren des Schicksals“ ausgesuchte Schuld zur Zahlung fällig ist. Ja, sie zeigen das auf den Tag genau an, obgleich wir nicht immer fähig sind, es richtig zu erkennen. Ein Entrinnen ist für den Erdenmenschen nicht möglich.

Das vielleicht eindrucksvollste Beispiel, das dem Autor über dieses Nicht-entrinnen-können von dem, was in den Sternen geschrieben steht, selbst wenn man vollkommene Kenntnis davon hat, bekannt geworden ist, ereignete sich im Jahre 1906 in Los Angeles, Kalifornien. Herrn L., einem gutbekannten Lehrer, waren einige Unterweisungen über Astrologie gegeben worden. Man hatte sein Horoskop für ihn aufgestellt, denn ein Schüler interessiert sich mehr für sein eigenes als für das eines Fremden. Auch kann er die Genauigkeit der ihm gegebenen Zeichen-Interpretationen nachprüfen. Herrn L.'s Horoskop zeigte eine Neigung zu Unfällen. Andere Ereignisse der Vergangenheit stimmten mit der angegebenen Zeit des Geschehens überein. Außerdem wurde Herrn L. gesagt, daß ihm ein weiterer Unfall widerfahren werde, der sich am 21. Juli oder am siebenten Tag danach, also am 28. Juli, ereignen würde. Der letzte Tag sei der gefährlichere. Herr L. war vor Fahrgelegenheiten aller Art gewarnt worden. Verletzungsgefahr bestehe für Brust, Arme, Schultern und den unteren Teil des Kopfes. Herr L. war von der Gefahr vollkommen überzeugt und versprach, an dem betreffenden Tag zu Hause zu bleiben.

Der Autor reiste nach Norden, nach Seattle. Einige Tage vor dem kritischen Zeitpunkt schrieb er an Herrn L. und warnte ihn nochmals. Der antwortete, daß er sich an die Warnung erinnere und dementsprechend handeln werde.

Die nächste Nachricht in dieser Angelegenheit kam von einem gemeinsamen Freund. Er schrieb, Herr L. sei am 28. Juli mit der Straßenbahn nach Sierra Madre gefahren. Das Fahrzeug sei mit einem Eisenbahnzug zusammengestoßen, wobei Herr L. die erwähnten Verletzungen erlitten habe. Außerdem sei ihm eine Sehne des linken Fußes durchtrennt worden.

Es ergab sich die Frage, warum Herr L. den Rat mißachtet hatte, obwohl er den Vorhersagen voll vertraut hatte. Die Erklärung kam nach drei Monaten, als er wieder soweit genesen war, daß er schreiben konnte. Der Brief besagte: „Ich dachte, der 28. sei der 29."

Für den Autor steht außer Frage, daß es sich um einen Fall von „reifem Schicksal" gehandelt hat, das vorher genau in den Sternen angezeigt worden war und vor dem es kein Entrinnen gab.

Deshalb kann man die Sterne die „Uhr des Schicksals" nennen. Wenn die verschiedenen Posten in der Rechnung des reifen Schicksals, das jedem Leben zugeteilt ist, zur Bezahlung kommen, entsprechen die zwölf Zeichen des Zodiaks dem Zifferblatt, Sonne und Planeten dem das Jahr anzeigenden Stundenzeiger, der Mond dem die Monate angebenden Minutenzeiger.

Es kann jedoch nicht eindringlich genug betont werden, daß der Mensch, obwohl er verschiedenen Dingen nicht entgehen kann, einen gewissen Spielraum des freien Willens hat, um bereits im Gang befindliche Ursachen abzuändern. Ein Dichter drückte das folgendermaßen aus:

Ein Wind ist's, der das Schiff bewegt,
Ob Kurs nach Ost, nach West es nimmt.
Nicht Sturm, allein das Segel legt
Den Weg stets fest, der ihm bestimmt.

Des Schicksals Lauf, er gleicht dem Wind
In Daseins wildbewegter Flut.
Die Tat der Seele Ziel gewinnt,
Nicht Ruhe oder Streitesmut.

Wir haben besonders zu erfassen, daß unser gegenwärtiges Handeln die zukünftigen Bedingungen bestimmt.

Herkömmliche Frömmler und selbst jene, die ganz und gar keine Religion anerkennen, führen oft als stärkstes Argument gegen das Gesetz der Wiederverkörperung an, daß es den „unkundigen Heiden" in Indien gelehrt werde, die tatsächlich daran glaubten. Wenn es jedoch ein Naturgesetz ist, kann kein Einwand stark genug sein, es zu entkräften oder unwirksam zu machen. Bevor wir von „unkundigen Heiden" sprechen oder Missionare zu ihnen entsenden, würden wir gut tun, unsere eigenen Kenntnisse ein wenig zu prüfen. Überall klagen Pädagogen über die Oberflächlichkeit vieler Studenten. Professor Wilbur L. Groß aus Yale führt merkwürdige Fälle von Unwissenheit an. In einer Klasse von vierzig Studenten wußte **nicht einer, wo er Judas Ischariot „einordnen"** sollte.

Richtiger dürfte es sein, die Missionare von ihrer Arbeit in „heidnischen" Ländern und in Elendsvierteln abzuziehen. Entsprechend dem Grundsatz, daß „Nächstenliebe zu Hause beginnt" und „Gott die unwissenden Heiden nicht umkommen lassen wird", wäre es sinnvoller, die Studenten der Hochschulen unseres eigenen Landes aufzuklären. Es ist besser, die „Heiden" verbleiben in ihrer Unwissenheit, in der sie des Himmels sicher sind, als sie zu „erleuchten" und ihr Schicksal dadurch wiederum höllischen Legionen auszuliefern. Gewiß, das ist einer der Fälle, von denen man sagt: „Unwissenheit ist ein Segen und Wissen eine Torheit". Wir würden uns und den Heiden einen großen Dienst erweisen, wenn wir sie sich selbst überlassen und uns um unsere unwissenden Christen kümmern würden.

Die Theorie der Wiederverkörperung wird durch die Behauptung, sie sei eine „Heidenlehre", nicht widerlegt. Ihre angenommene Bedeutung im Osten ist ebensowenig ein Beweis gegen sie, wie die Genauigkeit der Lösung einer mathematischen Aufgabe nicht dadurch ungültig wird, daß wir den Menschen, der sie zuerst fand, nicht schätzen. Die einzige Frage kann nur sein: „Ist sie richtig?" Und ist sie es, dann ist es völlig bedeutungslos, von wem die erste Lösung ausging.

Alle anderen Religionen hatten zur Christlichen Religion überzuleiten. Sie waren Rassenreligionen und enthalten nur teilweise das, was das Christentum in größerem Maß enthält. Das wahre esoterische Christentum wurde bis jetzt noch nicht öffentlich gelehrt, und es wird in dieser Weise auch erst gelehrt werden, wenn die Menschheit den materialistischen Zustand überwunden hat und fähig ist, es aufzunehmen. Die Gesetze von Wiederverkörperung sowie Ursache und Wirkung sind im Verborgenen gelehrt worden. Durch **Christi eigenes Gebot** hat, wie wir sehen werden, in den letzten zweitausend Jahren in der westlichen Welt keine öffentliche Belehrung stattgefunden.

Wein als Faktor in der Evolution

Um den Grund dieses Verschweigens und die Mittel zum Verbergen dieser Lehre zu verstehen, müssen wir zum Anfang der menschlichen Geschichte zurückgehen und betrachten, wie die Menschheit zu ihrem Heil von ihren Großen Lehrern geleitet worden ist.

In den Lehren der esoterischen Wissenschaft sind die Entwicklungsstufen auf der Erde in Zeitabschnitte eingeteilt. Sie werden „Epochen“ genannt. Es gab vier, die Polarische, die Hyperboräische, die Lemurische und die Atlantische; die gegenwärtige wird die Arische Epoche genannt.

In der ersten oder Polarischen Epoche hatte die gegenwärtige Menschheit nur einen, den jetzigen Mineralien ählichen physischen Körper.

In der zweiten oder Hyperboräischen Epoche wurde ein Lebensleib hinzugefügt. Der entstehende Mensch besaß einen Körper, der so beschaffen war wie derjenige der Pflanzen. Er war keine Pflanze, aber pflanzenähnlich.

In der dritten oder Lemurischen Epoche erhielt er seinen tierähnlich gebildeten Empfindungsleib; er war zum „Tiermenschen“ geworden.

In der vierten oder Atlantischen Epoche entfaltete sich der Verstand. Soweit seine wirkenden Grundlagen in Betracht kommen, tritt er als Mensch auf die Stufe des physischen Lebens.

In der gegenwärtigen, der fünften oder Arischen Epoche, wird der Mensch in gewisser Weise den dritten oder niedersten Aspekt seines dreifachen Geistes, das Ich entfalten. Der Schüler wird gebeten, sich gründlich einzuprägen, daß bis zu dem Zeitpunkt, an dem der Mensch Selbstbewußtsein erlangte, im Entwicklungsprozeß **absolut nichts dem Zufall überlassen war.**

Nachdem der Mensch diese Bewußtseinsart erhalten hat, verbleibt ihm ein gewisser Spielraum für das Üben seines persönlichen Willens. Dadurch wird ihm die Möglichkeit gegeben, seine göttlichen Geisteskräfte zu entfalten.

Die großen Führer der Menschheit bedenken alles, auch die Nahrung des Menschen, die sehr viel mit seiner Entwicklung zu tun hat. „Sage mir, was du ißt, und ich sage dir, was du bist", ist keine weit hergeholte Idee, sondern eine große Wahrheit der Natur.

Der Mensch der ersten Epoche war ätherisch. Das widerspricht durchaus nicht der Feststellung, daß er den Mineralien ähnlich gewesen ist. Denn alle Gase sind mineralisch. Die Erde war noch weich und nicht erstarrt wie jetzt. In der Bibel wird der Mann Adam genannt, und es wird gesagt, daß er aus Erde geschaffen worden sei. Kain wird als Ackerbauer dargestellt. Er symbolisiert den Menschen der zweiten Epoche. Sein Lebensleib, der ihn aufrecht hielt, war wie derjenige der Pflanze.

In der dritten Epoche wurde Nahrung von **lebenden** Tieren aufgenommen, um die frühere Pflanzennahrung zu ergänzen. Durch Milch kam es zur Entwicklung des Empfindungsleibes, der den Menschen dieser Zeit tierähnlich machte. Das wird durch das Wort der Bibel „Abel ward ein Schäfer" (1. Mose 4, 2) ausgedrückt. Es ist nirgendwo angegeben, daß Abel Tiere tötete.

In der vierten Epoche hat sich der Mensch über das Tier hinaus entwickelt; er hatte nun Verstand. Gedanken brechen Nervenzellen nieder, töten, zerstören und verursachen Verfall. Folgerichtig waren daher Tierkörper die Nahrung des Atlantiers. Er tötete, um zu essen, und deshalb stellt die Bibel fest, daß „Nimrod ein mächtiger Jäger war“ (1. Mose 10, 9). Nimrod repräsentiert den Menschen der vierten Epoche.

Mittlerweile war der Mensch tiefer und tiefer in die Materie herabgeführt worden. Sein früherer ätherischer Körper gestaltete im Inneren das Skelett, und er war fest geworden. Auch hatte er allmählich das geistige Wahrnehmungsvermögen, das er in vorausgegangenen Epochen besessen hatte, verloren. So war es bestimmt. Der Mensch ist berufen, jene Wahrnehmungsfähigkeit zusammen mit dem Selbstbewußtsein, das er damals nicht besaß, auf einer höheren Stufe zurückzuerhalten. Doch er hatte während der ersten vier Epochen eine größere Kenntnis der geistigen Welt. Er wußte, er würde nicht sterben. Wenn ein Körper unbrauchbar werden würde, wäre es wie das herbstliche Vertrocknen eines Blattes. Ein anderer Leib werde wachsen und seine Stelle einnehmen. Deshalb hatte der Mensch kein wahres Verständnis für die Gelegenheiten und Vorteile des konkreten Daseins dieses Erdenlebens.

Doch es war notwendig, daß er sich ihrer großen Bedeutung voll bewußt werden sollte, so daß er in ihm alles lernen würde, was gelernt werden könnte. Solange er fühlte, Bewohner höherer Welten zu sein, und er sicher wußte, daß das physische Leben nur ein kleiner Teil des wahren Daseins ist, nahm er es nicht ernst genug. Er bemühte sich nicht, die Gelegenheiten zum Wachstum zu pflegen, die nur auf der gegenwärtigen Daseinsstufe des Lebens gefunden werden. Und er verbrachte seine Zeit, ohne die Hilfsquellen der Erde zu erschließen, wie es heute noch manche Bewohnergruppen östlicher Länder aus demselben Grund tun.

Die einzige Möglichkeit, im Menschen die Wertschätzung der konkreten physischen Existenz zu erwecken, war, ihm in einigen Inkarnationen die Erinnerung an sein höheres, geistiges Sein zu nehmen. Deshalb erhielt er während des Erdenlebens keine andere positive Erkenntnis, als die des gegenwärtigen physischen Lebens. Auf diese Weise wurde er veranlaßt, sich ernsthaft zu bemühen, „das Leben zu leben".

Es gab vorchristliche Religionen, die Wiederverkörperung und das Gesetz von Ursache und Wirkung gelehrt hatten. Doch dann kam eine Zeit, in der die Kenntnis dieser Lehren für die Entwicklung des Menschen nicht mehr förderlich war. Unwissenheit darüber kann so als Zeichen des Fortschritts angesehen werden. Das eine einzige Erdenleben sollte zur Hauptsache erhoben werden. Deshalb finden wir, daß die öffentlich gelehrte Christliche Religion die Gesetze von Ursache und Wirkung nicht enthält. Dennoch ist das Christentum die Religion der fortgeschrittensten Rassen. Daher muß sie auch die fortgeschrittenste Religion sein. Jene Gesetze wurden aus der **öffentlichen** Belehrung ausgesondert. Dadurch konnte es durch die angelsächsischen und germanischen Rassen zur Eroberung der materiellen Welt kommen, die in diesem Entwicklungsabschnitt am weitesten gebracht worden ist.

Um den gegebenen Bedingungen zu entsprechen und ihren Zweck zu erfüllen, ist die Nahrung des Menschen in jeder Epoche verändert, ist ihr etwas hinzugefügt worden. Diejenige der vorigen Epoche finden wir um eine neue Beigabe, den Wein, vermehrt. Dieses Getränk wurde wegen seiner betäubenden Wirkung auf das geistige Element im Menschen benötigt. Denn in und aus keiner Religion heraus war es möglich, den Menschen zum Vergessen seiner geistigen Wesensart zu bringen. Und es konnte in ihm nicht der Gedanke erweckt werden, daß er ein „Erdenwurm" sei. Die Religion war nicht in der Lage, den Glauben zu vermitteln, daß „wir mit derselben Kraft gehen, mit der wir denken". Es war auch niemals beabsichtigt, daß es soweit kommen sollte.

Bisher war als Getränk und in den Tempelzeremonien nur Wasser verwendet worden. Erst nach dem Untergang von Atlantis, dem Kontinent, der einst zwischen Europa und Amerika an der Stelle des heutigen Atlantischen Ozeans gelegen hatte, begannen die Menschen, die der Vernichtung entgangen waren, Weinreben anzubauen und Wein als Getränk herzustellen. Wir finden einen Bericht davon in der alttestamentlichen Geschichte von Noah. Noah symbolisiert die Überlebenden der Atlantischen Epoche, die zum Kern der Fünften Rasse und damit zu unseren Vorfahren wurden.

Das wirksame Prinzip des Alkohols ist „Geist". Wie die Menschheit der früheren Epochen Speisen zu sich nahm, die ihren Trägern am besten angepaßt waren, so wurde dieser „Geist" in der Fünften Epoche den früher zur Entwicklung des Menschengeschlechts dienenden Nahrungsmitteln hinzugefügt. Er wirkte auf den Geist des Menschen dieser Epoche, lähmte ihn zeitweilig und brachte ihn dadurch zum Erkennen, zur richtigen Wertschätzung und zur Eroberung der Physischen Welt. Deshalb vergißt der gegenwärtige Mensch seine geistige Heimat. Er hängt sich an die früher von ihm verachtete Lebensform und erfüllt sie mit der ganzen Beharrlichkeit, die aus dem Gefühl geboren wurde, jene sei das einzig Vorhandene. Mindestens zieht er die Gewißheit von dieser Welt einem Himmel vor, den er in seinem gegenwärtigen umnebelten Zustand nicht erkennt.

In den Tempeln war nur Wasser verwendet worden. Das änderte sich. „Bacchus", ein Gott des Weines, erscheint. Unter seinem Einfluß vergessen die fortgeschrittensten Völker, daß es ein höheres Leben gibt. Wer dem falschen Geist des Weines oder irgendeinem anderen alkoholischen Getränk, dem Produkt der Gärung und des Verfalls, opfert, kann niemals etwas von seinem Höheren Selbst, dem wahren Geist, der Quelle allen Lebens wissen.

Alles das war Vorbereitung auf die Ankunft Christi. Und es ist von höchster Bedeutung, daß dessen erste Tat „Wasser in Wein zu verwandeln" gewesen ist („Die Hochzeit zu Kana", Joh. 2, 1—12).

Persönlich vermittelte Christus seinen Jüngern die Theorie der Wiedergeburt. Er belehrte sie nicht nur durch Worte, sondern er nahm sie mit „auf den Berg". Das ist ein mystischer Ausdruck und bedeutet Stätte der Einweihung. In der Initiation nahmen die Jünger selbst wahr, daß die Wiederverkörperung eine Tatsache ist. Denn vor ihnen erschien Elia, über den sie erfuhren, daß er auch Johannes der Täufer sei. Christus hatte ihnen vorher, als er von Johannes sprach, in eindeutigen Worten gesagt: „Es ist Elia, der da kommen soll" (Matth. 11, 14). In der Verklärungsszene wiederholte er das: „Elia ist schon gekommen, und sie haben ihn nicht erkannt, sondern mit ihm getan, was sie wollten." Und dann heißt es weiter: „Da verstanden die Jünger, daß er zu ihnen von Johannes dem Täufer redete" (Matth. 17, 12—13). Bei dieser Gelegenheit und auch bei dem Gespräch Christi mit seinen Jüngern über die Wiederverkörperung sagten sie ihm, einige würden denken, er, Christus, sei Elia, und andere, er sei einer der wiedergeborenen Propheten. Er gebot ihnen, es „niemandem zu sagen" (Matth. 17, 9; Lukas 9, 21). Die Lehre sollte Tausende von Jahren esoterisch bleiben und nur unter wenigen Wegbereitern, die für dieses Wissen geeignet sind, bekannt werden. Jene führen auf der Entwicklungsstufe, wenn diese Wahrheiten wieder vom Menschen erkannt werden. Daß Christus die Wiedergeburt und das Gesetz von Ursache und Wirkung lehrte, wird wahrscheinlich an keiner anderen Stelle so deutlich gezeigt wie im Gleichnis vom Blindgeborenen. Seine Jünger fragten: „Wer hat gesündigt, dieser oder seine Eltern, daß er blind geboren wurde?" (Joh. 9, 2). Hätte Christus die Wiederverkörperung und auch das Gesetz von Ursache und Wirkung nicht gelehrt, wäre die natürliche Antwort gewesen: „Unsinn! Wie könnte ein Mensch vor seiner Geburt gesündigt und dadurch Blindheit über sich selbst gebracht haben?“ Aber Christus antwortete nicht so. Er war durch die Frage weder überrascht, noch behandelte er sie als ungewöhnlich. Dadurch zeigte er, daß sie voll mit seinen Lehren übereinstimmt. Er erklärte: „Weder dieser hat gesündigt noch seine Eltern, sondern die Werke Gottes sollen an ihm offenbar werden“ (Joh. 9, 3).

Eine übliche Auslegung besagt, der Mann sei blind geboren worden, damit Christus Gelegenheit gehabt hätte, ein Wunder zu wirken und seine Macht zu zeigen.

Es wäre sonderbar, wenn Gott einen Menschen willkürlich zu vielen Jahren Blindheit verdammen würde, um Ehre erlangen und sich „in günstigem Licht zeigen“ zu können. Einen Menschen, der so handelte, würden wir als ein Ungeheuer an Grausamkeit ansehen.

Viel logischer ist die Annahme, daß eine andere Erklärung möglich ist. Gewiß ist es unzumutbar, Gott ein Verhalten zuzuschreiben, das wir an einem Menschen mit den stärksten Worten verurteilen würden.

Christus unterscheidet zwischen dem physisch blinden Körper und dem in ihm wohnenden Gott, seinem Höheren Selbst.

Der physische Leib hat keine Sünden begangen. Der innere Gott hat manches getan, was sich in dem besonderen, von ihm zu erduldenden Leiden äußert. Es ist nicht übertrieben, einen Menschen „Gott“ zu nennen. Christus sagt: „Steht nicht in eurem Gesetz geschrieben: ‚Ich habe gesagt, daß ihr Götter seid?‘“ (Joh. 10, 34). Und Paulus weist hin auf den menschlichen Leib als den „Tempel Gottes“, des innewohnenden Geistes (1. Korinther 6, 19).

Einige Menschen erinnern sich an ihre früheren Leben, die meisten jedoch nicht. Für alle wird es möglich, dieses Wissen zu erhalten, wenn sie das erforderliche Leben führen. Das verlangt große Charakterstärke. Denn jenes Wissen kann die Erkenntnis eines bevorstehenden Schicksals bringen, das sich in schrecklichem Unheil äußern soll und dunkel und unheimlich über dem Betreffenden hängt. Die Natur hat das Vergangene und das Zukünftige gnädig vor uns verborgen, damit wir unseren Seelenfrieden nicht durch das Vorgefühl des uns erwartenden Schmerzes verlieren. Wenn wir uns weiter entwickeln, werden wir lernen, alle Dinge mit Gelassenheit zu begrüßen. Wir werden in allen Leiden die Folge vergangenen Übels sehen und dankbar die Gelegenheit begrüßen, durch die es gesühnt und getilgt werden kann. Denn wir wissen, daß zwischen uns und dem Tag der Befreiung vom Kreislauf der Geburt und des Todes um so viel weniger steht, als gelöscht wurde.

Stirbt ein Mensch in einem Leben als Kind, erinnern er oder es sich im nächsten Körper nicht selten an jenes Erdendasein. Denn Kinder unter vierzehn Jahren durchwandern nicht den ganzen Lebenszyklus, der zum Bilden einer vollständigen Reihe neuer Träger erforderlich ist. Sie gehen einfach in die oberen Regionen der Empfindungswelt ein und warten hier auf eine neue Verkörperung, die im allgemeinen zwischen einem und bis zu zwanzig Jahren nach dem Tod stattfindet. Wenn sie zur Geburt zurückkehren, bringen sie den alten Verstandes- und Empfindungsleib mit. Würden wir dem Plaudern der Kinder lauschen, könnten wir manchmal Erlebnisse wie folgende bemerken und wiedergeben.

Eine bemerkenswerte Geschichte

In Santa Barbara, Kalifornien, kam eines Tages ein Mann namens Roberts zu einem geschulten Hellseher, der auch Vorlesungen über Theosophie hielt. Er bat ihn in einem verblüffenden Fall um Hilfe.

Herr Roberts war am vorhergehenden Tag durch die Straßen gegangen, als ein kleines dreijähriges Mädchen auf ihn zukam, die Arme um seine Knie legte und ihn mit „Papa“ ansprach. Er war entrüstet, denn er glaubte, jemand wolle versuchen, ihm die Vaterschaft für dieses Kind aufzudrängen. Die Mutter aber, die ihrer Tochter unmittelbar folgte, war ebenfalls empört und versuchte, das Kind fortzunehmen. Doch es klammerte sich an ihn und bestand darauf, daß er sein Vater sei. Wegen später zu berichtender Umstände konnte Herr Roberts den Vorfall nicht vergessen. Er suchte den Hellseher auf, der ihn zum Hause der Eltern des Kindes begleitete, wo das kleine Mädchen sofort auf Herrn Roberts zulief und ihn wieder Papa nannte. Der Hellseher, den ich Herrn X. nennen will, nahm das Kind zuerst zum Fenster, um zu beobachten, ob sich die Iris des Auges zusammenziehen und erweitern würde, wenn er sie dem Licht zu- oder abkehre. Dadurch wollte er sehen, ob eine andere Wesenheit als der rechtmäßige Inhaber im Besitz des Kindeskörpers war; denn das Auge ist das Fenster der Seele. Ein Wesen, das „Besessenheit“ verursacht hat, kann sich nicht die Macht über das Auge sichern. Herr X. fand jedoch, daß das Kind normal war. Er begann, die Kleine vorsichtig zu befragen. Nach geduldigem Bemühen, das mit Unterbrechungen den ganzen Nachmittag dauerte, um das Kind nicht zu ermüden, erzählte es folgende Geschichte.

Es hatte mit seinem Vater, Herrn Roberts, und einer anderen Mutter in einem kleinen alleinstehenden Haus gelebt, von dem aus man kein anderes Haus sehen konnte. Nahe am Haus floß ein kleiner Bach, an dem einige Blumen wuchsen. Hier lief die Kleine hinaus und brachte einige Weidenkätzchen herein. Quer über dem Bach lag ein Brett, vor dessen Überschreiten man sie aus Furcht, sie könne ins Wasser fallen, gewarnt hatte. Eines Tages hatte ihr Vater die Mutter und sie verlassen und war nicht wiedergekommen. Als ihr Vorrat an Nahrungsmitteln aufgebraucht war, legte sich ihre Mama aufs Bett und wurde so still. Schließlich sagte sie: „Dann starb ich auch; aber ich starb nicht. Ich kam hierher."

Danach erzählte Herr Roberts seine Geschichte. Achtzehn Jahre vorher hatte er in London gelebt; sein Vater war dort Brauer gewesen. Er verliebte sich in eine Magd. Der Vater war gegen die Verbindung. Nachdem sie geheiratet hatten, zog Herr Roberts mit seiner Frau nach Australien. Hier ging er in den Busch und rodete für eine kleine Farm. An einem Bach erbaute er, so wie sie das Kind beschrieben hatte, eine kleine Hütte. Dort wurde ihm eine Tochter geboren. Als sie ungefähr zwei Jahre alt war, verließ er eines Morgens das Haus, um in einiger Entfernung Holz zu fällen. Währenddessen kam ein Mann mit einem Gewehr auf ihn zu und nahm ihn wegen eines Bankraubes, der sich in der Nacht ereignete, in der Herr Roberts England verlassen hatte, im Namen des Gesetzes fest. Der Offizier hatte ihn bis hierher verfolgt, da er ihn für den Verbrecher hielt. Herr Roberts bat um die Erlaubnis, zu seiner Frau und seinem Kind gehen zu dürfen. Das hielt der Offizier aber für eine List, ihn in eine Falle zu locken und in die Hände von Mitschuldigen zu bringen. Er lehnte ab und brachte ihn durch Waffengewalt zur Küste. Herr Roberts wurde nach England überführt und vor Gericht gestellt, vor dem sich seine Unschuld herausstellte.

Nun erst beachteten die Behörden sein unaufhörliches Bitten nach Frau und Kind, von denen er wußte, daß sie in der wilden, einsamen Gegend dem Hungertod preisgegeben waren. Man sandte eine Expedition zur Hütte, die hier nur die Skelette der Frau und des Kindes fand.

In der Zwischenzeit war Herrn Roberts Vater gestorben. Obwohl er Herrn Roberts enterbt hatte, teilte dessen Bruder die Erbschaft mit ihm. Herr Roberts kam als gebrochener Mann nach Amerika.

Er fertigte photographische Abzüge von sich und seiner Frau an. Auf den Rat von Herrn X. wurden sie mit einer Anzahl anderer gemischt und dem kleinen Mädchen gezeigt. Das fand die Bilder seiner beiden angeblichen Eltern ohne zu zögern heraus, obwohl sich die vorgelegten Bilder von Herrn Roberts augenblicklichem Aussehen stark unterschieden.

II. TEIL

Kosmogenesis und Anthropogenesis

KAPITEL V

Die Beziehung des Menschen zu Gott

In den vorhergehenden Kapiteln haben wir den Menschen in seinem Verhältnis zu drei der fünf Welten, in denen seine Evolution erfolgt, betrachtet. Wir beschrieben diese Welten teilweise und beachteten die verschiedenen Bewußtseinsträger, durch die das menschliche Wesen zu ihnen in Beziehung gesetzt ist. Auch durchdachten wir dessen Zusammenhang mit den drei anderen Reichen, dem Mineral-, Pflanzen- und Tierreich. Wir lernten die Unterschiede in den Trägern und die sich daraus ergebende Verschiedenartigkeit des menschlichen sowie des Bewußtseins dieser drei Reiche kennen. Wir folgten dem Menschen durch einen Lebenskreislauf in den drei Welten und untersuchten schließlich den Einfluß, den das Wirken der Zwillingsgesetze von Ursache und Wirkung und das Gesetz der Wiedergeburt auf seine Entwicklung haben.

Um weitere Einzelheiten des menschlichen Fortschritts zu verstehen, ist es jetzt erforderlich, sein Verhältnis zu dem Großen Baumeister des Universums, zu Gott, und zu den verschiedenen Hierarchien Himmlischer Wesen auf den vielen verschiedenen Stufen der Jakobsleiter, die sich vom Menschen zu Gott und dem Jenseits erstreckt, kennenzulernen.

Es ist dies eine äußerst schwierige Aufgabe. Sie wird durch die unbestimmte Vorstellung, die sich die meisten Leser aus der Literatur über Gott gebildet haben, noch erschwert. Wahr ist, daß Namen an und für sich nicht bedeutungsvoll sind. Doch es ist

Diagramm 6

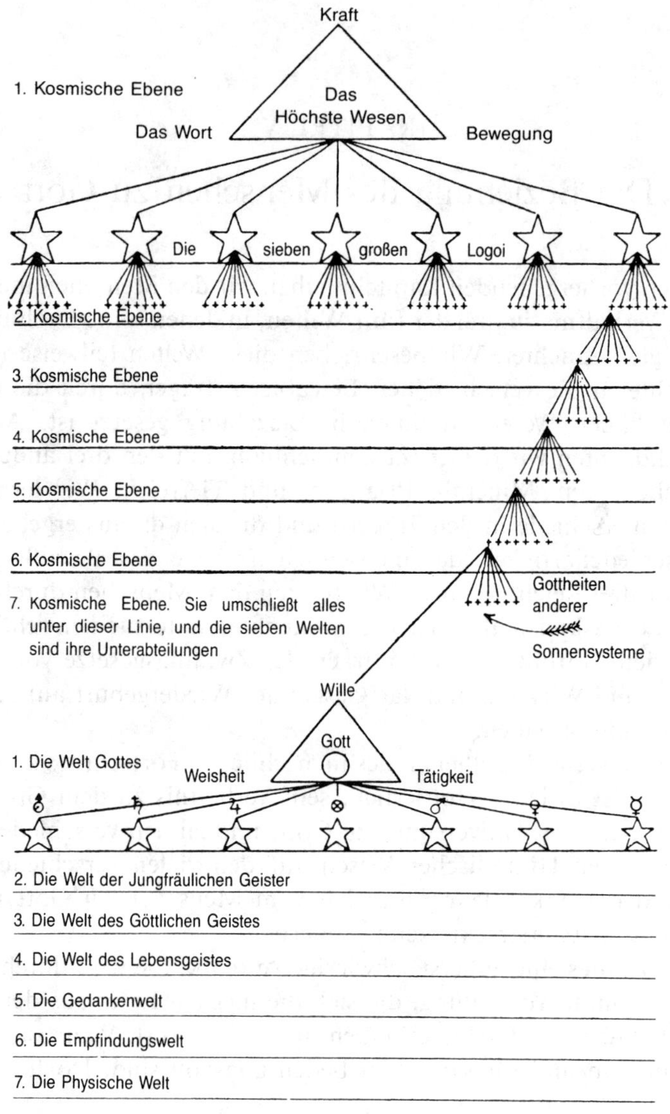
Kraft
1. Kosmische Ebene
Das
Höchste Wesen
Das Wort
Bewegung
Die
sieben
großen
Logoi
2. Kosmische Ebene
3. Kosmische Ebene
4. Kosmische Ebene
5. Kosmische Ebene
6. Kosmische Ebene
7. Kosmische Ebene. Sie umschließt alles unter dieser Linie, und die sieben Welten sind ihre Unterabteilungen
Gottheiten
anderer
Sonnensysteme
Wille
Gott
1. Die Welt Gottes
Weisheit
Tätigkeit
2. Die Welt der Jungfräulichen Geister
3. Die Welt des Göttlichen Geistes
4. Die Welt des Lebensgeistes
5. Die Gedankenwelt
6. Die Empfindungswelt
7. Die Physische Welt

sehr wichtig, daß wir wissen, was wir uns unter ihnen vorstellen. Sonst werden Mißverständnisse folgen. Und wenn sich Autoren und Lehrer*) über allgemeine Fachbezeichnungen nicht einig sind, wird die vorhandene Verwirrung noch unbefriedigender. Nennt jemand den Namen „Gott“, so weiß man nie, meint er das Absolute, das Eine Sein, das Höchsterhabene Wesen als Schöpfer des Weltenganzen oder Gott, den Urheber unseres Sonnensystems.

Auch die Einteilung der Gottheit in „Vater“, „Sohn“ und „Heiligen Geist“ ist verwirrend. Die mit diesen Namen bezeichneten Wesen stehen unermeßlich hoch über dem Menschen, der fähig ist, seiner höchsten Vorstellung von ihnen alle würdige Verehrung und Anbetung entgegenzubringen. Dennoch unterscheiden sie sich in Wahrheit voneinander.

Vielleicht verdeutlichen die Diagramme 6 und 11 den Sachverhalt. Man erinnere sich, die Welten und Kosmischen Sphären liegen im Raum nicht übereinander. Vielmehr durchdringen sich die sieben Kosmischen Ebenen, die ihrerseits wiederum auch alle sieben Welten durchströmen. Sie sind Zustände geistiger Materie und fließen so ineinander, daß Gott und die anderen erwähnten Großen Wesenheiten im Raum nicht voneinander getrennt sind. Sie durchdringen jeden Teil ihres und derjenigen Reiche, die dichter sind als ihr eigenes. In unserer Welt sind sie allgegenwärtig und uns **tatsächlich** „näher als Hände und Füße“. Es ist buchstäblich wahr, wenn wir sagen: „In ihm leben wir und bewegen wir uns, und in ihm haben wir unser Sein.“ Denn keiner von uns könnte außerhalb dieser Großen Intelligenzen leben, die unsere Welt durchdringen und ihr Leben erhalten.

Es wurde gezeigt, daß sich die Ätherregion über die Atmosphäre unserer dichten Erde hinaus erstreckt, daß sich die Empfindungswelt weiter in den Raum hinaus ausdehnt als die Äther-

*) siehe Anhang, Anmerkung 4

region, daß sich auch die Gedankenwelt weiter in den interplanetarischen Raum ausbreitet, als eine der beiden anderen. Selbstverständlich nehmen die Welten feineren Stoffes einen größeren Raum ein als die physische Welt, die sich kristallisiert und verdichtet hat und daher weniger Raum benötigt.

Dasselbe Prinzip wirkt in den Kosmischen Sphären. Die dichteste von ihnen allen ist die siebente, wenn wir von oben nach unten zählen. Sie wird im Diagramm größer als die anderen dargestellt, weil wir mit ihr am engsten verbunden sind und ihre einzelnen Unterabteilungen aufgeführt werden sollten. In Wirklichkeit nimmt sie jedoch weniger Raum ein als jede andere. Allerdings dürfen wir nicht vergessen, daß sie trotz der Einschränkung hinsichtlich ihrer Ausdehnung unermeßlich groß ist, weit außerhalb der menschlichen Vorstellungskraft liegt und Millionen unserem Sonnensystem ähnliche Weltensysteme umfaßt. Diese dienen vielen Wesenheiten, die annähernd unserem eigenen Zustand entsprechen, als Evolutionsfelder.

Von den sechs Kosmischen Sphären, die über unserer eigenen liegen, wissen wir nicht mehr, als daß uns gesagt wurde, sie dienten großen Hierarchien von unbeschreiblicher Herrlichkeit als Orte der Betätigung.

Wenn wir aus unserer Physischen Welt zu den inneren und feineren Welten fortschreiten und durch die Kosmischen Sphären aufsteigen, finden wir Gott, den Schöpfer unseres Sonnensystems, die Quelle und das Ziel unseres Seins, in der höchsten Abteilung der siebenten Kosmischen Sphäre. Das ist seine Welt.

Sein Reich schließt die Evolutionssysteme ein, nach denen sich die übrigen Planeten unseres Sonnensystems, Uranus, Saturn Jupiter, Mars, Erde, Venus, Merkur und ihre Satelliten entfalten.

Die als Planetengeister bezeichneten Großen Geistigen Intelligenzen lenken diese Evolution und werden die „Sieben Geister vor dem Thron“ genannt. Sie sind Gottes Minister. Jeder leitet eine besondere Abteilung seines Königreichs, unseres Sonnensystems. Die Sonne ist ebenfalls das Evolutionsfeld der erhabensten Wesenheiten unseres Kosmos, die allein deren unwahrscheinlich hohe Schwingungen ertragen können und durch sie vorwärtskommen. Dieser Weltenkörper ist die größte Annäherung, die wir zu einem sichtbaren Symbol Gottes haben, und ist doch nur ein Schleier für „Das", was dahinter steht. Was „Das" ist, kann nicht öffentlich geäußert werden.

Versuchen wir, den Baumeister unseres Sonnensystems zu entdecken, so finden wir, daß wir zur höchsten der sieben Kosmischen Sphären vordringen müssen. Wir sind dann im Reich des Höchsterhabenen Wesens, das aus dem **Absoluten** ausströmte.

Das Absolute ist jenseits unseres Verständnisses. Weder ein Ausdruck noch ein Gleichnis, zu dessen Verständnis wir fähig wären, kann einen auch nur annähernden Begriff von ihm vermitteln. Offenbarung schließt Begrenzung ein. Deshalb können wir das Absolute noch am besten als Grenzenloses Wesen, als die Wurzel allen Seins bezeichnen.

Aus diesem Urgrund des Seins, dem Absoluten, geht zu Beginn der Offenbarung das Höchsterhabene Wesen hervor. Das ist der Eine.

Im 1. Kapitel des Johannesevangeliums wird dieses Große Wesen „Gott" genannt. Aus ihm strömt die Welt aus, das Schöpferische Wort, das Fiat, „ohne das nichts geworden ist" (Joh. 1, 3). Und dieses Wort ist der urgezeugte Sohn, geboren vor allen Welten aus seinem Vater, dem Höchsterhabenen Wesen; er ist jedoch, und das sei ausdrücklich betont, **nicht** Christus. So großartig und herrlich Christus ist, so hoch er über der rein menschlichen Natur steht, er ist dennoch nicht das Erhabene Wesen. Wahrhaftig, „das Wort ward Fleisch" (Joh. 1, 14), aber nicht im eng begrenzten Sinn eines Körpers, sondern im Sinn des Fleisches von allem, was sich in diesem und in Millionen anderen Sonnensystemen befindet.

Der erste Aspekt des Höchsterhabenen Wesens kann als Kraft bezeichnet werden. Aus ihm geht der zweite Aspekt, das Wort, hervor, und aus beiden entwickelt sich der dritte Aspekt, die Bewegung.

Aus der Dreiheit jenes Höchsterhabenen Wesens kommen die sieben großen Logoi. Sie umfassen in sich selbst alle die großen Hierarchien, die sich mehr und mehr voneinander unterscheiden, indem sie sich durch die verschiedenen Kosmischen Sphären weiter verbreiten (Siehe Diagramm 6). Auf dem zweiten Kosmischen Plan leben 49 Hierarchien, auf dem dritten 343. Jede von ihnen ist zu einer Siebenerteilung und zu weiteren Untergliederungen fähig, so daß in der niedersten Kosmischen Sphäre, in der sich unser Sonnensystem offenbart, die Zahl der Abteilungen und Unterabteilungen nahezu unendlich ist.

In der Höchsten Welt der siebenten Kosmischen Sphäre wohnen der Gott unseres Sonnensystems und die Götter aller anderen Sonnensysteme des Universums. Wie das Höchsterhabene Wesen sind auch sie in der Offenbarung dreifältig. Ihre drei Aspekte sind Wille, Weisheit und Tätigkeit.

Jeder der sieben Planetengeister, die aus Gott hervorgehen und verantwortlich für die Evolution des Lebens auf einem der sieben Planeten sind, ist ebenfalls dreifältig. Er unterscheidet in sich selbst Schöpferische Hierarchien, die durch eine siebenfältige Evolution gehen. Und die von einem Planetengeist getragene Evolution unterscheidet sich von den Entwicklungsmethoden, die von jedem anderen begonnen werden.

Ferner soll noch erwähnt werden, daß in dem besonderen planetarischen Plan, dem wir angehören, die fernsten Wesenheiten im frühesten Zustand — sie hatten in der vorhergehenden Evolution eine hohe Vollkommenheit erreicht — schließlich die Tätigkeiten des ursprünglichen Planetengeistes übernehmen. Sie setzen die Evolution fort. Die ursprünglichen Planetengeister ziehen sich von der Teilnahme zurück, sie führen aber ihre Regenten.

Das ist die sich auf alle Sonnensysteme beziehende Lehre. Wenn wir jedoch zu dem besonderen System, dem wir angehören, heruntergehen, ist es dem geschulten Hellseher durch persönliches Forschen im Gedächtnis der Natur möglich, die nachfolgende Lehre selbst zu erkennen.

KAPITEL VI

Der Evolutionsplan

Der Anfang

In Übereinstimmung mit dem Hermetischen Grundsatz „Wie oben, so unten" und umgekehrt werden Sonnensysteme geboren, sterben sie und kommen, ebenso wie der Mensch, in Kreisläufen von Tätigkeit und Ruhe zu neuer Geburt.

In jedem Teil der Natur ist ein unaufhörliches Aufflammen und Absterben des tätigen Lebens vorhanden. Es gleicht dem Wechsel von Ebbe und Flut, von Tag und Nacht, von Sommer und Winter, von Leben und Tod.

Es wird gelehrt, daß am Anfang des Offenbarungstages ein gewisses Großes Wesen, das im Westen den Namen „Gott", in anderen Teilen der Erde andere Namen trägt*), sich selbst auf einen Teil des Raumes beschränkt. In ihm ruhte es, um zur Entwicklung des Selbstbewußtseins ein Sonnensystem zu erschaffen (Siehe Diagramm 6).

In Seinem eigenen Sein umfaßt es Scharen glorreicher, für unsere Begriffe geistig unermeßlich mächtiger und herrlicher Hierarchien. Sie sind die Früchte der vergangenen Manifestationen dieses selben Wesens und auch anderer Intelligenzen in absteigenden Graden der Entwicklung bis hinab zu jenen, die unsere gegenwärtige Bewußtseinsstufe noch nicht erreicht haben. Letzteren wird es nicht möglich sein, ihre Evolution in diesem

*) In Indien beispielsweise Brahma.

Sonnensystem zu vollenden. In Gott, dem gemeinsamen großen Wesen leben Wesenheiten jeden Intelligenzgrades und jeder Bewußtseinsstufe, von der Allwissenheit bis hin zu einer Unbewußtheit, die tiefer ist als der tiefste Trancezustand.

Während des Zeitraums der Offenbarung, mit dem wir uns befassen, sind diese verschiedenartigen Wesenheiten tätig, um mehr Erfahrungen zu erwerben, als sie zu Beginn dieser Daseinsepoche besaßen. Diejenigen, die im früheren Leben den höchsten Bewußtseinsgrad erreichten, wirken an jenen, die jetzt noch kein Bewußtsein entwickelt haben. Sie rufen in ihnen ein Selbstbewußtsein hervor, durch das sie weitere Arbeiten für sich selbst aufnehmen können. Diejenigen, die mit ihrer Evolution an einem früheren Offenbarungstag begonnen hatten, aber bis zu seinem Ende noch nicht weit gekommen waren, greifen ihr Wirken nun wieder auf, wie wir unsere tägliche Aufgabe dort aufnehmen, wo wir sie am vorhergehenden Abend aufgehört hatten.

Alle anderen Wesen können das jedoch nicht tun. Einige müssen warten, bis jene, die ihnen vorangehen, die für sie notwendigen Bedingungen geschaffen haben. In der Natur gibt es keine plötzlichen Vorgänge. Alles entfaltet sich ungemein langsam. Und obwohl diese Entwicklung in jener Art vor sich geht, gelangt sie doch ganz gewiß zu endgültiger Vollendung. Wie es im Leben des Menschen fortschreitende Abstufungen gibt, Kindheit, Jugend, Mannes- oder Frauen- und Greisenalter, so sind im Makrokosmos verschiedene, den jeweiligen Perioden des mikrokosmischen Lebens entsprechende Zustände vorhanden.

Ein Kind kann die Pflichten der Vater- oder Mutterschaft nicht übernehmen. Seine noch unentwickelten geistigen und physischen Fähigkeiten geben ihm zur Erfüllung dieser Aufgabe nicht die erforderliche Eignung. Dasselbe gilt zu Beginn der Offenbarungsperiode für die weniger entwickelten Wesen. Sie müssen warten, bis die höher entwickelten für sie die geeigneten Bedingungen geschaffen haben. Je niedriger die Intelligenzstufe des sich entwickelnden Wesens ist, um so mehr ist dieses auf Hilfe von außen angewiesen.

Die höchstentwickelten Wesen wirken am Anfang an denjenigen, die in tiefster Unbewußtheit leben. Später übergeben sie sie einigen geringer entwickelten Wesenheiten, die dann fähig sind, die Tätigkeit ein wenig zu fördern. Schließlich ist das Selbstbewußtsein erwacht. Das entfaltete Leben ist Mensch geworden.

Von dem Augenblick, an dem das selbstbewußte individuelle Ich ins Dasein getreten ist, muß es weitergehen und sein Bewußtsein ohne Hilfe entwickeln. Erfahrung und Nachdenken ersetzen nun die äußeren Lehrer, und Ehre, Macht und Herrlichkeit, die sich der Mensch erwerben kann, sind ohne Grenzen.

Der Zeitraum, der dem Erreichen des Selbstbewußtseins und dem Bilden der Träger gewidmet ist, durch die sich der menschliche Geist offenbart, wird „Involution“ genannt.

Die nachfolgende Seinsperiode, in der das individuelle menschliche Wesen sein Selbstbewußtsein zur göttlichen Allwissenheit entwickelt, heißt „Evolution“.

Die Kraft, die die Evolution in dem sich entfaltenden Wesen gestaltet und es zu dem macht, was es ist, wird, wie oben erwähnt, „Genius“ und seine Offenbarung „Epigenesis“ genannt. Sie verursacht nicht nur das Entfalten der aufkeimenden verborgenen Möglichkeiten, sondern auch die bei jeder Individualität unterschiedlich erfolgende Evolution. Außerdem stellt sie die Grundbestandteile der Eigenart bereit und gibt den schöpferischen Fähigkeiten, die das sich entwickelnde Wesen ausbilden, Spielraum, so daß es ein Gott werden kann.

Viele fortgeschrittene Philosophen der heutigen Zeit erkennen Involution und Evolution an. Die Wissenschaft, die sich mit der Formseite der Offenbarung befaßt, bestätigt die Evolution. Die Involution gehört zur Lebensseite. Die fortgeschrittensten Wissenschaftler aber sehen Epigenesis als beweisbare Tatsache an. Als Notwendigkeit zum vollen Verständnis der vergangenen, gegenwärtigen und zukünftigen Entwicklung des Systems vereinigt die Weltanschauung der Rosenkreuzer alle drei.

Die sieben Welten

Wir können die Erschaffung eines Kosmos durch ein treffendes Beispiel erläutern. Nehmen wir an, ein Mann möchte ein Haus bauen, um darin zu leben. Er wird zuerst einen passenden Platz auswählen und dann das Haus errichten. Damit es verschiedenen Zwecken dienen kann, teilt er es in mehrere Räume ein. Er sieht eine Küche, Eß-, Schlaf- und Badezimmer vor und möbliert sie zweckentsprechend.

Wenn Gott zu erschaffen wünscht, sucht er im Weltenraum einen geeigneten Ort, den er mit seiner Aura erfüllt. Er durchdringt jedes Atom der Kosmischen Ursubstanz dieses Weltenteiles mit seinem Leben. Dadurch erweckt er die Tätigkeit, die in jedem ungeteilten Atom ruht.

Diese Kosmische Ursubstanz ist eine Äußerung des negativen Pols des Universalgeistes. Die Große Schöpferische, von uns Gott genannte Wesenheit — als geistige Wesen sind wir ein Teil von ihr — ist dagegen ein Ausdruck der positiven Energie desselben Absoluten Universalgeistes. Aus dem Wirken des einen auf den anderen ist alles entstanden, was wir um uns herum in der Physischen Welt sehen. Die Meere, das Festland, alles, was wir als mineralische, pflanzliche, tierische oder menschliche Form wahrnehmen, ist **kristallisierter** Raum. Es wurde aus dieser negativen Geistsubstanz, die allein zur Zeit der Urdämmerung vorhanden war, ausgestrahlt. So sicher wie das harte, kalkige Haus der Schnecke verdichteter Saft ihres weichen Körpers ist, so sicher sind alle **Körper** Kristallisationen, die um den negativen Pol des Geistes herum gebildet sind.

Gott zieht seine unmittelbare Sphäre aus der außerhalb von ihm vorhandenen Kosmischen Ursubstanz heraus. Dadurch wird der Stoff im Innern des entstehenden Kosmos dichter als er zwischen den Sonnensystemen im Weltenraum ist.

Wenn Gott das Material für seine Wohnung so vorbereitet hat, bringt er Ordnung hinein. Alle Teile des Systems werden von seinem Bewußtsein durchdrungen, doch jeder ist eine andere Bewußtseinsäußerung. Die Kosmische Ursubstanz wird in unterschiedliche Schwingungen versetzt. Daher ist sie in ihren mannigfaltigen Abteilungen oder Regionen verschiedenartig beschaffen.

Das ist die Art, wie die Welten ins Dasein kommen und sich dazu eignen, den einzelnen Zwecken in der Evolution zu dienen, so wie die verschiedenen Räume eines Hauses den Bedürfnissen des täglichen Lebens der Physischen Welt nützen.

Wir haben schon gesehen, daß es sieben Welten gibt. Jede schwingt in einem anderen „Maß“ und in unterschiedlichem Verhältnis. Obgleich die Lichtwellen einen Schwingungsanteil von Hunderten von Millionen pro Sekunde erreichen, ist die Schwingungsgeschwindigkeit in der dichtesten, der Physischen Welt, verglichen mit der ihr am nächsten stehenden, der Empfindungswelt, unendlich klein. Um eine ungefähre Vorstellung davon zu erhalten, ist es vielleicht am einfachsten, die Wärmeschwingungen zu beobachten, die von einem heißen Ofen oder von einem sich am Fenster befindenden Heizkörper ausgehen.

Lassen wir nie außer acht, daß diese Welten nicht durch Raum oder Entfernung voneinander getrennt sind, wie es bei der Erde und den anderen Planeten der Fall ist. Wie die festen, flüssigen und gasförmigen Körper unserer Physischen Welt hat deren Materie unterschiedliche Dichte und Schwingungszahl. Diese Welten sind weder am Anfang des Offenbarungstages in einem Augenblick erschaffen worden, noch dauern sie bis zu seinem Ende an. Doch wie eine Spinne ihr Netz Faden für Faden spinnt, so scheidet Gott, wie es der Evolutionsplan erfordert, in dem er wirkt, eine dieser Welten nach der anderen in sich selbst ab. So wurden alle sieben Welten allmählich zu ihrem jetzigen Sein herausgelöst.

Die höchsten Welten wurden zuerst erschaffen. Die Involution hat die Aufgabe, das Leben langsam in immer dichtere Materie zu bringen. Dadurch erschafft sie Formen. So verfestigen sich allmählich die feineren Welten und neue werden in Gott herausgelöst, um notwendige Bindeglieder zwischen ihm selbst und den verdichteten Welten zu werden.

Zur rechten Zeit ist die Stufe der stärksten Verdichtung, der Nadir der Stofflichkeit erreicht. Von diesem Zeitpunkt an beginnt das Leben als Evolutionsergebnis in höhere Welten aufzusteigen. Es verläßt die sich nacheinander entvölkernden Welten. Wenn die Aufgabe, für die eine besondere Welt geschaffen worden war, erfüllt ist, beendet Gott ihr überflüssiges Dasein, indem er die besondere Tätigkeit in sich selbst einstellt, die in die Wesenheiten eingebracht worden war und jene Welt aufrecht erhielt.

Die höchsten, feinsten, seltensten und ätherischsten Welten sind die zuerst erschaffenen und die zuletzt ausgesonderten. Die drei dichtesten, in denen unsere gegenwärtige Evolutionsphase weitergeführt ist, sind hingegen verhältnismäßig vergängliche, mit dem Eintauchen des Geistes in die Materie verbundene Erscheinungen.

Die sieben Perioden

Der Evolutionsplan wird in sieben großen Manifestationsperioden durch jene Welten geführt. In dieser Zeit wird der Jungfräuliche Geist oder das sich entfaltende Leben zuerst Mensch und dann ein Gott.

Zu Beginn der Offenbarung löst Gott diese Urgeister als Funken einer Flamme seiner Natur in sich — nicht von sich — selbst heraus. Sie sind fähig, sich selbst zu Flammen zu entfachen. Evolution ist der Anfachungsprozeß, der zu diesem Ziel führen soll. In den Jungfräulichen Geistern leben alle Möglichkeiten ihres Göttlichen Vaters, auch der Keim des unabhängigen Willens, der ihnen die Fähigkeit gibt, neue Phasen hervorzubringen, die in ihnen nicht latent vorhanden sind. Während der unabhängige Wille neue und orginelle Ansätze, die Epigenesis, einbringt, werden die verborgenen **Möglichkeiten** in dynamische Kräfte und in verfügbare Fähigkeiten umgewandelt.

Vor Beginn der Pilgerfahrt durch die Materie lebt der Jungfräuliche Geist in der Welt der Urgeister, in derjenigen Welt, die der höchsten unter den sieben Welten am nächsten steht. Er hat Göttliches Bewußtsein, aber **kein Selbst**bewußtsein. Seelenkraft und Schöpferischer Geist sind Fähigkeiten oder Kräfte, die durch die Evolution erreicht werden.

Wenn der Jungfräuliche Geist in die Welt des Göttlichen Geistes eintaucht, wird er durch diese Materie geblendet und in völlige Unbewußtheit versenkt. Er bemerkt die äußeren Verhältnisse so wenig wie der Mensch, der sich im tiefsten Trancezustand befindet. Dieses Unbewußtsein herrscht während der ersten Periode vor.

In der Zweiten Periode steigt das menschliche Wesen zum Zustand des traumlosen Schlafes auf; in der Dritten Periode erreicht es den Traumzustand und in der Mitte der Vierten Periode, in der wir uns jetzt befinden, das volle Wachbewußtsein. Dieses Bewußtsein gehört nur der niedersten der sieben Welten an. Während der übrigbleibenden Hälfte und der gesamten drei restlichen Perioden muß der Mensch das Bewußtsein so erweitern, daß es alle sechs Welten umfaßt, die sich über dieser Physischen Welt befinden.

Als der Mensch während seines Abstiegs durch diese Welten kam, wurden seine Kräfte von höheren Wesen gelenkt, die ihm halfen, seine unbewußte Energie **nach innen** zu wenden, um besondere Träger zu bilden. Als er schließlich fortgeschritten genug und mit dem notwendigen Werkzeug, dem dreifachen Körper, ausgerüstet war, „öffneten" diese höheren Wesen „seine Augen". Und damit seine Tatkraft das äußere Sein erobern könne, lenkten sie seinen aufmerksamen Blick **nach außen** auf die Chemische Region der Physischen Welt.

Wenn sich der Mensch durch seine Arbeit in der irdischen Welt angepaßt hat, wird sein nächster Entwicklungsschritt auf die Ausdehnung des Bewußtseins, die die Ätherregion einschließt, gerichtet sein; danach auf die Empfindungswelt und so weiter und so fort.

In der Terminologie der Rosenkreuzer sind die Namen der Perioden folgende:

1. Die Saturnperiode 2. Die Sonnenperiode 3. Die Mondenperiode 4. Die Erdenperiode 5. Die Jupiterperiode 6. Die Venusperiode 7. Die Vulkanperiode	Diese Perioden sind aufeinanderfolgende Wiedergeburten unserer Erde.

Man darf nicht glauben, daß die oben erwähnten Zeiträume etwas mit den Planeten zu tun haben, die die Sonne gemeinsam mit der Erde umkreisen. In der Tat, es kann nicht eindringlich genug betont werden, daß überhaupt kein Zusammenhang zwischen ihnen und den Weltenperioden besteht. Die Zeiträume sind einfach vergangene, gegenwärtige und zukünftige Inkarnationen unserer Erde, „Zustände", durch die sie hindurchgegangen ist, jetzt hindurchgeht oder in der Zukunft hindurchgehen wird.

Die drei erstgenannten Zeiträume, die Saturn-, Sonnen- und Mondenperiode, sind vergangen. Wir befinden uns jetzt in der vierten, der Erdenperiode. Wenn diese Periode unseres Planeten vollendet sein wird und vor dem Zuendegehen des großen siebenfältigen Manifestationstages, werden wir und die Erde nacheinander die Jupiter-, Venus- und Vulkanzustände durchlaufen. Dann wird alles, was jetzt ist, wiederum in das Absolute eintauchen, um zu ruhen und die Früchte unserer Evolution aufzunehmen. Schließlich wird es in der Dämmerung eines neuen Großen Tages wieder zu weiterer und höherer Entwicklung heraufkommen.

Die dreieinhalb schon hinter uns liegenden Perioden wurden zum Erwerben unserer jetzigen Träger und unseres Bewußtseins verwendet. Die verbleibenden dreieinhalb Perioden werden dem Vervollkommnen dieser verschiedenen Körper und der Erweiterung unseres Bewußtseins bis hin zur Annäherung an Allwissenheit gewidmet sein.

Die Reise, die der Jungfräuliche Geist von der Unbewußtheit zur Allwissenheit zurücklegt und auf der er seine latenten Möglichkeiten zu bewegender Energie entfaltet, ist ein Vorgang von wunderbarer Mannigfaltigkeit. Vorerst sollen davon nur die gröbsten Umrisse aufgezeigt werden. Im Verlauf unserer gegenwärtigen Studien werden wir jedoch näher auf Einzelheiten eingehen, bis das Bild so vollkommen ist, wie es der Autor zu vermitteln vermag. Der Schüler möge sich besonders aufmerksam mit der Erklärung der Fachausdrücke befassen, die mit der Einführung neuer Begriffe gegeben wird. Er wird ernsthaft und eindringlich gebeten, sich mit ihnen vertraut zu machen, da beabsichtigt ist, die Materie durch Verwendung ein und desselben englischen bzw. deutschen Ausdrucks für den jeweils bekannten Begriff zu vereinfachen. Der Ausdruck soll dem Begriff so anschaulich wie möglich angepaßt sein. Dadurch wird hoffentlich viel Verwirrung vermieden, die unterschiedliche Fachausdrücke leicht mit sich bringen. Durch genaues Beachten der Definition des Fachausdrucks sollte es für Menschen mit durchschnittlicher Intelligenz nicht zu schwierig sein, wenigstens Kenntnisse der Umrisse des Entwicklungsplanes zu erwerben.

Daß dieses Wissen von größter Bedeutung ist, wird nach unserem Ermessen von jedem einsichtigen Menschen anerkannt werden. Wir leben in dieser Welt, die den Naturgesetzen unterworfenen ist, unter denen wir sein und wirken müssen. Uns ist nicht die Macht gegeben, sie zu ändern. Wenn wir sie kennen und klug mit ihnen zusammenarbeiten, werden sie zu außerordentlich wertvollen Dienern, wie das beispielsweise bei der Elektrizität und der Ausdehnungskraft des Dampfes der Fall ist. Wenn wir sie andererseits nicht verstehen und ihnen in unserer Unwissenheit entgegenarbeiten, werden sie höchst gefährliche, zu furchtbarer Zerstörung fähige Feinde.

Je mehr wir von der Art und Weise wissen, wie die Natur wirkt, die letztlich nur das sichtbare Symbol des unsichtbaren Gottes ist, umso fähiger werden wir die Vorteile der Gelegenheiten ausnutzen, die sie zu Wachstum, Macht, Befreiung aus Knechtschaft und Erhebung in die Meisterschaft bietet.

Diagramm 7

Saturnperiode

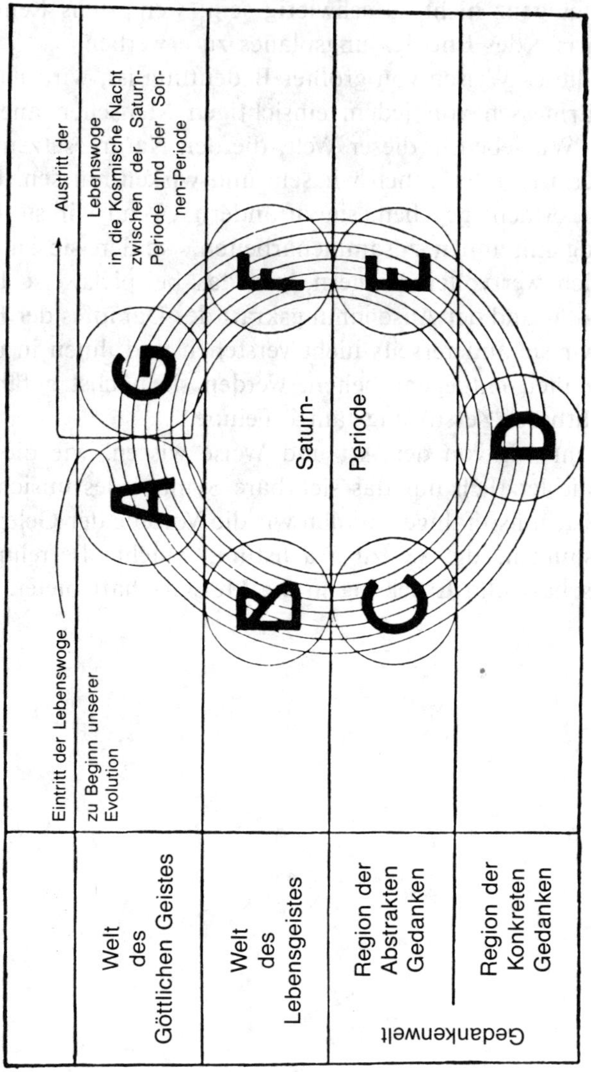

KAPITEL VII

Der Pfad der Evolution

Es dürfte angebracht sein, ein erläuterndes Wort zum Gebrauch der illustrierenden Diagramme zu sagen. Der Schüler möge daran denken, daß alles, was in eine andere Dimension übertragen wird, keinesfalls genau sein kann. Wenn wir noch nie ein Haus gesehen hätten, würde uns sein Bild wenig oder nichts sagen. Wir würden in der bildlichen Darstellung nur Linien und Flecken sehen, die keine Bedeutung für uns hätten. Denn bei ihr wird das dreidimensionale Haus auf nur zwei Dimensionen reduziert. Diagramme zur Illustration von Übersinnlichem sind in noch geringerem Maß wahrheitsgetreue Darstellungen der Realität. Perioden, Welten und Weltenkörper nehmen in Wirklichkeit vier bis sieben Dimensionen ein. Zweidimensionale Diagramme, durch die versucht wird, sie darzustellen, sind wesentlich weiter von der Möglichkeit entfernt, sie genau abzubilden. Wir sollten stets daran denken, daß sich diese Welten gegenseitig durchdringen. Die Art, sie in Diagrammen zu zeigen, könnte mit der Absicht verglichen werden, alle Räder einer Uhr nebeneinander auf den Tisch zu legen, um sichtbar zu machen, wie sie die Zeit anzeigt. Wenn diese Diagramme für den Schüler von Nutzen sein sollen, müssen sie geistig erfaßt werden. Sonst verwirren sie, statt aufzuklären.

Die Saturnperiode ist die erste der sieben Perioden. In diesem frühen Stadium machen die Jungfräulichen Geister ihren ersten Schritt hin zur Evolution des Bewußtseins und der Gestalt. Diagramm 7 zeigt, daß der Evolutionsimpuls siebenmal in Pfeilrichtung um die sieben Weltenkörper A, B, C, D, E, F und G kreist.

Zuerst wird ein Teil der Evolution auf Weltenkörper A vollbracht, der in der Welt des Göttlichen Geistes liegt, der feinsten der fünf Welten, die unsere Evolutionsfelder bilden. Dann wird das sich entwickelnde Leben allmählich auf Weltenkörper B übertragen, der sich in der etwas dichteren Welt des Lebensgeistes befindet. Hier wird ein anderes Evolutionsstadium durchlaufen. Zur gegebenen Zeit ist das sich entwickelnde Leben bereit, den Schauplatz von Weltenkörper C zu betreten, der in der Welt der Abstrakten Gedanken liegt und aus ihrem jetzt dichteren Stoff entstanden ist. Nachdem die Lehren, die dieser Existenzstufe eigentümlich sind, gelernt wurden, bewegt sich die Lebenswoge weiter zu Weltenkörper D, der sich in der Region der Konkreten Gedanken befindet und aus ihrer Substanz gebildet worden ist; das ist der dichteste Grad jener Materie. Die Lebenswoge erreicht ihn in der Saturnperiode.

Von diesem Punkt aus flutet die Lebenswoge wieder aufwärts zu Weltenkörper E. Wie Körper C liegt er in der Region der Abstrakten Gedanken. Doch hier sind die Bedingungen nicht dieselben wie auf Körper C. Es ist die Involutionsstufe, und die Substanzen der Welten werden ständig dichter. Alles neigt dazu, mit der Zeit fester und haltbarer zu werden. Und da der Evolutionspfad außerdem eine Spirale ist, wird deutlich, daß die Bedingungen niemals die gleichen sein können, obwohl dieselben Punkte auf den nächsten Weltenkörper übergegangen sind. Sie liegen vielmehr auf einem höheren und fortgeschritteneren Plan.

Wenn die Aufgabe auf Weltenkörper E vollendet ist, führt der nächste Schritt zu Körper F. Er befindet sich wie Körper B in der Welt des Lebensgeistes. Von dorther steigt die Lebenswoge zu Weltenkörper G. Ist hier die Arbeit vollbracht, hat sie alle sieben Weltenkörper durchwandert, einmal hinab und hinauf durch die vier entsprechenden Welten. Diese Reise wird Umlauf genannt, und die sieben Umläufe bilden eine Periode. In einer Periode zieht die Lebenswoge siebenmal durch die vier Welten, hinab und hinauf. Wenn sie die sieben Weltenkörper volle siebenmal durchzogen und die sieben Umläufe durchlebt hat, endet der erste Schöpfungstag. Ihm folgt eine Kosmische Nacht der Ruhe und des Aufnehmens, nach der die Sonnenperiode dämmert.

Der Nachtschlaf zwischen zwei Erdentagen des menschlichen Wesens und die Ruhepause zwischen zwei Leben der Erde ist keine Zeit passiver Ruhe. Das gleiche gilt für die Kosmische Nacht nach der Vollendung der Saturnperiode. Sie ist eine Vorbereitungszeit für das in der kommenden Sonnenperiode zu entfaltende Wirken. In ihr soll der werdende Mensch noch tiefer in die Materie eintauchen. Deshalb sind neue Weltenkörper erforderlich, deren Stellung sich von denjenigen in den sieben Welten unterscheidet, die von der Saturnperiode eingenommen werden. Die Voraussetzungen für diese neuen Weltenkörper und für anderes subjektives Wirken erschaffen die sich entwickelnden Geistwesen in der Zeit zwischen den Perioden, in der Kosmischen Nacht. Das geschieht folgendermaßen.

Wenn die Lebenswoge in der Saturnperiode Weltenkörper A zum letztenmal verlassen hat, beginnt dieser, sich langsam aufzulösen. Die Kräfte, die ihn erbaut hatten, werden von der Welt des Göttlichen Geistes, in der sich Weltenkörper A während der Saturnperiode befand, in die Welt des Lebensgeistes, in der er während der Sonnenperiode lebt, übertragen. Wir können das aus Diagramm 8 ersehen.

Sobald die Lebenswoge in der Saturnperiode Weltenkörper B zum letzten Male verlassen hat, beginnt auch dieser, sich aufzulösen. Wie das Samenatom eines menschlichen Trägers werden seine Kräfte als Kern in der Sonnenperiode für Weltenkörper B verwendet. Dieser Körper befindet sich dann in der Region der Abstrakten Gedanken.

Ebenso werden die Kräfte von Weltenkörper C in die Region der Konkreten Gedanken übertragen. Sie ziehen die Substanz dieser Region als Material an sich, um daraus für die kommende Sonnenperiode einen neuen Weltenkörper zu erschaffen.

Weltenkörper D ist einfach umgewandelt und in die Empfindungswelt versetzt worden. Die Weltenkörper E, F, G werden in der angegebenen Reihenfolge übertragen. Das Ergebnis davon ist in Diagramm 8 zu erkennen. Alle Weltenkörper sind einen Schritt tiefer in die Materie gegeben worden, als sie in der Saturnperiode waren. Die Lebenswoge findet nach dem Hervorgehen aus der Kosmischen Ruhenacht, die zwischen der letzten Tätigkeit auf Weltenkörper G in der Saturnperiode und der erneuten Tätigkeit auf Weltenkörper A in der Sonnenperiode liegt, mit der Gelegenheit, neue Erfahrungen zu sammeln, eine neue Umgebung vor. In der Sonnenperiode kreist sie siebenmal um die sieben Weltenkörper. Siebenmal durchquert sie, auf und ab, die vier Welten oder Regionen, in denen sich diese Weltenkörper befinden. So wie vorher in der Saturnperiode durchlebt sie jetzt sieben Kreisläufe in der Sonnenperiode.

Weltenkörper A der Sonnenperiode beginnt, sich aufzulösen, wenn die Lebenswoge ihn zum letztenmal verläßt. Seine Kräfte werden in die dichtere Region der Abstrakten Gedanken übertragen. Hier bilden sie einen Planeten, der in der Mondenperiode verwendet werden soll. Ebenso werden die Kräfte der anderen Weltenkörper verpflanzt. Wie aus Diagramm 8 zu ersehen ist, dienen sie dann als Kern für die Weltenkörper der Mondenperiode. Der Vorgang ist genau derselbe, wie das Verlegen der Wel-

Diagramm 8

Die 777 Inkarnationen
oder
die Pilgerfahrt der Jungfräulichen Geister
7 Kreisläufe um die 7 Weltkörper der 7 Weltperioden

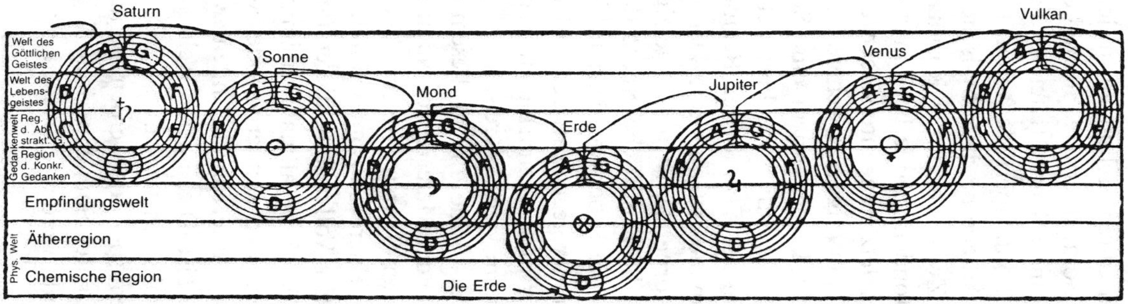

tenkörper aus ihren Stellungen in der Saturnperiode in die Positionen der Sonnenperiode. So sind die Weltenkörper der Mondenperiode einen Schritt tiefer in die Materie eingeordnet, als sie es in der Sonnenperiode waren. Der tiefste, Weltenkörper D, liegt in der Ätherzone der Physischen Welt.

Nach der Zwischenzeit der Kosmischen Nacht zwischen Sonnen- und Mondenperiode beginnt die Lebenswoge auf Weltenkörper A der letzteren, ihre sieben Kreisläufe so wie vorher zu vollenden. Dann folgt eine weitere Kosmische Nacht. In ihr werden die Weltenkörper erneut eine Stufe tiefer gelegt. Wie aus Diagramm 8 ersichtlich ist, befindet sich der dichteste Körper dieses Mal in der Chemischen Region der Physischen Welt.

Das ist nun die Erdenperiode. Der niederste und dichteste Weltenkörper, Körper D, ist unsere jetzige Erde.

Nachdem die Kosmische Nacht der Mondenperiode gefolgt war, begann die Lebenswoge auch hier ihren Lauf auf Weltenkörper A. In der gegenwärtigen Erdenperiode hat sie die sieben Weltenkörper dreimal umrundet. Nun ist sie auf Weltenkörper D und in ihrem vierten Kreislauf.

Hier auf der Erde und in diesem vierten Umlauf wurde die größte Dichte der Materie, der Nadir der Stofflichkeit, vor mehreren Millionen Jahren erreicht. Von nun an wird die Tendenz aufwärts in feinere Substanz führen. In den dreieinhalb Kreisläufen, die zur Vollendung dieser Periode verbleiben, wird die Bedingung der Erde allmählich immer ätherischer werden. In der nächsten, der Jupiterperiode, wird sich Weltenkörper D wieder in der Ätherzone befinden, wie er es in der Mondenperiode gewesen ist. Die anderen Weltenkörper werden dementsprechend ebenfalls aufsteigen.

In der Venusperiode werden sie in denselben Welten wie die Weltenkörper der Sonnenperiode liegen. Die Weltenkörper der Vulkanperiode werden ebenso dicht sein und sich ebenfalls in denselben Welten wie die Weltenkörper der Saturnperiode befinden. Das alles zeigt Diagramm 8.

Wenn die Lebenswoge ihre Aufgabe in der Erdenperiode vollendet hat und die ihr folgende Kosmische Nacht vergangen ist, wird sie auf dem Weltenkörper der Jupiterperiode durch ihre sieben Kreisläufe gehen. Dann wird die übliche Kosmische Nacht mit ihrem persönlichen Wirken folgen. Daraufhin setzen die sieben Umläufe der Venusperiode ein.

Einer erneuten Ruhe folgt die letzte Periode des gegenwärtigen Evolutionssplanes, die Vulkanperiode. Auch hier gestaltet die Lebenswoge ihre sieben Kreisläufe. Am Ende des letzten werden alle Weltenkörper aufgelöst, und die Lebenswoge für eine Zeit, die so lange dauert wie die sieben Perioden, wieder von Gott aufgenommen. Zur Aufnahme und Vorbereitung eines anderen Großen Tages geht Gott dann in der Universalnacht in das Absolute ein.

Andere und herrlichere Evolutionen werden folgen. Wir aber können uns nur mit den sieben beschriebenen Perioden befassen.

KAPITEL VIII

Das Wirken der Evolution

Der Faden der Ariadne

Nachdem wir mit den Welten, den Weltenkörpern und den Kreisläufen, die den Evolutionsweg während der sieben Perioden ausmachen, bekannt wurden, sind wir nun in der Lage, die in jeder Periode geleistete Arbeit und die zu ihrem Vollbringen angewandten Methoden zu betrachten.

Die Jungfräulichen Geister bilden die sich entwickelnde Lebenswoge. Der „Ariadnefaden", der uns durch die verwirrende Fülle von Weltenkörpern, Welten, Kreisläufen und Perioden führen soll, wird gefunden, wenn wir beachten, daß die Urgeister vollkommen unbewußt waren, als sie ihre Entwicklungsreise durch die fünf Welten antraten. Deren Substanz war dichter als die jener Geistwesen. Die Absicht der Evolution ist es, die Jungfräulichen Geister vollbewußt zu machen und zu befähigen, die Materie aller Welten zu meistern. Die Bedingungen der Weltenkörper, Welten, Kreisläufe und Perioden sind auf dieses Endziel ausgerichtet.

Während der Saturn-, Sonnen-, Monden- und der halben gegenwärtigen Erdenperiode haben die Urgeister ihre Träger unbewußt unter Aufsicht von erhabenen, ihren Fortschritt leitenden Wesen gebildet. Dabei sind sie allmählich erwacht und kamen schließlich in den gegenwärtigen Zustand wachen Bewußtseins. Diese Periode heißt „Involution".

Die Urgeister, unsere jetzige Menschheit, werden ihre Träger in der Gegenwart bis hin zum Ende der Vulkanperiode vervollkommnen und ihr Bewußtsein durch eigene Anstrengung und eigene Schöpferkraft über die fünf Welten ausdehnen. Diese Periode nennt man „Evolution".

Das hier Gesagte ist der Schlüssel zum Verständnis für das, was nun folgt.

Ein vollkommenes Verständnis für das Schema der planetarischen Evolution, wie es in den vorhergehenden Seiten gegeben wurde, ist für den Studierenden außerordentlich wichtig. Manche Menschen glauben an die Gesetze der Wiederverkörperung und von Ursache und Wirkung. Dennoch scheinen viele zu denken, der Besitz dieser Kenntnisse sei unbedeutend und unnötig. Für denjenigen, der sich ernsthaft mit diesen beiden Gesetzen befaßt, sind sie jedoch von größter Wichtigkeit. Das Studieren übt den Verstand im Erfassen abstrakter Gedanken. Es erhebt über die allgemeinen Angelegenheiten des konkreten Daseins und hilft der Phantasie, sich über die behindernden Wirkungen des eigenen Interesses zu erheben. Wie bei unserem Bemühen um das Verständnis der Empfindungswelt festgestellt wurde, ist Interesse der Ursprung des Handelns. Allerdings wird es in unserem gegenwärtigen Entwicklungszustand nur zu oft durch Selbstsucht geweckt. Es ist von sehr feiner Natur, und doch spornt es zu Handlungen aller Art an. Jedes dadurch angeregte Tun ruft gewisse uns beeinflussende Wirkungen hervor. Daher werden wir durch Handlungen gefesselt, die sich mit der Konkreten Welt befassen. Wenn sich unser Verstand aber mit Sachverhalten wie Mathematik oder dem Studium der planetarischen Evolutionsphasen auseinandersetzt, bewegen wir uns in der Region der Abstrakten Gedanken; sie steht über dem Einfluß des Gefühls. Der Verstand richtet sich nach oben, den geistigen Reichen und der Befreiung entgegen. Wenn wir Kubikwurzeln ziehen, Zahlen multiplizieren, an Perioden, Kreisläufe und dergleichen denken, hegen wir keinerlei Gefühl. Wir streiten auch nicht darüber, daß zweimal zwei vier ist. Wären Gefühle an dieser Rechnung beteiligt, würden wir vielleicht versuchen, fünf daraus zu machen. Vielleicht würden wir mit einem anderen, der aus persönlichen Gründen als Ergebnis drei erhalten möchte, in Streit geraten. Doch in der Mathematik ist jedes Gefühl ausgeschlossen. Die Wahrheit zeigt sich ganz klar. Deshalb ist Mathematik für den Durchschnittsmenschen, der in Gefühlen leben möchte, eine trockene und uninteressante Wissenschaft. Pythagoras lehrte seine Schüler, in der Welt des Geistes zu leben. Er verlangte von denjenigen, die von ihm unterwiesen werden wollten, zuerst Mathematik zu studieren. Ein Verstand, der fähig ist, die Mathematik zu verstehen, steht über dem Durchschnitt und ist in der Lage, in das Reich des Geistes aufzusteigen. Denn er ist nicht an die Welt der Gefühle und Wünsche gefesselt. Je mehr wir uns gewöhnen, in Begriffen geistiger Welten zu denken, um so besser wird es uns möglich werden, uns über die Täuschungen, die Illusionen, zu erheben, die uns im gegenständlichen Dasein umgeben, in dem die Wahrheit durch die Zwillingsgefühle Interesse und Gleichgültigkeit verdunkelt wird. Diese Gefühle beeinflussen uns so, wie die Brechung des Lichts in der Erdenatmosphäre fehlerhafte Vorstellungen von der Lage der ausstrahlenden Himmelslichter vermittelt.

Dem Schüler, der die Wahrheit kennenlernen, in die Reiche des Geistes eindringen, sie erforschen und sich von den körperlichen Mühen so schnell befreien möchte, wie es sich mit seiner Sicherheit und seinem eigenen Wachstum verträgt, wird ernsthaft angeraten, das Folgende so gründlich wie möglich zu studieren, es aufzunehmen und sich geistige Vorstellungen von den Welten, Weltenkörpern und Perioden zu machen. Wenn er in dieser Weise fortschreiten möchte, ist das Studium der Mathematik Hintons, „Die vierte Dimension", ebenfalls eine schöne Übung zur Auslösung abstrakter Gedanken. Diese Arbeit hat manchem studierenden Menschen die Augen geöffnet und ihn hellsichtig gemacht, obwohl sie im Grunde nicht korrekt ist. Denn die vierdimensionale Welt kann nicht wirklich durch dreidimensionale Methoden gefunden werden. Erinnert man sich außerdem, daß die Logik in jeder Welt der beste Lehrer ist, so ist sicher, daß der Schüler, der durch solche abstrakten Gedankenstudien erfolgreich in die außerphysischen Welten eintritt, nicht verwirrt, sondern unter allen Umständen durch sich selbst gute Vorstellungen erhalten wird.

Ein staunenerregender Plan wird hier aufgerollt. Je mehr auf Einzelheiten eingegangen wird, umso unbegreiflicher wird seine Vielschichtigkeit. Wer fähig ist, ihn zu verstehen, wird für die aufgewandte Mühe gut belohnt werden. Deshalb soll der Schüler langsam lesen, oft wiederholen, tief und viel nachdenken.

Dieses Buch, besonders das vorliegende Kapitel, darf nicht flüchtig gelesen werden. Jeder Satz hat Gewicht und Einfluß auf das Nachfolgende. Er setzt die Kenntnis des Vorhergehenden voraus. Wenn dieses Werk nicht gründlich und systematisch studiert wird, wird es mit jeder Seite unverständlicher und verwirrender. Andererseits wird jede Seite bei sorgfältigem Studium und gutem Durchdenken von der zunehmenden Kenntnis, die durch gründliche Beschäftigung mit dem Vorhergehenden gewonnenen wird, beleuchtet.

Kein Werk dieser Art, das sich mit den verborgensten Entwicklungsabschnitten des großen Weltenmysteriums befaßt, kann, soweit es dem menschlichen Geist auf seiner gegenwärtigen Stufe begreiflich ist, in leicht zu lesender Art geschrieben werden. Und dennoch sind die verborgensten Zustände, die uns jetzt verständlich zu sein scheinen, nur das A B C des Planes, der uns offenbart werden wird, wenn unser Verstand auf späteren, unsere Entwicklung zum Übermenschen voraussetzenden Stufen fähig geworden ist, mehr zu verstehen.

Die Saturnperiode

Wie wir aus dem Studium von Diagramm 7 und 8 ersehen, bestanden die Weltenkörper der Saturnperiode aus viel dünnerer und feinerer Substanz als unsere Erde. Da sich der Text häufig auf diese Diagramme bezieht, raten wir dem Schüler, sie stets bei der Hand zu haben. Der dichteste Weltenkörper dieser und der dünnste unserer gegenwärtigen Periode lagen in ein und demselben Teil der Gedankenwelt, in der Region der Konkreten Gedanken. Diese Weltenkörper hatten keine mit unseren Sinnen erfaßbare Dichte. „Wärme“ ist das einzige Wort, das sich dem Begriff der ehemaligen Saturnperiode nähert. Diese Periode war finster. Hätte ein Mensch in den Raum, den jener dünnste Weltenkörper einnahm, eindringen können, er hätte nichts gesehen. Tiefste Finsternis wäre um ihn herum gewesen. Jedoch, er hätte Wärme gefühlt.

Dem materialistisch Denkenden wird es sicherlich unmöglich erscheinen, diesen Zustand einen Weltenkörper zu nennen und zu versichern, daß er die Evolutionsstätte für Form und Leben gewesen sei. Doch wenn wir die Urnebeltheorie betrachten, können wir erfassen, daß der Urnebel dunkel gewesen sein muß, ehe er hell aufglühen, und heiß, bevor er feurig werden konnte. Diese Hitze muß durch Bewegung hervorgerufen worden sein, denn Bewegung ist Leben.

Wir können sagen, daß die Urgeister, die Bewußtsein und Körper entwickeln sollten, in diesen Weltenkörper eingebettet waren, oder noch besser, daß der ganze Weltenkörper aus Urgeistern bestand, so wie eine Himbeere aus einer großen Zahl kleiner Himbeeren besteht. Jene waren so in den Weltenkörper aufgenommen wie das die Mineralien beseelende Leben in unsere Erde. Deshalb sagt die Geisteswissenschaft, daß der Mensch in der Saturnperiode durch den mineralischen Zustand ging.

Außerhalb dieses „Wärmekörpers“, wie wir sagen könnten, in seiner Atmosphäre, hielten sich die großen Schöpferischen

Hierarchien auf, die den Urgeistern helfen sollten, Form und Bewußtsein zu entwickeln. Es gab viele Hierarchien. Doch wir wollen uns nur auf die hauptsächlichen beschränken, auf diejenigen, die in der Saturnperiode die wichtigste Arbeit geleistet haben.

Wegen der herrlichen Leuchtkraft ihrer Körper und aufgrund ihrer großen geistigen Kräfte werden sie in der Terminologie der Rosenkreuzer **„Herren der Flamme“** genannt. In der Bibel heißen sie **„Throne“.** Sie arbeiten aus eigenem freien Willen an den Menschen und waren so weit fortgeschritten, daß ihnen diese Entwicklungsäußerung keine neuen Erfahrungen geben und sich ihre Weisheit daher nicht mehr vermehren konnte. Das gilt auch für die beiden noch höheren Hierarchien, die später genannt werden sollen. Für die übrigen Schöpferischen Hierarchien war es zu ihrer eigenen Evolution erforderlich, an, in und mit dem Menschen zu arbeiten.

Diese „Herren der Flamme“ befanden sich außerhalb des dunklen Saturnkörpers. Sie strahlten ein starkes Licht aus. Ihr Bild projizierten sie auf den alten Saturnkörper, der so wenig Eindrücke aufnahm, daß er alles, was mit ihm in Berührung kam, in einer echogleichen Weise zurückgab und die Bilder vervielfältigte. Das findet in der griechischen Mythologie in dem Mythos von Saturn, der seine Kinder zerstört, seinen Ausdruck.

Und doch ist es den „Herren der Flamme“ durch wiederholte Anstrengungen während des ersten Kreislaufs gelungen, den Keim in das sich entwickelnde Leben zu pflanzen und unseren gegenwärtigen physischen Körper zu erschaffen. Dieser Keim entwickelte sich in den ersten sechs Kreisläufen noch etwas weiter. Er erhielt die Fähigkeit, Sinnesorgane, besonders das Ohr, zu bilden. Deshalb ist dieses Organ das höchstentwickelte, das wir besitzen. Es ist das Instrument, das mit der größten Genauigkeit Eindrücke äußerer Zustände übermittelt. Den Täuschungen der

Sinneswelt ist es weniger unterworfen als die anderen Sinnesorgane.

Das Bewußtsein des sich in dieser Periode entwickelnden Lebens war das der heutigen Mineralien, ein Zustand der Unbewußtheit, wie die Medien sie im tiefsten Trancezustand aufweisen. Und doch wirkte das sich entwickelnde Leben in den ersten sechs Kreisläufen unter Anleitung und mit Hilfe der verschiedenen schöpferischen Hierarchien am Keim des physischen Körpers. In der Mitte des siebenten Kreislaufs begannen die „Herren der Flamme" wiederum zu wirken. Seit sie den Keim des physischen Leibes in den ersten Kreislauf gegeben hatten, waren sie nicht am Menschen tätig gewesen. Jetzt erweckten sie in ihm das höchste geiste Prinzip, die Anfangstätigkeit des Göttlichen Geistes.

So verdankt der Mensch seinen höchsten und seinen niedersten Träger, den Göttlichen Geist und den physischen Körper, der Evolution in der Saturnperiode. Die „Herren der Flamme" halfen ihm aus ihrem eigenen freien Willen und ohne den geringsten Zwang, jene beiden Träger zu offenbaren, zu manifestieren.

Das Wirken der verschiedenen Schöpferischen Hierarchien fängt nicht zu Beginn einer Periode oder eines Kreislaufs auf Weltenkörper A an. Es setzt in der Mitte eines Umlaufs ein, wächst an Stärke und erreicht seine höchste Kraft in der Mitte der Kosmischen Nacht, die sowohl zwischen den Kreisläufen als auch zwischen den Perioden vorhanden ist. Dann nimmt es in dem Maß, wie die Lebenswoge der Mitte des nächsten Umlaufs zustrebt, nach und nach ab.

Daher war die Tätigkeit der „Herren der Flamme" an der Erweckung des keimenden Bewußtseins in der Ruheperiode zwischen der Saturn- und der Sonnenperiode am wirksamsten.

Wir wiederholen, daß die Kosmische Nacht nicht als eine Zeit der Untätigkeit anzusehen ist. Sie ist, wie wir aus dem Beispiel des Menschen ersehen konnten, der vom Tod zu einer neuen Geburt übergeht, kein handlungsloses Dasein. Auch der große Tod der Weltenkörper einer Periode ist nur ein Aufhören **tätiger Manifestation,** damit eine verhältnismäßig stärkere Innentätigkeit entfaltet werden kann.

Die Natur dieser subjektiven Tätigkeit wird sehr gut durch die Betrachtung des Vorgangs charakterisiert, der bei einer reifen im Boden vergrabenen Frucht vor sich geht. Gärung und Zerfall des Fruchtfleisches setzen ein. Aus diesem Chaos aber wächst die neue Pflanze heraus, der Luft und dem Sonnenschein entgegen. Wenn eine Periode beendet ist, scheint somit alles im Chaos aufgelöst zu sein. Es ist uns unmöglich, darin eine Ordnung zu erkennen. Doch zur gegebenen Zeit werden die Weltenkörper einer neuen Periode gebildet und zum Bewohnen für die Menschen vorbereitet. Das sich entwickelnde Leben von fünf dunklen Weltenkörpern, über die es in der Kosmischen Nacht strich, wird ihnen nun übertragen. Es wurde in der Kosmischen Nacht vorbereitet, um seine Tätigkeit an einem neuen Schöpfungstag in veränderter Umgebung wieder aufzunehmen. So wie die Gärungskräfte in der Frucht den Samen stärken und den Boden fruchtbar machen, in dem er wachsen soll, so stärkten die „Herren der Flamme“ den Keim des göttlichen Geistes besonders in der Kosmischen Nacht zwischen der Saturn- und Sonnenperiode. Sie setzten ihre Tätigkeit bis zur Mitte des ersten Kreislaufs der Sonnenperiode fort.

Wiederholung

Bevor die Tätigkeit einer Periode beginnen kann, findet eine Wiederholung von allem statt, was vorher gewesen ist. Aufgrund des spiralförmigen Evolutionspfades erfolgt auch diese Wiederholung jedesmal auf einer höheren Stufe, als es das sie wiederholende Entwicklungsstadium ist. Diese Notwendigkeit wird deutlich, wenn die tätige Arbeit bei der Wiederholung beschrieben wird.

Der erste Kreislauf jeder Periode ist eine Wiederholung des Wirkens am physischen Körper während der Saturnperiode, und die Rosenkreuzer sprechen von ihm als vom „Saturnkreislauf".

Die zweite Periode ist die Sonnenperiode. Daher wird der zweite Kreislauf jeder Periode folgerichtig der „Sonnenkreislauf" sein.

Die dritte Periode ist die Mondenperiode. Deshalb wird der dritte Kreislauf jeder folgenden Periode eine Wiederholung des in der Mondenperiode vollbrachten Wirkens sein. Er wird „Mondenkreislauf" genannt.

Die eigentliche Tätigkeit einer Periode beginnt erst, wenn die wiederholenden Kreisläufe vorüber sind. Das heißt, daß die während der Saturnperiode geleistete Arbeit im ersten oder Saturnkreislauf unserer Erdenperiode wiederholt wurde, allerdings auf einer fortgeschritteneren Stufe. Im zweiten oder Sonnenkreislauf wurde die Arbeit der Sonnenperiode noch einmal durchgeführt. Im dritten oder Mondenkreislauf wurde die Arbeit während der Mondenperiode wiederholt. Und erst im vierten, dem gegenwärtigen Kreislauf, begann die wirkliche Arbeit der Erdenperiode.

In der letzten der sieben Perioden, der Vulkanperiode, wird nur der letzte Kreislauf wirklich mit Vulkanarbeit ausgefüllt sein. In den vorhergehenden sechs Kreisläufen werden die Arbeiten der sechs vorhergehenden Perioden wiederholt werden.

Ferner, und das dürfte dem Schüler besonders helfen, es sich einzuprägen, wird der Saturnkreislauf jeder Periode immer mit der Entwicklung eines neuen Zuges des physischen Körpers zu tun haben, weil dieser in der Saturnperiode begann. Jeder siebente oder Vulkankreislauf hat als besondere Arbeit eine Tätigkeit in Verbindung mit dem Göttlichen Geist, weil dieser in dem siebenten Kreislauf der Saturnperiode vollendet werden wird. In eben dieser Weise werden wir sehen, daß eine Verbindung zwischen den vorschiedenen Kreisläufen und allen Trägern des Menschen vorhanden ist.

Die Sonnenperiode

Die Bedingungen während der Sonnenperiode unterscheiden sich gründlich von denen der Saturnperiode. Statt deren „Wärmekörper" waren die Weltenkörper der Sonnenperiode glühende Lichtkörper von gasiger Zusammensetzung. Diese großen Gaskörper enthielten alles, was sich in der Saturnperiode entwickelt hatte, und ähnlich waren in der Atmosphäre die Schöpferischen Hierarchien.

Statt der echogleichen, rückstrahlenden Eigenschaften der Saturnperiode hatten diese Himmelskörper bis zu einem gewissen Grad die Eigenschaft, jeden Anblick oder jeden gegen ihre Oberfläche gerichteten Klang aufzunehmen und zu überarbeiten. Sie waren „sinnesbegabte" Wesen. Es hat den Anschein, daß das bei der Erde nicht der Fall ist. Ein materialistisch Denkender würde über diese Idee den Kopf schütteln. Der Esoteriker aber weiß, daß die Erde alles in und auf sich fühlt. Jener leichtere Himmelskörper, der glühende Sonnenlichtkörper, war viel empfindlicher als die Erde, weil er nicht auf solche harten und festen Zustände der Materie beschränkt und in ihnen gefesselt war wie unser gegenwärtiger Wohnort.

Gewiß war das Leben anders. Denn keine der uns bekannten so gearteten Formen hätte dort bestehen können. Doch das Leben kann sich in feurigem Gas ebenso gut oder tatsächlich besser ausdrücken als in Formen harter chemischer Materie, wie es die gegenwärtigen physischen Körper von Mineralien, Pflanzen, Tieren und Menschen sind.

Als das sich entwickelnde Leben im ersten, dem Saturnkreislauf der Sonnenperiode auf Körper A auftauchte, stand es noch unter der Obhut der „Herren der Flamme". Sie hatten in der Mitte des vorherigen Weltenkreislaufs im Menschen den Keim des Göttlichen Geistes erweckt.

Zuerst hatten sie den Keim des physischen Körpers gegeben, an dem sie während der ersten Hälfte des Saturnkreislaufes der Sonnenperiode mit verschiedenen Verbesserungen beschäftigt waren.

In der Sonnenperiode wurde mit der Bildung des Lebensleibes und allem, was darin an Fähigkeiten der Nahrungsaufnahme, des Wachstums, der Fortpflanzung, der Drüsen und so weiter enthalten ist, begonnen.

Die „Herren der Flamme" pflanzten dem Keim des physischen Körpers nur die Fähigkeit ein, Sinnesorgane zu entwickeln. In der Zeit, mit der wir uns eben befassen, wurde es notwendig, den Keim so umzugestalten, daß er die Durchdringung mit einem Lebensleib und die Möglichkeit sich entwickelnder Drüsen sowie einen Verdauungskanal zuließ. Das wurde durch die vereinte Tätigkeit der „Herren der Flamme", die den ursprünglichen Keim gaben, und der **„Herren der Weisheit"**, die sich während der Sonnenperiode der körperlichen Evolution annahmen, geleistet.

Die „Herren der Weisheit", die nicht so hoch entwickelt waren wie die „Herren der Flamme", arbeiteten an der Vollendung ihrer eigenen Evolution. Deshalb wurden sie von einer Ordnung erhabener Wesen, die wie die „Herren der Flamme" aus eigenem, freien Willen wirkten, unterstützt. In der esoterischen Sprache heißen sie **Cherubim.** Doch diese erhabenen Wesen traten erst in die Entwicklung ein, als es notwendig wurde, das zweite geistige Prinzip unseres werdenden Menschen zu erwecken. Die „Herren der Weisheit" waren vollkommen fähig, die Arbeiten in Verbindung mit dem Lebensleib zu leisten, der der menschlichen Wesenheit in der Sonnenperiode hinzugefügt werden sollte. Sie waren jedoch nicht fähig, das zweite geistige Prinzip zu erwekken.

Während die „Herren der Flamme“ und die „Herren der Weisheit“ im Saturnkreislauf der Sonnenperiode den aufkeimenden physischen Leib wieder bildeten, begannen die „Herren der Weisheit“ im zweiten Kreislauf die eigentliche Tätigkeit der Sonnenperiode. Aus ihren eigenen Körpern strahlten sie den Keim des Lebensleibes aus. Sie machten ihn tauglich, den irdischen Leib zu durchdringen, und gaben ihm die Fähigkeit, weiter zu wachsen, sich fortzupflanzen, die Sinneszentren des physischen Körpers zu erwecken und in Bewegung zu versetzen. Mit einem Wort, sie gaben dem Lebensleib im Keim alle die Fähigkeiten mit, die er jetzt entfaltet, um ein vollkommenes und biegsames Instrument des Geistes zu werden.

Diese Arbeit erfüllte den zweiten, dritten, vierten und fünften Kreislauf der Sonnenperiode. In der sechsten Periode traten die Cherubim an und erweckten im dreifachen Geist des Menschen den Keim des zweiten Aspektes, den Lebensgeist. Im siebenten und letzten Kreislauf wurde der neuerweckte Keim des Lebensgeistes mit dem Keim des Göttlichen Geistes verbunden und an letzterem weitergearbeitet.

Wir erinnern uns, daß unser Bewußtsein in der Saturnperiode tranceartig war. Durch die Tätigkeit der Sonnenperiode wurde es so verändert, daß es wie das Bewußtsein im traumlosen Schlaf wurde.

Während der Sonnenperiode fügte die Evolution der Wesenheit des sich entwickelnden, im Werden begriffenen Menschen den nächsthöheren und den nächstniederen seiner augenblicklichen Träger hinzu. Zum Ende der Sonnenperiode besaßen wir einen physischen Körper und einen Lebensleib, dazu im Keim einen Göttlichen und einen Lebensgeist, das heißt einen zweifachen Körper und einen zweifachen Geist.

Wir haben uns auch zu vergegenwärtigen, daß sich der erste oder Saturnkreislauf jeder Periode mit Arbeiten am physischen Körper befaßt, weil diese im ersten Kreislauf begonnen wurden. Ebenso befaßt sich auch der zweite, der Sonnenkreislauf jeder Periode mit Verbesserungen am Lebensleib. Denn er hatte in einem zweiten Kreislauf begonnen. In gleicher Weise ist der sechste Kreislauf jeder Periode einem gewissen Wirken am Lebensgeist gewidmet. Der siebente Kreislauf befaßt sich besonders mit Angelegenheiten, die den Göttlichen Geist betreffen.

In der Saturnperiode ging der werdende Mensch durch einen mineralischen Zustand. Das heißt er hatte im Sinne des Minerals nur einen physischen Körper. Sein Bewußtsein glich ebenfalls dem der gegenwärtigen Mineralien.

In derselben Weise und aus ähnlichen Gründen kann auch gesagt werden, daß der Mensch in der Sonnenperiode das Pflanzenstadium durchlebte. Er hatte einen physischen Körper, außerdem einen Lebensleib wie die Pflanzen und wie sie ein Bewußtsein traumlosen Schlafes. Der Schüler wird die Ähnlichkeit vollständig erfassen, wenn er sich Diagramm 4 im Kapitel über die vier Reiche vergegenwärtigt. Dort werden die Bewußtseinsträger der Mineralien, Pflanzen, Tiere und Menschen zugleich schematisch mit dem besonderen Bewußtsein gezeigt, das jedem dieser Fälle zugrunde liegt.

Als die Sonnenperiode vorüber war, folgte eine zweite Kosmische Nacht der Aufnahme, erfüllt von der subjektiven Tätigkeit, die nötig war, um die Mondenperiode einzuleiten. Sie dauerte solange wie die vorhergehende Periode objektiver Lebensäußerung.

Die Mondenperiode

So wie der Hauptcharakter der Saturnperiode durch den Ausdruck „Wärme“, derjenige der Sonnenperiode durch „Licht“

oder „glühende Hitze“ wiedergegeben wurde, so lassen sich die charakteristischten Eigenschaften der Mondenperiode am besten durch das Wort „Feuchtigkeit“ wiedergeben. Etwas wie die uns bekannte Luft gab es nicht. In der Mitte war der heiße, feurige Kern. Ihm zunächst und als Folge der Berührung mit der Kälte des Weltenraumes war eine dichte Feuchtigkeit. Durch Berührung mit dem feurigen Erdeninnern verwandelte sich die dichte Nässe in heißen Dampf. Der strömte rasch nach außen gegen die Kälte, wurde wieder abgekühlt und sank gegen den Kern. Deshalb nennt die Geisteswissenschaft die Weltenkörper der Mondenperiode „Wasser“ und beschreibt die Atmosphäre jener Zeit als „Feuernebel“. Und so sah der nächste Schritt der Lebensentwicklung aus.

Die Aufgabe der Mondenperiode war es, den Keim für das Erwerben des Empfindungsleibes zu legen und im Menschen die keimhafte Tätigkeit des dritten Aspektes des dreifachen Geistes, den menschlichen Geist, das Ich, zu beginnen.

In der Mitte des siebenten Kreislaufs der Sonnenperiode übernehmen die „Herren der Weisheit“ die Pflege des keimenden Lebensgeistes, der durch die Cherubim in den sechsten Kreislauf der Sonnenperiode gegeben worden war. Das geschah, um ihn an den Göttlichen Geist anzugliedern. Ihre größte Tätigkeit bei dieser Arbeit wurde in der Kosmischen Nacht zwischen der Sonnen- und Mondenperiode erreicht. In der ersten Dämmerung der Mondenperiode, als die Lebenswoge ihre neue Pilgerfahrt antrat, kamen die „Herren der Weisheit“ wieder und brachten die Keime der Träger des sich entwickelnden Menschen mit. Im ersten Saturnkreislauf der Mondenperiode vereinigten sie sich mit den „Herren der Persönlichkeit“, denen in der Mondenperiode die besondere Pflege der materiellen Evolution oblag. Zusammen bildeten sie den physischen Körper neu, dessen Keimatom aus der Sonnenperiode herübergebracht worden war. Dieser Körper hatte embryonale Sinnesorgane, Drüsen und so weiter. Er war von einem knospenden Lebensleib durchdrungen, der dem embryonalen physischen Körper einen gewissen Grad an Leben verlieh. Allerdings war er nicht sichtbar, wie er es jetzt ist. Doch er war in einer gewissen unreifen Weise einigermaßen organisiert. Der geübte Blick des berufenen hellsichtigen Forschers, der im Gedächtnis der Natur nach Szenen aus der fernen Vergangenheit sucht, kann ihn vollständig wahrnehmen.

In der Mondenperiode wurde es notwendig, den physischen Körper so neu zu bilden, daß er von einem Empfindungsleib durchdrungen werden konnte und auch die Fähigkeit erhielt, ein Nervensystem, Muskeln, Knorpeln und ein rudimentäres Skelett zu entwickeln. Diese Rekonstruktion war die Arbeit des Saturnkreislaufes der Mondenperiode.

Im zweiten, dem Sonnenkreislauf, wurde der Lebensleib so umgewandelt, daß er das Durchdringen mit einem Empfindungsleib zuließ und sich dem Nervensystem, den Muskeln, dem Skelett und so weiter anpaßte. Die „Herren der Weisheit", die Schöpfer des Lebensleibes, halfen auch den **„Herren der Persönlichkeit"** bei dieser Arbeit.

Im dritten Kreislauf begann die eigentliche Tätigkeit der Mondenperiode. Die „Herren der Persönlichkeit" strahlten aus sich Substanz aus und halfen dem unbewußten, sich entwickelnden Menschen, sie sich anzueignen und in einen aufkeimenden Empfindungsleib einzufügen. Sie halfen ihm auch, diesen Leib in die ihm bereits gehörenden, miteinander verbundenen Lebens- und physischen Körper einzugliedern. Diese Tätigkeit erfüllte den ganzen dritten und vierten Kreislauf der Mondenperiode.

Auch die „Herren der Persönlichkeit" standen wie die „Herren der Weisheit" weit über dem Menschen. Aber sie wirkten an und in ihm, um ihre eigene Evolution zu vollenden. Während sie die Fähigkeit hatten, mit dem niederen Träger umzugehen, waren sie dem höheren gegenüber machtlos. Sie konnten den geistigen Impuls, der erforderlich war, den dritten Aspekt des Geistes im Menschen, den menschlichen Geist, zu erwecken, nicht geben. Um dem Menschen zu helfen, trat deshalb während des fünften Kreislaufs der Mondenperiode eine andere Klasse von Wesen, die **„Seraphim"**, auf den Plan. Sie stand über der Notwendigkeit, sich in einer Evolution wie der unseren fortzuentwickeln, und handelte wie die „Herren der Flamme" und die Cherubim aus eigenem freien Willen. Sie erweckte den dritten Aspekt des Geistes, den menschlichen Geist.

Im sechsten Kreislauf der Mondenperiode kamen die Cherubim wieder. Zusammen mit den „Herren der Persönlichkeit" gliederten sie dem Lebensgeist den neu erworbenen Keim des menschlichen Geistes an.

Im siebenten Kreislauf der Mondenperiode kamen dem Menschen die „Herren der Flamme" wiederum zu Hilfe. Sie unterstützten die „Herren der Persönlichkeit" beim Angliedern des menschlichen Geistes an den Göttlichen Geist. So trat das gesonderte Ich, der dreifache Geist, ins Sein.

Vor Beginn der Saturnperiode waren die Jungfräulichen Geister, die jetzige Menschheit, in der Welt der Urgeister. Wie Gott, in dem sie — nicht aus dem sie — geschieden wurden, waren sie „allbewußt", aber noch nicht „selbst"bewußt. Das Erreichen dieser Fähigkeit ist teilweise Gegenstand der Evolution. Sie taucht die Jungfräulichen Geister in zunehmend dichter werdende Materie, die letztendlich vom Allbewußtsein ausschließt.

So wurden die Urgeister während der Saturnperiode in die Welt des Göttlichen Geistes versenkt und in die zartesten Gehäuse aus dieser Substanz eingeschlossen, die sie mit Hilfe der „Herren der Flamme" teilweise durchdrangen.

In der Sonnenperiode wurde der Urgeist in die dichtere Welt des Lebensgeistes getaucht und wirksamer durch einen zweiten Schleier aus der Substanz der Welt des Lebensgeistes gegen das

Allbewußtsein geblendet. Aber dennoch durchdrang er diesen Schleier mit Hilfe der Cherubim. Auch das Gefühl der All-Einheit war nicht verloren. Denn die Welt des Lebensgeistes ist noch eine Welt, die alle Planeten unseres Sonnensystems durchdringt und ihnen gemeinsam ist.

In der Mondenperiode tauchen die Jungfräulichen Geister in die noch dichtere Materie der Abstrakten Gedankenwelt ein. Hier wird der dichteste der Schleier, der menschliche Geist, hinzugefügt. Von da an ist das Allbewußtsein des Urgeistes verloren. Dieser kann seine Schleier nicht mehr durchdringen, nicht mehr nach **außen schauen und andere** nicht mehr wahrnehmen. Daher wird er, als Ich von allen anderen getrennt und abgesondert, gezwungen, sein Bewußtsein nach **innen** zu wenden, um dort sein **Selbst** zu finden.

Auf diese Weise wird der Urgeist in einen dreifachen Schleier eingeschlossen. Als sein äußerster Schleier blendet ihn der menschliche Geist wirksam gegen den Anblick des Lichtes. Er wird durch die Täuschung eines Getrenntseins, das sich während der Involution um ihn zusammengezogen hat, zum Ich. Diese Täuschung wird nach und nach durch die Evolution gelöst werden. Sie wird das Allbewußtsein zurückbringen und um das Selbstbewußtsein vermehren.

So sehen wir, daß der Mensch am Ende der Mondenperiode einen dreifachen Körper in unterschiedlichen Entwicklungsstadien und auch den Keim eines dreifachen Geistes besaß. Ihm fehlte nur noch das Bindeglied.

Es wurde dargelegt, daß der menschliche Geist in der Saturnperiode durch den mineralischen Zustand und in der Sonnenperiode durch den Pflanzenzustand ging. Seine Wanderschaft durch die Bedingungen der Mondenperiode entsprach aus demselben Grund wie bei den anderen Perioden der Phase des tierischen Zustandes. Wie unsere jetzigen Tiere hatte der Mensch einen physischen, einen Lebens- und einen Empfindungsleib, und sein Bewußtsein war wie heute das der niederen Tiere ein ununterbrochenes Bildbewußtsein. Da es durch den Gruppengeist gelenkt wird, gleicht es mit der Ausnahme, daß es vollkommen vernünftig ist, dem Traumbewußtsein des Menschen. Man vergegenwärtige sich wieder Diagramm 4 im Kapitel über die vier Naturreiche, worin das erklärt wird.

Diese Mondengeschöpfe keimten nicht mehr so rein wie in den vorhergehenden Perioden. Wie der Embryo durch die Nabelschnur mit dem Mutterkuchen verbunden ist, so hat der geübte Hellseher von ihnen den Eindruck, als hätten sie an Bändern in der Atmosphäre aus Feuernebel geschwebt. Allen gemeinsame Ströme, die für eine Art Nahrung sorgten, fluteten in und aus der Atmosphäre durch sie hindurch. Sie entsprachen in ihrer Wirksamkeit ungeführt dem heutigen Blut. Der Name „Blut", angewandt auf diese Ströme, wird aber nur gebraucht, um eine Analogie zu erwecken. Denn die Wesen der Mondenperiode hatten nichts, was unserem jetzigen roten Blut — es ist eine der letzten Errungenschaften des Menschen — ähnlich ist.

Gegen Ende der Mondenperiode fand eine Teilung des Weltenkörpers, der Stätte unserer und anderer Evolutionen, statt. Sie wurde bisher der Einfachheit halber nicht erwähnt. Wir werden aber sogleich mit ihr bekannt gemacht werden.

Ein Teil dieses großen Weltenkörpers wurde infolge der Unfähigkeit des Menschen, den von ihm bewohnten Teil in dem hohen Schwingungszustand zu halten, wie er durch andere dortige Wesen beibehalten werden konnte, kristallisiert. Als dieser Teil Träger wurde, sandte ihn die Zentrifugalkraft des sich drehenden Himmelskörpers rotierend in den Raum. In ihm begann er, den glühenden inneren Teil zu umkreisen.

Die höchsten Wesen benötigen für ihre Evolution auf einem solchen Weltenkörper — und das ist die Ursache für das Abwerfen derartiger Kristallisationsprodukte — die überaus hohen Schwingungen des Feuers. Durch Verdichtung werden sie gehemmt, obgleich dieser Zustand für die Evolution anderer, weniger fortgeschrittener Wesen, für die niedrigere Schwingungen erforderlich sind, angemessen ist. Wenn daher ein Teil eines Himmelskörpers durch eine Gruppe sich entwickelnder Wesen zum Nachteil der anderen verdichtet worden ist, wird er genau in die passende Entfernung von der Zentralmasse geschleudert, so daß er sie als Satellit umkreist. Sicherlich erklärt das Gravitationsgesetz diese Erscheinungen aus physischer Sicht hinreichend genug. Doch stets ist eine tiefere Ursache vorhanden, die eine vollkommenere Erklärung gibt. Wir werden sie finden, wenn wir die geistige Seite des Geschehens betrachten. So wie eine physische Tätigkeit nur die sichtbare Offenbarung eines ihr vorausgehenden unsichtbaren Gedankens ist, so ist das Abstoßen eines Planeten von einer Zentralsonne die sichtbare und nicht zu vermeidende Folge unsichtbarer geistiger Bedingungen.

Der in der Mondenperiode abgestoßene kleinere Planet verdichtete sich mit entsprechender Geschwindigkeit und blieb bis zum Ende dieser Periode unser Evolutionsfeld. Er war ein Mond, der den Mutterplaneten umkreiste, wie unser Mond die Erde umkreist. Doch im Gegensatz zu unserem Mond zeigte er keine Phasen.

Er drehte sich so, daß die eine Seite, wie wir es bei der Venus sehen, immer hell und die andere immer dunkel war. Einer seiner Pole war ebenso gegen den großen, feurigen Weltenkörper gerichtet, wie ein Pol der Venus gegen die Sonne gerichtet ist. Auf diesem Satelliten der Mondenperiode waren Ströme, die ihn umkreisten, wie die Erde von den Strömen des Gruppengeistes umkreist wird. Instinktiv folgten die Mondenwesen diesen Strömen von der hellen zur dunklen Seite jenes alten Mondes. Zu gewissen Zeiten des Jahres, wenn sie auf der hellen Seite waren, fand eine Art Fortpflanzung statt. Wir finden den atavistischen Niederschlag dieser Mondenreisen zum Zweck der Fortpflanzung in den Wanderflügen der Zugvögel, die dem Gruppengeist bis zum heutigen Tag zu gewissen Jahreszeiten und zum gleichen Zweck um die Erde folgen. Selbst die „Hochzeitsreisen“ der menschlichen Wesen zeigen, daß auch der Mensch in Verbindung mit der Paarung noch nicht über den Wanderimpuls hinausgewachsen ist.

In diesem Zustand waren die Mondengeschöpfe auch fähig, Töne oder Schreie auszustoßen. Es waren Naturlaute, nicht der Ausdruck von Freude oder Kummer. Denn noch war kein persönliches Ich vorhanden. Die Entwicklung der Persönlichkeit kam erst später, in der Erdenperiode.

Am Ende der Mondenperiode trat wieder eine Ruhepause, die Kosmische Nacht, ein. Die getrennten Teile wurden aufgelöst. Sie gingen in das allgemeine Chaos ein, das der Neugestaltung des Weltenkörpers für die Erdenperiode voranging.

Die „Herren der Weisheit“ hatten sich nun so weit entwickelt, daß sie fähig waren, als höchste Schöpferische Hierarchie zu wirken. Ihnen wurde zur Zeit der Erdenperiode die besondere Pflege des Göttlichen Geistes übertragen.

Die „Herren der Persönlichkeit“ waren ebenfalls fortgeschritten **genug,** um am Geist des Menschen zu wirken. Daher kam der Lebensgeist in ihre Pflege.

Eine andere Schöpferische Hierarchie hatte die drei Keime des physischen Körpers, des Lebens- und des Empfindungsleibes, so wie sie entwickelt waren, in ihrer besonderen Obhut. Es sind diejenigen, die unter Anleitung der höheren Ordnungen wirklich die Hauptarbeit an diesen Körpern leisteten und das sich entwickelnde Leben als eine Art Instrument benutzten. Diese Hierarchie heißt **„Die Herren der Form“.** Sie war so weit entwickelt, daß ihr die Pflege des dritten Aspektes des Geistes im Menschen, des menschlichen Geistes, in den kommenden Erdenperioden übertragen werden konnte.

Zu Beginn der Saturnperiode waren zwölf große Schöpferische Hierarchien am Evolutionswerk tätig. Zwei von ihnen halfen zu Anfang. Über ihre Leistungen wurden keine Belehrungen gegeben, außer daß sie aus ihrem eigenen freien Willen wirkten und sich dann aus der begrenzten Existenz in die Freiheit zurückzogen.

Drei weitere Schöpferische Hierarchien folgten ihnen, die „Herren der Flamme", die Cherubim und die Seraphim. Sie ließen zu der Zeit, als die Erdenperiode begann, sieben Hierarchien in tätigem Dienst zurück. (Diagramm 9 wird eine klare Vorstellung über die zwölf Hierarchien und ihre Anordnung geben.)

„Die Herren des Verstandes" wurden Experten für die Gestaltung von Körpern aus „Verstandesstoff", so wie wir aus dem gleichen Grunde Experten für das Erbauen chemischer Körper werden müssen. Die Region der Konkreten Gedanken war der dichteste Zustand der Materie, der in der Saturnperiode erreicht wurde. In ihr waren die „Herren des Verstandes" menschlich. Der chemische Zustand ist der dichteste, mit dem unsere Menschheit in Berührung kommt.

In der Erdenperiode erreichten die „Herren des Verstandes" die schöpferische Stufe. Sie strahlten aus sich selbst den Keim der Stofflichkeit aus, die wir jetzt benötigen, um einen organisierten Verstand zu erschaffen. Weil sie aus der finsteren Saturnperiode kamen, werden sie von Paulus die „Mächte der Finsternis" (Epheser 6, 12) genannt. Sie werden als böse angesehen. Denn im Gegensatz zu den einenden Kräften der Welt des Lebensgeistes, dem Reich der Liebe, haben sie die zur Sphäre des Verstandes gehörende trennende Tendenz. Die „Herren des Verstandes" wirken mit der Menschheit, aber nicht mit den drei niederen Reichen.

Die Erzengel wurden fähig, einen Empfindungsleib zu schaffen, die dichteste Materie der Sonnenperiode. Deshalb können sie weniger entwickelte Wesen wie Menschen und Tiere lehren, einen Empfindungskörper zu gestalten und zu formen.

Diagramm 9

Die Zwölf Großen Schöpferischen Hierarchien

Tierkreiszeichen	Name	Tätigkeit
1. Widder	namenlos	Von der ersten und zweiten Ordnung wird gesagt, daß sie jenseits aller irdischen Erkenntnis gewesen sind. Bekannt ist, daß sie unsere Evolution anfänglich unterstützt haben.
2. Stier	namenlos	

Die drei folgenden Ordnungen waren aus eigenem freien Willen tätig, dem Menschen während der drei Perioden, die vor der Erdenperiode gewesen sind, zu helfen. Auch sie sind in die Erlösung eingegangen.

3. Zwillinge	Seraphim	Sie legten in der Mondenperiode den Keim des menschlichen Geistes, des Ich, in den werdenden Menschen.
4. Krebs	Cherubim	Sie schufen in der Sonnenperiode den Keim des Lebensgeistes.
5. Löwe	Herren der Flamme .	Sie erweckten in der Saturnperiode den Keim des Göttlichen Geistes und gaben den Keim des physischen Körpers.

Die folgenden sieben Schöpferischen Hierarchien wirken in der Erdenperiode

6. Jungfrau	Herren der Weisheit	Sie riefen in der Sonnenperiode den Lebensleib ins Dasein.
7. Waage	Herren der Persönlichkeit	Sie erweckten in der Mondenperiode den Empfindungsleib.
8. Skorpion	Herren der Form ...	In ihrer besonderen Obhut befindet sich die menschliche Entwicklung während der Erdenperiode.
9. Schütze	Herren des Verstandes	Die Menschheit der Saturnperiode
10. Steinbock	Erzengel	Die Menschheit der Sonnenperiode
11. Wassermann ...	Engel	Die Menschheit der Mondenperiode
12. Fische	Die Jungfräulichen Geister	Die Menschheit der gegenwärtigen Erdenperiode

Die Engel haben endgültige Erfahrung im Erschaffen eines Lebensleibes. Denn als sie in der Mondenperiode menschlich waren, war der Äther der dichteste Zustand der Materie. Wegen dieser Fähigkeit sind sie die richtigen Lehrer für die Lebenstätigkeit, für Fortpflanzung, Ernährung und so weiter der Menschheit, Tiere und Pflanzen.

KAPITEL IX

Nachzügler und Neuankommende

Im vorigen Kapitel verfolgten wir die Evolution des Lebens, des Bewußtseins und der Form, die dreifältigen Betätigungsphasen des Jungfräulichen Geistes, des Lebens, das den **Körper** um sich herum gestaltet und dadurch **Bewußtsein** erlangt. Und wir sprachen so davon, als ob es nur eine Art des Fortschritts gäbe, als ob der Urgeist ohne Ausnahme unaufhörliche und einheitliche Fortschritte gemacht hätte.

Das geschah der Einfachheit halber. Denn es gab hier ebensogut Nachzügler wie in jeder großen Körperschaft oder Gesellschaft.

In der Schule gibt es Schüler, die das Ziel zur Versetzung in eine höhere Klasse nicht erreichen. Ebenso gibt es auch in jeder Evolutionsperiode zurückbleibende Wesen, die das notwendige Ziel zum Erlangen der höheren Stufe nicht erreicht haben.

Schon in der früheren Zeit der Saturnperiode entwickelten sich Teile der menschlichen Lebenswoge nicht so zufriedenstellend, daß der nächste Fortschritt vollzogen werden konnte. In diesem Stadium wirken die höheren Wesen mit dem in sich selbst bewußten Leben. Trotz dieser Unbewußtheit geschah es, daß einige nicht so biegsame oder anpassungsfähige Urgeister zurückblieben.

In dem Wort „Anpassungsfähigkeit“ finden wir das große Geheimnis des Fortschritts oder der Verzögerung. Jeder Aufstieg hängt davon ab, ob das sich entwickelnde Leben biegsam, lenkbar und anpassungsfähig ist, um sich an neue Bedingungen zu gewöhnen, oder ob es erstarrt, geronnen und wandlungsunfähig ist. Anpassungsfähigkeit ist die Eigenschaft, die Fortschritt bewirkt, einerlei ob das Wesen auf einer hohen oder auf einer niederen Evolutionsstufe steht. Mangel daran ist die Ursache für das Zurückbleiben des Geistes und das Zurückgehen der Form. Dieses Gesetz läßt sich auf die Vergangenheit, die Gegenwart und die Zukunft anwenden. Die Teilung der Fähigen und Unfähigen findet nach der genauen unpersönlichen Gerechtigkeit des Gesetzes von Ursache und Wirkung statt. Niemals wurde eine willkürliche Unterscheidung zwischen den „Schafen" und den „Böcken" gemacht, niemals wird sie gemacht werden.

Der verhärtete, nicht elastische Zustand einiger Saturnwesen verhinderte das Erwachen des Göttlichen Geistes in ihnen. Sie blieben nur Mineral. Alles, was sie gewonnen hatten, war der Keim des physischen Körpers.

So gab es in der Sonnenperiode zwei Klassen oder Reiche, die Nachzügler der Saturnperiode und diejenigen, die fähig gewesen waren, den Keim eines Lebensleibes aufzunehmen und pflanzenartig zu werden.

Zu diesen beiden Reichen kam noch ein drittes, eine neue Lebenswoge, die ihre Tätigkeit am Anfang der Sonnenperiode begann, die Lebenswoge, die jetzt in unseren Tieren lebt.

Die Materie, in die sie zusammen mit den Nachzüglern der Saturnperiode eintrat, bildete das Mineralreich der Sonnenperiode. Und doch war ein großer Unterschied zwischen den beiden Klassen oder Unterabteilungen des zweiten Reiches vorhanden. Der Nachzügler kann einen „Anlauf" nehmen und die Vorauseilenden, die jetzt unsere Menschheit bilden, überholen. Der neuen Lebenswoge ist das nicht möglich. Allerdings wird sie unter gänzlich anderen Bedingungen einen Zustand erreichen, der unserem menschlichen entspricht.

Die Trennung der Nachzügler und der Wegbereiter fand statt, nachdem der Göttliche Geist im siebenten Kreislauf der Saturnperiode durch die Herren der Flamme erweckt worden war. Dabei befand sich ein Teil der sich entwickelnden Wesen in einem so unnachgiebigen, verhärteten Zustand, daß es unmöglich war, sie zu erwecken. Deshalb blieben sie ohne den Funken des Geistes, von dem ihr Fortschritt abhing. Sie waren gezwungen, auf dieser Stufe zu verharren. Denn es war ihnen unmöglich, denjenigen zu folgen, in denen der göttliche Funke erweckt worden war. Wahrlich, alles, was wir sind oder nicht sind, ist Folge unserer eigenen Anstrengungen oder unserer eigenen Untätigkeit.

Diese Nachzügler und die neu angekommene Lebenswoge formten dunkle Flecke in die sonst glühende, den dichtesten Weltenkörper der Sonnenperiode bildende Gassphäre. Diese sich auf unserer Sonne zeigenden Flecken sind ein atavistisches, ein entwicklungsgeschichtlich überholtes Überbleibsel jenes Zustandes.

Im sechsten Kreislauf der Sonnenperiode wurde der Lebensgeist durch die Cherubim erweckt. Wieder fielen nun einige, die glücklich über den kritischen Punkt in der Saturnperiode hinweggekommen waren, in der Sonnenperiode ab. Sie erwiesen sich so als ungeeignet, den zweiten Aspekt des belebten Geistes aufzunehmen. Daher bildete sich eine zweite hinter der Hochflut der Entwicklung zurückgebliebene Klasse von Nachzüglern.

In der siebenten Periode kamen die Herren der Flamme wieder. Sie erweckten den Göttlichen Geist in denjenigen, die am Ende der Saturnperiode nicht dazu geeignet gewesen waren, nun aber den Punkt erreicht hatten, um in der Sonnenperiode den geistigen Impuls zu empfangen. Die „Herren der Flamme“ riefen den Keim des Göttlichen Geistes auch in so vielen Wesenheiten der neuen Lebenswoge wach, wie dafür aufnahmebereit waren; doch auch hier gab es Nachzügler.

So bestanden zu Beginn der Mondenperiode folgende Klassen:

1. Die Wegbereiter, die erfolgreich durch die Saturn- und Sonnenperiode hindurchgegangen waren. Sie hatten den physischen Körper und den Lebensleib sowie keimhaft tätig Göttlichen und Lebensgeist.
2. Die Nachzügler der Sonnenperiode, die keimhaft den physischen Körper, den Lebensleib und auch Göttlichen Geist besaßen.
3. Die Nachzügler der Saturnperiode, die im siebenten Weltenkreislauf der Sonnenperiode gefördert worden waren. Sie hatten den Keim des physischen Körpers und Göttlichen Geist.
4. Die Wegbereiter der neuen Lebenswoge in der Sonnenperiode. Sie hatten dieselben Träger wie Klasse drei, gehören aber einem anderen Evolutionsplan als unserem an.
5. Die Nachzügler dieser neuen Lebenswoge, die nur den Keim für den physischen Körper hatten.
6. Eine neue Lebenswoge, die zu Beginn der Mondenperiode in ihre Evolution kam. Sie ist das Leben, das unsere gegenwärtigen Pflanzen beseelt.

Man denke daran, daß sich die Natur nicht beeilt. Sie nimmt an der Form keine plötzlichen Veränderungen vor. Die Zeit gilt ihr nichts, das Erwerben der Vollkommenheit aber alles. Ein Mineral verwandelt sich nicht in einem Augenblick in eine Pflanze, sondern in stufenweisem, fast unmerklichem Fortschritt. Eine Pflanze wird nicht über Nacht zum Tier. Millionen von Jahren sind erforderlich, um den Wechsel hervorzubringen.

Deshalb sind in der Natur zu jeder Zeit alle Stufen und Unterstufen zu finden. Das Sein erstreckt sich lückenlos vom Protoplasma bis hin zu Gott.

Und aus diesem Grund haben wir es zu Beginn der Mondenperiode nicht mit sechs, den oben genannten Klassen entsprechenden Reichen, sondern nur mit drei von ihnen, dem Mineralreich, dem Pflanzenreich und dem Tierreich zu tun.

Die niederste Klasse bildete in der Mondenperiode den neuen Lebensstrom, der in ihr seine Evolution begann. Sie formte den härtesten mineralischen Teil, doch muß man festhalten, daß sie keineswegs so hart wie die Mineralien unserer Tage war, sondern nur so fest wie unser Holz.

Diese Feststellung widerspricht nicht der früheren, die den Mond als wäßrig schildert. Sie steht auch nicht im Widerspruch zu Diagramm 8, das den festen Körper der Mondenperiode in der Ätherzone zeigt. Wie erwähnt, verhindert der spiralförmige Entwicklungspfad die Wiederholung irgendeines Zustandes. Es gibt Ähnlichkeiten, niemals aber Wiederholungen gleicher Bedingungen. Die Beschaffenheit stets in völlig zutreffenden Ausdrücken zu beschreiben ist schwer. Man bedient sich des Wortes, das die Zustände am deutlichsten wiedergeben kann.

Klasse 5 in unserer Liste war annähernd mineralisch, besaß aber, weil sie diesen Zustand bereits während der Sonnenperiode durchgemacht hatte, einige Pflanzenmerkmale.

Klasse 4 war fast pflanzlich und entwickelte sich vor dem Abschluß der Mondenperiode zum Pflanzenzustand. Dennoch stand sie dem Mineralreich näher als die beiden, das höhere Reich bildenden nächsten Klassen. Daher können wir die Gruppen 4 und 5 zusammenfassen und sie als eine Art Mittelding bezeichnen, als ein „Mineral-Pflanzen"-Reich, das die Oberfläche des alten Planeten der Mondenperiode bildete. Man denke an unseren Torf, der ebenfalls ein Zustand zwischen Mineral und Pflanze ist. Das „Mineral-Pflanzen"-Reich war in Übereinstimmung mit der Tatsache, daß die Mondenperiode wäßrig war, schwammig und naß.

So bildeten die 4., 5. und 6. Klasse die verschiedenen Abstufungen des Mineralreiches in der Mondenperiode. Die höchsten erreichten beinahe den Pflanzenzustand und die niedrigsten bildeten die härteste mineralische Substanz jener Zeit.

Klasse 2 und 3 gestalteten das Pflanzenreich, obwohl beide tatsächlich mehr pflanzlich, aber noch nicht ganz tierisch waren. Sie wuchsen im mineralischen Boden und waren feststehend wie Pflanzen. Und doch hätten sie in einem rein mineralischen Boden nicht wie unsere heutigen Pflanzen wachsen können. Gute Beispiele finden wir in den heutigen Parasiten, die nicht in einem rein mineralischen Boden leben können, sondern ihre Nahrung schon vorbereitet auf einer echten Pflanze oder einem richtigen Baum suchen.

Klasse 1 bestand aus den Wegbereitern der Lebenswoge der Jungfräulichen Geister. Während der Mondenperiode machten diese Wesen eine Art tierischen Lebens durch. Dennoch waren sie den Tieren unserer Zeit nur insofern ähnlich, als sie dieselben Träger besaßen und unter Leitung eines Gruppengeistes standen, der die ganze menschliche Familie umfaßte. Wie schon aus der Beschreibung im vorigen Kapitel ersichtlich ist, unterschieden sie sich im Aussehen wesentlich von unseren jetzigen Tieren. Sie berührten nicht die Oberfläche des Planeten, sondern bewegten sich an nabelschnurähnlichen Bändern, mit denen sie verbunden waren. Statt der Lunge hatten sie ein kiemenähnliches Organ, durch das sie den „Feuernebel" einatmeten. Diese Merkmale aus dem Mondendasein werden während der Schwangerschaft noch im Embryo wiederholt, der in gewissen Phasen seiner Entwicklung Kiemen besitzt. Außerdem hatten die Mondengeschöpfe jener Zeit das horizontale Rückgrat unserer Tiere.

In der Mondenperiode bildeten sich in den Klassen noch einige weitere Abteilungen. Denn auch hier waren selbstverständlich Nachzügler vorhanden, die hinter der allgemeinen Evolution zurückblieben. Als Resultat ergaben sich zu Beginn der Erdenperiode fünf Klassen, von denen einige, wie wir in Diagramm 10 erkennen können, aus Unterabteilungen bestanden. Diese traten zu folgenden Zeiten und aus nachstehenden Gründen auf.

In der Mitte des fünften Kreislaufs der Mondenperiode verliehen die Seraphim den Wegbereitern, die sich tauglich für den Fortschritt erwiesen, den Keim des menschlichen Geistes; dazu waren nicht alle geeignet; ein Teil war nicht fähig, den geistigen Impuls zu erhalten, der den dreifachen Geist erwecken sollte.

Im sechsten Kreislauf der Mondenperiode erschienen die Cherubim wieder. Sie belebten den Lebensgeist von denjenigen, die in der Sonnenperiode zurückgeblieben waren, aber seither die notwendige Stufe der Entwicklung von Klasse 2 in unserer früheren Liste erreicht hatten, und auch in jenen Nachzüglern der Sonnenperiode, die während ihres Pflanzendaseins in der Mondenperiode keinen Lebensleib entwickelt hatten. Es war Klasse 3 aus der früheren Liste.

Klasse 4 unserer früheren Aufstellung war durch einen Zustand niederer Pflanzenexistenz hindurchgegangen. Doch die Mehrheit hatte den Lebensleib genügend für das Erwecken des Lebensgeistes entwickelt.

Als die Erdenperiode begann, hatten die drei letzten Klassen dieselben Träger, obwohl nur die beiden erstgenannten, die Klassen 3 A und 3 B in Diagramm 10, unserer Lebenswoge angehören. Wenn sie den kritischen Punkt überwinden, der im nächsten Kreislauf der Erdenperiode kommen wird, haben sie Aussicht, uns sogar noch zu überholen. Alle diejenigen, die diesen Punkt nicht überschreiten können, werden zurückbehalten werden, bis eine künftige Evolution einen Zustand erreicht, in den sie sich einreihen und so ihre Entwicklung in einer neuen menschlichen Periode fortsetzen können. Die Möglichkeit, mit unserer Menschheit mitzugehen, wird ihnen genommen werden,

Diagramm 10

Es zeigt die verschiedenen Klassen der einzelnen, sich in den vier Naturreichen entwickelnden Lebenswogen, ihren Zustand zu Beginn der Erdenperiode, die Träger, die sie zu jener Zeit besaßen, und ihren gegenwärtigen Zustand.

Klasse	Träger		Gegenwärtiger Zustand
1. Wegbereiter der Saturn-, Sonnen- und Mondenperiode	Göttlicher Lebens- menschlicher } Geist	Physischer Lebens- Empfindungs- } Leib	Die arischen Rassen
2. Die Nachzügler der Mondenperiode	Göttlicher Lebens- } Geist	Physischer Lebens- Empfindungs- } Leib	Die mongolischen, afrikanischen und alle niederen Rassen
3. a) Die Nachzügler der Saturnperiode 3. b) Die Nachzügler der Sonnenperiode	Göttlicher Lebens- } Geist	Physischer Lebens- } Leib	Die anthropoiden Affen
Alle oben Genannten gehören zu unserer Lebenswoge			
3. c) Wegbereiter der neuen Sonnenlebenswoge	Wie 3a und 3b		Tiere
4. a) Nachzügler der neuen Sonnenlebenswoge	Göttlicher Geist	physischer Körper	Pflanzenreich Bäume und perennierende Pflanzen
4. b) Wegbereiter der neuen Mondenperiode	Wie 4a		Blumen und Gräser
5. a) Nachzügler der neuen Mondenlebenswoge	Nur physischer Körper		Mineralreich Sand, weicher Grund etc.
5. b) Die neue Lebenswoge der Erdenperiode	physischer Körper wie 5a		Berge, Felsen etc.

weil diese dann soweit fortgeschritten sein wird, daß sie ein schweres Hemmnis für unseren Fortschritt bedeuten würden. Sie werden nicht vernichtet, müssen aber bis zu einer anderen Evolutionsperiode warten.

Wenn die christliche Religion von einer „Erlösung“ spricht, so ist damit der Fortschritt unserer jetzigen Evolutionswoge gemeint. Die Erlösung muß in Wahrheit ernstlich gesucht werden. Denn obgleich die „ewige Verdammnis“ weder Vernichtung noch endlose Folter bedeutet, ist es doch sehr ernst, für Milliarden von Jahren zurückgehalten zu werden, bis eine neue Evolutionswoge so weit fortgeschritten ist, daß diejenigen, denen der Fortschritt hier nicht gelungen ist, weiterkommen können. Zwar ist sich der Geist des vergangenen Zeitraumes nicht bewußt. Es ist aber doch ein ernstlicher Verlust, und es muß auch ein Zustand von Heimatlosigkeit damit verbunden sein, bis sich solche Geistwesen endlich in einer neuen Entwicklung wiederfinden.

Soweit die jetzige Menschheit in Betracht kommt, ist diese Möglichkeit so gering, daß sie fast übergangen werden kann. Und doch sagt man, daß von der Gesamtzahl der Urgeister, deren Evolution mit der Saturnperiode begann, im fünften Kreislauf der Erdenperiode nur ungefähr drei Fünftel den kritischen Punkt überschreiten und ans Ziel gelangen werden.

Mit großer Besorgnis blickt der esoterische Wissenschaftler auf den Materialismus, der nicht nur den Fortschritt aufhält, sondern alle sieben Träger des Jungfräulichen Geistes zerstört und ihn nackt zurückläßt, wenn er zu weit geht. Letzterer wird dann in der neuen Evolutionsperiode ganz von neuem beginnen müssen. Alle Arbeit, die er seit der Saturnperiode geleistet hat, wird vollständig verloren sein. Deshalb ist die gegenwärtige Periode für unsere Menschheit die kritischste von allen, und deswegen spricht die Geisteswissenschaft von den sechzehn Rassen, als von den „sechzehn Möglichkeiten der Vernichtung“. Eine von ihnen ist die germanisch-angelsächsische. Möge der Leser über alle glücklich hinauskommen! Denn ihre Fesseln bergen Ärgeres als die Verzögerung im nächsten Kreislauf.

Allgemein gesprochen erhielt Klasse 5 im siebenten Kreislauf den Keim des Göttlichen Geistes, als die „Herren der Flamme" wiederkamen. Diese waren daher die Wegbereiter der letzten Lebenswoge, die zu Beginn der Mondenperiode in die Evolution eintrat. Dort machten sie ihren mineralischen Zustand durch. So blieben die Nachzügler dieser Lebenswoge nur mit dem Keim eines physischen Körpers zurück.

Zu den Obenerwähnten kam auch noch eine neue Lebenswoge, das Mineralreich unserer Zeit. Es begann seine Evolution mit Beginn der Erdenperiode.

Am Ende der Mondenperiode hatten diese Wogen die in Diagramm 10 angeführten Träger. Sie begannen so die Erdenperiode. Während der seither vergangenen Zeit hatte die Menschheit das Bindeglied ihres Verstandes entwickelt. Dadurch erhielt sie ein vollwaches Bewußtsein. Die Tiere bekamen einen Empfindungskörper, die Pflanzen einen Lebensleib. Die Nachzügler der Lebenswoge, die die Evolution in der Mondenperiode begannen, sind den harten und festen Bedingungen der Felsenformation entgangen. Ihre physischen Körper bilden nun unser weiches Erdreich, während die Lebenswoge, die in der Erdenperiode in die Evolution eintrat, die harten Felsen und Steine bildet.

So haben die verschiedenen Klassen die in Diagramm 3 gezeigten Träger erhalten, worauf der Leser verwiesen wird.

KAPITEL X

Die Erdenperiode

Die Weltenkörper der Erdenperiode liegen in den vier dichtesten Zuständen der Materie, der Region der Konkreten Gedanken, der Empfindungswelt, der Äther- und der Chemischen Region (Diagramm 8). Der dichteste Weltenkörper, Körper D, ist unsere heutige Erde.

Wenn wir von den „dichtesten Welten" oder den dichtesten Zuständen der „Materie" sprechen, muß der Ausdruck relativ aufgefaßt werden. Sonst wäre es eine Begrenzung des Absoluten, und das ist widersinnig. Dichter und dünner sind wie Auf und Ab, Ost und West nur relativ auf unseren gegenwärtigen Zustand anwendbar. Wie es höhere, feinere als die von unserer Lebenswoge berührten Welten gibt, so gibt es auch dichtere Zustände der Materie. Sie sind das Evolutionsfeld für andere Wesen. Man muß auch nicht glauben, daß diese dichteren Welten anderwärts im Raum sind. Sie durchdringen unsere Welten auf ähnliche Weise wie die höheren Welten unserer Erde. Die angenommene Festigkeit der Erde und der von uns wahrnehmbaren Formen ist für ein Durchdringen eines dichteren Körpers so wenig hinderlich wie unsere soliden, festen Mauern für das Hindurchgehen eines menschlichen, von seinem Empfindungsleib umhüllten Wesens. Festigkeit ist auch nicht identisch mit Dichte. Wir sehen das an Aluminium, einem festen Körper, der nicht so dicht wie das flüssige Quecksilber ist. Und doch wird dieses trotz seiner Dichte verdampft und von vielen festen Körpern ausgeschwitzt.

Wir stehen heute in der vierten Periode und besitzen jetzt vier Elemente. In der Saturnperiode gab es nur ein Element, das Feuer; das heißt, es gab Wärme oder Hitze, und das ist bekanntlich beginnendes Feuer. In der zweiten oder Sonnenperiode gab es zwei Elemente, Feuer und Luft. In der dritten, der Mondenperiode, kam Wasser hinzu, und in der vierten, der Erdenperiode, wurde Erde als viertes Element hinzugefügt. Daraus ersieht man, daß die Zahl der Elemente in jeder Periode um eines vermehrt wurde.

In der Jupiterperiode wird ein Element geistiger Natur hinzutreten. Es wird sich mit der Sprache verbinden, so daß die Worte immer auf Verständnis stoßen werden, nicht wie jetzt häufig auf Mißverstehen. Wenn jemand beispielsweise „Haus" sagt, kann er ein Wohnhaus damit meinen, während der Hörer sich ein flaches Wirtschaftsgebäude vorstellt.

Die verschiedenen in Diagramm 10 genannten Klassen wurden durch die verantwortlichen Hierarchien in die Umgebung der vier oben erwähnten Elemente gebracht. Wir erinnern uns, daß die Klassen der Mondenperiode drei Reiche bildeten, das Tierreich, das Tier-Pflanzen-Reich und das Pflanzen-Mineral-Reich. Hier auf der Erde aber sind die Bedingungen so, daß keine großen Halbklassen bestehen können. Es müssen vier deutlich geschiedene Reiche sein. In dieser erstarrten Existenzphase müssen die Linien zwischen ihnen schärfer gezogen sein, als sie es in den früheren waren, in denen nach und nach ein Reich mit dem anderen verschmolz. Daher rückten einige der zehn Klassen einen halben Schritt vor und andere einen halben Schritt zurück.

Einige der Mineralpflanzen gingen vollständig in das Pflanzenreich über; sie wurden das Grün der Felder. Andere stiegen hinunter und wurden der Grund, auf dem die Pflanzen wuchsen. Von den Pflanzen-Tieren rückten einige vorauseilend in das Tierreich vor. Diese Arten haben noch das farblose Pflanzenblut, einige, beispielsweise die Seesterne, sogar fünf Spitzen wie die Blumenblätter.

Alle aus Klasse 2, deren Empfindungsleib wie bei Klasse 1 in zwei Teile geteilt werden konnte, waren geeignet, menschliche Träger zu werden. Deshalb rückten sie in die menschliche Gruppe vor.

Wir müssen uns bewußt sein, daß wir im Obenstehenden von der Form und nicht von dem sich in ihr befindenden Leben sprachen. Das Instrument wird gestimmt, um sich dem Leben, das in ihm wohnen soll, anzupassen. Diejenigen aus Klasse 2, in deren Trägern die erwähnte Trennung vorgenommen werden konnte, wurden ins menschliche Reich erhoben. Sie erhielten aber den innewohnenden Geist später als Klasse 1. Deshalb sind sie jetzt nicht so weit fortgeschritten wie Klasse 1. Sie bilden die niederen Rassen der Menschheit.

Jene, deren Empfindungskörper nicht zur Teilung fähig waren, kamen als Klasse 3 A und 3 B in dieselbe Abteilung. Sie sind unsere heutigen anthropoiden Affen. Wenn sie vor dem bereits erwähnten kritischen Punkt in der Mitte des fünften Kreislaufs fortgeschritten genug sind, können sie unsere Evolution noch überholen. Holen sie uns zu dieser Zeit nicht ein, haben sie die Berührung mit unserer Evolution verloren.

Wir erwähnten, daß der Mensch seinen dreifachen Körper mit Hilfe anderer höherer Wesen gestaltete. In der vorhergehenden Periode aber gab es keine verbindende Macht. Der dreifache Geist, das Ich, war abgesondert und von seinen Trägern getrennt. Nun war die Zeit gekommen, Körper und Geist zu vereinen.

Dort, wo sich der Empfindungsleib abtrennte, beherrschte der höhere Teil ein wenig die niederen Teile, den physischen Körper und den Lebensleib. Er bildete eine Art Tierseele, mit der sich der Geist durch die Hilfe des vermittelnden Verstandes verbinden konnte. Wo keine Teilung des Empfindungsleibes eintrat, wurde der Träger dem Verlangen und den Leidenschaften ohne Hemmung überlassen. Daher konnte er nicht als Gefäß, in dem der Geist wohnen könnte, Verwendung finden. So wurde er der Leitung eines Gruppengeistes unterstellt, der ihn von **außen** lenkte. Er wurde ein Tierkörper und entartete zum Anthropoiden.

Wo eine Teilung im Empfindungsleib stattfand, nahm der feste Körper nach und nach eine aufrechte Haltung an. Auf diese Weise entzog er sein Rückgrat den horizontalen Strömungen der Empfindungswelt, in der das Tier vom Gruppengeist durch das waagerechte Rückgrat geleitet wird. Das Ich konnte dann in die Form eintreten, darin arbeiten, sich durch das senkrechte Rückgrat ausdrücken, den senkrechten Kehlkopf formen und als Instrument seines geeigneten Ausdrucks im physischen Körper das Gehirn bilden. Ein horizontal gestellter Kehlkopf steht auch unter der Herrschaft des Gruppengeistes. Es ist wahr, daß, wie bereits erwähnt, verschiedene Tiere, beispielsweise Stare, Raben, Papageien und so weiter, infolge ihres aufrechten Kehlkopfes Worte **hervorbringen** können. Deren verständige Anwendung ist ihnen jedoch verschlossen. **Gedanken durch den Gebrauch des Wortes auszudrücken, ist das höchste menschliche Vorrecht.** Es kann nur durch ein überlegendes, denkendes Wesen, wie es der Mensch ist, ausgeübt werden. Wenn der Schüler sich das merkt, wird es ihm leichter fallen, die verschiedenen Schritte zu verfolgen, die zu diesem Ziel führen.

Der Saturnkreislauf der Erdenperiode

Im Saturnkreislauf jeder Periode wird der physische Körper erneut gebildet. Der im Saturnkreislauf der Erdenperiode geschaffene Leib erhielt die Fähigkeit, ein Gehirn hervorzubringen. Er wurde zum Träger für den Keim des Verstandes, der später hinzugefügt werden sollte. Dadurch wurde er endgültig wiederhergestellt und erreichte somit die höchste Gebrauchsfähigkeit eines solchen Trägers.

Zu seinem Aufbau ist unausprechliche Weisheit verwendet worden. Er ist ein Wunderwerk. Dem Schüler gegenüber kann nicht genügend klargemacht werden, welche großartigen Möglichkeiten zum Erwerben von Kenntnissen in diesem Instrument enthalten sind. Wie hoch sollte er diesen großen Segen schätzen und wie dankbar dafür sein!

Schon früher wurden einige Beispiele über die Vollkommenheit der Entwicklung und der klugen Anpassungsfähigkeit dieses Werkzeuges gegeben. Um dem Geist des Schülers diese große Wahrheit tiefer einzuprägen, ist es angebracht, die Weisheit und auch die Arbeit des Ich im Blut eingehender zu veranschaulichen.

Allgemein, doch in gewisser Unklarheit ist bekannt, daß der Magensaft auf die Nahrung einwirkt, um deren Aufnahme zu fördern. Allerdings wissen außer den Medizinern nur wenige, daß es verschiedene Magensäfte gibt, von denen sich jeder für die Behandlung eines besonderen Nahrungsmittels eignet. Die Forschungen Pawlows*) haben zweifelsfrei festgestellt, daß es eine Art von Magensaft zur Verdauung des Fleisches, eine zur Verdauung der Milch, eine andere für Fruchtsäuren und so weiter gibt. Das ist auch die Ursache dafür, daß sich nicht alle Speisen gut vertragen. Milch erfordert zum Beispiel einen Magensaft, der sich stark von fast allen anderen außer von den Säften unterscheidet, die zur Verdauung stärkehaltiger Nahrungsmittel erforderlich sind. Zusammen mit Getreideerzeugnissen und Feldfrüchten, also Zerealien, wird sie gut verdaut. Es offenbart sich eine wunderbare Weisheit, daß das im Unterbewußtsein arbeitende Ich fähig ist, die verschiedenen Säfte, die den einzelnen Nahrungsmittelarten angepaßt sind, auszuwählen, und jeden in

*) Iwan Petrowitsch Pawlow erforschte besonders den Einfluß des Nervensystems auf die Magenabsonderung — allein der Anblick der Speise löst die Magensekretion aus — und entdeckte die „bedingten Reflexe" im Zentralnervensystem.

der richtigen Beschaffenheit und Menge zur Verdauung der Nahrung zuzubereiten. Noch wunderbarer läßt es den Prozeß erscheinen, daß der Magensaft bereits in Erwartung der Speise in den Magen gelangt.

Der Vorgang, die Magensäfte zu mischen, wird von uns nicht bewußt geleitet. Die meisten Menschen wissen nichts vom Stoffwechsel oder anderen chemischen Vorgängen. Die Annahme, daß wir die Speise schmecken und den weiteren Vorgang durch Signale im Nervensystem lenken, genügt nicht.

Als die Tatsache der Auswahl von Magensäften zuerst bewiesen wurde, mußten die Wissenschaftler durch schwierige Versuche herausfinden, auf welche Weise der richtige Magensaft ausgewählt und zum Eintritt in den Magen veranlaßt würde, **bevor** die Nahrung in diesen gelangt. Sie meinten, das Signal werde längs des Nervensystems weitergeleitet. Es wurde jedoch zweifelsfrei nachgewiesen, daß der richtige Magensaft auch in den Magen fließt, wenn das Nervensystem blockiert ist.

Endlich konnten Starling und Byliss in einer Reihe großartiger, genialer Versuche beweisen, daß winzige Nahrungsmengen vom Blut aufgenommen werden, sobald die Nahrung in den Mund eingeht. Diese Nahrungsmengen erreichen schon von dort die Verdauungsdrüsen und veranlassen einen Ausfluß des benötigten Saftes.

Das ist wieder nur die physische Seite des Geschehens. Um den ganzen großartigen Zusammenhang zu verstehen, müssen wir uns der Geisteswissenschaft zuwenden. Sie allein erklärt, warum das Blut der Träger dieser Botschaft ist.

Der rote Lebenssaft des Menschen ist eine der höchsten Äußerungen des Lebensleibes. Das Ich führt und beherrscht sein physisches Instrument durch das Blut, durch das es auf das Nervensystem einwirkt. Gelegentlich kommt es zur Verdauung, indem das Ich teilweise durch das Nervensystem wirkt. Das geschieht vor allem vor Beginn des Verdauungsprozesses durch direkten Einfluß auf den Magen. Wenn das Nervensystem bei wissenschaftlichen Versuchen blockiert wurde, war der unmittelbare Weg durch das Blut noch immer offen, und das Ich erhielt auf diesem Wege die nötigen Mitteilungen.

Wir haben auch gesehen, daß das Blut dorthin gelenkt wird, wo das Ich gerade seine größte Tätigkeit entfaltet. Erfordert eine Situation schnelles Nachdenken und Handeln, wird das Blut sofort zum Kopf geleitet.

Soll ein schweres Mahl verdaut werden, verläßt der größte Teil des Blutes den Kopf und wird in den Verdauungsorganen angesammelt. Das Ich konzentriert seine Anstrengungen auf die Befreiung des Körpers von nutzloser Nahrung. Deshalb kann der Mensch nach einer schweren Mahlzeit nicht gut denken. Er wird schläfrig, weil seinem Gehirn so viel Blut entzogen wurde, daß der Rest nicht ausreicht, die notwendigen Tätigkeiten für volles, waches Bewußtsein aufrechtzuerhalten. Außerdem wird fast aller Lebenssaft oder die von der Milz besonders erzeugte Sonnenenergie durch das Blut aufgenommen, das dieses Organ nach einer Mahlzeit stärker durchströmt als zwischen ihnen. So wird dem übrigen Körper während des Verdauungsprozesses eine größere Menge des Lebensaftes entzogen. Es ist das Ich, das das Blut ins Gehirn strömen läßt. Sobald der Körper einschläft, verläßt der Lebenssaft dieses Organ. Das kann nachgewiesen werden, wenn man einen Menschen auf einen als Waage konstruierten, im Gleichgewicht befindlichen Tisch legt. Schläft er ein, senkt sich der Tisch am Fußende beständig, und das Kopfende hebt sich. Beim Koitus wird das Blut in den Geschlechtsorganen zentralisiert und so weiter. Alle diese Beispiele führen zu Beweisen, daß das Ich in den Stunden des Wachens durch das Blut im physischen Körper wirkt und ihn beherrscht. Der größere Teil des Blutes geht in denjenigen Körperteil, in dem das Ich im Augenblick seine besondere Tätigkeit entfaltet.

Die Wiedererstellung des physischen Leibes im Saturnkreislauf der Erdenperiode erfolgte, um diesen Träger so auszugestalten, daß er vom Verstand durchdrungen werden kann. Dieser gab den ersten Anstoß zur Ausgestaltung der Stirnseite des Gehirns und auch zur beginnenden Trennung im Nervensystem, die seit dieser Zeit in den beiden Unterabteilungen, dem willkürlichen und dem sympathischen Nervensystem, offenbar geworden ist. Letzteres ist das einzige, das in der Mondenperiode vorgesehen war. Das willkürliche Nervensystem, das den physischen Körper aus einem nur von außen „automatenartig" handelnden, zu einem außergewöhnlich anpassungsfähigen, von einem von innen durch das Ich geleiteten und beherrschten Instrument machte, wurde erst in der gegenwärtigen Erdenperiode hinzugefügt.

Die Hauptaktivitäten dieses Wiederherstellungswerkes wurden von den „Herren der Form" übernommen. Sie sind die Schöpferische Hierarchie, die in der Erdenperiode am aktivsten ist, so wie es die „Herren der Flamme" in der Saturnperiode, die „Herren der Weisheit" in der Sonnenperiode und die „Herren der Persönlichkeit" in der Mondenperiode sind.

Die Erdenperiode ist vornehmlich der Zeitraum der Form. Denn hier ist die körperliche oder materielle Seite der Evolution am größten und ausgeprägtesten, der Geist am hilflosesten und unterdrücktesten, der Körper der herausragende Faktor; daher auch die Vorherrschaft der „Herren der Form".

Der Sonnenkreislauf der Erdenperiode

In diesem Kreislauf wurde der Lebensleib erneut gebildet, um sich auf den keimenden Verstand einzustellen. Er erhielt eine dem physischen Körper ähnliche Gestalt, so daß er in der Jupiterperiode als dichtester Körper dienen kann, wenn der physische Leib vergeistigt sein wird.

Die Engel, die Menschheit der Mondenperiode, erhalten bei jener Wiederherstellung die Hilfe der „Herren der Form". Die

Organisation des Lebensleibes kommt in ihrer Wirksamkeit jetzt dem physichen Körper am nächsten. Einige Autoren, die sich darüber äußern, nennen den Lebensleib ein Glied und behaupten, er sei einfach eine Form des physischen Körpers und nicht ein getrennter Träger.

Im gegenwärtigen Evolutionszustand kann der Mensch den Lebensleib **normalerweise** nicht als getrennten Träger gebrauchen, da dieser immer beim physischen Körper bleibt. Würde man ihn vollständig herausziehen, würde das den Tod des irdischen Leibes verursachen. Allerdings gab es eine Zeit, in der der Lebensleib nicht so fest mit dem physischen Leib verbunden war. Davon werden wir sogleich sprechen.

In jenen Epochen unserer Erdgeschichte, die schon als die Lemurische und als die Atlantische erwähnt wurden, war der Mensch aufgrund des lockeren Zusammenhangs seines festen und seines Lebensleibes unwillkürlich hellsichtig. Die Lehrer dieser Zeit halfen dem zu Belehrenden, die Verbindung noch weiter zu lösen.

Seither ist der Lebensleib bei den meisten Menschen viel fester mit dem physischen Körper verbunden. Bei allen Sensitiven aber ist eine lockere Verbindung vorhanden. Dadurch unterscheidet sich der seelische vom allgemeinen Menschen. Letzterer ahnt nichts von allem, außer von den durch seine fünf Sinne aufgenommenen Schwingungen. Alle menschlichen Wesen müssen diesen Zustand der engen Verbindung ihrer Träger durchleben und die sich daraus ergebende Beschränkung des Bewußtseins erfahren. Es gibt zwei Klassen von Sensitiven. Diejenigen, die nie fest in die Materie verstrickt wurden, wie beispielsweise die meisten Inder, die Indianer und so weiter. Sie besitzen einen gewissen niederen Grad von Hellsichtigkeit oder sind empfänglich für die Laute der Natur. Und ferner jene Menschen, die Wegbereiter der Evolution sind. Sie gehen aus dem Höhepunkt des Materialismus hervor und teilen sich wieder in zwei Gruppen. Eine von ihnen entwickelt sich in passiver, willensschwacher Weise. Durch Mithilfe anderer Menschen erweckt sie erneut das Sonnengeflecht oder weitere Organe, die in Verbindung mit dem unwillkürlichen Nervensystem stehen. Daher sind sie unwillkürliche Hellseher, die Medien, die keine Gewalt über ihre Fähigkeiten besitzen. Sie haben sich zurückentwickelt. Die andere Gruppe hat in Verbindung mit dem willkürlichen Nervensystem durch eigenen Willen die schwingenden Kräfte ihrer Organe entfaltet. Es sind die geübten Esoteriker, die ihre Körper beherrschen und ihre hellseherische Tätigkeit nach eigenem Willen ausüben. Sie werden willkürliche oder geschulte Hellseher genannt.

In der Jupiterperiode wird der Mensch in seinem Lebensleib ebenso wirken, wie er jetzt im physischen Leib handelt. Da in der Natur keine Entwicklung plötzlich vonstatten geht, hat der Trennungsprozeß der beiden Körper bereits begonnen. Der Lebensleib wird zukünftig einen bedeutend höheren Fähigkeitsgrad erlangen als der heutige irdische Leib. Er ist ein wesentlich biegsamerer Träger. Daher wird es dem Geist dann möglich sein, ihn in einer Weise zu verwenden, wie es dem gegenwärtigen physischen Körper unmöglich ist.

Der Mondenkreislauf der Erdenperiode

In ihm wurde die Mondenperiode kurz zusammengefaßt. Auf einer höheren Stufe herrschten ziemlich dieselben Bedingungen wie auf Weltenkörper D in jener Periode. Es waren die gleiche Art feurig-nebeliger Atmosphäre, derselbe feurige Kern und dieselbe Zweiteilung des Weltenkörpers vorhanden. Somit konnten die eigenen Fortschritte der höher entwickelten Wesen in der ihnen angemessenen Art und Geschwindigkeit erfolgen, was für Wesen vom Rang der Menschheit nicht möglich gewesen wäre.

In dieser Periode übernahmen die Erzengel — sie waren die Menschheit der Sonnenperiode — und die „Herren der Form" die Aufgabe, den Empfindungsleib zu erneuern; doch sie blieben bei dieser Arbeit nicht allein. Als die Zweiteilung des Weltenkörpers stattfand, erfolgte im Empfindungsleib einiger sich entwickelnder Wesen eine ähnliche Teilung. Wir erwähnten bereits, daß der Körper dort, wo diese Teilung stattfand, bereit war, Träger eines **innewohnenden** Geistes zu werden. Um das zu fördern, nahmen die „Herren des Verstandes" — sie waren die Menschheit der Saturnperiode — den höheren Teil des Empfindungsleibes in Besitz. Sie pflanzten ihm die getrennte Selbstheit ein, ohne die der gegenwärtige Mensch mit all seinen glorreichen Möglichkeiten nicht hätte existieren können.

So wurde durch die „Herren des Verstandes" im letzten Abschnitt des Mondenkreislaufs der erste Keim zur gesonderten Persönlichkeit in den höheren Teil des Empfindungsleibes eingepflanzt.

Die Erzengel wirkten im niederen Teil dieses Leibes; sie gaben ihm die rein tierischen Begierden. Außerdem waren sie in den Empfindungskörpern tätig, ohne daß es in diesen eine Teilung gab. Einige dieser Körper wurden die Träger der von außen auf die Tiere wirkenden Tiergruppengeister. Diese dringen jedoch nicht wie der individuelle Geist in den menschlichen Körper völlig in die tierische Form ein.

Der Empfindungsleib wurde erneut gebildet, um ihn für das Durchdringen mit dem Keim des Verstandes fähig zu machen. Dieser wird während der Erdenperiode in alle Empfindungsleiber, in denen es möglich war, die oben erwähnte Teilung vorzunehmen, eingepflanzt.

Wie schon früher dargelegt wurde, ist der Empfindungsleib eine unsystematische Eiform. Er hat, wie das Weiße eines Eies das Gelbe umgibt, als dunklen Kern in seiner Mitte den physischen Körper. In dem eirunden Träger gibt es eine Anzahl Sinneszentren, die sich seit Beginn der Erdenperiode gezeigt haben. Im Durchschnittsmenschen sind sie nur als Wirbel in einem Strom sichtbar und gegenwärtig nicht erwacht. Daher ist der Empfindungsleib für den Menschen nicht als **getrennter** Bewußtseinsträger verwendbar. Sind die Zentren erweckt, sehen sie wie sich drehende Wirbel aus.

Ruhepausen zwischen den Weltenkreisläufen

Bisher haben wir nur die Kosmischen Nächte zwischen den Perioden betrachtet. Wir bemerkten, daß zwischen der Saturn- und der Sonnenperiode eine Ruhepause, eine andere Kosmische Nacht zwischen der Sonnen- und der Mondenperiode und so weiter war. Aber auch zwischen den Kreisläufen sind Ruhezeiten.

Die Perioden könnten wir mit den verschiedenen Verkörperungen des Menschen vergleichen, die Kosmischen Nächte zwischen ihnen mit den Zwischenräumen zwischen Tod und Geburt, die Ruhe zwischen den Kreisläufen mit der Schlafruhe zwischen zwei Tagen.

Wenn eine Kosmische Nacht einsetzt, werden alle geoffenbarten Wesen und Geschöpfe zu einer homogenen Masse aufgelöst, und der Kosmos wird zum Chaos.

Die periodische Wiederkehr der Materie in den Urzustand macht es dem Geist möglich, sich zu entwickeln. Sollte der Verdichtungsprozeß der tätigen Offenbarungen aber unbegrenzt fortdauern, würde er für den Fortschritt des Geistes zu einem unüberwindbaren Hindernis. So oft die Materie sich soweit verdichtet hat, daß sie für den Geist zu hart wird, um in ihr zu wirken, zieht dieser seine erschöpfte Energie zurück, damit sie sich erholen kann. Es ist so ähnlich wie bei einem Bohrer. Kann man mit ihm in einem harten Metall nicht weiterbohren, wird er zurückgezogen, um seine Kraft wiederzugewinnen. Danach kann er weiter tief in das Metall eindringen.

Von der kristallisierenden Energie des sich entwickelnden Geistes befreit, verwandeln die chemischen Kräfte der Materie den Kosmos in Chaos, indem sie die Materie in den Urzustand zurückführen. Dadurch können die wiederauflebenden Urgeister zu Beginn eines neuen Offenbarungstages einen neuen Anfang machen.

Die Erfahrung, die der Geist in den vorangegangenen Perioden und Kreisläufen gewonnen hat, befähigt ihn, den zuletzt erreichten Punkt verhältnismäßig schnell wieder zu erreichen. Außerdem kann er den weiteren Fortschritt durch Veränderungen erleichtern, wie sie seine gesamten Erfahrungen bewirken.

So kehrten am Ende des Mondenkreislaufs der Erdenperiode alle Weltenkörper und alles Leben in das Chaos zurück. Zu Beginn des vierten Kreislaufs tauchten sie wieder daraus hervor.

Der vierte Kreislauf der Erdenperiode

In der unbeschreiblichen Vielschichtigkeit des Evolutionsplanes befinden sich bis in die Unendlichkeit in den Spiralen immer wieder Spiralen. So wird es nicht überraschen zu erfahren, daß die Arbeit der Wiederholung und der Ruhe auf den verschiedenen Weltenkörpern in jedem Kreislauf angewendet wird. Als die Lebenswoge in diesem Kreislauf auf Weltenkörper A wiedererschien, ging sie durch die Entwicklung der Saturnperiode. Nach einer Ruhepause, die aber nicht die völlige Vernichtung des Weltenkörpers, sondern nur eine Veränderung bedeutete, erschien sie auf Weltenkörper B. Hier wurde die Arbeit der Sonnenperiode wieder aufgenommen. Nach einer erneuten Ruhepause ging die Lebenswoge auf Weltenkörper C über, und die Arbeit der Mondenperiode wurde wiederholt. Schließlich erschien sie auf Weltenkörper D. Das ist unsere Erde. Zu diesem Zeitpunkt, nicht früher, begann die eigentliche Arbeit der Erdenperiode.

Doch sogleich nach Ankunft der Lebenswoge von Weltenkörper C verhinderte die Spirale in der Spirale ihren Beginn. Denn die Verleihung des keimenden Verstandes fand tatsächlich erst in der vierten Epoche statt. Die drei ersten Epochen waren noch weitere Zusammenfassungen der Saturn-, Sonnen- und Mondenperiode, jedoch stets auf einer höheren Stufe.

KAPITEL XI

Die Genesis und die Evolution unseres Sonnensystems

Chaos

Auf den vorhergehenden Seiten ist nichts über unser Sonnensystem und die verschiedenen Planeten, die es umfaßt, gesagt worden. Denn die gegenwärtig vorhandene Trennung, der Höhepunkt der Vielfalt, wurde erst vorgenommen, als die Erdenperiode erreicht worden war. Obgleich wir nur von einer Klasse Jungfräulicher Geister gesprochen haben, die im engsten und begrenzten Sinn mit unserer Erdenentwicklung in Verbindung stehen, gibt es in Wirklichkeit sieben „Strahlen" oder Lebensströme. Alle verfolgen verschiedene Lebenswege. Dennoch gehören sie wie unsere Menschheit zu derselben Kategorie von Urgeistern.

In den vorhergehenden Perioden fanden alle diese Unterklassen oder Strahlen auf demselben Planeten eine geeignete Umgebung für ihre Evolution. Aber in der Erdenperiode wurden die Bedingungen so, daß jede Klasse auf einen anderen Planeten verpflanzt werden mußte. Dadurch erhielten sie die für ihre Evolution erforderliche Temperatur und die notwendige Schwingungszahl. Sie wurden in unterschiedliche Entfernung zur Sonne, der allgemeinen Lebensquelle, versetzt. Das ist die Seinsgrundlage unseres und aller anderen Sonnensysteme im Weltall.

Bevor wir mit der Beschreibung der Evolution unserer Menschheit auf der Erde nach ihrer Trennung von der Zentralsonne fortfahren, ist es zur Aufrechterhaltung der folgerichtigen Ordnung erforderlich, die Trennung zu beschreiben, die die Planeten unseres Systems in den Raum hinaus gestreut hat. Aktive Lebensäußerung, besonders in der Physischen Welt, hängt vom Getrenntsein ab, von der Begrenzung des Lebens durch den Körper. Doch in den Pausen zwischen den Perioden und Kreisläufen hört der merkliche Unterschied von Leben und Form auf. Das ist nicht nur auf die Menschheit und auf die niederen Reiche anzuwenden, sondern auch auf Welten und Weltenkörper, die die Grundlage für das sich entwickelnde Leben bilden. Nur die Keimatome und die Kerne oder Zentren der Weltenkörper bleiben zurück, alles andere ist eine einheitliche Substanz. Da ist nichts anderes als der den Raum durchdringende Geist. Leben und Form, sein positiver und sein negativer Pol, sind eins.

Diesen Zustand der Dinge nannte die griechische Mythologie „Chaos". In der alten nordisch-germanischen Mythologie heißt er „Ginnungagap". Auf der Nordseite wird er vom kalten nebligen „Niflheim", dem Land des Nebels, auf der Südseite vom feurigen „Muspelheim" begrenzt. Drangen Hitze und Kälte in den von Chaos oder Ginnungagap eingenommenen Raum ein, veranlaßten sie die Kristallisation des sichtbaren Weltalls.

Auch die Bibel erweckt die Vorstellung vom unbegrenzten Raum, der vor der Tätigkeit des Geistes vorhanden ist.

In unserer jetzigen materiellen Periode haben wir leider den Begriff von dem, was hinter dem Wort „Raum" liegt, verloren. Wir sind so gewöhnt, von „leerem" Raum, oder von der „großen Leere" des Raumes zu sprechen, daß wir ganz die große und heilige Bedeutung des Wortes vergessen. So fehlt uns das Gefühl der Ehrfurcht, das die Vorstellung von Raum und Chaos erwecken sollte.

Für den Rosenkreuzer wie für jede andere esoterische Schule gibt es einen leeren Raum oder etwas ähnliches nicht. Für sie ist **Raum Geist** in seiner aufgelösten Form, während die **Materie**

kristallisierter Raum oder Geist ist. Der Geist ist in seiner Äußerung zweifach. Was wir als Form sehen, ist seine negative kristallisierte und untätige Äußerung. Der positive Pol des Geistes offenbart sich als Leben, das die negative Form zur Tätigkeit anregt. Doch beide, Leben und Form, entsprangen dem Geist, dem Raum und dem Chaos. Um ein Beispiel im Alltagsleben zu finden, betrachten wir das Ausbrüten des Eies, das mit einer mäßig zähen Flüssigkeit gefüllt ist, die der Wärme ausgesetzt wird. Aus der weichen flüssigen Substanz oder Feuchte entsteht ein lebendiges Küken mit festen Knochen und verhältnismäßig zähem Fleisch, mit Federn, die ziemlich harte Kiele haben und so weiter.

Wenn also aus der trägen Flüssigkeit eines Eies ohne Hinzufügen einer erhärtenden Substanz von außen ein lebendiges Küken gebildet werden kann, scheint der Gedanke, das Weltall als kristallisierten Geist oder Raum zu betrachten, nicht sinnlos zu sein. Zweifellos wird dieser Vergleich vielen Menschen töricht erscheinen. Doch dieses Buch ist nicht geschrieben, die Welt davon zu überzeugen, daß die Dinge vorhanden **sind.** Es hat die Absicht, dem innerlich für diese Sachverhalte Empfänglichen zu helfen, das große Weltenmysterium zu beleuchten, das zu sehen dem Schreiber vergönnt war. Die Hauptsache im Augenblick ist, aufzuzeigen, daß der Geist in der Offenbarung und auch im Chaos immer tätig ist.

Die moderne Wissenschaft würde über den Gedanken, daß auf einem Weltenkörper schon während seines Bildungsprozesses Leben vorhanden sein könnte, nur lächeln. Denn sie kann Leben und Körper nicht unterscheiden. Sie bemerkt eine Form nur, wenn sie fest und greifbar, durch unsere fünf Sinnen wahrnehmbar ist.

In Übereinstimmung mit der oben gegebenen Erläuterung von Leben und Form ist die esoterische Wissenschaft der Ansicht, daß Leben unabhängig von sichtbarer Form bestehen kann. Es kann Gestalten annehmen, die unseren beschränkten Sinnen nicht zugänglich sind und die keinen Gesetzen des jetzigen festen Zustandes der Materie unterliegen.

Die Nebeltheorie hält daran fest, daß alles Sein, das heißt alle Körper, ferner die Welten im Raum und alle auf ihnen bestehenden Formgestalten aus dem feurigen Urnebel entstanden seien. Die weitere Tatsache, daß dieser feurige Urnebel Offenbarung des Geistes ist, erkennt sie jedoch nicht an. Sie kann nicht zugestehen, daß die ganze Atmosphäre um uns herum, der Raum zwischen den Welten, geisterfüllt ist und daß ein beständiger Austausch erfolgt, bei dem sich die Form in Raum auflöst und der Raum sich in Formen kristallisiert.

Chaos ist kein inzwischen gänzlich verschwundener Zustand der Vergangenheit. Es ist stets um uns herum vorhanden. Würden alle alten Formen, die ihre Verwendungsmöglichkeit überlebt haben, nicht fortwährend zum Entstehen neuer Gestalten ins Chaos eingehen, es könnte keinen Fortschritt geben. Die Evolutionstätigkeit würde aufhören, Stillstand die Höherentwicklung verhindern.

Es ist erwiesen, daß „wir desto besser leben, je öfter wir sterben". Der Dichter-Eingeweihte Goethe sagt:

„Und so lang du das nicht hast,
Dieses Stirb und Werde,
Bist du nur ein trüber Gast
Auf der dunklen Erde."

Und Paulus spricht: „Ich sterbe täglich" (1. Korinther, 15, 31).

Deshalb muß man als Schüler der Geisteswissenschaften festhalten, daß Chaos selbst in der Offenbarungstätigkeit die Grundlage allen Fortschritts bleibt. Unser Leben im Chaos beruht auf unserem Leben während der tätigen Offenbarung und umgekehrt, das heißt auf dem, was wir in dieser tätigen Offenbarung vollbringen können. Die Fähigkeit, überhaupt Fortschritte zu erzielen, ist die Folge des Chaos. Der Zwischenraum zwischen Perioden und Kreisläufen ist in Wirklichkeit für das Wachstum der Seele viel wichtiger als die konkrete Existenz, obgleich letztere die Grundlage der ersteren ist und daher nicht entbehrt werden kann. Die Wichtigkeit des chaotischen Zwischenraumes liegt in der Tatsache, daß die sich entwickelnden Wesen aller Klassen in dieser Periode so eng verbunden sind, daß sie in Wahrheit eins sind. Deshalb stehen diejenigen, die während der Tätigkeitsperiode von niederer Entwicklung sind, in innigster Verbindung mit den höher Entwickelten. Sie erfahren und genießen aus diesem Grund eine viel höhere Schwingungszahl, als es ihre eigene ist. Das befähigt sie, ihre vergangenen Erfahrungen in einer Art zu durchleben und aufzunehmen, wie sie es, an ihre Form gebunden, unmöglich könnten.

Wir haben die Wohltat des Zwischenraumes zwischen Tod und Geburt für den menschlichen Geist gewürdigt. Und doch besteht auch da die Form noch, wenn auch im Vergleich zum physischen Körper außerordentlich verfeinert. Aber in der Kosmischen Nacht und in den Zwischenräumen zwischen den Perioden und Kreisläufen, in denen volle Freiheit in jeder Form herrscht, können die wohltätigen Resultate vergangener Erfahrungen viel wirksamer aufgenommen werden.

Wir gebrauchen ein Wort, das ursprünglich geprägt wurde, um den Zustand der Dinge zwischen den Manifestationen zu bezeichnen. Dieses Wort ist nun aber im materiellen Sinne so viel verwendet worden, daß es seine Urbedeutung verloren hat. Es heißt Gas.

Man möchte glauben, es sei ein sehr altes, fast immer für einen Zustand der Materie, die leichter als Flüssigkeit war, gebrauchtes Wort. Doch das ist nicht der Fall. Es wurde erstmals in dem 1633 erschienenen Werk „Physica“ des Rosenkreuzers Johann Baptist van Helmont verwendet.*)

---

*) Siehe Anhang, Anmerkung 5.

Helmont nannte sich nicht Rosenkreuzer. Kein wahrer Bruder macht das öffentlich. Nur der Rosenkreuzer kennt den Rosenkreuzerbruder. Nicht einmal die vertrautesten Freunde oder Verwandten wissen von der Verbindung eines Menschen mit diesem Orden. Nur diejenigen, die selbst Eingeweihte sind, kennen die Rosenkreuzer-Schriftsteller der Vergangenheit. Sie sehen aus ihren Werken die unverkennbaren Worte, Sätze und Zeichen zur Verkündigung der tiefen Erkenntnis leuchten. Dem Nichteingeweihten bleiben sie verborgen. Die Rosenkreuzerische Gemeinschaft setzt sich aus Schülern der jetzt öffentlich gegebenen Lehren des Ordens zusammen. Denn die Intelligenz der Allgemeinheit ist so weit entwickelt, wie es erforderlich ist, sie zu verstehen. Dieses Werk ist eines der ersten wenigen Fragmente, die öffentlich herausgegeben werden. Alles, was als solches in den letzten Jahren gedruckt wurde, sind entweder Arbeiten von Verführern oder Unaufrichtigen.

Rosenkreuzer wie Paracelsus, Comenius, Bacon, Helmont und andere gaben in ihren Werken nur Andeutungen und regten andere an. Der große Meinungsstreit, der die Autorenschaft von Shakespeare betraf, viele Federkiele nutzlos abstumpfte und so viel gute Tinte, die einem besseren Zweck hätte dienen können, verschwendete, wäre niemals entstanden, wenn man gewußt hätte, daß die große Ähnlichkeit bei Shakespeare und Bacon aus der Tatsache hervorgeht, daß beide durch denselben Eingeweihten inspiriert wurden, der auch auf Jakob Böhme und Jacobus Baldus, einen Pastor aus Ingolstadt, einwirkte. Letzterer lebte nach dem Tod des Dichters von Avon und schrieb lyrische Gedichte. Liest man das erste Gedicht von Jacobus Baldus mit einem gewissen Schlüssel, wird man durch Auf- und Ablesen der Linien den folgenden Satz finden: „Bis hierher habe ich jenseits der See durch Hilfe des Dramas gesprochen, jetzt werde ich mich in Lyrik ausdrücken."

In seiner „Physica“ schrieb der Rosenkreuzer van Helmont: „Ad huc spiritum incognitum gas voco.“ Das heißt: „Diesen bisher unbekannten Geist nenne ich Gas.“ Weiterhin sagt er in seinem Werk: „Dieser Dunst, den ich Gas nannte, ist vom Chaos der Alten nicht weit entfernt.“

Wir müssen das Chaos als den Geist Gottes denken lernen, der jeden Teil der Unendlichkeit durchdringt. Dann wird der Rosenkreuzergrundsatz: „Chaos ist der Saatgrund des Kosmos“ in wahrem Licht erscheinen, und wir werden aufhören, uns zu wundern, wie „aus dem Nichts etwas hervorgehen konnte“, denn Weltenraum ist nicht mit „Nichts“ sinnverwandt. Das Chaos umfaßt im Keim alles, was sich während einer physischen Manifestation äußert, und doch nicht alles. Denn durch die Vereinigung des Kosmos mit dem Chaos wird jedesmal Neues, früher nicht Vorhandenes hervorgebracht, etwas, das nicht vorhergesehen, das latent war. Der Name dieses Etwas ist Genie, die Grundlage der Epigenesis.

Es erscheint in allen Reichen und ist der Ausdruck des entwickelnden Geistes in Mensch, Tier und Pflanze. Deshalb ist Chaos ein heiliger Name, ein Name, der den mütterlichen Schoß von allem, was die Natur darbietet, bedeutet und der in jedem geprüften wahren und geschulten Esoteriker ein Gefühl der Ehrfurcht hervorruft. Jener betrachtet die sichtbare Sinnenwelt als Offenbarung der verborgenen Möglichkeiten des Chaos.

Die Geburt der Planeten

Um sich in der festen Physischen Welt auszudrücken, wurde es für den Menschen erforderlich, einen geeigneten irdischen Leib zu entwickeln. In einer Welt wie dieser muß er einen Körper mit Gliedern, Organen und einem Muskelsystem, durch das er sich bewegen kann, besitzen, auch ein Gehirn, um seine Bewegungen zu leiten und zu ordnen. Wären die Bedingungen andere gewesen, wäre der Körper entsprechend verändert worden.

Jedes Geschöpf, ob auf der Stufenleiter des Lebens hoch oder niedrig stehend, muß in jeder Welt, in der es sich zu äußern wünscht, Ausdrucksträger besitzen. Selbst die sieben Geister vor dem Thron müssen die für sie erforderlichen Träger besitzen, die selbstverständlich für jeden von ihnen anders sind. In ihrer Gesamtheit sind sie Gott und machen die göttliche Dreieinigkeit aus, die sich durch jeden von ihnen auf unterschiedliche Weise offenbart.

Es widerspricht sich nicht, Gott verschiedene Zahlen zuzuschreiben. Wir sündigen nicht gegen die „Einheit" des Lichtes, weil wir drei Urfarben unterscheiden, in die es sich zerlegt. Das weiße Sonnenlicht enthält die sieben Farben des Spektrums. Der Esoteriker sieht sogar 12 Farben. Denn wenn man den Kreis in einer Richtung verfolgt, liegen zwischen Rot und Violett außer Orange, Gelb, Grün des sichtbaren Spektrums und so weiter noch fünf weitere Farben. Vier von ihnen sind wirklich nicht zu beschreiben; die fünfte aber, die mittlere, ähnelt der Farbe einer frisch erschlossenen Pfirsichblüte. Sie ist tatsächlich die Farbe des Lebensleibes. Geschulte Hellseher, die sie als „bläulichgrau" oder „rötlichgrau" bezeichnen, versuchen etwas zu beschreiben, was in der Physischen Welt nicht seinesgleichen hat. Daher sind sie gezwungen, den Ausdruck unserer Sprache zu wählen, der der Beschreibung am nächsten kommt.

Vielleicht versetzt uns die Farbe besser als irgend etwas anderes in die Lage, die Einheit Gottes mit den Sieben Geistern vor dem Thron zu erfassen. Wenden wir uns daher Diagramm 11 zu.

Wir sehen hier ein weißes, aus einem schwarzen Hintergrund hervorleuchtendes Dreieck. Weiß ist zusammengesetzt. Es enthält alle Farben in sich, so wie Gott in sich alle Wesen des Sonnensystems enthält.

Tabelle über Schwingungen*)

Die Wirkungen der Schwingungen wurden wissenschaftlich ermittelt und anerkannt

	Anzahl der Schwingungen pro Sekunde	
1. Oktave	2	
2. Oktave	4	
3. Oktave	8	
4. Oktave	16	
5. Oktave	32	
6. Oktave	64	
7. Oktave	128	
8. Oktave	256	Ton
9. Oktave	512	
10. Oktave	1 024	
15. Oktave	32 768	
20. Oktave	1 048 576	Unbekannt
25. Oktave	33 554 432	
30. Oktave	1 073 741 824	Elektrizität
35. Oktave	34 359 738 368	
40. Oktave	1 099 511 627 776	
45. Oktave	35 184 372 088 832	
46. Oktave	70 368 744 177 664	
47. Oktave	140 737 488 355 328	Wärme
48. Oktave	281 474 976 710 656	
49. Oktave	562 949 953 421 312	Licht
50. Oktave	1 125 899 906 842 624	Chemische Strahlen
51. Oktave	2 251 799 813 685 248	Unbekannt
57. Oktave	144 115 188 075 855 872	
58. Oktave	288 230 376 151 711 744	
59. Oktave	576 460 752 303 423 488	X-Strahlen
60. Oktave	1 152 921 504 606 846 976	
61. Oktave	2 305 843 009 213 693 952	
62. Oktave	4 611 686 018 427 387 904	Unbekannt

*) Entnommen aus der von Professor William Crookes als Präsident vor der Britischen Gesellschaft zur Förderung der Wissenschaft gehaltenen Rede.

In dem weißen Dreieck ist je ein blauer, roter und gelber Kreis. Alle anderen Farben sind einfach Zusammensetzungen dieser drei ursprünglichen Farben. Die drei Kreise entsprechen den drei Aspekten Gottes, die ohne Anfang und ohne Ende in Gott sind. Sie sind offenbart, bestehen aber nur in der Zeit der Offenbarung.

Wenn sich diese drei Farben, wie aus dem Diagramm zu ersehen ist, vermischen, erscheinen vier weitere, und zwar die drei sekundären, nachträglich hinzukommenden, jede aus der Mischung von zwei Urfarben hervorgegangen, und das Indigo, das die gesamte Farbenskala, alle sieben Farben des Spektrums enthält. Diese sieben Farben stellen die Sieben Geister vor dem Thron dar. Sie unterscheiden sich so voneinander wie die Sieben Geister, von denen jeder eine andere Mission im Reich Gottes, unserem Sonnensystem, hat.

Die sieben um die Sonne kreisenden Planeten sind die physischen Körper der sieben Planetengeister. Sie tragen die Namen Uranus mit einem Satelliten, Saturn mit acht Monden, Jupiter mit vier Monden, Mars mit zwei Monden, Erde mit ihrem Mond, Venus und Merkur*).

Man findet stets, daß Körper dem Zweck entsprechen, für den sie geschaffen sind. Daher sind die physischen Körper der sieben Planetengeister kugelförmig. Diese Form ist der ungeheuren Geschwindigkeit, mit der sie den Raum durcheilen, am besten angepaßt. Die Erde beispielsweise legt auf ihrer Bahn ungefähr 100 300 km (ca. 66 000 Meilen) in der Stunde zurück.

In der Vergangenheit war der menschliche Körper anders als unser gegenwärtiger gestaltet; auch in der Zukunft wird das so sein. Während der Involution war er wie im vorgeburtlichen Leben nahezu kugelförmig. Denn die Entwicklung in der Gebärmutter ist eine Wiederholung vergangener Evolutionsstufen. In

---

*) Astronomische Entdeckungen seit Herausgabe dieses Buches schreiben dem Uranus fünf, dem Saturn neun und dem Jupiter vierzehn sie umkreisende Himmelskörper zu.

Diagramm 11

1.3.7 u. 10 Aspekte Gottes u. des Menschen

der Involution entwickelte der Mensch die Kugelform, weil seine Energien nach innen auf den Ausbau seiner eigenen Träger gerichtet waren. So entwickelt sich auch der Embryo innerhalb der Kugel des Uterus.

Der physische und der Lebensleib des Menschen streckten sich, doch seine höheren Träger behielten die Eiform. Das ordnende und herrschende Gehirn liegt an einem Ende des physischen Körpers. Das ist für ein solches Organ die ungünstigste Stelle. Antriebe, die vom Gehirn ausgehen, benötigen zu viel Zeit, bis sie zum anderen Ende des Körpers, beispielsweise zu den Füßen, gelangen. Ebenso ist es mit Eindrücken, die von den Füßen zum Gehirn gehen. Die Wissenschaft hat nachgewiesen, daß bei der Botschaft, die bei Brandverletzungen von der bedrohten Stelle zum Gehirn und wieder zurück geleitet wird, zu viel Zeit verloren geht. Daher kommen Brandblasen zustande.

Diese Unzulänglichkeit würde beträchtlich vermindert, wenn das Gehirn in der Mitte des Körpers läge. Empfindungen und Reaktionen würden viel schneller aufgenommen und übermittelt werden. In den sphärischen Planeten lenkt der Planetengeist die Bewegung eines Trägers **vom Mittelpunkt aus.** Aus Diagramm 12 ist zu ersehen, daß sich der Mensch in zukünftigen Zeiten nach hinten biegen wird. Er wird eine Kugel werden und seine Energie nach außen richten. Denn die Kugelgestalt erlaubt sowohl die Zusammenstellung gleichzeitiger Bewegungen als auch die leichteste Bewegungsmöglichkeit nach allen Richtungen.

Die Weltanschauung der Rosenkreuzer lehrt, daß für die Planeten eine weitere Evolution vorgesehen ist.

Wenn sich die Wesen auf einem Planeten genügend entwickelt haben, wird dieser zu einer Sonne, zum fixen Mittelpunkt eines Sonnensystems. Haben sich die Wesen auf ihm bis zu einem noch höheren Grad entfaltet und hat er seinen größten Glanz erreicht, löst er sich in einen Tierkreis auf und wird der Mutterleib eines neuen Sonnensystems.

So gewinnen die großen Scharen, die bis dahin auf diese Sonne beschränkt waren, Handlungsfreiheit über eine große Anzahl von Gestirnen. Von hier aus können sie das in ihrer Einwirkungssphäre aufwachsende System auf verschiedene Weise beeinflussen. Die Planeten oder menschentragenden Welten innerhalb des Zodiakus werden ständig von diesen Kräften — allerdings unterschiedlich — beeinflußt, sobald sie der von ihnen erreichten Entwicklungsstufe entsprechen.

Unsere Sonne konnte erst zur Sonne werden, als sie alle nicht genügend entwickelten Wesen ausgeschieden hatte, die im Gegensatz zu jenen, die ihre hohen Schwingungen und die große Leuchtkraft ertragen konnten, zu einer solchen Evolution nicht fähig gewesen waren. Alle Wesen, die jetzt den verschiedenen Planeten angehören, wären vernichtet worden, wenn sie auf der Sonne geblieben wären. Wohl ist die sichtbare Sonne die Evolutionsstätte für Wesen, die weit über der menschlichen Stufe stehen. Doch sie ist keineswegs, wie die materielle Wissenschaft vermutet, der Vater der anderen Planeten. Im Gegenteil, sie ist selbst eine Ausstrahlung der Zentralsonne, der unsichtbaren Quelle von allem in unserem Sonnensystem. Unsere sichtbare Sonne ist nur der Spiegel, der die Energiestrahlen der geistigen Sonne zurückwirft. Die wirkliche Sonne ist so unsichtbar wie der wirkliche Mensch.

Uranus war der erste Planet, der aus dem Nebel hinausgeschleudert wurde, als mit der Dämmerung der Erdenperiode die Trennung im Chaos begann. Außer dem blassen Schein des Tierkreises war kein Licht vorhanden. Das Leben, das mit dem Uranus ausgeschieden wurde, soll stark zurückgeblieben sein und sich langsam entwickeln. Als nächster wurde der **Saturn** ausgegliedert. Er ist das Betätigungsfeld für das Leben, das in der Entwicklung der Saturnperiode entspricht. Dieser Planet wurde vor dem Aufglühen des Nebels ausgeschieden und war wie alle Ne-

Diagramm 12

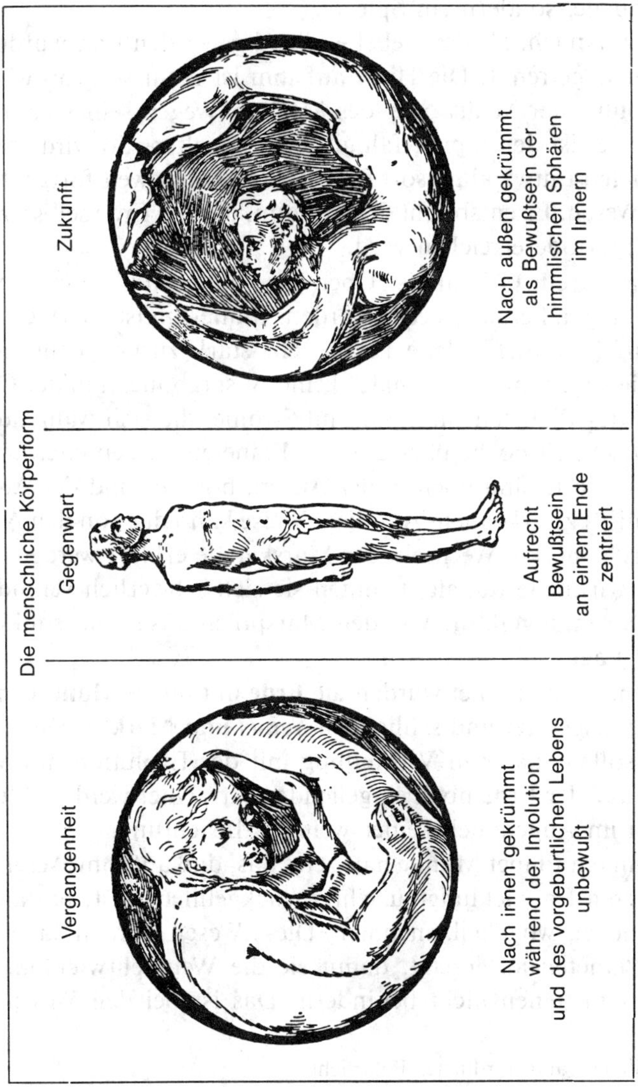
Die menschliche Körperform
Vergangenheit
Nach innen gekrümmt
während der Involution
und des vorgeburtlichen Lebens
unbewußt
Gegenwart
Aufrecht
Bewußtsein
an einem Ende
zentriert
Zukunft
Nach außen gekrümmt
als Bewußtsein der
himmlischen Sphären
im Innern

bel, die durch die Saturnperiode ihrer Evolution gehen, keine Lichtquelle, sondern ein Spiegel.

Kurz danach, als der Nebel glühend geworden war, wurde der **Jupiter** abgetrennt. Die Hitze auf ihm ist nicht so groß wie die der Sonne, der Venus oder des Merkur. Wegen seines enormen Umfanges ist der Jupiter fähig, sie zu behalten. So wird er zum geeigneten Entwicklungsort für eine Reihe sehr weit fortgeschrittener Wesen. Er entspricht dem Stadim, das die Erde selbst in der Jupiterperiode erreichen wird.

Mars ist ein Geheimnis. Über ihn können nur einige wenige Mitteilungen herausgegeben werden. Immerhin ist zu sagen, daß das auf ihm vorhandene Leben sehr stark zurückgeblieben ist und die sogenannten „Kanäle" keine Ausgrabungen in der Oberfläche des Planeten sind. Sie sind Ströme, die sich während der Atlantischen Epoche über unseren Planeten ausgebreitet haben. Die Überreste sind noch in der Aurora borealis und der Aurora australis*) zu erkennen. Auf diese Weise kann das von den Astronomen bemerkte Wechseln der Marskanäle erklärt werden. Wären es wirkliche Kanäle, könnten sie sich schwerlich verändern. Aber Strömungen, die von den Marspolen ausgehen, sind dazu in der Lage.

Als nächster Planet wurden die **Erde** mit ihrem **Mond** von der Sonne ausgesetzt und schließlich **Venus und Merkur.** Diese und Mars sollen später in Verbindung mit der Evolution des Menschen auf der Erde noch eingehender betrachtet werden. Sie bedürfen im Augenblick keiner weiteren Beachtung.

Wenn ein Planet Monde hat, zeigt das, daß auf ihm Wesen waren, deren Entwicklung zu sehr zurückgeblieben ist, um an der Hauptlebenswoge teilzunehmen. Diese Wesen wurden daher von dem Planeten ausgesetzt, damit sie die Weiterentwicklung der Fortgeschrittenen nicht behindern. Das ist bei den Wesen, die

*) Südliches und nördliches Polarlicht

unseren Mond bewohnen, der Fall. Bei den Bewohnern von drei der vier Jupitermonde hält man es für wahrscheinlich, daß sie vielleicht fähig sein werden, das Leben auf dem Mutterplaneten wieder einzuholen. Es gilt aber als sicher, daß der vierte Mond wie unser eigener ein achter Weltenkörper ist. Rückschritt und Verwitterung des bereits erworbenen Trägers sind dort aus einer engen Verknüpfung der Wesen mit der materiellen Existenz hervorgegangen, was ihren so beklagenswerten Zustand hervorgebracht hat.

Neptun und seine Satelliten gehören unserem Sonnensystem eigentlich nicht an. Die anderen Planeten, besser gesagt, ihre Geistwesen, üben einen Einfluß auf die gesamte Menschheit aus. Die Einwirkung des Neptun aber beschränkt sich auf eine bestimmte Menschengruppe, auf die Astrologen. Der Autor beispielsweise hat seinen zwingenden Einfluß mehrere Male deutlich erfühlt.

Wenn Nachzügler ihren Zustand auf einem Mond verbessert haben und zum Mutterplaneten zurückgekehrt sind oder fortgesetztes Zurückbleiben die vollständige Auflösung ihrer Träger zur Folge hatte, beginnt der dann unbewohnte Mond sich ebenfalls aufzulösen. Nachdem er verlassen wurde, kann aber der geistige Impuls, der ihn für Äonen in einer bestimmten Bahn bewegte, noch weitere Äonen andauern. Vom physischen Standpunkt aus kann er noch immer ein Satellit des von ihm umkreisten Planeten sein. Mit der Zeit nimmt die Anziehungskraft seines Mutterplaneten ab. Seine eigene Bahn erweitert sich, bis er die Grenze des Sonnensystems erreicht. Dann wird er in den sich zwischen den Sternen befindenden Raum hinausgestoßen und in Chaos aufgelöst. Das Ausstoßen dieser aschenartigen toten Welt erfolgt wie im menschlichen Organismus das Ausscheiden eines harten Fremdkörpers durch Fleisch und Haut. Die Asteroiden sind ein Beispiel für das eben Gesagte. Sie sind Überreste von Monden, die einstmals Venus und Merkur umkreisten.

Die dorthin verbannten Wesen sind esoterisch als die „Herren der Venus“ und die „Herren des Mars“ bekannt. Sie erreichten den Zustand, den sie verloren hatten, vornehmlich wieder durch Dienste, die sie der Menschheit erwiesen. Wir werden später mehr darüber hören. Jetzt sind sie wohlbehalten auf ihrem Mutterplaneten. Die von ihnen einst bewohnten Monde haben sich zum Teil aufgelöst und kreisen weit außerhalb der Erdenumlaufbahn. In unserem Sonnensystem gibt es noch andere „scheinbare“ Monde. „Die Weltanschauung der Rosenkreuzer“ befaßt sich jedoch nicht mit ihnen, da sie sich außerhalb des Evolutionsweges befinden.

KAPITEL XII

Die Evolution auf der Erde

Die Polarische Epoche

Die Materie unserer jetzigen Erde war zur Zeit ihres Sonnenzustandes selbstverständlich feurig. Da das Feuer den Geist jedoch nicht verbrennt, konnte unsere menschliche Evolution sofort beginnen. Allerdings beschränkte sie sich auf die Polarzone der Sonne.

Die höchstentwickelten Wesen, die Menschen, kamen zuerst. Die Stoffe, die jetzt unsere Erde bilden, waren noch geschmolzen, die Atmosphäre war gasförmig, und doch wiederholte der Mensch seinen mineralischen Zustand aufs neue.

Unter Mithilfe der „Herren der Form" gestaltete er aus dieser verdünnten chemischen Sonnensubstanz selbst seinen mineralischen Körper. Hält man dieser Feststellung entgegen, daß der Mensch nicht unbewußt bauen kann, so sei das Beispiel der Mutter erwähnt. Ist sie sich bewußt, wie das Kind in ihrem Leib wächst? Und doch wird gewiß niemand sagen, daß sie nichts damit zu tun habe. Der einzige Unterschied ist, daß die Mutter unbewußt für das Kind gestaltet, der Mensch aber unbewußt für sich selbst.

Der erste physische Körper des Menschen sah seinem gegenwärtigen glänzend organisierten Träger nicht im mindesten ähnlich. Er hat sich erst im Laufe von Myriaden von Jahren entwickelt. Der erste irdische Leib war groß und bauschig. Aus einer Öffnung am oberen Ende ragte ein Organ heraus. Es war eine Art Orientierungs- und Richtungsorgan. Im Laufe der Zeit zog sich der physische Körper fester zusammen; er verdichtete sich. Kam er zu nahe an Stellen größerer Hitze, als er ertragen konnte, löste er sich auf. Mit der Zeit reagierte das Organ auf die Zustände, die es zu vernichten drohten, und der feste Körper zog sich an einen sicheren Ort zurück.

Dieses Organ ist jetzt die Zirbeldrüse. Sie wird manchmal als das „Dritte Auge" bezeichnet. Diese Benennung ist aber nicht richtig. Die Zirbeldrüse war niemals ein Auge, sondern das festgelegte Organ für die Empfindung von Hitze und Kälte, die jetzt über den ganzen Körper verbreitet ist. Während der Polarischen Zeit war dieser Sinn ebenso örtlich bestimmt wie heute der Gesichtssinn im Auge und der Gehörsinn im Ohr. Die Ausdehnung des Tastsinns, die seit jener Zeit stattgefunden hat, gibt uns einen Einblick in die Art, wie der ganze Körper künftig verbessert werden wird, so daß einst jeder Körperteil fähig ist, alles wahrzunehmen. Der Gesichts- und Gehörsinn wird ebenso über den ganzen Körper ausgebreitet werden wie jetzt der Tastsinn. Dann wird der Mensch ganz Auge und Ohr sein. Gesonderte Sinnesorgane bedeuten Beschränkung. Sinneswahrnehmung mit dem ganzen Körper ist verhältnismäßige Vollkommenheit.

In dem frühen Zustand, von dem wir jetzt sprechen, gab es auch eine Art Fortpflanzung. Die riesigen, bauschigen Geschöpfe teilten sich in Hälften, was so ähnlich vor sich geht wie die Teilung der Zellen durch Spaltung. Die getrennten Teile aber wuchsen nicht; jeder blieb nur halb so groß wie die ursprüngliche Form.

Die Hyperboräische Epoche

An verschiedenen Punkten der Feuerkugel begannen sich in der Feuersee im Laufe der Zeit Krusteninseln zu bilden.

Die „Herren der Form“ erschienen mit der Menschheit der Mondenperiode, den Engeln, und versahen die physische Form des Menschen mit einem Lebensleib. Die bauschigen Körper nahmen an Größe zu, indem sie durch Osmose von außen Materie an sich heranzogen. Wenn sie sich fortpflanzten, geschah es nicht länger durch Teilung in zwei Hälften, sondern in zwei ungleiche Teile. Beide wuchsen, bis jeder die ursprüngliche Größe der Eltern erreicht hatte.

So wie die Polarische Epoche tatsächlich eine Wiederholung der Saturnperiode war, kann man sagen, durchlebte der Mensch in dieser Zeit sein mineralisches Stadium. Er hatte denselben Träger, den physischen Körper, und ein dem Trance-Zustand vergleichbares Bewußtsein. Aus ähnlichen Gründen erlebte er in der Hyperboräischen Epoche sein Pflanzenstadium, wobei er einen physischen Körper, einen Lebensleib und traumloses Schlafbewußtsein hatte.

Als der Mars von der Sonne ausgestoßen worden war, begann der Mensch seine Evolution auf der Erde. Was jetzt Erde ist, hatte sich noch nicht von der Sonne getrennt. Am Ende der Hyperboräischen Epoche war die Krustenbildung so weit fortgeschritten, daß sie für die Entwicklung höher organisierter Wesen hinderlich wurde. Der feurige Zustand verhinderte die Evolution einiger Geschöpfe geringeren Grades und die des Menschen, der jetzt eine dichtere Welt für seine weitere Entwicklung benötigte. Deshalb wurde die Erde am Ende der Hyperboräischen Epoche von der Sonne abgestoßen. Sie begann ihre Bahn um den Mutterkörper in einer etwas anderen Entfernung als in der Gegenwart. Kurz danach wurden aus dem gleichen Grund auch Venus und Merkur ausgeschieden.

Der Verdichtungsprozeß beginnt stets am Pol eines Planeten; dort ist die Bewegung langsam. Der verdichtete Teil arbeitet sich entsprechend dem Gesetz der Zentrifugalkraft zum Äquator durch. Ist diese Kraft stärker als die innere Kraft des Zusammenhangs der verdichteten Masse, wird diese nach außen in den Raum geschleudert.

Zu der Zeit, als der Erdenkörper von seiner Elternmasse abgetrennt wurde, schloß er den Teil, der jetzt unser Mond ist, ein. Auf diesem großen Himmelskörper entwickelten sich die Lebenswoge, die gegenwärtig die Menschheit bildet, und die Lebenswogen, die in der Sonnen-, Monden- und Erdenperiode in die Entwicklung eintraten und jetzt ihren Weg durch das Mineral-, Pflanzen- und Tierreich gehen.

Die Nachzügler der verschiedenen Perioden, denen es in späteren Zeiten möglich wurde, einen weiteren Schritt in der Evolution zu tun, wurden bereits erwähnt. Es gab jedoch auch einige, die diesen Schritt nicht vollziehen konnten. Sie entwickelten sich nicht und blieben mehr und mehr zurück, bis sie zur Last und zum Hindernis für die Fortschreitenden wurden. Es wurde erforderlich, sie aus dem Weg zu räumen, damit die Evolution der anderen nicht aufgehalten werde.

Zu Beginn der Lemurischen Epoche hatten diese „Fehlentwickelten" — sie waren fehlentwickelt und nicht nur Nachzügler — den von ihnen bewohnten Teil der Erde so sehr verdichtet, daß er wie ein mächtiger Schlackenhaufen in der sonst weichen und feurigen Erde geworden war. Die Fehlentwickelten waren zum Hindernis und zur Hemmung geworden und wurden mit ihrem Erdenteil auf Nimmerwiederrufen in den Raum hinausgeschleudert. Das ist die Entstehungsgeschichte unseres Mondes.

Der Mond, der achte Himmelskörper

Die sieben Weltenkörper A bis G sind die Stätten der Evolution. Der Mond ist die Stätte der Vernichtung.

Wenn sich die Erde nicht von dem ursprünglichen Himmelskörper, der jetzigen Sonne, losgelöst hätte, wären die menschlichen Träger von der Schwingungsgeschwindigkeit zerstört worden. Sie wären so schnell gewachsen, daß das Wachstum der Pilze im Gegensatz dazu langsam erscheinen würde. Der verdichtete Teil des Planeten wäre alt geworden, ehe er Zeit gehabt hätte, seine Jugend zu durchleben. Daß das die Wirkung von zuviel Sonneneinstrahlung ist, zeigt sich in der Geschwindigkeit des Wachstums in den Tropen, wo Reife und Alter viel früher als im Norden erreicht werden. Wäre der Mond bei der Erde geblieben, dann wäre der Mensch zur Statue versteinert. Die Trennung der Erde von der Sonne, die ihre Strahlen jetzt aus weiter Ferne sendet, macht es dem Menschen möglich, in einer ihm gemäßen Schwingungszahl zu leben und sich langsam zu entfalten. Die Mondenkräfte erreichen ihn in der notwendigen Entfernung, um ihm das Gestalten eines festen Körpers zu ermöglichen. Wenn ihr stetes Wirken die Gewebe des Körpers kristallisieren würde, müßten auch sie den Tod herbeiführen, obgleich sie im Formenbilden tätig sind.

Die Sonne wirkt im Lebensleib, ist die lebenspendende Kraft und bekämpft unaufhörlich die todbringenden Mondenkräfte.

Die Lemurische Epoche

In dieser Epoche erschienen die Erzengel, die Menschheit der Sonnenperiode, und die „Herren des Verstandes", die Menschheit der Saturnperiode. Diese Hierarchien wurden durch die „Herren der Form" unterstützt, denen die Erdenperiode übergeben worden war. Sie halfen dem Menschen, den Empfindungsleib zu bilden. Die „Herren des Verstandes" **schenkten** dem größeren Teil der Wegbereiter — sie bildeten die Klasse 1 — den Keim des Verstandes (siehe die Einteilung in Diagramm 10).

Die Nachzügler der Mondenperiode hatten während der dreieinhalb Kreisläufe, die seit Beginn der Erdenperiode vergangen waren, die notwendigen Fortschritte gemacht. So konnten die „Herren der Form“ in ihnen den menschlichen Geist beleben. Doch den „Herren des Verstandes“ war es in dieser Zeit noch nicht möglich, den Keim des Verstandes zu verleihen. So blieb ein großer Teil der Menschheit ohne dieses Bindeglied zwischen dem dreifachen Geist und dem dreifachen Körper.

Die „Herren des Verstandes“ übernahmen die Sorge für den höheren Teil des Empfindungsleibes und für den keimenden Verstand. Sie versahen diese beiden mit der Eigenschaft getrennter Selbstheit, ohne die es gesonderte selbstbewußte Wesen, wie wir es heute sind, nicht geben würde.

Den „Herren des Verstandes“ verdanken wir die eigengeartete Persönlichkeit mit allen sich durch sie bietenden Möglichkeiten für Erfahrung und Wachstum. Das Verleihen des Verstandeskeimes kennzeichnet die Geburt der Individualität.

Die Geburt der Individualität

Aus Diagramm 1 ist zu ersehen, daß die Persönlichkeit das zurückgestrahlte Bild des Geistes ist, wobei der Verstand als Spiegel oder Brennpunkt dient.

Wie das Bild eines Baumes bei Spiegelungen in einem Teich umgekehrt erscheint, so daß man das Blattwerk am tiefsten im Wasser wahrzunehmen glaubt, so spiegelt sich der höchste Aspekt des Geistes, der Göttliche Geist, im niedersten der drei, dem physischen Körper. Der nächsthöhere Geist, der Lebensgeist, spiegelt sich im nächstniederen Leib, dem Lebensleib. Der dritte, der menschliche Geist und seine Spiegelung, der Empfindungsleib, ist dem rückstrahlenden Verstand am nächsten. Dieser entspricht in unserem Gleichnis der Teichoberfläche.

In der Involution senkte sich der Geist aus den höheren Welten herab. Durch gleichlaufende Tätigkeit wurden die Körper in denselben Perioden nach oben gebildet. Die Individualität wird in dem Augenblick geboren, in dem sich die beiden Ströme im spiegelnden Verstand begegnen und der Geist von seinen Trägern Besitz ergreift.

Wir dürfen jedoch nicht glauben, daß der Mensch dadurch auf einmal in seinen gegenwärtigen Evolutionszustand gekommen ist und zu dem heutigen selbstbewußten, denkenden Wesen wurde. Bevor das erreicht werden konnte, mußte eine lange und mühsame Wanderung zurückgelegt werden. Denn zu der Zeit, von der wir sprechen, waren die Organe in einem nicht voll ausgebildeten, rudimentären Zustand, und es gab kein Gehirn, das als Ausdrucksmittel zu verwenden gewesen wäre. Daher war das Bewußtsein vollkommen trübe. Mit einem Wort, der Mensch jener längst vergangenen Zeiten war weit davon entfernt, so intelligent zu sein, wie es unsere heutigen Tiere sind. Der erste Schritt in diese Richtung war die Gestaltung eines Gehirns, das dem Verstand in der Physischen Welt als Werkzeug dienen kann. Erreicht wurde das durch die Trennung der Menschheit in Geschlechter.

Die Trennung der Geschlechter

Im Gegensatz zur allgemeinen Annahme ist das Ich doppelgeschlechtlich. Wäre es geschlechtslos, müßte es auch der Körper sein. Denn er ist das äußere Symbol des innewohnenden Geistes.

Das Geschlecht des Ich äußert sich in den inneren Welten durchaus nicht als solches, sondern in zwei getrennten Eigenschaften, in Wille und Vorstellungskraft. Der Wille ist die männliche Kraft. Er steht mit den Sonnenkräften in Verbindung. Die Vorstellungskraft ist die weibliche Kraft; sie steht immer mit den Mondenkräften in Verbindung. Von daher stammen die Neigungen der Frauen zu Phantasie und der besondere Einfluß des Mondes auf den weiblichen Organismus.

Als die Materie, aus der die Erde und dann der Mond gebildet wurden, noch ein Teil der Sonne war, war der Körper des werdenden Menschen noch bildsam. Die Kräfte, die später Sonne wurden, und jene, die jetzt Mond sind, wirkten bereitwillig in allen Körpern, so daß der Mensch der Hyperboräischen Epoche zweigeschlechtlich, hermaphroditisch, war, fähig ohne Mithilfe eines zweiten Wesens aus sich heraus zu gebären.

Als die Erde sich von der Sonne trennte und kurz danach den Mond abstieß, konnten die Kräfte der Himmelslichter nicht in allen Menschen den gleichen Ausdruck finden wie bisher. Einige Körper wurden empfänglicher für die Einwirkungen der Sonne, die anderen für die des Mondes.

Der Einfluß des Mars

Während desjenigen Teils der Erdenperiode, der der Trennung der Geschlechter voranging, kreiste der Mars in einer anderen Bahn als in der gegenwärtigen. Es waren die dreieinhalb Weltenkreisläufe, die in die Zeit von der Marsabtrennung bis zum Beginn der Lemurischen Epoche fielen. Die Aura des Mars, jener Teil der feineren Träger, der über den dichten Planeten hinausragt, durchdrang den Körper des Zentralplaneten und polarisierte das Eisen in ihm.

Da dieses Metall zur Erzeugung des roten, warmen Blutes unbedingt erforderlich ist, waren alle Wesen kaltblütig; besser gesagt, die flüssigen Teile der Körper waren nicht wärmer als die sie umgebende Atmosphäre.

Die Trennung der Erde von der Zentralsonne veränderte die Bahnen der Planeten. So wurde der Einfluß des Mars auf das

Eisen der Erde auf ein Minimum herabgesetzt. Schließlich zog der Planetengeist des Mars diesen Einfluß ganz zurück. Wenn sich auch die Empfindungskörper der Erde und des Mars noch immer durchdringen, so hat die bewegende Kraft dieses Planeten doch aufgehört, auf das Marsmetall zu wirken. Sie wurde zur Benutzung auf unserem Planeten frei.

Eisen ist die wahrhaftige Grundlage zur getrennten Existenz. Ohne Eisen gäbe es kein rotes, wärmespendendes Blut. Das Ich fände im Körper keinen Halt. Als sich das rote Blut im späteren Teil der Lemurischen Epoche entwickelte, richtete sich der menschliche Körper auf, das Ich konnte beginnen, ihn zu bewohnen und zu beherrschen.

Im Körper zu wohnen ist weder das Ende noch das Ziel der Evolution. Der physische Leib ist nur ein Mittel, ein Werkzeug, durch das sich das Ich besser in der irdischen Welt ausdrücken kann. Zu diesem Zweck müssen Sinnesorgane, Kehlkopf und vor allem Gehirn gebildet werden.

Als die Erde noch mit der Sonne verbunden war, also während des früheren Teils der Hyperboräischen Epoche, versahen die Sonnenkräfte den Menschen mit allem, was er zu seinem Leben benötigte. Den Überschuß benutzte er für die Fortpflanzung.

Als das Ich von seinen Trägern Besitz ergriff, wurde es notwendig, einen Teil dieser Kräfte zum Aufbau des Gehirns und des Kehlkopfes zu verwenden; ursprünglich waren sie Teile des Geschlechtsorgans. Der Kehlkopf wurde gebildet, als sich der physische Leib noch in der dem menschlichen Ich jetzt eigenen, bereits beschriebenen ballonförmigen, zusammengekrümmten Gestalt befand, die noch jetzt die Form des menschlichen Embryos ist. Als sich der irdische Körper streckte und aufrichtete, blieb ein Teil des schöpferischen Organs beim oberen Teil des festen Körpers; es wurde zum Kehlkopf. So kam es zur Teilung der zweifachen schöpferischen Kraft, die bisher, um ein anderes Geschöpf zu erzeugen, nur in einer Richtung gewirkt hatte. Ein Teil wurde nach oben gerichtet, um das Gehirn und den Kehlkopf zu bilden. Diese beiden Organe sollten dem Menschen das Denken ermöglichen, um anderen Gedanken mitzuteilen.

Als Folge dieses Wechsels steht jeder Individualität nur eine Hälfte der zur Schaffung eines anderen Wesens benötigten Kräfte zur Verfügung. Für jeden Menschen stellte sich die Notwendigkeit heraus, die Mithilfe eines anderen zu suchen, der den ihm fehlenden Teil der schöpferischen Kraft besaß.

So erwarb das sich entwickelnde Wesen auf Kosten einer Hälfte seiner schöpferischen Kraft ein Gehirnbewußtsein der Außenwelt. Vor dieser Zeit verwendete es die ganze Kraft in sich, um ein anderes Wesen zu erzeugen. Immerhin hat es als Folge dieser Veränderung die Kraft entwickelt, schöpferisch zu wirken und seine Gedanken auszudrücken. Vorher war es nur Schöpfer in der Physischen Welt. Dann wurde es fähig, in drei Welten tätig zu sein.

Die Rassen und ihre Führer

Bevor wir die Evolution der Lemurier im einzelnen betrachten, scheint es angezeigt, einen allgemeinen Überblick über die verschiedenen Rassen und ihre geistigen Führer zu gewinnen.

Mehrere sehr wertvolle Werke über Esoterik, die der Öffentlichkeit die Lehren der östlichen Weisheit vermitteln, enthielten doch einige Fehler, die aus dem Mißverstehen derer entsprangen, die so glücklich waren, diese Lehren zu empfangen. In allen nicht unmittelbar von den Älteren Brüdern übermittelten Büchern kommen möglicherweise solche Irrtümer vor. Wenn man betrachtet, wie außerordentlich kompliziert und vielfältig die Esoterik ist, wundert man sich nicht, daß Fehler unterlaufen können. Man ist aber nur darüber erstaunt, daß sie nicht häufiger auftreten. Deshalb maßt sich der Autor auch nicht an zu kritisieren. Denn vielleicht enthält sein Werk zahlreichere und ernsthaftere, aus eigenem Mißverstehen der Lehren entspringende Fehler. Auf den folgenden Seiten gibt er einfach wieder, was er erhalten hat, um zu zeigen, wie die scheinbaren Gegensätze in zwei so wertvollen Werken wie „Die Geheimlehre" von H. P. Blavatsky und „Esoterischer Buddhismus"*) von A. P. Sinnett versöhnt werden können.

Der Teil der menschlichen Evolution, den die Lebenswoge gegenwärtig auf der Erde durchwandert, läßt sich in sieben große Stufen oder Epochen einteilen. Sie können eigentlich nicht Rassen genannt werden. Bis zum Ende der Lemurischen Epoche erscheint nichts, worauf dieser Name richtig anzuwenden wäre. Von dieser Zeit an folgen einander in der Atlantischen und der Arischen Epoche verschiedene Rassen. Sie werden sich auch noch etwas in die sechste große Epoche erstrecken.

Die Gesamtzahl der vergangenen, gegenwärtigen und zukünftigen Rassen in unserem Evolutionsplan ist sechzehn, eine gegen Ende der Lemurischen, sieben in der Atlantischen Epoche, weitere sieben in unserer Arischen und eine zu Beginn der sechsten Epoche. Nach dieser Zeit wird nichts mehr bestehen, was Rasse genannt werden könnte.

In den der Erdenperiode vorausgegangenen Perioden gab es keine Rassen, auch wird es in den nachfolgenden keine geben. Nur hier im Nadir der physischen Existenz ist der Unterschied zwischen Mensch und Mensch groß genug, um die Trennung in Rassen aufrechtzuerhalten.

Abgesehen von den Schöpferischen Hierarchien waren die unmittelbaren Führer der Menschheit weitaus fortgeschrittenere Wesen als der Mensch. Nachdem dieser von der Involution mit den erforderlichen Trägern versehen worden war, halfen sie ihm bei seinen ersten schwankenden Evolutionsschritten. Zu diesem

*) „Die Esoterische Lehre oder Geheimbuddhismus", Leipzig, 1884.

Liebesdienst kamen sie von den beiden Planeten, die zwischen Erde und Sonne liegen, von Venus und Merkur.

Die auf diesen beiden Planeten wohnenden Wesen sind nicht ganz so weit fortgeschritten wie diejenigen, deren gegenwärtiges Evolutionsfeld die Sonne ist. Sie sind aber weitaus fortgeschrittener als unsere Menschheit. Deshalb verblieben sie etwas länger in der Sonne als die Bewohner der Erde. An einem gewissen Punkt verlangte ihre Evolution dann ein getrenntes Evolutionsfeld. So wurden diese beiden Planeten, zuerst Venus und dann Merkur, abgestoßen. Jeder erhielt die Entfernung von der Zentralsonne, die ihm die zu seiner Evolution erforderliche Schwingungszahl sicherte. Die Bewohner des Merkur sind am fortgeschrittensten und daher der Sonne am nächsten.

Einige Wesen jedes Planeten wurden auf die Erde gesandt, um der werdenden Menschheit zu helfen. Sie sind den Esoterikern als „Herren der Venus“ und „Herren des Merkur“ bekannt.

Die „Herren der Venus“ waren die Führer der Volksmassen. Sie waren untergeordnete Wesen der Venusevolution, erschienen unter den Menschen und wurden auf der Erde als „Botschafter der Götter“ bekannt. Schritt für Schritt führten und leiteten sie unsere Menschheit zu unserem Besten. Gegen ihre Autorität gab es keine Auflehnung. Denn der Mensch hatte noch keinen unabhängigen Willen entwickelt. Er sollte von jenen Führern auf die Stufe gebracht werden, auf der er Willen und Urteilskraft betätigen konnte. So lenkten sie ihn, bis er fähig wurde, das selbst zu tun.

Es war bekannt, daß diese Botschafter mit den Göttern verkehrten. Ihnen wurde tiefe Ehrfurcht entgegengebracht und ihren Befehlen, ohne zu fragen, gehorcht.

Als die Menschheit unter der Führung dieser Wesen eine gewisse Entwicklungsstufe erreicht hatte, kamen die Fortgeschrittensten unter die Leitung der „Herren des Merkur“. Von diesen erhielten sie die Einweihungen in die höheren Wahrheiten, um sie zu Führern der Völker zu machen. Schließlich wurden diese Eingeweihten in die Königswürde erhoben. Sie waren die Begründer der Dynastien göttlicher Herrscher, die in Wahrheit „von Gottes Gnaden" waren, das heißt durch die Gnade der „Herren der Venus" und des „Merkur", die der kindlichen Menschheit als Götter erscheinen mußten. Zum Wohl der Völker und nicht auf deren Kosten leiteten, unterwiesen und führten sie die Könige, nicht zur Selbsterhebung und nicht, um sich Rechte anzumaßen.

Zu jener Zeit hatte der Herrscher das heilige Vertrauensamt, seine Völker zu unterrichten, ihnen zu helfen, Gerechtigkeit und Wohlbefinden zu unterstützen und zu fördern. Er hatte das Licht Gottes, um Weisheit zu geben und das Urteil zu lenken. Daher gediehen alle Dinge unter der Herrschaft dieser Könige. In der Tat, es war das Goldene Zeitalter. Wenn wir die Evolution des Menschen verfolgen, werden wir dennoch in Einzelheiten sehen, daß das gegenwärtige Zeitalter nur im materiellen Sinn ein goldenes genannt werden kann. Notwendig ist es trotzdem, um den Menschen zu dem Punkt zu bringen, von dem aus er fähig sein wird, sich selbst zu beherrschen. **Selbstbeherrschung ist das Ende und Ziel aller Herrschaft. Wer gelernt hat, sich selbst zu beherrschen, wird mit Sicherheit nicht unbeherrscht bleiben.** Gegenwärtig ist das die schwerste Aufgabe des Menschen. Es ist leicht, anderen zu befehlen, aber schwer, sich selbst Gehorsam abzuringen.

Der Einfluß des Merkur

Die „Herren des Merkur" jener Zeit, alle Hierophanten der Mysterien und ebenso die geisteswissenschaftlichen Schulen unserer Tage hatten und haben die Aufgabe, die Kunst der Selbstbeherrschung zu lehren. In dem Maß und **nur in dem Maß,** wie ein

Mensch gelernt hat, sich selbst zu meistern, ist er in der Lage, andere zu regieren. Wären die gegenwärtigen Herrscher der Völker fähig, sich selbst zu beherrschen, hätten wir wiederum ein Millenium, ein Goldenes Zeitalter.

So wie die „Herren der Venus" vor grauen Zeiten an der Menschheit gearbeitet haben, so wirken die „Herren des Merkur" jetzt an den einzelnen Individualitäten. Sie erziehen sie zur Selbstbeherrschung und unter Umständen — nicht in erster Linie — zur Herrschaft über andere. Dieses Tun ist nur der Beginn von dem, was in den restlichen dreieinhalb Weltenkreisläufen der Erdenperiode durch den zunehmenden Einfluß des Merkur intensiver zutage treten wird.

In den ersten dreieinhalb Weltenkreisläufen herrschte der Mars. Er polarisierte das Eisen, verhinderte die Bildung des roten Blutes und hielt das Ich davon zurück, sich im Körper einzuschließen, bevor es die erforderliche Entwicklungsstufe erreicht hatte.

In den letzten dreieinhalb Weltenkreisläufen wird sich der Merkur bemühen, das Ich auf dem Weg zur Initiation aus seinen dichtesten Trägern herauszuziehen.

Wie der Mars das Eisen polarisierte, so polarisiert der Merkur das Quecksilber, das seinen Namen trägt. Seine Einwirkung kennzeichnet sehr gut das Streben, den Geist vom physischen Körper zu befreien.

Das gefürchtete Übel, die Syphilis, ist ein Beispiel für den Zustand, durch den das Ich nahezu krampfhaft in seinem Körper gefesselt und eingemauert ist. Ausreichend Quecksilber erleichtert. Es vermindert die Fesselung des Ichs durch den Körper, das er in ihm einer dem normalen Menschen gegebenen relativen Freiheit überläßt. Andererseits aber verursacht eine Überdosis an Quecksilber Lähmung, Paralyse, indem es dem Menschen den physischen Körper in ungeeigneter Weise nimmt.

Die „Herren des Merkur“ lehren den Menschen, wie er seinen Körper nach Belieben verlassen, wie er wieder in ihn zurückkehren und unabhängig von ihm in seinen höheren Trägern handeln kann, so daß sein Leib ein freies Wohnhaus statt eines engverschlossenen Gefängnisses, ein nützliches Instrument statt einer hemmenden Fessel wird.

Deshalb spricht die Geisteswissenschaft von der Erdenperiode als einer Mars-Merkur-Periode. Wie eines der obenerwähnten esoterischen Werke lehrt, kann man in Wahrheit behaupten, daß wir im Mars waren und zum Merkur gehen. Ebenso wahr ist aber auch, daß wir den Planeten Mars niemals bewohnt haben. Wir werden auch die Erde in Zukunft nicht verlassen, um unseren Wohnsitz auf dem Planeten Merkur zu nehmen, wie es das andere erwähnte Werk in der Absicht feststellt, den Irrtum des ersteren zu berichtigen.

Der sich jetzt in der Verdunkelung befindende Mars übt einen sehr geringen Einfluß auf uns aus; er geht aber aus einer planetarischen Ruhe hervor. Im Laufe der Zeit wird seine Einflußnahme mehr und mehr als die wirkende Kraft unserer Entwicklung anzusehen sein. Die zukünftigen Geschlechter werden von den Merkuriern viel, die Menschen noch späterer Epochen und Weltenkreisläufe noch mehr Hilfe erhalten.

Die lemurische Rasse

Wir sind nunmehr in der Lage, die folgenden Informationen über die Menschen, die wir „lemurische Rasse“ nennen und die im späteren Zeitraum der Lemurischen Epoche lebte, zu verstehen.

Lemuriens Atmosphäre war noch dichter als der Feuernebel der Mondenperiode. Die Erdkruste begann soeben an manchen Stellen ganz hart und fest zu werden. An anderen Stellen war sie noch feurig; zwischen Inseln und Erdrinde befanden sich Ozeane siedenden Wassers. Vulkanausbrüche und Überschwemmungen kennzeichneten die Zeit, in der die inneren Feuer schwer gegen die Bildung der sie umgebenden Wände, die sie gefangen nehmen sollten, ankämpften.

Umgeben von riesigen Farnkrautwäldern und außerordentlich großen Tieren lebte der Mensch an den härteren und verhältnismäßig kühleren Stellen. Sein eigener und die Körper der Tiere waren noch ganz bildsam. Wohl hatte sich das Skelett gebildet, doch der Mensch selbst besaß große Fähigkeiten, sein eigenes Fleisch und das der ihn umgebenden Tiere zu gestalten.

Zur Zeit seiner Geburt konnte er hören und fühlen, aber seine Lichtwahrnehmungen kamen erst später. Wir haben ähnliche Fälle bei Tieren wie Hunden und Katzen, deren Junge den Gesichtssinn erst einige Zeit nach der Geburt erhalten. Die Lemurier hatten keine Augen. Sie besaßen zwei empfindliche Flecke, die durch das Sonnenlicht getroffen wurden, das trübe durch die feurige Atmosphäre des alten Lemurien schien. Den Gesichtssinn, wie wir ihn heute besitzen, bekam der Mensch aber erst gegen Ende der Atlantischen Epoche. Bis zu dieser Zeit wurde ständig an der Gestaltung des Auges gewirkt. Solange die Sonne im Innern war, solange die Erde einen Teil der lichtspendenden Sonnensubstanz bildete, benötigte der Mensch keine Beleuchtung; er war selbstleuchtend. Als sich jedoch die dunkle Erde von der Sonne trennte, mußte das Licht wahrgenommen werden. Daher empfand der Mensch die ihn berührenden Lichtstrahlen. Wie Professor Huxley so glänzend gezeigt hat, schuf die Natur in Erwiderung zu der bereits vorhandenen Tätigkeit als Lichtwahrnehmer das Auge. Die Amöbe hat keinen Magen, und doch verdaut sie. Sie ist ganz Magen. Die Notwendigkeit, Nahrung zu verdauen, gestaltete im Laufe der Zeit den Magen. Die Verdauung aber fand statt, ehe der Ernährungskanal gebildet worden war. Ähnlich verhält es sich mit dem Auge. Es wurde durch Lichtwahrnehmung hervorgerufen und wird vom Licht selbst gestaltet und erhalten. Dort, wo kein Licht ist, kann auch kein Auge sein. Wenn Tiere sich zurückziehen, in Höhlen leben und sich vom Licht fernhalten, degenerieren und verkümmern die Augen. Es sind keine Lichtstrahlen da, um sie zu erhalten. Und im Finstern sind Augen nicht erforderlich. Der Lemurier benötigte Augen. Er hatte Lichtwahrnehmungen. In Erwiderung ihrer Forderungen begann das Licht, das Auge zu erschaffen.

Der Lemurier sprach in Klängen, die den Naturlauten ähnelten. Das Seufzen des Windes in den riesigen Wäldern, die in diesem übertropischen Klima in mächtiger Üppigkeit wuchsen, das Rieseln des Baches, das Heulen des Sturmes — Lemurien war sturmdurchtobt — der Donner des Wasserfalls und das Brüllen des Vulkans waren ihm Stimmen der Götter, als deren Abkömmling er sich erkannte.

Von der Geburt seines Körpers wußte er nichts. Er konnte weder ihn noch irgend etwas anderes **sehen.** Aber er **nahm** seine Mitgeschöpfe **wahr.** Er besaß eine innere Wahrnehmungsmöglichkeit. Wir können sie mit unseren Wahrnehmungen von Menschen und Dingen in Träumen vergleichen, nur mit dem gewichtigen Unterschied, daß seine Traumwahrnehmung klar und vernünftig war.

Von seinem Körper wußte der lemurische Mensch somit nicht das mindeste, ja er wußte nicht einmal, daß er einen Körper hatte. Es ist so wie bei uns mit dem gesunden Magen. Wir sind uns nicht bewußt, ihn zu besitzen. Sein Dasein bemerken wir nur, wenn uns ein Mißbrauch an ihm Schmerzen fühlen läßt. Unter normalen Umständen ist uns die Wirkungsweise des Magens vollkommen unbewußt. So ähnlich diente der Körper dem Lemurier ganz ausgezeichnet, obwohl er von dessen Dasein nichts wußte. Schmerz war das Mittel, den Menschen zur Wahrnehmung seines Leibes und der Außenwelt zu bringen.

Alles, was in Verbindung mit der Fortpflanzung des Menschengeschlechts und dem Veranlassen der Geburt stand, erfolgte auf

Geheiß der Engel unter der Anleitung Jahwes, des Mondenregenten. Die Zeugungstätigkeit wurde zu festen Zeiten im Jahr jeweils dann vollzogen, wenn die von Planet zu Planet fließenden Kraftlinien im richtigen Winkel gebrochen wurden. So fand die schöpferische Kraft keinen Widerstand, und die Geburt war schmerzlos. Der Mensch hatte keine Kenntnis von der Geburt, da er zu dieser Zeit so wenig von der Physischen Welt wußte wie wir heute beim Schlafen. Nur durch die innige Berührung in der geschlechtlichen Verbindung wurde sich der Geist seines Fleisches bewußt, und der Mann „erkannte“ sein Weib. Das zeigt sich in solchen Bibelstellen, wie „Adam **erkannte** Eva, und sie gebar Seth“ (nach 1. Mose 4, 25), „Elkanah **erkannte** Hanna, und sie gebar Samuel“ (1. Samuel, 1, 19, 20) sowie in Mariens Frage: „Wie soll ich empfangen, da ich keinen Mann **kenne**?“ (Lukas 1, 34). Das ist auch der Schlüssel zur Bedeutung des „Baumes der Erkenntnis“. Seine Früchte öffneten Adam und Eva die Augen, so daß sie zum Bewußtsein des Guten und Bösen kamen. Vorher hatten sie nur das Gute gekannt. Als sie aber begannen, die schöpferische Tätigkeit willkürlich auszuüben, entzogen sie sich und ihre Nachkommen dem Einfluß der Gestirne. Jahwes vermeintlicher Fluch war keineswegs ein Fluch. Es war eine Feststellung der Wirkung, die unbedingt eintreten mußte, wenn die Zeugungskräfte dem Einfluß der Gestirnstrahlung, die für die Geburt der Kinder in Betracht kam, entzogen wurde.

So führte die unwissende Anwendung der Zeugungskraft zur Hauptursache von Schmerz, Krankheit und Kummer.

Der Lemurier kannte keinen Tod. Wenn sein Körper schließlich im Laufe hohen Alters dahinwelkte, ging er in einen anderen ein. Diese Veränderung kam ihm nicht zum Bewußtsein, dessen Brennpunkt nicht in der Physischen Welt lag. Daher war ihm das Ablegen eines Körpers und das Aufnehmen eines anderen nicht mehr als das Abfallen eines Blattes oder Zweiges vom Baum und dessen Ersatz.

Die Sprache war den Lemuriern etwas Heiliges. Sie war nicht wie unsere eine tote Sprache mit dem bloßen ordnungsmäßigen Aneinanderreihen von Lauten. Jeder von den Lemuriern geäußerte Ton hatte Gewalt über seine Mitgeschöpfe, über die Tiere und selbst über die ihn umgebende Natur. Deshalb wurde die Macht der Rede unter der Leitung der Gesandten der Göttlichen Hierarchien, der Boten Gottes — es waren die „Herren der Venus" — wie etwas höchst Heiliges mit großer Ehrfurcht angewandt.

Die Erziehung der Knaben unterschied sich wesentlich von derjenigen der Mädchen. Die lemurische Erziehungsmethode ist für unser verfeinertes Empfindungsvermögen schrecklich. Um die Gefühle des Lesers zu schonen, soll nur das am wenigsten Grausame berührt werden. Bei jener außerordentlich streng erscheinenden Erziehung muß man beachten, daß der lemurische Körper nicht annähernd so hochgestimmt war wie die menschlichen Körper unserer Tage. Auch konnte das überaus trübe Bewußtsein nur durch härteste Maßnahmen getroffen werden. Als im Laufe der Zeit das Bewußtsein mehr und mehr erwachte, wurden solche damals angewandten strengen Maßregeln unnötig, und sie verschwanden. Zu jener Zeit aber waren sie unentbehrlich, um die schlummernden geistigen Kräfte zum Bewußtsein der Außenwelt zu erwecken.

Die Erziehung der Knaben hatte als besonderes Ziel die Entwicklung des Willens. Die Kinder wurden veranlaßt, sich gegenseitig zu bekämpfen, und diese Kämpfe waren außerordentlich brutal. Die Jungen wurden gepfählt, und obwohl sie die Macht hatten, sich zu befreien, mußten sie trotz des Schmerzes auf den Pfählen bleiben, um Willenskraft zu üben. Auch lernten sie, die Muskeln anzuspannen und durch die Anstrengung des Willens ungeheure Lasten zu tragen.

Die Mädchenerziehung hatte Vorstellungskraft zu entwickeln. Es fand ebenfalls eine strenge und schwere Behandlung statt. Die Mädchen wurden in die großen Wälder hinausgeschickt, um die in den Baumwipfeln entstehenden Klänge des Windes auf sich wirken zu lassen und um den entsetzlichen Ausbrüchen der Fluten und des Sturmes zu lauschen. Dadurch verloren sie die Furcht vor den Entladungen der Natur; sie erkannten die Erhabenheit der Elemente. Die häufigen vulkanischen Ausbrüche waren besonders förderlich für das Erwecken des Gedächtnisses. Daher wurden sie als Erziehungsmittel besonders hoch geschätzt.

Diese Erziehungsmethoden würden in unseren Tagen nicht mehr in Frage kommen. Im Lemurier weckten sie keine Furcht, da er kein Gedächtnis hatte. Alle schmerzlichen oder schrecklichen Erfahrungen waren vergessen, sobald sie vorüber waren. Die obenerwähnten anstrengenden Erlebnisse dienten zur Entwicklung des Gedächtnisses. Die heftigen und unaufhörlich wiederholten, von außen kommenden Eindrücke sollten sich dem Gehirn einprägen. Denn das Gedächtnis ist notwendig, damit die Handlungen der Gegenwart durch die Erfahrungen der Vergangenheit geleitet werden können.

Die Mädchen entwickelten durch die ihnen zukommende Erziehung das erste keimende, flackernde Gedächtnis. **Von ihnen wurde der anfängliche Begriff von Gut und Böse gebildet,** denn ihre Erfahrungen wirkten hauptsächlich auf die Vorstellungskraft. Die Erlebnisse, die am wahrscheinlichsten eine Erinnerung zurücklassen würden, hielt man für „gut“, solche, die nicht zu diesem vielgewünschten Ergebnis führten, galten als „schlecht“.

So wurde die Frau die Wegbereiterin der Kultur, denn sie war die erste, die den Begriff eines „guten Lebens“ entwickelte. Sie wurde die geachtete Vertreterin der Alten und hat so bis heute würdig die Führung übernommen. Gewiß, da sich jedes Ich abwechselnd als Mann oder Frau verkörpert, ist keine tatsächliche Überlegenheit vorhanden. Es ist einfach so, daß diejenigen, die zu einer gegebenen Zeit im physischen Körper einer Frau leben, einen positiven Lebensleib haben. Daher sind sie zugänglicher für geistige Anregungen als jene mit dem negativen männlichen Lebensleib.

Der Lemurier war der geborene Magier. Er fühlte sich als Nachkomme der Götter, als geistiges Wesen. Daher war das Ziel seines Fortschritts nicht der Gewinn geistiger, sondern **materieller** Kenntnisse. Die Einweihungstempel für die Fortgeschrittensten hatten es nicht nötig, dem Menschen Kenntnis von seinem hohen Ursprung zu geben, ihn zur Anwendung magischer Kräfte zu erziehen, ihn zu lehren, wie er in der Empfindungswelt und den höheren Reichen zu handeln habe. Eine derartige Unterweisung ist heute erforderlich. Denn der Durchschnittsmensch hat weder Kenntnisse der geistigen Welt noch kann er in den überphysischen Welten handeln. Der Lemurier jedoch besaß dieses Wissen auf seine Weise. Er konnte jene Fähigkeiten ausüben. Doch er wußte weder etwas von den Gesetzen des Weltenganzen noch von den bei uns allgemein bekannten Tatsachen der Physischen Welt. Daher lehrte man ihn in der Einweihungsschule Kunst und die sich auf die Physische Welt beziehenden Naturgesetze. Sein Wille wurde gestärkt, seine Vorstellungskraft und sein Gedächtnis geweckt. Wenn ihm seine vergangenen Erfahrungen keine geeigneten Richtlinien gaben, konnte er sie zueinander in Beziehung setzen und sich Wege und Mittel für Handlungsweisen ausdenken. So waren die Einweihungstempel der lemurischen Zeiten hohe Schulen zur Pflege der Willens- und der Vorstellungskräfte und für „Ergänzungskurse" in Kunst und Wissenschaft.

Obwohl der Lemurier der geborene Magier war, mißbrauchte er seine Kräfte niemals, denn er fühlte sich den Göttern verwandt. Unter Anleitung der bereits erwähnten Götterboten wurden seine Kräfte darauf ausgerichtet, Formen in der Tier- und Pflanzenwelt zu bilden. Für den materiell denkenden Menschen mag es schwer zu verstehen sein, wie er diese Tätigkeit vollbringen konnte, ohne die ihn umgebende Welt betrachten zu können. Es ist wahr, daß der Lemurier nicht so „sehen" konnte, wie wir den Ausdruck verstehen, und daß er nicht in der Lage war, mit seinen physischen Augen Gegenstände des Raumes wahrzunehmen. Und doch, wie die reinsten unserer Kinder noch heute hellsichtig sind, solange sie im Zustand sündloser Unschuld bleiben, so nahmen die noch reinen und sündlosen Lemurier innerlich wahr. Das gab ihnen nur eine matte Vorstellung der **äußeren** Gestalt eines Gegenstandes, erleuchtete ihre innere Natur und ihre Seeleneigenschaft jedoch durch eine aus unschuldiger Reinheit geborenen geistigen Wahrnehmungskraft umso heller.

Unbefangenheit aber ist nicht gleichbedeutend mit Tugend. Sie ist Folge nicht vorhandenen Wissens*). In einem Weltall, dessen Evolutionsziel das Gewinnen von Weisheit ist, konnte sie nicht bestehen bleiben. Um jenes Ziel zu erreichen, ist die Unterscheidung von Gut und Böse, von Recht und Unrecht und eine Wahl der Handlung das Wesentliche.

Wenn sich der wissende und wählende Mensch auf die Seite des Guten und Rechten stellt, pflegt er Tugend und Weisheit. Unterliegt er der Versuchung und handelt er wissentlich unrecht, fördert er das Laster.

Gottes Pläne können jedoch nicht zunichte gemacht werden. Jede Tat ist der Saatgrund für das Gesetz von Ursache und Wirkung. Wir ernten, was wir säen. Verfehlte Handlungen verursachen Kummer und Leid. Wenn der Same in ein geläutertes Herz

---

*) Der englische Text an dieser Stelle lautet: „Innocence, however, is not synonymous with Virtue. Innocence is the child of Ignorance."
„Innocence" ist hier nicht im moralischen, religiösen oder juristischen Sinn zu verstehen, sondern im Sinn von kindlicher Unbefangenheit.
„A child of ignorance" ist eine feststehende, bildhafte englische Redewendung, für die es im Deutschen keine wörtliche Entsprechung gibt. Sie sollte als „Kenntnislosigkeit", als „Seinszustand vor jeglichem Wissen" im Sinn kindlicher Unkenntnis verstanden werden.

fällt, wenn er mit Tränen der Reue begossen wurde, wird daraus schließlich Tugend erblühen. Welch gesegnete Zusicherung, daß jedes von uns begangene Übel einst in Gutes verwandelt werden kann. Im Reich unseres Vaters kann nur das Gute von Dauer sein.

Daher ist der „Sündenfall“ mit seinen nachfolgenden Schmerzen und Leiden nur ein vorübergehender Zustand, in dem wir wie durch ein dunkles Glas sehen. Bald aber werden wir im Inneren und im Äußeren Gott von Angesicht zu Angesicht schauen. Er erscheint stets denjenigen, die reinen Herzens sind.

Der Sündenfall

Der Sündenfall wird in der Kabbala als die Erfahrung eines Menschenpaares beschrieben. Selbstverständlich ist mit ihm die Menschheit gemeint. Der Schlüssel wird in dem Vers gegeben, in dem der Bote Gottes zum weiblichen Wesen sagt: „Mit Schmerzen sollst du Kinder gebären“ (1. Mose 3, 16) Den Schlüssel finden wir auch im gleichzeitig ausgesprochenen Satz vom Tod.

Es konnte beobachtet werden, daß das Bewußtsein vor dem Sündenfall nicht auf die Physische Welt gerichtet war. Der Mensch ahnte nichts von der Fortpflanzung, von Geburt und dem Tod. Der Lebensleib ist das Mittel der Fortpflanzung. Die Engel, die ihn in Pflege hatten und an ihm wirkten, regelten die Fortpflanzungstätigkeit. Sie führten die Geschlechter zu bestimmten Jahreszeiten zusammen. Dabei bedienten sie sich der Sonnen- und Mondenkräfte, wenn deren Bedingungen für die Befruchtung am günstigsten waren. Zunächst erfolgte die Verbindung für die Teilnehmer als unbewußtes Geschehen. Später aber erzeugte sie ein vorübergehendes physisches Erkennen. Die Zeit der Schwangerschaft war nicht mit Beschwerden verbunden. Die Geburt erfolgte schmerzlos während eines tiefen Schlafes der Mutter. Geburt und Tod verursachten keinen Bruch im Bewußtsein; daher waren sie für die Lemurier nicht vorhanden.

Das Bewußtsein der lemurischen Menschen war nach innen gerichtet. Physisches wurde auf geistige Weise erkannt, so wie wir es im Traumzustand sehen, in dem alle unsere Wahrnehmungen in unserem Inneren erfolgen.

Als „die Augen der Lemurier geöffnet wurden" und sich ihr Bewußtsein nach außen auf die Erscheinungen der Physischen Welt richtete, änderten sich die Bedingungen. Die Fortpflanzung wurde nicht mehr durch die Engel, sondern durch den Menschen selbst geleitet, der die Wirkung der Sonnen- und Mondenkräfte nicht kannte. Doch er mißbrauchte die geschlechtliche Tätigkeit, indem er sie zur Befriedigung seiner Sinnenlust verwendete. Das hatte die Geburtsschmerzen zur Folge. Von nun an lag das menschliche Bewußtsein in der Physischen Welt. Allerdings wurden die Dinge bis gegen Ende der Atlantischen Epoche nicht klar umrissen gesehen. Wenn das Bewußtsein beim Tod in die Höheren Welten übertragen und bei der Wiederverkörperung in die Physische Welt zurückversetzt wurde, entstand in ihm ein Bruch. Dadurch kam es nach und nach zur Erkenntnis des Todes.

Das „Öffnen der Augen" ging folgendermaßen vor sich. Wir erinnern uns: Bei der Trennung der Geschlechter wurde der Mann Ausdruck des Willens, die Frau Ausdruck der Imagination, der Vorstellungskraft. Der Wille ist der eine, die Imagination der andere Teil der Seeelenkraft. Wäre die Frau nicht schöpferisch veranlagt, könnte sie in ihrem Leib keinen neuen Körper bilden. Und wenn der Same keine Verkörperung des verdichteten menschlichen Willens wäre, könnte er weder die Befruchtung vollenden, noch den Keimprozeß beginnen, der sich in der fortgesetzten Teilung der Eizelle äußert.

Die Zwillingskräfte Wille und Vorstellung sind erforderlich, den Körper zu zeugen. Allerdings verbleibt eine dieser Kräfte seit der Geschlechtertrennung im Inneren eines jeden Menschen. Nur der ausgegebene Teil kann zur Fortpflanzung verwendet werden. Daraus ergibt sich für das eingeschlechtliche Wesen, das nur eine Art der Seelenkraft weitergibt, die Notwendigkeit, sich mit einem anderen, die ergänzende Seelenkraft ausdrückenden, zu verbinden. Das wurde oben ebenso erklärt wie die Tatsache, daß der nicht zur Fortpflanzung verwendete Teil der Seelenkraft für das innere Wachstum verfügbar wurde. Solange der Mensch zur Zeugung die volle doppelte Geschlechtskraft benutzte, konnte er nichts für das eigene Seelenwachstum tun. Seitdem aber wurde der Teil, der durch die Geschlechtskraft unbenutzt blieb, vom innewohnenden Geist verwendet, um als Ausdrucksmöglichkeit Gehirn und Kehlkopf zu erschaffen.

So gestaltete sich der Mensch durch den ganzen späteren Teil der Lemurischen und durch die beiden ersten Drittel der Atlantischen Epoche weiter, bis er durch den oben erwähnten Gebrauch der halben Geschlechtskraft ein vollbewußtes, denkendes, urteilsfähiges Geschöpf wurde.

Das Gehirn ist das Bindeglied zwischen dem Geist und der umgebenden Welt. Nur durch seine Vermittlung kann der Mensch etwas von der Außenwelt wissen. Die Sinnesorgane bringen diesem Organ die äußeren Eindrücke. Es selbst ist das Instrument, sie zu werten und miteinander zu verbinden. Die Engel gehören einer anderen Evolutionsreihe an. Sie haben niemals in einem derart festen, schwerfälligen und langsamen Träger wie unserem physischen Körper gelebt. Ihr niederster Träger ist der Lebensleib. Sie hatten gelernt, ohne physisches Gehirn Wissen zu gewinnen. Und ohne Verwendung eines solchen Instrumentes mühevoll denken zu müssen, wurde ihnen Weisheit geschenkt.

Der Mensch hingegen mußte in „die Fortpflanzung fallen“, um sich Kenntnisse zu erarbeiten. Zum Sammeln von Erfahrungen in der Physischen Welt schuf der durch einen Teil der Geschlechskraft nach innen gerichtete Geist das Gehirn, das heute durch jene Kraft ernährt und gestaltet wird. Sie wird so weit von ihrem eigenen Weg abgelenkt, wie sie sich zur Zeugung nach außen hätte richten sollen. Doch der Mensch hält sie aus egoistischen Gründen zurück. Nicht so die Engel. Ihre Seelenkräfte wurden nicht voneinander getrennt. Deshalb konnten sie die zweifache Kraft **ohne selbstsüchtigen Vorbehalt** ausgeben.

Die ein anderes Wesen schaffende, nach außen strömende Kraft ist die Liebe. **Ohne Selbstsucht oder Verlangen** sandten die Engel ihre ganze Liebe aus. Dafür flutete die Kosmische Weisheit in sie ein.

Der Mensch gibt nur einen Teil seiner Liebe hin. Den Rest behält er ichsüchtig zurück. Er verwendet ihn zur Erhaltung seiner inneren Ausdrucksorgane, um **selbst** Fortschritte zu machen. So wird seine Liebe egoistisch und sinnlich. Weil er das Zusammenwirken zur Zeugung begehrt, liebt er mit nur einem Teil seiner schöpferischen Seelenkraft ichsüchtig ein anderes Wesen. Mit dem anderen Teil denkt er ebenfalls aus egoistischen Gründen, denn er wünscht, Kenntnisse zu gewinnen.

Die Engel lieben ohne Verlangen. Der Mensch aber muß durch den Egoismus hindurchgehen. Er hat zu begehren und ichsüchtig für Einsicht tätig zu sein, damit er die Selbstlosigkeit auf höherer Stufe erreichen kann.

Die Engel halfen ihm, sich nach Umkehrung des einen Teils seiner Seelenkraft fortzupflanzen. Sie unterstützten ihn bei der Gestaltung des physischen Gehirns. Doch sie wußten nicht, was durch dieses vermittelt werden konnte. Denn ihnen war nicht bekannt, wie ein solches Organ anzuwenden ist. Auch konnten sie nicht unmittelbar zu einem „Gehirn-Geschöpf“ sprechen. Alles, was sie tun könnten, wäre, das physische Ausströmen der menschlichen Liebe zu überwachen und Gefühlsregungen in liebevoller und unschuldiger Weise zu lenken. Dadurch können sie dem Menschen Schmerz und Verdruß ersparen, die mit der weisheitslosen Ausübung der Geschlechtskräfte verbunden sind.

Hätte diese **Führung** angedauert, wäre der Mensch ein gottgelenkter Automat geblieben und nie zur Persönlichkeit und zur Individualität gelangt. Daß er das wurde, verdankt er einer viel verschmähten Wesengruppe, den Luzifergeistern.

Die Luzifergeister

Sie waren Nachzügler in der Lebenswoge der Engel. In der Mondenperiode erreichten sie einen großen Vorsprung vor den Fortgeschrittensten unserer jetzigen Menschheit. Zwar sind sie nicht so weit entwickelt wie die Engel, die Bahnbrecher der Menschheit der Mondenperiode. Doch immerhin waren sie unserer gegenwärtigen Menschheit so weit voraus, daß es ihnen unmöglich war, einen physischen Körper anzunehmen, wie wir es getan haben. Und doch konnten sie ohne ein inneres Organ, ohne ein physisches Gehirn keine Kenntnisse gewinnen. Als Halbgötter standen sie zwischen dem Menschen, der ein Gehirn hat, und dem Engel, der keines benötigte.

So befanden sie sich in einer ernsthaften Lage. Die einzige Möglichkeit, einen Weg zu finden, auf dem sie sich selbst ausdrücken und Kenntnisse erwerben konnten, war, sich eines physischen Menschengehirns zu bedienen. Denn sie waren in der Lage, sich einem irdischen, mit einem solchen Organ ausgestatteten Wesen verständlich zu machen. Die Engel konnten das nicht. In der späteren Zeit der Lemurischen Epoche sah der Mensch die Physische Welt nicht, wie wir sie heute sehen. Ihm war die Empfindungswelt viel wirklicher. Er hatte das Traumbewußtsein der Mondenperiode, ein inneres Bilderbewußtsein, war sich jedoch der Welt außerhalb seiner selbst nicht bewußt. Die Luzifergeister hatten keine Schwierigkeit, sich seinem inneren Bewußtsein zu offenbaren und seine Aufmerksamkeit auf seine von ihm bisher noch nicht bemerkte äußere Form zu lenken. Sie sagten ihm, wie er aufhören könne, nur der Knecht äußerer Mächte zu sein, wie er sein eigener Herr und den Göttern ähnlich werden, „Gutes und Böses unterscheiden" könne. Auch machten sie ihm klar, daß er keine Furcht zu haben brauche, wenn sein Körper stürbe. Denn er habe in sich die schöpferische Fähigkeit, ohne Hilfe der Engel neue Körper zu bilden. Alle diese Mitteilungen dienten dazu, sein Bewußtsein zum Erwerben von Erkenntnissen nach außen zu richten.

Das taten die Luzifergeister, um dadurch Erkenntnisse zu gewinnen, wie sie sich der Mensch erwarb. Sie brachten diesem Schmerzen und Leiden, wo vorher keine gewesen waren, aber auch den unschätzbaren Segen der Befreiung von äußeren Einflüssen und Führungen. Sie lenkten ihn auf den Pfad zur Evolution seiner eigenen geistigen Kräfte, einer Evolution, die ihn schließlich befähigen wird, sich selbst mit einer Weisheit aufzubauen, wie es die der Engel und anderer Wesen ist, die ihn führten, bevor er seinen freien Willen übte.

Bevor der Mensch durch die Luzifergeister aufgeklärt worden war, hatte er weder Krankheit noch Schmerz oder Tod gekannt. Alle diese Erscheinungen erwuchsen aus der unklugen Verwendung der Zeugungskraft und ihrem Mißbrauch durch Sinnenbefriedigung. Wildtiere sind frei von Krankheit und Schmerz. Denn ihre Fortpflanzung erfolgt unter der Sorgfalt und Leitung des weisen Gruppengeistes nur zu den für diesen Vorgang günstigen Zeiten des Jahres. Die Geschlechtstätigkeit ist lediglich zur Fortpflanzung der Art, keineswegs jedoch zur Befriedigung sinnlicher Begierden bestimmt.

Wäre der Mensch ein gottgeleiteter Automat geblieben, er hätte bis zum heutigen Tag keine Krankheit, keinen Schmerz und keinen Tod gekannt. Allerdings würde er auch kein Gehirnbewußtsein und keine Unabhängigkeit besitzen, die sich aus seiner Aufklärung durch die Luzifergeister, durch „die Lichtgeber", ergaben. Diese Wesen öffneten ihm die Augen seines Verständnisses und lehrten ihn, seine trübe Wahrnehmung zur Gewinnung von Erkenntnissen über die Physische Welt zu verwenden. Diese zu erhalten, war seine Bestimmung.

Seit dieser Zeit wirken zwei Kräfte im Menschen. Die eine ist die der Engel, die durch die Liebe im Mutterleib neue Wesen erschafft. Sie ist zur Zeugung abwärts gerichtet. Die Engel sind die Erhalter des Menschengeschlechts. Die andere ist die luziferische Kraft. Mit Hilfe des weiteren Teils der Geschlechtskraft, der zur Ausgestaltung des Gehirns aufwärts gerichtet ist, regt sie die gesamte geistige Tätigkeit an.

Die Luzifergeister werden auch „Schlangen" genannt. Sie sind in den verschiedenen Mythologien unterschiedlich dargestellt. Wenn wir zur Betrachtung der Genesis kommen, wird mehr über sie gesagt werden. Die augenblicklichen Ausführungen genügen, um die Hauptlinie der Forschung und des Fortschritts der menschlichen Entwicklung durch die Atlantische und Arische Epoche hindurch bis zur Gegenwart verfolgen zu können.

Was über die Aufklärung der Lemurier gesagt wurde, gilt nicht für alle Menschen, die im späteren Abschnitt dieser Epoche lebten. Es ist nur auf diejenigen anzuwenden, die Keim der „Sieben atlantischen Rassen" wurden. Die meisten Lemurier waren tierähnlich. Die von ihnen bewohnten Körper sind zu Naturmenschen und anthropoiden Affen unserer Tage entartet.

Der Schüler wird gebeten, sorgsam zu beachten, daß nur die **Formen** degenerieren. Zwischen den Körperformen einer Rasse und den in ihnen wohnenden Ichwesenheiten, dem Leben, besteht ein großer Unterschied.

Wenn eine Rasse geboren wird, werden die Körper durch eine bestimmte Gruppe von Geistwesen beseelt, die die eigene Fähigkeit besitzen, sich bis zu einer gewissen Stufe der Vollendung und nicht weiter zu entwickeln. In der Natur gibt es keinen Stillstand. Daher beginnen die Körper oder Formen dieser Rasse, sobald die Grenze der Vervollkommnung erreicht ist, zu degenerieren. Sie sinken solange tiefer und tiefer, bis die Rasse ausstirbt.

Die Ursache braucht man nicht weit zu suchen. Neue Rassenkörper sind besonders biegsam und plastisch. Sie lassen den sich in ihnen inkarnierenden Ichwesen großen Spielraum, die Träger zu verbessern und dabei voranzukommen. In solchen Körpern werden die fortgeschrittensten Ichwesen geboren, die sie nach ihren besten Kräften verfeinern. Doch sie sind nur Lehrlinge und veranlassen, daß sich die Körper nach und nach kristallisieren und verhärten, bis die Grenze für ihre besondere Art erreicht ist. Dann werden Formen für eine andere neue Rasse geschaffen, wodurch sie den fortschreitenden Ichwesen weiteren Spielraum für ausgedehntere Erfahrungen und größere Entwicklung ermöglichen. Zugunsten der neuen Rassenkörper verlassen sie die alten. Diese werden zur Wohnungen für weniger vorangekommene Ichwesen, die sie nun wieder als Stufen auf dem Weg des Fortschritts verwenden. So werden die alten Körper von zunehmend schwächer werdenden, allmählich entartenden Ichwesen gebraucht, bis sich schließlich kein Ich mehr findet, das schwach genug ist, um Nutzen aus einer Wiedergeburt in solchen Körpern zu ziehen. Dann werden die Frauen unfruchtbar, und die Rassenkörper sterben.

Wir können diesen Vorgang gut an verschiedenen Beispielen verfolgen. Die germanisch-angelsächsischen Völker, insbesondere deren amerikanischer Zweig, haben einen weicheren und biegsameren Körper und ein höher gespanntes Nervensystem als irgendeine andere gegenwärtige Rasse auf der Erde. Indianer und Schwarze besitzen wesentlich härtere Körper und sind wegen ihres nicht so sensiblen Nervensystems weitaus unempfindlicher gegen Verletzungen. Wenn ein Indianer so verwundet wird, daß es einen weißen Mann niederwerfen oder töten würde, wird er dennoch weiter kämpfen, denn er erholt sich schnell wieder. Obwohl die britische Regierung alles tut, das Aussterben der australischen Eingeborenen, der Buschmänner, zu verhindern, sind diese aufgrund ihrer Unfruchtbarkeit ein Beispiel einer sterbenden Rasse.

Der weißen Rasse wurde von weißen Menschen gesagt, daß dort, wo immer sie sind, die anderen Rassen aussterben. Die Weißen haben sich furchtbarer Unterdrückungen dieser anderen Rassen schuldig gemacht. Unzählige wehrlose und ahnungslose Eingeborene wurden in vielen Fällen grausam von ihnen umgebracht. Um nur eines von vielen Beispielen zu nennen, sei das Vorgehen der Spanier gegen die alten Peruaner und Mexikaner angeführt. Die Verpflichtungen, die aus einem solchen Vertrauensbruch und dem Mißbrauch der überlegenen Intelligenz und Kraft erwachsen, werden von denjenigen, die sie begangen haben, bis zum letzten und geringsten Jota zu bezahlen sein. Diese Völker wären langsam, aber sicher ausgestorben, auch wenn die Weißen sie nicht umgebracht, ausgehungert, versklavt, ausgewiesen und auf andere Weise schlecht behandelt hätten. Denn das ist das Gesetz der Evolution, die Ordnung der Natur. In angemessener Zukunft wird auch die weiße Rasse vergehen, um anderen und besseren Trägern Platz zu machen. Die Wissenschaft spricht nur von der Evolution. Die Richtschnur der Degeneration, nach der Körper, die sich über die fortschrittlichste Verbesserungsmöglichkeit hinaus verfestigt haben, langsam, aber sicher zerstört werden, wird von ihr außer acht gelassen.

Die Atlantische Epoche

Vulkanische Ausbrüche zerstörten den größten Teil des lemurischen Kontinents. An seiner Stelle erstand dort, wo sich jetzt der Atlantische Ozean befindet, das atlantische Festland.

Die Wissenschaft, die durch die Geschichte Platos angeregt wurde, Nachforschungen nach Atlantis vorzunehmen, hat bewiesen, daß reichlich Grund für die Sage über das einstige Bestehen eines solchen Kontinents vorhanden ist. Die Geisteswissenschaft weiß, daß jenes Land bestanden hat. Sie kennt auch seine Bedingungen, die anschließend dargelegt werden sollen.

Der alte Kontinent Atlantis unterschied sich von unserer heutigen Welt auf mannigfache Weise. Der größte Unterschied lag in der Zusammensetzung von Luft und Wasser jener Zeit.

Von der südlichen Seite des Planeten kam der heiße feurige Atem der damals noch reichlich tätigen Vulkane. Von Norden fegte der eisige Hauch der Polargegenden herunter. Der Kontinent Atlantis war der Begegnungsort dieser beiden Strömungen. Seine Atmosphäre war daher beständig von einem dicken, trüben Nebel erfüllt. Das Wasser war nicht so dicht wie jetzt. Es enthielt mehr Luft. Viel Wasser wurde auch in der schweren, dunstigen Atmosphäre von Atlantis festgehalten.

Durch jene drang niemals klarer Sonnenschein auf die Erde. Vielmehr war es so wie bei unseren Straßenlaternen, wenn sie durch einen dichten Nebel scheinen. Es war nur möglich, einige Meter weit in einer Richtung zu sehen. Umrisse aller nicht ganz nahen Gegenstände erschienen trübe, verschwommen und undeutlich. Der Mensch wurde mehr durch innere Wahrnehmung als durch äußere Erscheinung geführt.

Nicht nur das Land, auch der Mensch jener Zeit unterschied sich wesentlich von allem, was jetzt auf der Erde vorhanden ist. Der Atlantier hatte einen Kopf, aber fast keine Stirn. Seinem Gehirn fehlte die frontale Entfaltung. Die Kopfpartie verlief von einem über den Augen liegenden Punkt fast zusammenhanglos schräg nach hinten. Im Vergleich zur heutigen menschlichen Natur war der Atlantier ein Riese. Seine Arme und Beine waren im Verhältnis zum Körper viel länger als unsere. Statt zu gehen, bewegte er sich ähnlich wie das Känguruh durch eine Reihe fliegender Sprünge vorwärts. Er hatte kleine, schimmernde Augen, und sein Haar war im Querschnitt rund. Diese Eigentümlichkeit zeichnet die bis zum heutigen Tage noch unter uns lebenden Nachkommen der atlantischen Rasse aus. Ihr Haar ist glatt, glänzend, schwarz und im Querschnitt **rund**. Das der Arier ist immer **oval**, auch wenn es in der Farbe abweicht. Die Ohren der Atlantier saßen viel weiter hinten als die der Arier.

Die höheren Träger der frühen Atlantier waren nicht wie bei uns konzentrisch zum physischen Leib angeordnet. Der Geist wohnte noch nicht ganz in ihnen. Er befand sich außerhalb der Träger, die er daher nicht mit derselben Leichtigkeit lenken konnte, als wenn er ganz in ihnen gewohnt hätte. Der Kopf des Lebensleibes ragte weit über den physischen Kopf hinaus. Zwischen den Augenbrauen und ungefähr ein und einem Drittel Zentimeter (englisch: half an Inch*)) unter der Hautoberfläche ist ein Punkt, der mit einem Punkt im Lebensleib in Verbindung steht. Es ist nicht die Hirnanhangsdrüse, die viel tiefer im Kopf des physischen Körpers liegt. Man könnte ihn die „Wurzel der Nase“ nennen.

Wenn diese beiden Punkte wie bei der Menschheit unserer Tage im physischen Körper und im Lebensleib zusammentreffen, sieht der Hellseher sie als einen schwarzen Fleck oder besser gesagt als einen dem Kern einer Gasflamme gleichenden leeren Raum. Das ist der Sitz des Geistes, der im Menschen wohnt, das Heiligste der Heiligtümer im Tempel des menschlichen Körpers, der für alles außer für das einwohnende Ich verschlossen

*) 1 inch (Zoll) = 2,54 cm

ist; er ist dessen Heimstatt. Der geschulte Hellseher kann entsprechend seiner geistigen Fähigkeiten und seiner Übung mit mehr oder weniger Genauigkeit alle verschiedenen, die Aura des Menschen bildenden Körper sehen. Nur diese Stelle wird vor ihm verborgen. Es ist die „Isis", deren Schleier niemand lüften kann. Nicht einmal das höchstentwickelte Erdenwesen kann das unverhüllte Ich des bescheidensten und geringstentwickelten Geschöpfes sehen. Das und das allein auf Erden ist so heilig, daß es vor dem Eindringen absolut sicher ist.

Diese beiden eben erwähnten Punkte, der eine im dichten Körper und sein Gegenstück im Lebensleib, waren im Menschen der frühen Atlantischen Epoche weit voneinander entfernt. Bei den Tieren unserer Tage ist dasselbe der Fall. Der Kopf des Lebensleibes ist beim Pferd weit außerhalb seines physischen Kopfes. Beim Hund sind die Punkte näher zusammen als bei irgendeinem anderen Tier, außer vielleicht beim Elefanten. Wenn sie zusammentreffen, haben wir ein Wundertier, das fähig ist, zu zählen, zu buchstabieren und so weiter.

Durch diese Entfernung zwischen den beiden Punkten war die Wahrnehmungskraft des Atlantiers in den inneren Welten viel schärfer als in der durch ihre Atmosphäre von dichtem, drückendem Nebel verdüsterten festen Physischen Welt. Allmählich wurde die Atmosphäre dann langsam klarer. Zur selben Zeit näherte sich der erwähnte Punkt des Lebensleibes zunehmend dem entsprechenden Punkt im physischen Körper. In dem Maß, wie die beiden einander näherkamen, verlor der Mensch die Berührung mit den inneren Welten, die umso trüber wurden, je klarer umrissen sich ihm die Physische Welt zeigte. Im letzten Drittel der Atlantischen Epoche wurde der Punkt im Lebensleib schließlich mit dem entsprechenden Punkt des physischen Leibes in Verbindung gebracht. Vor dieser Zeit erwachte der Mensch nicht völlig für die feste irdische Welt. Als aber die volle Wahrnehmungsfähigkeit für das äußere Sein gewonnen wurde, ging den meisten Menschen nach und nach die Möglichkeit für das Erschauen der inneren Welten verloren.

In den ersten Zeiten sah der Atlantier die Umrisse eines Gegenstandes oder eines Menschen nicht klar. Er nahm aber die Seele wahr und war sofort darüber orientiert, ob ihre Eigenschaften für ihn zuträglich waren oder nicht. Und er wußte, ob von ihm wahrgenommene Menschen oder Tiere freundlich oder feindlich gesinnt waren. Durch die geistige Auffassung wurde er ganz genau belehrt, wie er mit den anderen umzugehen hatte und wie er einem Unheil entgehen konnte. Als die geistige Welt in seinem Bewußtsein verblaßte, war sein Kummer über diesen Verlust daher groß.

Die Rmoahals waren die erste atlantische Rasse. Sie hatten ein nur schwaches Gedächtnis, das hauptsächlich mit Sinnesempfindungen verbunden war, erinnerten sich an Farben und Töne und entwickelten so in einem gewissen Maß Gefühle. Die Lemurier hatten, wenigstens in der feineren Bedeutung des Wortes, keinerlei Gefühle. Sie besaßen einen Tastsinn, spürten physische Schmerzen und Wohlbehagen, nicht aber geistige Freude, Kummer, Sympathie und Antipathie.

Mit dem Gedächtnis stellten sich bei den Atlantiern die Uranfänge der Sprache ein. Jene Menschen entwickelten Worte und gebrauchten keine Naturlaute mehr wie seinerzeit die Lemurier. Die Rmoahals begannen, den Dingen Namen zu geben. Sie waren noch eine geistige Rasse, und ihre Seelenkräfte glichen den Kräften der Natur. Sie benannten nicht nur die sie umgebenden Dinge. In ihren Worten lag vielmehr Macht über sie. Wie die letzten Lemurier erleuchtete sie ihr Fühlen als Geistwesen. Keiner tat dem anderen jemals ein Leid an. Die Sprache als höchste unmittelbare Äußerung des Geistes war ihnen heilig. Ihre Kraft wurde niemals durch Geschwätz oder oberflächliche Unterhaltung mißbraucht. Durch die Anwendung der klaren Sprache wurde die Rasse erstmals fähig, der Seele der Außenwelt-Erscheinungen zu begegnen.

Die Tlavatli waren die zweite atlantische Rasse. Sie begannen, ihren Wert als getrennte menschliche Wesen zu fühlen, wurden ehrgeizig und verlangten, daß man sich an ihre Werke erinnere. Gedächtnis wurde ein Faktor im Leben der Gemeinschaft. Die Erinnerung an Taten, die von manchen von ihnen vollbracht worden waren, pflegte eine Gruppe zu veranlassen, einen, der sich durch große Taten ausgezeichnet hatte, zu ihrem Anführer zu wählen. Das war der Keim des Königtums.

Die Erinnerung an verdienstvolle Taten großer Männer, solcher Anführer, wurde sogar über die Zeit ihres Todes hinausgetragen. Die Menschheit begann, das Andenken der Vorfahren zu ehren und diejenigen anzubeten, die großen Verdienst erworben hatten. Das war der Beginn einer Art von Verehrung, wie sie bis heute von einigen asiatischen Völkern ausgeübt wird.

Die Tolteken waren die dritte atlantische Rasse. Sie gestalteten die Ideen der Vorgänger noch weiter aus, begründeten Monarchien, führten die Erbfolge ein und den Brauch, Männer wegen der großen Taten ihrer Vorfahren zu verehren. Sie hatten guten Grund dazu, denn durch die eigentümliche Erziehung jener Zeit hatte der Vater die Macht, seine Eigenschaften in einer Weise auf den Sohn zu übertragen, wie es der heutigen Menschheit unmöglich ist.

Die Erziehung bestand darin, daß man vor die Seele des Kindes Bilder verschiedener Lebenabschnitte stellte. Das Bewußtsein der frühen Atlantier war bisher hauptsächlich noch ein inneres Bilderbewußtsein. Die Kraft des Erziehers, diese Bilder vor die Seele des Kindes zu rufen, war entscheidend für die Seeleneigenschaften, die der erwachsene Mensch besitzen würde. Es wurde die angeborene Fähigkeit angesprochen und wachgerufen, nicht die Vernunft. Durch diese Erziehung nahm der Sohn in den meisten Fällen bereitwillig die Eigenschaften des Vaters auf.

Daraus wird ersichtlich, daß zu jener Zeit Gründe vorhanden waren, den Söhnen großer Männer Ehre zu erweisen. Denn der Sohn erbte fast immer die meisten guten Eigenschaften seines Vaters. Leider ist das in unserer Zeit nicht der Fall, obwohl wir immer noch die gleiche Gewohnheit haben, Söhne großer Männer zu ehren. Es gibt aber keinen triftigen Grund mehr dafür.

Unter den Tolteken wurden Erfahrungen hoch geachtet. Derjenige, der die verschiedenartigsten davon gewonnen hatte, wurde am meisten geschätzt und gesucht. Das Gedächtnis war damals so groß und genau, daß unser gegenwärtiges nichts dagegen ist. Bei unerwarteten Ereignissen dürfte sich ein Tolteke von weitreichender praktischer Erfahrung wahrscheinlich an ähnliche Fälle aus der Vergangenheit erinnert und auf das hingewiesen haben, was zu unternehmen war. Dadurch wurde er in einer entstandenen Situation, die keinem der Mitglieder vorher begegnet war und in der sich alle unfähig zeigten, aus der Ähnlichkeit heraus zu denken oder zu beurteilen, wie sie sich in dieser Lage verhalten sollten, für die Gemeinschaft ein wertvoller Ratgeber. War eine solche Individualität nicht zu finden, mußte versucht werden, das Beste selbst zu ermitteln.

Im mittleren Drittel der Atlantischen Epoche finden wir den Beginn getrennter Nationen. Menschengruppen, die untereinander ähnliche Neigungen und Gewohnheiten feststellten, verließen ihre Heimat und gründeten eine neue Kolonie. Sie erinnerten sich an die alten Gewohnheiten und folgten ihnen, soweit sie in ihrer neuen Umgebung tauglich für sie waren. Um ihren eigenen besonderen Ideen und Notwendigkeiten gerecht zu werden, schufen sie neue Gewohnheiten.

Die Führer der Menschheit weihten zu dieser Zeit bedeutende Könige ein, denen sie große Macht über die zu regierenden Völker gaben. Die Menschen verehrten diese Könige mit der Ehrfurcht, wie sie den wahren Königen „von Gottes Gnaden“ gebührt. Dieser glückliche Zustand trug aber doch den Keim der Auflösung in sich. Denn mit der Zeit ließen sich die Könige von ihrer Macht berauschen. Sie vergaßen, daß sie diese als heiliges Vertrauenspfand durch die Gnade Gottes erhalten hatten und daß sie zu Königen gemacht worden waren, um das Volk gerecht zu behandeln und ihm zu helfen. Statt zum allgemeinen Wohl begannen sie, ihre Macht unredlich, aus selbstsüchtigen Gründen und zum eigenen Vorteil zu gebrauchen. Sie nahmen Vorrechte und Macht für sich in Anspruch, die niemals für sie bestimmt waren. Ehrgeiz und Selbstsucht beherrschten sie, und sie mißbrauchten ihre hohe, von Gott hergeleitete Macht zu Unterdrückung und Rache. Das galt nicht nur von den Königen, sondern auch von den „Edlen" und den höheren Ständen. Wenn man in Betracht zieht, welche Macht sie über die weniger entwickelten Klassen hatten, ist es leicht zu verstehen, daß der Mißbrauch dieser Macht schreckliche Zustände hervorrufen mußte.

Die Urturanier waren die vierte atlantische Rasse. In ihrer außergewöhnlichen Selbstsucht waren sie besonders bösartig. Sie errichteten Tempel, in denen die Könige wie Götter verehrt wurden, und unterdrückten die hilflosen niederen Klassen aufs äußerste. Es gedieh schlimmste und Schwarze Magie der Herrscher. Alle Anstrengungen ware auf die Befriedigung der Eitelkeit und auf äußerliche Schaustellungen gerichtet.

Die Ursemiten waren die fünfte und wichtigste der sieben atlantischen Rassen. Wir finden in ihnen die ersten Keime aufbauender Gedankeneigenschaften. Deshalb wurden sie zur „Keimrasse" für die sieben Rassen der gegenwärtigen Arischen Epoche.

In der Polarischen Epoche erwarb der Mensch den physischen Körper als Instrument zum Handeln. In der Hyperboräischen Epoche wurde der Lebensleib hinzugefügt, um die zum Handeln notwendige Bewegungsfähigkeit zu geben. In der Lemurischen Epoche kam durch den Empfindungsleib der Antrieb zum Tätigsein.

In der Atlantischen Epoche erhielt der Mensch den Verstand, um durch ihn zum Handeln bewegt zu werden. Da das Ich aber überaus schwach und die Natur des Verlangens stark war, verband sich der werdende Verstand mit dem Empfindungsleib. Das ergab die Fähigkeit für Intelligenz, die zur Ursache für alle Gottlosigkeit des mittleren Drittels der Atlantischen Epoche wurde.

In der Arischen Epoche waren Denken und Vernunft durch geistige Tätigkeit des Ich zu entwickeln. Das Verlangen sollte in solche Bahnen gelenkt werden, die zum Ziel der Evolution, zum Erreichen geistiger Vollendung führen sollten. Die Fähigkeit zu denken und Ideen zu bilden wurde vom Menschen auf Kosten der Macht über die Lebenskräfte, das heißt der Macht über die Natur, erworben.

Mit Gedanken und Verstand kann der heutige Mensch nur Macht über Mineralien und Chemikalien ausüben. Denn sein Verstand ist jetzt auf der ersten oder mineralischen Stufe seiner Evolution, wie es sein physischer Körper in der Saturnperiode war. Er kann keine Macht über das **Leben** von Pflanzen oder Tieren haben. Holz und verschiedenartige Pflanzensubstanzen werden von ihm zusammen mit verschiedenen Bestandteilen von Tieren in seinen Industrien verwendet. Alle diese Substanzen sind in der endgültigen Analyse chemische Materie. Aus ihnen bestehen die **Körper** in allen Naturreichen; sie werden von mineralischem Leben beseelt. Wohl kann der Mensch alle diese verschiedenartigen chemisch-mineralischen Zusammensetzungen in seinem gegenwärtigen Zustand beherrschen. Doch seine Herrschaft wird nicht vor dem Erreichen der Jupiterperiode auf das Tätigsein mit dem Leben ausgedehnt werden. In dieser Periode wird er wie die Engel unserer Erdenperiode die Macht haben, mit Pflanazenleben zu wirken.

Die Wissenschaft hat viele Jahre daran gearbeitet, Leben zu „schaffen". Sie wird jedoch erst Erfolg haben, wenn sie gelernt hat, sich dem Laboratoriumstisch so wie dem Altar eines Tempels mit der tiefsten Ehrfurcht zu nähern, mit reinem Herzen und heiligen Händen, frei von verlangendem und selbstsüchtigem Ehrgeiz.

Die Älteren Brüder hüten dieses und alle tiefen Geheimnisse der Natur so lange in weiser Entscheidung, bis der Mensch fähig sein wird, sie zur Hebung seines Geschlechts, zur Ehre Gottes und nicht zum persönlichen Nutzen oder zur selbstsüchtigen Erhöhung zu verwenden.

Trotzdem machte es der von den Atlantiern erlittene Gewaltverlust über die Lebenskräfte dem Menschen möglich, sich weiter zu entwickeln. So konnte seine Selbstsucht, wie sehr sie auch zunahm, weder ihn noch die Natur vollkommen zerstören. Das wäre der Fall gewesen, wenn sein sich steigernder Egoismus von der großen Macht begleitet worden wäre, die er in seinem früheren unschuldigen Zustand besessen hatte. Der nur **im** Menschen arbeitende Gedanke kann der Natur nicht gebieten. Er kann die Menschheit niemals gefährden. Das wäre der Fall, wenn die Naturkräfte unter der Gewalt des Menschen stünden.

Die Ursemiten beherrschten ihr Verlangen bis zu einem gewissen Grad durch den Verstand. Statt des bloßen Begehrens kamen aber Klugheit und Geschicklichkeit hinzu. Durch diese versuchten sie, ihre Ziele zu erreichen. Obwohl sie ein recht unruhiges Volk waren, lernten sie, ihre Leidenschaften weitgehend zu beherrschen und ihre Ziele durch Klugheit zu erreichen, die feiner und wirksamer ist als die bloße tierische Kraft. Sie waren die ersten, die entdeckten, daß das Gehirn der Muskelkraft überlegen ist.

Während des Bestehens dieser Rasse begann sich die Atmosphäre von Atlantis endgültig aufzuhellen. Der oben erwähnte Punkt im Lebensleib kam in Verbindung zu dem entsprechenden

Punkt des irdischen Körpers. Das gab dem Menschen die Fähigkeit, die Gegenstände klar, mit scharfen, gut umrissenen Konturen zu sehen; es äußerte sich aber auch im Verlust des Gesichtsinns für die inneren Welten.

Daraus können wir das Gesetz erkennen, nach dem jeder Fortschritt auf Kosten einiger früher besessener Fähigkeiten gemacht wird, die später in einer höheren Form wiedergewonnen werden.

Auf Kosten der Kraft, zeitweise Nachkommen aus sich selbst zu zeugen, erschuf der Mensch das Gehirn. Um das Instrument zu erlangen, durch das er seinen festen Körper leiten konnte, wurde er Gegenstand aller Schwierigkeiten, von Kummer und Schmerz, die nun zur Erhaltung der Rasse erforderlich wurden. Der Mensch erhielt seine Urteilskraft durch zeitweiligen Verlust seiner geistigen Einsicht.

Während ihn der Verstand in vieler Beziehung förderte, verschloß er ihm die Seele für Dinge, die vorher zu ihm gesprochen hatten. Der Besitz des Verstandes, der jetzt ein kostbares Eigentum des Menschen bildet, wurde von den Atlantiern zuerst nur traurig begrüßt. Sie beklagten den Verlust des einstigen geistigen Sehvermögens und der Kraft, die diese Erwerbung gekennzeichnet hatte.

Das Eintauschen geistiger Kräfte gegen physische Fähigkeiten war jedoch erforderlich, damit der Mensch lernte, ohne äußere Führung in der Physischen Welt, die er erobern sollte, zu handeln. Wenn er aufgrund seiner Erfahrungen im Erdendasein gelernt haben wird, die feste irdische Welt richtig zu handhaben, wird er im Laufe der Zeit seine geistigen Kräfte wiedergewinnen. Als er sie besaß, wußte er nicht, wie er sie im eigentlichen Sinn gebrauchen sollte. Sie waren zu wertvoll und zu gefährlich, um als Spielzeug zu Experimenten benutzt zu werden.

Die Ursemiten wurden von einem erhabenen Wesen aus dem Kontinent Atlantis herausgeführt, ostwärts über Europa in die große, als Wüste Gobi bekannte Einöde Zentralasiens, und hier von ihm zum Geschlecht für die sieben großen Rassen der Arischen Epoche vorbereitet. Sie erhielten im wesentlichen Eigenschaften, die von ihren Nachkommen entwickelt werden sollten.

In allen vorhergehenden Zeitaltern, vom Beginn der Saturnperiode durch die Sonnen- und Mondenperioden und innerhalb der dreieinhalb Weltenkreisläufe der Erdenperiode, der Polarischen, der Hyperboräischen, der Lemurischen und dem früheren Teil der Atlantischen Epoche war der Mensch ohne die geringste Wahlfreiheit von höheren Wesen geleitet worden. Da er noch keinen eigenen Verstand entwickelt hatte, war er unfähig, sich selbst zu führen. Doch schließlich wurde es für seine weitere Entwicklung erforderlich, das Sich-selbst-Lenken zu lernen. Der Mensch hatte Unabhängigkeit und Verantwortung für seine eigenen Handlungen zu übernehmen. Bisher war er gezwungen gewesen, den Anordnungen seiner Gebieter zu folgen. Nun sollten seine Gedanken von den sichtbaren Führern, den „Herren der Venus", die er als Boten Gottes verehrte, ab- und der Idee des wahren Gottes, des unsichtbaren Schöpfers des ganzen Systems, zugewandt werden. Der Mensch mußte lernen, die Gebote eines Gottes, den er nicht sehen konnte, zu verehren und zu befolgen.

Deshalb rief ihr Führer die Völker zusammen und sprach zu ihren Seelen ungefähr folgendermaßen:

„Bisher habt ihr diejenigen gesehen, die euch leiteten. Es gibt aber Führer von unterschiedlicher Herrlichkeit, die höher sind als sie. Ihr habt sie noch nicht gesehen. Sie lenken jeden eurer schwankenden Schritte in der Evolution des Bewußtseins.

Erhaben über alle diese glorreichen Wesen steht der unsichtbare Gott, der den Himmel und die von euch bewohnte Erde erschuf. Er hat es gewollt, euch die Herrschaft über alles Land zu geben, auf daß ihr fruchtbar seid und euch darin vermehrt.

Ihr sollt nur diesen unsichtbaren Gott anbeten. Aber ihr sollt das im Geist und in der Wahrheit tun und euch weder ein feierliches Bild von ihm machen noch für euch selbst ein Abbild von ihm malen. Denn er ist allgegenwärtig und jenseits jedes Vergleichs oder jedes Ebenbildes.

Wenn ihr seinen Geboten folgt, wird er euch überreich mit allem Guten segnen. Wenn ihr von seinem Wege abirrt, wird euch das Übel folgen. Die Wahl ist euer. Ihr seid frei. **Aber ihr müßt die Folgen eurer eigenen Handlungen tragen.“**

Die Erziehung des Menschen geht in vier großen Abschnitten vor sich. Zuerst wird von außen, ohne daß er sich dessen bewußt wird, an ihm gearbeitet. Dann steht er unter der Leitung göttlicher Boten und Könige, die er sieht und deren Anordnungen er gehorchen muß. Als nächstes wird er unterwiesen, die Befehle Gottes, den er nicht sieht, zu befolgen. Schließlich lernt er, über den Geboten zu stehen, selbst Gesetz zu werden, und, indem er sich aus eigenem freien Willen besiegt, in Übereinstimmung mit den Gesetzen der Natur — sie sind die Gesetze Gottes — zu leben.

Vierfach sind auch die Stufen, durch die der Mensch zu Gott gelangt.

Zuerst verehrt er Gott, den er zu fühlen beginnt, aus Furcht. Wie ein Fetischanbeter bringt er ihm Opfer dar, um ihn zu versöhnen.

Dann lernt er, Gott als **Spender** aller Dinge anzusehen, und hofft, von ihm **hier und jetzt** materielle Wohltaten zu erhalten. Er opfert aus Habsucht und erwartet, daß ihm der Herr sein Opfer hundertfältig vergelten werde, oder um Bestrafungen durch Seuchen, Krieg und so weiter **schnell** zu entgehen.

Später wird er belehrt, Gott durch Gebete und durch ein gutes Leben zu verehren. Er muß den Glauben an einen Himmel pflegen, in dem er **in Zukunft** belohnt werden soll. Und er hat sich des Bösen zu enthalten, um **künftigen** Höllenstrafen zu entgehen.

Schließlich gelangt er an einen Punkt, an dem er, ohne irgend einen Gedanken an Belohnung, Bestechung oder Bestrafung zu haben, Gutes einfach deshalb tun kann, weil „es recht ist, recht zu tun“. Er liebt das Gute um seiner selbst willen und handelt danach, einerlei, ob gegenwärtige Erfolge, Beleidigungen oder zukünftige schmerzliche Resultate die Folge sein werden.

Die Ursemiten hatten den zweiten dieser Schritte erreicht. Sie wurden belehrt, einen unsichtbaren Gott anzubeten und zu erwarten, daß sie durch sichtbare Wohltaten belohnt oder durch schmerzliche Eingriffe bestraft würden.

Das volkstümliche Christentum ist die dritte Stufe. Esoterische Christen und Schüler aller geisteswissenschaftlichen Schulen versuchen, den höchsten Grad zu erlangen. Er wird in der sechsten Epoche, im neuen Galiläa, allgemein erreicht werden. Dann wird das einigende Christentum die Herzen der Menschen öffnen, so wie ihr Verstand jetzt geöffnet wird.

Die Arkadier waren die sechste, die Mongolen die siebente der atlantischen Rassen. Sie entwickelten die Denkfähigkeit noch weiter, verfolgten aber Wege des Nachdenkens, die zunehmend von der Hauptrichtung der Entwicklung ablenkten. Die chinesischen Mongolen vertreten heute noch die Ansicht, daß die alten Zustände die besten waren. Der Fortschritt aber fordert unablässig neue Methoden und Anpassungsfähigkeit. Er erhält die Ideen lebendig. Diese Rassen blieben daher zurück. Sie entarten mit den Überbleibseln der atlantischen Rasse.

Als sich die schweren Nebel von Atlantis mehr und mehr verdichteten, überschwemmte die steigende Wassermenge den Kontinent und vernichtete den größten Teil der Bevölkerung sowie die Spuren ihrer Zivilisation.

Große Scharen wurden durch die Fluten aus dem verurteilten Kontinent vertrieben. Sie wanderten quer durch Europa. Die mongolischen Rassen sind die Überbleibsel dieser atlantischen Flüchtlinge. Die Schwarzen und Rassen mit krausem Haar sind die letzten Nachkommen der Lemurier.

Die Arische Epoche

Mittelasien war die Wiege der von den Ursemiten abstammenden arischen Rassen. Von dort sind die verschiedenen Rassen ausgegangen. Es ist nicht erforderlich, sie an dieser Stelle zu beschreiben; die geschichtlichen Nachforschungen ihrer Hauptzüge sind ausreichend festgestellt.

In der gegenwärtigen, der fünften oder Arischen Epoche, lernte der Mensch das Feuer und andere Kräfte kennen. Deren göttlicher Ursprung wurde ihm absichtlich vorenthalten, damit er die Freiheit habe, sie zu höheren Zwecken oder zu seiner eigenen Entwicklung zu verwenden. Deshalb haben wir in dieser gegenwärtigen Epoche zwei Menschengruppen. Die eine sieht den Ursprung der Erde und des Menschen in Gott, die andere betrachtet alles vom reinen Nützlichkeitsstandpunkt.

Zu Beginn der Arischen Epoche wurden den Fortgeschrittensten unter der Menschheit hohe Einweihungen gegeben, damit sie die Stelle der Boten Gottes, das heißt der „Herren der Venus", einnehmen konnten. Diese menschlichen Eingeweihten waren von nun an die einzigen Mittler zwischen Gott und den Menschen, obgleich sie weder öffentlich auftraten noch durch Zeichen und Wunder zeigten, daß sie die Lehrer und Leiter waren. Dem Menschen wurde die uneingeschränkte Freiheit gegeben, sie seinem Wunsch entsprechend aufzusuchen oder nicht.

Am Ende unserer gegenwärtigen Epoche werden die höchsten Eingeweihten öffentlich auftreten, sofern genügend allgemeine Menschen es wünschen und sie gerne einen Führer anerkennen. Sie werden so den Kern für die letzte Rasse bilden, die zu Beginn der sechsten Epoche kommen wird. Danach werden Rassen und Nationen aufhören zu bestehen. Die Menschheit wird wie vor dem Ende der Lemurischen Epoche eine geistige Bruderschaft bilden.

Die Namen der Rassen, die sich während der fünften Epoche bis jetzt über die Erde ausgebreitet haben, sind:

1. Die arische, die südlich nach Indien ging,
2. die babylonisch-assyrisch-chaldäische,
3. die persisch-griechisch-lateinische,
4. die keltische,
5. die teutonisch-angelsächsische, zu der wir gehören.

Aus der jetzt in den Vereinigten Staaten stattfindenden Mischung der verschiedenen Rassen wird zu Beginn der sechsten Epoche der Keim der letzten Rasse hervorgehen.

In unserer gegenwärtigen Epoche werden sich zwei weitere Rassen entwickeln; eine von ihnen ist die slavische. Wenn die Sonne im Laufe von hundert Jahren infolge der Präzession des Frühlingspunktes in das Zeichen Wassermann eintreten wird, werden das russische Volk und die slavischen Rassen im allgemeinen eine geistige Entwicklung erreichen, die weit über ihren gegenwärtigen Stand hinausgeht. Musik wird der Hauptfaktor sein, sie herbeizuführen. Auf ihren Flügeln kann sich die eingestimmte Seele zum Throne Gottes erheben, zu dem der Verstand allein nicht hinzugelangen vermag. Eine auf diese Weise erreichte Entwicklung kann aber nicht von langer Dauer sein. Sie ist einseitig und stimmt daher nicht mit den Evolutionsgesetzen überein. Damit sie dauerhaft sei, verlangen diese, daß sie gleichmäßig aufgebaut werde, mit anderen Worten, daß sich die Geistigkeit durch oder mindestens zugleich mit dem Verstand entwickle. Daher wird die slavische Zivilisation nur kurz, während ihrer Dauer aber groß und freudig sein. Denn sie wird aus tiefem Kummer und unsagbarem Leid geboren werden, und das Gesetz von Ursache und Wirkung wird mit der Zeit den Gegensatz bringen.

Aus den Slaven wird ein Volk hevorgehen, das die letzte Rasse der Arischen Epoche sein wird. Und aus der Bevölkerung der Vereinigten Staaten wird sich die letzte aller Rassen des gegenwärtigen Evolutionsplanes entwickeln. Sie wird ihren Lauf mit dem Beginn der sechsten Epoche anfangen.

Die sechzehn Pfade der Vernichtung

Die sechzehn Rassen werden die „sechzehn Pfade der Vernichtung“ genannt. Denn in jeder liegt stets die Gefahr, daß sich die Seele zu sehr zur Rasse gehörend fühlt, daß sie in Rasseneigentümlichkeiten verstrickt wird und sich nicht über die Rassenidee erheben kann. Deshalb kann sie den Fortschritt versäumen. Sie kristallisiert sich in der Rasse. Daher bleibt sie auf die Rassenkörper beschränkt, wenn diese zu entarten beginnen.

In Perioden, Weltenkreisläufen und Epochen, in denen es keine Rassen gibt, ist die Wahrscheinlichkeit des Versteinerns weder groß noch häufig. Aber die sechzehn Rassen werden geboren und sterben in verhältnismäßig so kurzer Zeit, daß eine Seele, die sich zu sehr an die Rasse hängt, in großer Gefahr ist, zurückzubleiben.

Christus ist der große einigende Führer der sechsten Epoche. Er offenbarte sein Gesetz, als er die wenig verstandenen Worte äußerte: „So jemand zu mir kommt und hasset nicht seinen Vater, Mutter, Weib, Kinder, Brüder, Schwestern, auch dazu sein eigen Leben, der kann nicht mein Jünger sein“ (Luk. 14, 26).

Und: „Wer nicht sein Kreuz auf sich nimmt und folget mir nach, der ist mein nicht wert“ (Matth. 10, 38).

„Also auch ein jeglicher unter euch, der nicht absagt allem, was er hat, kann nicht mein Jünger sein“ (Luk. 14, 33).

Wir sollten Familienpflichten nicht vernachlässigen oder unterschätzen. Doch wir müssen uns innerlich von ihnen lösen. Vater und Mutter sind „Körper“, alle Verwandten sind Teile der zur Körperwelt gehörenden Rasse. Die Seelen sollten erkennen, daß sie nicht Körper noch Rassen, sondern ein Ich sind, das um Vollkommenheit ringt. Vergißt der Mensch das und identifiziert er sich mit seiner Rasse, indem er sich mit übertriebener Vaterlandsliebe an sie hängt, kann er sehr leicht in sie verstrickt werden und mit ihr sinken, während seine Mitmenschen auf dem Pfad der Vollkommenheit zu größeren Höhen gelangen.

KAPITEL XIII

Zurück zur Bibel

In unserer Zeit ist der Missionsgeist tätig. Die westlichen Kirchen senden Missionare in die ganze Welt, um die Menschen aller Völker zum Glauben ihres Bekenntnisses zu bekehren. Sie sind in ihren Bemühungen nicht allein. Der Osten hat in westlichen Ländern eine starke Missionstätigkeit begonnen. Viele Christen, denen die von ihren Geistlichen gelehrten Glaubensbekenntnisse und Dogmen nicht genügen und die sich veranlaßt sehen, die Wahrheit zu suchen, durch die die Fragen des Verstandes nach einer angemessenen Erklärung der Lebensprobleme zufriedenstellend beantwortet werden, haben sich selbst mit den östlichen Lehren des Buddhismus, des Hinduismus und so weiter vertraut gemacht und sie in manchen Fällen auch angenommen.

Aus esoterischer Sicht sind diese Missionsbemühungen, ob sie vom Osten oder vom Westen ausgehen, nicht wünschenswert. Sie widersprechen der Grundrichtung der Evolution. Um deren Ziel zu erreichen, geben uns die für die Pflege unserer Entwicklung verantwortlichen großen Führer der Menschheit jede notwendige Hilfe. Religion ist eine von ihnen. Es gibt besondere Gründe, warum die Bibel, die sowohl die Hebräische als auch die Christliche Religion enthält, dem Westen gegeben wurde. Wenn wir ernsthaft nach Licht suchen, werden wir die höchste Weisheit finden, die uns diese doppelte Religion vermittelt. Und wir werden verstehen, daß sich keine andere Religion unserer

Tage für unsere besonderen Bedürfnisse eignet. Deshalb werden wir in diesem Kapitel gewisse an anderen Stellen und in anderen Zusammenhängen gebrachte Gesichtspunkte noch einmal betrachten.

Die Aufgabe, die Menschheit der Polarischen, Hyperboräischen und Lemurischen Epochen zu führen, war verhältnismäßig leicht. Denn der Mensch besaß damals keinen Verstand. Als aber dieses beunruhigende Element im ersten Teil der Atlantischen Epoche hinzukam, entwickelte er die Klugheit. Sie ist das Ergebnis der vom Geist nicht gehinderten Verstandestätigkeit. Ohne Rücksicht, ob der Wunsch gut oder böse ist, ob er Freude oder Kummer bereiten wird, sie ist als Hilfe zum Bitten tätig.

In der Mitte der Atlantischen Epoche war der Geist vollständig in seine Träger eingezogen. Er begann, mit dem Verstand zu arbeiten und Gedanken und Gründe beizubringen. Dabei gewann er die Fähigkeit, eine gegebene Ursache bis zu ihrer unvermeidlichen Wirkung zu verfolgen und die Ursache abzuleiten, die eine gegebene Wirkung hervorbrachte. Diese schlußfolgernde, logische Denktätigkeit sollte in der Arischen Epoche weiterentwickelt werden. Deshalb waren die Ursemiten, die fünfte Rasse der Atlantischen Zeit, ein „Auserwähltes Volk". Sie hatten die keimende Begabung zu einer Reife auszubilden, der es möglich war, unmittelbar in jede Faser ihrer Nachkommen überzugehen, wodurch sich die neue Rasse entwickeln würde.

Die Umwandlung von Klugheit in Vernunft erwies sich als schwere Aufgabe. Es war einfach gewesen, die früheren Veränderungen in der Natur des Menschen hervorzurufen. Denn dieser war damals ohne Schwierigkeit zu lenken gewesen. Er hatte kein bewußtes Verlangen, und kein Verstand führte ihn. Doch zur Zeit der Ursemiten war er klug genug geworden, Beschränkungen seiner Freiheit übelzunehmen und die Maßstäbe, die ihn in Grenzen halten sollten, wiederholt zu umgehen. Die Aufgabe, ihn zu leiten, war viel schwieriger, weil es erforderlich geworden war, ihm eine gewisse Wahlfreiheit zu geben, damit er mit der Zeit zur Selbstbeherrschung gelangen könne. Daher wurde ein Gesetz erlassen, das für Gehorsam **unmittelbare Belohnung** und für Mißachtung seiner Anordungen **unmittelbare Betrafung** vorschrieb. Auf diese Weise wurde der Mensch belehrt, wurde ihm gut zugeredet und in begrenzter Weise der Gedanke vermittelt, daß der Weg „des Sünders schwer ist“, und daß er „Gott“ oder den ihn lenkenden Führer zu „fürchten“ habe.

Von allen, die als „Keime“ für die neue Rasse ausersehen waren, blieben nur wenige treu. Die meisten waren ungehorsam. Sie vereitelten die Absichten ihres Führers durch Heiraten mit anderen atlantischen Stämmen. Dadurch wurde das Blut ihrer Nachkommen geschwächt. Das ist in der Bibel gemeint, wenn gesagt wird, daß die Söhne Gottes die Töchter der Menschen heirateten (1. Mose 6, 2). Für diesen Ungehorsam wurden sie verlassen; sie gingen „verloren“. Selbst die Treuen starben, wie es ihrem Körper entsprach, in Zentralasiens Wüste Gobi, der „Wildnis“, der Wiege unserer heutigen Rasse. Sie wurden, selbstverständlich als ihre eigenen Nachkommen, wiederverkörpert. Dadurch erbten sie das „Land der Verheißung“, die Erde, so wie sie jetzt ist. Sie sind die arischen Rassen, in denen die vollendete Vernunft entwickelt ist.

Die meisten der Sich-Auflehnenden, die aufgegeben wurden, lassen sich noch mehr durch die atlantische Gabe der Klugheit als durch die Vernunft leiten. In ihnen ist das Rassengefühl so stark, daß sie nur zwei Menschenarten unterscheiden, ihr Volk und die übrige Menschheit. Sie meiden andere Völker und werden von diesen wegen ihrer Andersartigkeit ebenfalls oft gemieden. Gewiß, auch sie geben aus Nächstenliebe, vornehmlich jedoch gegenüber Angehörigen ihres eigenen Volkes, weniger gegenüber der allgemeinen Menschheit, wie es bei der Erdbebenkatastrophe in Italien der Fall war. Bei diesem Unglück wurden

Hindernisse des Glaubens, der Rasse und der Nationalität durch das **menschliche** Sympathiegefühl überwunden.

In solchen Fällen und wie beispielsweise auch bei der Katastrophe von San Franzisko offenbart sich die innere geistige Natur des Menschen stärker als unter anderen Umständen. Der aufmerksame Beobachter kann die Richtung der Evolution erkennen. Der Schaden des einen wird von allen empfunden, und es wird offenkundig, daß wir Brüder sind. Wir wissen das im Herzen und erkennen es als große Wahrheit an, obgleich es unsere Taten unter der Belastung des Alltagslebens oft zu widerlegen scheinen. Solche Ereignisse weisen hin auf die Aufgabe der Evolution. Der Beherrschung des Menschen durch die Vernunft muß diejenige durch die Liebe folgen, die gegenwärtig unabhängig und oftmals gegen die Gebote der Vernunft handelt. Diese Anomalie entsteht, weil Liebe heutzutage selten ganz selbstlos und unsere Vernunft nicht immer wahr ist. In dem „Neu-Galiläa" der kommenden sechsten Epoche wird die Liebe selbstlos werden und die Vernunft ihre Gebote gutheißen. Dann wird die allgemeine Bruderschaft voll verwirklicht sein. Jeder ist dann zum Wohle aller tätig, denn die Selbstsucht wird der Vergangenheit angehören.

Damit dieses erwünschte Ziel schließlich erreicht werden kann, ist es erforderlich, aus der gegenwärtigen Menschheit ein anderes „Auserwähltes Volk" herauszulösen, das als Kern zu dienen hat, aus dem das neue Geschlecht entstehen soll. Diese Auswahl wird nicht gegen den Willen der „Erwählten" erfolgen. Jeder Mensch hat für sich selbst zu wählen. Er muß **bereitwillig** in diesen Stand eintreten.

Rassen sind eine vergängliche Erscheinung der Evolution. Vor dem Ende der Lemurischen Epoche gab es ein „Auserwähltes Volk", das sich von der übrigen Menschheit jener Zeit unterschied und zu den Vorfahren der atlantischen Rasse wurde. Aus der fünften dieser Rassen ging ein anderes „Auserwähltes Volk" hervor. Von ihm stammten die arischen Rassen ab, von denen es bisher fünf gab; zwei weitere werden folgen. Bevor jedoch eine neue Epoche eingeleitet wird, müssen ein „neuer Himmel und eine neue Erde“ vorhanden sein. Die physischen Merkmale der Erde werden sich verändern, die Erdendichte wird abnehmen. Zu Beginn der nächsten Epoche wird es noch eine Rasse geben. Danach wird jedes Rassendenken und Rassenfühlen vergehen. Ohne Rücksicht auf Unterschiede wird die Menschheit wieder eine große Gemeinschaft sein. Rassen sind nur Evolutionsschritte, die gegangen werden müssen, da es für die sich wiederverkörpernden Geistwesen sonst keinen Fortschritt geben würde. Obgleich notwendig, sind sie doch auch sehr gefährlich. Sie bereiten den Führern der Menschheit, die die sechzehn Rassen „die sechzehn Pfade der Vernichtung“ nennen, ernste Sorge. Denn in den vorhergehenden Epochen fanden die Veränderungen in solchen gewaltigen Zeiträumen statt, daß es leichter war, die Mehrheit der geistigen Wesenheiten auf den Weg des Fortschritts zu bringen. Mit den Rassen aber ist es anders. Sie sind verhältnismäßig vergänglich. Deshalb mußte besondere Sorgfalt darauf gelegt werden, daß so wenige Geistwesen wie möglich in die Fesseln der Rassen verstrickt werden.

Das allerdings widerfuhr den Untreuen. Sie banden sich so fest an die Rasse, daß sie in aufeinanderfolgenden Geburten in sie zurückgezogen wurden. Sie vergaßen ihre geistige Natur und haben keinen Anteil an der vorangehenden Rasse, und dennoch standen sie über den noch unter uns weilenden Resten der lemurischen und atlantischen Völker. Aufgrund ihrer Gebundenheit an die Rassenidee hatte sie ihr einstiger Führer zu verlassen. So „gingen“ sie „verloren“.

Die gegenwärtigen arischen Rassen sind vernünftig denkende menschliche Wesen. Sie können durch frühere Erfahrungen gewinnen. Das neue „Auserwählte Volk“ soll Selbstsucht und Vernunft durch die Fähigkeit zu Liebe und zu geistigem Wahrnehmen, zu innerem Schauen, ablösen.

Die christlichen Lehren des Neuen Testaments eignen sich besonders für die Wegbereiterrassen des Westens. Sie werden vor allem dem Volk der Vereinigten Staaten eingeprägt. In dessen Land werden die Geistwesen aus allen Ländern der Erde wiederverkörpert, die danach strebten, Christi Lehren, sei es bewußt oder unbewußt, zu folgen. Hier erhalten sie die zu ihrer Entwicklung notwendigen Bedingungen. Das Ziel der neuen Rasse der Sechsten Epoche wird die Vereinigung aller Rassen sein. Deshalb wird jenes Land zum „Schmelztiegel“, in dem sich alle Völker der Erde vereinen. Aus dieser Verschmelzung wird vor allem der Kern des nächsten „Auserwählten Volkes“ hervorgehen.

Die Bibel enthält vornehmlich die notwendigen Lehren für die westlichen Völker, die lernen, nach den christlichen Lehren des Neuen Testaments zu leben und willig ihren Körper als lebendige Gabe auf dem Altar der Brüderlichkeit und Liebe darzubringen.

KAPITEL XIV

Die esoterische Analyse der Genesis

Begrenzungen der Bibel

Vor dem dreizehnten Kapitel wurde verhältnismäßig wenig Bezug auf die Bibel genommen. Nun aber wollen wir unsere Aufmerksamkeit eine Zeitlang auf sie richten. Heute werden vielfach Rechtfertigungen der Bibel in dem Sinn vorgenommen, daß man sagt, sie sei das einzig wahre Wort Gottes. Dennoch enthält sie viele wertvolle esoterische Wahrheiten, die oft unter Einschaltungen verborgen und durch Zurückstellen verschiedener als „apokryph" geltender Teile verdunkelt werden. Der Geisteswissenschaftler erkennt den tiefen Sinn der Bibel. Er kann leicht beurteilen, welche Teile ursprünglich und welche eingeschoben sind. Und doch, wenn wir uns das erste Kapitel der Schöpfungsgeschichte, der Genesis, in der besten uns zugänglichen Übersetzung vornehmen, werden wir finden, daß es den gleichen Evolutionsplan enthüllt, der im vorhergehenden Teil dieses Werkes erklärt worden ist. Es stimmt vollkommen mit den esoterischen Erklärungen über die Perioden, Weltenkreisläufe, Rassen und so weiter überein. Die Mitteilungen sind selbstverständlich äußerst kurz und konzentriert. Eine ganze Periode wird mit einigen zwanzig Worten beschrieben. Doch die Umrisse sind vorhanden.

Bevor wir an eine Erklärung herangehen, muß erwähnt werden, daß die Worte der hebräischen Sprache, insbesondere die des alten Stils, ineinanderfließen und nicht wie in unserer Sprache getrennt sind. Ferner pflegte man die Vokale beim Schreiben auszulassen, so daß beim Lesen sehr viel davon abhängt, wo und wie sie eingesetzt werden. Man sieht, welche großen Schwierigkeiten zu überwinden sind, um den ursprünglichen Sinn sicher festzustellen. Eine kleine Umstellung kann die Bedeutung nahezu jeden Satzes fast völlig verändern.

Zusätzlich zu diesen großen Schwierigkeiten müssen wir feststellen, daß von den siebenundvierzig Übersetzern der King-James-Fassung*), die in England und in Amerika am gebräuchlichsten ist, nur **drei** die hebräische Sprache beherrschten. Von diesen dreien starben zwei, bevor die Psalmen übersetzt worden waren. Weiter müssen wir beachten, daß die Erlaubnis zur Übersetzung nur unter der Bedingung gegeben wurde, daß der Übersetzer nichts in seine Wiedergabe hineinbringe, was von dem bereits bestehenden Glauben ablenken oder ihn stören könne. Unter diesen Umständen ist es verständlich, daß die Aussichten, eine genaue Übersetzung zu erhalten, in der Tat sehr gering waren.

Auch in Deutschland gab es kaum günstigere Bedingungen. Denn hier war Martin Luther der einzige Übersetzer, und selbst er übersetzte nicht aus dem ursprünglich hebräischen, sondern nur aus dem lateinischen Text. Die meisten Lesarten, die in protestantischen Ländern des Festlandes gebraucht werden, sind einfache Übersetzungen der lutherischen Bibel in verschiedene Sprachen**).

Es ist wahr, daß Überarbeitungen vorgenommen wurden. Sie brachten aber keine wesentlichen Verbesserungen. Außerdem gibt es in Nordamerika viele Menschen, die darauf bestehen, daß der **englische** Text der King-James-Lesart eine genaue Kopie

---

*) Siehe Anhang, Anmerkung 6.

**) Inzwischen gibt es im deutschsprachigen Raum zahlreiche Bibelübersetzungen aus dem Hebräischen.

des Urtextes wäre. So sind trotz aller Anstrengungen, sie auszumerzen, die alten Fehler noch vorhanden.

Ferner muß man bemerken, daß die ursprünglichen Verfasser der Bibel nicht die Absicht hatten, die Wahrheit in einer einfachen, für jeden verständlichen Form zu geben. Nichts lag ihnen ferner, als ein offenes Buch „Gottes" zu schreiben. Die großen Esoteriker, die den Zohar*) niederlegten, sind gerade in diesem Punkt besonders ausschlaggebend. Aus folgendem Zitat können wir ersehen, daß die Geheimnisse der Thora**) nicht von allen verstanden werden sollten.

„Wehe dem Menschen, der in der Thora, dem Gesetz, nur einfache Worte und Berichte sieht! Denn wenn sie in Wahrheit nur solche enthielte, könnten wir sogar heute eine Thora zusammensetzen, die bewundernswerter wäre. Aber so ist es nicht. Jedes Wort der Thora enthält eine hohe Bedeutung und ein erhabenes Mysterium. ... Die Darlegungen der Thora sind ihr Kleid. Wehe dem, der dieses Kleid für die Thora selbst hält! ... Der Einfältige bemerkt einzig und allein die Gewänder und Berichte der Thora. Er kennt nichts anderes. Er sieht nicht, was sich unter dem Kleid verbirgt. **Der Unterrichtetere beachtet nicht die Kleidung**, sondern den Körper, den sie einhüllt."

In diese Worte ist die sinnbildliche Bedeutung unmißverständlich mit einbezogen. Auch Paulus weist eindeutig darauf hin, daß die Geschichte von den beiden Söhnen, die Abraham von Sara und Hagar hatte, rein allegorisch ist (Galater 4, 22—26). Viele Schriftstellen wurden verschleiert, andere sind wörtlich aufzufassen. Wer den esoterischen Schlüssel nicht hat, findet die tiefe

*) Der Zohar ist ein Teil der Kabbala und ein Kommentar zu den fünf Büchern Mose.

**) Thora (hebräisch „Lehre" oder „Gesetz") ist die allgemeine Bezeichnung für die fünf Bücher Moses im Alten Testament. Zum Vorlesen in der Synagoge waren sie auf Pergamentrollen, den Thorarollen, geschrieben.

Wahrheit nicht, die oftmals in einem unscheinbaren Gewand verborgen ist.

Auch Jesus befolgte das Gebot des Schweigens. Wenn er die Volksmenge mit esoterischen Wahrheiten in Berührung brachte, sprach er in Gleichnissen. Seinen Jüngern erklärte er danach vertraulich den darin enthaltenen geheimen Sinn. Mehrfach legte er ihnen ans Herz, über solche persönlichen Belehrungen zu schweigen.

Auch die Methode von Paulus stimmt damit überein. Er gibt den „Säuglingen im Glauben" „Milch", die einfacheren Lehren, und behält das „Fleisch", die tieferen Wahrheiten, für die „Starken", für diejenigen, die fähig sind, sie zu verstehen und aufzunehmen.

Das Alte Testament ist ursprünglich hebräisch geschrieben worden. Jedoch, wir besitzen nicht eine einzige Zeile der Originalschriften. Um das Jahr 280 v. Chr. entstand die Septuaginta, eine Übersetzung ins Griechische. Schon zur Zeit Christi herrschte die größte Verwirrung und Meinungsverschiedenheit darüber, was als Original anzusehen sei und was eingefügt worden ist.

Erst nach Rückkehr aus der Babylonischen Gefangenschaft begannen die Schreiber, die einzelnen Schriften zusammenzufassen. Der Talmud erschien ungefähr um 500 n. Chr. und brachte den ersten Text; er ähnelt dem gegenwärtigen. Allerdings, er kann deshalb nicht vollkommen sein.

Dann wurde der Talmud von der Masoretenschule, die von 500 bis ungefähr 800 n. Chr. hauptsächlich in Tiberias existierte, in die Hand genommen. In großem und sorgfältigem Bemühen wurde ein hebräisches Altes Testament herausgebracht, das in unserer gegenwärtigen Zeit dem Original am nächsten kommt.

Dieser Masoretentext wird für die nachfolgende Erläuterung der Genesis verwendet. Ohne sich auf die Arbeit eines einzelnen

Übersetzers zu verlassen, wird er durch eine deutsche Übersetzung, die Arbeit dreier hervorragender hebräischer Gelehrter, H. Arnheim, M. Sachs und Jul. Fürst, die in Verbindung mit einem vierten, dem Herausgeber Dr. Zunz, zusammenwirkten, unterstützt.

Am Anfang

Der Eingangssatz der Genesis ist ein sehr gutes Beispiel für das, was über die Auslegung des hebräischen Textes hinsichtlich der Austauschbarkeit der Vokale und der verschiedenartigen Trennung der Worte festgestellt wurde, wodurch der Sinn vollkommen verändert werden kann.

Es gibt zwei anerkannte Deutungen dieses Satzes. Die eine heißt: „Am Anfang schuf Gott Himmel und Erde." Die andere lautet: „Aus dem immer lebenden Wesen (des Raumes) bildete die zweifache Kraft den doppelten Himmel."

Über die Frage, welche dieser beiden Deutungen die richtige sei, wurde viel gesprochen und geschrieben. Eine Schwierigkeit ergibt sich daraus, daß die Menschen etwas Feststehendes und Begrenztes haben wollen. Sie stehen auf dem Standpunkt, wenn eine Erklärung wahr sei, müßten alle anderen falsch sein. Das ist aber nicht der zur Wahrheit führende Weg. Jene ist vielseitig und verschiedenartig. Alle esoterischen Wahrheiten können von zahlreichen unterschiedlichen Standpunkten aus betrachtet werden. Jeder bietet eine bestimmte Phase der Wahrheit an, und erst die Gesamtheit gibt einen genauen, vollständigen Begriff von dem, was immer in Betracht kommt.

Dieser und viele andere Sätze der **Thora** können verschiedenartig gedeutet werden. Das ist ein Beweis für die überirdische Weisheit jener wunderbaren Intelligenzen, die die Thora inspirierten. Für Uneingeweihte mag das verwirrend sein. Für diejenigen, die den Schlüssel besitzen, ist es aufklärend. Wären die Vokale eingeschoben und wäre eine Teilung unter den Worten angebracht worden, würden diese Sätze nur auf eine Weise zu lesen gewesen sein. Dann hätten sich diese großen und erhabenen Geheimnisse darin nicht verbergen können. Diese Schreibart wäre für ein „offenes Buch" Gottes geeignet gewesen. Ein solches zu verfassen, lag aber nicht in der Absicht jener inspirierenden Intelligenzen. Es war nur für die Eingeweihten geschrieben und kann nur von ihnen verstanden werden. Das Buch offen zu schreiben, hätte viel weniger Geschick erfordert, als seinen Sinn zu verhüllen. Jedoch, es wird keine Mühe gescheut, allen zur richtigen Zeit die Aufklärung zu geben, die ein Recht auf sie haben. Denjenigen aber, die dieses Recht noch nicht erwarben, wird die Wahrheit verborgen bleiben.

Die Urnebeltheorie

In dem auf die Genesis und auf die Evolution unseres Sonnensystems fallenden Licht betrachtet, wird es deutlich, daß beide Wiedergaben des Eröffnungssatzes für das Verstehen des Sachverhaltes erforderlich sind. Die erste Auslegung spricht von einem Beginn unserer Entwicklung, in dem die Himmel geschaffen wurden. Die zweite ergänzt die erste dahingehend, daß Himmel und Erde aus dem „immer bestehenden Wesen" geworden sind, nicht aus „Nichts", wie es der materiell denkende Mensch achtlos deutet. Die Kosmische Ursubstanz wird zusammengezogen und in Bewegung versetzt. Wie die moderne Wissenschaft mit bewundernswerter Genialität herausgefunden hat, bilden sich infolge Trägheit der rotierenden Materie Ringe, die sich von dem inneren Teil lösen und Planeten gestalten und so weiter. Hinsichtlich der Aussageform, des **modus operandi**, stimmen esoterische und moderne Wissenschaft völlig überein. In diesen

Feststellungen ist nichts, was nicht mit den beiden Theorien übereinstimmen würde. Die Geisteswissenschaft lehrt, daß Gott den Anstoß zum Bildungsprozeß gab und das System unablässig in einen bestimmten Pfad lenkt. Der moderne Gelehrte will die nach seiner Meinung unsinnige Idee widerlegen. Um zu beweisen, daß Gott nicht erforderlich sei, nimmt er eine Schüssel mit Wasser und schüttet ein wenig Öl hinein. Wasser und Öl stellen Raum und Feuernebel dar. Nun beginnt er, das Öl mit einer Nadel zu drehen. Dadurch bringt er es in eine Kugelgestalt; sie, so erklärt er, soll die Zentralsonne darstellen. Wenn er den Ölball schneller und schneller dreht, schwillt er am Äquator an und stößt einen Ring ab. Der zerreißt. Die Teile vereinigen sich und bilden eine kleinere Kugel, die wie ein Planet um die Sonne um die Zentralmasse kreist. Dann fragt er den Geisteswissenschaftler mitleidvoll: „Sehen Sie nicht, wie das vor sich geht? Dazu bedarf es keines Gottes oder einer sonstigen übernatürlichen Kraft."

Der Esoteriker erkennt bereitwillig an, daß ein Sonnensystem auf ähnliche Weise gebildet werden kann. Aber er wundert sich sehr, daß ein Mann, der die Wirkungsweise der Kosmischen Kräfte mit so klarer, unmittelbarer Erkenntnisfähigkeit beobachten kann und der die Intelligenz besitzt, für die großartige Theorie eine solche ausgezeichnete Beweisführung zu geben, gleichzeitig nicht bemerkt, daß er bei seiner Vorführung **selbst den Anteil Gottes übernahm.** Seine von außen kommende Kraft goß das Öl ins Wasser. Es wäre in Ewigkeit träge und gestaltlos geblieben, wenn er es nicht durch seine Kraft in Bewegung gesetzt hätte. Diese seine Kraft verwandelte es in eine Darstellung der Sonne und der Planeten. Es war sein Gedanke, der das Experiment entwarf und Öl, Wasser und Kraft benutzte, um dadurch auf prächtige Weise den dreieinigen Gott darzustellen, der in der Kosmischen Ursubstanz arbeitet, um ein Sonnensystem zu gestalten.

Die Eigenschaften Gottes sind Wille, Weisheit und Tätigkeit. (Siehe Diagramm 6. Man beachte sorgfältig, was der Name „Gott“ in dieser Terminolgie bedeutet!) Der Gelehrte hat den **Willen,** den Versuch auszuführen. Sein Scharfsinn findet Mittel und Wege zur Durchführung. Das entspricht der **Weisheit,** der zweiten Eigenschaft **Gottes.** Ebenso besitzt er auch die zur Ausführung des Vorgangs erforderliche Muskelkraft, die der **Tätigkeit,** der dritten Eigenschaft Gottes, entspricht.

Das Weltall ist kein riesiges Perpetuum mobile, das, einmal in Bewegung gesetzt, ohne innere Ursache und leitende Kraft in Bewegung bleibt. Auch das wird durch das Experiment des Gelehrten bewiesen. Denn in dem Augenblick, in dem dieser aufhört, seinen Ölball zu drehen, hört die geordnete Bewegung seiner Miniaturplaneten ebenfalls auf, und alles wird wieder zu einer gestaltlosen, auf dem Wasser schwimmenden Ölschicht. Auf gleiche Weise würde sich das Weltall auf einmal in lichten Raum auflösen, wenn Gott für einen Augenblick aufhörte, seine allumfassende Fürsorge und seine belebende Tätigkeit walten zu lassen.

Die zweite Deutung der Genesis ist wunderbar genau in ihrer Beschreibung der zweifachen formbildenden Kraft. Sie betont nicht ausdrücklich, daß Gott dreieinig ist, nimmt aber selbstverständlich an, daß dem Leser das bekannt ist. Und wenn sie sagt, daß nur zwei Kräfte bei der Bildung des Weltalls tätig sind, stellt sie die genaue Wahrheit fest.

Der erste Aspekt Gottes offenbart sich als Wille zum Handeln; der zweite erweckt Weisheit, um einen Plan für das künftige Weltall zu entwerfen. Die erste Offenbarung der Kraft ist die Vorstellungskraft, die Imagination. Nachdem diese Urkraft die Idee eines Weltalls entwickelt hat, ruft der dritte Aspekt, die Aktivität, die Bewegung hervor. Das ist die zweite Offenbarung der Kraft. Bewegung allein genügt indessen nicht. Um ein Weltensystem zu bilden, muß sie geordnet sein. Damit bestimmte Erfolge erzielt werden, ist daher Weisheit erforderlich, durch die Bewegung in vernünftiger Weise gelenkt wird.

So finden wir die Deutung des ersten Satzes der Genesis: Am Anfang bildete geordnete, rhythmische Bewegung in der Kosmischen Wurzelsubstanz das Weltall.

Die Schöpferischen Hierarchien

Die zweite Auslegung des Eröffnungssatzes gibt uns einen vollkommeneren Gottesbegriff, wenn sie von der „zweifachen Energie" spricht. Sie weist dadurch hin auf die positiven und negativen Entwicklungsschritte des einen Gottesgeistes in der Offenbarung. Übereinstimmend mit den Lehren der Geisteswissenschaft wird Gott bildlich als ein zusammengesetztes Sein dargestellt, was in den übrigen Versen des Kapitels betont worden ist.

Außer den aus freiem Willen in unserer Evolution gestaltenden Schöpferischen Hierarchien gibt es noch sieben andere, die zu unserer Evolution gehören. Sie wirken mit Gott an der Bildung des Universums. Im ersten Kapitel der Genesis werden sie „Elohim" genannt. Der Name bedeutet eine Schar zweifacher oder doppelgeschlechtlicher Wesen. Der erste Teil des Wortes „Eloh" ist ein weibliches Hauptwort. Das „H" verweist auf das Geschlecht. Wenn ein einziges weibliches Wesen gemeint gewesen wäre, hätte man das Wort „Eloh" benutzt. Die weibliche Mehrzahlform ist „oth". Hätte die Absicht bestanden, eine Anzahl Götter weiblichen Geschlechts zu bezeichnen, wäre als richtiges Wort „Elooth" zu verwenden gewesen. Stattdessen finden wir die männliche Pluralendung „im", die dem weiblichen Hauptwort „Eloh" hinzugefügt wurde. Elohim weist hin auf eine Schar männlich-weiblicher, zweigeschlechtlicher Wesen. Sie sind der Ausdruck der zweifachen, positiv-negativen schöpferischen Kraft.

Im späteren Teil des Kapitels wird wiederum von der Mehrheit der Schöpfer gesprochen. Den Elohim werden die Worte zugeschrieben: „Laßt uns Menschen machen, ein Bild, das uns gleich sei" (1 Mose 1, 26), worauf widersprechend hinzugefügt wird: „Und Gott ... schuf sie männlich und weiblich" (Vers 27).

Die Übersetzer haben hier das rätselhafte Wort „Elohim" wiedergegeben, das bestimmt nicht nur ein Wort in der Mehrzahl war, sondern sowohl ein männliches als auch ein weibliches, mit der geschlechtslosen Einzahlform „Gott" gleichbedeutendes Wort gewesen ist. Doch hätten sie anders, als es ihnen bekannt war, handeln können? Ihnen war verboten, vorhandene Ideen zu stören. King James wünschte nicht Wahrheit um jeden Preis, sondern Frieden. Seine einzige Sorge war, Gegensätze zu vermeiden, die eine Störung in seinem Königreich hervorrufen könnten.

In der Schöpfungsgeschichte des Menschen ist ebenfalls die Pluralform „sie" verwendet worden. Damit wird eindeutig auf die Schöpfung von Adam, der menschlichen Gattung, und nicht auf Adam, das Individuum, hingewiesen.

Wir haben gezeigt, daß den Jungfräulichen Geistern, die selbst eine siebente Hierarchie bilden, außer den „Herren der Flamme", den Cherubim, den Seraphim und den beiden in die Freiheit eingegangenen ungenannten Hierarchien sechs Schöpferische Hierarchien aktiv halfen.

Die Cherubim und Seraphim hatten mit der Erschaffung nichts zu tun. Deshalb wurden sie in dem Kapitel, das sich mit der Formgebung der Schöpfung befaßt, nicht erwähnt. Hier wird nur über sieben Schöpferische Hierarchien gesprochen. Sie leiteten den Menschen an, eine dichte physische Form zu erwerben, durch die der innewohnende Geist wirken konnte.

Nach einer Beschreibung aller Teile der Schöpfungsarbeit wird gesagt: „Und die Elohim sahen, daß es gut war". Das wurde siebenmal gesprochen, das letzte Mal am sechsten Tag, nachdem die menschliche Form erschaffen worden war.

Die Feststellung, daß die „Elohim“ am siebenten Tage „ruhten“, stimmt mit unseren esoterischen Lehren über den Anteil, den jeder der Schöpferischen Hierarchien an der Entwicklungsarbeit der gegenwärtigen Epoche genommen hatte, überein. Es wird gelehrt, daß sich die Götter und die Schöpferischen Hierarchien in der gegenwärtigen Epoche von tätiger Mitwirkung zurückgezogen haben, damit der Mensch selbst an seiner Erlösung arbeiten kann. So bleibt die erforderliche Führung der Durchschnittsmenschen den „Älteren Brüdern“ überlassen. Sie sind jetzt die Mittler zwischen dem Menschen und den Göttern.

Die Saturnperiode

Nachdem wir uns überzeugen konnten, daß die geisteswissenschaftliche Schilderung vom Beginn unseres Sonnensystems und der Arbeit der Schöpferischen Hierarchien mit den Lehren der Bibel übereinstimmen, wollen wir die biblische Beschreibung der verschiedenen „Schöpfungstage“ untersuchen. Wir werden sehen, wie sie mit den esoterischen Lehren über die Saturn-, Sonnen- und Mondenperiode, mit den dreieinhalb Weltenkreisläufen der Erdenperiode und der Polarischen, Hyperboräischen, Lemurischen und Atlantischen Epoche, die der gegenwärtigen Arischen Epoche vorausgegangen sind, übereinstimmen.

Natürlich konnte in den wenigen Zeilen wie dem ersten Kapitel der Genesis keine eingehende Beschreibung gegeben werden. Die Hauptpunkte aber sind in geordneter Folge vorhanden und ähneln stark einer algebraischen Schöpfungsformel.

Der zweite Vers lautet: „Und die Erde war wüst und leer, und es war finster über dem Angesicht der Tiefe; und die Geister der Elohim fluteten über die Tiefe.“ Zu Beginn der Offenbarung, der Manifestation, befand sich die jetzige Erde in der Saturnperiode. Es herrschten in ihr genau die Zustände, die bei der Beschreibung dieser Periode bereits erwähnt wurden. Die Erde war nicht „ohne Form und leer“ wie in der King-James-Bibel gesagt wird. Sie war heiß und wohlbegrenzt und von der Tiefe des kalten Raumes getrennt. Wohl ist es wahr, daß sie finster war. Aber sie konnte finster und dennoch heiß sein, denn „dunkle“ Hitze geht notwendigerweise der glühenden oder sichtbaren voraus. Über der dunklen Erde der Saturnperiode schwebten die Schöpferischen Hierarchien, die von außen auf sie einwirkten und sie formten. Die Bibel nennt sie „Geister der Elohim“.

Die Sonnenperiode

Die Sonnenperiode wird gut im dritten Vers beschrieben, der besagt: „Und die Elohim sprachen: ‚Es werde Licht!‘ Und es ward Licht.“ Diese Stelle wird als lächerlicher Unsinn abgetan. Man stellte die Frage, wie auf Erden Licht sein konnte, wo doch die Sonne erst am vierten Tag erschaffen wurde. Der biblische Erzähler berichtet aber nicht von der Erde allein. Er spricht vom zentralen „Feuernebel“, aus dem die Planeten unseres Sonnensystems einschließlich der Erde gebildet wurden. Sobald der Urnebel den Zustand glühender Hitze erreichte, was in der Sonnenperiode der Fall war, bestand keine Notwendigkeit für ein Beleuchten von außen. Das Licht war im Innern. Im vierten Vers lesen wir: „Die Elohim schieden das Licht von der Finsternis.“ Natürlich, denn der Außenraum war im Gegensatz zum glühenden Nebel, der während der Sonnenperiode herrschte, dunkel.

Die Mondenperiode

Sie wird im sechsten Vers folgendermaßen beschrieben: „Und die Elohim sprachen: ‚Es werde eine Feste*) in den Wassern, und sie

*) Feste wird im Englischen durch „Expansion“, in anderen Übersetzungen durch „Firmament“ wiedergegeben.

scheide die Wasser voneinander.'" Hier wird der Zustand der Mondenperiode, als die Hitze des glühenden Feuernebels und die Kälte des Weltraums einen Wasserkörper um den feurigen Kern gebildet hatten, gut beschrieben. Die Berührung von Feuer und Wasser erzeugt Dampf. Das ist, wie es der Vers beschreibt, Wasser in seiner Ausdehnung. Es unterschied sich von dem verhältnismäßig kühlen Wasser, das fortwährend von dem heißen, feurigen Kern angezogen wurde, um den ausströmenden Dampf zu ersetzen. So entstand ein steter Wasserkreislauf. Durch die Ausdehnung bildete sich ein Firmament, eine Atmosphäre aus „Feuernebel", die durch die Berührung mit dem Weltenraum verflüssigt wurde und wieder zum Kern zurückkehrte. Hier wurde sie erwärmt und zu einem anderen Kreislauf verdichtet. Daher gab es, wie in der Bibel festgestellt wird, zwei Wasserarten und eine Trennung zwischen ihnen. Das verdichtete Wasser umschloß den feurigen Kern. Das Wasser, das sich ausgedehnt hatte, der Dampf, war an der Außenseite.

Das stimmt auch mit der modernen wissenschaftlichen Theorie überein: zuerst die dunkle Hitze, dann der glühende Nebel, später die äußere Feuchte und innen Hitze, schließlich Verkrustung.

Die Erdenperiode

Bevor wir zur Beschreibung der Erdenperiode kommen, müssen wir uns mit den Wiederholungen befassen. Die angeführten Verse und die gegebenen Schilderungen stimmen auch mit den Wiederholungs-Zeitabschnitten überein. Daher gilt das, was von der Saturnperiode gesagt wird, auch von dem Zustand eines Systems, das aus einer Ruhepause hervorgeht. Die Beschreibungen der Saturn-, Sonnen- und Mondenperiode würden daher auch mit den drei ersten Weltenkreisläufen unserer gegenwärtigen Erdenperiode übereinstimmen und die folgende mit den Bedingungen auf der Erde im gegenwärtigen Weltenkreislauf.

Im neunten Vers lesen wir: „Und die Elohim sprachen: ‚Das Wasser unter dem Himmel sammle sich an einem Ort, und es erscheine das Trockene', ... und die Elohim nannten das Trockene Erde". Das bezieht sich auf die ersten festen Verkrustungen. Hitze und Feuchte hatten den dauerhaften Körper unserer gegenwärtigen Erde geformt.

Die Polarische Epoche. Der neunte Vers, der die Erdenperiode in ihrem vierten Weltenkreislauf beschreibt, in der die wirkliche Arbeit dieser Periode begann, spricht auch von der Bildung des Mineralreichs und der Wiederholung des mineralischen Zustandes durch den Menschen in der Polarischen Epoche. Jede Epoche ist auch eine Wiederholung der vorhergehenden Stufe. Ebenso wie es Wiederholungen von Weltenkörpern, Weltenkreisläufen und Perioden gibt, gibt es auf jedem Weltenkörper auch Wiederholungen von dem, was vorher gewesen ist. Sie sind endlos. Stets ist es eine Spirale in der Spirale, im Atom, im Weltenkörper und in allen anderen Phasen der Evolution.

So kompliziert und verwirrend, wie es anfänglich erscheinen mag, ist es dennoch nicht schwer zu verstehen. Durch das Ganze führt ein geordneter Plan. Mit der Zeit wird man fähig, seine Arbeit als Schlüssel, der das Gewirr erschließt, zu erkennen und zu verfolgen. Analogiebildung ist eine der besten Methoden für das Verständnis der Entwicklung.

Die Hyperboräische Epoche wird in den Versen 11 bis 19 als die Arbeit des vierten Tages beschrieben. Dort wird berichtet, daß die Elohim das Pflanzenreich, die Sonne, den Mond und die Sterne schufen.

Die Bibel und die moderne Wissenschaft stimmen darin überein, daß die Pflanzen den Mineralien folgten. Der Unterschied zwischen den beiden Lehren liegt im Zeitpunkt, an dem die Erde von der Zentralmasse abgetrennt wurde. Die Wissenschaft erklärt, daß das vor der Bildung einer Kruste geschah, die als mineralisch oder pflanzlich bezeichnet werden könnte. Wenn wir Mineralien und Pflanzen meinen, wie wir sie heute haben, hat die Wissenschaft recht. Es gab keine dichte materielle Substanz. Und doch war die erste Krustenbildung, die auf der Zentralsonne stattfand, mineralisch. Der Bibelerzähler spricht nur von den hauptsächlichen Ereignissen. Es wird nicht berichtet, daß die Verkrustung schmolz, als sie, abgeworfen von der Zentralmasse, zum auseinanderbrechenden Ring wurde, dessen Bruchstücke sich danach vereinten. Bei einem Weltenkörper, der so klein wie unsere Erde ist, war die zur Wiederkristallisation erforderliche Zeit im Verhältnis so kurz, daß der Geschichtsschreiber sie nicht erwähnt. Er führt auch nicht die andere untergeordnete Tatsache an, daß der Schmelzprozeß noch einmal stattfand, als der Mond von der Erde abgestoßen wurde. Wahrscheinlich nimmt er an, daß ein zu esoterischen Belehrungen Berechtigter bereits über solche weniger bedeutsamen Einzelheiten unterrichtet ist.

Zur Zeit der Verkrustung des inneren Feuernebels waren die Pflanzen ätherisch. Deshalb zerstörte sie der Schmelzprozeß nicht. So wie die Kraftlinien, an denen sich die Eiskristalle bilden, im Wasser vorhanden sind, so befanden sich jene ätherischen Pflanzenformen in der Erde, als sie kristallisierte. Sie waren die Formen, die die dichte Materie zu sich heranzogen und die gegenwärtigen sowie die in den geologischen Schichten unserer Erde eingelagerten vergangenen Pflanzenkörper gestalten.

Diese ätherischen Pflanzenformen erhielten Hilfe zu weiterer Fortbildung, als die Wärme nach der Trennung der Erde von Mond und Sonne von außen kam. Sie gab ihnen die Lebenskraft, die dichteren Substanzen an sich zu ziehen.

Die Lemurische Epoche wird als Arbeit des fünften Tages beschrieben. Diese dritte Epoche ist in gewissem Sinn die Wiederholung der Mondenperiode. In der biblischen Erzählung finden wir solche Zustände beschrieben, wie sie in der Mondenperiode erreicht worden waren, Wasser, Feuernebel und die ersten Versuche des sich bewegenden und atmenden Lebens.

In den Versen 20 und 21 sagten die Elohim*): „,Das Wasser bringe lebenatmende Geschöpfe hervor, und Vögel sollen über und an der Feste des Himmels fliegen.' Und die Elohim schufen die großen Seetiere und alles, was da lebt und webt, wovon das Wasser wimmelt und alle geflügelten Tiere, ein jeglicher nach seiner Art."

Das stimmt auch mit den Lehren der Wissenschaft überein, nach denen die Amphibien den Vögeln vorausgingen.

Der Schüler wird besonders darauf aufmerksam gemacht, daß **die gestalteten Geschöpfe nicht Leben waren.** Es heißt nicht, daß Leben geschaffen wurde, sondern „Wesen", die atmen oder Leben einatmen. Das hebräische Wort für das, was sie einatmen, ist **nephesch**. Man sollte sich dieses Wort sorgfältig merken, da wir ihm später in einer anderen Form wieder begegnen werden.

Die Arbeit des sechsten Tages befaßt sich mit der **Atlantischen Epoche**. In Vers 24 tritt das Wort **nephesch** wieder auf, und zwar mit der Erklärung, daß die Säugetiere „Leben atmeten". „Die Elohim sagten; ,Die Erde bringe lebenatmende Wesen ... Säugetiere ... hervor, Vieh, kriechende Tiere und wilde Tiere des Feldes, ein jegliches nach seiner Art'." Und in Vers 27 heißt es: „Die Elohim schufen den Menschen nach ihrem Ebenbild, als Mann und Weib schufen sie ihn."

Der biblische Historiker übergeht den doppelgeschlechtlichen, hermaphroditischen Zustand des Menschen und spricht von den beiden uns jetzt bekannten getrennten Geschlechtern. Er konnte nicht anders, denn er beschrieb die Atlantische Epoche. Da die

*) In gebräuchlichen deutschen Bibelübersetzungen wird statt der Bezeichnung Elohim das Wort Gott in der Einzahl verwendet.

Trennung der Geschlechter früher, in der Lemurischen Epoche, stattgefunden hatte, gab es in jener Zeit weder geschlechtslose Menschen noch Hermaphroditen. Das, was später Mensch wurde, konnte in jenen früheren Stadien seiner Entwicklung kaum als Mensch bezeichnet werden. Denn es unterschied sich nur wenig von den Tieren. Daher verfälscht der Bibelerzähler die Tatsachen nicht, wenn er feststellt, daß der Mensch in der Atlantischen Epoche geschaffen wurde. In Vers 28 aller englischen Lesarten finden wir ein kleines Wort von großer Bedeutung. „Die Elohim sagten: ‚Seid fruchtbar und erfüllet **wieder** die Erde:'"*) Das zeigt deutlich, daß der Schreiber mit der esoterischen Lehre bekannt war, nach der sich die Lebenswoge bereits in früheren Weltenkreisläufen auf Weltenkörper D der Erdenperiode entwickelt hatte und sich hier nun wieder verkörperte.

Die Arische Epoche entspricht dem siebenten Schöpfungstag, an dem die Elohim von ihrer Arbeit als Schöpfer und Lenker ausruhten und die Menschheit eine selbständige Entwicklung begonnen hatte.

Das beendet die Art der Beschreibung, in der die Formen erschaffen wurden. Im folgenden Kapitel wird diese Erzählung mehr aus Sicht der Lebensseite dargeboten.

Jahwe und seine Mission**)

Es gab schon viele sachkundige Diskussionen über den Widerspruch zwischen der Schöpfungsgeschichte des ersten Kapitels und dem Text, der mit dem 4. Vers des 2. Kapitels beginnt, sowie über die Urheberschaft der Genesis. Man meinte, daß die beiden Berichte von verschiedenen Menschen verfaßt worden seien. Denn das oder die Wesen, dem die Übersetzer sowohl im ersten

---

*) In deutschen Bibeln ist das Wort „wieder" nicht vorhanden.

**) Siehe Anhang, Anmerkung 7.

als auch im zweiten Kapitel der englischen Fassung als „Gott“ die Ehre erwiesen, werden im ersten Kapitel des hebräischen Textes „Elohim“, und im zweiten „Jahwe“ genannt.*) Man bringt vor, daß ein und derselbe Übersetzer Gott nicht mit zwei verschiedenen Namen bezeichnet haben würde.

Hätte er in beiden Fällen denselben Gott gemeint, würde er es wahrscheinlich auch nicht getan haben, denn er war kein Monotheist. Er wußte genau, daß er sich Gott nicht einfach als erhabenen Mann vorstellen dürfe, der den Himmel als Thron und die Erde als Fußbank benutzt. Als er von „Jahwe“ schrieb, meinte er das geistige Wesen, dem die Leitung des besonderen Schöpfungsanteils, von dem dann berichtet wurde, übertragen worden war. Jahwe war und ist einer der Elohim. Er ist der Führer der Engel, der Menschheit der Mondenperiode, und der Herrscher unseres gegenwärtigen Mondes. Zum genauen Verständnis von Stellung und Wesen Jahwes wird der Leser auf Diagramm 14 verwiesen.

Als Herrscher unseres Mondes hat er dort die Obhut über die Wesen, die sich zurückgebildet hatten. Auch unterstehen ihm die Engel. Einige Erzengel — sie waren die Menschheit der Sonnenperiode — umgeben ihn. Sie sind die „Rassengeister“.

Es ist Jahwes Arbeit, durch die erhärtenden, kristallisierenden Mondenkräfte feste Körper oder Formen zu bilden. Deshalb ist er der Geber der Kinder, und die Engel sind seine Boten. Physiologen wissen genau, daß der Mond in Beziehung zur Schwangerschaft steht. Sie beobachteten, daß er die Perioden des in der Gebärmutter liegenden Lebens und andere physiologische Tätigkeiten mißt und leitet.

Man weiß, daß die Erzengel als Geister oder Lenker einer Rasse für oder gegen ein Volk kämpfen, je nachdem es die Evolutionsbedingungen dieser Rasse verlangen. In Daniel 10, 20

*) Luther übersetzt Elohim mit „Gott“ und Jahwe mit „Gott, der Herr“.

sagt ein Erzengel zu Daniel: „Jetzt will ich wieder zurückkehren und mit dem Engelfürsten von Persien kämpfen; und wenn ich weggegangen bin, siehe, so wird der Engelfürst von Griechenland kommen."

Der Erzengel Michael ist der Rassengeist des Volkes Israel (Daniel 12, 1). **Aber Jahwe ist nicht allein ihr Gott; er ist der Begründer aller zum Christentum führenden Rassenreligionen.** Dennoch ist es wahr, daß er ein besonderes Interesse an den Vorfahren der Israeliten, den Ursemiten, der „Keimrasse" für die sieben Rassen der Arischen Epoche, hatte. Gewiß untersteht die Keimrasse, der die embryonalen Fähigkeiten der Menschheit einer neuen Epoche eingeprägt werden sollen, der besonderen Obhut Jahwes. Deshalb wirkte er vor allem auf die Ursemiten ein. Sie waren sein „Auserwähltes Volk", erwählt, Keim einer neuen Rasse zu werden, die das „gelobte Land" erben sollte; das aber nicht nur in der Bedeutung Palästinas, sondern der ganzen gegenwärtigen Erde.

Jahwe führte sein Volk nicht aus Ägypten heraus; diese Erzählung ist erst unter den Nachkommen entstanden. Sie ist ein verwirrender Bericht der Wanderung, die aus der durch Fluten und Unglücksfälle untergehenden Atlantis heraus und nach Osten in die „Wildnis", die Wüste Gobi in Innerasien führte. Dort zog das Volk in den kabbalistischen vierzig Jahren umher, bevor es in das gelobte Land gelangen konnte. In diesem Zusammenhang liegt eine doppelte und besondere Bedeutung in dem umschreibenden Wort „gelobt". Das Land wurde zu der Zeit, als das „Auserwählte Volk" in die „Wildnis" geführt wurde, das „gelobte" Land genannt, weil es als Land oder Erde zum Besitzergreifen durch den Menschen nicht vorhanden gewesen war. Ein Teil der Erde war von Fluten überschwemmt, ein anderer durch vulkanische Ausbrüche verändert worden. Deshalb mußte ein Zeitraum vergehen, bis die neue Erde in einem geeigneten Zustand war, der arischen Rasse als Besitz dienen zu können.

Die Ursemiten wurden abgesondert. Ihnen wurde verboten, in andere Stämme und Völker einzuheiraten. Doch sie beachteten dieses Gebot nicht. Ihre Bibel berichtet, daß die Söhne Gottes die Töchter der Menschen heirateten, die niedriger stehenden atlantischen Landsleute. So vereitelten sie Jahwes Pläne. Da die Früchte solcher Rassenmischungen als Keim für die kommende Rasse unbrauchbar waren, wurden sie fallen gelassen.

Ihre Nachkommen sprechen von verlorenen Stämmen. Sie wissen, daß einige aus der ursprünglichen Zahl sie verließen und einen anderen Weg gingen. Sie wissen aber nicht, daß das die wenigen waren, die treu blieben. Die Erzählung von den zehn verlorenen Stämmen ist eine Fabel. Die meisten von ihnen gingen zugrunde, aber die Treuen überlebten, und aus diesem treuen Überrest sind die jetzigen arischen Rassen hervorgegangen.

Der Behauptung der Bibelgegner, daß dieses Buch nur eine Verstümmelung ursprünglicher Schriften sei, stimmt die Geisteswissenschaft gerne zu. Sie bestätigt, daß Teile von ihr vollständig erdichtet worden sind, und es wird kein Versuch gemacht, ihre Echtheit als Ganzes in der Form, in der wir sie jetzt besitzen, zu beweisen.

Einige Kernpunkte esoterischer Wahrheit sind von verschiedenen Übersetzern und Prüfern unter verwirrenden, irreführenden und fehlerhaften Auslegungen zugedeckt worden. Die gegenwärtige Bemühung ist ein Versuch, sie wieder herauszuschälen.

Involution, Evolution und Epigenesis

Im vorigen Absatz haben wir aus der allgemeinen Verwechslung die Identität und den Auftrag Jahwes herausgearbeitet. Vielleicht gelingt es jetzt, in den beiden sich widersprechenden Schöpfungsberichten des Menschen Übereinstimmung zu finden. Im ersten Bericht steht, daß der Mensch das letzte und im zweiten, daß er das erste aller geschaffenen Wesen sei.

Das erste Kapitel befaßt sich hauptsächlich mit der Erschaffung der Form, das zweite widmet sich der Betrachtung des Lebens und das fünfte dem Bewußtsein. Der sinnerschließende Schlüssel ist die exakte Unterscheidung zwischen der physischen Form und dem Leben, das sich jene Form zum eigenen Ausdruck erschafft. Die Reihenfolge der Erschaffung der anderen Reiche wird im zweiten Kapitel nicht so genau wiedergegeben wie im ersten. Wenn wir den Menschen von der Lebensseite her betrachten, ist es richtig, daß er als erster erschaffen wurde. Sehen wir ihn jedoch wie im ersten Kapitel von der Formseite her, war er das letzterschaffene Wesen.

Im gesamten Verlauf der Evolution, in Perioden, Weltenkörpern, Weltenkreisläufen und Rassen werden diejenigen, die sich nicht durch das Herausbilden neuer Eigenschaften verbessern, zurückgehalten. Sie beginnen unmittelbar zu entarten. Nur das, was biegsam und fähig bleibt, sich neuen Formen anzupassen, die dem erweiterten Bewußtsein entsprechen, nur das Leben, das die Verbesserungsmöglichkeit der von ihm beseelten Form auszuwerten vermag, kann sich mit den Wegbereitern einer Lebenswoge entwickeln. Alles andere muß Nachzügler werden.

Das ist der Kern der esoterischen Lehren. Der Fortschritt ist nicht nur Entfaltung, nicht einfach Involution und Evolution. Es kommt ein weiterer Faktor hinzu. Durch ihn bildet sich die Dreiheit **Involution, Evolution und Epigenesis.**

Die ersten beiden Begriffe sind allen, die Leben und Form studiert haben, wohlbekannt. Auch wird allgemein zugegeben, daß die Involution des Geistes in die Materie stattfindet, damit die Form geschaffen werden kann. Weniger anerkannt ist hingegen, daß **die Involution des Geistes Seite an Seite mit der Evolution der Form erfolgt.**

Vom Urbeginn der Saturnperiode bis zur Zeit der Atlantischen Epoche, als „die Augen der Menschen“ durch die Lucifergeister „geöffnet“ wurden, richtet sich die Tätigkeit des Menschen oder die Mensch gewordene Lebenskraft hauptsächlich nach innen. Dieselbe Kraft, die der menschliche Geist jetzt aussendet, um Eisenbahnen, Schiffe und so weiter zu erbauen, wurde im Innern verwendet, um zur eigenen Offenbarung einen Träger zu erschaffen, der dreifach wie der Geist ist, der ihn bildete.

Dieselbe Kraft, durch die der Mensch jetzt die Bedingungen seiner Umgebung verbessert, wurde während der Involution zum inneren Wachstum verwendet.

Der Körper ist durch die Evolution gestaltet worden; der Geist schuf ihn. Er betrat ihn durch Involution. Das Mittel aber, die Verbesserungen zu ersinnen, ist Epigenesis.

Der Mensch neigt dazu, die Gegenwart aus der Vergangenheit zu erklären. Alle Verbesserungen früherer Formen werden so angesehen, als hätten sie latent in ihnen geruht. Die Evolution wird nur als Entfaltung von dem betrachtet, was im Keim vorhanden war. Eine solche Auffassung schließt die Epigenesis aus der Entwicklung aus. Sie läßt keine Möglichkeit der Ausgestaltung von etwas **Neuem** zu und gewährt der Orginalität keinen Spielraum.

Der Esoteriker glaubt, die Absicht der Evolution sei es, den Menschen von einem ruhenden zu einem bewegenden Gott, zu einem Schöpfer zu entwickeln. Wäre Entwicklung nur durch Erziehung möglich und würden nur latente Möglichkeiten während des Fortschritts entfaltet, könnte der Mensch nicht zum Schöpfer werden.

Wenn die Entwicklung des Menschen nur darin bestehen würde, nach Modellen immer bessere Formen in der Art zu gestalten, wie sie bereits in der Idee des Urhebers vorhanden sind, könnte er bestenfalls ein guter Nachahmer, niemals aber ein wirklicher Schöpfer werden.

Damit er ein unabhängiger, ursprünglicher Urheber werde, muß ihm seine Erziehung genügend Spielraum lassen. Nur so kann er seine eigene Ursprünglichkeit, die Schöpfung von Nachahmung unterscheidet, betätigen. Solange Teile der alten Formen den Erfordernissen des Fortschritts entsprechen, werden sie beibehalten. Jeder Verkörperung aber fügt das sich entwickelnde Leben ursprüngliche Verbesserungen, die für seinen weiteren Ausdruck erforderlich werden, hinzu.

Die Wegbereiter der Wissenschaft begegnen der Epigenesis ständig als einem Faktor in allen Bereichen der Natur. Schon 1759 veröffentlichte Caspar Wolff seine „Theoria Generationis". In ihr zeigt er, daß im menschlichen Ei absolut keine Spur des kommenden Organismus vorhanden ist, daß dessen Evolution im Hinzufügen **neuer** Formen besteht, in einem Bilden von etwas, das im Ei nicht latent vorhanden ist.

Haeckel, der große und furchtlose Erforscher der Natur, der der Erkenntnis der vollen Wahrheit über die Entwicklung sehr nahe kam, sagte von der Theoria Generationis: „Ungeachtet ihres geringen Umfanges und ihrer schwierigen Terminologie ist sie eines der wertvollsten Werke in der gesamten biologischen Literatur."

Haeckels eigene Ansichten finden wir in seiner „Anthropogenie" dargestellt: „Heutzutage sind wir kaum berechtigt, Epigenesis als Hypothese zu bezeichnen, da wir vollkommen davon überzeugt sind, daß sie eine **Tatsache** ist. Wir können sie jeden Augenblick mit Hilfe des Mikroskops nachweisen."

Ein Baumeister, der seine Fähigkeiten auf das Bauen von Häusern nach einem einzigen, in seiner Lehrzeit von seinem Meister gelernten bestimmten Modell beschränken würde, ohne es neuen Anforderungen anpassen zu können, wäre ein bedauernswerter Handwerker. Um Erfolg zu haben, muß er fähig sein, neue und bessere Häuser zu entwerfen. Er muß verändern, was im alten Haus erfahrungsgemäß nicht dienlich war. Dieselbe Kraft, die der Baumeister jetzt nach außen richtet, um Häuser zu erstellen, die neuen Bedingungen besser angepaßt sind, wurde in vergangenen Zeiten verwendet, neue und bessere Träger für das sich entwickelnde Ich zu schaffen.

Mit dem einfachsten Organismus beginnend, gestaltete die Lebenswoge, die jetzige Menschheit, die ihren Notwendigkeiten entsprechende Form. Mit fortschreitender Entwicklung der Wesenheiten wurden zu gegebener Zeit neue Verbesserungen erforderlich. Sie standen im Widerspruch zu den früher befolgten Richtlinien. In einer neuen Art war neu zu beginnen. In ihr konnten alle möglichen vorhergehenden Fehler wieder gutgemacht werden. Lehrt doch die Erfahrung, daß die weitere Entwicklung ausgeschlossen wird, wenn an den alten Richtlinien festgehalten wird. Dem sich entfaltenden Leben wurde es auf diese Weise möglich, in neuer Art weitere Fortschritte zu machen. Lehrten zusätzliche Erfahrungen, daß auch die neue Form nicht mehr geeignet war und sich den notwendigen Verbesserungen des sich entwickelnden Lebens nicht anpassen konnte, wurde auch sie verlassen. Ein neuer Abschnitt begann, eine den erforderlichen Vervollkommnungen anpassungsfähige Form wurde bezogen.

So verbessert das sich entwickelnde Leben allmählich seine Träger. Die Vervollkommnung geht immer noch weiter. Der sich an der Spitze des Fortschritts befindende Mensch bildete seine Köper von der amöbenähnlichen Gestalt bis zur Form des Naturmenschen. Danach durchschritt er verschiedene Stufen. Die fortgeschrittensten Rassen benutzen auf Erden die besten und höchstorganisierten Körper. Zwischen Tod und Wiederverkörperung schaffen wir beständig Träger, in denen wir während unserer Leben tätig sein sollen. Und zukünftig wird eine höhere Vollkommenheit erreicht werden. Machen wir zwischen den Verkörperungen Fehler, werden sie offenbar, sobald wir den Träger in unseren Erdenleben benutzen. Es ist gut für uns, fähig zu sein, unsere eigenen Fehler wahrzunehmen und uns über sie klar zu werden, damit wir sie in späteren Leben vermeiden können.

Baumeister gehen geschäftlich zugrunde, wenn sie ihre Methoden, Häuser zu bauen, nicht ständig verbessern und nicht den Anforderungen ihres Berufes nachkommen. So versäumen es auch diejenigen, die sich beharrlich an alte Formen klammern, sich über die Arten zu erheben. Sie werden als Nachzügler zurückgelassen. Wie früher schon erwähnt wurde, übernehmen sie die von den Wegbereitern verlassenen Formen. Sie bilden die niederen Rassen und Arten jeden Naturreichs und entwickeln sich in ihnen. Als das jetzige menschliche Leben durch Zustände, die den Mineral-, Pflanzen- und Tierreichen ähnelten, und durch die niederen menschlichen Rassen ging, blieben längs des gesamten Weges Nachzügler zurück, die die notwendige Reife nicht erlangen konnten, um mit der Spitze der Evolution Schritt zu halten. Sie übernahmen die verlassenen Formen der Wegbereiter und versuchten, die anderen in ihnen zu überholen. Doch die verfeinerten Formen standen nicht still, denn es gibt im Fortschreiten der Evolution kein Anhalten. In dem sich entwickelnden Leben gibt es ebensowenig ein **bloßes** „Festhalten am Eigentum" wie im Geschäftsbereich des Handels. Fortschritt oder Rückentwicklung sind Gesetz. Die Form, die zu weiteren Verfeinerungen nicht fähig ist, muß verkümmern.

Deshalb gibt es eine Kette sich **verbessernder** Formen, die von den Wegbereitern des sich entwickelnden Lebens benutzt werden. Und es gibt eine andere Kette; es sind die **verkümmerten,** die von ihnen zurückgelassenen Formen. Sie werden solange von den Nachzüglern beseelt werden, solange es solche in der besonderen Lebenswoge, der sie angehören, gibt.

Sind keine Nachzügler mehr vorhanden, stirbt die Art allmählich aus. Da die Formen durch ihre unfähiger werdenden Bewohner nicht verfeinert wurden, kristallisierten sie. Sie kehren zum mineralischen Naturreich zurück, versteinern und werden den verschiedenen Schichten der Erdrinde hinzugefügt.

Die Feststellung der Wissenschaft, daß der Mensch durch das Pflanzen- und Tierreich, wie es heute um uns herum vorhanden ist, zu den Anthropoiden und von ihnen zum Menschsein aufgestiegen sei, ist nicht ganz richtig. Der Mensch bewohnte niemals Formen, die mit denen unserer heutigen Tiere übereinstimmen, auch nicht mit denen der gegenwärtigen menschenähnlichen, anthropoiden Affenarten. Er lebte in Formen, die den Anthropoiden glichen, aber höher waren als jene.

Der Naturwissenschaftler sieht, daß eine anatomische Ähnlichkeit zwischen dem Menschen und dem Affen vorhanden ist. Er folgert, da der Evolutionsimpuls fortwährend nach Vervollkommnung strebt, daß der Mensch vom Affen abstamme. Doch in seinem Bemühen, das „fehlende Bindeglied" zwischen beiden zu finden, steht er stets vor einem Rätsel.

Die Wegbereiter unserer Lebenswoge, die arischen Rassen, die einst affenähnliche Körper bewohnten, sind bis zu ihrem gegenwärtigen Entwicklungszustand fortgeschritten. Die Formen aber, das „fehlende Glied", degenerierten. Sie werden jetzt von den letzten Nachzüglern der Saturnperiode beseelt.

Die niederen Affen sind nicht die Vorfahren höherer Arten, sondern Nachzügler, die von den degeneriertesten menschlichen Formen Besitz ergriffen. Nicht der Mensch hat sich aus den anthropoiden Affen entwickelt. Das Gegenteil ist der Fall. Die Anthropoiden sind Verkümmerungen des Menschen. Die Wissenschaft, die sich nur mit der Formseite befaßt, hat sich durch fehlerhafte Schlußfolgerungen selbst irregeführt.

Dieselben Beziehungen finden wir auch im Tierreich. Die Wegbereiter jener Lebenswoge, die in der Sonnenperiode in die Evolution eintrat, sind die Säugetiere unserer Tage. Die verschiedenen Grade entsprechen den Schritten, die einstmals vom Menschen gemacht wurden. **Aber alle Formen degenerieren, wenn sie von Nachzüglern bewohnt werden.** In ähnlicher Weise werden die Wegbereiter der Lebenswoge, die während der Mondenperiode in die Evolution eintrat, unter den Obstbäumen gefunden. Ihre Nachzügler bewohnen hingegen alle anderen Pflanzenformen.

Jede Lebenswoge verbleibt in ihren eigenen Grenzen. Die ursprünglich zur gleichen Lebenswoge gehörenden anthropoiden Affen können uns überholen und menschliche Wesen werden. Doch unseren besonderen Entwicklungsstand werden keine anderen Tiere erreichen. In der Jupiterperiode werden sie einen ähnlichen Zustand erhalten, jedoch unter anderen Bedingungen. Die gegenwärtigen Pflanzen werden die Menschheit der Venusperiode sein, allerdings ebenfalls unter noch größeren veränderten Bedingungen. Und schließlich werden unsere Mineralien in der Vulkanperiode zum Menschsein gelangen.

Die moderne Evolutionstheorie, besonders die von Haeckel, würde bei vollständiger Umkehrung fast mit den Erkenntnissen der esoterischen Wissenschaft übereinstimmen.

Der Affe ist vom Menschen degeneriert.

Die Polypen sind die letzte Degenerationsstufe der Säugetiere.

Die Moose sind die niederste Degenerationsstufe des Pflanzenreichs.

Das Mineralreich ist die endgültig letzte und tiefste Degenerationsstufe der Formen aller Reiche.

Ein Beispiel hierfür ist die Kohle. Sie war einst pflanzlich. Andere Beispiele sind das versteinerte Holz und die von verschiedenen Tierformen zurückgebliebenen Fossilien. Der gewöhnliche Stein oder Fels hat, was nur schwerlich ein Gelehrter anerkennen würde, seinen Ursprung in einem anderen Reich. Für den esoterischen Forscher ist er genauso mineralische Pflanze wie die Kohle selbst. Der Mineraloge wird wissenschaftlich erklären, daß der Stein aus Hornblende, Feldspat und Glimmer zusammengesetzt ist. Der geschulte Hellseher aber, der ihn im Gedächtnis der Natur durch Millionen von Jahren zurückverfolgen kann, wird diese Angabe durch den Zusatz ergänzen: „Ja, und was ihr Hornblende und Feldspat nennt, sind die Blätter und Stengel prähistorischer Pflanzen; der Glimmer ist alles, was von ihren Blumenblättern zurückblieb."

Die esoterische Evolutionslehre wird auch durch die Wissenschaft der Embryologie bestätigt. Sie stellt fest, daß im vorgeburtlichen Zustand eine kurze Wiederholung aller vergangenen Entwicklungsstufen erfolgt. Der Unterschied zwischen einer menschlichen Eizelle und derjenigen einiger höherer Säugetiere und sogar der höheren Entwicklungsstufen im Pflanzenreich ist selbst unter dem Mikroskop nicht zu unterscheiden. Sachkundige sind nicht in der Lage anzugeben, welches Ei das tierische und welches das menschliche ist. Selbst bei einigen anfänglichen vorgeburtlichen Stadien kann der Fachmann noch nicht zwischen dem menschlichen und dem tierischen Embryo unterscheiden.

Wenn man aber das tierische Ei durch den gesamten Trächtigkeitszeitraum aufmerksam beobachtet, wird man bemerken, daß es nur durch den mineralischen und pflanzlichen Zustand hindurchgeht und geboren wird, wenn es die Stufe des Tieres erreicht. Das kommt daher, weil das Leben, das ein solches Ei beseelt, während der Sonnenperiode durch seine mineralische Entwicklung und während der Mondenperiode durch sein Pflanzenleben hindurchging. Jetzt, in der Erdenperiode, ist es gezwungen, im tierischen Zustand zu verharren.

Andererseits hatte das Leben, das das menschliche Ei benutzt, sein mineralisches Dasein in der Saturnperiode und sein Pflanzensein in der Sonnenperiode. Den Tierzustand durchlief es in der Mondenperiode. Nachdem es diesen erreicht hat, steht noch Spielraum für die Epigenesis zur Verfügung. Daher geht es weiter zum menschlichen Sein. Und es bleibt nicht einmal hier stehen. Vater und Mutter geben vor allem in den höheren Rassen den Stoff ihrer Körper zum Aufbau des Kindeskörpers.

Epigenesis macht es möglich, etwas hinzuzufügen, wodurch sich das Kind von seinen Eltern unterscheidet.

Wo Epigenesis im Individuum, in der Familie, im Volk oder in der Rasse untätig ist, hört die Evolution auf; die Degeneration beginnt.

Eine lebende Seele?

So stimmen die beiden Schöpfungsgeschichten sehr gut überein.

Die eine behandelt die Form, die in ihrem Aufbau durch Mineral, Pflanze und Tier hindurchging und zuletzt den Menschen erreichte. Die andere sagt uns, daß das Leben, das jetzt die menschlichen Formen beseelt, vorher in den Formen der anderen Reiche offenbar wurde.

Einer dieser Schöpfungsberichte allein wäre nicht vollständig gewesen. Hinter den Erzählungen von der Erschaffung des Menschen verbergen sich im zweiten Kapitel wichtige Einzelheiten. Der Vers lautet: „Dann bildete Jahwe den Menschen aus dem Staub der Erde und hauchte ihm lebendigen Odem — nephesch — in seine Nase, und der Mensch wurde ein atmendes Wesen — nephesch chayim“*).

An anderen Stellen der King-James-Lesart wird nephesch mit „Leben“ übersetzt. In diesem besonderen Fall aber, 1. Mose 2, 7, wird es mit „lebende Seele“ wiedergegeben. So vermittelt es die Vorstellung, daß ein Unterschied zwischen dem Leben, das den menschlichen Körper beseelt und demjenigen gemacht wird, durch das die niedrige Schöpfung beseelt wird. Dieser Unterschied in der Übersetzung ist durch nichts zu begründen;

---

*) Deutsche Übersetzung: „ . . . bildete Gott der Herr den Menschen aus Erde vom Ackerboden und hauchte ihm Lebensodem in die Nase; so ward der Mensch ein lebendes Wesen.“
(Die Heilige Schrift, Zürcher Bibel, Zürich, 1987, 2. Mose 7. Ebenso Die Heilige Schrift, übers. v. D. Dr. Hermann Menge, Stuttgart, 1951, unter Austausch des Wortes „hauchte“ durch „blies“).

er ist rein willkürlich. Der Lebensatem — nephesch — bei Mensch und Tier ist ein und derselbe. Das kann selbst denjenigen bewiesen werden, denen die Bibel Autorität ist. Sogar die King-James Lesart stellt in Prediger 3, Vers 19 und 20 eindeutig fest: „Denn es geht dem Menschen wie dem Tier: Wie dies stirbt, so stirbt er auch, ja sie haben alle denselben Odem — nephesch — . . . der Mensch hat keinen Vorrang vor dem Tier . . . alle gehen an einen Ort".

Die Tiere sind unsere „jüngeren Brüder", und obgleich sie jetzt nicht so fein organisiert sind wie wir, werden sie doch einst einen Zustand erreichen, der so hoch ist wie unser eigener. Dann werden wir noch höher hinaufgestiegen sein.

Wenn gesagt wird, daß der **Mann** die Seele in der Art und auf keine andere erhalten habe, wie es im 7. Vers des 2. Kapitels der Genesis beschrieben wird, ist es angemessen zu fragen, wo und wie die **Frau** eine Seele bekommen hat.

Wenn wir den esoterischen Schlüssel benutzen, wird die Bedeutung des Kapitels und das Einhauchen des Lebensatems durch Jahwe einfach und klar. Außerdem hat es den weiteren und großen Vorteil, logisch zu sein.

Die Tatsache, daß Jahwe, der Herrscher des Mondes, mit seinen Engeln und Erzengeln der Hauptbeteiligte an diesem Geschehen war, legt den Zeitpunkt dieser Schöpfung fest. Er lag zwischen dem früheren und dem mittleren Teil der Lemurischen Epoche und muß stattgefunden haben, nachdem der Mond von der Erde abgetrennt worden war. Denn Jahwe hatte vor der Mondenabstoßung mit der Erschaffung der Körper nichts zu tun. Die Formen waren damals ätherischer. Es gab keine physischen und gegenständlichen Körper, die man nur mit Hilfe der erhärtenden und kristallisierenden Mondenkräfte erstellen kann. Es muß in der ersten Hälfte der Lemurischen Epoche gewesen sein, weil die Trennung der Geschlechter, von der später berichtet wurde, in der Mitte der Epoche stattfand.

Zu jener Zeit hatte der in Bildung begriffene Mensch noch nicht begonnen, durch die Lunge zu atmen. Er besaß das kiemenähnliche Organ, das noch beim menschlichen Embryo vorhanden ist, wenn er den dieser Epoche entsprechenden Zustand seines vorgeburtlichen Lebens durchläuft. In ihm lebte noch kein persönlicher Geist. Deshalb hatte er auch noch kein warmes, rotes Blut. Der ganze Körper war weich und biegsam, das Skelett elastisch wie Knorpel. Erst später, als es erforderlich geworden war, die Menschen in Geschlechter zu teilen, wurde das Knochensystem hart und fest.

Die Aufgabe Jahwes war es, in die schon bestehenden weichen Körper feste, harte Knochensubstanz einzugliedern. Vor dieser Epoche, das heißt in der Polarischen und Hyperboräischen Zeit, besaßen weder Tier noch Mensch Knochen.

Adams Rippe

Die sonderbare und unverständliche Art, in der sich die Trennung der Geschlechter nach den gebräuchlichen Lesarten der Bibel und besonders auch nach dem Masoretischen Text vollzogen haben soll, beweist wieder, was im alten hebräischen Text durch Austauschen von Vokalen geschehen kann. Auf eine Weise gedeutet heißt das Wort tatsächlich „Rippe". Nach einer anderen mindestens ebenso berechtigten und außerdem dem gesunden Menschenverstand entsprechenden Deutung heißt es „Seite". Wenn wir das so verstehen, daß der Mensch männlich-weiblich war und Jahwe eine Seite oder ein Geschlecht in jedem latent werden ließ, ist es nicht notwendig, unserer Vernunft Gewalt anzutun, wie es die „Rippen"-Geschichte erfordern würde.

Wird diese Lesart angenommen, stimmt die esoterische Lehre mit der Bibel überein. Außerdem entsprechen beide dann den Ansichten der modernen Wissenschaft, nach denen der Mensch einst, bevor er ein Geschlecht auf Kosten des anderen entwikkelte, zweigeschlechtlich war. Als weiteren Beweis hierfür findet man, daß der Embryo bis zu einem gewissen Zeitpunkt zweigeschlechtlich ist. Später dominiert ein Geschlecht, während das andere zurückbleibt. Jeder Mensch besitzt die entgegengesetzten Geschlechtsorgane in verkümmerter, rudimentärer Form. Dadurch ist er wirklich zweigeschlechtlich wie der Urmensch.

Offensichtlich wollte der Bibelschreiber in diesem zweiten Schöpfungsbericht kein genaues Bild der ganzen Entwicklung geben. Eher schien er anzustreben, das im ersten Gesagte etwas eingehender zu behandeln. Er erzählt uns, daß der Mensch nicht immer so wie jetzt atmete, daß es eine Zeit gab, in der er nicht in Geschlechter geteilt war, daß Jahwe diese Veränderung bewirkte, wodurch der Zeitpunkt des Ereignisses festgelegt wurde. Bei weiterem Fortschreiten werden wir finden, daß noch andere Informationen gegeben werden.

Schutzengel

In den früheren Epochen und Perioden, als der Mensch sich unbewußt entwickelte, hatten die Schöpferischen Hierarchien an ihm gewirkt. **Alle** menschlichen Wesen besaßen damals nur **ein gemeinsames Bewußtsein.** Für die gesamte Menschheit war ein Gruppengeist vorhanden.

In der Lemurischen Epoche begann ein neuer Schritt. Die Körper hatten sich endgültig gebildet. Bevor sie beseelt und Aufenthaltsort des innewohnenden Geistes werden konnten, mußten sie rotes, warmes Blut erhalten.

In der Natur gibt es keinerlei plötzliche Fortschritte. Wir würden uns einen falschen Begriff machen, wenn wir glaubten, daß die in die Nase gehauchte Luft einer Form aus Erde eine Seele geben und sie zu einem empfindenden, denkenden Wesen machen könnte.

Der persönliche Geist war sehr schwach und kraftlos und ungeeignet, seine dichten Träger lenken zu können. In dieser Hinsicht ist er auch jetzt noch nicht stark. Jedem fähigen Beobachter wird es auffallen, daß die Persönlichkeit mehr vom Empfindungsleib geleitet wird als vom Geist. In der Mitte der Lemurischen Epoche, als die niedere Persönlichkeit, der dreifache Körper, mit dem Licht des Ich beschenkt werden sollte, wäre diese menschliche Wesenheit, sich selbst überlassen, vollständig machtlos gewesen, ihre Träger zu lenken.

Deshalb mußten fortgeschrittenere Wesen dem persönlichen Geist helfen und nach und nach den Weg für eine vollständige Vereinigung mit seinen Trägern vorbereiten. Das kann mit einer jungen Nation verglichen werden, die von einer stärkeren Macht geführt werden muß, bevor sie fähig wird, sich selbst zu regieren. Durch diese Schirmherrschaft wird sie gleichzeitig vor äußeren Gefahren und vor Unbesonnenheit im Innern bewahrt. Ein solcher Schutzherr war für die sich entwickelnde Menschheit der Rassengeist. Für die Tiere ist es in etwas anderer Weise der Gruppengeist.

Jahwe ist der Höchste. Er ist Rassengott und Gebieter über alle Formen. Als oberster Herrscher und höchste Kraft zur Erhaltung der Gestalt übt er eine geordnete Macht über sie aus. Die Erzengel sind die Rassengeister. Jeder gebietet sowohl einer bestimmten Menschengruppe als auch den Tieren. Die Engel hingegen herrschen über die Pflanzen.

Die Erzengel sind deshalb die Herren über Rassen oder Völkergruppen und auch über die Tiere, weil diese beiden Reiche Empfindungskörper besitzen und erfahrene Baumeister im Empfindungsstoff sind. Denn in der Sonnenperiode setzte sich die dichteste Welt aus dieser Materie zusammen. Die Menschen jener Periode sind jetzt Erzengel. Sie lernten, ihre dichtesten Träger aus Empfindungsstoff zu gestalten, so wie wir jetzt lernen, unsere Körper aus den chemischen Stoffen zu bilden, aus denen unser Erdball besteht. Daher wird man leicht verstehen, daß die Erzengel besonders befähigt sind, späteren Lebenswogen bei der Gestaltung und Beherrschung ihres Empfindungsleibes zu helfen.

Aus den gleichen Gründen wirken die Engel am Lebensleib der Menschen, Tiere und Pflanzen. Ihr dichtester Körper war aus Äther beschaffen. Daraus bestand auch der Weltenkörper D in der Mondenperiode, in der die Engel menschlich waren.

Jahwe und seine Erzengel haben eine ähnliche Beziehung zu den Rassen wie die Gruppengeister zu den Tieren. Wenn persönliche Glieder einer Rasse die vollständige Selbstherrschaft errungen haben, lösen sie sich vom Einfluß des Rassengeistes und verwandter Wesen.

Wie wir gesehen haben, liegt der Vorteil sowohl des Gruppengeistes als auch jedes im physischen Körper lebenden Ichs im Blut. Der Masoretische Text zeigt, daß der Verfasser des Leviticus, des 3. Buches Mose,*) diese Kenntnis besaß. Im 14. Vers des 17. Kapitels wird den Israeliten der Genuß von Blut verboten, weil „die Seele **allen** Fleisches im Blut ist". Und im 11. Vers desselben Kapitels finden wir die Worte: „. . . denn die Seele des Fleisches ist im Blut . . . das Blut selbst vermittelt die Seele." Dadurch wird offenbar, daß diese Worte auf Mensch und Tier angewandt werden. Denn das hebräische Wort an dieser Stelle heißt **neshamah;** es bedeutet „Seele", nicht „Leben", wie die King-James-Bibel vorträgt.

Das Ich wirkt unmittelbar durch das Blut. Ebenso lenken der Rassengeist die Rassen und der Gruppengeist die Tiere seiner Arten durch ihre Tätigkeit im Blut. So steuert, allerdings mit einem Unterschied, auch das Ich seinen eigenen Träger. Es wirkt

*) Das 3. Buch Mose enthält hauptsächlich gottesdienstliche (= Levitische) Gesetzgebungen.

durch die Blut**wärme,** während Rassen- beziehungsweise Stammes- oder Familiengeist durch die in die Lungen eingeatmete **Luft** tätig sind. Deshalb bliesen Jahwe oder seine Boten dem Menschen „den lebendigen Odem in die Nase". Dadurch sicherten sie den Rassen- oder Gruppengeistern die Verbindung mit ihm.

Die einzelnen Klassen der Rassengeister führten ihre Völker in unterschiedliche Klimazonen und in verschiedene Teile der Erde. Dem geschulten Hellseher erscheint ein Stammesgeist als eine Wolke, die die Atmosphäre des ganzen Landes einhüllt und durchdringt, das von dem unter seiner Herrschaft stehenden Volk bewohnt wird. So werden Völker und Nationen gebildet. Paulus sprach von „dem Fürsten, der in der Luft herrscht" (Eph. 2, 2) sowie von „Fürstentümern und Herrschaften im Himmel" (Eph. 3, 10) und zeigte dadurch, daß er von den Rassengeistern wußte. Jetzt aber macht man nicht einmal den Versuch, zu verstehen, was sie bedeuten, obwohl ihr Einfluß stark empfunden wird. Vaterlandsliebe ist eines der von ihnen ausgehenden und von ihnen gepflegten Gefühle, das allerdings nicht mehr so viel Gewalt über die Völker hat wie früher. Es gibt manche Menschen, die sich vom Rassengeist befreit haben und mit Thomas Paine sagen können: „Die Welt ist mein Vaterland." Und es gibt diejenigen, die in der Lage sind, Vater und Mutter zu verlassen und alle Menschen als Brüder anzusehen. Sie sind auf dem Weg, sich vom Familiengeist oder dem Geist der Sippe, einer sich vom Rassengeist unterscheidenden ätherische Wesenheit, zu befreien. Andere dagegen, die sehr in den Fesseln des Familien- oder Rassengeistes gebunden sind, leiden unter schlimmen Depressionen, wenn sie Heim oder Vaterland verlassen und die Luft eines anderen Rassen- oder Familiengeistes atmen müssen.

Zu der Zeit, als der Rassengeist in die menschlichen Körper eintrat, gewann das individualisierte Ich eine geringe Herrschaft über seine Träger. Jedes menschliche Wesen wurde sich mehr und mehr seines gesonderten Seins bewußt und daß es sich von anderen Menschen unterscheidet. Dennoch faßte es sich während ganzer Zeitalter in erster Linie weniger als Einzelwesen, sondern vielmehr zu einem Geschlecht oder einer Familie gehörend auf. Die Nachsilbe „sohn", die noch bei manchem Namen unserer Tage anhängt, ist ein Überbleibsel dieses Gefühls. Ein Mann war nicht einfach „Johann" oder „Jakob", er war „Johann Robertsohn" oder „Jakob Wilhelmsohn". In einigen Ländern war eine Frau nicht „Maria" oder „Martha", sie war „Maria Marthastochter" oder „Martha Mariastochter". Dieser Brauch wurde in europäischen Ländern noch vor wenigen Generationen gepflegt. Die Nachsilbe „sohn" ist noch immer gebräuchlich, und der Familienname wird sehr geehrt.

Bis zu Christi Zeit war der Rassengeist unter den Israeliten stärker als der individuelle Geist. Jedermann dachte von sich selbst **zuerst** als Mitglied eines bestimmten Stammes oder einer Familie. Sein größter Stolz war, „Abrahams Same" zu sein. Das alles war die Einwirkung des Rassengeistes.

Als die Erde noch ein Teil der Sonne war, gab es vor dem Kommen Jahwes nur einen von allen Schöpferischen Hierarchien gebildeten gemeinsamen Gruppengeist. Er lenkte die gesamte Menschheit. Allerdings war beabsichtigt, daß jeder Körper der Tempel und das biegsame Werkzeug eines innewohnenden Geistes sein sollte. Das bedeutete eine unendliche Herrschaftsteilung.

Jahwe kam mit seinen Engeln und Erzengeln und bewirkte die erste große Teilung in Rassen. Er stellte jede Gruppe unter den lenkenden Einfluß eines Rassengeistes, eines Erzengels. Für jedes Ich ernannte er einen Engel, der solange als Hüter tätig ist, bis der persönliche Geist erstarkt, so daß er von allen äußeren Einflüssen befreit werden kann.

Blutmischung in der Ehe

Christus kam, um den Weg für die Befreiung der Menschheit von der Führung der trennenden Rassen- und Familiengeister vorzubereiten und die gesamte menschliche Familie in einer großen Bruderschaft zu vereinen.

Er lehrte, daß „Abrahams Same" sich nur auf die Körper beziehe, und lenkte die Aufmerksamkeit darauf, daß, „ehe Abraham lebte", das „Ich" war. Der dreifache persönliche Geist hatte sein Dasein vor allen Stämmen und Rassen. Er wird auch dann noch vorhanden sein, wenn diese vergangen sind und selbst die Erinnerung an sie nicht mehr besteht.

Der dreifache Geist im Menschen, das Ich, ist Gott im Innern. Der persönliche, körperliche Mensch muß lernen, ihm zu folgen. Deshalb sagt Christus, daß derjenige, der sein Jünger sein wolle, alles, was er besitze, verlassen müsse. Seine Lehre weist hin auf die Befreiung Gottes im Innern. Er ruft den Menschen auf, seine persönliche Freiheit auszuüben und über Familie, Stamm und Nation hinauszuwachsen. Verwandtschaft und Heimat soll er nicht mißachten. Er muß alle Pflichten erfüllen. Aber er hat aufzuhören, sich mit einem Teil der Menschheit zu identifizieren, und sollte seine Zugehörigkeit zur **ganzen** Welt anerkennen. Das ist das der Menschheit von Christus gegebene Ideal.

Unter der Herrschaft des Rassengeistes wurden zuerst die Völker, der Stamm oder die Familie in Betracht gezogen, dann erst die Person. Die Familie mußte vollständig bleiben. Wenn ein Mann starb, ohne Nachkommen zu hinterlassen, mußte sein Bruder der Witwe „Samen bringen", damit kein Aussterben erfolge und sein Name verewigt werde (5. Mose 25, 5 — 10). Heiraten außerhalb der Familie erregten in der ersten Zeit Entsetzen. Ein Mitglied eines Stammes konnte nicht mit einem anderen Stamm verbunden werden, ohne die Zugehörigkeit zu seinem eigenen zu verlieren. Es war nicht leicht, Mitglied einer anderen Familie zu werden. Nicht nur bei den Israeliten, auch in anderen früheren Völkern bestand man auf der Unversehrtheit der Familie. Das ist vielfach auch heute noch so. Wie erwähnt, hingen die Schotten bis vor kurzem noch zäh an ihrem Klan, und die altnordischen Wikinger wollten niemanden in ihre Familie aufnehmen, ohne mit ihm das „Blut zu mischen". Denn die geistigen Wirkungen der Blutmischung, von der die Wissenschaft heute nichts weiß, waren früher bekannt.

Alle diese Bräuche entstanden aus der Einwirkung des Rassen- und Stammesgeistes auf das gemeinschaftliche Blut. Ein Mitglied aufzunehmen, in dem dieses gemeinsame Blut nicht floß, würde „Verwirrung der Kaste" hervorgerufen haben. Je geschlossener die Inzucht war, desto stärker waren die Beziehungen, die die Individualität mit dem Stamm verbanden. Denn die Lebenskraft des Menschen lebt in seinem Blut, der höchsten Äußerung des Lebensleibes, mit dem das Gedächtnis eng zusammenhängt.

Gehirn und Nervensystem sind der höchste Ausdruck des Empfindungsleibes. In geistiger Gestaltung von Vorstellungen, das heißt durch Imagination, rufen sie Bilder der äußeren Welt hervor. Den Stoff dafür bringt das Blut, das daher beim aktiven Nachdenken in den Kopf steigt.

Wenn derselbe unvermischte Blutstrom durch Generationen in den Adern einer Familie fließt, werden die vom Urgroßvater, vom Großvater und vom Vater gebildeten Vorstellungen durch den Familiengeist, der im Farbstoff der roten Blutkörperchen des Blutes lebt, auch im Sohn fortgepflanzt, der sich selbst als Fortsetzung einer langen Reihe in ihm **lebender** Vorfahren sieht. Alle **Ereignisse** des vergangenen Familienlebens nimmt er so wahr, als wäre er dabei gewesen. Deshalb erkennt er sich selbst nicht als Ich. Er ist nicht nur „David", sondern „der Sohn Abrahams", nicht „Joseph" sondern „der Sohn Davids".

Von Menschen, die Träger eines solchen gemeinschaftlichen Blutes sind, wird gesagt, daß sie durch viele Generationen **gelebt** hätten. Denn durch das Blut hatten ihre Nachkommen Zugang zum Gedächtnis der Natur, in dem die Aufzeichnungen über die Ereignisse aus dem Leben ihrer Vorfahren aufbewahrt wurden. Deshalb gibt das 5. Kapitel der Genesis an, daß die Patriarchen jahrhundertelang lebten. Persönlich erreichten Adam, Methusalem und die anderen Patriarchen kein so hohes Alter. Sie lebten im Bewußtsein ihrer Nachkommen, die die Leben ihrer Vorfahren so sahen, als hätten sie selbst gelebt. Nach dem Ablauf dieser Periode dachten die Nachkommen von sich nicht mehr als Adam oder Methusalem. Das Gedächtnis an diese Vorfahren verblaßte, und deshalb hieß es, sie seien gestorben.

Das „Zweite Gesicht“, das „natürliche Hellsehen“ der Schotten, zeigt, daß das Bewußtsein der inneren Welt durch die Sippenheirat bewahrt bleibt. Man heiratete in Schottland bis in die jüngste Zeit innerhalb der Blutsverwandtschaft. Ebenso heiraten auch die Sinti und Roma stets innerhalb ihres Stammes. Je kleiner dieser und je enger die Inzucht ist, um so ausgeprägter ist das Hellsehen. Die früheren Rassen hätten weder gewagt, die vom Stammesgott ausgehenden Gebote zu übertreten noch außerhalb des Stammes zu heiraten, ja, sie hatten auch keine Neigung, es zu tun, denn sie besaßen keinen eigenen Verstand.

Später wurde der Menschheit der freie Wille gegeben. Die Zeit war gekommen, in der der Mensch für die Individualisierung vorbereitet werden sollte. Das frühere „Allgemeinbewußtsein“, die unwillkürliche Hellsichtigkeit oder das Zweite Gesicht übermittelte den Angehörigen eines Stammes ständig das Lebensbild seiner Vorfahren. Es gab ihnen das Gefühl enger Verbundenheit mit dem Stamm oder der Familie. Das war für einige Zeit durch ein ausgeprägtes, auf die Welt beschränktes individuelles Bewußtsein zu ersetzen. Dadurch sollten die Völker zum Ermöglichen der Bruderschaft der Menschen ohne den

Unterschied äußerlicher Verhältnisse in Einzelwesen aufgelöst werden. Hier wurde dasselbe Prinzip verfolgt, wie wir es bei der Vereinigung mehrerer Gebäude zu einem einzigen haben. Jedes Bauwerk ist in einzelne Ziegelsteine zu zerlegen. Erst dann kann der große Bau errichtet werden.

Um diese Trennung der Völker in Einzelwesen zu vollenden, wurden Gesetze erlassen, die Heiraten innerhalb der Sippe oder der Familie verboten. Heiraten unter Verwandten wurden von nun an streng abgelehnt. So kam es in allen Familien der Erde zur Aufnahme fremden Blutes. Das ließ nach und nach die unwillkürliche Hellsichtigkeit vergehen, die das Sippengefühl unterstützt und die Menschheit in Gruppen eingeteilt hatte. Altruismus ersetzte Vaterlandsliebe, und als Folge der Blutmischung schwindet das Gefühl der Familienzugehörigkeit.

Die Wissenschaft hat kürzlich entdeckt, daß bei Bluttransfusionen zwischen verschiedenartigen Wesen der Tod des niederen der beiden verursacht wird. So stirbt jedes Tier, dem man menschliches Blut zuführt. Das Blut eines Hundes, das man in die Venen eines Vogels injiziert, tötet diesen. Der Hund aber wird durch das Übertragen von Vogelblut in seine Adern nicht geschädigt. Die Wissenschaft stellt hier nur die Tatsache fest. Der Esoteriker gibt den Grund dafür an. Wie schon an anderer Stelle gezeigt wurde, ist das Blut das Arbeitsfeld für den Geist. Das Ich im Menschen wirkt durch die **Blutwärme** in seinen eigenen Trägern. Der Rassen-, Familien- oder Gemeinschaftsgeist gelangt durch die von uns eingeatmete **Luft** ins Blut. In den Tieren befinden sich auch beide, der Geist des Tieres und der Gruppengeist derjenigen Art, dem es angehört. Der Geist des Tieres ist aber nicht individualisiert. Er wirkt nicht selbstbewußt mit seinen Trägern wie das Ich. Daher wird das Tier vollständig von dem in seinem Blut wirkenden Gruppengeist gelenkt.

Wenn das Blut eines höheren Tieres in die Adern einer niederen Art injiziert wird, ist der Geist im Blut des höheren Tieres selbstverständlich stärker als der des niederen. Bemüht sich der Geist daher, sich zu behaupten, tötet er die fesselnde Form und befreit sich selbst. Wird andererseits das Blut einer niederen Art in die Adern einer höheren übertragen, so ist der höhere Geist fähig, den weniger entwickelten aus dem fremden Blut zu verdrängen und dieses seinem eigenen Gebrauch anzupassen. Daher folgt keine sichtbare Katastrophe.

Der Gruppengeist achtet stets darauf, die Unversehrtheit der unter seiner Obhut stehenden Arten zu erhalten. Der menschliche Rassengott verübelt seinen Schutzbefohlenen das Heiraten in andere Arten und sucht die Sünden der Väter an den Kindern heim, wie wir es bei Mischlingstieren sehen. Wenn beispielsweise ein Pferd und ein Esel ein Maultier zeugen, macht die Mischung des fremden Blutes die Fortpflanzungsfähigkeit unmöglich. So kann sich die Kreuzung nicht fortsetzen. Vom Standpunkt des Gruppengeistes ist sie ungut. Denn das Maultier steht weder genau unter der Obhut des Gruppengeistes der Pferde noch unter derjenigen der Esel. Und doch ist es nicht so weit von ihnen entfernt, um ganz von ihrem Einfluß befreit zu sein. Könnten sich zwei Maultiere paaren, würden ihre Abkömmlinge noch weniger unter dem Einfluß von einem dieser beiden Gruppengeister stehen. Dadurch würde sich eine neue Art **ohne Gruppengeist** ergeben. Das wäre solange eine Regelwidrigkeit, eine Anomalie in der Natur, bis sich die gesonderten Tiergeister genügend entwickelt haben, um selbständig zu werden. Wenn eine solche Art hervorgebracht werden könnte, wäre sie ohne Einfluß durch den Gruppengeist, also ohne führenden Instinkt. Es würde ihnen wie einem Wurf junger Katzen ergehen, den man vor der Geburt aus dem Mutterleib nehmen würde. Die Tiere wären hilflos und würden umkommen.

Der Tiergruppengeist entsendet die verschiedenen Geistwesen der Tiere zur Verkörperung. Wenn Tiere weit voneinander abweichender Arten gekreuzt werden, hält er einfach das befruchtete Keimatom zurück. Einem seiner Pflegebefohlenen erlaubt er, die günstige Gelegenheit zur Wiederverkörperung anzunehmen, wenn Tiere fast gleicher Natur gekreuzt werden sollen; Mischlingen jedoch verwehrt er es, sich fortzupflanzen. So sehen wir, daß das Einführen fremden Blutes den Einfluß des Gruppengeistes schwächt. Wenn dieser die Möglichkeit hat, zerstört er deshalb bei einem der beiden die **Form** oder die **Fortpflanzungsfähigkeit**.

Der menschliche Geist ist individualisiert, ist ein Ich. Er entwickelt freien Willen und Verantwortlichkeit. Das unwiderstehliche Gesetz von Ursache und Wirkung führt ihn in die Verkörperung, so daß es außerhalb der Macht des Rassen-, Gemeinschafts- oder des Familiengeistes ist, ihn im gegenwärtigen Zustand der menschlichen Entwicklung von der Inkarnation zurückzuhalten. Durch Beimischen fremden Blutes, durch Wechselheirat von Wesenheiten verschiedener Stämme oder Völker helfen ihm die Führer der Menschheit, den Familien-, Stammes- oder Sippengeist allmählich aus dem Blut auszuscheiden. Damit schwindet natürlich auch die unwillkürliche Hellsichtigkeit. Sie rührte her vom Wirken der lenkenden Geistwesen im Blut, wodurch die Familientradition in ihren Schützlingen gepflegt wurde. So sehen wir, daß **auch beim Menschen durch die Blutmischung eine Fähigkeit zerstört wurde.** Dieser Verlust war aber ein Gewinn, denn er hat die menschliche Kraft auf die materielle Welt gerichtet. Nun sind deren Lehren besser zu meistern, als wenn der Mensch durch die inneren Welten abgelenkt würde.

Wenn dieser sich selbständig macht, hört er allmählich auf, von sich als von „Abrahams Same“, als von der „Sippe Stewart Mann“, von einem „Brahminen“ oder „Leviten“ zu denken. Er lernt, sich selbst mehr als Eigenwesen, als Ich zu verstehen. Je mehr er sein „Selbst“ pflegt, um so mehr befreit er sich in seinem Blut vom Familien- und Volksgeist, und um so mehr wird er ein sich selbst genügender Bürger dieser Welt.

Viele unüberlegte, ja sogar gefährliche Reden werden über das Aufgeben des Selbstes zugunsten des Nicht-Selbstes geführt. Nur wenn wir ein „Selbst" ausgebildet haben, können wir uns opfern und es dem Ganzen hingeben. Solange wir nur unsere eigene Familie und unser Volk lieben können, sind wir unfähig, andere zu lieben. Wir werden durch Verwandtschaft und Vaterland gebunden. Wenn wir die Fesseln des Blutes gelöst haben und selbstsicher geworden sind, wenn wir gelernt haben, uns selbst zu genügen, können wir selbstlose Helfer der Menschheit werden. Hat ein Mensch dieses Ziel erreicht, wird er finden, daß er nicht seine Familie verloren, sondern alle Familien der Welt gewonnen hat. Sie werden seine ihm beistehenden und helfenden Brüder und Schwestern, Väter und Mütter.

Dann wird der Mensch das durch die Blutmischung verlorene Schauen in den inneren Welten wiedergewinnen. Allerdings wird er eine höhere Fähigkeit, ein willkürliches Hellsehen besitzen. Er wird sehen können, was er will. Diese Kraft wird nicht mehr die negative, seinem Blut durch den Familiengeist eingeprägte, ihn unter Ausschluß aller anderen Familien an seine Familie bindende sein. Sein Schauen wird allumfassend werden und dem Universal Guten dienen.

Deshalb wurden Einheiraten in andere Stämme und später internationale Heiraten zunehmend erwünscht und den ehelichen Verbindungen im Verwandtenkreis vorgezogen.

Als der Mensch diese Stadien durchlief und nach und nach die Fühlung mit den inneren Welten verlor, grämte er sich über den Verlust; er sehnte sich nach Rückkehr des „inneren" Schauens. Allmählich aber vergaß er seine Herkunft. Vor seinem Verstand zeichnete sich allmählich die materielle Welt als einzige Wirklichkeit ab. Schließlich wies er den Gedanken an die Existenz einer solchen inneren Welt zurück. Er betrachtete den Glauben daran als unsinnigen Aberglauben. Die vier Ursachen dafür waren:

1. Das Sich-Lichten der Nebelatmosphäre des Atlantischen Kontinents.
2. Das Einziehen des Lebenleibes in den physischen Körper, so daß ein Punkt an der Nasenwurzel einem ähnlichen im Lebensleib entspricht.
3. Das Ausschalten der Inzucht und dafür das Einsetzen von Heiraten außerhalb der Familie und des Stammes.
4. Der Gebrauch von Betäubungsmitteln.

Der Rassengeist lebt und wirkt noch im Menschen. Je fortgeschrittener das Volk jedoch ist, um so mehr Freiheit erhält der einzelne Mensch. In Ländern, deren Völker am stärksten an den Rassengeist gefesselt sind, ist dieser am mächtigsten. Je mehr der Mensch mit dem Gesetz der Liebe harmoniert und je höher seine Ideale sind, um so mehr befreit er sich von ihm.

Die an sich gute Vaterlandsliebe ist eine Fessel des Rassengeistes. Das Ideal der Universalen Bruderschaft, die sich nicht an Land oder Rasse bindet, ist der einzige zur Befreiung führende Weg.

Christus kam, die getrennten Rassen wieder in Frieden und gutem Willen zu vereinen, so daß alle Menschen willig und bewußt dem Gesetz der Liebe folgen werden. Das heutige Christentum ist allerdings nicht einmal ein Schatten der wahren Religion Christi, die in der Verborgenheit bleiben wird, bis alles Rassengefühl überwunden ist. In der sechsten Epoche wird es unter der Leitung des wiedererschienenen Christus nur noch eine Universale Bruderschaft geben. Tag und Stunde dieser Wiederkunft kennt kein Mensch, denn der Zeitpunkt ist nicht festgesetzt. Er hängt davon ab, wann genügend Menschen begonnen haben, ein Leben der Gemeinschaft und Liebe zu führen, das Kennzeichen des neuen Glaubens ist.

Der Sündenfall

In Verbindung mit der Analyse der Genesis müssen noch einige Worte über den „Sündenfall" gesagt werden, der Rückgrat und Stärke des volkstümlichen Christentums ist. Hätte es ihn nicht gegeben, wäre auch kein „Erlösungsplan" erforderlich geworden.

Als die Trennung der Geschlechter, bei der Jahwe und seine Engel tätig waren, in der Mitte der Lemurischen Epoche erfolgte, begann das Ich allmählich am physischen Körper zu arbeiten und darin Organe zu entwickeln. Damals war der Mensch noch nicht das heutige vollwache, bewußte Geschöpf. Doch, wie früher bereits beschrieben, gestaltete er mit Hilfe der halben Geschlechtskraft ein Gehirn, um Gedanken ausdrücken zu können. In der Geistigen Welt war er wacher als in der Physischen. Er konnte seinen Körper kaum wahrnehmen und war sich des Zeugungsaktes nicht bewußt. Die Feststellung der Bibel, daß der Mensch von Jahwe in Schlaf versetzt wurde, um zu gebären, ist richtig. Mit der Geburt waren weder Schmerz noch Beschwerden verbunden. Da das menschliche Wesen von seiner physischen Umgebung nur ein ausgesprochen schwaches Bewußtsein hatte, wußte es nichts von dem Verlust seines physischen Körpers durch den Tod oder den Eintritt in einen neuen, irdischen Träger durch die Geburt.

Man wird sich erinnern, daß die luziferischen Geister ein Teil der Menschheit der Mondenperiode waren. Sie sind die Nachzügler der Lebenswoge der Engel und zu weit fortgeschritten, um einen irdischen physischen Körper zu benötigen. Zum Erwerben von Erkenntnissen bedurften sie aber doch eines „inneren" Organs. Außerdem konnten sie mit Hilfe eines physischen Gehirns arbeiten. Das war den Engeln oder Jahwe nicht möglich.

Die Luzifergeister zogen in Rückenmark und Gehirn des Menschen ein. Sie sprachen zur Frau, deren Ideenreichtum, wie an anderer Stelle erläutert wurde, durch die Ausbildung der lemurischen Rasse geweckt worden war. Da ihr Bewußtsein hauptsächlich ein innerliches gewesen ist, hatte sie von den Luzifergeistern ein Bilderbewußtsein. Sie sah diese Wesen als Schlangen, weil sie durch das schlangenförmige Rückenmark in ihr Gehirn hereingekommen waren.

Zur Ausbildung der Frauen gehörte das Beobachtenmüssen der heroischen Leistungen und Kämpfe der Männer, die diese zur Entwicklung ihres Willens ausübten. In diesen Kämpfen wurden die Körper oft notgedrungen getötet. Das trübe Bewußtsein von etwas Ungewöhnlichem setzte den Ideenreichtum der Frau über das Seltsame, was sie sah, in Verwunderung. Das weibliche Ich hatte ein Bewußtsein des lebendigen Geistes von jenen, die ihren Körper verloren hatten. Da es aber nicht fähig war, die Physische Welt völlig zu erfassen, gelang es ihm nicht, sie als diejenigen zu erkennen, deren physische Körper zerstört worden waren.

Die luziferischen Geister lösten das Problem, indem sie dem weiblichen Wesen „die Augen öffneten". Sie offenbarten ihm den eigenen Leib sowie den des Mannes und lehrten beide, wie sie den Tod durch Zeugen neuer Körper überwinden könnten. So konnte sie der Tod nicht berühren, denn sie waren wie Jahwe in der Lage, nach Belieben zu erschaffen.

Luzifer öffnete die Augen der Frau, die die Hilfe des Mannes suchte und seine Augen öffnete. So „erkannten" oder bemerkten sie einander und auch die Physische Welt erstmals wirklich, wenn auch auf trübe Art. Sie erhielten ein Bewußtsein von Tod und Schmerz. Auf diese Weise lernten sie, den inneren Menschen vom äußeren Gewand zu unterscheiden. Letzteres wird abgenutzt und erneuert, so oft ein neuer Schritt in der Entwicklung es erfordert. Durch Beendigung des Nichtvorhandenseins von Schmerz, Krankheit und Tod wurden die Menschen freidenkende Wesen.

Daß das Verspeisen der Frucht als Symbol für den Zeugungsakt kein weithergeholtes Bild ist, wird durch die Erklärung Jahwes gezeigt. Sie ist durchaus kein Fluch, sondern einfach eine Darstellung der Folgen, die dieses Tun bewirken würde. Jahwe verkündete den Menschen, daß sie sterben und daß die Frauen in Schmerz und Leid Kinder gebären würden. Er wußte, daß der Mensch auch den Verlust seines physischen Körpers durch den Tod bemerken würde, wenn seine Aufmerksamkeit auf seinen Leib gelenkt worden sei. Auch wußte er, daß der Mensch nicht genug Weisheit hatte, seine Leidenschaften zu zügeln und den geschlechtlichen Verkehr nach der Stellung der Planeten zu regeln. Daher mußte dem unkundigen Mißbrauch der geschlechtlichen Vereinigung der Geburtsschmerz folgen.

Für die Bibelausleger war die Frage, welcher Zusammenhang möglicherweise zwischen dem Verspeisen einer Frucht und dem Kindergebären vorhanden sein könnte, immer ein schmerzliches Rätsel. Wenn wir jedoch begreifen, daß das Essen der Frucht ein Symbol für den Zeugungsakt ist, durch den der Mensch „Gott" insofern „gleich" wird, als er seine Gattung **erkennt** und somit fähig wird, neue Geschöpfe zu erzeugen, ist die Lösung einfach.

Als sich der Mensch im späteren Teil der Lemurischen Epoche das Recht herausnahm, den Zeugungsakt auszuführen, wann er wollte, ermöglichte ihm sein machtvoll gewordener Wille, ihn zu vollziehen. Da er die „Frucht vom Baum der Erkenntnis" zu jeder beliebigen Zeit aß, war er fähig geworden, einen neuen Körper zu erschaffen, wenn er einen alten verloren hatte.

Im allgemeinen denken wir mit Schrecken an den Tod. Hätte der Mensch auch vom „Baum des Lebens" gegessen, so hätte er das Geheimnis erlernt, seinen Körper fortwährend zu erneuern. Ein schlimmer Zustand wäre die Folge gewesen. Wir wissen, daß unsere heutigen Körper nicht vollkommen sind. Und in jener alten Zeit waren sie überaus primitiv. Deshalb war die Sorge der Schöpferischen Hierarchien wohlbegründet, daß der Mensch auch „vom Baum des Lebens essen" könnte und fähig werden würde, seinen Lebensleib zu erneuern. Hätte er das getan, wäre er tatsächlich unsterblich geworden. Doch er wäre nicht fähig gewesen, sich weiterzuentwickeln. Die Evolution des Ich hängt von seinen Trägern ab. Wenn jenes nicht durch Tod und Geburt neue und verbesserte Körper erlangen würde, müßte ein Stillstand eintreten. Es ist ein esoterischer Grundsatz, daß wir um so besser leben, je öfter wir sterben. Jede neue Geburt bringt uns eine neue Möglichkeit.

Wir sahen, daß das Gehirnbewußtsein mit seiner Begleiterscheinung, der Selbstsucht, von der Menschheit auf Kosten der Kraft, aus sich selbst zu gebären, erlangt wurde. Der Mensch bezahlte seinen freien Willen mit Schmerz und Tod. Wenn er aber lernt, seinen Verstand zum besten der Menschheit einzusetzen, wird er geistige Macht über das Leben gewinnen. Außerdem wird er von einem inneren Wissen geführt werden, das so weit über dem gegenwärtigen Gehirnbewußtsein steht, wie dieses dem niedersten Tierbewußtsein überlegen ist.

Der Sündenfall war notwendig, um das Gehirn zu bilden. Das war aber bestenfalls nur ein indirekter Weg, Wissen zu erwerben. Er wird durch unmittelbare Begegnung mit der Weisheit der Natur ersetzt werden, die der Mensch dann ohne irgendeine Mitwirkung zum Erschaffen eines neuen Körpers verwenden kann. Der Kehlkopf wird wieder „das verlorene Wort", das „Schöpferische Fiat" sprechen, das im alten Lemurien unter Leitung großer Lehrer zur Erschaffung von Pflanzen und Tieren angewandt wurde.

Der Mensch wird in Wahrheit ein Schöpfer sein. Durch die Anwendung des richtigen Wortes oder der wunderbaren Formel und nicht in der langsamen und mühevollen Art unserer Tage wird er fähig werden, einen Körper zu erschaffen. Alles, was sich während der absteigenden Periode der Involution offenbarte, bleibt bestehen, bis der entsprechende Punkt des aufsteigenden Evolutionsbogens erreicht ist. Die gegenwärtigen Zeugungsorgane werden degenerieren und absterben. Das weibliche Organ kam als erstes als getrennte Einheit ins Dasein. Nach dem Gesetz, „daß die ersten die letzten sein werden“, wird es zuletzt verkümmern. Das männliche Glied wurde zuletzt abgezweigt. Es beginnt schon jetzt, sich vom Körper abzusondern.

Diagramm 13

Der Anfang und das Ende des Geschlechts

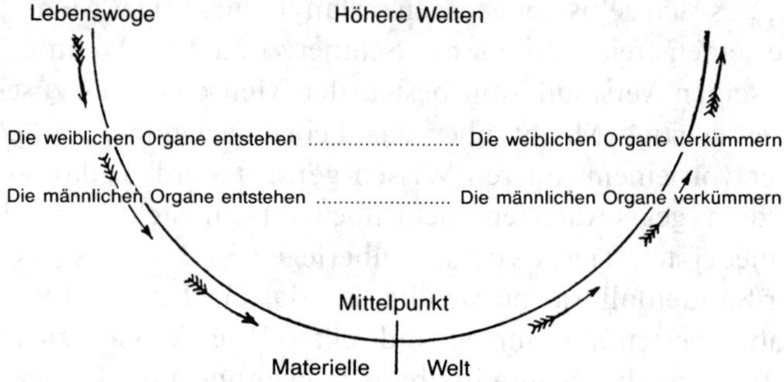

III. TEIL

Die zukünftige Entwicklung und Einweihung des Menschen

Diagramm C

Die sieben Schöpfungstage

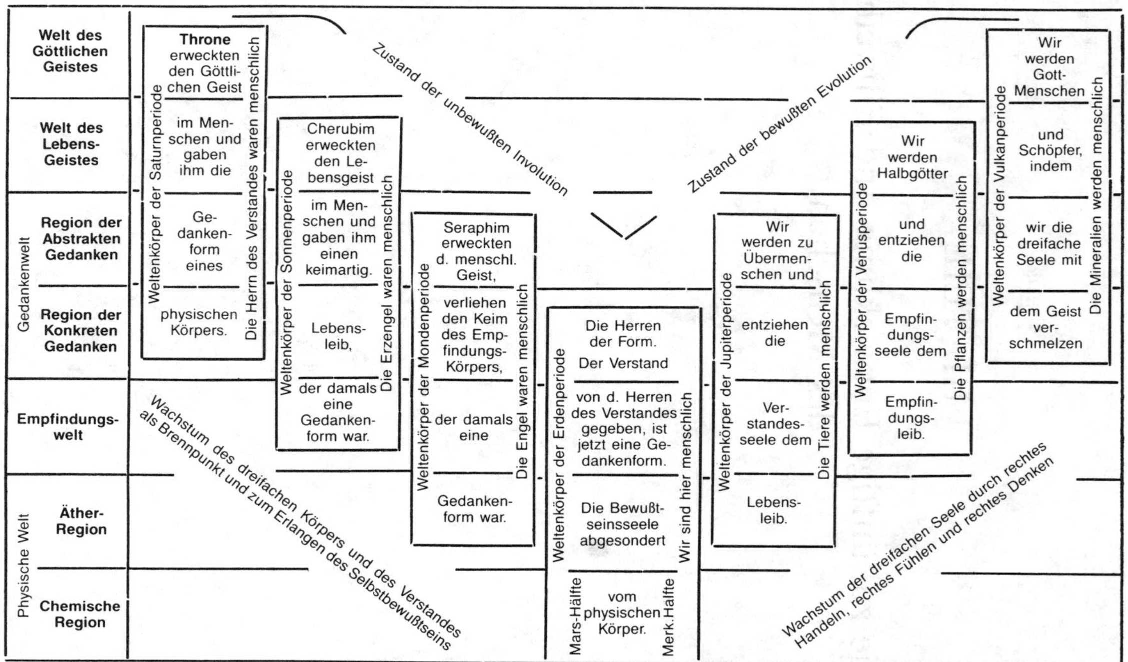

Die Involution führt den Geist hinab in die Materie, indem sie ihn in Körpern verdichtet	Epigenesis, die ursprüngliche Schöpferkraft des Geistes, ist der Hebel und der Verstand ist der Angelpunkt, auf dem die Involution in die Evolution verwandelt wird	Die Evolution erhebt den Geist aus der Materie, indem sie die Körper in Seele vergeistigt

KAPITEL XV

Christus und seine Sendung

Die Evolution der Religion

Im vorhergehenden Teil dieses Werkes erfuhren wir, wie die uns umgebende Außenwelt entstanden ist und wie der Mensch den komplizierten Organismus entwickelte, durch den er mit ihr in Verbindung steht. Wir wollen nun die letzte und größte göttliche Maßnahme zur Erhebung der Menschheit, das Christentum, die Weltreligion der Zukunft, betrachten.

Es ist beachtenswert, daß sich der Mensch und seine Religionen stets in Übereinstimmung entwickelten. Die früheste Religion eines Naturvolkes ist so wie das Volk selbst, das von ihr gelenkt wird. Je zivilisierter die Völker werden, um so menschlicher werden ihre Religionen und um so mehr harmonieren sie mit höheren Idealen.

Aus dieser Tatsache zogen die Anhänger des Materialismus die Schlußfolgerung, daß keine Religion einen höheren Ursprung habe als der Mensch selbst. Ihre Forschungen in der frühen Geschichte führten zu der Überzeugung, daß der Mensch seinen Gott entsprechend seinem Fortschritt zivilisierte und ihn nach seinem eigenen Ebenbild gestaltete.

Diese Schlußfolgerung ist fehlerhaft. Sie übersieht, daß der Mensch **nicht** der Körper, sondern ein **innewohnender** Geist ist, ein Ich, das seinen Leib bei fortschreitender Evolution mit stetig zunehmender Leichtigkeit benutzt.

Für den Körper gilt zweifellos das Gesetz „Vom Überleben der Fähigsten". Das Gesetz der „Evolution des Geistes" hingegen verlangt „Opfer". Solange der Mensch glaubt, daß „Macht Recht sei", gedeiht der Körper, der stark wird, weil alle Hindernisse ohne Rücksicht auf die Mitmenschen aus dem Weg geräumt werden.

Wäre der Körper alles, gäbe es auch nur eine einzige Lebensmöglichkeit für den Menschen, der unfähig wäre, Rücksicht auf andere zu nehmen. Mit Gewalt würde er sich jedem Versuch widersetzen, in sein Recht, das Recht des Stärkeren, einzugreifen. Denn es wäre vom Standpunkt des Gesetzes „Vom Überleben des Fähigsten" das einzig berechtigte. Der Mensch würde uneingeschränkt rücksichtslos gegen seine Mitmenschen und völlig unempfindlich gegen jede von außen kommende Kraft sein, die darauf abzielte, ihn zu einem Tun zu veranlassen, das seinem eigenen augenblicklichen Wohlbefinden nicht dienlich wäre.

Es ist offenkundig, daß das, was den Menschen zu einer edleren Handlungsweise gegenüber anderen veranlaßt, **aus seinem Innern** kommen muß. Es entspringt einer Quelle, die nicht mit dem Körper identisch ist, denn sonst käme sie nicht in Widerstreit mit seinen Belangen. Auch muß sie stärker sein als die körperliche Kraft. Andernfalls könnte sie seine Wünsche nicht erfolgreich überwinden. Und sie würde den Menschen nicht veranlassen, für diejenigen Opfer zu bringen, die physisch schwächer sind als er.

Zweifellos wird niemand leugnen, daß es eine solche Kraft gibt. Wir Menschen haben eine Entwicklungsstufe erreicht, auf der wir im physisch Schwachen, im Gebrechlichen nicht eine leichte Beute sehen, sondern den logischen Anspruch, ihn zu schützen. Der Egoismus wird langsam, aber sicher durch den Altruismus ersetzt.

Die Natur vollendet ihre Absicht zielgerichtet. Wenn auch langsam, so ist der Fortschritt doch geordnet und gewiß. In jedes Menschen Brust wirkt diese Kraft des Altruismus als „Gärmittel“. Sie zivilisiert den Naturmenschen und wird ihn mit der Zeit in einen Gott verwandeln.

Wenn auch rein Geistiges nicht voll mit dem Verstand erfaßt werden kann, so kann man ihm doch mindestens mit Hilfe eines Beispiels nahe kommen.

Wenn von zwei Stimmgabeln gleicher Schwingungszahl eine angeschlagen wird, ruft ihr Klang in der anderen dieselben Schwingungen hervor. Wenn man das Anschlagen der ersten Stimmgabel fortsetzt, wird die zweite, die zunächst nur schwach erklang, stärker und stärker ertönen und schließlich eine Klangstärke entwickeln, die der angeschlagenen gleichkommt. Das geschieht sogar, wenn die Gabeln mehrere Fuß*) voneinander entfernt sind, und selbst dann, wenn die eine in einem Glas eingeschlossen ist. Der Klang der angeschlagenen Gabel durchdringt das Gefäß, und das eingeschlossene Instrument sendet seinen Widerhall aus.

Diese unsichtbaren Schallschwingungen haben große Macht über die feste Materie. Sie können sowohl aufbauen als auch zerstören. Wenn man eine geringe Menge sehr feinen Pulvers auf eine Metall- oder Glasplatte streut und mit einem Geigenbogen über deren Rand streicht, ordnet es sich zu schönen geometrischen Formen. Auch die menschliche Stimme kann solche Figuren hervorrufen, stets dieselbe für denselben Ton.

Läßt man einen Ton oder eine Saite eines Musikinstrumentes erklingen — eine Geige eignet sich besser dazu als ein Klavier, da durch sie mehrere Tonabstufungen erreicht werden können — kann ein Ton gefunden werden, der beim Hörer im tieferen Teil seines Hinterkopfes eine deutlich wahrnehmbare Schwingung hervorruft. Diese Schwingung wird empfunden, sooft derselbe Ton angeschlagen wird. Es ist der „Grundton“ dieses Menschen,

*) 1 Fuß (foot) = 30,48 cm.

der von ihm erregt wird. Wird er langsam und besänftigend angeschlagen, baut er den Körper auf, der sich dadurch erholt, denn er regt dann die Nerven an und kann die Gesundheit wiederherstellen. Wird er hingegen übermäßig stark, laut und anhaltend genug angeschlagen, kann er so sicher töten wie eine Pistolenkugel.

Übertragen wir nun das, was über die Musik oder den Klang gesagt wurde, auf das Problem dieser inneren Kraft und betrachten wir, wie sie erweckt und gestärkt wird, können wir diesen Sachverhalt vielleicht besser verstehen.

Zunächst wollen wir daran denken, daß die beiden Stimmgabeln **gleiche Tonhöhe hatten.** Wäre das nicht der Fall gewesen, hätten wir die eine bis zum Jüngsten Tag anschlagen können, die andere wäre stumm geblieben. Wollen wir uns das sorgfältig einprägen: Schwingungen können in einer Stimmgabel nur durch eine gleichgestimmte hervorgerufen werden. Jeder Gegenstand oder jedes Wesen kann, wie oben festgestellt wurde, nur durch seinen **Grundton** berührt werden.

Wir wissen, daß es die Kraft des Altruismus gibt. Wir wissen auch, daß sie unter unzivilisierten Völkern weniger gefunden wird als unter fortgeschrittenen Menschen und daß sie bei niedersten Rassen fast nicht vorhanden ist. Daraus kann mit Recht die logische Schlußfolgerung gezogen werden, daß es eine Zeit gegeben haben muß, in der sie völlig fehlte. Und folgerichtig müssen wir fragen: Was hat sie hervorgerufen?

Der materielle Körper hatte sicherlich nichts mit ihr zu tun. Dieser Teil der menschlichen Natur fühlte sich tatsächlich am wohlsten ohne sie. Allerdings mußte der Mensch die Kraft der Selbstlosigkeit latent in sich haben, sonst hätte sie nicht erweckt werden können. Mehr noch, sie muß, wie die zweite Stimmgabel durch die zuerst angeschlagene in Schwingung versetzt wird, durch eine Kraft derselben Art erweckt worden sein, durch eine Kraft, die der bereits tätigen ähnlich war.

Wir sahen auch, daß die Schwingungen in der zweiten Stimmgabel unter den andauernden Toneinwirkungen der ersten stärker und stärker wurden und daß das Glasgefäß kein Hindernis für das Entstehen des Klanges ist. Durch eine in ihm lebende Kraft, die derjenigen gleicht, die ständig auf den Menschen wirkt, durch die Liebe Gottes, wurde der Altruismus erweckt. Er vermehrt ständig seine Macht.

Daher ist es berechtigt und logisch anzunehmen, daß dem Menschen zunächst eine seiner Unwissenheit entsprechende Religion zu geben war. Anfangs wäre es vergebens gewesen, ihm gegenüber von einem Gott zu sprechen, der ganz Sanftmut und Liebe ist. Von seinem Gesichtspunkt aus wären diese Eigenschaften Schwächen gewesen. Und man hätte von ihm nicht erwarten können, daß er einen Gott verehrt, der Eigenschaften hat, die er verachtete. Der Gott, dem er gehorchte, mußte ein starker Gott sein, ein Gott, den er fürchtete, ein Gott, der den Donnerkeil schwingen und den Blitzstrahl zücken konnte.

So wurde der Mensch zuerst veranlaßt, Gott zu **fürchten.** Er erhielt Naturreligionen, die sein geistiges Wohlbefinden unter dem Druck von Furcht fördern sollten.

Der nächste Schritt mußte ihm dann eine gewisse Art von Selbstlosigkeit einflößen. Der Mensch wurde angeregt, etwas von seinen weltlichen Gütern aufzugeben, zu opfern. Das wurde erreicht, indem ihm ein Stammes- oder Rassengott, ein eifersüchtiger Gott gegeben wurde, der strengsten Gehorsam und Opfer an Vermögen forderte. Dieser Rassengott, der von dem aufstrebenden Menschen hoch geschätzt wurde, war andererseits ein Freund und mächtiger Verbündeter. Er lenkte die Schlachten und gab die geopferten Schafe, Ochsen und Feldfrüchte vielfältig zurück. Der Mensch konnte noch nicht verstehen, daß alle Kreatur gleich ist. Doch der Stammesgott lehrte ihn, daß er mit den **Brüdern seines Stammes** barmherzig zu verfahren habe. Er gab ihm Gesetze, die Gerechtigkeit und rechtliches Handeln zwischen allen Rassenangehörigen forderten. Man darf nicht annehmen, daß diese aufeinanderfolgenden Schritte leicht getan wurden oder auf seiten der ursprünglichen Menschheit nicht auf Widerstand und Ungehorsam stießen. Bis in unsere Tage ist Selbstsucht in der niederen Natur verwurzelt, und es werden wohl viele Verfehlungen und Rückfälle vorgekommen sein. Die Bibel gibt uns gute Beispiele, wie der Mensch vergaß und immer wieder geduldig und beharrlich vom Stammesgott „angestoßen" werden mußte. Nur die Heimsuchungen eines lang-leidenden Rassengeistes waren damals mächtig genug, ihn zurück zum Gesetz zu bringen, dem sich zu fügen, bisher nur sehr wenige Menschen gelernt haben.

Trotz allem gibt es aber stets Wegbereiter, die nach Höherem verlangen. Wenn sie zahlreich genug sind, wird ein neuer Schritt in der Evolution vollzogen, so daß stets mehrere Abstufungen vorhanden sind. Vor ungefähr zweitausend Jahren begann eine Zeit, in der die Fortgeschrittensten der Menschheit bereit waren, einen weiteren Schritt vorwärts zu gehen. Sie konnten eine Religion empfangen, die verlangte, ein Leben guter Taten zu führen, um dafür in einem zukünftigen Dasein, an das sie glauben sollten, belohnt zu werden.

Das war ein großer und schwieriger Schritt. Er mußte getan werden. Es war verhältnismäßig leicht, ein Schaf oder einen Ochsen in den Tempel zu bringen und zu opfern. Wenn ein Mensch die Erstlinge seiner Ernte, seines Weinbergs oder seiner Herden darbrachte, glaubte er, der Stammesgott werde seine Speicher dafür wieder füllen und ihm zur Belohnung mehr zurückerstatten, als er gab.

In der neuen Weltanschauung handelt es sich nicht darum, Güter zu opfern. Der Mensch hat **sich selbst** zu geben. Dieses Opfer kann man nicht durch einen Akt von überlegenem Märtyrertum bringen; auch das wäre verhältnismäßig leicht. Stattdessen wurde verlangt, Tag für Tag, vom Morgen bis zum

Abend, barmherzig gegen alle zu sein. Man müsse die Selbstsucht ablegen und seinen Nachbarn ebenso **lieben,** wie man gewöhnt ist, sich selbst zu lieben. Außerdem wurde keine unmittelbare und sichtbare Belohnung versprochen. Vielmehr hatte man an ein zukünftiges Glück zu glauben.

Ist es verwunderlich, daß die Menschen es schwer finden, dieses hohe Ideal **unausgesetzten** rechten Handelns zu verwirklichen, zumal es doppelt erschwert wird, weil der Egoismus vollständig beiseite zu lassen ist? Ohne Zusicherung einer Belohnung werden Opfer verlangt. Gewiß spricht es sehr für den Glauben der Menschheit, daß so viel zunehmender Altruismus geübt wird. Die weisen Führer, die wohl wußten, wie schwach der Menschengeist im Kampf mit den selbstsüchtigen Naturtrieben des Körpers ist und wie groß angesichts solcher Verhaltensregeln auch die Gefahr des Versagens war, gaben den Menschen einen aufbauenden Impuls. Sie nahmen die Lehre des „stellvertretenden Sühneopfers" in die neue Religion auf.

Diese Idee wird von einigen weit fortgeschrittenen Philosophen abgelehnt. Sie sehen das Gesetz von Ursache und Wirkung als höherstehend an. Sollte ihnen der Leser zustimmen, bitten wir, folgendes zu beachten, was beweisen soll, daß sich **beide** Anschauungen in den Plan der Erhöhung einfügen. Wenn gesagt wird, daß die Lehre vom Sühneopfer trotz wiederholter vergeblicher Versuche, die niedere Natur zu unterwerfen, vielen ernsten Seelen Mut zum Kampf gibt, möge das einstweilen genügen. Oben wurde erwähnt, daß die westliche Welt aus Gründen, die mit dem Gesetz von Ursache und Wirkung sowie der Wiederverkörperung zusammenhängen, praktisch nichts von diesen Gesetzen wußte. Angesicht eines so hohen christlichen Ideals und im Glauben, die Menschen hätten nur einige Jahre Zeit, einen derartig hohen Entwicklungsstand wie diesen zu erreichen, wäre es die größte Grausamkeit gewesen, sie ohne Hilfe zu lassen. Deshalb wurde **das GROSSE OPFER auf Golgatha**, auch wenn es, wie gezeigt werden wird, anderen Absichten diente, mit Recht zum Zeichen der Hoffnung für jede ernste Seele, die danach strebt, das Unmögliche zu erlangen, in einem kurzen Leben die von der christlichen Religion geforderte Vollkommenheit zu erreichen.

Jesus und Jesus Christus

Um ein wenig Einblick in das Mysterium von Golgatha zu gewinnen und die Mission Christi als des Begründers der zukünftigen Universalreligion zu verstehen, ist es erforderlich, zunächst mit seiner wahren Natur vertraut zu werden; desgleichen auch mit der von Jahwe, dem Haupt der Rassenreligionen, des Taoismus, Buddhismus, Hinduismus, Judaismus und so weiter, und ebenso der Übereinstimmung mit dem Vater", dem Christus das Reich einst übergeben soll. Im christlichen Glaubensbekenntnis findet sich der Satz: „Jesus Christus, der eingeborene Sohn Gottes". Er wird im allgemeinen so verstanden, daß eine bestimmte individuelle Persönlichkeit, die vor ungefähr zweitausend Jahren in Palästina öffentlich auftrat und von der man als Jesus Christus spricht, der eingeborene Sohn Gottes war.

Das ist ein großer Irrtum. In diesem Satz wird von drei gesonderten und grundverschiedenen Wesen gesprochen. Es ist von größter Bedeutung, daß der Schüler die genaue Natur dieser drei großen und erhabenen Wesen erkennt. Sie unterscheiden sich weit an Herrlichkeit, und jede hat Anspruch auf unsere tiefste und ehrfurchtsvollste Anbetung.

Der Schüler wird gebeten, noch einmal auf Diagramm 6 zurückzugreifen und zu beachten, daß „Der Eingeborene", das „Wort", von dem Johannes spricht, der zweite Aspekt des Höchsterhabenen Wesens ist.

Dieses „Wort" und nur dieses allein ist „vor allen Welten von Ewigkeit her von seinem Vater, dem ersten Aspekt, gezeugt".

„Ohne ihn wurde nichts geschaffen, was erschaffen ist“, auch nicht der dritte Aspekt des Höchsterhabenen Wesens, der aus den beiden anderen hervorgegangen ist. Deshalb ist der „Eingeborene“ das von ihm geschaffene erhabene Wesen, das mit Ausnahme des Energieprinzips im Weltenganzen über allem steht.

Der erste Aspekt des Höchsterhabenen Wesens „denkt aus“ oder stellt sich das Weltenganze vor, ehe die tätige Offenbarung beginnt. Alles, die Millionen Sonnensysteme und auch die großen Schöpferischen Hierarchien, die die Kosmischen Sphären über unserem, dem Siebenten Evolutionsfeld, bewohnen, sind eingeschlossen. (Siehe Diagramm 6). Dieser Aspekt ist auch die Kraft, die alles auflöst, was sich jenseits der Möglichkeit weiteren Wachstums kristallisiert hat. Wenn das Ende der aktiven Offenbarung gekommen ist, nimmt sie wieder alles in sich auf, bis eine andere Manifestationsperiode dämmert.

Der zweite Aspekt des Höchsterhabenen Wesens, der sich als Kraft der Anziehung und des Zusammenhaltens äußert, gibt ihm die Möglichkeit, Formen mannigfaltiger Arten zu bilden. Das ist „Das Wort“, das „Schöpferische Fiat“, das die Kosmische Ursubstanz in ähnlicher Weise figürlich gestaltet, wie derselbe Ton durch musikalische Schwingungen stets dieselbe Figur erzeugt. Darauf wurde oben schon hingewiesen. So brachte dieses große **„Urwort“** alle verschiedenen Welten mit ihren Myriaden von Formen in der feinsten Materie hervor, es „sprach“ sie ins Leben. Seither wurden sie von unzählbaren Schöpferischen Hierarchien nachgeahmt und ausgearbeitet.

Das „Wort“ hätte das jedoch nicht tun können, wenn nicht der dritte Aspekt des Höchsterhabenen Wesens zuerst die Kosmische Ursubstanz vorbereitet und sie aus ihrem normalen Trägheitszustand erweckt hätte. Er setzte die zahllosen **ungetrennten,** um ihre Achsen rotierenden Atome in Bewegung, wobei sie in verschiedene Winkel zueinander gestellt wurden und jede eine andere Schwingungszahl erhielt.

Die unterschiedlichen Neigungswinkel der Achsen und die Schwingungszahlen machten es der Kosmischen Ursubstanz möglich, verschiedene Verbindungen einzugehen. Sie sind die Grundlage der sieben Kosmischen Sphären. Jede von ihnen hat eine andere Achsenneigung und eine andere Schwingungszahl. Die Bedingungen und Zusammensetzungen unterscheiden sich daher in jeder Sphäre. Das ist dem Wirken des „Eingeborenen" zu verdanken. Diagramm 14 zeigt uns das.

„Der Vater" war der höchste Eingeweihte der Menschheit der Saturnperiode. Die allgemeine Menschheit dieser Periode sind jetzt die „Herren des Verstandes".

„Der Sohn", Christus, ist der höchste Eingeweihte der Sonnenperiode. Die allgemeine Menschheit dieser Periode sind die gegenwärtigen Erzengel.

„Der heilige Geist", Jahwe, ist der höchste Eingeweihte der Mondenperiode. Die allgemeine Menschheit dieser Periode sind die jetzigen Engel.

Diagramm 14 zeigt uns auch die Träger dieser verschiedenen Wesensarten. Im Vergleich mit Diagramm 8 wird man erkennen, daß ihre in Diagramm 14 durch Vierecke angedeuteten Körper oder Träger den Weltenkörpern der Periode entsprechen, in der sie menschlich waren. Soweit die allgemeine Menschheit in Betracht kommt, ist das immer der Fall. Denn am Ende jeder Periode, in der eine Lebenswoge als Menschheit individualisiert wird, halten diese Wesen Körper zurück, die den Weltenkörpern entsprechen, auf denen sie wirkten.

Andererseits haben die Eingeweihten Fortschritte gemacht, höhere Träger entwickelt und den Gebrauch eines niederen Trägers aufgegeben, sobald die Fähigkeit, einen neueren und feineren zu benützen, erworben wurde. Im allgemeinen ist der niederste Träger eines Erzengels der Empfindungsleib. Christus jedoch, der höchste Eingeweihte der Sonnenperiode, verwendete vornehmlich den Lebensgeist als niedersten Träger. Er wirkt in

Diagramm 14
Die Träger der höchsten Eingeweihten und der allgemeinen Menschheit

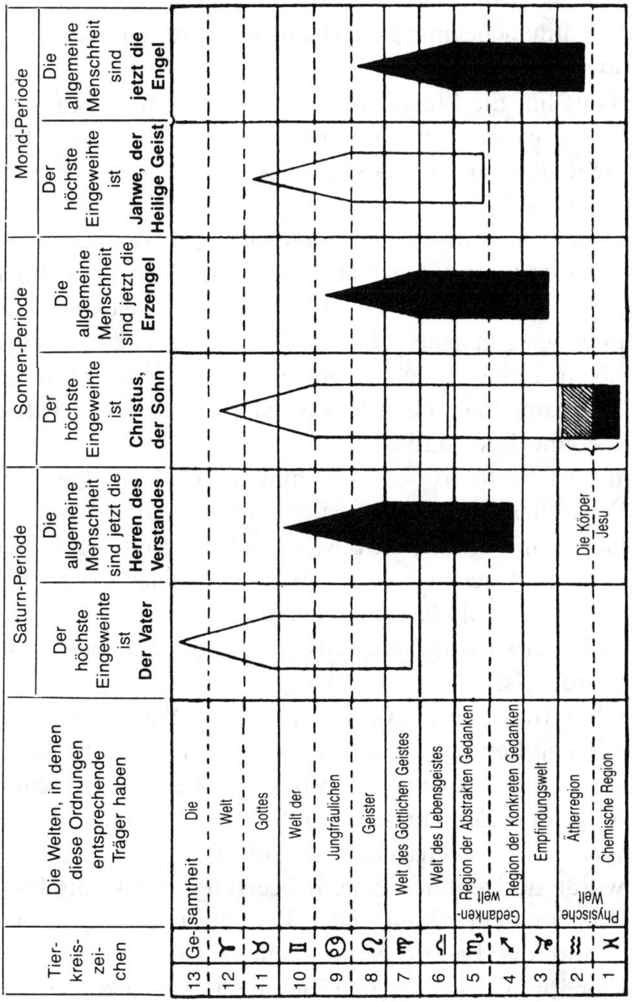

der Welt dieses Geistes so bewußt wie wir in der Physischen. Der Schüler wird gebeten, das besonders zu beachten. Im Kapitel über die Welten wurde ausgeführt, daß die Welt des Lebensgeistes die erste Universelle Welt ist. In ihr hört die Trennung auf, und die Einheit beginnt, verwirklicht zu werden, soweit sie unser Sonnensystem betrifft.

Christus hat die Macht, in einem derartig niederen Träger zu wirken, wie es der Empfindungsleib der Erzengel ist. **Er kann aber nicht tiefer heruntersteigen.** Die Bedeutung dafür werden wir sogleich sehen.

Wenn man den unserer Menschheit angehörenden Menschen Jesus im Gedächtnis der Natur studiert, kann man ihn Leben für Leben wiederfinden. Er lebte unter verschiedenen Umständen, unter verschiedenen Namen, in verschiedenen Verkörperungen und in dieser Beziehung gleich anderen menschlichen Wesen. **Das kann man bei Christus nicht. In seinem Fall findet man nur eine Inkarnation.**

Man darf deshalb nicht annehmen, daß Jesus eine gewöhnliche Persönlichkeit gewesen sei. Er war das Urbild eines besonders lauteren, den meisten Menschen unserer gegenwärtigen Zeit weit überlegenen Geistes. Während vieler Leben hatte er den Pfad der Heiligkeit betreten und sich so würdig für die größte Ehre erwiesen, die jemals einem menschlichen Wesen zuteil geworden ist.

Die Jungfrau Maria war ebenfalls ein Wesen von höchster menschlicher Reinheit. Daher wurde sie auserwählt, Jesu Mutter zu werden. Dessen Vater war ein hoher Eingeweihter, rein und fähig, den Zeugungsakt als Sakrament und ohne eigenes Verlangen oder Leidenschaft auszuüben.

So wurde der schöne, reine, liebeerfüllte Geist von Jesus von Nazareth in einem reinen und leidenschaftslosen Körper geboren. Es war der beste, der auf Erden erzeugt werden konnte. In Vorbereitung auf das große Ziel, dem er zu dienen hatte, war es Jesu Aufgabe, für diesen Leib zu sorgen und ihn zur höchstmöglichen Fähigkeit zu entwickeln.

Jesus von Nazareth wurde ungefähr um die Zeit geboren, die in historischen Berichten angegeben wird, und nicht, wie man in einigen esoterischen Werken behauptet, etwa im Jahr 105 vor Christus. Der Name Jesus ist im Osten gebräuchlich. Ein Eingeweihter dieses Namens lebte 105 vor der Zeitenwende. Aber er empfing die ägyptische Einweihung und war nicht der Jesus von Nazareth, mit dem wir uns befassen. Die Persönlichkeit, die sich später unter dem Namen Christian Rosenkreuz verkörperte, war schon hoch entwickelt, als Jesus von Nazareth geboren wurde. Sie ist auch heute wieder inkarniert. Ihr Zeugnis und die Zeugnisse der Forschungen aus erster Hand durch spätere Rosenkreuzer stimmen alle darin überein, daß die Geburt Jesu von Nazareth zu Beginn der christlichen Ära und ungefähr an dem historisch festgelegten Datum erfolgt ist.

Jesus wurde durch die Essäer geschult. Während der rund dreißig Jahre, die er in seinem irdischen Leib lebte, erreichte er einen sehr hohen geistigen Entwicklungsstand.

Die Essäer waren neben den im neuen Testament genannten Pharisäern und Sadduzäern eine dritte in Palästina lebende Sekte, ein sehr frommer Orden. Sie unterschieden sich wesentlich von den weltlichen Sadduzäern und den die Öffentlichkeit suchenden Pharisäern. Die Essäer mieden jede Öffentlichkeit und teilten ihre Studienmethoden und die der Anbetung nicht mit. Darauf ist es zurückzuführen, daß fast nichts von ihnen bekannt ist und daß sie im neuen Testament nicht erwähnt werden.

Es ist ein kosmisches Gesetz, daß ein Wesen, und sei es noch so erhaben, nur dann in einer Welt handeln kann, wenn es einen aus ihrer Materie geschaffenen Träger besitzt. (Siehe Diagramme 8 und 14). Deshalb war der Empfindungsleib der niederste Träger einer Gruppe geistiger Wesenheiten, die ihr Menschsein in der Sonnenperiode erreicht hatte.

Christus war eines dieser Wesen, und deshalb konnte er sich nicht selbst einen Lebensleib und einen festen physischen Träger erschaffen. Er hätte wie seine jüngeren Brüder, die Erzengel, es als Rassengeister taten, in einem Empfindungsleib an der Menschheit wirken können. Ihnen hatte Jahwe den Weg bereitet, mit der eingeatmeten Luft in den physischen Körper des Menschen zu gelangen. Alle Rassenreligionen waren Gesetzesreligionen und durch Ungehorsam gegenüber dem Gesetz Urheber der Sünde. Sie wurden von Jahwe gelenkt. Dessen niederster Träger ist der menschliche Geist, den er mit der Welt der Abstrakten Gedanken verband, in der alles getrennt erscheint und daher zur Eigennützigkeit führt.

Das ist ganz genau der Grund, der Christi Vermittlung notwendig machte. Unter Jahwes Herrschaft ist Einheit unmöglich. Deshalb sollte Christus, der den einigenden Lebensgeist als niedersten Körper besitzt, in den physischen menschlichen Körper eingehen. Er mußte als Mensch unter Menschen erscheinen und in diesem Körper wohnen, weil die den Menschen **von außen** beeinflussende Rassenreligion nur **von innen** besiegt werden kann.

Christus konnte nicht in einem physischen Körper geboren werden, denn er war nie durch eine Erdenevolution gegangen. Er hätte zuerst die Fähigkeit für das Bilden eines physischen Körpers, wie es unserer ist, erwerben müssen. Doch selbst wenn er sie besessen hätte, wäre es für ein so erhabenes Wesen unangemessen gewesen, die zum Erschaffen eines physischen Leibes erforderliche Kraft im vorgeburtlichen Leben sowie in Kindheit und Jugend einzusetzen und selbst einen Körper zu ausreichender Reife zu bringen. Christus benutzte für gewöhnlich keinen unserem menschlichen Geist, dem Verstand und dem Empfindungsleib entsprechenden Träger, obwohl er es in der Sonnenperiode gelernt hatte, sie zu bilden, und diese Fähigkeit und die Möglichkeit, in ihnen zu wirken, sobald es begehrt oder erforderlich war, behalten hatte. Er gebrauchte seine eigenen Träger und nahm nur Jesu Lebens- und dessen physischen Leib hinzu. In diese Körper trat er ein, als Jesus dreißig Jahre alt geworden war. Bis zum Höhepunkt seiner Mission auf Golgatha war er in ihnen tätig. Nach der Zerstörung des physischen Körpers erschien er seinen Jüngern im Lebensleib, in dem er einige Zeit wirkte. In demselben Leib wird er auch wiederkommen, aber niemals mehr einen physischen Körper annehmen.

Es ist ein Vorgriff auf ein später zu behandelndes Gebiet, wenn bemerkt wird, daß jede esoterische Erziehung den Zweck hat, so am Lebensleib zu wirken, daß der Lebensgeist gestaltet und belebt wird. Wenn wir zur Beschreibung der Einweihung kommen, kann vielleicht mehr darüber gesagt werden. Hier an dieser Stelle ist nichts weiter hinzuzufügen. Die Vorgänge sind teilweise erwähnt worden, als die mit dem Leben **nach dem Tod** verbundenen Ereignisse besprochen wurden. Der Schüler wird daran erinnert, daß er seinen Empfindungsleib gut beherrschen muß, bevor er Esoteriker werden kann. Die esoterischen Übungen und die früheren Einweihungen sind Arbeiten am Lebensleib. Sie gipfeln im Aufbau des Lebensgeistes. Jesus war ein Schüler hohen Grades, als Christus in seinen Körper einzog. Dementsprechend gut beschaffen war sein Lebensgeist. Der niederste Träger, in dem Christus wirkte, und der bestorganisierte der höheren Träger von Jesus waren identisch. Christus übernahm dessen Lebensleib und seinen physischen Körper und war nun mit einer vollständigen Trägerreihe ausgestattet. Sie überbrückte die Kluft zwischen der festen Physischen und der Welt des Lebensgeistes.

Die Bedeutung, daß Jesus durch verschiedene Einweihungen gegangen war, liegt in der Wirkung auf den Lebensleib. Dieser Träger war bereits auf die hohen Schwingungen von Christi Lebensgeist abgestimmt. Der Lebensleib eines gewöhnlichen Menschen wäre sofort unter den mächtigen Schwingungen des großen, in den Körper von Jesus eintretenden Geistes zusammengebrochen. Selbst Jesu reiner und hochgestimmter Träger konnte diese Einwirkungen nicht lange ertragen. Wenn wir lesen, daß sich Christus verschiedentlich von seinen Jüngern entfernte, beispielsweise als er dann später über den See ging, um sie zu treffen, weiß der Esoteriker, daß er sich aus den Trägern von Jesus zurückzog. Unter der Pflege der essäischen Brüder, die besser als Christus wußten, wie diese Träger zu behandeln waren, konnte er ihnen Ruhe gönnen.

Dieser Wechsel erfolgte in vollem und freiem Einverständnis mit Jesus, der während seiner gesamten Verkörperung wußte, daß er einen Träger für Christus vorbereitete. Jesus gab sich freudig seiner Mission hin, damit die Menschheit den hohen Impuls zu ihrer Entwicklung empfangen kann, der durch das geheimnisvolle Opfer auf Golgatha gegeben wurde.

Wie in Diagramm 14 gezeigt wird, besaß Jesus Christus so die zwölf Träger, die eine ununterbrochene Kette von der Physischen Welt bis zum wahrhaftigen Thron Gottes bilden. Deshalb ist er das einzige Wesen im Weltall, das in Verbindung mit Gott und dem Menschen steht und fähig ist, zwischen beiden zu vermitteln. Denn er hat alle Zustände persönlich und besonders erfahren und kennt jede gelegentliche Beschränkung des physischen Daseins.

Christus steht in den sieben Welten unter allen Wesen einzig da. Er allein besitzt zwölf Träger. Niemand außer ihm ist zu solchem Mitleid fähig, niemand versteht Stellung und Bedürfnisse der Menschheit so vollkommen wie er, und niemandem außer ihm ist es möglich, uns die Befreiung aus unserer Not zu bringen.

Wir kennen nun die Natur Christi, des höchsten Eingeweihten der Sonnenperiode. Christus bediente sich des physischen Körpers und des Lebensleibes von Jesus, damit er in der irdischen Welt unmittelbar handeln und als Mensch unter den Menschen erscheinen konnte. Hätte er sich in übernatürlicher Weise geoffenbart, wäre das im Gegensatz zum Evolutionsplan gewesen. Denn gegen Ende der Atlantischen Epoche war der Menschheit die Freiheit gegeben worden, recht oder unrecht zu handeln. Damit der Erdenmensch sich selbst zu beherrschen lerne, durften keine Einschränkungen erfolgen. Gut und Böse mußten durch eigene Erfahrung erkannt werden. Vor dieser Zeit war die Menschheit willenlos geführt worden. Danach aber wurde ihr unter den verschiedenen Rassenreligionen die Freiheit gegeben, wobei jede Religion den besonderen Bedürfnissen der Stämme oder Völker angepaßt worden ist.

Nicht Friede, sondern ein Schwert

Alle Rassenreligionen kommen vom Heiligen Geist. Da sie auf dem Gesetz beruhen, das sündig werden läßt und Tod, Schmerz sowie Kummer bringt, sind sie unzulänglich.

Alle Geistwesen der Rassen wissen das. Ihnen ist auch bekannt, daß ihre Religionen nur Schritte zu Besserem sind. Das zeigt sich darin, daß alle Rassenreligionen ausnahmslos auf den einen hinweisen, **der kommen soll.** Die Religion der Perser blickte auf Mithras*), die der Chaldäer auf Tammuz*). Die alten nordischen Götter sahen die „Götterdämmerung" voraus, in der sie von Sutr*), dem hellen Sonnengeist, überwunden werden, der auf „Giml"*), der wiedererstandenen Erde, eine neue und bessere Ordnung errichten wird. Die Ägypter warteten auf Horus*), die neugeborene Sonne. Mithras und Tammuz werden auch als Sonnenstrahlen symbolisiert. Die Haupttempel der Perser und Chaldäer waren mit der Eingangsfront nach Osten errichtet worden, damit die Strahlen der aufgehenden Sonne direkt durch das offene Portal scheinen konnten. Selbst der Petersdom in Rom ist so gebaut. Das beweist die allgemeine

*) Siehe Anhang, Anmerkungen 9—13.

Kenntnis, daß der Erwartete ein Sonnengeist ist, der die Menschheit von den trennenden Einflüssen befreit, die notwendigerweise in allen Rassenreligionen enthalten sind.

Diese Religionen waren Schritte, die die Menschenwesen unbedingt gehen mußten, um auf die Ankunft Christi vorbereitet zu werden. Zuerst ist im Menschen ein „Selbst" zu pflegen, bevor er wahrhaftig selbstlos werden und so die höhere Stufe der allgemeinen Bruderschaft, die Einheit der Absicht und des Interesses verstehen kann. Zu ihr legte Christus bei seinem Kommen die Grundlage. Und bei seiner Wiederkunft wird er sie zur lebendigen Wirklichkeit machen.

Das Hauptprinzip der Rassenreligion ist Trennung. Es verlangt Selbstsucht auf Kosten anderer Menschen und Völker. Deutlich wird, daß es notwendigerweise zunehmend zerstörende Wirkung haben muß, wenn es bis zur letzten Konsequenz durchgeführt wird. Schließlich würde es die Evolution verhindern, wenn ihm nicht eine aufbauende Religion folgen würde.

Daher hatten die trennenden Religionen des Heiligen Geistes der einigenden christlichen Religion des Sohnes Platz zu machen.

Das Gesetz hat der Liebe zu weichen. Die getrennten Rassen und Völker werden zusammen mit Christus als dem ältesten Bruder in einer allgemeinen Bruderschaft vereinigt werden.

Die christliche Religion hat dieses große Ziel bisher nicht erreicht. Noch ist der Mensch an den herrschenden Rassengeist gebunden, und noch sind die Ideale des Christentums zu hoch für ihn. Der Verstand vermag einige Schönheiten der christlichen Religion zu erfassen; auch nimmt er bereitwillig an, daß wir unsere Feinde lieben sollen. Aber die Leidenschaften des Empfindungsleibes sind noch zu stark. Das Gesetz des Rassengeistes heißt „Auge um Auge". Das Gefühl ist: „Ich will Vergeltung!" Das Herz aber betet um Liebe. Der Empfindungsleib hofft auf Rache. Der Verstand erkennt die Schönheit der Feindesliebe **gedanklich** an. In Wirklichkeit aber verbindet er sich mit dem Rachegefühl des Empfindungskörpers und entschuldigt sich für die „Vergeltung“ mit dem Gedanken, „die Gesellschaft müsse geschützt werden.“

Immerhin ist es zu beglückwünschen, daß sich die Gesellschaft gezwungen fühlt, sich für die Vergeltungsmaßnahmen zu entschuldigen. Besserungsverfahren und Barmherzigkeit gewinnen bei den Gerichten mehr und mehr an Boden, wie die günstige Aufnahme zeigt, wenn sie die moderne Einrichtung der Jugendgerichte walten lassen. Dieses Bestreben zeigt sich auch darin, daß überführten Verbrechern immer häufiger Bewährungsfristen eingeräumt werden. Auch sind die Kriegsgefangenen in den letzten Jahren mit größerer Menschlichkeit behandelt worden als früher. Das sind die Vorboten des Gefühls der allgemeinen Brüderlichkeit, die langsam, aber sicher ihren Einfluß ausübt.

Die Menschheit macht also Fortschritte. Für den Verfasser war es verhältnismäßig leicht, in den verschiedenen Städten, in denen er Vorträge hielt, Zuhörer zu gewinnen. Beschränkte er sich darauf, von den höheren Welten und dem nachtodlichen Sein zu sprechen, widmeten die Zeitungen seinen Äußerungen manchmal ganze, ja sogar die ersten Seiten. Bemerkenswert aber ist es, daß seine Artikel stets zur Aufnahme in den Papierkorb verurteilt wurden, sobald sie das Thema der Universalen Bruderschaft behandelten.

Die Welt wehrt sich dagegen, etwas zu beachten, was sie für „zu“ selbstlos hält. Es muß „etwas daran sein“. Als natürlicher Vorgang wird nur betrachtet, was die Gelegenheit bietet, den „besten Gewinn“ von seinen Mitmenschen zu erhalten. Kaufmännische Unternehmungen werden nach diesem Grundsatz geplant und geleitet. Nach Meinung von denjenigen, die durch den Wunsch versklavt sind, Reichtum anzuhäufen, ruft die Idee der Universalen Bruderschaft schreckliche Visionen von der Abschaffung des Kapitalismus und seiner Begleiterscheinung, der

Ausbeutung anderer, sowie des Schiffbruchs der „geschäftlichen Interessen" herauf. Das Wort „versklavt" beschreibt genau diesen Zustand. Nach der Bibel soll der Mensch über die Welt herrschen. In den meisten Fällen ist es jedoch umgekehrt, die Welt hat die Herrschaft über den Menschen. Jeder Mensch mit Interesse an Eigentum wird, wenn er seinen gesunden Verstand walten läßt, zugeben, daß es eine nie versiegende Quelle von Unannehmlichkeiten für ihn ist, ständig planen zu müssen, um seinen Besitz zu erhalten, oder sich mindestens durch scharfes Geschäftsgebahren davor zu bewahren, sein Eigentum zu verlieren. Denn er weiß, daß andere ebenfalls unablässig darauf bedacht sind, ihr ersehntes Ziel zu erreichen. Der Mensch ist der Sklave von dem, was er mit unbewußter Ironie „seinen Besitz" nennt. Mit Recht sagt der Weise von Concord: „Die **Dinge** sitzen im Sattel und reiten die Menschheit."

Das sind die Folgen der Rassenreligionen mit ihrem Gesetzessystem. Deshalb schauen alle nach dem „Einen aus, der da kommen soll". Nur die christliche Religion nicht. Sie erwartet den, der **wieder**kommen wird. Die Zeit dieser Wiederkunft hängt davon ab, wann sich die Kirche vom Staat befreien kann, an den sie, besonders in Europa, gebunden ist. Die Priester haben wirtschaftliche Rücksichten zu nehmen und wagen es nicht, die Wahrheiten, die ihnen ihre Studien offenbart haben, zu verkünden.

Ein Besucher in Kopenhagen, Dänemark, nahm kürzlich an einer Konfirmationsfeier teil. Die Kirche steht dort unter der Aufsicht des Staates. Alle Priester werden von der Regierung ernannt. Die Gemeindemitglieder haben in dieser Angelegenheit kein Stimmrecht. Es steht ihnen frei, die Kirchen zu besuchen oder nicht. Die Kirchensteuer aber müssen sie bezahlen.

Abgesehen davon, daß der Gottesdienst mit Hilfe des Staates abgehalten wird, war der Pfarrer der betreffenden Kirche mit verschiedenen vom König verliehenen Orden dekoriert. Die glitzernden Sterne legten ein stilles, aber beredtes Zeugnis für seine Abhängigkeit vom Staat ab. Während der Zeremonie betete er für den König und die Gesetzgeber, damit sie das Land weise regieren möchten. Solange König und Gesetzgeber vorhanden sind, ist das Gebet für sie sicher angebracht. Es berührte den Besucher aber sehr unangenehm, als der Pastor hinzufügte: „. . . und allmächtiger Gott, beschütze und stärke unsere Armee und unsere Marine!“*)

Ein solches Gebet zeigt deutlich, daß der angebetete Gott der Stammes- und Nationalgott, der Rassengeist ist. Denn die letzte Tat des sanften Jesus Christus war es, das Schwert aufzuhalten, mit dem ihn der Freund beschützen wollte. Wenn Christus sagte, er sei nicht gekommen, Frieden zu bringen, sondern ein Schwert, so geschah das, weil er Meere von Blut vorhersah, die im Mißverstehen seiner Lehren durch die kriegführenden „Christlichen“ Nationen vergossen würden. Er wußte, daß seine hohen Ideale von der Menschheit nicht sofort verstanden werden könnten. Die Massenmorde des Krieges und ähnliche Abscheulichkeiten sind hart. Aber sie sind machtvolle Beispiele für das, wovon uns die Liebe befreien möchte.

Anscheinend besteht ein offener Widerspruch zwischen den Worten Jesu Christi: „Ich bin nicht gekommen, Frieden zu bringen, sondern das Schwert“ (Matthäus 10, 34) und dem himmlischen Gesang, der die Geburt Jesu mit den Worten begrüßte: „Friede auf Erden den Menschen des (göttlichen) Wohlgefallens!“ (Lukas 2, 14). Dieser Gegensatz ist jedoch kein wirklicher.

---

*) Trotz dieser Anbindung an die Staatsgewalt sind inzwischen in Mitteleuropa die gerade von den Kirchen ausgegangenen friedlichen, sanften weltgeschichtlichen Ereignisse eingetreten, die im 9. November 1989 gipfelten. Sie deuten hin auf unaufhaltsames Vorwärtsschreiten der Menschheit.

Offenbar liegt derselbe Widerspruch in den Worten einer Frau, die sagt: „Jetzt werde ich aufräumen und saubermachen." Und dann beginnt sie, Teppiche wegzunehmen, Stühle aufeinanderzustellen und in einem vorher ordentlichen Haus allgemeine Unordnung zu erzeugen. Jemand, der nur diesen Gesichtspunkt der Angelegenheit wahrnimmt, würde mit Recht sagen: „Sie macht die Sache nur schlechter, statt besser." Wenn er aber den Sinn ihrer Arbeit erfaßt, wird er die zeitweilige Unordnung verstehen. Und ihr Haus wird schließlich durch die vorübergehende Störung besser geworden sein.

Ebenso sollten wir bedenken, daß die Zeit, die seit dem Kommen Jesu Christi vergangen ist, im Vergleich zu einem einzigen Offenbarungstag nicht viel mehr als ein Augenblick. Wir müssen, wie Whitman es getan hat, „die Fülle der Zeit erkennen" lernen und über die vergangenen und gegenwärtigen Grausamkeiten und das Mißtrauen der kriegführenden Geschlechter auf das leuchtende Zeitalter der Universalen Bruderschaft schauen. Dieses Zeitalter wird den nächsten großen Entwicklungsschritt des Menschen auf seiner langen und wunderbaren Reise vom Erdenkloß zu Gott, vom Protoplasma zur bewußten Vereinigung mit dem Vater, dem

> . . . einen, weitentfernten göttlichen Ereignis,
> Zu dem sich die ganze Schöpfung hinbewegt,

kennzeichnen.

Man kann hinzufügen: Während des feierlichen Empfangs seiner Konfirmanden in der Kirche lehrte der obenerwähnte Pfarrer, daß Jesus Christus ein zusammengesetztes Wesen sei. Jesus sei der sterbliche menschliche Teil gewesen und Christus der unsterbliche göttliche Geist. Wahrscheinlich hätte der Pfarrer diese Tatsache in einer Diskussion nicht beweisen können, obwohl er eine esoterische Wahrheit ausgesprochen hatte.

Der Stern von Bethlehem

Den vereinigenden Einfluß von Christus symbolisiert die schöne Legende von der Anbetung der drei Magier oder „Weisen aus dem Morgenland“, die von Lew Wallace so geschickt in seine bezaubernde Geschichte von Ben Hur eingeflochten wurde.

Die drei Weisen, Kaspar, Melchior und Balthasar, sind die Repräsentanten der weißen, gelben und schwarzen Rassen. Sie symbolisieren die Völker Europas, Asiens und Afrikas, die alle vom Stern zum Welterlöser geführt werden, vor dem sich einst „jedes Knie beugen soll“ und „den jede Zunge bekennen wird“. Er wird alle verstreuten Völker unter dem Banner des Friedens und des guten Willens vereinen und veranlassen, daß die Menschen „ihre Schwerter zu Pflugscharen und ihre Spieße zu Winzermessern umschmieden“ (Jesaja 2, 4).

Der Stern von Bethlehem sei zur Zeit von Jesu Geburt erschienen und habe die drei Weisen zum Erlöser geleitet.

Über die Natur dieses Sterns ist viel spekuliert worden. Die meisten Wissenschaftler erklären ihn für eine Sagenerscheinung. Andere meinen, wenn er mehr als ein Mythos wäre, sei es ein Zusammentreffen zweier Sterne gewesen. Es könnten auch zwei erloschene Sonnen zusammengestoßen sein und eine Feuersbrunst verursacht haben. Doch jeder Mystiker kennt „Stern“ und „Kreuz“ nicht nur als Symbole, die mit dem Leben Jesu und Jesu Christi verbunden sind, sondern aus seiner eigenen Erfahrung. Paulus sagt: „Ist aber Christus in euch“ (Röm. 8. 10), und der Mystiker Angelus Silesius wiederholt seine Worte:

> **„Wird Christus tausendmal zu Bethelhem geboren,**
> **Und nicht in Dir, du gingst noch ewiglich verloren“;**

> „Das Kreuz auf Golgatha kann dich nicht von dem Bösen,
> Wo es nicht auch in dir wird aufgericht't, erlösen.“
> (Der Cherubinische Wandersmann, 1. Buch)

Richard Wagner zeigt die intuitive Erkenntnis des Künstlers, wenn Gurnemanz die Frage Parsifals:

„Wer ist der Gral?"

beantwortet mit:

„Das sagt sich nicht;
Doch bist du selbst zu ihm erkoren,
Bleibt dir die Kunde unverloren.
Und sieh! Mich dünkt, daß ich dich recht erkannt:
Kein Weg führt zu ihm durch das Land,
Und niemand könnte ihn beschreiben,
Den er nicht selber möcht geleiten."

Nach dem Alten Testament war der Weg zur Einweihung nicht frei. Er war nur für einige Auserwählte begehbar. Einzelne mochten ihn suchen. Aber nur, wer durch die Hierophanten zum Tempel geleitet wurde, fand Eintritt. Vor Christi Ankunft gab es keine allumfassende Einladung „Kommet her zu mir alle . . .".

In dem Augenblick, als das Blut auf Golgatha floß, „zerriß" aus Gründen, die sogleich erklärt werden sollen, „der Vorhang im Tempel". Wer seit dieser Zeit Aufnahme sucht, wird sie sicherlich finden.

In den Mysterientempeln lehrten die Hierophanten, daß die Sonne sowohl eine geistige als auch eine physische Kraft ist. Die physische Kraft in den Sonnenstrahlen ist das befruchtende Prinzip in der Natur. Sie ruft das Wachstum in der Pflanzenwelt hervor und erhält dadurch das Tier- und Menschenreich. Sie ist die aufbauende Energie, die Quelle aller irdischen Kraft. Die physische Sonnenaktivität erreicht ihren höchsten Einfluß in der Mitte des Sommers um die Sonnenwende, wenn die Tage am längsten und die Nächte am kürzesten sind. Denn dann fallen die Sonnenstrahlen senkrecht auf die nördliche Halbkugel. Zu dieser Zeit sind die geistigen Kräfte am untätigsten.

Andererseits ruht die physische Kraft der Sonne in den langen Winternächten im Dezember, und die geistigen Kräfte erreichen ihren Höhepunkt.

Die Nacht zwischen dem 24. und 25. Dezember ist recht eigentlich für das ganze Jahr die „Heilige Nacht". Das Tierkreiszeichen der unbefleckten Himmlischen Jungfrau steht nahe der Mitternacht über dem östlichen Horizont. Die Sonne des neuen Jahres wird geboren. Sie beginnt ihre Reise vom südlichen Punkt zur nördlichen Halbkugel, um diesen Teil der dort lebenden Menschheit physisch vor Dunkelheit und der Hungersnot zu bewahren, die unweigerlich eintreten müßten, wenn die Sonne südlich des Äquators bleiben würde.

Für die Völker unserer nördlichen Erdhalbkugel, auf der unsere gegenwärtigen Religionen entstanden sind, ist die Sonne zur Mitternacht des 24. Dezember gerade unter der Erde, während die geistigen Einflüsse dann im Norden am stärksten sind.

Daraus kann man mit Sicherheit schließen, daß es zu dieser Zeit für diejenigen, die endgültig eingeweiht werden wollten, am leichtesten war — besonders, wenn das zum erstenmal geschah — in bewußte Berührung mit der geistigen Sonne zu kommen. Deshalb wurden bereite Schüler von den Hierophanten der Mysterien zur Einweihung geführt. Durch Tempelzeremonien gerieten sie in einen Zustand erhobener Verzückung, durch den sie die physischen Bedingungen überschritten. Für ihr geistiges Auge wurde die feste Erde durchsichtig, und sie sahen die „Sonne zur Mitternacht", „Den Stern", und schauten so, wie die physische Sonne ihr physischer Befreier war, den Geist in der Sonne, Christus, ihren geistigen Erlöser.

Es ist der Stern, der in der Heiligen Nacht schien, und der für den Mystiker noch heute in der Dunkelheit der Nacht leuchtet. Wenn sich Lärm und Durcheinander der physischen Tätigkeit beruhigt haben, geht der Mystiker in sein verborgenes „Kämmerlein"; er sucht den Weg zum König des Friedens. Stets führt ihn der leuchtende Stern, und seine Seele hört den prophetischen Gesang: „Friede auf Erden und den Menschen ein Wohlgefallen!"

Friede und Wohlgefallen ausnahmslos für alle. Da ist kein Platz mehr für einen einzigen Feind oder Ausgestoßenen. Verwundert es, daß die Menschheit für derartig hohe Anforderungen nur schwer zu erziehen ist? Gibt es einen besseren Beweis für die Schönheit und Notwendigkeit von Frieden, Wohlgefallen und Liebe als den Vergleich mit dem gegenwärtigen Zustand des Krieges, der Selbstsucht und des Hasses? Je heller das Licht ist, umso tiefere Schatten wirft es. Je höher unsere Ideale sind, umso deutlicher erkennen wir unsere Unzulänglichkeiten.

Leider lernt die Menschheit in ihrem gegenwärtigen Entwicklungsstand nur durch die härtesten Erfahrungen. Rassen müssen auf jeden Fall selbstsüchtig werden, damit sie die bitteren Qualen kennenlernen, die durch den Egoismus der anderen erzeugt werden. Krankheit soll man ebenfalls kennen, um für die Gesundheit dankbar zu sein. Die Religion, die unrechterweise Christentum genannt wird, ist daher die blutigste der bekannten Religionen geworden. Auf dem Schlachtfeld und durch die Inquisition sind im Namen des edlen Nazareners unzählige und unsagbare Greueltaten verübt worden. Das Schwert und der Weinpokal, die Umkehrungen von Kreuz und Abendmahlskelch, waren die Mittel, durch die die mächtigsten der sogenannten Christlichen Nationen die Herrschaft über die heidnischen und sogar über die schwächeren Völker gewannen, die sich selbst zum Glauben ihrer Eroberer bekannten. Der flüchtigste Überblick über die Geschichte der griechisch-römischen, germanischen und angelsächsischen Völker wird das bestätigen.

Als der Mensch unter dem vollständigen Einfluß der Rassenreligionen stand, war jedes Volk ein geschlossenes Ganzes. Persönliche Interessen wurden denen der Gesamtheit bereitwillig untergeordnet. Alle standen „unter dem Gesetz". In erster Linie waren sie Mitglieder ihrer jeweiligen Stämme, in zweiter Linie individuelle Persönlichkeiten.

Gegenwärtig ist die Neigung zum anderen Extrem vorhanden, das „Selbst“ über alles weitere zu erheben. Der Erfolg zeigt sich in den ökonomischen und industriellen Problemem aller Nationen, die nach einer Lösung verlangen.

Der Entwicklungszustand, in dem sich jeder Mensch als vollständig getrennte Einheit, als Ich fühlt und selbständig seinen eigenen Weg verfolgt, ist notwendiger Übergangszustand. Die Einheit von Volk, Stamm und Familie muß zuerst aufgelöst werden, bevor die Universale Bruderschaft Wirklichkeit werden kann. Die Ahnenherrschaft ist weitgehend von derjenigen der Persönlichkeitskultur überholt worden. Mit dem Fortschreiten unserer Zivilisation lernen wir deren Übel zunehmend besser zu erkennen. Das soziale Unrecht, die planlose Methode, die Arbeitserzeugnisse zu verteilen, Habgier einzelner und die Ausbeutung der Massen haben zu Unterverbrauch, industriellen Schwäche und Arbeitsstörungen geführt. Sie zerstören den inneren Frieden. Der industrielle Krieg unserer Tage ist weitreichender und vernichtender als die militärischen Kriege der Völker.

Das Herz, eine Anomalie

Auch wenn eine Wahrheit oberflächlich anerkannt worden sein mag, ist ihre Lehre als tätiges Lebensprinzip erst dann von wirklichem Wert, wenn die mit ihr verbundenen Erfahrungen in Sehnsucht und Schmerz vom Herzen erlebt worden sind. Der Mensch sollte lernen, daß etwas, was nicht für alle geeignet ist, auch niemals für einen einzelnen zum wahren Segen werden kann. Nahezu zweitausend Jahre lang haben wir dem Grundsatz, „Böses mit Gutem zu vergelten“, leichtfertig mit Worten zugestimmt. Das Herz verlangt nach Barmherzigkeit und Liebe, aber der Verstand drängt zu Streit und Wiedervergeltungsmaßnahmen. Wenn er keine Rache nehmen will, so sucht er doch wenigstens nach Mitteln, die Wiederholungen von Feindseligkeiten zu verhindern. Dieser Zwiespalt zwischen Kopf und Herz hemmt das Wachsen eines echten Gefühls für die Universale Bruderschaft. Er verhindert, die Lehren Christi, des Herrn der Liebe, anzunehmen.

Der Verstand ist der Brennpunkt, durch den sich das Ich der materiellen Welt bewußt wird. Als Mittler zum Erwerben von Kenntnissen in diesen Reichen ist er unschätzbar. Maßt er sich jedoch die Rolle eines Diktators an, der die Beziehungen von Mensch zu Mensch regelt, ist es so, als sage eine Linse zum Astronomen, der eben im Begriff ist, die Sonne durch ein Fernrohr zu photographieren: „Sie haben mich nicht ordentlich eingestellt. Sie schauen nicht richtig auf die Sonne. Ich meine, es ist überhaupt nicht gut, die Sonne zu photographieren, und ich möchte, daß Sie mich auf den Jupiter einstellen. Die Sonnenstrahlen erhitzen mich zu sehr und könnten mich leicht beschädigen."

Wenn ein Astronom seinen Willen einsetzt und ein Fernrohr so einstellt, daß es auftreffende Lichtstrahlen wunschgemäß übermittelt, das heißt seiner Aufgabe wirkungsvoll dient und ihm die Ergebnisse zukommen läßt, wird die Arbeit gut gelingen. Hätte die Linse jedoch den stärkeren Willen und würde sie sich mit dem Mechanismus des Fernrohrs verbünden, wäre es für den Astronomen schwierig, sich gegenüber einem widerspenstigen Instrument zu behaupten. Er würde verschwommene Bilder von wenig oder keinem Wert erhalten.

So ist es mit dem Ich. Es wirkt mit einem dreifachen Körper, den es durch den Verstand beherrscht oder wenigstens beherrschen sollte. Leider muß jedoch gesagt werden, daß dieser Körper einen eigenen Willen hat und vom Verstand oft Hilfe und Unterstützung erhält, wodurch die Absichten des Ich vereitelt werden.

Dieser entgegenstehende „niedere Wille“ ist Ausdruck eines höheren Teils des Empfindungsleibes. Als die Trennung von Sonne, Mond und Erde zu Beginn der Lemurischen Epoche stattfand, erfolgte im fortgeschritteneren Menschenbereich eine Trennung des Empfindungsleibes in einen höheren und in einen niederen Teil. Das geschah in der frühen Atlantischen Epoche ebenfalls bei der übrigen Menschheit.

Dieser höhere Teil des Empfindungsleibes erhielt eine Art Tierseele. Sie bildete das zerebrospinale Nervensystem und die willkürlichen Muskeln. Mit ihrer Hilfe beherrschte der Empfindungsleib so lange die niederen Teile des dreifachen Körpers, bis ihm das Bindeglied des Verstandes gegeben wurde, der sich danach mit der Tierseele vereinigte. Er wurde zu einem Mitregenten.

So ist der Verstand an das Verlangen gebunden und von der selbstsüchtigen niederen Natur umgeben; sie macht es dem Geist schwer, den Körper zu beherrschen.

Der konzentrierende Verstand stollte der Verbündete der höheren Natur sein. Wird er jedoch durch die niedere Natur von ihr entfremdet, ist er Sklave des Verlangens.

Das Gesetz der Rassenreligion sollte den Verstand vom Verlangen befreien. Die „Gottesfurcht“ hatte ihre Kraft mit den „Wünschen des Fleisches“ gemessen. Das genügte allerdings noch immer nicht, Herr über den Körper zu sein und sich seine bereitwillige Mitwirkung zu sichern. Der Geist benötigte in ihm einen anderen, nicht unter dem Einfluß der Natur des Verlangens stehenden Halt. Alle Muskeln sind Ausdrücke des Empfindungsleibes. Sie sind ein gerader Weg zu der Stelle, an der der treulose Verstand mit dem Verlangen verbunden ist und unangefochten herrscht.

Wenn die Vereinigten Staaten mit Frankreich Krieg führen würden, würden sie ihre Truppen nicht in England landen lassen, um dabei zu hoffen, Frankreich auf diese Weise zu erobern. Vielmehr würden sie ihre Soldaten zum Kämpfen unmittelbar nach Frankreich entsenden.

Wie ein weiser General folgte das Ich einem ähnlichen Aktionsplan. Es begann seine Tätigkeit nicht, indem es seinen Einfluß auf eine der Drüsen ausdehnte, die Ausdruck des Lebensleibes sind. Auch war es ihm nicht möglich, auf die willkürlichen Muskeln einzuwirken, denn diese sind durch den Gegenspieler zu gut organisiert. Der Teil des unwillkürlichen Muskelsystems, der durch das ganze sympathische Nervensystem gelenkt wird, wäre für seine Zwecke ebenfalls nutzlos. Er mußte in unmittelbare Berührung mit dem zerebrospinalen Nervensystem kommen. Um das zu erreichen und um sich einen Handlungsgrund im „gegnerischen Land“ zu sichern, hatte es einen unwillkürlichen und doch mit dem willkürlichen Nervensystem in Verbindung stehenden Muskel zu überwachen. Ein solcher Muskel ist das Herz.

Schon früher sprachen wir von den beiden Muskelarten, den willkürlichen und den unwillkürlichen. Letztere sind längsgestreift. Sie sind mit Tätigkeiten verbunden, die wie Verdauung, Atmung, Ausscheidung und so weiter vom Willen nicht beherrscht werden. Die willkürlichen Muskeln wie die von Händen und Armen werden vom willkürlichen Nervensystem gelenkt. Sie sind längs- und quergestreift.

Mit **Ausnahme des Herzens**, eines unwillkürlichen Muskels, gilt das von allen Muskeln des Körpers. Im allgemeinen haben wir keinen Einfluß auf die Zirkulation des Blutes und die Zahl der Herzschläge. Und doch ist das Herz zum Erstaunen der Physiologen ein quergestreifter Muskel und das einzige Organ des Körpers, das diese Eigentümlichkeit aufweist. Gleich der Sphinx gestattet es dem Naturwissenschaftler aber nicht, sein Rätsel zu lösen.

Der Esoteriker findet die Antwort leicht im Gedächtnis der Natur. Aus dieser Aufzeichnung erfährt er, daß das Ich zuerst einen Halt im Herzen suchte, das damals wie alle unwillkürlichen Muskeln nur längsgestreift war. Als es aber zunehmenden Einfluß auf das Herz bekam, entwickelten sich allmählich Querstreifen. Sie sind nicht so zahlreich und nicht so deutlich bestimmt wie diejenigen der Muskeln. Je mehr jedoch die selbstlosen Grundsätze von Liebe und Bruderschaft zunehmen und allmählich die Führung über die im Verlangen begründete Vernunft gewinnen, umso zahlreicher und deutlicher werden sich diese Querstreifen ausprägen.

Das Keimatom des irdischen Körpers hat seinen Sitz während des ganzen Lebens im Herzen. Erst beim Tod wird es herausgezogen. Das Ich wirkt aktiv im Blut. Das Herz ist, mit Ausnahme der Lunge, das einzige Organ des Körpers, durch das diese gesamte Körperflüssigkeit in jedem Kreislauf strömt.

Das Blut ernährt den ganzen physischen Organismus und ist die höchste Äußerung des Lebensleibes. In gewissem Sinn ist es auch der Träger des unterbewußten Gedächtnisses. Es steht in Berührung mit dem sich in der höchsten Ätherzone befindenden Gedächtnis der Natur und trägt die Bilder aus dem Leben der Vorfahren zu den Nachkommen, die ein gemeinsames, durch Inzucht hervorgebrachtes Blut besitzen.

Im Kopf befinden sich drei Punkte. Jeder von Ihnen ist der besondere Sitz eines der drei Aspekte des Geistes (siehe Diagramm 17). Der zweite und der dritte Aspekt haben außerdem noch eine sekundäre Ausgangsstellung.

Der Empfindungsleib ist die umgekehrte Äußerung des Ichs. Er verwandelt die „Selbstheit“ des Geistes in „Selbstsucht“. Selbstheit sucht nicht sich selbst auf Kosten anderer. Selbstsucht hingegen strebt danach, etwas ohne Rücksicht auf andere zu erreichen. Der Sitz des menschlichen Geistes ist in erster Linie in der Zirbeldrüse, in zweiter Linie im Gehirn und im zerebrospinalen, die willkürlichen Muskeln lenkenden Nervensystem zu finden.

Die Liebe und die Einheit in der Welt des Lebensgeistes spiegeln sich täuschend in der Ätherregion, mit der sie durch den Lebensgeist, den Förderer der geschlechtlichen Liebe und der geschlechtlichen Vereinigung, in Verbindung stehen. Der Lebensgeist hat seinen Sitz primär in der Hirnanhangdrüse und sekundär im Herzen, dem Tor für das Blut, dem Ernährer der Muskeln.

Der ruhende Göttliche Geist, der Stille Wächter, findet seinen irdischen Ausdruck im geduldigen, beharrlichen und verantwortungsfreien Skelett des physischen Körpers, dem gehorsamen Diener der übrigen Träger, der nicht aus eigener Entschlußkraft heraus handeln kann. Der Göttliche Geist hat seinen Halt im undurchdringlichen Punkt an der Nasenwurzel.

Tatsächlich gibt es nur einen Geist, das Ich. Betrachtet man ihn aus der Sicht der Physischen Welt, werden seine Strahlen in die drei in der Weise wirkenden Aspekte gebrochen, wie wir es bereits in diesem Buch erwähnten. Während das Blut in Kreisläufen durch das Herz pulsiert, prägt es alle Bilder, die es mit sich trägt, so lange sie noch frisch sind, in das Keimatom ein. Auf diese Weise gestaltet es einen wahrheitsgetreuen Bericht des Lebens. Er wird der Seele nach dem Sterben unauslöschlich eingeprägt. Das Blut befindet sich ständig in engster Berührung mit dem Lebensgeist, dem Geist der Liebe und der Einheit. Deshalb ist es die Heimat der selbstlosen Liebe.

Jene Bilder gehen in die Welt des Lebensgeistes ein, in der sich das wahre Gedächtnis der Natur befindet. Deshalb werden sie nicht erst durch die langsamen physischen Sinne vermittelt. Vielmehr kommen sie direkt über den in unserer eingeatmeten Luft enthaltenen vierten Äther herein. Der Lebensgeist sieht in seiner Welt viel deutlicher, als es ihm in den dichteren Welten möglich ist. In seiner hohen Heimat lebt er in Berührung mit der Kosmischen Weisheit. Er weiß in jeder Lage sogleich, was er zu tun hat. Die Botschaft, die rechtes Handeln anregen soll, schickt er zum Herzen zurück. Mit Hilfe der pneumogastrischen Nerven wird sie von diesem Organ gleichzeitig als „ersten Eindruck“ an das Gehirn weitergegeben. Dieser intuitive Impuls ist immer gut, weil er direkt aus der Quelle der Kosmischen Weisheit und Liebe kommt.

Das geschieht so schnell, daß sich das Herz die Führung sichern kann, bevor der langsamere Verstand Zeit hat, die „Situation zu erfassen“. Es ist richtig, daß der Mensch dem Denken seines Herzens gleicht. Er ist von Natur aus ein Jungfräulicher Geist, gut, edel und in jeder Hinsicht wahr. Alles, was nicht gut ist, kommt aus dem niederen Wesen, der irreführenden Spiegelung des Ichs. Der Jungfräuliche Geist gibt immer weisen Rat. Wenn wir nur dem ersten Impuls des Herzens folgen könnten, wäre die Universale Bruderschaft bereits hier und jetzt verwirklicht. Doch das ist genau der Punkt, an dem die Not beginnt. Nach dem guten Rat des „ersten Eindrucks“ fängt der Verstand an zu überlegen und übertönt in den meisten Fällen die Regung des Herzens. Es ist wie beim Fernrohr, das seine eigene Apparatur einstellt und sich unter Mißachtung des Astronomen nach ihr richtet, wie es ihm gefällt. Verstand und Empfindungsleib vereiteln die Absichten des Geistes, indem sie die Oberhand gewinnen. Und da ihnen die geistige Weisheit fehlt, leiden Geist und Körper.

Physiologen stellten fest, daß gewisse Bereiche des Gehirns besonderen Denktätigkeiten zugewiesen sind, und Phrenologen gestalteten diesen Wissenszweig noch weiter aus.*) Es ist bekannt,

---

*) Nach der Phrenologie sollte aus der Beschaffenheit der Kopfoberfläche, beispielsweise von Wulstbildungen an den Schläfen, auf die geistigen Eigenschaften und den Charakter eines Menschen zu schließen sein. Diese Lehre hat sich inzwischen als nicht haltbar erwiesen.

daß das Denken Nervengewebe abbaut und zerstört. Dieses und alle Ausscheidungen des Körpers werden durch das Blut ersetzt. Das Herz wird sich zu einem willkürlichen Muskel entwickeln. Dadurch wird die Blutzirkulation schließlich unter die vollkommene Leitung des vereinenden Lebensgeistes, des Geistes der Liebe, gelangen. Dann wird es in dessen Macht liegen, das Blut von jenen Gehirnpartien fernzuhalten, die sich selbstsüchtigen Absichten widmen. Die Folge davon wird ein Verkümmern jener Denkzentren sein.

Wenn die inneren Tätigkeiten selbstlos geworden sind, wird es dem Geist andererseits möglich werden, den Blutzufluß zu verstärken. Dadurch können die der Nächstenliebe dienenden Bereiche gebildet werden. So wird die Natur des Verlangens mit der Zeit besiegt und der Verstand durch die Liebe aus ihrer Knechtschaft befreit. Nur die vollkommene Befreiung durch die Liebe kann den Menschen vom Gesetz erlösen und zu seinem eigenen Gesetz werden lassen. Wenn er sich selbst besiegt, wird er auch die ganze Welt besiegen.

Die Querstreifen des Herzens können durch gewisse esoterische Übungen ausgestaltet werden. Einige von ihnen sind jedoch gefährlich. Deshalb sollten sie nur unter Leitung eines berufenen Lehrers durchgeführt werden. Damit kein Leser dieses Buches durch Betrüger getäuscht werde, die sich für fähig erklären und die Bereitschaft äußern, Suchende gegen Vergütung in diesen Übungen zu unterrichten, sei noch einmal nachdrücklich wiederholt, **daß sich ein wahrer Esoteriker niemals rühmt, ein solcher zu sein. Er wirbt nie für sein esoterisches Können und kündet es nicht durch Plakate oder Anzeigen an. Auch verkauft er seine esoterischen Kenntnisse oder Lehren nicht, weder zu einem bestimmten Stunden- noch zu einem Gesamtpreis. Er gibt sich nicht her für theaterähnliche Vorführungen. Seine Arbeit verrichtet er so unaufdringlich wie möglich und einzig in**

der Absicht, anderen zu helfen, ohne dabei an sich selbst zu denken.

Wie am Anfang dieses Kapitels gesagt wurde, können alle Menschen, die den ernsthaften Wunsch nach höheren Erkenntnissen haben und diese wahrhaft suchen, sicher sein, daß sie den für sie offenen Weg finden werden. Christus selbst bereitete ihn „für alle, die eines guten Willens sind." Er wird allen wahrhaft Suchenden, die für die Universale Bruderschaft wirken wollen, helfen und sie willkommen heißen.

Das Mysterium von Golgatha

In den letzten zweitausend Jahren ist viel über das reinigende Blut gesprochen worden. Christi Blut ist als stärkstes Heilmittel gegen alle Sünden, als das einzige Mittel zur Erlösung und des Heils von den Kanzeln gepriesen worden.

Wenn das Gesetz von Ursache und Wirkung so arbeitet, daß die sich entwickelnden Wesen ernten, was sie gesät haben, wenn der Evolutionsimpuls die Menschheit immer höher und höher und schließlich zur Vollkommenheit führt, wozu bedarf es dann der Erlösung und des Heils? Und selbst wenn die Notwendigkeit der Erlösung vorhanden ist, wie kann der Tod eines einzelnen allen anderen helfen? Wäre es nicht besser, die Folgen seiner Taten zu tragen, als sich hinter einem anderen zu verbergen? Das sind einige Einwände gegen die Lehre vom stellvertretenden Sühneopfer und der Erlösung durch das Blut Jesu Christi. Bevor wir die logische Übereinstimmung zwischen der Arbeitsweise des Gesetzes von Ursache und Wirkung und diesem Opfer behandeln, wollen wir versuchen, sie zu beantworten.

Es entspricht vor allem unbedingt der Wahrheit, daß der Evolutionsimpuls letztendlich zur Vollendung aller tätig ist. Dennoch bleiben immer einige zurück. Gegenwärtig sind wir soeben durch den äußersten Punkt des Stofflichen gegangen und gehen durch die sechzehn Rassen. Wir betreten die „sechzehn Pfade der Vernichtung". Daher sind wir in ernsterer Gefahr zurückzubleiben, als wir es an anderen Punkten der Evolutionsreise gewesen sind.

Rein begrifflich gibt es keine Zeit. Manche Wesen können so weit zurückbleiben, daß sie von ihrer Lebenswoge im Stich gelassen werden müssen. Sie nehmen ihre weitere Evolution in einem anderen Evolutionsplan wieder auf. In ihm können sie ihre Wanderschaft bis zur Vervollkommnung fortsetzen. Und dennoch war das nicht die ursprünglich für sie vorgesehene Evolution. Es ist aber richtig, anzunehmen, daß die erhabenen Intelligenzen, denen unsere Evolution anvertraut ist, jedes Mittel anwenden, um so viele der in ihrer Fürsorge stehenden Wesen wie möglich zum Ziel zu bringen.

In der normalen Evolution genügt völlig das Gesetz von Wiederverkörperung und der Ursache und Wirkung, um den Hauptteil der Lebenswoge zur Vollendung zu führen. Doch für die Nachzügler, die in verschiedenen Rassen zurückbleiben, reicht das nicht. Während der Individualisierung, des Höhepunktes der Selbsttäuschung des Getrenntseins, benötigte die gesamte Menschheit besonderen Beistand. Für die Nachzügler mußte außerdem noch eine zusätzliche Hilfe einsetzen. Jene zu erlösen war die Mission Christi. Christus sagt, daß er gekommen sei, die Verlorenen zu suchen und zu retten. Und er öffnete den Weg der Einweihung für alle, die Willens sind, ihn zu suchen.

Gegner der stellvertretenden Sühne wenden ein, es zeuge von mangelndem Mut, sich hinter einem anderen zu verbergen. Jeder Mensch müsse die Folgen seiner Handlungsweise tragen.

Betrachten wir ein Beispiel. Die Wasser der nordamerikanischen Großen Seen sammeln sich im Niagara River. Mehr als dreißig Kilometer fließt dessen gewaltige Wassermasse mit großer Geschwindigkeit dem Niagarafall zu. Das Flußbett ist voller Felsen. Wenn ein Mensch weiter als bis zu einem bestimmten Punkt vordringen würde und sein Leben nicht in den Stromschnellen verlöre, würde er es bestimmt durch einen Sturz über den Rand des Wasserfalls einbüßen.

Nehmen wir an, jemand spanne aus Mitleid mit den Opfern des Stromes ein Seil über den Wasserfall. Obwohl er weiß, daß er durch diese Tat dem sicheren Tod entgegengeht, gibt er sein Leben freudig und aus eigenem freien Willen hin. Das von ihm gespannte Seil kann von einigen sonst hilflosen Opfern ergriffen werden. Dadurch verändert er die früheren Bedingungen, so daß einige nun nicht verlorengehen müssen.

Was würden wir von einem Menschen halten, der durch seine eigene Sorglosigkeit ins Wasser fiele und während seines Kampfes zum Erreichen des Ufers sagen würde: „Was! Ich soll mich retten und versuchen, der Strafe für meine Sorglosigkeit dadurch zu entgehen, daß ich mich durch die Kraft eines anderen absichere? Er hatte nicht durch eigene Schuld zu leiden, und doch würde er sein Leben hingeben, damit ich leben könne? Nein, niemals! Das wäre nicht ‚männlich'. Ich will tragen, was ich verdiene." Wäre das nicht töricht?

Nicht alle bedürfen der Erlösung, von der Christus wußte, daß sie in diesem Sinn für viele Menschen nicht erforderlich ist. Ebenso wie es neunundneunzig geben mag, die unter dem Gesetz von Ursache und Wirkung stehen und auf diese Weise zur Vollkommenheit gelangen, gibt es auch „Sünder", die in der Materie versanken. Sie können sich nicht selbst heraushelfen. Christus kam, um sie zu erlösen und allen Menschen Frieden und Wohlgefallen zu bringen, indem er sie zur notwendigen Geistigkeit emporführt, eine Änderung in ihren Empfindungskörpern hervorruft und so in ihren Herzen den Einfluß des Lebensgeistes stärkt.

Die Erzengel, Christi jüngere Sonnenbrüder, waren als Rassengeister am Empfindungsleib tätig. Sie wirkten **von außen.** Ihr Tun reflektierte geistige Sonnenkraft. Sie kam auf dem Weg über den Mond. Das Mondenlicht ist Widerschein des Sonnenlichts. Christus, der höchste Eingeweihte der Sonnenperiode, trat direkt in den physischen Leib der Erde ein und brachte die unmittelbare Sonnenkraft. Dadurch beeinflußte er unseren Empfindungsleib **von innen.**

Der Mensch kann nicht lange in die Sonne sehen, ohne zu erblinden, denn deren Schwingungen sind so hoch, daß sie die Netzhaut des Auges zerstören. Aber er kann ohne schädliche Folgen in den Mond mit seinen wesentlich niedrigeren Schwingungen blicken, obwohl diese auch Sonnenlicht sind. Die höheren Sonnenschwingungen wurden vom Mond aufgenommen; der Rest strahlt zu uns zurück.

Auf ähnliche Weise wird der menschlichen Entwicklung durch spirituelle Einflüsse geholfen. Unsere Menschheit konnte die starken physischen und geistigen Impulse der Sonne nicht ertragen. Deshalb mußte die Erde von diesem Gestirn abgestoßen werden. Selbst nachdem zwischen Erde und Sonne ein überaus großer Abstand entstanden war, blieb der geistige Einfluß noch zu stark, so daß er zuerst über den Mond geleitet wurde. Dadurch konnte ihn Jahwe, dessen Herrscher, zum Besten der Menschheit verwenden. Einige Erzengel, allgemeine Geistwesen der Sonne, waren Jahwe als Helfer beigegeben. Sie strahlten die geistigen Sonneneinflüsse als Jahwes Religion oder als Rassenreligion auf die Menschheit zurück.

Der niederste Träger der Erzengel ist der Empfindungsleib. Unser Empfindungsleib wurde in der Mondenperiode hinzugefügt. In dieser Zeit war Jahwe der höchste Eingeweihte. Deshalb kann er sich mit dem Empfindungsleib des Menschen befassen. Sein niederster Träger ist der menschliche Geist (siehe Diagramm 14). Dessen Gegenüber ist der Empfindungsleib. Die Erzengel sind Jahwes Helfer. Sie sind fähig, die geistigen Sonnenkräfte zu leiten. Ihr niederster Träger ist der Empfindungsleib. So können sie mit der Menschheit tätig sein und sie auf die Zeit vorbereiten, in der sie die geistigen Einflüsse ohne Vermittlung des Mondes direkt durch die Sonneneinstrahlung empfangen kann.

Christus, dem höchsten Eingeweihten der Sonnenperiode, fällt die Aufgabe zu, diesen Impuls auszusenden. Die Anregungen, die Jahwe widerstrahlt, wurden von Christus ausgesandt, der so Erde und Menschheit auf sein unmittelbares Eintreten vorbereitete.

Der Ausdruck „die Erde vorbereitet" bedeutet, daß jede Evolution auf einem Planeten Hand in Hand mit dessen eigener Evolution erfolgt. Wenn ein geistig Hellsehender die Evolution unserer Erde von einem entfernten Stern aus beobachtet hätte, würde er die fortschreitenden Veränderungen in ihrem Empfindungsleib wahrgenommen haben. In der im Alten Testament beschriebenen Zeit wurden die Empfindungskörper allgemein durch das Gesetz verbessert. Diese Tätigkeit wird bei den meisten Menschen, die sich dadurch auf das höhere Leben vorbereiten, fortgesetzt.

Doch dieses Leben, der Pfad der Einweihung, beginnt erst, wenn die Arbeit am Lebensleib einsetzt. Das Mittel zur Einleitung ist die Liebe oder besser gesagt, der Altruismus. Das Wort „Liebe" ist so mißbraucht worden, daß es nicht mehr ausdrückt, was hier gemeint ist. Zur Zeit des Alten Testamentes war der Pfad der Einweihung nur einigen Auserwählten zugänglich. Die Hierophanten der Mysterien versammelten gewisse Familien in den Tempeln und sonderten sie vom übrigen Volk ab. Diese Auserwählten wurden dann zu genauer Einhaltung gewisser Riten und Zermonien angehalten. Ihre Heiraten und der geschlechtliche Umgang wurden durch Hierophanten geregelt.

Dadurch entstand eine Rasse, bei der die Verbindung zwischen dem physischen und dem Lebensleib in richtiger Weise gelockert war. Der Empfindungsleib wurde aus dem bewußtlosen Schlafzustand erweckt. So kam es für einige wenige zur Vorbereitung der Einweihung. Sie erhielten Gelegenheiten, die nicht allen geboten wurden. Die Leviten waren beispielsweise die auserwählten Tempelhüter unter den Israeliten, die Kaste der Brahminen die einzige Priesterklasse bei den Hindus.

Zu Christi Mission gehörte es, die Verlorenen zu erlösen und allen die Einweihung zu ermöglichen. Deshalb war Jesus kein Levit, kein Angehöriger des Standes, der das Priestertum vererbte. Er kam aus dem Volk. Obwohl er nicht der Klasse der Lehrer angehörte, waren seine Lehren höher als die von Mose.

Christus leugnete weder Mose noch das Gesetz oder die Propheten. Im Gegenteil, er erkannte alle an und zeigte dem Volk, daß sie seine Zeugen waren, denn sie wiesen samt und sonders hin auf den Einen, der da kommen sollte. Er sagte dem Volk, daß jene Wesen ihre Aufgabe erfüllt hätten und die Liebe von nun an das Gesetz ersetzen müsse.

Jesus wurde getötet. Im Zusammenhang mit dieser Tatsache kommen wir zu dem größten und grundlegenden Unterschied zwischen ihm und den vorausgegangenen Lehrern, in denen sich die Rassengeister inkarniert hatten. Sie starben alle und mußten wieder und wieder verkörpert werden, um ihren Völkern beim Tragen ihres Schicksals zu helfen. Der Erzengel Michael, der Rassengeist der Hebräer, erhöhte Mose, der zum Sterben auf den Berg Nebo gestiegen war (5. Mose 34, 1). Mose wurde in Elia wiedergeboren. Elia kehrte als Johannes der Täufer zurück. Buddha starb und kam als Sankaracharya wieder. Shri Krischna sagt:

> „So oft Dharma*) entschwunden ist . . . und . . .
> Adharma**) erhöht wird, komme ich selbst zum
> Schutz des Guten, und zur Vernichtung von
> Übeltätern, um standhaft Dharma zu errichten.
> Ich bin von Ewigkeit zu Ewigkeit geboren."
>
> Bhagavad Gita IV. 7.

Als der Tod kam, **leuchtete** Moses Gesicht. Auch Buddhas Körper glühte. Beide Männer kamen in den Zustand, in dem der Geist von innen zu leuchten beginnt. Dann aber starben sie.

Jesus Christus erreichte dieses Sein auf dem Berg der Verklärung. Es ist von höchster Bedeutung, **daß sein wirkliches Werk nach diesem Ereignis stattfand.** Er litt, **wurde getötet und wieder erweckt.**

Gewaltsamer und natürlicher Tod unterscheiden sich wesentlich voneinander. Das Blut, das Träger des Rassengeistes war, mußte **fließen** und von dessen verderblichem Einfluß befreit werden. Die Liebe zu Vater und Mutter unter Ausschluß anderer Väter und Mütter muß schwinden, sonst kann die Universale Bruderschaft und eine allumfassende selbstlose Liebe niemals Wirklichkeit werden.

Das reinigende Blut

Bei der Kreuzigung wurde der Körper des Erlösers Jesus Christus an fünf Stellen durchbohrt. Das geschah an den fünf Zentren, an denen die Ströme des Lebensleibes fließen. Auch der

---

*) Dharma (sanskrit), abgeleitet von altindisch dhar, mittelindisch, der Sprache des Buddhismus, Dhamma, ist ein religiöses Grundgesetz, das Hinnehmen von Gottes Willen und die Unterwerfung unter Gott in diesem und im nachtodlichen Leben, die Lehre vom Weg zum Heil, zu Recht, Pflicht, Tugend, Gerechtigkeit; im engeren Sinn ist es das vom König zu hütende Recht. Siehe auch Anhang, Anmerkung 4.

**) Adharma ist das dem Dharma Widersprechende, das Unrecht.

Druck der Dornenkrone verursachte ein Fließen des Blutes, und zwar aus dem sechsten Zentrum. Es ist ein Hinweis für diejenigen, die diese Ströme schon kennen. Eine vollständige Erklärung darüber kann jedoch noch nicht öffentlich gegeben werden.

Als das Blut aus diesen Zentren floß, wurde der große Sonnengeist Christus von Jesu physischem Träger gelöst. Mit seinen besonderen Körpern war er selbst **in der Erde,** deren bereits vorhandenen planetarischen Träger er mit ihnen durchdrang. In diesem Augenblick breitete er seinen eigenen Empfindungsleib über den Planeten aus. Seitdem konnte er **von innen** her an der Erde und ihrer Menschheit gestalten.

Im gleichen Augenblick überflutete eine gewaltige Woge geistigen Sonnenlichts die Erde. Sie zerriß den Vorhang, den der Rassengeist vor den Tempel gezogen hatte, um alle außer den wenigen Erwählten auszuschließen. Von da an gab das Licht den Weg der Einweihung für alle frei, die ihn betreten wollen. Wie ein Blitzstrahl veränderte diese Woge die geistigen Bedingungen der Erde. Auf die festen, konkreten Verhältnisse wirken sie natürlich viel langsamer ein. Wie alle schnellen und hohen Lichtschwingungen blendete diese große Woge das Volk durch ihre übernatürliche Helligkeit. Daher hieß es, daß „die Sonne ihren Schein verlor" (Lukas 23, 44). Jedoch, das Gegenteil war der Fall. Sie verlor nicht ihren Schein, sie erstrahlte vielmehr in herrlichem Glanz. Die Überfülle des Lichts blendete das Volk. Erst als die gesamte Erde den Empfindungsleib des glänzenden Sonnengeistes aufgenommen hatte, normalisierten sich die Schwingungen.

„Das reinigende Blut Jesu Christi" bedeutet das auf Golgatha geflossene Blut. Es trug den großen Sonnengeist Christus in sich, dem es zum Eingehen in die Erde verhalf. Von diesem Augenblick an ist er deren Herrscher. Er breitete seinen eigenen

Empfindungsleib über den Planeten aus. Dadurch reinigte er ihn von allen niederen Einflüssen der Rassengeister.

Unter dem Gesetz sündigten **alle**. Nein, mehr noch, sie mußten sündigen. Sie waren nicht so weit fortgeschritten, daß sie aus Liebe das Rechte tun konnten. Ihre Natur des Verlangens war so stark, daß sie sie unmöglich ganz und gar beherrschen konnten. Deshalb sammelte sich ihre unter dem Gesetz von Ursache und Wirkung aufgeladene Schuld mächtig an. Die Evolution wäre außerordentlich verzögert worden, und viele Menschen wären für unsere Lebenswoge verloren gegangen, wenn sie keine Hilfe erhalten hätten.

Deshalb kam Christus, „die Verlorenen zu suchen und zu retten". Durch sein reinigendes Blut, das ihm den Zugang zur Erde und ihrer Menschheit ermöglichte, tilgte er die Sünden der Welt. Er reinigte die Lebensumstände. Wir verdanken es ihm, daß wir reineren Empfindungsstoff als früher für unseren Empfindungsleib sammeln können. Und er hilft uns weiterhin, indem er unsere äußere Umgebung fortwährend reinigt.

Wer sich auch nur eine annähernde Vorstellung von den Begrenzungen macht, denen dieser große Geist durch sein Eingehen in die behindernden Bedingungen des physischen Daseins, selbst in dem besten und reinsten Träger, zu ertragen hatte, kann nicht daran zweifeln, daß das auf Kosten großer Leiden für Christus selbst geschah und noch geschieht. Seine gegenwärtige Beschränkung als Herrscher der Erde ist nicht weniger schmerzlich. Es ist wahr, daß er auch der Herrscher der Sonne und daher nur teilweise an die Erde gebunden ist. Sogar die Begrenzungen, die ihm durch die niedrigen und damit einengend langsamen Schwingungen unseres irdischen Planeten auferlegt werden, müssen nahezu unerträglich sein.

Wäre Jesus Christus einfach gestorben, es wäre ihm nicht möglich gewesen, sein Werk zu vollenden. Doch die Christen haben einen **auferstandenen** Erlöser. Er ist immer gegenwärtig, denjenigen zu helfen, die seinem Namen anrufen. Da er selbst gleich uns gelitten hat und unsere Not kennt, ist er solange nachsichtig gegen unsere Fehler und unser Versagen, wie wir versuchen, ein gutes, ein anständiges Leben zu führen. Wir müssen uns stets vor Augen halten, daß **die einzige wahre Verfehlung das Aufgeben des Strebens ist.**

Nach dem Tod des physischen Körpers von Jesus Christus wurde das Keimatom Jesus von Nazareth, seinem ursprünglichen Besitzer, zurückgegeben, der danach — eine Zeitlang in einem vorübergehend angenommenen Lebensleib wirkend — den Kern des von Christus hinterlassenen neuen Glaubens lehrte. Später war Jesus von Nazareth Leiter von esoterischen Zweigen, die überall in Europa entstanden sind.

An vielen Orten waren die Ritter der Tafelrunde hohe Eingeweihte der Mysterien des Neuen Testaments; so die Gralsritter, denen Josef von Arimathia letztlich den Gral, den Gralskelch, den Christus beim letzten Abendmahl verwendet hatte, anvertraute. Später erhielten sie auch die Lanze, die Christi Seite durchdrungen hatte, und das Gefäß, in dem das Blut aus seiner Wunde aufgenommen worden war.

Die Druiden Irlands*) und die Trotten des nördlichen Rußland**) waren Mitglieder esoterischer Schulen, durch die Jesus, der Meister, während der sogenannten „Finsteren Zeitalter" wirkte. Wenn diese auch finster waren, der geistige Impuls breitete sich dennoch aus. Vom Standpunkt des esoterischen Wissenschaftlers waren sie allerdings „Lichte Zeitalter", wenn sie mit dem wachsenden Materialismus der letzten dreihundert Jahre verglichen werden, in dem das physische Wissen unermeßlich zunahm, das Licht des Geistes jedoch fast ausgelöscht wurde.

---

*) Die Druiden waren die Priester und Lehrer der keltischen Völker in Gallien und Britannien.

**) Die Trotten waren eine wenig bekannte geheime Mysterienvereinigung in Gebieten Westrußlands und Skandinaviens.

„Gralssagen“ und Sagen von den „Rittern der Tafelrunde“ werden jetzt abwertend als Aberglaube zurückgewiesen. Auch alles, was nicht anschaulich bewiesen werden kann, wird für unwürdig gehalten. So großartig die Entdeckungen der modernen Wissenschaft sind, so teuer wurden sie erkauft. Die hohe Intuition ist verdrängt worden. Vom geistigen Standpunkt aus betrachtet, hat es keine dunklere Zeit gegeben als die gegenwärtige.

Die Älteren Brüder, unter ihnen Jesus, haben sich bemüht und bemühen sich, diesem unguten Einfluß entgegenzuwirken, der dem Einfluß in den Augen der Schlange gleicht, durch den der Vogel so lange gebannt wird, bis er Beute ihrer Kiefer wird. Jeder Versuch, das Volk aufzuklären und in ihm ein Bedürfnis nach Pflege der geistigen Seite des Lebens zu erwecken, ist ein Beweis für die Wirksamkeit der Älteren Brüder.

Möge ihr Bemühen von Erfolg gekrönt sein und bald die Zeit kommen, von der an die Forschungen einer vergeistigten modernen Wissenschaft aus spiritueller Sicht durchgeführt werden! Dann und nicht eher werden Wissenschaftler zur wahren Erkenntnis der Welt gelangen.

Diagramm D

„Wie oben, so unten“

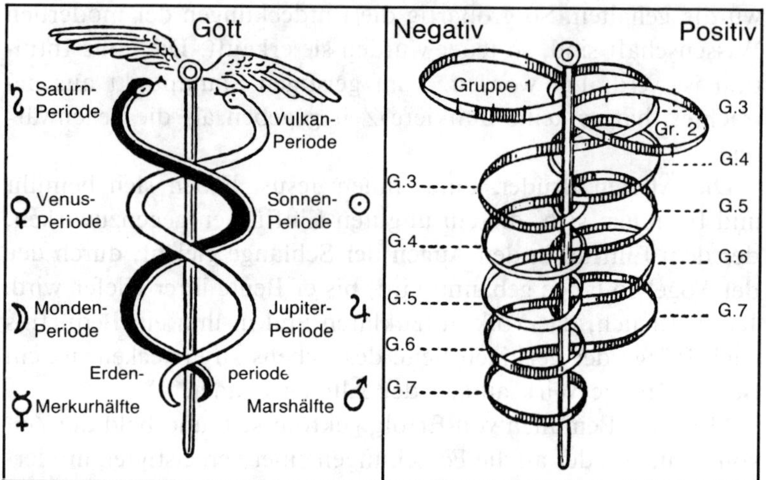

Gruppe Nr.	1	2	3	4	5	6	7
Kombinationsfähigkeit	R_2O	RO	R_2O_3	RO_2 RM_4	RH_3 R_2O_5	RH_2 RO_3	RH R_2O_7
Atomgewicht	$L_{1.7}$	$Gl._9$	$B._{10.9}$	$C._{12}$	$N._{14}$	$O._{16}$	$Fl._{19}$
Dichte	Na 0.97	Ma 1.75	AL 2.49	SI 2.65	S. 2.06	D 1.84	Ce 1.38

Die Welt, der Mensch und das Atom werden von ein und demselben Gesetz beherrscht. Unsere feste Erde ist gegenwärtig in ihrem vierten Zustand der Verdichtung. Verstand, Empfindungsleib und Lebensleib sind weniger fest als unser vierter Träger, der physische Leib. Im Atomgewicht der chemischen Elemente ist eine ähnliche Ordnung vorhanden. In der vierten Gruppe ist der Höhepunkt der Verdichtung erreicht worden.

KAPITEL XVI

Zukünftige Entwicklung und Einweihung

Die sieben Schöpfungstage

Der Rosenkreuzer bezeichnet die Erdenperiode auch als Mars-Merkurische Periode. Der große Schöpfungstag kommt in den Namen der Wochentage, die nach den Evolutionsstufen, in denen sich die Pilgerschaft der Jungfräulichen Geister vollzieht, zum Ausdruck.

Tag	entspricht der	wird beherrscht von
Sonnabend	Saturnperiode	Saturn
Sonntag	Sonnenperiode	Sonne
Montag	Mondenperiode	Mond
Dienstag	1. Hälfte der Erdenperiode	Mars
Mittwoch	2. Hälfte der Erdenperiode	Merkur
Donnerstag	Jupiterperiode	Jupiter
Freitag	Venusperiode	Venus

Die Vulkanperiode ist die letzte Periode unseres Evolutionsplans. Das Wesentliche, die Quintessenz aller vorhergehenden Perioden, wird bei der Wiederholung Spirale um Spirale herausgezogen. Bis zum letzten Kreislauf des allerletzten Weltenkörpers wird kein neues Werk vollbracht und folglich nur in der Siebenten Epoche. Daher kann man sagen, daß die Vulkanperiode derjenigen Woche entsprechen wird, die alle sieben Tage einschließt.

Die Feststellung der Astrologen, daß die Wochentage von dem Planeten regiert werden, nach dem sie benannt sind, ist wohlbegründet. Auch den Weisen des Altertums war dieses esoterische Wissen bekannt. Das zeigt sich in ihren Mythologien, in denen die Namen der Götter mit den Tagen der Woche in Verbindung gebracht werden.

Der Sonnabend, englisch Saturday, ist einfach „Saturns Tag".

Der Sonntag steht mit der Sonne, der Montag mit dem Mond in Beziehung.

Der Lateiner nennt den Dienstag „Dies Martis". Das zeigt deutlich den Zusammenhang mit Mars, dem Gott des Krieges. Der Name „Dienstag" ist von „Tirstag", „Tir" oder „Tyr", dem Namen des altnordischen Kriegsgottes, abgeleitet.

Der Mittwoch, englisch Wednesday, wurde nach dem ebenfalls altnordischen Gott Wotan benannt. Bei den Lateinern heißt er „Dies Mercurii", Merkurtag. Das weist hin auf seine Verbindung mit Merkur.

Der Donnerstag hat seinen Namen von Donar oder Thor, dem altnordischen Donnergott; bei den Lateinern heißt er nach dem Donnergott „Jovis" oder „Jupiter" „Dies Jovis". Der Freitag ist nach „Freya", der altnordischen Göttin der Schönheit, benannt worden. Der Lateiner nennt ihn „Dies Veneris", oder „Tag der Venus".

Die Namen der Perioden haben nichts mit den physischen Planeten zu tun. Sie beziehen sich auf die vergangenen, gegenwärtigen und zukünftigen Inkarnationen der Erde. Nach dem Hermetischen Grundsatz „Wie oben, so unten" sind für den Makrokosmos ebenso Wiederverkörperungen erforderlich wie für den Mikrokosmos, den Menschen.

Die Geisteswissenschaft lehrt, daß es 777 Verkörperungen gibt. Das bedeutet aber nicht, daß sich die Erde 777 Metamor-

Diagramm 15

Die Sieben Schöpfungstage und die Vier Großen Einweihungen

Die allgemeine Menschheit verfolgt den Pfad der Spirale, der Eingeweihte geht den „geraden und engen“ Weg, der ihn führt

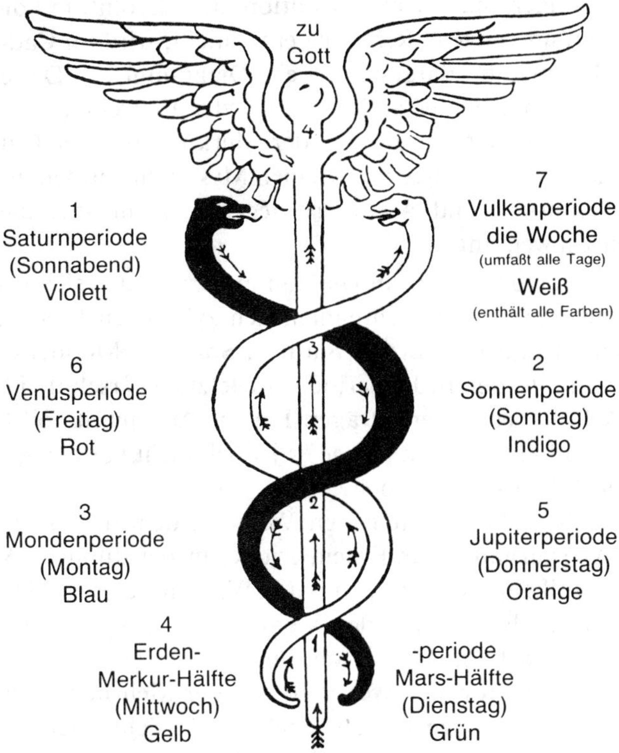

Der Weg der Einweihung

Vor dem Ende der Marshälfte der Erdenperiode gab es keine Einweihung. Die kleineren Mysterien umfassen die menschliche Einweihung während der Merkurhälfte der Erdenperiode

phosen zu unterziehen hat. Vielmehr ist damit gemeint, daß das sich entwickelnde Leben

7 Weltenkreisläufe um die
7 Weltenkörper der
7 Weltenperioden bildet.

Diese Pilgerschaft von Involution und Evolution, die den „schmalen und engen" Richtweg einschließt, wird im Caduceus, dem „Merkurstab", dargestellt (siehe Diagramm 15). Dieses esoterische Symbol deutet auf den Pfad der Einweihung, der für den Menschen erst seit Beginn der Merkurhälfte der Erdenperiode geöffnet ist. Einige der Kleinen Mysterien wurden den früheren Lemuriern und Atlantiern gegeben, nicht aber die Vier Großen Einweihungen.

Die schwarze Schlange in Diagramm 15 zeigt den sich windenden, regelmäßig wiederkehrenden, den zyklischen Pfad der Involution an und umfaßt die Saturn-, Sonnen-, Monden- sowie die Marshälfte der Erdenperiode. In letzterer erschuf das sich entwickelnde Leben seine Träger. Für die Außenwelt vollständig erweckt und klar bewußt wurde es jedoch nicht vor der späteren Zeit der Atlantischen Epoche.

Die weiße Schlange stellt den Weg dar, dem die Menschheit in der Merkurhälfte der Erdenperiode, in der Jupiter-, Venus- und der Vulkanperiode folgen wird. Während dieser Pilgerreise wird sich das Bewußtsein des Menschen zu einer allwissenden schöpferischen Intelligenz erweitern.

Der schlangenförmige Weg wird von der Mehrheit begangen. Der Merkurstab hingegen, um den sich die Schlangen winden, zeigt den „geraden und engen Weg", den Pfad der Einweihung. Er befähigt diejenigen, die ihn gehen, in wenigen Leben das zu erreichen, wofür die meisten Menschen Millionen von Jahren benötigen.

Es ist kaum erforderlich zu sagen, daß eine Beschreibung der Einweihungsfeierlichkeit nicht gegeben werden kann. Denn das erste Gelübde des Eingeweihten ist Schweigen. Doch selbst wenn es gestattet wäre, darüber zu reden, wäre es für uns nicht wichtig. Wenn wir den Evolutionsweg von oben aus der Vogelperspektive betrachten, ist es unsere Aufgabe, das Ergebnis des Einweihungsvorgangs zu erkennen.

Die Einweihung gibt dem geistig Strebenden die Gelegenheit, seine höheren Fähigkeiten und Kräfte in kurzer Zeit und durch strenge Schulung zu entwickeln. Dadurch gewinnt er eine Bewußtseinserweiterung, die die gesamte Menschheit ganz gewiß einst besitzen wird. Die meisten ziehen es jedoch vor, sie durch den langsamen Prozeß der allgemeinen Evolution zu erwerben. Wir können die Bewußtseinszustände und die sie begleitenden Kräfte erkennen, die der Strebende erreicht, wenn er durch die aufeinanderfolgenden Großen Einweihungen hindurchgeht, vorausgesetzt, wir wissen, was sie zukünftig für die allgemeine Menschheit bedeuten werden. Einige Hinweise wurden bereits gegeben, und andere können nach dem Gesetz der Entsprechungen folgerichtig aus ihnen abgeleitet werden. Dadurch ist es möglich, ein ziemlich abgerundetes Bild der in ihrer Fülle für uns alle vorbereiteten Evolution zu vermitteln. Außerdem kann die Erhabenheit der großen Stufen in der Einweihung gezeigt werden. Hierfür ist ein Rückblick auf die einzelnen Schritte behilflich, durch die sich das Bewußtsein des Menschen in den verschiedenen Perioden entwickelt hat.

Wir erinnern uns, daß dieses Bewußtsein in der Saturnperiode dem des in tiefsten Trancezustand versunkenen Körpers ähnlich war. Ihm folgte in der Sonnenperiode das Bewußtsein des traumlosen Schlafes. In der Mondenperiode leuchtete das erste Erwachen auf. Dadurch zeigten sich dem Menschen äußere Erscheinungen in inneren Bildern. Das gesamte Bewußtsein fügte sich aus solchen innewohnenden Darstellungen äußerer Gegenstände, aus Farben und aus Klängen zusammen. Schließlich, im späteren Teil der Atlantischen Epoche, wurde dieses Bilderbewußtsein durch das gegenwärtige vollwache Bewußtsein ersetzt. Nun konnten äußere Gegenstände in klaren, deutlichen Umrissen wahrgenommen werden. Als dieses Außenweltbewußtsein erreicht wurde, bemerkte der Mensch die Umwelt. Zum ersten Mal entdeckte er den Unterschied zwischen sich „selbst" und „den anderen". Er erkannte seine Getrenntheit. Von da an begann er die Vorherrschaft des „Ich"-Bewußtseins, des Egoismus. Vorher hatten sich keine seiner Gedanken oder Ideen mit der Außenwelt befaßt. Folglich gab es auch keine Erinnerung an Ereignisse.

Der Wechsel vom inneren Bilderbewußtsein zum gegenständlichen Selbstbewußtsein wurde in einem seiner Erhabenheit entsprechenden, sehr langsamen Vorgang wirksam. Er dauerte vom Dasein auf Weltenkörper C im dritten Weltenkreislauf der Mondenperiode bis zum letzten Teil der Atlantischen Epoche.

Bevor das sich entwickelnde Leben in dieser Zeit die menschliche Stufe erreichte, ging es durch **vier** große Zustände tierähnlicher Entfaltungen. Diese Schritte der Vergangenheit entsprechen vier **noch** zu durchlaufenden Stadien und den vier Einweihungen.

Innerhalb dieser vier großen, vorher durchlaufenen Bewußtseinsstufen gibt es im ganzen dreizehn Schritte. Vom gegenwärtigen Zustand des Menschen bis zum Erreichen der letzten großen Einweihung sind es weitere dreizehn Schritte, neun Grade der kleineren Mysterien und vier Große Einweihungen.

In unserer gegenwärtigen Tierwelt ist eine ähnliche Teilung vorhanden. Sie kann durch die Betrachtung der Form verfolgt werden. Da diese der Ausdruck des Lebens ist, muß natürlich jeder Schritt ihrer Entwicklung einem Schritt in der Erweiterung des Bewußtseins entsprechen.

Cuvier*) war der erste, der das Tierreich in vier große Hauptklassen einteilte. Bei der Aufgliederung dieser vier Klassen in weitere Unterabteilungen hatte er jedoch nicht so viel Erfolg. Der Embryologe Karl Ernst von Baer**) sowie Professor Agassiz***) und andere Gelehrte teilen das Tierreich wie folgt in vier Haupt- und dreizehn Unterklassen ein:

I. Strahltiere
  1. Polypen, Seeanemonen und Korallen
  2. Quallen
  3. Seesterne, Seeigel

II. Mollusken
  4. Muscheln
  5. Schnecken
  6. Cephalopoden

---

*) George Baron von Cuvier, 1769—1832, französischer Zoologe und Paläontologe, Kanzler der Pariser Universität, Begründer der größten anatomischen Sammlung Europas. Seine grundlegenden vergleichenden anatomischen Arbeiten ermöglichten es ihm, ein natürliches System der Tiere aufzustellen. Cuvier entwarf die Theorie, daß ständig gleichbleibende Arten einer Erdenepoche jeweils durch Katastrophen vernichtet und in einem Schöpfungsakt durch neue ersetzt werden.

**) Karl Ernst von Baer, 1792—1876, Zoologe, Professor in Königsberg (1822) und Petersburg (1829), Begründer der modernen Embryologie. Er entdeckte das Säugetierei. Seine Hauptarbeiten befassen sich mit Entwicklungsgeschichte, Keimblättertheorie und dem biogenetischen Grundgesetz, nach dem die Einzelentwicklung (Ontologie) eine Wiederholung der Stammesentwicklung (Phylogenie) ist.

***) Ludwig Johann Rudolf Agassiz, 1807—1873, Naturforscher, Professor der Zoologie, Paläontologe in Cambridge (Massachusetts, USA), wo er das großartige Museum für vergleichende Zoologie begründete.

III. Gliedertiere
 7. Würmer
 8. Krustentiere
 9. Insekten

IV. Wirbeltiere
 10. Fische
 11. Reptilien
 12. Vögel
 13. Säugetiere

Die ersten drei Abteilungen entsprechen den drei noch zu durchlaufenden Weltenkreisläufen der Merkurhälfte unserer Erdenperiode. Ihre neun Schritte korrespondieren mit den neun Stufen der Kleinen Mysterien. Sie werden von der allgemeinen Menschheit erreicht sein, wenn diese in der Mitte der letzten Weltenkreisläufe der Erdenperiode angekommen ist.

Die vierte Abteilung des fortgeschrittenen Tierreichs hat vier Unterabteilungen, Fische, Reptilien, Vögel und Säugetiere. Die so angezeigten Bewußtseinsschritte entsprechen ähnlichen Fortschrittsstufen, wie sie von der Menschheit am Ende der Erden-, in der Jupiter-, Venus- und Vulkanperiode erreicht werden sollen. Jeder dazu fähige Mensch kann sie jetzt durch die Einweihung erlangen. Das erste der Großen Mysterien vermittelt den Bewußtseinszustand, der von der ganzen Menschheit am Ende der Erdenperiode erworben sein wird. Das zweite am Schluß der Jupiterperiode werden alle erreichen. Das dritte am Ende der Venusperiode bringt die Ausweitung des Bewußtseins. Das vierte und letzte vermittelt dem Eingeweihten Macht und Allwissenheit. Von den meisten Menschen werden diese letzteren erst am Ende der Vulkanperiode errungen sein.

Das **gegenständliche Bewußtsein,** durch das wir Kenntnis der Außenwelt erhalten, hängt davon ab, was wir mit unseren Sinnen wahrnehmen. Im Gegensatz zu den Gedanken und Ideen, die wir durch unser inneres Bewußtsein aufnehmen, nennen wir jenes Wahrgenommene „wirklich". Die Realität der Ideen- und Gedankenwelt wird uns nicht so offenbar wie die eines Buches, eines Tisches oder eines anderen im Raum sichtbaren oder greifbaren Gegenstandes. Gedanken und Ideen scheinen unklar und unwirklich zu sein. Deshalb sprechen wir von einem „bloßen" Gedanken oder von „nur" einer Idee.

Die Ideen und Gedanken von heute haben jedoch eine Evolution vor sich. Ihnen ist es bestimmt, ebenso wirklich, klar und greifbar zu werden wie ein Gegenstand der Außenwelt, den wir jetzt durch die physischen Sinne wahrnehmen. Gegenwärtig ist das in unserem inneren Bewußtsein vorgestellte Erinnerungsbild über einen gedachten Sachverhalt oder über eine Farbe nur ein trüber und schattenhafter Abglanz der äußeren Wirklichkeit.

Mit dem Beginn der Jupiterperiode wird in dieser Hinsicht eine deutliche Veränderung eintreten. Dann werden die Traumbilder der Mondenperiode wiederkehren. Aber sie werden dem Ruf des Denkers unterworfen und nicht nur Nachbildungen äußerer Gegenstände sein. So wird die Verbindung der Bilder der Mondenperiode mit den während der Erdenperiode bewußt entwickelten Gedanken und Ideen stattfinden. Das heißt wir werden ein **selbstbewußtes Bilderbewußtsein** besitzen.

Wenn ein Mensch der Jupiterperiode „rot" sagt oder den Namen eines Gegenstandes ausspricht, wird eine klare und genaue Wiedergabe der gedachten besonderen Schattierung von rot oder des benannten Gegenstandes entstehen, vor seinem inneren Gesicht erscheinen und auch vom Zuhörer vollständig wahrzunehmen sein. Mißverständliche Auffassungen wird es nicht geben. Gedanken und Ideen werden lebendig und sichtbar, Heucheleien und Schmeichelein gänzlich ausgeschlossen sein. Man wird die Menschen genauso sehen können, wie sie sind; es werden sowohl gute als auch böse vorhanden sein. Doch diese beiden Eigenschaften werden sich nicht in ein und demselben Menschen vermischen; vielmehr wird es den vollkommen guten und den vollkommen bösen geben. Eines der Hauptprobleme dieser Zeit wird die Frage sein, wie man die letzeren zu behandeln hat. Die Manichäer, ein Orden noch höherer Geistigkeit, als es die Rosenkreuzer sind, bemühen sich gegenwärtig, dieses sehr schwierige Problem zu lösen. Ein Vorstellungsbild des angedeuteten Zustands kann aus einer kurzen Zusammenfassung ihrer Legende gewonnen werden. Alle mystischen Orden haben eine symbolische Legende für ihre Ideale und Bestrebungen.

Diejenige der Manichäer erzählt von zwei Königreichen, dem der Lichtelfen und dem der Nachtelfen. Letztere greifen die Lichtelfen an, werden besiegt und sind zu bestrafen. Da aber die Lichtelfen so vollkommen gut wie die Nachtelfen schlecht sind, können sie ihren Feinden nichts Böses auferlegen. Sie **müssen sie mit Gutem bestrafen.** Deshalb wird ein Teil ihres Reiches mit dem der Nachtelfen vereinigt. Auf diese Weise wird das Böse mit der Zeit überwunden. Haß unterwirft sich nicht dem Haß; er kann nur der Liebe unterliegen.

Die inneren Bilder der Mondenperiode waren eine gewisse Äußerung der aufgenommenen Umgebung des Menschen. In der Jupiterperiode werden sich die Bilder aus dem Inneren heraus äußern. Sie werden ein Ergebnis des menschlichen Innenlebens sein. Außerdem wird der Mensch die in der Erdenperiode erworbene Fähigkeit besitzen, Dinge außerhalb seiner selbst wahrzunehmen. In der Mondenperiode sah er nur Seeleneigenschaften, keine festen Gegenstände. In der Jupiterperiode wird er beides bemerken. Dadurch wird er seine Umgebung umfassend wahrnehmen und verstehen. In einem späteren Stadium dieser Periode wird dieser Auffassungsfähigkeit ein noch höherer Zustand folgen. Der Mensch wird die Kraft haben, klare geistige Farben-, Gegenstands- und Klangvorstellungen zu bilden. Das wird ihm die Möglichkeit geben, Fühlung zu übersinnlichen Wesen mannigfaltiger Ordnungen aufzunehmen, sie zu beeinflussen, sich ihres Gehorsams zu sichern und ihre Kräfte nach seinem Willen zu verwenden. Doch er wird nicht fähig sein, Kräfte aus sich heraus zu entsenden, durch die er seine Absichten ausführen könnte. Er wird auf die Hilfe dieser übersinnlichen Wesen, die dann in seinen Diensten stehen, angewiesen sein.

Am Ende der Venusperiode wird der Mensch die Fähigkeit haben, seinen Bildern aus eigener Kraft Leben zu geben und sie als Gegenstände in den Raum zu stellen. Dann wird er gegenständliches Selbst- und schöpferisches Bewußtsein besitzen.

Über das hochgeistige Bewußtsein, das in der Vulkanperiode erreicht werden wird, kann sehr wenig gesagt werden. Es liegt außerhalb unserer Fassungskraft.

Spiralen in den Spiralen

Man darf nicht glauben, daß diese Bewußtseinszustände mit dem Beginn der Periode einsetzen, zu der sie gehören, und daß sie bis zu ihrem Ende fortdauern. Es gibt immer Wiederholungen. Daher muß es auch entsprechende aufsteigende Entwicklungsformen des Bewußtseins geben. Der Saturnkreislauf jeder Periode, der Aufenthalt auf Weltenkörper A und die erste Epoche jedes Weltenkörpers sind Wiederholungen der Entwicklungszustände der Saturnperiode. Der Sonnenkreislauf, der Aufenthalt auf Weltenkörper B und die zweite Epoche auf jedem Weltenkörper sind Wiederholungen der Zustände in der Sonnenperiode unserer Entwicklung. Und so geht es weiter durch alle Evolutionsreihen. Hieraus wird man erkennen, daß sich das Bewußtsein, das besondere und eigentümliche Ergebnis oder Erzeugnis jeder Periode erst zu entwickeln beginnt, wenn alle Wiederholungen durchlaufen wurden. Das Wachbewußtsein der Erdenperiode setzte nicht vor dem vierten Weltenkreislauf ein.

Zu dieser Zeit hatte die Lebenswoge den vierten Weltenkörper D erreicht und befand sich auf ihm in der vierten oder Atlantischen Epoche.

Das Jupiterbewußtsein wird in der Jupiterperiode nicht vor dem fünften Weltenkreislauf einsetzen. Dann wird der fünfte Weltenkörper E erreicht sein. Auf ihm wird die fünfte Epoche anfangen.

Dementsprechend wird das Venusbewußtsein erst beginnen, wenn der sechste Weltenkörper und die sechste Epoche des sechsten Weltenkreislaufs heraufgekommen sind. Die besondere Vulkantätigkeit wird auf den allerletzten Weltenkörper und auf die letzte Epoche, also auf den Zeitabschnitt beschränkt sein, der unmittelbar vor dem Ende des Manifestationstages liegt.

Die erforderliche Dauer für das Durchleben dieser verschiedenen Perioden ist sehr unterschiedlich. Je weiter die Jungfräulichen Geister in die Materie eingehen, um so langsamer wird ihr Fortschritt, und um so zahlreicher werden dessen Schritte oder Stufen sein. Nachdem der Nadir, der Tiefpunkt der materiellen Existenz, durchschritten ist und die Lebenswoge in feinere und beweglichere Verhältnisse aufsteigt, wird der Fortschritt nach und nach beschleunigt. Die Sonnenperiode dauert etwas länger als die Saturnperiode und die Mondenperiode länger als die Sonnenperiode. Die Mars- oder erste Hälfte der Erdenperiode ist die längste aller Perioden. Dann werden die Zeitspannen wieder kürzer. Die Merkurhälfte der Erdenperiode, die letzten dreieinhalb Weltenkreisläufe, nehmen einen kürzeren Zeitraum ein als die Marshälfte. Die Jupiterperiode wird kürzer sein als die Mondenperiode, die Venusperiode kürzer als die ihr entsprechende Sonnenperiode; die Vulkanperiode ist die kürzeste von allen.

Die Bewußtseinszustände während der einzelnen Perioden können wie folgt dargestellt werden:

Periode	entsprechendes Bewußtsein
Saturn	Unbewußtheit; es entspricht dem tiefen Trancezustand
Sonne	Unbewußtheit; es ähnelt dem traumlosen Schlaf
Mond	Bilderbewußtsein; es entspricht dem Traumzustand
Erde	Waches Gegenstandsbewußtsein
Jupiter	Selbstbewußtes Bilderbewußtsein
Venus	Gegenständliches, schöpferisches Selbstbewußtsein
Vulkan	Höchstes geistiges Bewußtsein

Nach diesem allgemeinen Überblick über die in den nächsten dreieinhalb Perioden zu entwickelnden Bewußtseinszustände werden wir uns nun dem Studium der Mittel oder Wege zuwenden, durch die sie zu erreichen sind.

Alchemie und Seelenwachstum

Die Entwicklung des physischen Körpers setzte in der Saturnperiode ein; in der Sonnen- und Mondenperiode erfolgten verschiedene Verwandlungen. Seine höchste Entwicklung wird er in der Erdenperiode erreichen.

Das Werden des Lebensleibes begann im zweiten Weltenkreislauf der Sonnenperiode. In der Monden- und Erdenperiode erfolgten Wiederherstellungen. Die Vollendung wird in der Jupiterperiode erreicht werden. Das ist dann das vierte Stadium des Lebensleibes, während die Erdenperiode das vierte des physischen Körpers ist.

Der Entstehungsbeginn des Empfindungsleibes liegt in der Mondenperiode. Die Wiederherstellung erfolgte in der Erdenperiode. In der Jupiterperiode werden weitere Verwandlungen eintreten, und in der Venusperiode wird die Vollkommenheit erreicht werden.

Der Verstand wurde in der Erdenperiode eingefügt. Er wird in der Jupiter- und Venusperiode umgestaltet werden und in der Vulkanperiode seine Vollkommenheit erhalten.

Ein Blick auf Diagramm 8 zeigt, daß der niederste Weltenkörper der Jupiterperiode in der Ätherregion liegt. Daher wäre es nicht möglich, hier den festen physischen Träger zu gebrauchen. Denn in der Ätherregion kann nur der Lebensleib nützlich sein. Man darf jedoch nicht annehmen, daß der physische Körper nach seiner Verwendung in der Zeit vom Beginn der Saturnperiode bis zum Ende der Erdenperiode, in der er ausgestaltet und vervollkommnet werden soll, verworfen wird, damit der Mensch in einem „höheren" Träger tätig sein kann.

Nichts geht in der Natur verloren. In der Jupiterperiode werden die Kräfte des physischen Körpers auf den vollendeten Lebensleib übertragen werden. Dieser Träger wird dann zusätzlich zu seinen eigenen Fähigkeiten die Kräfte des physischen Körpers besitzen. Dadurch wird er ein wesentlich wertvolleres Ausdrucksmittel für den dreifachen Geist sein, als wenn er nur aus seinen eigenen Kräften gebildet werden würde.

Weltenkörper D der Venusperiode liegt in der Empfindungswelt (siehe Diagramm 8). Deshalb könnte weder ein physischer noch ein Lebensleib als Instrument des Bewußtseins dienen. Die Wesenheiten der vollständig ausgebildeten physischen und der Lebenskörper sind mit dem vollendeten Empfindungsleib vereint, der dadurch Träger übersinnlicher Eigenschaften wird. Er wird sich in wunderbarer Weise den leisesten Wünschen des in ihm wohnenden Geistes fügen. In unserer gegenwärtigen Begrenztheit ist das darüber hinaus unser höchster Begriff.

Doch selbst die wirkende Kraft dieses hervorragenden Trägers wird übersinnlich sein, wenn sein Wesen zusammen mit denen des physischen Körpers und des Lebensleibes in der Vulkanperiode dem Verstand eingefügt wird. Das wird der höchste Träger des Menschen werden. In ihm wird die Quintessenz des Besten aus allen Trägern enthalten sein. Der Träger der Venusperiode übersteigt bereits unser gegenwärtiges Auffassungsvermögen. Noch mehr ist das der Fall bei dem Träger, der in der Vulkanperiode dem Dienst an den göttlichen Wesenheiten zugeeignet sein wird.

Während der Involution halfen die Schöpferischen Hierarchien, den dreifachen Geist des Menschen, das Ich, zur Gestaltung des dreifachen Körpers anzuregen und das Bindeglied des Verstandes zu erwerben. Jetzt jedoch, am siebenten Tag, um die Sprache der Bibel anzuwenden, ruht Gott. Der Mensch muß selbst an seiner Erlösung arbeiten. Der dreifache Geist hat die Ausarbeitung des von den Göttern begonnenen Planes zu vollenden.

Der während der Involution in der Mondenperiode erweckte menschliche Geist wird der wichtigste der drei Aspekte des Geistes in der Evolution der Jupiterperiode, der entsprechenden Periode auf dem nach oben gerichteten Bogen der Spirale sein. Der Lebensgeist, der in der Sonnenperiode zur Aktivität angeregt wurde, wird seine Haupttätigkeit in der ihr entsprechenden Venusperiode offenbaren. Die besonderen Einflüsse des Göttlichen Geistes werden in der Vulkanperiode am stärksten sein, denn sie wurden in der ihr entsprechenden Saturnperiode belebt.

Alle drei Aspekte des Geistes sind in der gesamten Evolutionszeit tätig. Die Hauptwirksamkeit eines jeden wird sich jedoch in jener besonderen Periode entfalten, denn die dort zu verrichtende Arbeit ist ihre spezielle Aufgabe.

Als der dreifache Geist den dreifachen Körper entwickelt und durch die Konzentration des Verstandes die Herrschaft über ihn gewonnen hatte, begann er, durch innere Tätigkeit die dreifache Seele zu entfalten. Wieviel oder wie wenig Seele ein Mensch besitzt, hängt von dem Wert der Tätigkeit ab, die der Geist in den Körpern vollbracht hat. Das wurde in dem Kapitel behandelt, in dem über die Erfahrungen nach dem Tod geschrieben worden ist.

Soviel wie das Ich vom Empfindungsleib verarbeitet hat, wird in die Empfindungsseele umgewandelt und schließlich vom menschlichen Geist aufgenommen; dessen besonderer Träger ist der Empfindungsleib.

Das, was der Lebensgeist vom Lebensleib verarbeitet hat, wird zur Verstandesseele. Es gestaltet den Lebensgeist, denn jener Aspekt des dreifachen Geistes hat sein Gegenbild im Lebensleib.

Der Teil des physischen Leibes, der vom Göttlichen Geist verarbeitet wurde, wird Bewußtseinsseele genannt. Er wird letztlich mit dem Göttlichen Geist verschmolzen. Denn der physische Körper ist seine materielle Ausstrahlung.

Die Bewußtseinsseele wächst durch Handeln, durch äußere Begegnungen und durch Erfahrung.

Die Empfindungsseele wächst durch Gefühle und Gemütsbewegungen, die durch Handlungen und Erfahrungen hervorgerufen werden.

Die Verstandesseele, der Mittler zwischen den beiden anderen, wächst durch die Übung des Gedächtnisses, durch die sie vergangene und gegenwärtige Erfahrungen und die dadurch erzeugten Gefühle verbindet. Auf diese Weise ruft sie „Sympathie" und „Antipathie" hervor, die außerhalb des Gedächtnisses nicht leben könnten. Denn Gefühle, die sich nur aus der Erfahrung ergeben, sind vergänglich.

Während der Involution entwickelte sich der Geist durch das Wachsen der Körper. Die Evolution hängt vom Seelenwachstum ab, von der Umwandlung der Körper in die Seele. Die Seele ist die Quintessenz, die Fähigkeit und Stärke des Leibes. Wenn ein Körper in den oben beschriebenen Stufen und Perioden vollständig ausgestaltet und zu seiner Vollendung gebracht worden ist, ist sie völlig aus ihm herausgelöst und von einem der drei Aspekte des Geistes aufgenommen, der den Leib an erster Stelle folgendermaßen hervorbrachte:

Die Bewußtseinsseele wird im siebenten Weltenkreislauf der Jupiterperiode vom Göttlichen Geist aufgenommen.

Die Verstandesseele wird im sechsten Weltenkreislauf der Venusperiode vom **Lebensgeist** aufgenommen.

Die Empfindungsseele wird im fünften Weltenkreislauf der Vulkanperiode vom **menschlichen Geist** aufgenommen.

Das Schöpferische Wort

Der Verstand ist das wichtigste und beim Schöpfungswerk das besondere Instrument, das der Geist besitzt. Der vergeistigte und vervollkommnete Kehlkopf wird das Schöpferische Wort sprechen. Der vollendete Verstand aber wird über die besondere Form und das Maß der Schwingungen entscheiden und so zum bestimmenden Faktor werden. Die Vorstellungskraft wird die vergeistigte, das Schöpferische Wort lenkende Fähigkeit sein.

Gegenwärtig ist eine starke Tendenz vorhanden, die Vorstellungskraft wenig zu beachten. Und doch ist sie einer der wichtigsten Faktoren unserer Zivilisation. Wenn das bildhaftanschauliche Denken nicht vorhanden wäre, würden wir noch unbekleidete Urmenschen sein. Durch Vorstellungen wurden unsere Häuser, unsere Kleidung, unsere Verkehrs- und Nachrichtenmittel entworfen. Wenn die Erfinder dieser Verbesserungen nicht den Geist und die Phantasie zur Ausgestaltung mentaler Bilder gehabt hätten, wären diese Bereicherungen niemals Wirklichkeit geworden. In unserer materialistischen Zeit wird der Einbildungskraft vielfach unverholene Verachtung entgegengebracht. Niemand fühlt die Wirkung davon stärker als die Erfinder, die allgemein für „überspannt“ gehalten werden. Und doch sind sie diejenigen, die in erster Linie für die Beherrschung der Physischen Welt tätig waren und unsere soziale Umgebung zu dem gemacht haben, was sie heute ist. Jede Veränderung geistiger oder physischer Bedingungen muß zuerst als Möglichkeit im Vorstellungsbereich vorhanden sein, bevor sie Wirklichkeit werden kann.

Anhand von Diagramm 1 wird dem Schüler diese Tatsache klar werden. In dem Vergleich, der hier zwischen den Tätigkeiten der einzelnen menschlichen Träger und den Teilen des Projektionsapparates gezogen wird, entspricht der Verstand der Linse. Er ist das im Brennpunkt sammelnde Mittel, durch das die vom Verstand ausgearbeiteten Ideen in die materielle Schöpfung projiziert werden. Zuerst sind sie nur Gedankenformen. Wenn den Menschen aber der Wunsch, die gedachten Möglichkeiten zu verwirklichen, bewogen hat, in der Physischen Welt zu arbeiten, werden sie zu dem, was wir konkrete „Wirklichkeit" nennen.

In der gegenwärtigen Zeit ist der Verstand nicht zur Wiedergabe klarer und wahrer Vorstellungen geistiger Entwürfe fähig. Er vermittelt uns keine scharfen, sondern undeutliche und trübe Bilder. Daher ist es erforderlich, die Unzulänglichkeiten der ersten Entwürfe solange durch Versuche aufzuzeigen und neue Vorstellungsbilder sowie Ideen hervorzurufen, bis das vom Geist im Gedankenstoff erzeugte Bild in die physische Materie übertragen ist.

Mit dem Verstand können wir höchstens Bilder erstellen, die mit der Form zu tun haben. Denn er wurde dem Menschen erstmals in der Erdenperiode gegeben. Daher ist er in seinem jetzigen Form- oder „mineralischen" Zustand, und deswegen sind wir in unserem Wirken auf seine Form und auf das Mineralische beschränkt. Wir können uns Wege und Mittel für ein Arbeiten mit mineralischen Formen der drei niederen Reiche vorstellen. Doch wir können nur wenig oder gar nicht auf lebende Körper einwirken. Zwar sind wir in der Lage, einen lebenden Zweig auf einen Baum zu pfropfen oder den lebenden Teil eines

Menschen oder Tieres zu transplantieren. Aber wir arbeiten nicht mit dem **Leben,** sondern nur mit der Form. Wir schaffen unterschiedliche Lebensbedingungen; das die Form bewohnende Leben selbst bleibt davon unberührt. Leben zu schaffen liegt solange außerhalb der menschlichen Möglichkeit, bis der Verstand lebendig geworden ist. Er wird in der Jupiterperiode in gewisser Weise belebt werden. Dann wird sich der Mensch Formen vorstellen können, die wie die Pflanzen leben und wachsen werden.

Wenn der Verstand in der Venusperiode „Empfindung" erworben haben wird, wird der Mensch lebende, wachsende und **empfindende** Wesen erschaffen können.

Und wenn der Mensch am Ende der Vulkanperiode Vollkommenheit erreicht haben wird, wird er fähig sein, sich lebende, wachsende, fühlende und **denkende** Wesen so vorzustellen, daß sie ins Dasein treten.

In der Saturnperiode begann die Evolution der Lebenswoge, die jetzt den menschlichen Zustand erreicht hat. Damals befanden sich die „Herren des Verstandes" in ihrem Menschsein. Sie arbeiten in dieser Periode mit dem zu jener Zeit mineralischen Menschen. Jetzt haben sie mit den niederen Reichen nichts zu tun. Sie beschäftigen sich nur mit unserer menschlichen Entwicklung.

Unsere gegenwärtigen Tiere begannen ihr mineralisches Dasein in der Sonnenperiode. Zu jener Zeit waren die Erzengel in ihrem Menschensein. Sie sind daher die Leiter und Führer der jetzt auf der Tierstufe ihrer Entwicklung angelangten Lebenswoge. Mit Pflanzen oder Mineralien haben sie aber nichts zu tun.

Die gegenwärtigen Pflanzen hatten ihr mineralisches Sein in der Mondenperiode. Damals waren die Engel auf ihrer Menschheitsstufe. Sie haben daher besondere Beziehungen zum Leben der gegenwärtigen Pflanzen und die Aufgabe, es dem menschlichen Zustand entgegenzuführen, aber keinen Einfluß auf die Mineralien.

Unsere gegenwärtige Menschheit hat an der neuen Lebenswoge zu arbeiten. Deren Evolution hat in der Erdenperiode begonnen; **jetzt beseelt sie die Mineralien.** Mit Hilfe unserer Vorstellung gestalten und formen wir gegenwärtig am Mineralreich; wir verarbeiten es zu Schiffen, Brücken, Eisenbahnen, Häusern und so weiter.

In der Jupiterperiode werden wir die Evolution des Pflanzenreiches lenken. Denn das, was jetzt mineralisch ist, wird dann eine pflanzenähnliche Daseinsform haben. An ihr müssen wir arbeiten, wie die Engel jetzt an unserem Pflanzenreich tätig sind. Unsere Vorstellungskraft wird dann so entwickelt sein, daß wir fähig sein werden, mit ihr Formen zu schaffen und sie auch mit pflanzlichem Leben zu versehen.

In der Venusperiode wird unsere gegenwärtige mineralische Lebenswoge noch um einen Schritt weiter fortgeschritten sein. Dann werden wir für die Tiere so wirken wie die Erzengel jetzt an unseren Tieren. Wir werden ihnen lebende und empfindende Formen geben.

Schließlich wird es in der Vulkanperiode unsere Aufgabe sein, ihnen den Keim des Verstandes zu geben, so wie wir ihn von den „Herren des Verstandes" erhielten. Die gegenwärtigen Mineralien werden dann die Menschheit der Vulkanperiode geworden sein. Wir selbst werden durch ähnliche Zustände hindurchgehen, wie sie jetzt von den Engeln und Erzengeln durchschritten werden. Dann werden wir einen Punkt in der Evolution erreicht haben, der etwas höher ist als derjenige der gegenwärtigen „Herren des Verstandes". Denn, wie man sich erinnern wird, gibt es nirgends eine genaue Wiederholung. Stets sind nur fortschreitende, der Spirale entsprechende Vervollkommnungen vorhanden.

Der Göttliche Geist wird am Ende der Jupiterperiode den menschlichen Geist und am Ende der Venusperiode den Lebensgeist aufnehmen. Der vervollkommnete Verstand, der alles umfaßt, was während der Wanderschaft durch die sieben Perioden erworben wurde, wird am Ende der Vulkanperiode vom Göttlichen Geist aufgenommen werden. Das widerspricht nicht der früheren Feststellung, daß die Empfindungsseele im fünften Weltenkreis der Vulkanperiode vom menschlichen Geist eingesaugt wird, weil letzterer dann innerhalb des Göttlichen Geistes lebt.

Dann wird der lange Zeitabschnitt persönlicher Tätigkeit folgen. In ihm wird der Jungfräuliche Geist alle Früchte der siebenfachen Perioden aktiver Manifestationen aufnehmen. Er geht dann in der Gottheit auf, aus der er hervorging, um in der Dämmerung eines neuen Schöpfungstages wieder als einer Ihrer glorreichen Helfer hervorzutreten. Während seiner vergangenen Evolution sind seine latenten Möglichkeiten in bewegende Kräfte umgewandelt worden. Als Frucht seiner Pilgerschaft durch die Materie hat er **Seelenkraft** und einen **Schöpferischen Verstand** erworben. **Ohnmacht hat sich in Allmacht, Unwissenheit in Allwissenheit verwandelt.**

KAPITEL XVII

Die Methode, Kenntnisse aus erster Hand zu erwerben

Die ersten Schritte

Die Zeit ist nun reif. Allen Menschen kann der Weg gewiesen werden, die Wahrheiten, von denen in diesem Buch bisher die Rede war, durch eigene Forschung zu erfahren.

Wie bereits am Anfang festgestellt wurde, gibt es keine besonderen „Gaben", die nur einem Menschen zuteil werden würden. Alle können die Wahrheit über die Pilgerschaft der Seele, über die vergangene Evolution und die zukünftige Bestimmung der Welt selbst in sich erfahren, ohne gezwungen zu sein, sich auf die Wahrhaftigkeit eines anderen verlassen zu müssen. Es gibt eine Methode, diese wertvolle Fähigkeit zu erwerben, so daß der ernsthaft Strebende fähig wird, selbständig in den übersinnlichen Reichen zu forschen. Befolgt man sie beharrlich, können die Kräfte eines Gottes entwickelt werden.

Ein einfaches Beispiel möge auf die ersten Schritte hindeuten. Der allerbeste Mechaniker ist ohne das Werkzeug seines Gewerbes nahezu hilflos. Es ist das Kennzeichen eines guten Handwerkers, daß er es sorgfältig auswählt, denn er weiß, daß das Werkstück von seiner Güte ebenso sehr abhängt wie von seiner Geschicklichkeit.

Das Ich hat verschiedene Instrumente, einen physischen Leib, einen Lebensleib, einen Empfindungsleib und einen Verstand.

Sie sind seine Handwerkzeuge. Von ihren Eigenschaften und ihrem Zustand hängt es ab, wie viel oder wie wenig es von seiner Aufgabe ausführen kann, in jedem Leben Erfahrungen zu sammeln. Wenn die Instrumente nicht gut, sondern stumpf sind, wird nur geringes geistiges Wachstum möglich und das Leben in geistiger Beziehung unfruchtbar sein.

Im allgemeinen beurteilen wir ein „erfolgreiches" Leben nach dem Bankkonto, nach der erreichten gesellschaftlichen Stellung oder nach dem aus einer sorgenfreien Existenz erwachsenden Glück und einer geschützten Umgebung.

Betrachtet man das Leben auf diese Art, wird alles, was Ewigkeitswert hat, vergessen. Der Mensch wird von Vergänglichem und von Selbsttäuschungen geblendet. Ein Bankkonto scheint ein großes Erfolgserlebnis zu sein. Darüber wird leicht vergessen, daß das Ich von dem Augenblick an, in dem es seine physische Hülle verläßt, keinen Anteil an Gold oder anderen irdischen Schätzen hat. Für die Art und Weise wie es dieses Gut erwarb, kann es sogar zur Verantwortung gezogen werden. Auch kann es schwer darunter zu leiden haben, wenn es sieht, wie andere es ausgeben. Man vergißt, daß die bedeutende gesellschaftliche Stellung ebenfalls verlorengeht, sobald die Silberne Schnur gelöst ist. Die einstigen Schmeichler können nun hohnlachen. Und selbst diejenigen, die ihm im Leben treu waren, mögen bei dem Gedanken an eine Stunde erschauern, die sie in der Gesellschaft des Verstorbenen verbrachten. Alles, was **nur** aus diesem Leben ist, ist vergänglich. Nur das ist von wahrem Wert, was als geistiger Schatz mit uns über die Schwelle genommen werden kann.

Die Gewächshauspflanze sieht wunderschön aus, wenn sie in ihrem geschützten Glashaus blüht. Sollte dessen Heizung jedoch ausgehen, müßte sie verwelken und absterben. Dagegen kann die in Regen und Sonnenschein, in Sturm und Windstille wachsende Pflanze den Winter überdauern und jedes Jahr von neuem erbühen. Vom Gesichtspunkt der Seele aus sind irdisches Glück und eine beschützte Umgebung im allgemeinen ungünstige Umstände. Der an den Menschen gewöhnte und verhätschelte Schoßhund unterliegt Krankheiten, die das heimatlose Tier, das um den Abfallbrocken zu kämpfen hat, nicht kennt. Das Leben des wilden Hundes ist hart. Doch dieses Tier sammelt in seinem ereignisreichen Dasein Erfahrungen, die es wachsam, lebhaft und findig machen. Der verzärtelte Schoßhund hingegen faulenzt in schrecklicher Eintönigkeit vor sich hin.

Die Lage der menschlichen Wesen ist ziemlich ähnlich. Es mag hart sein, gegen Armut und Hunger kämpfen zu müssen. Vom seelischen Standpunkt aus ist das einem trägen, luxuriösen Leben jedoch unendlich vorzuziehen. Wenn Reichtum nicht mehr als der Diener für **gut gedachte** Menschenfreundlichkeit ist, die hilft, den Menschen **wahrhaft** emporzuheben, kann er ein großer Segen sein und seinem Besitzer zu Wachstum verhelfen. Wird er aber zu selbstsüchtigen Zwecken und zur Unterdrückung anderer verwandt, kann er nur als unversöhnlicher Fluch betrachtet werden.

Die Seele ist auf der Erde, um mit Hilfe ihrer Instrumente Erfahrungen zu sammeln. Jene sind die jedem Menschen bei der Geburt mitgegebenen Werkzeuge. Je nachdem, was wir bei ihrem Ausgestalten durch die vergangenen Erfahrungen gelernt haben, sind sie gut, schlecht oder mittelmäßig. Nun müssen wir, so wie sie sind, mit ihnen arbeiten.

Sobald wir aus der gewohnten Teilnahmslosigkeit auferweckt werden und uns bemühen, Fortschritte zu machen, ergibt sich natürlich die Frage: „Was muß ich tun?"

Ohne gute Werkzeuge kann der Mechaniker keine wirksame Arbeit leisten. Ebenso müssen die Instrumente des Ich gereinigt und geschliffen werden. Dann können wir beginnen, mit einigem Erfolg zu arbeiten. Wenn man mit diesen bewundernswerten Werkzeugen tätig ist, werden sie durch geeigneten Gebrauch verbessert und eine zunehmend wirksamere Arbeitshilfe. Das Ziel dieser Tätigkeit ist die **Vereinigung mit dem Höheren Selbst.** Durch diese Arbeit wird die niedere Natur in drei Schritten besiegt. Allerdings werden diese nicht nacheinander getan. Sie folgen einander in gewissem Sinn, so daß der erste Schritt auf der gegenwärtigen Stufe am sichtbarsten wird; der zweite hingegen weniger, der dritte am allerwenigsten. Wenn der erste Schritt mit der Zeit vollständig ausgeführt worden ist, kann den beiden anderen selbstverständlich mehr Aufmerksamkeit zugewandt werden.

Um diese drei Stufen zu erreichen, sind drei Hilfen vorhanden. Sie können in der Außenwelt wahrgenommen werden, in die sie von den großen Führern der Menschheit gegeben wurden.

Die erste Hilfe sind die Rassenreligionen. Diese wirken bei der **Überwindung des Empfindungsleibes** mit, den sie für die Vereinigung mit dem Heiligen Geist vorbereiten.

Die volle Wirksamkeit dieser Hilfe zeigte sich am Pfingsttag. Der Heilige Geist ist der Rassengott; er äußert sich in allen Sprachen. Deshalb redeten die Apostel, als sie in der Gemeinschaft versammelt und vom Heiligen Geist erfüllt waren, mit verschiedenen Zungen und konnten dennoch ihre Zuhörer überzeugen. Ihre Empfindungskörper waren für die erwünschte Vereinigung hinreichend geläutert worden. Es ist ernst gemeint, wenn gesagt wird, daß jeder Schüler eines Tages ebenfalls die Kraft zum Zungenreden gewinnen wird. Als historisches Beispiel neuerer Zeit kann angeführt werden, daß Graf von St. Germain — er war eine der späteren Verkörperungen von Christian Rosenkreuz, des Begründers unseres heiligen Ordens — sämtliche Sprachen sprach, so daß alle, die sich mit ihm unterhielten, meinten, er gehöre demselben Volk an wie sie. Auch er hatte die Vereinigung mit dem Heiligen Geist erreicht.

Bevor der Mensch in der Hyperboräischen Epoche einen Empfindungsleib hatte, gab es zur Verständigung nur eine allumfassende Sprache. Wenn der Empfindungsleib genügend geläutert sein wird, werden alle Menschen wieder fähig sein, einander zu verstehen. Denn dann werden die trennenden Rassenunterschiede der Vergangenheit angehören.

Die zweite Hilfe, die sich der Menschheit jetzt bietet, ist die Religion des Sohnes, die Christliche Religion. Ihr Ziel ist die **Vereinigung mit Christus** durch Läuterung und Beherrschung des Lebensleibes.

Paulus bezieht sich auf diesen zukünftigen Zustand, wenn er sagt: „. . . bis Christus in euch eine Gestalt gewinne . . ." (Galater 4, 19). Er ermahnte seine Anhänger, sich von jeder Last zu befreien, da sie Menschen gleichen würden, die um die Wette laufen.

Das grundlegende Prinzip für die Gestaltung des Lebensleibes ist Wiederholung. Zur Bildung des Gedächtnisses arbeiten wiederholte Erfahrungen an ihm. Die geistigen Führer der Menschheit, die danach strebten, uns bei verschiedenen Aufgaben unerkannt zu helfen, setzten das Gebet als Mittel ein, lautere und erhabene Gedanken in die Arbeit am Lebensleib einfließen zu lassen. Sie forderten uns auf: „Betet ohne Unterlaß!" (1. Brief an die Thessalonicher 5, 17). Spötter fragten oft hohnlächelnd, warum es nötig sei, ständig zu beten. Wenn Gott allwissend sei, kenne er unsere Bedürfnisse. Sei er es nicht, würden ihn unsere Gebete wahrscheinlich niemals erreichen. Und wenn er nicht allwissend wäre, könne er auch nicht allmächtig sein und daher auch keine Gebete erhören. Selbst mancher ernste Christ mag es als Unrecht empfunden haben, den Thron der Gnade fortwährend mit Bitten zu bestürmen.

Solche Gedanken beruhen auf einem Mißverstehen des Seins. Gott ist wahrhaft allwissend. Er verlangt nicht, an unsere Sorgen erinnert zu werden. Beten wir aber in rechter Weise, so erheben wir uns zu ihm und läutern unseren Lebensleib. Im richtigen Beten liegt aber die große Schwierigkeit. Im allgemeinen beschäftigen wir uns mehr mit zeitlichen Dingen als mit geistiger Erhebung. Religionsgemeinschaften veranstalten besondere Zusammenkünfte, um Regen zu erbitten, und die Priester feindlicher Heere oder Kriegsflotten beten sogar vor der Schlacht für den Sieg ihrer Waffen.

Das ist das Gebet zum Rassengott, der die Schlachten seines Volkes auskämpft, seine Herden vermehrt, seine Kornspeicher füllt und seine irdische Not behebt. Solche Gebete wirken nicht einmal reinigend. Sie entspringen dem Empfindungsleib, der die Lage so erfaßt: „Herr, nun halte ich deine Gebote nach besten Kräften und ich erwarte, daß auch Du das Deine tust!"

Christus gab der Menschheit ein Gebet. Es ist einzigartig und allumfassend wie er selbst. In ihm sind sieben deutlich erkennbare Einzelgebete enthalten, für jedes der sieben Prinzipien im Menschen, den dreifachen Körper, den dreifachen Geist und das Bindeglied des Verstandes je eines. Jedes Gebet ist besonders geeignet, den Teil des vielschichtigen Menschen zu fördern, auf den es sich bezieht.

Der Sinn des auf den dreifachen Körper gerichteten Gebetes ist die Vergeistigung dieses Trägers und das Herauslösen der dreifachen Seele aus ihm.

Das mit dem dreifachen Geist in Verbindung zu bringende Gebet bereitet ihn vor, das herausgenommene Wesen, die dreifache Seele, aufzunehmen.

Das Gebet für den Verstand hat die Aufgabe, ihn als Bindeglied zwischen der höheren und niederen Natur zu erhalten.

Die dritte der Menschheit zu gebende Hilfe wird die Religion des Vaters sein. Von ihren Absichten wissen wir sehr wenig. Uns ist nur bekannt, daß ihr Ideal noch höher als das der Bruderschaft sein und der physische Körper durch sie vergeistigt werden wird.

Die Religionen des Heiligen Geistes, die Rassenreligionen, dienten durch ein Verwandtschaftsgefühl, das auf eine Gruppe, auf die Familie, den Stamm oder das Volk beschränkt ist, zur Hebung des Menschengeschlechts. Sinn der christlichen Religion, der Religion des Sohnes, ist es, die Menschheit durch Vereinigung der getrennten Einzelwesen in einer Universalen Bruderschaft höher zu führen.

Das Ideal der Religion des Vaters wird es sein, alles Getrennte in dem Einen aufgehen zu lassen, so daß es weder ein „Ich" noch ein „Du" geben wird, sondern alles in Wirklichkeit Eins ist. Das wird allerdings nicht geschehen, solange wir noch Bewohner auf der physischen Erde sind, sondern in einem kommenden Zustand, in dem wir unsere Vereinigung mit allen verwirklichen. Dann werden alle Zugang zu den von jedem Einzelwesen erworbenen Kenntnissen haben. Die geschliffene Einzelfläche eines Diamanten hat Zutritt zu dem Licht, das durch jede andere Facette strahlt. Obwohl sie durch Linien begrenzt wird, bildet sie mit ihren Nachbarflächen eine Einheit. Das gibt ihr, ohne getrennt zu sein, eine gewisse Individualität. In ähnlicher Weise wird das individuelle Geistwesen **das Gedächtnis seiner besonderen Erfahrungen zurückbehalten** und gleichzeitig allen anderen die Früchte seines persönlichen Lebens geben.

Das sind die Schritte und Stufen, durch die die Menschheit unbewußt geführt wird.

In vergangenen Zeiten herrschte allein der Rassengeist. Der Mensch war zufrieden mit einer patriarchalischen und väterlichen Herrschaft, an der er keinen Anteil hatte. Jetzt sehen wir in der ganzen Welt das Zusammenbrechen des alten Systems. Das Kastenwesen, die Stütze der Engländer in Indien, löst sich auf. Statt sich in kleine Gruppen aufzugliedern, fordert das gesamte Volk den Abzug der Kolonialmacht. Es möchte in Freiheit unter Leitung einer aus dem Volk und für das Volk zu wählenden Regierung leben. Rußland wird durch Kämpfe um die Abschaffung einer diktatorischen, autokratischen Regierung zerrissen. Die Türkei ist erwacht und hat einen großen Schritt hin zur Freiheit getan. Hier in unserem Land, in Nordamerika, in dem wir annehmen, uns solcher Freiheiten zu erfreuen, die von anderen erst noch heftig begehrt oder erfochten werden, sind wir noch nicht zufrieden. Wir lernen, daß es andere Unterdrückungen gibt als die einer autokratischen Monarchie. Und wir sehen, daß wir noch industrielle Freiheiten zu gewinnen haben. Wir regen uns auf über das Joch der marktbeherrschenden Großunternehmen und eines ungesunden Wettbewerbssystems. Wir tendieren zu einer Zusammenarbeit, wie sie jetzt von den Großfirmen innerhalb ihrer eigenen Grenzen und zu ihrem Nutzen ausgeübt wird. Wir streben einen sozialen Zustand an, in dem „jeder unter seinem Weinstock und unter seinem Feigenbaum“ (1. Könige 5, 5) wohnen kann und ihn niemand ängstigt.

So verändern sich auf der ganzen Welt die alten Systeme patriarchalischer Herrschaft. Die Völker als solche haben ihren Höhepunkt erreicht. In Übereinstimmung mit dem Plan der unsichtbaren Führer arbeiten sie unwissentlich hin auf eine Universale Bruderschaft. Wenn diese Helfer auch nicht in den Ratsversammlungen der Völker sitzen, so wirken sie doch nicht minder machtvoll an der Gestaltung der Ereignisse.

Das sind die langsam wirkenden Mittel, durch die die verschiedenen Körper der Menschheit in ihrer Gesamtheit geläutert werden. Wer aber nach höherer Erkenntnis strebt, arbeitet schließlich entsprechend seiner Wesensart nach wohlersonnenen Methoden bewußt an diesem Ziel.

Westliche Methoden für westliche Völker

In Indien werden in den verschiedenen Yogasystemen unterschiedliche Methoden angewandt. Yoga bedeutet Vereinigung.

Wie im Westen ist das Ziel für den Strebenden die Vereinigung mit dem Höheren Selbst. Sollen die Methoden, sie zu finden, wirksam sein, müssen sie voneinander abweichen. Die Träger des Hindu unterscheiden sich sehr von denen des Kaukasiers. Die Hindus lebten viele tausend Jahre in einer Umgebung und in einem Klima, die sich von unserem grundlegend unterscheiden. Sie hatten ein völlig anderes Denksystem. Obgleich ihre Kulturstufe sehr hoch ist, unterscheidet sich ihre Wirkung von unserer. Deshalb hätte es für uns keinen Sinn, ihre Methoden anzunehmen. Sie sind Ausdruck höchsten esoterischen Wissens und vollendet auf dieses zugeschnitten. Für die Menschen des Westens sind sie jedoch so ungeeignet wie eine Haferdiät für den Löwen.

In einigen Systemen ist es beispielsweise erforderlich, daß der Yogi in bestimmten Stellungen zu sitzen hat. Dadurch fließen besondere kosmische Ströme auf gewisse Weise durch seinen Körper. Sie bringen ganz bestimmte Ergebnisse hervor. Für den Kaukasier*) wäre diese Anweisung völlig unbrauchbar, denn er ist aufgrund seiner Lebensweise für diese Ströme ganz und gar unempfindlich. Wenn er überhaupt gewisse Ergebnisse erzielen will, muß er in Übereinstimmung mit der Beschaffenheit seiner Träger arbeiten. Deshalb wurden „Mysterienschulen" im Mittelalter in verschiedenen Teilen Europas eingerichtet. Die Alchemisten waren tiefsinnige Schüler der höheren esoterischen Wissenschaft. Der Volksglaube, das Ziel ihrer Studien und wissenschaftlichen Versuche sei die Umwandlung niederer Metalle in Gold gewesen, entstand durch ihre symbolische Sprache. Mit deren Hilfe wurde ihre wahre Tätigkeit, die niedere Natur in Geist zu verwandeln, beschrieben. Diese Umschreibung wurde gewählt, um den Argwohn der Priester zu besänftigen, ohne eine

---

*) Siehe Anhang, Amerkung 15.

Unwahrheit äußern zu müssen. Die Feststellung, die Rosenkreuzer seien eine Vereinigung, deren Aufgabe das Auffinden und die Anwendung der Formel zur Herstellung des „Steins der Weisen“ sei, war und ist richtig. Richtig ist auch, daß die meisten Menschen mit diesem wunderbaren Stein in Berührung kamen und kommen. Allerdings ist er im allgemeinen nur für denjenigen von Nutzen, der ihn sich selbst herstellt. Die Formel wird in der esoterischen Belehrung gegeben. In dieser Hinsicht unterscheidet sich ein Rosenkreuzer nicht von den Angehörigen irgendeiner anderen esoterischen Schule. Alle beschäftigen sich damit, diesen begehrten Stein herzustellen. Jeder aber wendet seine eigene Methode an. Denn nicht zwei Menschen sind gleich; folglich ist ein sich in ihrer geistigen Reichweite befindendes wahrhaft wirksames Tun stets individuell.

Alle esoterischen Schulen lassen sich wie die „Lebensstrahlen“, die Jungfräulichen Geister durch die Zahl Sieben teilen. Jede Schule oder jeder Orden gehört einem dieser sieben Strahlen an, wie das auch bei jeder Einheit unserer Menschheit der Fall ist. Wenn sich jemand daher mit einer dieser esoterischen Gruppen verbinden will, deren „Brüder“ nicht zu seinem Strahl gehören, geschieht das nicht zu seinem Vorteil. Die Mitglieder dieser Gruppe sind in vertrauterem Sinn Schwestern und Brüder als die übrige Menschheit.

Vielleicht wird die gegenseitige Beziehung besser verständlich, wenn man die sieben Strahlen mit den sieben Farben des Spektrums vergleicht. Beispielsweise würde Disharmonie das Ergebnis der Verbindung eines roten und eines grünen Farbenstrahls sein. Jeder muß mit der Gruppe zusammenarbeiten, zu der er während der Manifestation gehört; und doch sind alle Menschen eins. Im weißen Licht, das durch die zerstreuende Eigenschaft unserer Atmosphäre in sieben Farben zerlegt zu sein scheint, sind alle Farben enthalten. So ähnlich verhält es sich mit den Jungfräulichen Geistern. Es hat den Anschein, als seien sie durch die täuschenden Bedingungen des konkreten Daseins in Gruppen eingeteilt. Diese Gruppierung wird andauern, solange wir in diesem Zustand sind.

Der Orden der Rosenkreuzer wurde vor allem für diejenigen ins Leben gerufen, deren hochentwickelte Intelligenz das Gefühlsmäßige, das Herz, zurückdrängte. Der Verstand verlangt gebieterisch vernunftgemäße Erklärungen für alles, auch für das Weltengeheimnis und die Fragen von Leben und Tod. Ursache und Wirkungsweise des Daseins werden durch das priesterliche Gebot, „den Geheimnissen Gottes nicht nachzuforschen“, keineswegs erklärt.

Es ist besonders wichtig, daß jeder Mann und jede Frau, die mit einem fragenden Verstand ausgestattet sind, alle Informationen erhalten, nach denen sie sich sehnen. Denn wenn der Kopf beruhigt ist, kann das Herz sprechen. Geistige Erkenntnis ist nur ein Mittel zum Erreichen des Zieles, nicht das Ziel selbst. Daher sucht der Rosenkreuzer zuerst den nach Erkenntnis Strebenden davon zu überzeugen, daß alles in der Welt vernünftig ist. Auf diese Weise gewinnt er die Oberhand über den sich erhebenden Verstand. Wenn der Geist aufgehört hat zu kritisieren, wenn er bereit ist, Feststellungen einstweilen als Möglichkeiten anzunehmen, deren Wahrheit nicht unmittelbar bewiesen werden kann, dann und erst dann wird die esoterische Belehrung für die Entfaltung höherer Fähigkeiten erfolgreich sein. Dadurch wird der Mensch vom Glauben zum Wissen aus erster Hand gelangen. Doch selbst dann wird sich zeigen, daß der Schüler trotz seiner Fortschritte, in der Urerkenntnis und der Fähigkeit selbst zu forschen, stets Wahrheiten begegen wird, von denen er weiß, daß sie wahr sind. Doch er ist noch nicht so weit, sie selbst erforschen zu können.

Der Schüler sollte bedenken, daß Unlogisches im Weltall nicht bestehen kann und daß die Logik der sicherste Führer in allen Welten ist. Er darf aber nicht vergessen, daß seine Fähigkeiten begrenzt sind. Oft ist mehr als sein eigenes logisches Urteilsvermögen zur Lösung eines sich ergebenden Problems erforderlich, auch wenn es nach den Regeln der Beweisführung, die er kraft seiner geistigen Fähigkeit auf seiner Entwicklungsstufe besitzt, vollkommen erklärt werden kann. Weiterhin wäre zu bedenken, daß unerschütterliches Vertrauen in den Lehrer unbedingt erforderlich ist.

Das eben Gesagte wird der besonderen Aufmerksamkeit aller jener empfohlen, die beabsichtigen, die ersten Schritte zum Erlangen höherer Erkenntnisse zu gehen. Will man den gegebenen Richtlinien überhaupt folgen, muß man voll daran glauben, daß sie ein wirksames Mittel sind, das Ziel zu erreichen. Sie nur halbherzig zu befolgen, wäre nutzlos. Unglaube wird die schönste Blume töten, die jemals aus dem Wirken des Geistes erwuchs.

Die Arbeit an den verschiedenen Körpern des Menschen erfolgt gleichzeitig. Ein Körper allein kann nicht ohne Auswirkungen auf die anderen beeinflußt werden. Die Hauptarbeit aber kann in einem von ihnen erfolgen.

Es gilt, in Hygiene und Ernährung sorgfältig zu sein. Beide wirken hauptsächlich auf den physischen Körper, aber auch auf Lebens- und Empfindungsleib. Je reiner und besser die Bestandteile sind, aus denen der physische Körper gestaltet ist, um so makelloser werden auch die planetarischen Äther- und Empfindungsstoffe sein, die die Teilchen einhüllen. So werden auch die planetarischen Teile des Lebens- und des Empfindungsleibes reiner. Wenn man nur auf Nahrung und Hygiene achtet, bleiben der persönliche Lebens- und der Empfindungskörper fast so unrein wie vorher. Es ist aber dem Menschen doch ein wenig leichter, mit dem Guten in Berührung zu kommen, als wenn er derbe Nahrung zu sich nehmen würde.

Pflegt man trotz Hemmungen ein gleichmäßiges Temperament sowie literarische und künstlerische Betätigungen, wird der Lebensleib in irdischen Angelegenheiten ein Gefühl von Empfindsamkeit und Geschmack erhalten. Auch wird er verfeinertes Fühlen im Empfindungsleib hervorrufen. Wenn man seine Gemütsregungen bereichert, wirkt das auch auf die anderen Körper und trägt dazu bei, sie zu veredeln.

Die Wissenschaft der Ernährung

Wir beginnen mit dem physischen Körper. Wenn wir die natürlichen Mittel betrachten, durch die er verbessert und zum bestgeeigneten Werkzeug für den Geist entwickelt werden kann, und danach die zum Ziel führenden geistigen Möglichkeiten bedenken, schließen wir auch alle anderen Träger ein. Deshalb wollen wir dieser Verfahrensweise folgen.

Der erste sichtbare Zustand des menschlichen Embryo ist ein kleiner, kugelförmiger, breiiger, gallertartiger Zellkörper. Er gleicht dem Eiweiß oder dem Weißen im Ei. In dieser schleimigen Masse zeigen sich verschiedene Partikel festerer Materie. Sie nehmen solange an Größe und Dichte zu, bis sie sich miteinander verbinden. An den verschiedenen Berührungspunkten werden sie nach und nach zu Gliedern und Gelenken verändert. So entsteht allmählich ein deutlich bestimmtes Gerippe aus fester Materie, ein Skelett.

Während dieser Gestaltung häuft sich die umgebende gallertartige Substanz an; ihre Form verändert sich, bis schließlich die uns als Fötus bekannte Stufe des Organismus erreicht ist. Dieser wird größer, fester und gestaltet sich bis zur Geburt, dem Beginn des Säuglingsalters, vollständiger aus.

Derselbe Verdichtungsprozeß, der mit dem ersten sichtbaren Daseinszustand begonnen hat, setzt sich noch fort. Das Lebewesen geht durch die verschiedenen Stufen des Säuglingsalters, der Kindheit, der Jugend, des Mannes-, und Frauen- sowie des

Greisenalters bis schließlich die als Sterben bekannte Veränderung eintritt.

Jeder dieser Zustände ist durch **zunehmende Härte und Haltbarkeit** gekennzeichnet.

Allmählich nehmen Dichte und Festigkeit der Knochen, Sehnen, Knorpel, Bänder, Gewebe, Membranen, der Haut und sogar der Substanz des Magens, der Leber, der Lunge sowie anderer Organe zu. Die Gelenke werden unelastisch und trocken. Wenn sie bewegt werden, beginnen sie zu knacken und zu knirschen. Denn die Gelenkschmiere, die sie anfeuchtet und leichtgängig macht, nimmt an Qualität ab und wird zu dick und zu zäh, um ihre Aufgabe erfüllen zu können.

Herz, Gehirn und das gesamte Muskelsystem, Rückenmark, Nerven, Augen und so weiter nehmen an demselben Verfestigungsprozeß teil. Sie versteifen mehr und mehr. Millionen über Millionen winzige, sich wie Zweige eines Baumes über den ganzen Körper verästelnde und ausbreitende Kapillargefäße verstopfen allmählich. Sie verändern sich zu festen, für das Blut nicht länger durchlässigen Muskelfasern.

Die größeren Blutgefäße, sowohl die Arterien als auch die Venen, verhärten. Sie verlieren ihre Beweglichkeit, ihre Elastizität, werden dünner und unfähig, die erforderliche Blutmenge durchfließen zu lassen. Die Flüssigkeiten des Körpers verdicken. Sie werden träge und mit irdischer Materie beladen. Die Haut welkt, wird faltig und trocken. Das Haar fällt aus Mangel an Fettstoff aus, ebenso in Ermangelung von Knochenleim die schlechter werdenden Zähne. Die motorischen Nerven beginnen zu vertrocknen, die Bewegungen des Körpers werden ungeschickt und langsam, die Sinnestätigkeit läßt nach. Der Blutkreislauf verzögert sich; er stockt und erstarrt in den Gefäßen. Der Körper verliert allmählich seine frühere Kraft. Einst elastisch, gesund, lebhaft, biegsam, tätig und empfindsam, wird er steif, langsam und unempfänglicher. Schließlich stirbt er an Altersschwäche.

Es ergibt sich nun die Frage nach den Ursachen dieser zunehmenden Starrheit, der Altersschwäche und der todbringenden Verknöcherung des Körpers.

Vom rein physischen Standpunkt aus scheinen die Chemiker einstimmig der Ansicht zu sein, daß die Ursachen hauptsächlich in einer Zunahme von phosphorsaurem Kalk, von Knochenmaterie, von Gips, schwefelsaurem Kalk mit gelegentlich ein wenig Magnesia und einer unbedeutenden Menge anderer irdischer Materie liegen.

Der einzige Unterschied zwischen den Körpern alter Menschen und denen von Kindern ist die größere Dichte, Zähigkeit und Steifheit, die durch das Eingehen größerer Mengen kalkhaltiger, irdischer Materie in den Aufbau des ersteren hervorgerufen wird. Die Knochen des Kindes bestehen zu drei Vierteln aus Knorpel und einem Viertel aus erdiger Stofflichkeit. Im Alter ist das Verhältnis umgekehrt. Welche Ursachen hat diese tödliche Ansammlung fester Materie?

Man kann es als gesichert ansehen, daß der ganze Körper durch das Blut ernährt wird und alles in ihm Vorhandene ohne Rücksicht auf seine Natur zuerst im Blut gewesen sein muß. Eine Analyse zeigt, daß dieses irdische Substanzen derselben Art enthält wie die verdichtende Kraft. Man beachte: **Arterien**blut enthält mehr erdige Bestandteile als **Venen**blut.

Das ist von großer Bedeutung. Es zeigt, daß das Blut in jedem Kreislauf erdige Stoffe absetzt. Es befördert somit, was den Organismus verstopft. Sein Vorrat an irdischer Materie muß jedoch ergänzt werden, sonst wäre dieses Geschehen nicht fortzusetzen. Und wodurch erneuert es seine tödliche Last? Auf diese Frage gibt es eine einzige Antwort: durch Speisen und Getränke. Eine andere Quelle ist dafür nicht vorhanden.

Diese Körpernahrung muß gleichzeitig die Ursache der vom Blut im ganzen Organismus abgelagerten Altersschwäche und schließlich den Tod hervorrufenden kalkhaltigen erdigen Materie sein. Um das physische Leben aufrechtzuerhalten, müssen wir essen und trinken. Da es aber verschiedene Arten von Speisen und Getränken gibt, sollen wir in Anbetracht der genannten Tatsachen, wenn es möglich ist, feststellen, welche Nahrungsmittel die geringste Menge an zerstörender Materie enthalten. Finden wir sie, können wir unser Leben verlängern. Vom esoterischen Standpunkt aus ist es, besonders wenn man begonnen hat, den Pfad der Einweihung zu gehen, wünschenswert, solange wie möglich in jedem physischen Körper zu leben. Um die bewohnten Träger in Kindheit und stürmischer Jugendzeit zu erziehen, bis der Geist zur Selbstherrschaft gelangt, sind viele Jahre erforderlich. Je länger wir einen Körper behalten können, der sich von den Anregungen des Geistes, der Stimme des Herzens leiten läßt, um so besser ist es. Daher ist es von besonderer Bedeutung, daß der Schüler nur solche Speisen und Getränke zu sich nimmt, die die geringste Menge verhärtender Materie ablagern und gleichzeitig die Ausscheidungsorgane in Tätigkeit halten.

Haut und Harnorgane retten den Menschen vor einem frühen Grab. Wenn die meisten erdigen Bestandteile nicht wieder durch deren Tätigkeit aus unserem Körper ausgeschieden würden, könnte niemand von uns ein Alter von zehn Jahren erreichen.

Man hat ausgerechnet, daß gewöhnliches, undestilliertes Quellwasser so viel kohlensaures Salz und andere Kalkverbindungen enthält wie die durchschnittliche Menge, die von einem Menschen täglich in Form von Tee, Kaffee, Suppen und so weiter zu sich genommen wird. Sie reicht aus, in vierzig Jahren einen Block von festem Kalk oder Marmor in der Größe eines stattlichen Mannes zu bilden. Auch ist bezeichnend, daß phosphorsaurer Kalk nicht im Urin von Kindern gefunden wird, obwohl er immer in dem der Erwachsenen vorhanden ist. Die rasche Knochenbildung bei Kindern erfordert das Zurückhalten dieses Salzes. Während der Schwangerschaft findet sich im Urin der werdenden Mutter sehr wenig erdige Materie. Sie wird zum Aufbau des Fötus verwendet. Unter allgemeinen Umständen enthält der Urin Erwachsener jedoch eine beträchtliche Menge physischer Substanzen. Diesem Umstand ist es zu verdanken, daß wir wenigstens unser jetziges Durchschnittsalter erreichen.

Der Genuß von undestilliertem Wasser ist der ärgste Feind des Menschen. Äußerlich angewandt wird es sein bester Freund. Es hält die Poren der Haut offen, regt die Blutzirkulation an und verhindert Stauungen, die die beste Möglichkeit für das Ablagern des irdischen, todbringenden phosphorsauren Kalks sind.

Harvey, der Entdecker des Blutkreislaufs*), sagte, daß Gesundheit das Zeichen eines freien Kreislaufs, Krankheit die Folge einer verstopften Blutzirkulation sei.

Die Badewanne trägt viel zur Erhaltung der körperlichen Gesundheit bei. Sie sollte von denjenigen, die nach höheren Erkenntnissen streben, reichlich benutzt werden. Bemerkte und unbemerkte Ausdünstung scheidet mehr irdische Materie aus dem Körper aus als irgend ein anderes Mittel.

Solange man dem Feuer Nahrung zuführt und es von Asche freihält, wird es brennen. Die Nieren sind wichtig, um die Asche aus dem Körper zu entfernen. Doch trotz der großen Menge an irdischen Bestandteilen, die durch den Urin ausgeschieden werden, bleibt in vielen Fällen noch genügend zurück, um Blasengrieß und Gallensteine zu bilden, durch die unsägliche Schmerzen entstehen und oftmals der Tod hervorgerufen wird.

---

*) Siehe Personen- und Sachregister, Stichwort „Harvey“.

Man möge nicht meinen, daß gekochtes Wasser weniger hart sei. Der im Teetopf gebildete Kesselstein wurde von verdampftem Wasser zurückgelassen. Verdichten wir Dampf, bekommen wir destilliertes Wasser. Es ist ein wichtiger Helfer, den Körper jung zu erhalten.

Weder in destilliertem noch in Regen-, Schnee- oder Hagelwasser sind, ausgenommen in Niederschlägen, die durch Berührung mit Hausdächern gesammelt wurden, irdische Bestandteile enthalten. Aber mit normalem Leitungswasser hergestellter Kaffee, Tee, auch Suppe sind nicht frei von irdischen Partikeln. Im Gegenteil, je länger sie gekocht werden, um so mehr werden sie mit Asche beladen. Wer an Urinbeschwerden leidet, sollte nichts anderes als destilliertes Wasser trinken.*)

Von den in unseren Körper aufzunehmenden festen Nahrungsmitteln kann allgemeinen gesagt werden, daß frisches Gemüse und reife Früchte die größte Menge an Nährstoffen und die geringste an Erdenmaterie enthalten.

Da wir für den Strebenden und nicht für die allgemeine Öffentlichkeit schreiben, kann man auch sagen, daß tierische Nahrung möglichst ganz vermieden werden sollte. Wer tötet, kann auf dem Pfad der Heiligkeit nicht sehr weit vorankommen. Wir handeln sogar noch schlimmer. Um uns vor der persönlichen Arbeit des Tötens zu schützen, nötigen wir Mitmenschen, ihre ganze Zeit aus wirtschaftlichen Gründen dem Morden zu widmen. Dadurch vertieren sie so sehr, daß ihnen das Gesetz nicht einmal erlaubt, bei Kapitalverbrechen als Geschworene eingesetzt zu werden. Denn ihr Beruf hat sie mit dem Nehmen des Lebens allzu vertraut gemacht. Wir aber ernten ihre Arbeitsergebnisse.

---

*) Die innerliche Verwendung von destilliertem Wasser ist in besonderen Gesundheitssituationen möglich. Sie sollte jedoch nur auf ärztliche Anweisung und stets unter ärztlicher Aufsicht erfolgen.

Der Aufgeklärte weiß, daß das Tier sein jüngerer Bruder ist. In der Jupiterepoche wird es menschlich sein. Dann werden wir ihm so helfen, wie uns die Engel, die in der Mondenperiode menschlich waren, jetzt helfen. Für einen nach höheren Idealen Strebenden kommt das Töten nicht in Frage, weder das eigenhändige noch das durch einen Vertreter.

Manche sehr wichtigen tierischen Produkte wie Milch, Käse und Butter mögen verwendet werden. Sie sind Erzeugnisse von Lebensvorgängen. Um sie in Nahrung zu verwandeln, sind keine Tragödien erforderlich. Milch, ein für den geisteswissenschaftlich orientierten Schüler wichtiges Nahrungsmittel, enthält eine unbedeutende Menge irdischer Materie. Sie beeinflußt den Körper wie kein anderes Nahrungsmittel.

In der Mondenperiode wurde der Mensch durch die Milch der Natur ernährt. Er nahm eine allumfassende Nahrung auf. Die Verwendung jenes Getränks tendierte dahin, ihn in Berührung mit den kosmischen Kräften zu bringen und zu befähigen, andere Menschen zu heilen.

Man nimmt allgemein an, daß Zucker oder andere Saccharinsubstanzen gesundheitsschädlich sind und vor allem den Verfall der Zähne und Zahnschmerzen hervorrufen. Das ist nur unter gewissen Umständen richtig. Wohl schadet Zucker bei bestimmten Erkrankungen wie Gallenleiden und Verdauungsstörungen, oder wenn man ihn als Süßigkeit lange Zeit im Mund behält. Wenn ihn aber der gesunde Mensch mäßig genießt und die Menge, die er zu sich nimmt, langsam steigert, so daß sich der Magen allmählich an ihn gewöhnt, ist er sehr nahrhaft. Die Gesundheit der Schwarzen verbessert sich während der Zuckerrohrernte trotz der vermehrten Arbeit erheblich. Das wird allein der Vorliebe für den süßen Zuckerrohrsaft zugeschrieben. Dasselbe gilt in jenen Gegenden auch von Pferden, Kühen und anderen Tieren, die Zuckerrohrabfälle, mit denen sie gefüttert werden, gerne genießen. Während der Erntezeit werden sie dick; ihr Fell wird glatt und glänzend. Pferde, die man einige Wochen lang mit gekochten Mohrrüben füttert, bekommen wegen der darin enthaltenen Saccharinsubstanzen ein seidiges Fell. Zucker ist ein nahrhaftes, nützliches Nahrungsmittel, das keine Aschenbestandteile enthält.*)

Frische Früchte enthalten Wasser der besten und reinsten Qualität; es ist fähig, den Organismus in erstaunlicher Art und Weise zu durchdringen. Traubensaft ist ein besonders ideales Lösungsmittel. Er verdünnt das Blut und regt an. Wenn der Verhärtungsprozeß noch nicht zu weit fortgeschritten ist, öffnet er den Weg zu bereits vertrockneten und verstopften Kapillargefäßen. Durch die Behandlung mit ungegorenem Traubensaft werden Menschen mit eingefallenen Augen, welker Haut und schlechter Gesichtsfarbe stattlich, rotwangig und lebhaft. Die vermehrte Durchlässigkeit ermöglicht es dem Geist, sich freier zu äußern und mit erneuter Energie zu wirken. Die nachfolgenden Tabellen, die mit Ausnahme der letzten Spalte der ersten Tabelle den Veröffentlichungen des Landwirtschaftsministeriums der Vereinigten Staaten entnommen sind, werden dem Strebenden einen Begriff sowohl von dem geben, was bei den verschiedenen Tätigkeiten notwendigerweise zu essen ist, als auch von den wesentlichen Bestandteilen der angeführten mannigfaltigen Nahrungsmittel.

Wenn wir den Körper vom rein physischen Standpunkt aus betrachten, könnten wir ihn als chemischen Hochofen bezeichnen, in dem die Nahrung das Feuerungsmittel darstellt. Je mehr der

---

*) Damit ist nicht der raffinierte, in besonderer Weise bearbeitete Fabrikzucker gemeint.

Körper beansprucht wird, um so mehr Brennmaterial ist erforderlich. Es wäre nicht gut, wenn jemand seine gewohnte Kost, die ihn jahrelang gut ernährt hat, ändern würde, ohne gründlich darüber nachzudenken, welche die beste für ihn ist. Wollte man aus der täglichen Nahrung der Fleischesser das Fleisch einfach weglassen, würde die Gesundheit der meisten Menschen zweifellos untergraben werden. Der einzig sichere Weg ist, die Angelegenheit zuerst zu studieren, sich ein umfassendes Urteil zu verschaffen und Versuche vorzunehmen. Man kann keine festen Regeln geben. Denn die Ernährungsfrage ist ebenso individuell wie jede andere Eigenschaft. Alles, was getan werden kann ist, die Tabelle der Nährwerte zu geben und den allgemeinen Einfluß jedes chemischen Elementes zu beschreiben. Dem Strebenden bleibt es dann überlassen, seine eigene Methode auszuarbeiten.

Wir dürfen unsere Meinung über den Gesundheitszustand eines Menschen auch nicht von seiner äußeren Erscheinung beeinflussen lassen. Es gibt einige allgemeine Anzeichen für das Aussehen eines gesunden Menschen, doch keine geltende Begründung für entsprechende Urteilskriterien. Rote Wangen können bei einem Menschen das Zeichen von Gesundheit, bei einem anderen das von Erkrankung sein. Es gibt keine besondere Regel, durch die die Gesundheit eines Menschen erkannt werden kann. Aufschluß kann nur das den Einzelnen ohne Rücksicht auf sein Aussehen erfreuende Wohlbefinden geben.

Die hier folgende Nahrungsmitteltabelle befaßt sich mit fünf chemischen Verbindungen.

Wasser ist das große Lösungsmittel.

Stickstoff oder Eiweiß ist der Hauptbaumeister von Fleisch; es enthält aber einige irdische Bestandteile.

Kohlehydrate oder Zucker sind die hauptsächlichen Krafterzeuger.

Fette erzeugen Wärme. Sie speichern Reservekräfte.

Asche ist mineralisch, irdisch. Sie verstopft den Organismus. Wir brauchen jedoch nicht zu befürchten, sie zur Knochenbildung in ungenügender Menge zu erhalten. Im Gegenteil, wir können nicht sorgfältig genug darauf achten, so wenig wie möglich aufzunehmen.

Eine Kalorie ist die einfache Wärmeeinheit. Die Tabelle enthält die Menge, die in jedem Nahrungsmittel auf den Markt gebracht wird. In einem Pfund Brasilianischer Nüsse sind beispielsweise 49,6 % des ganzen Abfalls Schale; die verbleibenden 50,4 % aber enthalten 1485 Kalorien*). Das heißt, etwa eine Hälfte des Gekauften ist Abfall; der Rest enthält die genannten Wärmeeinheiten. Damit wir die größtmögliche Kraft durch unsere Nahrung erhalten, sollten wir auf die in ihr vorhandene Kalorienmenge achten. Denn wir entziehen ihr die für unsere tägliche Arbeit benötigte Energie. Die unter verschiedenen Bedingungen zur Erhaltung des Körpers erforderliche tägliche Kalorienmenge wird in folgender Tabelle gezeigt.

Ein Mann bei sehr schwerer körperlicher Arbeit	5500 Kalorien
Ein Mann bei mäßig schwerer körperl. Arbeit	4150 Kalorien
Ein Mann bei mäßig tätiger Muskelarbeit	3400 Kalorien
Ein Mann bei mäßig leichter Arbeit	3050 Kalorien
Ein Mann bei sitzender Lebensweise	2700 Kalorien
Ein Mann ohne Muskelbetätigung	2450 Kalorien
Frauen bei leichter und mäßiger Muskelarbeit	2450 Kalorien

Aus der ersten Tabelle geht deutlich hervor, daß Schokolade die nahrhafteste unserer Speisen ist. Ferner ergibt sich, daß pulverisierter Kakao das gefährlichste aller Nahrungsmittel ist, denn er enthält dreimal so viel Asche wie die meisten anderen Produkte und zehnmal so viel wie viele von ihnen. Er ist eine

*) 1 kcal (Kilokalorie) = 4,1855 Joule

Nährwerttabelle

	Abfall %	Wasser %	Eiweiß %	Fett %	Kohlenwasserstoffverb. %	Asche %	Heizwert in Kalorien	Zur Verdauung erforderl. Zeit Stunden Minuten
Früchte:								
Getrocknete Äpfel	...	28.1	1.6	2.2	66.1	2.0	1185	
Frische Äpfel	25.0	63.3	0.3	0.3	10.8	0.3	190	2 : 30
Getrocknete Aprikosen	...	29.4	4.7	1.0	62.5	2.4	1125	
Bananen	35.0	48.0	0.8	0,4	14.3	0.6	260	1 : 45
Gurken	15.0	81.1	0.7	0.2	2.6	0.4	65	
Getrocknete Datteln	10.0	13.8	1.9	2.5	70.6	1.2	1275	
Getrocknete Feigen	...	18.8	4.3	0,3	74.2	2.4	1280	3 : 00
Trauben	25.0	58.0	1.0	1.2	14.4	0.4	295	
Zitronen	30.0	62.5	0.7	0.5	5.9	0.4	125	
Muskatmelonen	50.0	44.8	0.3	...	4.6	0.3	80	3 : 00
Orangen	27.1	63.4	0.6	0.1	8.5	0.4	150	2 : 45
Birnen	10.0	76.0	0.5	0.4	12.7	0.4	230	2 : 00
Datteln, eßbarer Teil	...	66.1	0.8	0.7	31.5	0.9	550	
Rosinen	10.0	13.1	2.3	3.0	68.5	3.1	1265	4 : 00
Himbeeren	...	85.8	1.0	...	12.6	0.6	220	3 : 45
Zuckermelonen	50.0	44.2	0.7	0.2	4.5	0.4	100	
Erdbeeren	5.0	85.9	0.9	0.6	7.0	0.6	150	2 : 45
Eingemachte Tomaten	...	94.0	1.2	0.2	4.0	0.6	95	2 . 00
Frische Tomaten	...	94.3	0.9	0.4	3.9	0.5	100	2 : 00
Wassermelonen	95.4	37.5	0.2	0.1	2.7	0.1	50	
Nüsse:								
Mandeln	45.0	2.7	11.5	30.2	9.5	1.1	1515	4 : 00
Brasilianische Nüsse	49.6	2.6	8.6	33.7	3.5	2.0	1485	4 : 00
Butternüsse	86.4	0.6	3.8	8.3	0.5	0.4	385	4 : 00
Getrocknete Kastanien	24.0	4.5	8.1	5.3	56.4	1.7	1385	
Frische Kastanien	16.0	37.0	5.2	4.5	35.4	1.1	915	
Haselnüsse	52.1	1.8	7.5	31.3	6.2	1.1	1430	4 : 00
Amerikanische Walnüsse	62.2	1.4	5.8	25.5	4.3	0.8	1145	4 : 00
Paranüsse	53.2	1.4	5.2	33.3	6.2	0.7	1465	4 : 00
Schwarze Walnüsse	74.1	0.6	7.2	14.6	3.0	0.5	730	4 : 00
Englische Walnüsse	58.1	1.0	6.9	26.6	6.8	0.6	1250	4 : 00
Körner								
Brot:								
Schwarzes	...	43.6	5.4	1.8	47.1	2.1	1040	4 : 00
Graham	...	35.7	8.9	1.8	51.2	1.5	1195	4 : 00
Roggen	...	35.7	9.0	0.6	53.2	1.5	1170	4 : 00
Frisches Weizen	...	35.3	9.2	1.3	15.3	1.1	1200	4 : 30
Altbackenes Weizenbrot	...	35.3	9.3	1.3	53.1	1.1	1200	3 : 30
Vollweizen	...	38.4	9.7	0.9	49.7	1.3	139	4 : 00
Süßer grüner Mais, konserv.	...	76.1	2.8	1.2	19.0	0.9	345	3 : 45
Süßer grüner Mais (eßbarer Teil)	...	75.4	3.1	1.1	19.7	0.7	440	3 : 45
Maismehl	...	12.5	9.2	1.9	75.4	1.0	1635	
Mehl:								
Buchweizen	...	13.6	6.4	1.2	77.9	0.9	1605	
Graham	...	11.3	13.3	1.9	71.4	1.8	1645	

Nährwerttabelle (Fortsetzung)

	Abfall %	Wasser %	Eiweiß %	Fett %	Kohlenwasserstoffverb. %	Asche %	Heizwert in Kalorien	Zur Verdauung erforderl. Zeit Stunden Minuten
Mehl:								
Roggen	...	12.9	6.8	0.9	78.7	0.7	1620	
Weizen (hochklassig)	...	12.9	11.4	1.0	75.1	0.5	1635	
Weizen (niederklassig)	...	12.0	14.0	1.9	71.2	0.9	1640	
Vollweizen	...	11.4	13.8	1.9	71.9	1.0	1650	
Makkaroni, Fadennud. etc.	...	10.3	13.4	0.9	74.1	1.3	1645	3 : 00
Haferfrühstücksnahrung	...	17.7	16.7	7.3	66.2	2.1	1800	
Austernzwieback	...	4.8	11.3	10.5	50.5	2.9	1910	
Reis	...	12.3	8.0	0.3	79.0	0.4	1620	1 : 00
Sodazwieback	...	5.9	9.8	9.1	73.1	2.1	1875	
Stärke	...	...	...	...	90.0	...	1675	
Weizenfrühstücksnahrung	...	9.6	12.1	1.8	75.2	1.3	1680	
Hülsenfrüchte:								
Gebackene weiße Bohnen Konserven	...	68.9	6.9	2.5	19.6	2.1	555	3 : 45
Getrocknete Bohnen	...	12.6	22.5	1.8	59.6	3.5	1520	8 : 45
Geschälte Limabohnen	...	68.5	7.1	0.7	22.0	1.7	540	3 : 30
Schnittbohnen	7.0	83.0	2.1	0.3	6.9	0.7	170	
Konservierte Erbsen	...	35.3	3.6	0.2	9.8	1.1	235	
Getrocknete Erbsen	...	9.5	24.5	1.0	62.0	2.9	1565	
Grüne Erbsen	...	74.6	7.0	0.5	16.9	1.0	440	2 : 35
Erdnüsse	24.5	6.9	19.5	29.1	18.5	1.5	1775	
Gemüse:								
Rüben	20.0	70.0	1.3	0.1	7.7	0.9	160	3 : 45
Kohl	15.0	77.7	1.3	0.1	4.8	0.9	115	4 : 30
Sellerie	20.0	75.6	0.9	0.1	2.6	0.8	65	3 : 15
Salat	15.0	80.5	1.0	0.2	2.5	0.8	65	
Zwiebeln	10.0	62.6	1.4	0.6	8.9	0.5	190	2 : 05
Pastinak	20.0	66.4	1.3	0.4	10.8	1.1	230	3 : 30
Kartoffeln	20.0	62.6	1.8	0.1	14.7	0.8	295	3 : 30
Rhabarber (Pastetenpflanze)	40.0	56.6	0.4	0.4	2.2	0.4	60	
Spinat	...	92.3	2.1	0.3	3.2	2.1	95	
Süße Kartoffeln	20.0	55.2	1.4	0.6	21.9	0.9	440	
Steckrüben	30.0	62.7	0.9	0.1	5.7	0.6	120	4 : 00
Zucker:								
Einfaches Konfekt	...	...	...	...	96.0	...	1680	
Honig	...	...	...	...	81.0	...	1420	
Ahornsirup	...	...	...	...	71.4	...	1250	
Melasse	...	...	...	...	70.0	...	1225	
Gereinigter Zucker	...	...	...	...	100,0	...	1750	
Verschiedenes:								
Schokolade	...	3.5	12.9	48.7	30.3	2.2	5625	
Kakaobohnen	48.8	7.2	2.9	25.9	14.3	0.9	1295	
Zubereitete Kakaobohnen	...	3.5	6.3	57.4	31.5	1.3	2805	
Pulverisierter Kakao	...	4.6	21.6	28.9	37.7	7.2	2160	
Pilze	...	88.1	3.5	0.4	6.8	1.2	185	1 : 20
Tapioka	...	11.4	0.4	0.1	88.0	0.1	1650	2 : 00

Nährwerttabelle des U. S. Amerikanischen Landwirtschaftsministeriums, 1964

NAHRUNGSMITTEL ungefähre Menge und Gewicht (in Gramm)		Wasser	Nährwert	Protein	Fett	Kohlehydrate	Kalium	Eisen	Vitamin-A-Wert
FRÜCHTE	Gramm	Prozent	Kalorien	Gramm	Gramm	Gramm	Milligramm	Milligramm	Internationale Einheiten
Äpfel, roh	150	85	70	Spuren	Spuren	18	8	.4	50
Apfelsaft, 1 Tasse	249	88	120	Spuren	Spuren	30	15	1.5	0
Aprikosen, roh	114	85	55	1	Spuren	14	18	.5	2,890
Aprikosen, getrocknet	150	25	390	8	1	100	100	8.2	16,350
Avocados, roh	108	74	185	2	18	6	11	.6	310
Bananen, roh	150	76	85	1	Spuren	23	8	.7	190
Zuckermelonen	385	91	60	1	Spuren	14	27	.8	6,540
Süßkirschen, roh	130	80	80	2	Spuren	20	26	.05	130
Preiselbeeren	277	62	405	Spuren	1	104	17	.6	40
Datteln, entkernt	178	22	490	4	1	130	105	5.3	90
Feigen, getrocknet	21	23	60	1	Spuren	15	26	.6	20
Pampelmuse, roh	285	89	55	1	Spuren	14	22	.6	10
Trauben, roh	153	82	65	1	1	15	15	.4	100
Zitronen, roh	106	90	20	1	Spuren	6	18	.4	10
Orangen, roh	180	85	60	2	Spuren	16	49	.5	240
Papayas, roh	182	89	70	1	Spuren	18	36	.5	3,190
Pfirsiche, roh	114	89	35	1	Spuren	10	9	.5	1,320
Birnen, roh	182	83	100	1	1	25	13	.5	30
Dattelpflaumen, roh	125	79	75	1	Spuren	20	6	.4	2,740
Rosinen, getrocknet	160	18	460	4	Spuren	124	99	5.6	30
Johannisbeeren, roh	123	84	70	1	1	17	27	1.1	160
Erdbeeren, roh	149	90	55	1	1	13	31	1.5	90
Mandarinen, roh	114	87	40	1	Spuren	10	34	.3	350
Wassermelonen, roh	925	93	115	2	1	27	30	2.1	2,510
NÜSSE und BOHNEN									
Mandeln, geschält	142	5	850	26	77	28	332	6.7	0
Brasilianische Nüsse	140	5	915	20	94	15	260	4.8	Spuren
Cashew-Nüsse	135	5	760	23	62	40	51	5.1	140
Kokosnuß, frisch, geraspelt	97	51	335	3	34	9	13	1.6	0
Erdnüsse, geröstet	144	2	840	37	72	27	107	3.0	0
Paranüsse	108	3	740	10	77	16	79	2.6	140
Schwarze, Walnüsse	126	2	790	26	75	19	Trace	7.6	380
Englische Walnüsse	100	4	650	15	64	16	99	3.1	30
Blackeye-Erbsen*)	248	80	190	13	1	34	42	3.2	20
Getrocknete weiße Bohnen etc.**)	256	76	230	15	1	42	74	4.6	Spuren

*) Getrocknete weiße Bohnen mit kleinen schwarzen Punkten, die aber Blackeye-Erbsen genannt werden, zu deutsch etwa Schwarzaugen-Erbsen.
**) In der englischen Tabelle „Beans, dry, navy, etc.“

Nährwerttabelle des U. S. Amerikanischen Landwirtschaftsministeriums, 1964, Fortsetzung

NAHRUNGSMITTEL ungefähre Menge und Gewicht (in Gramm)		Wasser	Nährwert	Protein	Fett	Kohlehydrate	Kalium	Eisen	Vitamin-A-Wert
GEMÜSE	Gramm	Prozent	Kalorien	Gramm	Gramm	Gramm	Milligramm	Milligramm	Internationale Einheiten
Spargel, gekocht	175	94	35	4		6	37	1.0	1,580
Limabohnen	160	71	180	12	1	32	75	4.0	450
Grüne Brechbohnen	125	92	30	2	Spuren	7	62	.8	680
Rote Beete, gekocht	165	91	50	2	Spuren	12	23	.8	40
Kohl, roh	100	92	25	1	Spuren	5	49	.4	130
Karotten, roh	50	88	20	1	Spuren	5	18	.4	5,500
Blumenkohl, gekocht	120	93	25	3	Spuren	5	25	.8	70
Sellerie, roh	40	94	5	Spuren	Spuren	2	16	.1	100
Gurken, roh	207	96	30	1	Spuren	7	35	.6	Trace
Kopfsalat, roh	220	95	30	3	Spuren	6	77	4.4	2,130
Okra-Bohnen	85	91	25	2	Spuren	5	78	.4	420
Reife Zwiebeln, roh	110	89	40	2	Spuren	10	30	.6	40
Pastinak, gekocht	155	82	100	2	1	23	70	.9	50
Grüne Erbsen, gekocht	160	82	115	9	1	31	50	4.2	1,120
Kartoffeln, gebacken	99	75	90	3	Spuren	21	9	.7	Trace
Kürbis, eingelegt	228	90	75	2	1	18	57	.9	14,590
Spinat, gekocht	180	92	40	5	1	6	167	4.0	14,580
Sprossen, roh:									
Mungobohne, 1 Tasse	90	89	40	66	2	4	46	.7	90
Sojabohne, 1 Tasse	107	89	30	3	Spuren	6	17	1.2	20
Honigmelone, gekocht	205	96	30	2	Spuren	7	52	.8	820
Süße Kartoffeln, gekocht	110	64	155	2	1	36	44	1.0	8,910
Tomaten, roh	150	94	35	2	Spuren	7	20	.8	1,350
Tomaten, eingeweckt	242	94	50	2	Spuren	10	15	1.2	2,180
Rüben, gekocht	155	94	35	1	Spuren	8	54	.6	Trace
Sauerkraut, eingelegt	235	93	45	2	Spuren	9	85	1.2	120
GETREIDEPRODUKTE									
Brot:									
Boston (Brot) braun	48	45	100	3	1	22	43	.9	0
Gebrochener Weizen*)	454	15	1,190	39	10	236	399	5.0	Spuren
Amerik. Roggenbrot	454	36	1,100	41	5	236	340	7.3	0
Weißbrot	454	36	1,225	39	15	229	318	10.9	Spuren
Weizen-Vollkornbrot	454	36	1,105	48	14	216	449	10.4	Spuren
Maismehl	118	12	420	11	5	87	24	2.8	600
Makkaroni, gekocht	130	64	190	6	1	39	14	1.4	0
Haferflocken, gekocht	236	86	130	5	2	23	21	1.4	0
Reis, weiß	168	73	185	3	Spuren	41	17	1.5	0
Weizenkeime	68	11	245	18	7	32	49	6.4	0

*) Dieser gebrochene Weizen wird in den Vereinigten Staaten ins Brot eingebacken; gekocht wird er zu Weizengrütze.

kraftvolle Nahrung und ein starkes Gift. Denn er verstopft den Organismus schneller als andere Substanzen.

Gewiß werden anfänglich einige Studien erforderlich sein, die besten Nahrungsmittel auszuwählen. Doch das macht sich durch Gesundheit und langes Leben bezahlt. Diese Nahrungsmittel sichern einen guten Gebrauch des Körpers, wodurch Studium und Verständnis für höhere Dinge möglich werden. Nach kurzer Zeit wird der Strebende so vertraut mit der Ernährungslehre sein, daß er sie nicht weiter zu beachten braucht.

In den Nährwerttabellen sind die chemischen Substanzen angegeben, die in den einzelnen Nahrungsmitteln enthalten sind. Man sollte bedenken, daß nicht alle für den Körper geeignet sind. Denn es gibt einige, die er nicht aufnimmt.

Von Gemüsen verdauen wir etwa 83 % der Eiweißbestandteile, 90 % des Fetts, 90 % der Kohlehydrate.

Von Früchten überführen wir ungefähr 85 % der Proteine, 90 % des Fetts und 95 % der Kohlehydrate in körpereigene Stoffe.

Das Gehirn ist das verbindende Organ, durch das die Bewegungen des Körpers beherrscht und unsere Ideen ausgedrückt werden. Es ist aus denselben Substanzen wie alle anderen Bestandteile des Körpers aufgebaut, wobei der nur im Gehirn zu findende Phosphor hinzugefügt wurde.

Folglich ist Phosphor das besondere Element, durch das das Ich fähig wird, Gedanken auszudrücken und den physischen Körper zu beeinflussen. Tatsache ist auch, daß Verhältnis und Abweichung dieser Substanzen dem Zustand und der Stufe der vom Menschen erreichten Intelligenz entsprechen. Schwachsinnige haben sehr wenig, scharfsinnige Denker viel Phosphor. Auch in der Tierwelt stehen der Bewußtseins- und Intelligenzgrad und die im Gehirn vorgefundene Phosphormenge im Verhältnis zueinander.

Daher ist es sehr wichtig, daß der Schüler sein Gehirn mit dem dafür benötigten Stoff versorgt, wenn er seinen Körper für Verstandes- und geistige Arbeit verwenden will. Die meisten Gemüse und Früchte enthalten eine gewisse Menge an Phosphor. Es ist aber eigenartig, daß der größere Teil in den Blättern vorhanden ist; und die werden meistens weggeworfen. Man findet ihn in beträchtlicher Menge in Trauben, Zwiebeln, Salbei, Bohnen, Gewürznelken, Ananas, in den Blättern und Stengeln vieler Gemüse, auch im Zuckerrohrsaft, nicht aber in raffiniertem Zucker.

Die folgende Tabelle zeigt das Verhältnis der Phosphorsäure in einigen Waren.

100 000 Teile enthalten an Phosphorsäure:

Getrocknete Gerste	210 Teile
Bohnen	292 Teile
Rüben	167 Teile
Rübenblätter	690 Teile
Buchweizen	170 Teile
Trockene Mohrrüben	395 Teile
Mohrrübenblätter	963 Teile
Leinsamen	880 Teile
Leinsamenstengel	118 Teile
Pastinak	111 Teile
Pastinakblätter	1784 Teile
Erbsen	190 Teile

Wir fassen zusammen:

1. Während des gesamten Lebensprozesses unterliegt der Körper einer unaufhörlichen Verdichtung.
2. Dieser Prozeß erfolgt mit Hilfe des Blutes durch das Ablagern irdischer Bestandteile. Insbesondere werden phosphor- und kohlensaurer Kalk abgelagert. Dadurch verknö-

chern die verschiedenen Teile und werden in Knochensubstanz oder ähnliche Stoffe verwandelt.

3. Diese Umsetzung in Knochen zerstört die Biegsamkeit der Gefäße, Muskeln und anderer, der Bewegung dienender Körperteile. Sie verdickt das Blut und verstopft die winzigen Kapillargefäße vollständig. Dadurch nimmt die Zirkulation der Flüssigkeiten und die Tätigkeit des Organismus durchweg ab. Der Abschluß dieses Vorgangs ist der Tod.
4. Der Verfestigungsprozeß kann verzögert, das Leben verlängert werden, wenn man solche Nahrungsmittel sorgfältig meidet, die viel Asche enthalten, indem man destilliertes Wasser für Speisen und Getränke verwendet und die Ausscheidungen aus der Haut durch öfteres Baden fördert.

Von hier aus versteht man, warum manche Religionen als religiöse Übung häufige Waschungen vorschreiben. Sie fördern die Gesundheit und läutern den physischen Körper. Aus dem gleichen Grund werden auch Fastenübungen auferlegt. Sie geben dem Magen eine notwendige Ruhepause, ermöglichen dem Körper, die verbrauchten Stoffe auszuscheiden, und fördern so die Gesundheit. Allerdings sollte man sie nicht allzu oft wiederholen und nicht zu lange ausdehnen. Im allgemeinen kann ebensoviel erreicht werden, wenn man dem Körper geeignete Nahrungsmittel zuführt. Sie sind die beste Medizin.

Die erste Sorge des Arztes gilt stets der Feststellung, ob eine richtige Ausscheidung vorhanden ist. Denn sie ist das Hauptmittel der Natur, den Körper von den in der Nahrung enthaltenen Giften zu befreien.

Der Strebende möge daher leicht verdauliche Nahrungsmittel wählen. Denn je leichter es ist, die Energie aus der Nahrung herauszuziehen, um so größer ist die Zeitspanne, die der Organismus zur Erholung verwenden kann, ehe es notwendig ist, ihn wieder mit Nahrung zu versorgen. Milch sollte man niemals so trinken wie man ein Glas Wasser trinkt. Denn auf diese Weise genossen, bildet sie im Magen einen großen Käseklumpen, der von den Magensäften nicht durchdrungen werden kann. Wie es bei Kaffee oder Tee üblich ist, sollte man sie langsam, Schluck für Schluck, zu sich nehmen. Auf diese Weise bildet sie im Magen viele kleine leicht verdauliche Klumpen. Richtig verwendet ist sie eines der besten Nahrungsmittel. Zitronen wirken stark antiseptisch und Getreide, besonders Reis, sind bedeutsame Abwehrstoffe.

Nachdem wir das für den physischen Körper Erforderliche vom rein materiellen Gesichtspunkt aus betrachtet haben, wollen wir es nun von esoterischer Seite aus ansehen, wobei die Wirkung auf die beiden unsichtbaren, unseren physischen Körper durchdringenden Träger beachtet werden soll.

Die besondere irdische Grundlage des Empfindungsleibes liegt, wie bereits erwähnt wurde, in der Muskulatur und im zerebrospinalen Nervensystem. Die Kraft, die von einem in großer Erregung oder in großem Zorn handelnden Menschen entfaltet wird, ist ein Beweis dafür. In solchen Augenblicken ist das gesamte Muskelsystem angespannt. Eine noch so schwere Arbeit strengt niemals so an, wie ein „Temperamentsausbruch". Er schwächt den Körper manchmal für Wochen. Daraus kann man ersehen, wie notwendig es ist, den Empfindungsleib durch Beherrschen des Temperaments zu verfeinern. Dadurch werden dem physischen Körper Leiden erspart, die sich aus unkontrollierter Handlungsweise des Empfindungsleibes ergeben.

Vom esoterischen Standpunkt aus gesehen, ergibt sich alles Bewußtsein in der Physischen Welt durch die ständige Auseinandersetzung zwischen Empfindungs- und Lebensleib.

Die Neigung des letzteren ist es, zu mildern und aufzubauen. Seine Hauptausdrucksmittel sind Blut und Drüsen sowie das sympathische Nervensystem. In diese irdische Grundlage des Empfindungsleibes — in die Muskeln und in das willkürliche

Nervensystem — ist er eingezogen, als er begann, das Herz in einen willkürlichen Muskel umzuwandeln.

Der Empfindungsleib hat die Tendenz, zu verhärten. Er ist in das Reich des Lebensleibes eingegangen, hat Besitz von der Milz ergriffen und schuf die winzigen weißen Blutkörperchen. Sie sind nicht, wie die Wissenschaft heute annimmt, die „Polizisten des Organismus", sondern seine Zerstörer. Der Lebensleib verwendet das Blut, um sie im ganzen Körper zu verbreiten. Wenn Verdruß gefühlt wird und besonders in Zeiten großen Ärgers, dringen sie durch die Wände der Arterien und der Venen. In solchen Fällen schwellen diese Blutgefäße durch den in den Empfindungsleib einfließenden Kraftzustrom an. Dadurch wird für die weißen Blutkörperchen der Weg ins Gewebe freigegeben. Sie bilden hier die Grundlagen für die den Körper tötende irdische Materie.

Bei der gleichen Nahrungsmenge und derselben Zusammensetzung wird ein Mensch von ruhigem, heiterem Temperament länger leben, sich besserer Gesundheit erfreuen und tätiger sein, als ein sich selbst quälender oder aus dem Gleichgewicht kommender. Letzterer erzeugt und verbreitet im Körper mehr weiße Blutkörperchen als ersterer. Wenn ein Gelehrter die Körper dieser beiden zu analysieren hätte, würde er finden, daß sich in demjenigen des Menschen mit freundlicher Gemütsart bedeutend weniger irdische Materie befindet als in dem des düsteren.

Die Zersetzung geht unaufhörlich weiter und es ist unmöglich, alle Zerstörer auszuschalten. Das wäre auch gar nicht beabsichtigt. Hätte der Lebensleib ständig die Oberhand, würde er fortwährend gestalten und seine ganze Energie dafür verwenden. Es gäbe weder Bewußtsein noch Denken. Der Empfindungsleib hemmt und verhärtet den inneren Körper. Dadurch kann sich das Bewußtsein entwickeln.

Einst war unser menschlicher Körper weich, biegsam und knochenlos, wie es bei den heutigen Weichtieren der Fall ist. Damals wurden alle festen Bestandteile entwickelt. Zu jener Zeit besaßen wir nur ein schwach schimmerndes Bewußtsein, so wie es die Mollusken jetzt haben. Bevor wir Fortschritte machen konnten, wurde es erforderlich, die festen Bestandteile aufzunehmen. Man wird finden, daß sich der Bewußtseinszustand jedes Wesens im Verhältnis zur Entwicklung des Knochensystems in seinem **Innern** befindet. Für seine Ausdrucksmöglichkeit benötigt das Ich feste Knochen mit halbflüssigem rotem Mark, damit es die roten Blutkörperchen bilden kann. Das ist die höchste Entwicklung des physischen Körpers. In diesem Zusammenhang ist es bedeutungslos, daß die höchste Klasse der Tiere ein menschenähnliches Knochensystem hat und dennoch keinen innewohnenden Geist besitzt. Sie gehört einer anderen Entwicklungsstufe an.

Das Gesetz der Nahrungsaufnahme

Das Gesetz der Assimilation erlaubt nur solche Teilchen in unseren Körper einzubauen, die von uns geistig überwunden wurden und die wir uns zu eigen gemacht haben. Die nach diesen Grundsätzen wirkenden Kräfte sind, wie wir uns erinnern werden, hauptsächlich unsere in den „Himmel" eingegangenen „Verstorbenen", die dort lernen, Körper zum irdischen Gebrauch zu bilden. Sie sind nach gewissen Gesetzen tätig, die sie nicht umgehen können. In jedem Nahrungsbestandteil, den wir in unseren Körper aufnehmen, ist Leben. Bevor wir dieses durch den Assimilationsprozeß in unseren Körpern einarbeiten können, müssen wir es überwinden und es zu einem Gegenstand unserer selbst machen. Andernfalls gäbe es im Körper keine Harmonie. Alle Teile würden so selbständig handeln, wie sie es tun, wenn das verbindende Leben zurückgezogen worden ist. Das ergäbe Verwesung, den Prozeß der Zersetzung, das Gegenteil der Assimilation. Je individualisierter das aufzunehmende Teilchen ist, desto mehr Energie ist erforderlich, es zu verdauen, und um so kürzere Zeit verbleibt es im Organismus, bevor es danach strebt, sich wieder zu befreien.

Menschliche Wesen sind nicht so organisiert, daß sie von festen Mineralien leben können. Wenn eine rein mineralische Substanz wie beispielsweise Salz aufgenommen wird, geht sie durch den Körper und hinterläßt nur sehr geringe Rückstände. Was sie aber zurückläßt, ist sehr schädlich. Wäre es dem Menschen möglich, sich von Mineralien zu ernähren, wäre das aufgrund ihrer Beständigkeit und wegen der geringen Energie, die zu ihrer Überwindung und zur Unterwerfung unter das Leben des Körpers erforderlich ist, ein idealer Zustand. Wir wären in der Lage, viel seltener und weniger essen zu müssen als jetzt. Eines Tages werden uns unsere Laboratorien mit stets frischer chemischer Nahrung versorgen, deren Qualität bei weitem alles, was wir jetzt haben, übertrifft. Nahrung, die wir von den höheren Pflanzen und dem noch höheren Tierreich erhalten, ist wegen ihres schnellen Verfalls gänzlich abzulehnen. Der Auflösungsprozeß wird durch das Bestreben der individuellen Teilchen, dem zusammengesetzten Ganzen zu entgehen, hervorgerufen.

Das Pflanzenreich ist das nächste über dem Mineralreich. Es hat einen Organismus, der die mineralischen Teile der Erde aufnehmen kann. Mensch und Tier können Pflanzen verdauen. Auf diese Weise verleiben sie sich die zur Aufrechterhaltung ihrer Körper benötigten chemischen Bestandteile ein. Da der Bewußtseinszustand der Pflanzen dem des traumlosen Schlafes gleicht, bietet er keinen Widerstand. Es bedarf nur geringer Energie, die Pflanzenteile zu verdauen. Sie haben wenig persönliche Eigenart. Deshalb strebt das sie beseelende Leben nicht so bald danach, sich aus unserem Körper herauszulösen, wie es bei der Nahrung der Fall ist, die aus höher entwickelten Formen entnommen wird. Die Kräfte, die Früchten und Gemüse entzogen werden, sind daher dauerhafter als die von Fleischspeisen. Die Nahrung muß nicht so häufig ergänzt werden, abgesehen davon, daß sie verhältnismäßig mehr Kraft verleiht, da sie zur Assimilation weniger Energie benötigt.

Nahrungsmittel aus Tierkörpern setzen sich aus Teilen zusammen, die ein individueller Empfindungsleib durchdrungen hatte, und an denen er tätig gewesen ist. Daher sind sie stärker individualisiert als Pflanzenteile. Sie enthalten eine von den Leidenschaften und Begierden des Tieres durchdrungene individuelle Zellenseele. Um sie soweit zu überwinden, daß sie assimiliert werden können, bedarf es in erster Linie beträchtlicher Energie. Und doch können sie dem Zellenstaat des Körpers nie so vollkommen einverleibt werden, wie die Pflanzenzelle, die keine starken individuellen Neigungen hat. Die Folge davon ist, daß der Fleischesser größere Mengen verzehren muß als der Früchteverzehrer. Auch muß er öfter essen. Ferner verursacht der innere Kampf der Fleischteile im allgemeinen größeren Verschleiß im Körper; er läßt den Fleischesser passiver werden und gegenüber Anstrengungen weniger gewachsen sein als den Vegetarier. Alle Auseinandersetzungen zwischen den Vertretern der beiden Methoden haben das bewiesen.

Wenn das Fleisch pflanzenfressender Tiere schon eine unbeständige Ernährung ist, liegt es auf der Hand, daß wir große Nahrungsmengen zu uns nehmen müßten, wenn wir versuchen wollten, das Fleisch fleischfressender Tiere zu verwenden, deren Zellen noch individualisierter sind. Das Essen würde den größten Teil unserer Zeit beanspruchen. Dennoch wären wir immer mager und hungrig. Wolf und Geier beweisen das. Ihre Magerkeit und ihr Hunger sind sprichwörtlich geworden. Kannibalen essen Menschenfleisch, aber nur in langen Zwischenräumen und als Genußmittel. Da der Mensch nicht nur Fleisch ißt, ist sein eigenes Fleisch nicht das eines ausschließlich fleischfressenden Tieres. Dennoch ist der Hunger der Kannibalen zum wiederkehrenden Sprichwort geworden.

Würde das Fleisch der Pflanzenfresser den besten Extrakt der Pflanzen enthalten, müßte dasjenige der Fleischfresser logischerweise die Quintessenz sein. Dann wäre das Fleisch der Wölfe und Geier das Beste vom Besten, die Crème de la Crème, und sehr begehrenswert. Das ist, wie wir wissen, nicht der Fall; vielmehr ist es umgekehrt. Je mehr wir uns von Pflanzenkost ernähren, um so mehr Kraft können wir unserer Nahrung entnehmen. Wäre es anders, würde das Fleisch fleischfressender Tiere von Raubtieren besonders gesucht. Doch Beispiele, daß „ein Hund den anderen frißt", kommen in der Natur sehr selten vor.

Leben und leben lassen

Das erste Gesetz der esoterischen Wissenschaft lautet: „Du sollst nicht töten!" (2. Mose 20, 13). Es sollte für den nach höheren Erkenntnissen Strebenden von größter Bedeutung sein. Wir können nicht einmal ein Staubkörnchen erschaffen. Welches Recht haben wir daher, die geringste Form zu zerstören? Jeder Körper ist Ausdruck des einen Lebens, des Lebens Gottes. Wir haben weder das Recht, eine Form zu zerstören, durch die das Leben Erfahrungen sammeln kann, noch es zu zwingen, sich einen neuen Träger zu erbauen.

Ella Wheeler Wilcox setzt sich für diese esoterischen Grundsätze mit dem wahren Mitleid aller weit fortgeschrittenen Seelen durch die schönen Worte ein:

> Ich bin des Stimmenlosen Stimm',
> Durch die der Stumme sprechen soll,
> Bis einer dumpfen Welt das Ohr
> Gebracht soll werden, daß es hört
> Des Wortelosen quälend Leid.

Dieselbe Kraft den Sperling schuf,
Gestaltend Menschen, Kön'ge auch.
Den Funken seiner eig'nen Seel'
Gab hin der **Gott der ganzen Welt,**
Geschöpfen sein in Feder, Pelz.

Ich will des **Bruders Hüter sein**
Und fechte seine Kämpfe aus.
Das Wort, ich spreche gern es auch
Für Tier' der Erde, Vogel frei,
Bis endlich Recht die Welt setzt ein.

Manchmal hört man auch den Einwand, beim Verzehr von Gemüse und Früchten werde ebenfalls Leben weggenommen. Diese Auffassung beruht auf vollständigem Verkennen der Tatsachen. Wenn die Frucht reif geworden ist, hat sie ihren Zweck, dem reifenden Samen als Mutterleib zu dienen, erfüllt. Wird sie nicht verzehrt, verfällt sie und geht verloren. Andererseits ist sie auch dazu bestimmt, dem Tier- und Menschenreich als Nahrung zu dienen. Dadurch wird dem Samen die Möglichkeit gegeben, durch weitgestreute Verbreitung zum Wachsen in fruchtbaren Boden zu gelangen. So wie das menschliche Ei und der menschliche Same ohne das Keimatom des sich wiederverkörpernden Ich und ohne die Gebärmutter des Lebensleibes unfruchtbar bleiben, so sind jedes Ei oder jeder Same nicht aus sich selbst heraus lebensfähig. Werden ihnen jedoch die richtigen Bedingungen zum Bebrüten oder des entsprechenden Bodens gegeben, strömt das Leben des Gruppengeistes in sie ein. Es ergreift die ihm gebotene Gelegenheit, einen festen Körper hervorzubringen. Werden Ei oder Same gekocht oder zerdrückt oder werden ihnen die notwendigen Lebensbedingungen nicht eingeräumt, ist diese Gelegenheit vorüber. Das ist aber auch alles.

Auf unserer gegenwärtigen Evolutionswanderung weiß jeder Mensch von selbst, daß Töten Unrecht ist. Der Mensch liebt und beschützt Tiere in allen Fällen, in denen ihn sein heftiges

Verlangen und sein selbstsüchtiges Interesse nicht für ihr Recht erblinden läßt. Das Gesetz schützt selbst Katzen und Hunde vor **mutwilligen** Grausamkeiten. Außer beim „Sport", der mutwilligsten aller unserer Tierquälereien, werden Tiere stets nur aus finanziellen Gründen getötet und zum Töten aufgezogen. Die Verehrer des „Sports" schießen hilflose Geschöpfe lediglich deshalb nieder, weil sie meinen, eine falsche Einstellung gegenüber dem Begriff der Fähigkeit des Jägers unterstützen zu müssen. Es ist kaum zu fassen, wie sonst vernünftige und freundliche Menschen zeitweilig alle ihre besseren und sanften Gefühle vergessen, zu blutdürstiger Wildheit zurückkehren und aus Lust an Blutvergießen und aus Freude an Zerstörung töten. Es ist sicher eine Rückkehr zu den niedersten barbarischen Tierinstinkten. Dieser „Sport" kann nicht im entferntesten mit „Männlichkeit" verglichen werden, selbst wenn er von einem sonst menschenfreundlichen und würdigen Herrscher eines mächtigen Volkes ausgeübt und verteidigt wird. Wieviel besser wäre es für einen Menschen, Freund und Beschützer der Schwachen zu sein. Wer besucht wohl nicht gern den Zentralpark in New York und liebkost, streichelt und füttert die dort zu Hunderten herumspringenden Eichhörnchen, die sicher sind, nicht belästigt zu werden? Und wer freut sich nicht um dieser Tiere willen über das Schild mit der Aufschrift: „Hunde, die Eichhörnchen jagen, werden erschossen". Das ist hart gegen die Hunde. Doch es ist ein Beweis, daß das Gefühl wächst, die Schwachen beschützen zu müssen. Auf der Tafel wird nichts über mögliche Verletzungen der Eichhörnchen durch Menschen erwähnt. Denn so etwas wäre undenkbar. So stark wirkt das Vertrauen, das die kleinen Tiere in die Güte des Menschen setzen, daß niemand sie verletzen würde.

Diagramm 16

Das Vaterunser

zeigt, wie es den Notwendigkeiten aller sieben menschlichen Grundsätze vollständig entgegenkommt

(Einleitung) **Vater unser im Himmel**

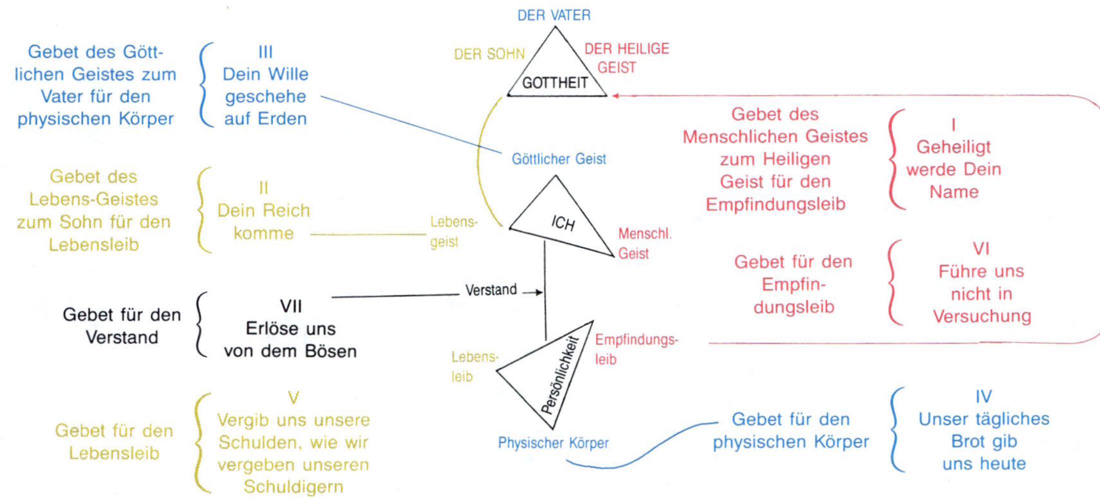

Kehren wir zu unserer Betrachtung der geistigen Hilfen für menschlichen Fortschritt zurück. Das Gebet des Herrn, das als abstrakte algebraische Formel für die Erhebung und Läuterung der menschlichen Träger gelten kann, drückt den Gedanken einer geeigneten Fürsorge für den physischen Leib mit den Worten aus: „Unser tägliches Brot gib uns heute!"

Das sich mit den Bedürfnissen des Lebensleibes befassende Gebet lautet: „Vergib uns unsere Schulden, wie auch wir unsern Schuldigern vergeben haben!"

Der Lebensleib ist der Sitz des Gedächtnisses. In ihm sind die unterbewußten Erinnerungen aller vergangenen Ereignisse unseres Lebens aufbewahrt, die guten oder schlechten. Eingeschlossen ist alles uns zugefügte oder von uns ertragene Unrecht und alle erhaltenen oder selbst gegebenen Wohltaten. Wir erinnern uns, daß die Rückschau unseres Lebens unmittelbar, nachdem wir unseren Körper beim Tode verlassen haben, aus Ereignissen jener Bilder entnommen wird. Alle Leidenszustände nach dem Tod sind deren Folgen.

Wenn uns durch immerwährendes Gebet das an anderen Lebewesen begangene Unrecht vergeben wurde, wenn wir es soweit wie möglich wieder gutzumachen versuchen, wenn wir unseren Lebensleib dadurch läutern, daß wir denjenigen vergeben, die uns Unrecht getan haben, und wenn wir alle üblen Gefühle ausschalten, bewahren wir uns selbst vor vielem Elend nach dem Tod. Außerdem bereiten wir den Weg für die Universale Bruderschaft, die zum Teil vom Sieg des Lebensleibes über den Empfindungsleib abhängt. Durch das Gedächtnis prägt dieser dem Lebensleib Rachegedanken ein. Eine ausgeglichene Wesensart inmitten der mannigfaltigen täglichen Lebensereignisse weist hin auf einen solchen Sieg. Daher sollte der Strebende sich darin üben, sein Temperament zu beherrschen, zumal er dadurch an beiden Trägern arbeitet. Das Vaterunser schließt auch jene Kontrolle des Temperaments mit ein. Denn wenn wir sehen, daß wir andere verletzt haben, blicken wir uns um und suchen nach der Ursache. Eine davon ist das Verlieren der Selbstbeherrschung; sie entspringt dem Empfindungsleib.

Die meisten Menschen verlassen den physischen Leib mit demselben Temperament, mit dem sie in ihn eingezogen sind. Der Strebende aber sollte planmäßig alle Versuche des Empfindungsleibes, die Herrschaft zu übernehmen, besiegen. Das kann durch Konzentration auf hohe Ideale geschehen. Sie stärkt den Lebensleib und ist wirksamer als die allgemeinen kirchlichen Gebete. Der **esoterische Wissenschaftler** zieht sie dem Gebet vor. Denn sie wird mit Hilfe des kalten und gefühllosen Verstandes durchgeführt. Das Gebet hingegen entspringt im allgemeinen Gemütsbewegungen. Wird es von reiner selbstloser Hingabe an hohe Ideale geleitet, ist es wesentlich höher als die kühle Konzentration. Es kann niemals kalt sein. Denn es trägt die Ausströmungen des Mystikers durch die Liebe zu Gottes Thron.

Das Gebet für den Empfindungsleib ist: „Führe uns nicht in Versuchung!" Der große Versucher der Menschheit ist das Verlangen. Es regt zu allem Handeln an. Soweit das Tun den Absichten des Geistes dient, ist es gut. Wenn sich das Verlangen jedoch auf etwas Erniedrigendes richtet, auf etwas, das die Natur herabwürdigt, ist unsere Bitte, nicht in Versuchung geführt zu werden, angebracht.

Liebe, Reichtum, Macht und Ruhm sind die vier Beweggründe des menschlichen Handelns. Der Wunsch nach einem oder mehreren von ihnen ist das Motiv für alles, was der Mensch tut oder ungeschehen läßt. Die großen Führer der Menschheit haben ihr weisheitsvoll jene notwendigen Beweggründe als Ermutigung zum Handeln gegeben, so daß der Mensch dadurch Erfahrungen sammeln und lernen kann. Der Strebende kann sie weiterhin gefahrlos als Triebfedern benutzen. Aber er sollte sie in Höheres verwandeln. Er hat die selbstsüchtige, nach dem Besitz eines anderen Körpers suchende Liebe mit edleren Bestrebungen zu überwinden, ebenso auch alle aus engen und persönlichen Gründen erwachsenden Wünsche nach Wohlstand, Macht und Ruhm.

Die Liebe, nach der er sich sehnen müßte, ist nur diejenige der Seele. Sie umfaßt alle Wesen, ob hoch oder niedrig, im Verhältnis zur Bedürftigkeit des Empfängers. Der Reichtum ist allein als Überfluß an Gelegenheiten da, den Mitmenschen beizustehen.

Die Macht fördert das Emporheben des Menschengeschlechts.

Ruhm erlöst keineswegs. Er macht uns fähiger, die gute Botschaft zu verbreiten, nach der alle Leidenden schnell Trost für den Kummer des Herzens finden können.

Das Gebet für den Verstand ist: „Erlöse uns von dem Bösen!" Wir sahen, daß der Verstand das Bindeglied zwischen den höheren und den niederen Naturen ist. Tiere dürfen jeglichen Begierden ohne Einschränkung nachgehen. Ihnen fehlt der Verstand, das Unterscheidungsvermögen, weshalb es für sie weder Gut noch Böse gibt. Die Art des Selbstschutzes gegenübner tötenden und raubenden Tieren unterscheidet sich von derjenigen gegenüber dem Menschen, die dasselbe tun. Ein menschliches Wesen, dem es an Verstand mangelt, wird nicht verantwortlich gemacht. Es wird anerkannt, daß es vom Unrecht seines Tuns nichts weiß. Daher wird nur seine Freiheit eingeschränkt.

Erst als die geistigen Augen geöffnet wurden, konnte der Mensch zwischen Gut und Böse unterscheiden. Wenn sich das Bindeglied, der Verstand, mit dem höheren Selbst vereint und seinen Geboten folgt, haben wir einen hochgeistigen Menschen vor uns. Im Gegensatz dazu ruft die Verbundenheit des Verstandes mit der niederen Empfindungsnatur weniger geistige Menschen hervor. Daher beten wir, daß wir von den Erfahrungen befreit werden mögen, die durch die Verbindung des Verstandes mit der niederen Empfindungsnatur und allem damit in Zusammenhang Stehenden hervorgerufen wird.

Der nach dem höheren Leben Strebende schafft durch Meditation, durch nachdenkendes Betrachten hocherhabener Gegenstände die Vereinigung der höheren und der niederen Natur. Diese Union wird noch durch Kontemplation, durch selbstlose Einkehr, gefestigt. Beide Zustände werden durch Adoration, durch verehrende Anbetung, die den Geist zum wahren Thron emporhebt, übertroffen.

Das für den allgemeinen Gebrauch gegebene Vaterunser setzt die Adoration an die erste Stelle. Dadurch soll der Mensch zu geistiger Erhebung gelangen, die für das Vorbringen einer Bitte für die Bedürfnisse der niederen Träger erforderlich ist. Jeder Aspekt des dreifachen Geistes, beginnend mit dem ersten, erhebt sich in Adoration selbst zu dem ihm entsprechenden Aspekt der Gottheit. Wenn die drei geistigen Aspekte vor dem Thron der Gnade stehen, gibt jeder das für die Bedürfnisse seines materiellen Doppelgängers passende Gebet hin. Und alle drei vereinen sich im abschließenden Beten für den Verstand.

Der Menschengeist schwingt sich zu seinem Urquell, zu Jahwe, dem Heiligen Geist, empor und sagt: „Geheiligt werde Dein Name!“

Der Lebensgeist beugt sich vor Christus, seinem Urquell, dem Sohn, und sagt: „Dein Reich komme!“

Der Göttliche Geist kniet mit dem Gebet, „Dein Wille geschehe“, vor seinem Urquell, dem Vater.

Dann bittet der höchste, der Göttliche Geist, den höchsten Aspekt der Gottheit, den Vater, für seinen Doppelgänger, den physischen Leib: „Unser tägliches Brot gib uns heute!“

Der nächsthöchste, der Lebensgeist, betet für sein Doppelbild in der niederen Natur, den Lebensleib, zum Sohn: „Vergib uns unsere Schulden, wie auch wir vergeben unsern Schuldigern!“

Als Nächster bringt der niederste Aspekt des Geistes, der Menschengeist, dem niedersten Aspekt der Gottheit seine Bitte für den höchsten des dreifachen Körpers, den Empfindungsleib, dar: „Führe uns nicht in Versuchung!"

Schließlich vereinigen sich alle drei Aspekte des dreifachen Geistes im Menschen zum wichtigsten der Gebete, zur Bitte für den Verstand: „Erlöse uns von dem Bösen!"

Die Einleitung „Vater unser im Himmel" gleicht der Anschrift auf einem Briefumschlag. Die Zusatzformel „Denn Dein ist das Reich und die Kraft und die Herrlichkeit in Ewigkeit. Amen", wurde nicht von Christus gegeben. Sie ist aber als Schlußanbetung des dreifachen Geistes sehr angemessen, da sie die unmittelbare Anrede an Gott abschließt.

Diagramm 16 versinnbildlicht das eben Gesagte auf einfache und leicht zu beherzigende Weise. Es zeigt den Zusammenhang zwischen den verschiedenen Gebeten und den entsprechenden gleichartig gefärbten Trägern.

Das Gelübde der Ehelosigkeit

Der je nach dem Geschlecht negative oder positive Teil der Geschlechtskraft wird normalerweise zur Fortpflanzung verwendet. Nach esoterischem Wissen bildet ein anderer Teil das Gehirn, das dadurch fähig wird, Gedanken hervorzubringen. Der geschlechtlich Fehlgeleitete oder Triebverbrecher zieht beide Kräfte an oder sendet beide aus. Dadurch entstehen geistige Unzulänglichkeit, Denkunfähigkeit, Schwachsinn. Die Aussage der Esoteriker, nach der ein Teil der Geschlechtskraft in das Gehirn hineingestaltet ist, erweist sich somit als richtig.

Bei Menschen, die sich geistigen Gedanken widmen, ist die Neigung, die Geschlechtskraft zur Fortpflanzung zu verwenden, gering. Der unverbrauchte Teil kann in Geisteskraft umgewandelt werden.

Aus diesem Grund nimmt der Eingeweihte auf einer gewissen Entwicklungsstufe das Gelübde der Ehelosigkeit auf sich. Es ist weder ein leichtes Gelöbnis noch eines, das leichtfertig von einem nach geistigem Fortschritt Strebenden abgegeben werden darf. Viele für ein höheres Leben noch nicht reife Menschen haben sich unwissend an ein asketisches Leben gebunden. Sie sind für die Allgemeinheit und für sich selbst ebenso gefährlich wie der geistesschwache Triebverbrecher.

Auf der gegenwärtigen menschlichen Evolutionsstufe ist die geschlechtliche Vereinigung das Mittel, durch das Körper vorbereitet werden, in denen der Geist Erfahrungen sammeln kann. Menschengruppen, die sich vorwiegend dem Fortpflanzungstrieb hingeben, gehören zu den niedersten Schichten. Für Wesen, die in ihnen zur Wiederverkörperung kommen wollen, ist es daher schwer, gute Träger und eine Umgebung zu finden, in der sie ihre Fähigkeiten so entfalten können, daß sie für sich selbst und die übrige Menschheit zum Segen werden. Unter den Wohlhabenderen, die bessere Bedingungen bieten könnten, haben viele Familien aus selbstsüchtigen Gründen und nicht aufgrund von Enthaltsamkeit wenige oder keine Kinder. Sie wollen bequemer und in Muße leben und uneingeschränktem Geschlechtsgenuß nachgehen können, ohne die Last einer Familie auf sich zu nehmen. Unter den Menschen der nicht so wohlhabenden Mittelschicht wird der Familienzuwachs ebenfalls eingeschränkt; in diesem Fall jedoch teilweise aus wirtschaftlichen Gründen, damit sie einem oder zwei Kindern erzieherische und andere Vorteile bieten können, während es ihre Mittel nicht erlauben, sie auf vier oder fünf Kinder zu verteilen.

So übt der Mensch sein besonderes göttliches Recht aus, durch das er Unordnung in die Natur bringt. Neu ins Leben tretende Ichwesen müssen manchmal die ihnen gebotenen Gelegenheiten unter ungünstigen Umständen ergreifen. Andere, die das nicht können, müssen warten, bis sich eine günstige Umgebung bietet. Wir verletzen einander durch unsere Handlungen, und so werden die Sünden der Väter an den Kindern heimgesucht. Denn der Heilige Geist ist die Schöpferische Energie in der Natur, während die Geschlechtskraft seine Widerspiegelung im Menschen ist. Mißbrauch oder Entehrung dieser Kraft ist die Sünde, die nicht vergeben, sondern durch verminderte Leistungsfähigkeit der Träger gesühnt wird, damit wir die Heiligkeit der schöpferischen Kraft gründlich kennenlernen.

Strebende, die von ernstestem Wunsch nach einem edlen geistigen Leben erfüllt sind, betrachten die Geschlechtstätigkeit und das Elend, das der Menschheit aus ihrem Mißbrauch erwachsen ist, oft voller Entsetzen. Sie neigen dazu, sich angewidert von dem abzuwenden, was sie als unrein empfinden. Dabei übersehen sie, daß gerade Menschen wie sie, die ihre Träger durch geeignete, gesunde Ernährung, hohe und erhabene Gedanken sowie reine und geistige Leben in einen guten Zustand gebracht haben, am besten geeignet sind, physische Körper zu erschaffen, die für die Entwicklung von Wesen, die die Inkarnation suchen, bedeutungsvoll sind. Zum Schaden der Rasse werden gegenwärtig nur deshalb viele hervorragende Ichgruppen von der Wiederverkörperung ausgeschlossen, weil sie keine Eltern finden können, die rein genug sind, sie mit dem erforderlichen Körper zu versehen. Unter Geisteswissenschaftlern ist das allgemein bekannt.

Persönlichkeiten, die ihre Pflicht gegenüber der Menschheit aus dem oben erwähnten Grund nicht erfüllen, vergrößern die Sonnenflecken so sehr, daß sie darüber vergessen, die Sonne selbst zu sehen. Die Geschlechtstätigkeit hat ihren wichtigen Platz in der Haushaltung der Welt. Wendet sie der Mensch richtig an, wird sie zum größten Segen für das Ich. Dann sorgt sie für solche reinen und gesunden Körper, wie sie die Menschheit zu ihrer Entwicklung benötigt. Wird sie hingegen mißbraucht, gibt es keinen größeren Fluch. Denn dann wird sie zur Ursache schlimmster Übel, die das Fleisch zu erben hat.

Es ist wahr, daß „kein Mensch für sich allein lebt“. Durch unsere Worte und Taten kommen wir ständig mit anderen Menschen in Berührung. Durch das richtige Erfüllen oder Vernachlässigen unserer Pflicht unterstützen oder vernichten wir das Leben, in erster Linie das unserer unmittelbaren Umgebung, letzten Endes das aller Bewohner der Erde und darüber hinaus. Niemand hat das Recht, das höhere Leben zu suchen, bevor er nicht seine Pflicht gegenüber seiner Familie, seinem Land und der Menschheit erfüllt hat. Alles andere egoistisch beiseite zu schieben und nur für den eigenen geistigen Fortschritt zu leben, ist ebenso zu mißbilligen wie ein Sich-nicht-Kümmern um das geistige Leben überhaupt. Nein, es ist sogar schlimmer. Denn diejenigen, die im täglichen Leben nach besten Kräften ihre Pflicht tun und sich selbst dem Wohlergehen derer widmen, die von ihnen abhängig sind, pflegen die erforderliche Eigenschaft der Treue. Sie werden gewiß vorankommen und zu gegebener Zeit an einen Punkt gelangen, an dem sie für geistige Notwendigkeiten erweckt werden. Dann werden sie ihre auf anderem Gebiet erworbene Treue auf Geistiges übertragen. Der Mensch, der seinen gegenwärtigen Aufgaben wohlüberlegt den Rücken kehrt, um ein geistiges Leben zu beginnen, wird sicher, ohne entkommen zu können, solange auf den Pfad der Pflicht, von dem er irrtümlich abgewichen ist, zurückgezwungen werden, bis er die Lehre aufgenommen hat.

Gewisse indische Stämme haben eine ausgezeichnete Lebenseinteilung. Die ersten zwanzig Jahre dienen zur Erlangung einer Erziehung. Die Zeit vom zwanzigsten bis zum vierzigsten Lebensjahr wird dem Gründen einer Familie gewidmet, und die verbleibende Zeit ist geistiger Entwicklung geweiht, ohne daß physische Sorgen den Verstand beunruhigen oder ablenken können. Während der ersten Periode wird das Kind von den Eltern erhalten; in der zweiten sorgt der Mann für seine eigene Familie und auch für seine Eltern, die sich nun höheren Dingen widmen; und dann wird er wiederum von seinen Kindern erhalten.

Das scheint eine sehr vernünftige Methode zu sein. Sie wird in einem Land durchgeführt, dessen Bewohner von der Wiege bis zum Grabe das geistige Bedürfnis so stark in sich fühlen, daß sie irrtümlicherweise die materielle Entwicklung vernachlässigen, sobald sie nicht von äußerster Not bedrängt werden. Die Kinder erhalten freudig ihre Eltern und fühlen sich sicher in dem Wissen, daß sie ihrerseits wieder erhalten werden und sich höheren Dingen widmen können, wenn sie ihre Pflicht gegenüber ihrem Land und für die Menschheit erfüllt haben. In der westlichen Welt, in der geistige Bedürfnisse gegenwärtig vom Durchschnittsmenschen nicht empfunden werden, weil er eigentlich materiellen Entwicklungslinien folgt, wäre eine solche Lebensweise nicht zu verwirklichen.

Der Wunsch nach Geistigem setzt ein, wenn die Zeit reif ist. Dann werden für uns stets die besonderen Verhältnisse geschaffen, unter denen wir sie, wenn überhaupt, befriedigen können. Hindernisse und Pflichten, die uns anscheinend zurückhalten, müssen ertragen werden. Wenn die Fürsorge für die Familie die gewünschte vollständige Heiligung verhindert, wäre der Strebende gewiß nicht berechtigt, diese Pflicht zu vernachlässigen und die ganze Zeit und Kraft geistigen Vorhaben zuzuwenden. Es ist erforderlich, solches Sehnen ohne Pflichtversäumnis gegenüber der Familie zu befriedigen.

Wenn in einem in ehelicher Verbindung stehenden Menschen der Wunsch nach ehelosem Leben aufkommt, dürfen die Verpflichtungen solcher Beziehungen nicht vergessen werden. Es wäre völlig falsch, dem rechtmäßigen Erfüllen seiner Pflicht entfliehen und Enthaltsamkeit praktizieren zu wollen. Hinsichtlich der Pflicht zur Ausübung des Geschlechtsaktes ist der Maßstab eines nach höheren Leben Strebenden ein anderer als der durchschnittlicher Männer oder Frauen.

Die meisten Menschen betrachten die Ehe als einen Freibrief zu uneingeschränkter Befriedigung geschlechtlichen Verlangens. In den Augen des bürgerlichen Gesetzes ist das vielleicht richtig. Doch kein vom Menschen gemachtes Gesetz, kein menschliches Brauchtum hat das Recht, diese Angelegenheit zu beherrschen. Die esoterische Wissenschaft lehrt, daß die geschlechtliche Vereinigung niemals zur Befriedigung des Sinnengenusses, sondern nur zur Fortpflanzung dienen soll. Daher wäre ein nach höherem Leben Strebender gerechtfertigt, wenn er sie seinem Ehepartner verweigern würde, es sei denn, es würde sich um das Zeugen eines Kindes handeln; dann allerdings auch nur, wenn beide physisch, moralisch und geistig vollkommen gesund sind. Denn sonst könnte die Verbindung zur Bildung schwacher, entarteter Körper führen.

Jeder Mensch besitzt seinen eigenen Leib. Vor dem Gesetz von Ursache und Wirkung ist er für jeden Mißbrauch verantwortlich, der aus dessen willensschwachem Überlassen an einen anderen hervorgeht.

Im Licht des oben Gesagten und vom Standpunkt der esoterischen Wissenschaft aus ist es für alle körperlich und geistig gesunden Menschen Pflicht und ein besonderes Recht, für das sie dankbar sein sollten, so vielen Wesen Körper zu bereiten, wie es sich mit der Gesundheit und den Fähigkeiten, für sie zu sorgen, vereinbaren läßt. Besonders sind die nach höherem Leben Strebenden, wie früher dargelegt wurde, in dieser Hinsicht verpflichtet, da ihre reineren Leben eine Läuterung ihrer Körper bewirkt haben. Sie sind daher geeigneter als andere Menschen, reine Träger zu erzeugen, und ermöglichen es fortgeschritteneren Wesen, entsprechende Körper zu finden. Auch helfen sie der Menschheit in ihrer Entwicklung, indem sie diesen wartenden Ichwesen Gelegenheiten zur Verkörperung bieten. Dadurch geben sie ihnen die Möglichkeit, ihren Einfluß bereits zu früherer Zeit auszuüben, als es sonst der Fall sein würde.

Verwendet man die Geschlechtskraft in dieser Weise, wird die geschlechtliche Vereinigung in einem Leben nur wenige Male stattfinden und somit kann fast alle Kraft für geistige Arbeit verwendet werden. Nicht der Gebrauch, sondern der Mißbrauch ruft Beschwernisse und Störungen mit dem geistigen Leben hervor. Daher ist es nicht erforderlich, das höhere Leben aufzugeben, wenn man nicht ehelos leben kann. In der Zeit, in der man die kleinen Einweihungen durchlebt, ist es nicht notwendig, völlig enthaltsam zu sein. Das Gelübde vollkommener Ehelosigkeit gilt nur für die großen Eingeweihten. Und selbst dann kann ein vereinzelter Befruchtungsakt manchmal als Opfer erforderlich sein, wie es beispielsweise bei der Vorbereitung des Körpers für Christus der Fall war.

Man kann sogar sagen, daß es schlimmer ist, unter einem brennenden Verlangen zu leiden und ständig lebhaft an die Befriedigung des Geschlechtstriebes zu denken, als sein Eheleben in mäßiger Weise zu gestalten. Christus lehrte, daß unkeusche Gedanken ebenso ungut, ja schlimmer sind als unkeusche Handlungen. Denn Gedanken können unbeschränkt wiederholt werden, während den Handlungen Grenzen gesetzt sind.

Der nach höherem Leben Strebende kann nur im Verhältnis zur Beherrschung seiner niederen Natur erfolgreich sein; doch sollte er sich vor dem anderen Extrem hüten.

Hypophyse und Zirbeldrüse

Im Gehirn, ungefähr an der in Diagramm 17 bezeichneten Stelle, befinden sich zwei kleine Organe, die Hypophyse, Hirnanhangdrüse oder Schleimkörper und Zirbeldrüse genannt werden. Die medizinische Wissenschaft weiß wenig von ihnen und den anderen endokrinen oder innersekretorischen Drüsen des Körpers. Die Zirbeldrüse wird als „verkümmertes Drittes Auge" bezeichnet. Doch weder sie noch die Hypophyse sind verkümmert. Für die Wissenschaft ist das verwunderlich, denn die Natur hält nichts Überflüssiges zurück. Am ganzen Körper finden wir entweder verkümmerte oder entfaltete Organe. Erstere sind gewissermaßen Meilensteine längs des Pfades, den der Mensch gewandert ist, um seine gegenwärtige Entwicklungsstufe zu erreichen; letztere weisen hin auf die zukünftigen Grundsätze des Fortschritts. So sind beispielsweise die Muskeln, die Tiere gebrauchen, um ihre Ohren zu bewegen, gegenwärtig auch beim Menschen vorhanden. Da sie aber bei uns verkümmert sind, können sie nur von wenigen Menschen verwendet werden. Das Herz gehört zu der Organgruppe, die die kommende Entwicklung anzeigt. Wie schon erwähnt wurde, wird es ein willkürlicher Muskel werden.

Hypophyse und Zirbeldrüse gehören noch einer anderen Gruppe von Organen an. Sie entwickeln sich weder jetzt noch verkümmern sie; sie ruhen. In ferner Vergangenheit, als der Mensch mit den „Inneren Welten" in Berührung stand, waren diese Organe seine Mittel, in sie einzugehen. In einem späteren Zustand werden sie wiederum diesem Zweck dienen. Sie waren mit dem unwillkürlichen oder sympathischen Nervensystem verbunden. In der Mondenperiode, dem letzten Teil der Lemurischen und der frühen Atlantischen Epoche sah der Mensch die Inneren Welten. Ihre Bilder stellten sich völlig unabhängig vom Willen ein. Die Sinneszentren seines Empfindungsleibes drehten sich in der dem Uhrzeiger entgegengesetzten Richtung. Sie folgten negativ der Erdbewegung, die sich wie die Sinneszentren der „Medien" bis zur heutigen Zeit in dieser Richtung um ihre Achse dreht. Diese Zentren sind bei den meisten Menschen untätig. Durch wahre Entwicklung werden sie sich, wie an anderer Stelle dargelegt wurde, in Richtung des Uhrzeigers bewegen las-

Diagramm 17

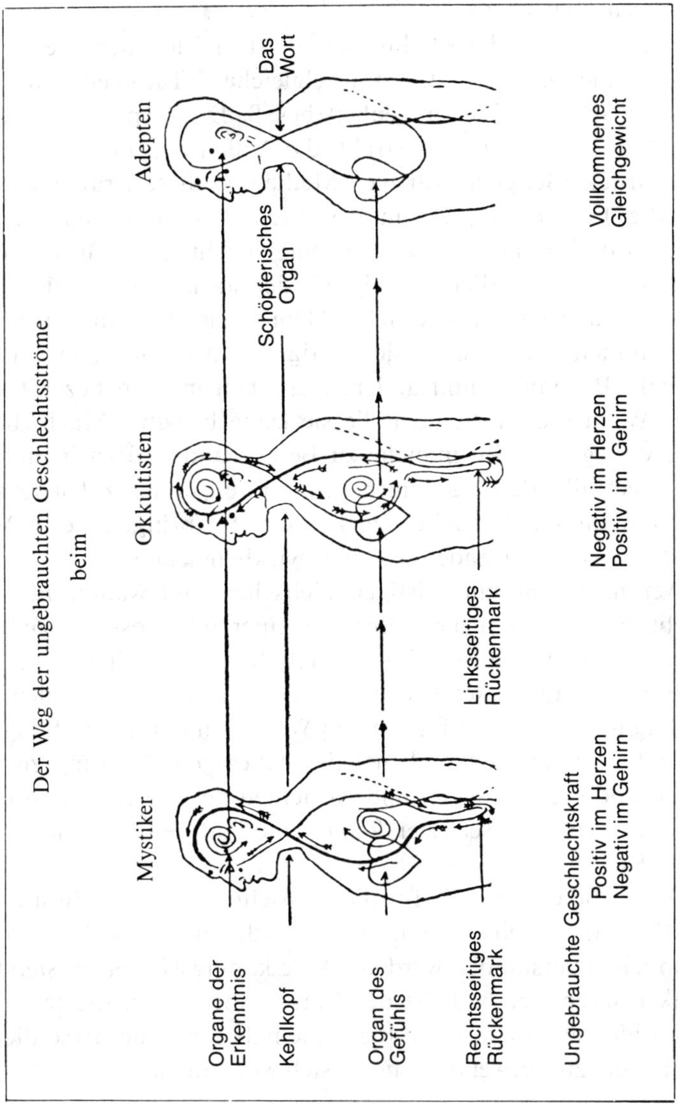

Der Weg der ungebrauchten Geschlechtsströme
beim
Mystiker
Okkultisten
Adepten
Organe der Erkenntnis
Kehlkopf
Organ des Gefühls
Rechtsseitiges Rückenmark
Ungebrauchte Geschlechtskraft
Positiv im Herzen
Negativ im Gehirn
Linksseitiges Rückenmark
Negativ im Herzen
Positiv im Gehirn
Schöpferisches Organ
Das Wort
Vollkommenes Gleichgewicht

sen. Das ist die schwierige Besonderheit in der Entwicklung des positiven Hellsehens.

Das Entfalten der Mediumschaft ist viel leichter. Sie ist nur ein Wiederaufleben der spiegelgleichen Tätigkeit, die der Mensch in seiner Vergangenheit besaß. Diese später durch Inzucht erhaltene Funktion strahlt die Außenwelt unwillkürlich in ihn zurück. Bei gegenwärtigen Medien ist diese Kraft nicht beständig. Das erklärt, warum diese Menschen manchmal „sehen" können und zu anderen Zeiten ohne ersichtlichen Grund völlig versagen. Gelegentlich befähigt sie der starke Wunsch des Kunden, mit den von ihm gesuchten Unterweisungen in Berührung zu kommen. Dann sehen sie richtig. Nicht immer aber sind sie ehrlich. Büromiete und andere Ausgaben müssen bezahlt werden. Wenn die Kraft, über die sie keine bewußte Macht besitzen, versagt, greifen manche zu Betrug und äußern irgendeine ihnen einfallende Ungereimtheit, um ihre Kunden zufriedenstellen und ihr Geld erhalten zu können. So bringen sie in Mißkredit, was sie zu anderen Zeiten wirklich sehen.

Wer nach wahrem geistigen Hellsehen und wahrer Einsicht strebt, hat vor allem zuerst Beweise seiner Selbstlosigkeit zu bringen. Denn der ausgebildete Hellseher hat keine Tage des Mißlingens. Er ist keineswegs wie ein Spiegel, der von den Bildern abhängig ist, die ihm in den Weg kommen. Er ist fähig, zu jeder beliebigen Zeit und in jeder beliebigen Richtung zu forschen und die Gedanken und Absichten der anderen Menschen zu lesen, vorausgesetzt, er lenkt seine Aufmerksamkeit nur in diese Richtung.

Die große Gefahr, die für die Menschheit aus dem Besitz dieser Kraft durch eine unwürdige Individualität entstehen würde, kann leicht verstanden werden. Diese könnte die geheimsten Gedanken lesen. Deshalb ist der Eingeweihte durch die feierlichsten Eide gebunden, diese Kraft niemals für seine persönlichen Interessen zu verwenden, noch sich vor einem unbedeutenden

Schmerz zu bewahren. Er darf, wenn er will, fünftausend andere ernähren, aber keinen einzigen Stein in Brot verwandeln, um seinen eigenen Hunger zu stillen. Ebenso darf er Gelähmte und Aussätzige heilen. Doch es ist ihm verboten, seine eigenen tödlichen Wunden zu schließen. Durch seine Gelübde ist er an vollkommene Selbstlosigkeit gebunden. Daher gilt für alle Zeiten, daß der Eingeweihte sich selbst nicht retten kann, obwohl er andere rettet.

Der geschulte Hellseher, der wirklich etwas zu geben vermag, wird niemals ein Schild aushängen, auf dem er seine Fähigkeit gegen Vergütung anbietet. Aber er wird immer wieder mit offener Hand geben, wenn es unter dem Gesetz von Ursache und Wirkung und im Einvernehmen mit dem vom Hilfesuchenden geschaffenen reifen Schicksal geschehen kann.

Die geschulte Hellsichtigkeit dient dem Erforschen esoterischer Wahrheiten; und dafür ist sie die einzige nutzbringende Kunst. Deshalb darf der Strebende nicht den Wunsch haben, nutzlose Neugierde zu befriedigen. Vielmehr soll sein heiliges und selbstloses Anliegen sein, der Menschheit zu helfen. Erst wenn er das besitzt, kann er Fortschritte in positivem Hellsehen machen.

In den seit der Lemurischen Epoche verflossenen Zeitaltern hat die Menschheit allmählich das zerebrospinale, unter dem Einfluß des Willens stehende Nervensystem ausgestaltet. Es war im späteren Teil der Atlantischen Epoche soweit entwickelt, daß es dem Ich möglich wurde, den physischen Körper voll in Besitz zu nehmen. Das geschah, als der erwähnte Punkt des Lebensleibes in Verbindung mit demjenigen an der Nasenwurzel des physischen Körpers kam. Der innewohnende Geist wurde für die Physische Welt erweckt. Das Bewußtsein der inneren Welten aber ging den meisten Menschen verloren.

Die Verbindung von Zirbeldrüse und Hypophyse mit dem zerebrospinalen Nervensystem ist seitdem nach und nach geschaffen worden. Sie ist jetzt fast vollendet.

Um zurück zu den inneren Welten gelangen zu können, ist nur noch die Wiedererweckung von Hirnanhang- und Zirbeldrüse erforderlich. Sobald das geschehen ist, wird der Mensch erneut die Gabe des Wahrnehmens in den höheren Welten besitzen. Allerdings wird sie großartiger sein als vorher. Denn sie wird in Verbindung mit dem willkürlichen Nervensystem und deshalb unter dem Einfluß des Willens stehen. Durch diese Fähigkeit werden dem Menschen alle Zugänge zum Wissen geöffnet. Dann wird er Mittel zur Verfügung haben, denen gegenüber alle anderen Forschungsmethoden nur Kinderspiel sind.

Das Erwecken dieser Organe wird durch esoterische Schulung erfolgen. Sie soll jetzt, soweit es öffentlich geschehen kann, beschrieben werden.

Esoterische Schulung

Die meisten Menschen geben den größeren Teil der Geschlechtskraft, der eigentlich durch die schöpferischen Organe verwendet werden sollte, zur Sinnesbefriedigung aus. Deshalb ist in ihnen sehr wenig des in Diagramm 17 gezeigten aufsteigenden Stromes vorhanden.

Der geschulte Hellseher kann bemerken, wie die unverbrauchte Geschlechtskraft aufzusteigen beginnt, wenn der nach höherem Leben Strebende anfängt, jenes Übermaß mehr und mehr zu beschränken und seine Aufmerksamkeit geistigem Nachdenken und Bemühen zu widmen. Zunehmend stärker werdend, strömt diese Kraft den in Diagramm 17 durch Pfeil angezeigten Weg aufwärts. Sie durchzieht Herz und Kehlkopf oder beide, Rückenmark und Kehlkopf, und fließt dann unmittelbar zwischen Hypophyse und Zirbeldrüse zum dunklen Punkt an der Nasenwurzel. Hier hat der „Stille Wächter", der höchste Geist, seinen Sitz.

Diese Ströme nehmen im allgemeinen nicht unter Ausschluß des anderen einen der beiden in Diagramm 17 angezeigten Wege. Vielmehr wird, entsprechend dem Temperament des Strebenden, ein Pfad vom größten Teil der Geschlechtskräfte durchzogen. Wer Erleuchtung auf rein intellektuellem Weg sucht, führt den Strom hauptsächlich über das Rückenmark; nur ein kleiner Teil nimmt den Weg durch das Herz. Beim Mystiker, der mehr fühlt, als er weiß, fließen die Ströme aufwärts durch das Herz.

Beide, Intellektueller und Mystiker, entwickeln sich unnatürlich. Um vollkommen zu werden, muß jeder Mensch eines Tages die Entwicklung aufnehmen, die er vernachlässigt hat. Deshalb ist es das Ziel der Rosenkreuzer, Lehren zu geben, die beiden Gruppen dienen, obgleich ihr hauptsächliches Bemühen darauf gerichtet ist, intellektuell Veranlagte zu erreichen.

Der Strom selbst ist nutzlos, auch wenn er die Ausdehnung eines Niagara erreichen und bis zum jüngsten Tag fließen würde. Da er allerdings nicht nur eine notwendige Begleiterscheinung, sondern eine Vorbedingung zu selbstbewußtem Wirken in den inneren Welten ist, sollte er bis zu einem gewissen Grad gepflegt werden, bevor die eigentliche esoterische Schulung beginnen kann. Daraus wird ersichtlich, daß der Strebende für eine gewisse Zeit ein moralisches, geistigen Gedanken gewidmetes Leben führen sollte. Erst dann ist es möglich, die Tätigkeit zu beginnen, die ihm Kenntnisse der überirdischen Welten aus erster Hand gibt und ihn befähigt, im treuesten Sinn ein Helfer der Menschheit zu werden.

Hat der Strebende ein solches, den Strom geistiger Kraft lenkendes Leben lange genug geführt und wird er für würdig und fähig befunden, esoterische Schulungen zu erhalten, empfängt er Anweisungen über bestimmte Übungen, durch die die Hypophyse in Schwingungen versetzt wird. Diese veranlassen die Hirnanhangdrüse auf die nächste Kraftlinie einzuwirken und sie etwas abzulenken (Diagramm 17). Das wirkt wiederum auf die nächstfolgende Kraftlinie. Dieses Geschehen setzt sich fort, bis die Schwingungskraft nachgelassen hat. Es ist so ähnlich wie beim Anschlagen eines Tones auf dem Klavier, durch das eine Reihe von Obertönen erzeugt wird, indem Schwingungen auf andere Saiten mit passenden Höhenintervallen übertragen werden.

Wenn die Kraftlinien durch die vermehrten Schwingungen der Hypophyse genügend abgelenkt worden sind, um zur Zirbeldrüse zu gelangen, ist das Ziel erreicht und der Abstand zwischen den beiden Organen überbrückt. Das ist die Verbindung zwischen Sinnes- und Empfindungswelt. Von diesem Augenblick an ist der Mensch hellsichtig; er kann seine Aufmerksamkeit lenken, wohin er will. Feste Gegenstände sieht er sowohl von innen als auch von außen. Raum und Dichte sind für ihn keine Beobachtungshindernisse.

Noch ist er kein geschulter Hellseher. Er ist ein willkürlicher, ein Hellseher nach seinem eigenen **Willen.** Seine Fähigkeit unterscheidet sich wesentlich von der eines Mediums, eines im allgemeinen unwillkürlich Hellsehenden, der nur das wahrnehmen kann, was ihm im Augenblick erscheint. Ein Medium hat bestensfalls ein wenig mehr als diese rein negative Möglichkeit. Ein Mensch aber, bei dem die Verbindung einmal hergestellt worden ist, kann sie aufnehmen oder abbrechen, wie er will. Er ist stets in sicherem Kontakt mit den inneren Welten. Als Beobachter lernt er allmählich, die Schwingungen der Hypophyse so zu beherrschen, daß er mit jeder beliebigen Region der inneren Welten, die er besuchen möchte, in Verbindung kommen kann. Diese Fähigkeit steht ganz und gar unter der Leitung seines Willens. Der willkürliche Hellseher muß durchaus nicht in einen Trancezustand fallen oder etwas Außergewöhnliches tun, um sein Bewußtsein in die Empfindungswelt zu erheben. Er will einfach sehen, und er sieht.

Wie bereits dargelegt wurde, muß der Neuling lernen, in der Empfindungswelt wahrzunehmen oder, besser gesagt, das zu verstehen, was er dort sieht. In der Physischen Welt sind die Gegenstände fest und haltbar; sie verändern sich nicht unmittelbar. In der Empfindungswelt finden unberechenbare Verwandlungen statt. Das ist sowohl für den negativ-unwillkürlich Hellsehenden als sogar auch für den Neuling, der unter Leitung eines geistigen Lehrers in sie hineingeht, ein Grund für unendliche Verwechslungen. Die Schulung bringt den Neophyten bald zu einem Punkt, an dem die Form so oft wechseln kann, wie sie will. Er kann das Leben wahrnehmen, das die Umgestaltungen hervorruft und es trotz aller erdenklichen verwirrenden Veränderungen als das erkennen, was es ist.

Nun ist noch ein anderer wichtiger Unterschied zu beachten. Die Kraft, die einen Menschen befähigt, die Gegenstände in einer Welt **wahrzunehmen,** ist nicht dieselbe, mit der man **Zugang** in diese findet und in ihr zu **handeln** vermag. Der willkürliche Hellseher kann wohl einige Fähigkeiten erlangt haben und in der Lage sein, in der Empfindungswelt das Wahre vom Falschen zu unterscheiden. Doch in Wirklichkeit befindet er sich dieser Welt so gegenüber wie ein hinter Gitterstäben Gefangener der Außenwelt gegenübersteht. Er kann sie sehen, aber nicht in ihr handeln. Deshalb öffnet die esoterische Schulung nicht nur das innere Auge für die höheren Welten. Vielmehr werden zur rechten Zeit weitere Übungen gegeben, durch die der Aspirant mit einem Träger ausgestattet wird, mit dem er in den inneren Welten vollständig selbstbewußt handeln kann.

Wie der innere Träger geschaffen wird

Die meisten Menschen leben, um zu essen, zu trinken, und um sich uneingeschränkt der geschlechtlichen Leidenschaft zu erfreuen. Bei der geringsten Herausforderung verlieren sie ihre

Fassung. Obwohl sie äußerlich sehr „ehrenhaft“ sein mögen, bringen sie doch fast täglich vollständige Verwirrung in ihren Organismus. Die gesamte Schlafenszeit wird von Empfindungs- und Lebensleib verwendet, den Schaden wiedergutzumachen, der während des Tages entstandenen ist. Für äußere Tätigkeiten bleibt keine Zeit übrig. Wenn der Mensch aber die Notwendigkeit höheren geistigen Lebens zu fühlen beginnt, Geschlechtskraft und Temperament beherrscht und ein heiteres Gemüt pflegt, wird in den Trägern nicht so viel Unruhe hervorgerufen. Folglich ist weniger Zeit erforderlich, den Schaden wieder zu beseitigen. So wird es möglich, den physischen Leib während des Schlafes für längere Zeit zu verlassen und innerhalb der inneren Welten in den höheren Trägern tätig zu sein. Empfindungsleib und Verstand sind noch nicht voll entwickelt und als selbständige Bewußtseinsträger nicht zu gebrauchen. Auch kann der Lebensleib den physischen Körper nicht verlassen. Das würde den Tod hervorrufen. Deshalb müssen Maßnahmen ergriffen werden, einen geeigneten, flüchtigen, fluidalen Träger zu entwikkeln. Er muß in einer Weise beschaffen sein, daß er den Bedürfnissen des Ich in den inneren Welten so entspricht wie der physische Körper denjenigen in der Physischen Welt.

Ein derartig organisierter Träger ist der Lebensleib. Könnte man eine Möglichkeit finden, ihn vom festen Körper zu trennen, ohne den Tod zu verursachen, wäre das Problem gelöst. Außerdem ist der Lebensleib der Sitz des Gedächtnisses. Ohne dieses wäre es unmöglich, die Erinnerung an übersinnliche Erfahrungen in unser physisches Bewußtsein zurückzurufen und so deren vollen Segen zu erlangen.

Wir erinnern uns, daß die Hierophanten der alten Mysterientempel einen Teil des Volkes wie die Brahminen und die Leviten in Kasten und Stämme einteilten. Auf diese Weise schufen sie für den Gebrauch durch so weit fortgeschrittene Ichwesen einweihungsbereite Körper. Das geschah wie beim Empfindungsleib der gesamten Menschheit zu Beginn der Erdenperiode durch Zweiteilung des Lebensleibes. Wenn der Hierophant die Schüler aus ihren Körpern herausnahm, ließ er einen die ersten und zweiten Äther einschließenden Teil des Lebenleibes zurück. Dieser hatte die rein tierhaften Aufgaben zu erfüllen; sie sind die einzig aktiven Funktionen während des Schlafs. Auf diese Weise nahm der Schüler durch Verbindung jenes Leibes und der Sinneszentren des physischen Körpers einen wahrnehmungs- und erinnerungsfähigen Träger mit. Diese Fähigkeiten sind die Vermittler der Sinneseindrücke und des Gedächtnisses. Jener Leib besaß sie, weil er aus dem dritten und vierten Äther gebildet worden war.

Das ist in der Tat der Teil des Lebensleibes, den der Aspirant von Leben zu Leben zurückbehält; er ist als Verstandesseele unsterblich.

Als Christus kam und die „Sünden der Welt", nicht die des einzelnen Menschen, „hinwegnahm" und den Empfindungsleib unseres Planeten läuterte, wurde die Verbindung zwischen allen menschlichen physischen und Lebenskörpern so gelockert, daß es durch Schulung möglich wird, die oben beschriebene Trennung vorzunehmen. Daher ist die Einweihung seit dieser Zeit für alle Menschen offen. Der feinere, die Empfindungsseele bildende Teil des Empfindungsleibes kann bei den meisten Menschen getrennt werden. Allerdings war das tatsächlich schon vor der Ankunft Christi möglich. Wenn die feineren Teile der Träger während des Schlafes oder zu einer anderen Zeit für den Gebrauch abgesondert wurden, sind dennoch die niederen Teile von Empfindungs- und Lebensleib übriggeblieben. Sie setzten in dem lediglich tierischen Teil des physischen Leibes den Wiederherstellungsprozeß fort.

Der Teil des Lebensleibes, der aus dem physischen Körper herausgeht, ist, wie wir gesehen haben, hoch organisiert. Er ist ein genaues Gegenbild des physischen Körpers. Empfindungsleib und Verstand sind noch keine Organe. Sie sind nur durch ihre Verbindung mit dem so hervorragend organisierten physischen Körper zu gebrauchen. Von ihm getrennt sind sie armselige Werkzeuge. Bevor sich der Mensch aus dem physischen Leib herausziehen kann, müssen daher die Sinneszentren des Empfindungsleibes erweckt sein.

Im alltäglichen Leben befindet sich das Ich **innerhalb** seiner Träger und seine Kraft richtet sich **nach außen**. Aller Menschen Wille und Energie sind darauf gerichtet, sich die Physische Welt nutzbar zu machen. Der Mensch kann sich nicht von den Eindrücken seiner äußeren Umgebung lösen, um frei zu sein und in seinen wachen Stunden an sich selbst zu arbeiten. Während des Schlafs wird ihm eine solche Gelegenheit gewährt. Denn dann befindet sich das Ich **außerhalb** seines Körpers, der in dieser Zeit kein Bewußtsein von der Welt hat. Will der Mensch überhaupt an seinen Trägern wirken, muß es geschehen, wenn die Außenwelt wie im Schlaf ausgeschlossen ist, der Geist aber dennoch wie im wachen Zustand in den Trägern und im Vollbesitz seiner Fähigkeiten bleibt. Erst wenn das erreicht werden kann, wird es dem Geist möglich, innerlich tätig zu sein und seine Körper im eigentlichen Sinn lichtempfindlich zu machen.

Das ist Konzentration. In ihr ruhen die Sinne. Der Mensch befindet sich äußerlich in demselben Zustand wie im tiefsten Schlaf. Und doch bleibt sein Geist im Körper voll bewußt. Die meisten Menschen erfahren diesen Zustand in gewissem Sinn, wenn sie sich interessiert in ein Buch vertiefen. Dann leben sie in den Schilderungen des Verfassers und sind für ihre Umgebung versunken. Werden sie angesprochen, nehmen sie den Laut und alles, was sonst in ihrer Umwelt geschieht, nicht wahr. Und doch sind sie für alles, was sie lesen, vollkommen wach. Sie leben in der vom Verfasser geschaffenen unsichtbaren Welt und fühlen die Herzschläge aller verschiedenen Personen des dargestellten Geschehens. Sie sind nicht unabhängig, sondern an das Leben gebunden, das für sie im Buch geschaffen wurde.

Der Aspirant für das höhere Leben entwickelt die Fähigkeit, sich durch **seinen Willen** von einem selbstgewählten Gegenstand in Anspruch nehmen zu lassen oder, besser gesagt, nicht von einem üblichen Gegenstand, sondern von einer sehr einfachen Sache, die er sich vorstellt. Wenn er nun das richtige Aufnehmen erreicht hat und seine Sinne vollkommen ruhig sind, konzentriert er seine Gedanken auf die verschiedenen Sinneszentren des Empfindungsleibes, die **sich zu drehen** beginnen.

Zuerst ist ihre Bewegung langsam und schwer herbeizuführen. Allmählich aber schaffen sie sich im physischen Körper und im Lebensleib Platz, und beide lernen es, sich dieser neuen Tätigkeit anzupassen. Wenn das eigentliche Leben eines Tages die erforderliche Lockerung zwischen den höheren und niederen Teilen des Lebensleibes entwickelt hat, setzt höchste Willensanstrengung ein. Es kommt zu einer in verschiedenen Richtungen gehenden spiralförmigen Bewegung. Dann steht der Aspirant **außerhalb seines physischen Körpers**. Er sieht ihn wie den eines anderen Menschen an. Die Tür seines Gefängnisses hat sich geöffnet. Er hat die Freiheit, zu kommen und zu gehen, kann sich in der inneren Welt so frei bewegen wie in der äußeren, nach Belieben in beiden handeln und Helfer für alle Menschen werden, die seine Dienste erbitten.

Bevor der Aspirant lernt, seinen Körper willentlich zu verlassen, kann er während des Schlafes an seinem Empfindungsleib gewirkt haben, der in manchen Menschen organisch wird, bevor die Trennung im Lebensleib zustande gebracht worden ist. Unter solchen Umständen ist es unmöglich, die persönlichen Erfahrungen ins Wachbewußtsein zurückzubringen. Im allgemeinen aber wird man in derartigen Fällen als erstes Zeichen der Entwicklung bemerken, daß alle verworrenen Träume aufhören und nach einer Weile lebendiger und vollkommen logisch werden. Der Aspirant wird träumen, daß er an Orten ist und mit Menschen zusammen — einerlei, ob sie ihm in Zeiten des Wachseins bekannt sind oder nicht — die sich so vernünftig verhalten, als wären sie im Wachzustand. Wenn der Ort, von dem er träumte, für ihn in wachen Stunden zugänglich ist und er einige physische Einzelheiten des Geschehens beobachten sowie sich an seinen nächtlichen Eindruck am nächsten Tag erinnern kann, wird er manchmal den Beweis für die Richtigkeit seines Traumes erhalten.

Zunächst wird er finden, daß er während der Schlafenszeit einen beliebigen Ort auf der Erde besuchen kann. Er ist fähig, ihn eingehender zu erforschen, als er es hätte tun können, wenn er in seinem physischen Körper zu ihm hingegangen wäre. Denn in seinem Empfindungsleib hat er ohne Rücksicht auf Schlösser und Riegel zu allen Orten Zugang. Setzt er seine Bemühungen beharrlich fort, wird schließlich der Tag kommen, an dem er nicht auf den Schlaf zu warten braucht, um die Verbindung zwischen seinen Trägern zu lösen. Er wird sich bewußt freimachen können.

Besondere Anleitungen zur Befreiung der höheren Träger können nicht willkürlich gegeben werden. Die Trennung erfolgt nicht durch eine festgelegte **Wort**formel, sondern vielmehr durch einen **Willensakt.** Doch die Art und Weise der Willenslenkung ist individuell; sie kann nur durch einen berufenen Lehrer erfolgen. Wie alle anderen echten esoterischen Belehrungen wird sie niemals verkauft. Sie wird nur demjenigen Schüler gegeben, der sich dafür eignet. Alles, was an dieser Stelle geschehen kann, ist, andeutend auf die ersten Schritte hinzuweisen, die zum Erwerben des willkürlichen Hellsehens überleiten können.

Die günstigste Zeit zum Üben ist gleich nach dem Erwachen am Morgen, bevor die Gedanken und Sorgen des täglichen Lebens in den Verstand eingezogen sind. Man kommt dann frisch aus den inneren Welten. Daher wird man leichter wieder mit ihnen in Berührung gebracht als zu einer anderen Tageszeit. Man kleide sich nicht vorher an und richte sich auch nicht im Bett auf. Vielmehr entspanne man den Körper vollständig und beginne die Übung bei den ersten wachbewußten Gedanken. Unter Entspannung wird nicht nur eine bequeme Stellung verstanden. Es ist möglich, daß die **Erwartung** jeden Muskel strafft. Das unterbindet den Erfolg von selbst, denn in diesem Fall ergreift der Empfindungsleib die Muskeln. Er kann nicht anders verfahren, bis wir sie beruhigt haben.

Konzentration

Die erste Übung ist, seine Gedanken auf ein Ideal zu richten, und sie, **ohne sie abschweifen zu lassen,** dort festzuhalten. Das ist eine außerordentlich schwierige Aufgabe. Bevor weitere Fortschritte möglich sind, muß sie in gewissem Maße gekonnt werden. Denken ist die Kraft, die wir verwenden, um uns entsprechend der inneren Ideen Vorstellungen, Bilder und Gedankenformen zu schaffen. Es ist unsere hauptsächliche Kraft. Wir sollten lernen, sie so vollkommen unter Kontrolle zu haben, daß wir keine wilden, durch äußere Umstände hervorgerufenen Illusionen hervorbringen, sondern wahre Vorstellungen, die von innen her durch den Geist entstehen (Siehe Diagramm 1).

Skeptiker werden meinen, daß das **alles** Einbildung sei. Wäre der Erfinder aber, wie schon gesagt, nicht fähig gewesen, sich das Telefon vorzustellen, so würden wir heute weder dieses noch andere Dinge besitzen. Seine Vorstellungen waren anfangs nicht völlig richtig oder wahr, denn sonst hätten die Erfindungen von Anfang an erfolgreich gearbeitet. Dann wären der Herstellung von Instrumenten oder Maschinen nicht so viele Mißerfolge und überflüssige Versuche vorausgegangen. Auch die Vorstellungen des angehenden esoterischen Wissenschaftlers sind anfangs nicht fehlerfrei. Die einzige Möglichkeit, sie zu berichtigen, ist ununterbrochenes tagtägliches Üben. Dabei wird der Wille geschult, die Gedanken auf einen Vorgang, einen Gegenstand oder eine Idee zu richten und alles andere auszuschließen. Denken ist eine große Kraft. Wir haben uns daran gewöhnt, sie zu vergeuden. Wie das Wasser über einen Steilabfall herunterstürzt, bevor es ein Schaufelrad antreibt, so erlaubten wir unseren Gedanken, ziellos zu fließen.

Die sich über die ganze Erde ausbreitenden Sonnenstrahlen erzeugen nur mäßige Wärme. Wenn aber einige von ihnen durch eine Linse gebündelt werden, können sie im Brennpunkt Feuer entzünden.

Gedankenkraft ist das wirksamste Mittel, Erkenntnisse zu gewinnen. Wird sie auf einen Gegenstand gerichtet, kann sie ihren Weg durch jedes Hindernis nehmen und Probleme lösen. Ist sie im erforderlichen Maß hervorgebracht, wird dem menschlichen Verständnis alles zugänglich. Solange wir sie zerstreuen, ist sie für uns nur wenig nützlich. Sind wir aber bereit, uns die Mühe zu machen, sie anzuwenden, gehört uns alles Wissen.

Oftmals hören wir Menschen verstimmt ausrufen: „Oh, ich kann nicht an hundert Dinge auf einmal denken!“, wenn sie genau das getan haben. Und das verursacht die von ihnen beklagte wirkliche Unruhe. Die Menschen denken ständig eher an hundert andere Dinge als an die, die sie in der Hand haben. Jeder Erfolg ist durch beharrliche Konzentration auf das erwünschte Ziel zustande gekommen.

Das ist etwas, was der Aspirant für das höhere Leben durchzuführen lernen sollte. Es gibt keinen anderen Weg. Zunächst wird der Lernende finden, daß er an alles unter der Sonne eher denkt, als an das Ideal, auf das er sich zu konzentrieren entschieden hatte. Das sollte ihn aber nicht entmutigen. Mit der Zeit wird es leichter fallen, seine Sinne zu beruhigen und seine Gedanken festzuhalten. Beharrlichkeit, **Beharrlichkeit** und immer wieder BEHARRLICHKEIT wird schließlich siegen. Ohne sie kann kein Erfolg erwartet werden. Es nützt nichts, die Übungen morgens an zwei oder drei Tagen oder während einiger Wochen durchzuführen und sie dann genauso lange zu vernachlässigen. Um wirkungsvoll zu werden, sind sie ausnahmslos jeden Morgen getreulich auszuführen.

Entsprechend seinem Temperament und seiner geistigen Glaubensrichtung kann der Aspirant jeden Gegenstand auswählen, solange er rein ist und die Gedanken in dieser Richtung emporhebt. Manche Menschen werden sich Christus wählen; Liebhabern von Blumen hilft es, wenn sie sich eine solche als Konzentrationsobjekt aussuchen. Der Gegenstand selbst hat wenig Bedeutung. Welcher Art er auch sei, wir stellen ihn uns bis in alle Einzelheiten lebensgetreu vor. Wenn es Christus ist, stellen wir ihn uns lebendig vor mit beweglichen Gesichtszügen, Leben in seinen Augen und einem Ausdruck, der nicht steinern oder tot ist. Wir sollen uns ein lebendiges Vorstellungsbild aufbauen, keine Statue. Wenn es eine Blume ist, nehmen wir in Gedanken den Samen, versenken ihn in die Erde und richten unsere Gedanken fest auf ihn. Alsbald werden wir sehen, wie er die Hülle aufsprengt und die Erde von spiralförmigen Wurzeln durchdrungen wird. Wir beobachten, wie unzählige sehr kleine Fasern von den Hauptwurzeln abzweigen und sich nach allen Richtungen verästeln. Dann beginnt der Stengel, sich aufwärts zu strecken. Er durchbricht die Oberfläche der Erde und kommt als winziger grüner Halm hervor. Er wächst. Bald ist ein Ausläufer da. Ein kleiner Zweig sprießt aus dem Hauptstengel. Auch er wächst. Ein anderer Ausläufer und ein Ast erscheinen. An den Zweigen entstehen kleine Stiele mit Knospen an den Enden. Bald darauf entfalten sich zahlreiche Blätter. Dann bildet sich an der Spitze eine Knospe. Sie wird größer und größer. Schließlich springt sie auf, und die roten Blätter der Rose zeigen sich unter dem Grün.

Die Blüte öffnet sich und verbreitet einen herrlichen Duft, den wir mit unseren Sinnen vollständig wahrnehmen, sobald ihn die linde Sommerbrise an die wundervolle Schöpfung vor unserem geistigen Auge heranweht.

Nur wenn wir uns etwas in solchen klaren und vollständigen Umrissen vorstellen, dringen wir in den Geist der Konzentration ein. Es darf kein schattenhaftes, schwaches Abbild sein.

Indienreisende haben von Fakiren berichtet, die ihnen einen Samen zeigten, der vor den Augen der erstaunten Zeugen gepflanzt wurde, aus dem eine Pflanze wuchs und Früchte trug, die der Besucher kostete. Das wurde durch eine solche intensive Konzentration erreicht, daß das Bild sowohl für den Fakir selbst als auch für die Zuschauer sichtbar wurde. Man berichtete von einem Fall, in dem Mitglieder eines Ausschusses von Wissenschaftlern die vor ihren Augen vollbrachten wunderbaren Dinge unter Bedingungen sahen, bei denen Schwindel ausgeschlossen war. Und doch wurde aus den Photographien, die man während des Experimentes machte, nichts. Auf den empfindlichen Platten blieb keinerlei Eindruck zurück, weil kein konkreter Gegenstand vorhanden war.

Zuerst werden die Bilder, die sich der Aspirant vorstellt, nur schattenhaft sein und wenig Ähnlichkeit mit den Gegenständen der Physischen Welt haben. Doch schließlich kann durch Konzentration eine wirklichere und lebendigere Vorstellung von ihnen gewonnen werden, als sie es tatsächlich sind.

Ist der Aspirant fähig, solche Bilder zu gestalten, und gelingt es ihm, seinen Geist auf sie zu richten, kann er versuchen, die Vorstellung plötzlich fallenzulassen. Wenn er sich, ohne zu denken, geistig ruhig verhält, kann er nun warten, was in die Leere eingeht.

Lange Zeit mag nichts erscheinen. Der Aspirant muß sich sorgsam hüten, sich selbst innere Trugbilder, Visionen, zu schaffen. Wenn er aber jeden Morgen gewissenhaft und geduldig übt, wird eine Zeit kommen, in der sich die umgebende Empfindungswelt in dem Augenblick, in dem er das vorgestellte Bild fallengelassen hat, in einem Aufblitzen vor seinem inneren Auge öffnet. Zuerst mag es nur ein Schimmer sein. Doch es ist ein ernster Vorbote von dem, was später willentlich kommen wird.

Meditation

Wenn der Aspirant das Konzentrieren einige Zeit lang geübt, seinen Geist auf einen einfachen Gegenstand einzustellen gelernt hat und durch die schöpferische Fähigkeit eine lebende Gedankenform bilden kann, wird er durch Meditation alles über das so erschaffene Objekt erfahren.

Nehmen wir an, er habe durch Konzentration in sich das Vorstellungsbild Christi erweckt. Es ist sehr leicht, die Ereignisse seines Erdenlebens, das Leiden und die Auferstehung meditativ ins Gedächtnis zu rufen. Doch darüber hinaus kann durch Meditation viel gelernt werden. Erkenntnisse, von denen man niemals vorher auch nur geträumt hat, werden die Seele mit herrlichem Licht durchfluten. Trotzdem ist es für das Üben besser, etwas Uninteressantes, etwas, was nicht von sich aus wunderbar anregt, zu wählen. Man versuche, alles über ein Streichholz oder einen gewöhnlichen Tisch herauszufinden.

Hat man in der Vorstellung deutlich das Bild eines Tisches ausgestaltet, denke man darüber nach, aus welcher Holzart er ist und woher sie kam. Man gehe zurück bis zu der Zeit, in der der winzige Same des Baumes, aus dem das Holz geschnitten wurde, in den Waldboden fiel. Man stelle sich dessen jährliches Wachsen vor, wie er, vom Winterschnee bedeckt und von der Sommersonne erwärmt, stetig größer werdend, seine Wurzeln mittlerweile unter der Erde ausbreitet. Zuerst ist es ein von jeder Brise bewegter Schößling. Dann, als junger Baum, streckt er sich höher und höher in die Luft und dem Sonnenschein entgegen. Mit den Jahren nimmt sein Umfang zu. Eines Tages kommt der Holzfäller mit Axt und Säge, auf denen sich die Strahlen der Wintersonne blitzend widerspiegeln. Unser Baum wird gefällt, und seine Zweige werden abgesägt. Nur der Stamm bleibt übrig. Er wird in Teile geschnitten, die auf gefrorenen Wegen zum Flußufer geschleift werden. Hier werden sie gelagert, bis der Schnee zur Frühjahrszeit schmilzt. Aus den Stämmen wird ein großes Floß gebaut; diejenigen unseres Baumes sind mitten darunter. Wir kennen jede kleine Besonderheit an ihnen und würden sie unter Tausenden herausfinden, so genau haben wir sie uns im Geist vorgestellt. Nun folgen wir dem Floß flußabwärts, betrachten die vorüberziehende Landschaft und werden mit den Flößern bekannt, die es steuern und die in kleinen, auf ihrer schwimmenden Ladung erbauten Hütten schlafen. Schließlich sehen wir, wie das Floß beim Sägewerk ankommt und zerlegt wird. Von Haken, die an langen Ketten befestigt sind, wird ein Stamm nach dem anderen ergriffen und aus dem Wasser gezogen. Hier kommt einer von unseren Stämmen, aus dessen breitestem Teil die Platte unseres Tisches gemacht werden soll. Auch er wird aus dem Wasser geholt und von Männern mit langen Hakenstangen über den Holzplatz gerollt. Wir hören das durchdringende Kreischen der Kreissägen, die sich so schnell drehen, daß sie unseren Augen wie verschwommene Flecke erscheinen. Unser Stamm wird auf einen Wagen geladen und zu einer Säge befördert. Im Nu reißen sich die Stahlzähne ihren Weg durch seinen Körper und teilen ihn in Bretter und Planken. Einige werden Bauholz. Die besten aber kommen in die Möbelfabrik. Hier werden sie in einen Trockenofen gegeben, in dem sie durch Dampf zum Schwitzen gebracht werden, damit sie sich nicht verziehen, wenn sie zu Möbeln verarbeitet sein werden. Danach werden sie wieder herausgeholt, durch viele scharfe Messer einer Hobelmaschine geglättet, in verschiedene Längen zersägt und zur Tischplatte zusammengeleimt. Die Beine werden aus dickeren Stücken gedreht und in den Rahmen, der die Platte trägt, eingesetzt. Schließlich erfolgt ein nochmaliges Glätten des ganzen Werkstückes mit Sandpapier; es wird lackiert und poliert und so in jeder Hinsicht fertiggestellt. Mit anderen Möbeln wird der Tisch nun in das Geschäft gebracht, in dem wir ihn kaufen. Wir folgen ihm, wie er von hier aus in unser Heim gebracht und in unser Speisezimmer gestellt wird.

So sind wir durch Meditation mit den verschiedenen Industriezweigen vertraut geworden, die erforderlich sind, einen Baum in ein Möbelstück umzugestalten. Wir haben alle Maschinen und Menschen gesehen und die Eigentümlichkeiten der einzelnen Örtlichkeiten beobachtet. Ja, wir sind sogar dem Lebensprozeß nachgegangen, durch den der Baum aus einem winzigen Samen gewachsen ist, und erfuhren, daß ganz alltägliche Gegenstände eine große, außerordentlich fesselnde Geschichte haben. Eine Stecknadel, das Streichholz, mit dem wir unser Gas anzünden, das Gas selbst und der Raum, in dem es verwendet wird, sie alle haben interessante Geschichten, die wohl wert sind, kennengelernt zu werden.

Beobachtung

Eine der wichtigsten Hilfen für die Bemühungen des Aspiranten ist das Beobachten. Die meisten Menschen gehen wie blind durchs Leben. Es ist buchstäblich wahr, daß sie „Augen haben und nicht sehen und Ohren und nicht hören“ (Matth. 13, 13, Mark. 8, 18; Römer 11, 8). Leider haben sie eine außerordentlich geringe Beobachtungsgabe. Vielen Menschen ist das in gewisser Weise zu verzeihen. Denn sie besitzen kein gesundes Sehvermögen. Städtisches Leben hat unzählige Augenschäden verursacht. Auf dem Land lernt das Kind die Muskeln seiner Augen in vollem Umfang zu gebrauchen. Es entspannt sie oder zieht sie zusammen, wie es erforderlich ist, Gegenstände außerhalb von Häusern in beträchtlicher Entfernung, nahe beim Haus oder in ihm zu sehen. Das Stadtkind sieht so gut wie alles aus der Nähe. Die Muskeln seiner Augen werden selten gebraucht, um Gegenstände in großer Entfernung zu beobachten. Daher ist diese Fähigkeit größtenteils verlorengegangen. Das äußert sich in Kurzsichtigkeit und anderen Augenleiden.

Für jemanden, der nach höherem Leben strebt, ist es sehr wichtig, alle Dinge seiner Umgebung in klaren, deutlichen Umrissen und bis in alle Einzelheiten sehen zu können. Für denjenigen, der an fehlerhaftem Sehvermögen leidet, ist das Benutzen einer Brille wie das Öffnen einer neuen Welt. Statt der früheren Verschwommenheit sieht er alles klar und deutlich. Wenn der Augenzustand den Gebrauch einer Brille mit zwei Brennweiten erfordert, sollte man sich nicht mit zwei Brillen unterschiedlicher Sichtweite, einer für Nah- und der zweiten für Fernsicht begnügen. Der damit verbundene Wechsel wirkt ermüdend. Außerdem wird beim Fortgehen leicht eine Brille vergessen. Die beiden Brennweiten können in einer Brille mit Bifocalgläsern vereinigt werden, durch deren Tragen ein Beobachten genauester Einzelheiten erleichtert werden kann.

Unterscheidung

Wenn der Aspirant seine Aufmerksamkeit dem eigenen Sehvermögen systematisch zugewendet hat, sollte er alles und jedermann beobachten, Schlüsse aus Handlungen ziehen und die Fähigkeit logischen Denkens pflegen. Logik ist der beste Lehrer in der Physischen und der so gut wie sicherste und vertrauenswürdigste Führer in jeder anderen Welt.

Während man die Methode der Beobachtung ausübt, soll man stets daran denken, daß sie nur zum Sammeln von Tatsachen und nicht zum Kritisieren, zumindest nicht zu unverantwortlicher Kritik verwendet werden soll. Aufbauende Beurteilung, die auf Fehler und die Möglichkeiten zu deren Abhilfe hinweist, ist die Grundlage des Fortschritts. Zerstörerische Kritik, die Gutes und Böses zugleich vernichtet, ohne liebevoll auf höhere Vollkommenheit hinzuarbeiten, ist ein Geschwür im Charakter; sie sollte beseitigt werden. Geschwätz und Denunziation hemmen und hindern. Niemand verlangt von uns zu sagen, schwarz sei weiß und daß wir offenkundig unrechtes Verhalten übersehen sollen. Kritik sollte nur vorgebracht werden, um Hilfe zu leisten, nicht zu unverantwortlichem Entehren eines mitmenschlichen Charakters, weil wir einen geringfügigen Fehler gefunden haben. Wir sollten stets an das Gleichnis vom Splitter und dem Balken denken und unsere reichliche Kritik uns selbst zuwenden. Niemand ist so vollkommen, als daß kein Spielraum zu seiner Besserung vorhanden wäre. Je untadeliger ein Mensch ist, umso weniger neigt er dazu, an anderen Menschen Fehler zu suchen und den ersten Stein auf sie zu werfen. Wenn wir auf Fehler hinweisen und Wege zur Verbesserung vorschlagen, soll das ohne persönliches Gefühl geschehen. Wir sollten stets das sich hinter allem verbergende Gute suchen. Das Üben dieser Haltung hinsichtlich des Unterscheidungsvermögens ist besonders wichtig.

Wenn der Anwärter für das Gewinnen von Kenntnissen aus erster Hand die Konzentrations- und Meditationsübungen einige Zeit praktiziert hat und in ihnen gut bewandert ist, folgt ein weiterer Schritt.

Wir sahen, daß die Gedanken durch Konzentration auf einen einzigen Gegenstand gerichtet werden. Dadurch schaffen wir ein klares, gegenständliches und lebendiges Bild der Form, über die wir Kenntnisse gewinnen möchten. Meditation ist die Übung, durch die wir die Geschichte des Gegenstandes unserer Forschung verfolgen und, gewissermaßen in ihn eingehend, den wirklichen Beweis für seine Beziehung zur Welt im allgemeinen herausfinden.

Diese beiden geistigen Übungen befassen sich in tiefster und vollkommenster Weise mit **Gegenständen.** Sie führen zu einer höheren, innerlicheren und feineren geistigen Entwicklungsstufe, von der aus der wahren **Seele der Dinge** nachgegangen werden kann. Der Name dieses Stadiums ist Kontemplation.

Kontemplation

In der Kontemplation, der Betrachtung, dem Sichversenken in geistige Zusammenhänge oder Wahrheiten, haben wir es nicht wie bei der Meditation mit Nachdenken oder bildhaft-anschaulichem, imaginativem Vorstellen zum Erwerben von Kenntnissen zu tun. Bei ihr halten wir den Gegenstand vor unserem geistigen Auge fest und lassen seine Seele zu uns sprechen. Wir legen uns still ruhend, entspannt und völlig wach — nicht verneinend — hin und nehmen die Belehrung auf, die ganz gewiß zu uns kommen wird, wenn wir den entsprechenden Entwicklungsgrad erreicht haben. Dann scheint sich die **Form** des Gegenstandes zu verlieren; wir sehen nur das in ihr wirkende **Leben.** Kontemplation klärt uns über die Lebensseite auf, während Meditation über die Formseite belehrt.

Wenn wir diesen Zustand erreichen und vor uns beispielsweise einen Waldbaum haben, verlieren wir gänzlich den Anblick der Form. Wir sehen nur das Leben. In diesem Fall ist es der Gruppengeist des Baumes. Zu unserem Erstaunen werden wir finden, daß er die verschiedenartigen, sich von ihm nährenden Insekten einschließt und daß der Parasit und sein Wirt Ausstrahlungen ein und desselben Gruppengeistes sind. Je höher wir in die unsichtbaren Reiche aufsteigen, umso weniger Trennung, umso unterschiedlichere Formen gibt es und umso vollkommener herrscht das eine Leben vor, das dem Forscher die höchste Wahrheit vermittelt. Nach ihr gibt es nur das Eine, das

Universale Leben Gottes. In ihm „leben wir, in ihm bewegen wir uns und in ihm haben wir unser Sein". Das ist wahre Realität. Mineralien, Pflanzen, Tiere und Menschen sind ausnahmslos Offenbarungen Gottes. Diese Wahrheit bildet die echte Grundlage der Bruderschaft, einer Bruderschaft, die vom Atom bis zur Sonne alles umfaßt, weil alles Ausstrahlung Gottes ist. Auffassungen von Bruderschaften, die eine andere Grundlage haben, und Klassenunterschiede, Rassenverwandtschaft, Berufsgemeinschaft und so weiter bleiben weit zurück. Der Geisteswissenschaftler erfaßt das genau, wenn er das Universale Leben in allem Sein fluten sieht.

Adoration

Wenn diese Höhe durch Kontemplation erreicht worden ist und der Aspirant erfaßt hat, daß er in dem alles durchdringenden Leben in Wahrheit Gott sieht, hat er noch die höchste Stufe, die Anbetung, die Adoration, zu erreichen. Durch sie vereinigt er sich selbst mit dem Ursprung allen Seins. Und durch dieses Tun erreicht er das höchste Ziel, zu dem der Mensch gelangen kann, bis am Ende des großen Manifestationstages die ewige Vereinigung stattfindet.

Der Verfasser ist der Meinung, daß sowohl die Höhen der Kontemplation als auch der letzte Schritt der Adoration nur mit Hilfe eines Lehrers erreicht werden können. Der Aspirant braucht jedoch niemals zu fürchten, daß er durch das Fehlen eines Lehrers aufgehalten wird, diese Schritte zu tun. Er braucht sich auch nicht nach einem solchen umzusehen. Alles für ihn Erforderliche ist, mit dem Arbeiten an sich selbst zu beginnen und es ernsthaft und **beharrlich** beizubehalten. Auf diese Weise wird er seine Träger reinigen. Sie fangen an, in den Inneren Welten zu leuchten und die Aufmerksamkeit der Lehrer, die stets gerade auf solche Schüler achten, auf sich zu lenken. Jene sind mehr als erwartungsvoll und froh, denjenigen zu helfen, die durch ernsthaftestes Bemühen, sich zu läutern, das Recht auf Hilfe erworben haben. Die Menschheit braucht dringend Helfer, die fähig sind, in den Inneren Welten zu wirken. Deshalb „suchet, so werdet ihr finden" (Matth. 7, 7; Lukas 11, 9). Suchen ist aber kein Herumwandern von einem berufsmäßigen Lehrer zum andern. „Suchen" im Sinne des Wortes wird in dieser dunklen Welt nichts nützen. Wir selbst müssen das Licht entzünden, das Licht, das ständig von den Trägern des ernsthaften Aspiranten ausstrahlt. Das ist der Stern, der uns zu dem Lehrer führen wird, oder besser gesagt, den Lehrer zu uns.

Die Zeit, die erforderlich ist, bei den Übungen Erfolge zu erzielen, ist bei jeder Persönlichkeit eine andere. Sie hängt von deren Fleiß, dem Stand ihrer Evolution und von dem ab, was im Buch des Schicksals verzeichnet ist. Deshalb können keine allgemeinen Zeitmaße gesetzt werden. Reife Menschen erzielen Ergebnisse in wenigen Tagen oder Wochen. Andere müssen Monate, ja sogar ihr ganzes Leben lang arbeiten, ohne **sichtbare** Erfolge zu erreichen. Und doch sind solche da. Der treu ausharrende Aspirant wird seine Geduld eines Tages in diesem oder in einem zukünftigen Leben belohnt sehen. Die inneren Welten werden sich seinem Blick öffnen, und er wird sich als Bewohner von Reichen finden, in denen die Möglichkeiten viel größer sind als in der Physischen Welt.

Von da an wird im Wach- oder Schlafzustand, in dem, was der Mensch Leben und was er Tod nennt, ein ununterbrochenes Bewußtsein vorhanden sein. Der Mensch wird ein bewußtes, immerwährendes Dasein führen, den Segen aller Dinge erhalten, die den Fortschritt zu höherer Glaubenshaltung beschleunigen und zum Dienst am Menschengeschlecht gebraucht werden.

KAPITEL XVIII

Die Beschaffenheit der Erde und vulkanische Ausbrüche

Selbst esoterische Wissenschaftler halten das Erforschen der verborgenen Beschaffenheit der Erde für eines der schwierigsten Probleme. Jeder von ihnen weiß, wieviel leichter es ist, die Empfindungswelt und die Region der Konkreten Gedanken gründlich und genau zu studieren und die Ergebnisse in die Physische Welt zurückzubringen, als vollständig in die Geheimnisse unseres irdischen Planeten einzudringen. Denn um das zu erreichen, müßte man durch die neun kleinen Mysterien und die erste der Großen Einweihungen gegangen sein.

Die Wissenschaft weiß sehr wenig von diesen Dingen. Über Erdbebenphänomene ändert sie häufig ihre Theorien, denn sie entdeckt immer wieder Gründe, durch die ihre früheren Hypothesen unhaltbar werden. Mit bewundernswerter Sorgfalt hat sie die äußerste Erdschicht durchforscht, allerdings nur bis in unbedeutende Tiefen. So wie sie vulkanische Ausbrüche und alles andere sonst auf rein mechanische Weise zu verstehen sucht, so beschreibt sie das Erdinnere als einen feurigen Schmelzofen. Sie folgert daraus, daß Eruptionen durch zufälliges Eindringen von Wasser oder auf andere einfache Weise entstehen.

In gewissem Sinn sind diese Theorien begründet. Doch bei ihnen wie auch in anderen Fällen werden die sich dem Esoteriker zeigenden wahren geistigen Ursachen übersehen. Für ihn ist die

Erde keineswegs „tot“. Im Gegenteil, jeder Winkel und jede Spalte ist vom Geist durchdrungen. Es ist der „Sauerteig“, durch den Veränderungen in und auf dem Planeten hervorgerufen werden.

Die verschiedenen Quarzarten, die Metalle, die Anlage der unterschiedlichen Schichten, alles hat eine weitaus höhere Bedeutung, als durch die wissenschaftliche Forschung jemals erfaßt werden kann. Für den Esoteriker ist die Anordnung dieser Materie voller Bedeutung. Wie bei vielen anderen Sachgebieten verhalten sich hier Geisteswissenschaft und Wissenschaft zueinander wie Physiologie und Anatomie. Die Anatomie beschreibt sehr genau und bis in die Einzelheiten die Lage aller Knochen, Muskeln, Sehnen, Nerven und so weiter und bestimmt ihre Position zueinander. Sie gibt jedoch keinen Aufschluß über die Verwendung der anderen Teile, aus denen der Körper zusammengesetzt ist. Andererseits bestimmt die Physiologie nicht nur Lage und innere Gliederung aller Körperteile; sie sagt auch etwas aus über deren Aufgabe im Körper.

Wissen über die verschiedenen Erdschichten und die jeweiligen Stellungen der Planeten am Himmel zu besitzen, ohne Kenntnis ihrer Funktion und Bedeutung im Leben und im Sinn des Weltenganzen zu haben, ist ebenso wertlos, wie nur über die Stellung der Knochen, Nerven und so weiter im Bilde zu sein, ohne gleichzeitig auch ihre Aufgabe im Aufbau des Körpers zu verstehen.

Die Zahl des Tieres

Für den Blick des geschulten Hellsehers, des in die verschiedenen Grade der Mysterien Eingeweihten, hat es den Anschein, als sei die Erde, ähnlich einer Zwiebel, in Schichten gebildet, wobei eine Schicht über der anderen liegt. Es gibt neun solcher Lagen und den inneren Kern, insgesamt also zehn. Sie werden dem Eingeweihten nach und nach enthüllt. Bei jeder Einweihung wird ihm eine Schicht zugänglich, so daß er am Ende der neun Kleinen Einweihungen Meister aller ist, jedoch noch keinen Zugang zu den Geheimnissen des inneren Kerns hat.

In alter Ausdrucksweise werden diese neun Schritte die „Kleinen Mysterien“ genannt. Sie führen den Neophyten bewußt durch alles, was durch die Aktivitäten unwissentlicher Existenz mit seiner vergangenen Evolution zusammenhängt, so daß er Art und Bedeutung der Arbeit verstehen kann, die er damals unbewußt verrichtet hat. Ihm wird gezeigt, wie die gegenwärtige neunfache Zusammensetzung, der dreifache Körper, die dreifache Seele und der dreifache Geist, ins Dasein gebracht wurde, wie die großen Schöpferischen Hierarchien an den Jungfräulichen Geistern gewirkt und in ihnen das Ich erweckt haben und ihm halfen, den Körper zu bilden. Er sieht auch die Arbeit, die er geleistet hat, um aus dem dreifachen Körper soviel der dreifachen Seele herauszubilden, wie er gegenwärtig besitzt. Schritt für Schritt wird er durch die neun Stufen der Kleinen Mysterien, die neun Schichten der Erde, geführt. Die Zahl neun ist die Grundzahl unseres gegenwärtigen Evolutionsstadiums. Sie hat eine Bedeutung in unserem Sonnensystem, wie sie keine andere Zahl hat. Sie ist die Zahl Adams, des Lebens, das seine Evolution als Menschheit begann und seine menschliche Stufe in der Erdenperiode erreichte. Im Hebräischen wie im Griechischen gibt es keine Ziffern. Doch jeder Buchstabe hat gleichzeitig einen Zahlenwert. Hebräisch wird Adam „Adm“ geschrieben. Der Wert von „A“ ist 1, von „D“ 4 und von „M“ 40. Bilden wir von diesen Zahlen die Quersumme, so erhalten wir $1 + 4 + 4 + 0 = 9$, die Zahl Adams oder der Menschheit.

Wenn wir uns vom Buch der Genesis, das von der Erschaffung des Menschen in grauer Vorzeit berichtet, dem Buch der Offenbarung zuwenden, das von dem handelt, was zukünftig zu erreichen ist, finden wir die Zahl 666 als Zahl des Tieres, „dem gegeben ward, zu streiten“ (Off. 13, 7). Addieren wir die Ziffern 6 + 6 + 6 = 18 und weiter 1 + 8 = 9, so erhalten wir wiederum die Zahl der Menschheit, die selbst die Ursache allen Übels ist und den Fortschritt des Menschen hindert. Gehen wir über zu der Zahl derer, die gerettet werden sollen, so finden wir, daß sie 144 000 ist. Wenn man wie früher die Quersumme bildet, erhält man 1 + 4 + 4 + 000 = 9, wieder die Zahl der Menschheit. Sie zeigt, daß diese praktisch in ihrer Gesamtheit gerettet werden wird. Die Zahl derer, die in unserer gegenwärtigen Evolution unfähig für den Fortschritt sind, ist im Vergleich zur großen Gesamtheit unbedeutend. Und selbst die wenigen, die versagen, gehen nicht verloren. Sie werden sich in einer späteren Lebenswoge weiterentwickeln.

Mineralien und Pflanzen haben kein Bewußtsein. Dessen erstes schimmerndes Erwachen beginnt im Tierreich. Wir sahen auch, daß es in letzterem nach den modernsten Einteilungen dreizehn Abstufungen gibt, drei Klassen Strahlentiere, drei Klassen Mollusken, drei Klassen Gliederfüßler und vier Klassen Wirbeltiere.

Wenn wir die allgemeine Menschheit als eine Stufe für sich betrachten und daran denken, daß es vom Menschen zu Gott oder auch seit der Zeit, in der sie begonnen hat, eine selbstbewußte Schöpferische Intelligenz zu werden, jeweils dreizehn Einweihungen gibt, dann haben wir wieder die Zahl neun. Denn 1 + 13 + 13 = 27 und die Quersumme davon 2 + 7 = 9.

Die Zahl 9 ist auch in Jesu Christi Alter von 33 Jahren und in den 33 Graden der Freimaurer verborgen; 3 x 3 = 9. In alten Zeiten war das Freimaurertum ein System der Einweihung in die Kleinen Mysterien, die, wie wir sahen, 9 Grade haben. Doch die Eingeweihten schrieben oft von 33 Graden. Ebenso liest man vom 18. Grad der Rosenkreuzer. Das war nur ein „Blenden“ der Uneingeweihten. Denn es gibt in den Kleinen Mysterien niemals mehr als neun Grade. Auch ist in den Graden der Freimaurer unserer Tage nur sehr wenig von esoterischem Ritus erhalten geblieben.

Wir haben auch die neun Monate der Schwangerschaft. In dieser Zeit wird der menschliche Körper zu seiner gegenwärtigen Leistungsfähigkeit ausgestaltet. In ihm befinden sich neun Öffnungen, zwei Augen, zwei Ohren, zwei Nasenlöcher, ein Mund und die zwei niederen Öffnungen.

Wenn der Mensch, der Fortschritte macht, durch die neun Kleinen Einweihungen gegangen und dabei in alle Schichten der Erde eingetreten ist, muß er noch den Zugang zum Herzen der Erde gewinnen. Er öffnet sich ihm bei der ersten der vier Großen Einweihungen, in der er das Mysterium des Geistes kennenlernt. Dieser Teil seines Wesens begann auf Erden. Wenn er für die erste Große Einweihung vorbereitet ist, hat sein Verstand eine Entwicklung erreicht, die alle Menschen am Ende der Erdenperiode erlangen werden. In dieser Einweihung wird der Schlüssel für die nächste Stufe gegeben. Alles danach durch den Menschen ausgeführte Tun wird dem entsprechen, was von der allgemeinen Menschheit in der Jupiterperiode vollbracht wird. Es betrifft uns gegenwärtig nicht.

Nach seiner ersten Großen Einweihung ist der Kandidat Adept. Zweite, dritte und vierte Initiation gehören zu den Entwicklungsstufen, die von der allgemeinen Menschheit in der Jupiter-, Venus- und Vulkanperiode erreicht werden.

Christus und seine zwölf Apostel sind Symbol für diese dreizehn Einweihungen. Judas Ischariot vertritt die verräterische Neigung der niederen Natur des Neulings, der Lieblingsjünger Johannes ist die Venuseinweihung, und Christus selbst symbolisiert den Göttlichen Eingeweihten der Vulkanperiode.

In verschiedenen Schulen der esoterischen Wissenschaft unterscheiden sich die Initiationsriten ebenso wie die Angaben über ihre Anzahl. Die Abweichungen sind allerdings lediglich eine

Angelegenheit der Einteilung. Man wird feststellen, daß solche möglichen unbestimmten Beschreibungen immer undeutlicher und allgemeiner werden, je höher man steigt. Wo man von sieben und mehr Graden spricht, wird von der sechsten Initiation fast nichts gesagt, und von den darüberliegenden ist überhaupt nicht die Rede. Der Grund hierfür ist in einer anderen Gliederung zu finden. Sie gibt sechs Schritte der „Vorbereitung" und vier Einweihungen an, die den Kandidaten am Ende der Erdenperiode zum Adeptentum bringen. Denn es muß stets drei weitere Initiationen geben, wenn die Philosophie der Schule oder Gemeinschaft so weit reicht. Außer von den Rosenkreuzern weiß der Verfasser jedoch von keiner esoterischen Lehrmeinung, die etwas anderes von den drei Perioden, die der Erdenperiode vorangingen, zu berichten hätte, als die wenig aussagekräftige Angabe, daß es solche Perioden gab. Diese werden in sehr unbestimmter Art und Weise mit unserem gegenwärtigen Lebensabschnitt in Verbindung gebracht. Andere esoterische Lehren sprechen ebenfalls nur vom Vorhandensein weiterer Evolutionspläne; Einzelheiten geben sie jedoch nicht an. Selbstverständlich werden die drei letzten Einweihungen unter solchen Umständen nicht erwähnt.

Diagramm 18 soll einen Begriff von der Anordnung der Erdschichten vermitteln. Der innere Kern ist weggelassen worden, um die Bildung der Lemniskate in den Umläufen der neunten Erdschicht deutlicher aufzuzeigen. Die einzelnen Schichten werden so dargestellt, als seien sie von gleicher Dicke. In Wirklichkeit sind manche dünner als die anderen. Mit der Außenseite beginnend, erscheinen sie in folgender Ordnung:

1. Die Mineralische Erde. Das ist die steinige Erdrinde, mit der sich die Geologie befaßt, soweit sie in sie einzudringen vermag.

2. Die Flüssigkeitsschicht. Ihre Materie ist flüssiger als die äußere Rinde, jedoch nicht wäßrig; sie gleicht eher einem dicken

Teig. Ihre Ausdehnungsfähigkeit entspricht der eines überaus explosiven Gases; sie wird nur durch den mächtigen Druck der äußeren Erdrinde zusammengehalten. Würde man diese entfernen, würde die gesamte flüssige Schicht in einer furchtbaren Explosion in den Raum entschwinden. Diese Schicht entspricht der Chemischen und der Ätherregion der Physischen Welt.

3. Die Dampfschicht. In der ersten und zweiten Schicht gibt es tatsächlich kein bewußtes Leben. Aber es ist in ihr wie in der Empfindungswelt, die unsere Erde umgibt und durchdringt, fortwährend flutendes und pulsierende Leben vorhanden.

4. Die Wasserschicht. In ihr sind die Keimmöglichkeiten für alles, was sich auf der Erdoberfläche befindet. Hier befinden sich die hinter den Gruppengeistern lebenden Urtypenkräfte, die Urtypenkräfte der Mineralien. Denn diese Schicht ist der unmittelbare physische Ausdruck der Region der Konkreten Gedanken.

5. Die Keimschicht. In ihrem Bemühen, den Ursprung des Lebens zu erforschen und zu ergründen, wie die ersten lebenden Geschöpfe aus der vorher toten Materie herauskamen, wurden die Wissenschaftler vor ein Rätsel gestellt.

Nach esoterischen Begriffen sollte eigentlich eher die Frage aufgeworfen werden, wie diese „toten" Dinge entstanden sind. **Das Leben war vor den Formen vorhanden.** Es schuf seine Körper aus den dünnen, nebelhaften Substanzen, lange bevor es sich in der festen Kruste der Erde verdichtete. **Erst als es die Formen verlassen hatte, konnten sie kristallisieren, wurden sie hart und tot.**

Kohlen sind kristallisierte Pflanzenkörper. Die Koralle ist eine Kristallisation tierischer Formen. Das Leben verläßt die **Formen,** und sie sterben. Niemals kam Leben in eine Form, um sie zum Leben zu erwecken. Das Leben verließ die Form, und sie starb. So kamen die „toten" Dinge zum Sein.

In dieser fünften Schicht ist die uranfängliche Quelle des Lebens. Aus ihr kam der Anstoß, alle Formen der Erde zu bilden. Sie entspricht der Region der Abstrakten Gedanken.

6. Die Feurige Schicht. So sonderbar es erscheinen mag, diese Schicht hat Empfindung. Freude und Schmerz, Sympathie und Antipathie beeinflussen von hier aus die Erde. Im allgemeinen wird angenommen, daß unser Planet unter keinen Umständen Empfindungen haben könne. Wenn der Esoteriker jedoch im Herbst die Ernte des gereiften Getreides und der Früchte von Bäumen beobachtet oder das Pflücken der Blumen, nimmt er gleichzeitig das Wohlgefühl wahr, das die Erde selbst empfindet. Es ähnelt dem der Kuh, wenn der Druck ihrer strotzenden Euter durch das saugende Kalb erleichtert wird. Die Erde verspürt Wonne, wenn sie Körpern Nahrung gegeben hat, und diese Lust erreicht zur Erntezeit ihren Höhepunkt.

Der Esoteriker weiß auch, daß die Sinne der Erde peinigenden Schmerz verspüren, wenn Pflanzen mit der Wurzel herauszogen werden. Deshalb und weil sie in erster Linie voller Erdenstoff sind, ißt er die unter der Oberfläche wachsende Pflanzennahrung nicht. Ihr fehlt die Sonnenkraft. Außerdem wird sie durch das Herausziehen mit der Wurzel vergiftet. Die einzige Ausnahme ist die Kartoffel. Sie kann er sparsam genießen, da sie ursprünglich auf der Erdoberfläche wuchs und ihr Entstehen unter der Erde erst vor verhältnismäßig kurzer Zeit begonnen hat. Esoteriker streben danach, ihren Körper durch Früchte zu ernähren, die sich der Sonne entgegenstrecken. Sie enthalten mehr der höheren Sonnenkraft und verursachen der Erde kein Leid.

Man könnte vermuten, daß der Bergbau für die Erde sehr schmerzlich sei. Doch das Gegenteil ist der Fall. Jedes Zerfallen der Erdkruste verursacht ein Gefühl der Erleichterung, jedes Verfestigen ist eine Quelle des Schmerzes. Dort, wo in den Bergen ein Fluß den Boden fortspült und zur Ebene trägt, fühlt sich die Erde freier. Wenn die gelösten Stoffe wie auf Sandbänken an der Mündung eines großen Stromes wieder abgelagert werden, entsteht ein entsprechend unbehagliches Gefühl.

Wie bei Tieren und Menschen aufgrund ihres gesonderten Lebensleibes so ist auch das Gefühl der Erde in dieser sechsten Schicht, die der Welt des Lebensgeistes entspricht, besonders wirksam. Um die Freude zu verstehen, die wahrgenommen wird, wenn der harte Fels bei Bergarbeiten zerbricht, und den Schmerz, wenn sich Ablagerungen bilden, sollten wir uns daran erinnern, daß die Erde der physische Leib eines Großen Geistes ist. Um uns eine Umwelt zu geben, in der wir leben und Erfahrungen sammeln können, war es erforderlich, daß er in den gegenwärtigen Zustand kristallisierte.

Mit dem Fortschreiten der Evolution, in der sich der Mensch die Lehren aneignet, die auf diesem Höhepunkt der Verfestigung gegeben werden können, wird die Erde weicher und ihr Geist freier werden. Das meinte Paulus, als er von der ganzen Schöpfung sprach, die „seufzt und sich schmerzlich ängstigt" (Römer 8, 22) und auf den Tag der Befreiung hofft.

7. Die Widerspiegelnde Schicht. Dieser Teil der Erde entspricht der Welt des Göttlichen Geistes. In ihm befinden sich die in der Geisteswissenschaft bekannten „Sieben unaussprechlichen Geheimnisse". Menschen, die sie nicht kennen oder nicht wenigstens eine leise Ahnung von ihrer Bedeutung haben, muß diese Schicht besonders absurd und grotesk vorkommen. Alle als „Naturgesetze" bekannten Kräfte sind in ihr als moralische oder, besser gesagt, als unmoralische Kräfte vorhanden. Zu Beginn des bewußten menschlichen Werdegangs waren sie viel schlimmer als gegenwärtig. Es scheint jedoch, daß sie sich mit Zunahme der Moral des Menschen ebenfalls veredeln. Jeder sittliche Verfall hat die Tendenz, diese Naturkräfte zu entfesseln und Verwüstungen auf der Erde zu verursachen. Das Streben nach höheren Idealen vermindert deren Schädlichkeit für den Menschen.

Die Kräfte in dieser Schicht sind somit zu jeder Zeit eine genaue Widerspiegelung der moralischen Einstellung der Menschheit. Vom esoterischen Gesichtspunkt aus war die „Hand Gottes", die Sodom und Gomorrha heimsuchte, kein unsinniger Aberglaube. Entsprechend der persönlichen Verantwortung gegenüber dem Gesetz von Ursache und Wirkung, das jedem Menschen die gerechten Ergebnisse seiner Handlungen, seien sie gut oder böse, bringt, gibt es auch eine Gemeinschafts- oder Nationalverantwortung. Sie führt den Menschengruppen die guten und schlechten Folgen ihrer gemeinschaftlichen Taten zu. Naturkräfte sind die allgemeinen Vermittler dieser vergeltenden Gerechtigkeit. Sie verursachen für verschiedenartige Gruppen, ihren Verdiensten entsprechend, Fluten, Erdbeben oder wohltätige Bildung von Öl und Kohle.

8. Die Atomistische Schicht. Den Namen haben ihr die Rosenkreuzer gegeben. Diese Schicht ist der Ausdruck der Jungfräulichen Geister. Sie scheint die Eigenschaft zu haben, in sich Dinge mannigfaltig zu vervielfältigen. Doch das gilt nur für bestimmtartig gestaltete Formen. Auf einen unbearbeiteten Holzklotz oder einen unbehauenen Stein hat diese Schicht keine Wirkung. Auf alles jedoch, was geformt wurde, was wie eine Blume oder ein Bild Leben und Gestalt hat, wirkt diese Schicht so, daß sie es in erstaunlicher Weise vervielfältigt.

9. Der Materielle Ausdruck des Erdgeistes. Hier finden sich acht- oder lemniskatenförmige Ströme, die eng mit dem Gehirn, dem Herzen und den Geschlechtsorganen der Menschheit verbunden sind. Diese Schicht entspricht der Welt Gottes.

10. Das Seinszentrum des Erdgeistes. Darüber kann gegenwärtig nicht mehr gesagt werden, als daß es der letzte Urgrund von allem in und auf der Erde ist und daß es dem Absoluten entspricht.

Von der sechsten, der Feuerschicht, führen eine Anzahl Schächte zur Oberfläche der Erde. Ihre Mündungen werden

„Vulkanische Krater" genannt. Wenn die Naturkräfte in der siebenten Schicht entfesselt werden, so daß sie sich selbst durch Vulkanausbrüche ausdrücken können, setzen sie die sechste, die feurige Schicht, in Bewegung. Deren Erschütterung breitet sich bis zur Kratermündung aus. Der Hauptteil der Materie wird der zweiten Schicht entnommen. Denn sie ist das dichtere Gegenbild der sechsten Schicht, so wie der Lebensleib, der zweite Träger des Menschen, das dichtere Gegenbild des Lebensgeistes, des sechsten Prinzips, ist. Diese flüssige, ausdehnungsfähige und höchst explosive Schicht stellt für den Eruptionspunkt eine unbegrenzte Materialmenge sicher. Die Berührung mit der Außenwelt verhärtet den Teil, der nicht in den Raum hinausgewirbelt wird, so daß Lava und Staub gebildet werden. So wie das Blut einer Wunde gerinnt und das Fließen beendet, versiegelt die Lava schließlich die Öffnung der inneren Teile der Erde.

Die Naturkräfte in der siebenten Schicht werden durch das Zurückstrahlen unmoralischer und ungeistiger Neigungen der Menschheit zu vernichtender Wirksamkeit erweckt. Daraus kann geschlossen werden, daß im allgemeinen auch lasterhafte und entartete Menschen diesen Katastrophen unterliegen. Sie werden durch übersinnliche Kräfte zusammen mit denjenigen, die ihr Schicksal unter dem Gesetz von Ursache und Wirkung selbst erzeugten und aus unterschiedlichen Gründen in einen gewaltsamen Tod verwickelt werden, aus verschiedenen Ländern zu den Ausbruchstellen hingezogen. Beispielweise sind die Eruptionen des Vesuv für jeden nachdenkenden Menschen eine Bestätigung dieser Aussage.

Eine Liste der Vulkanausbrüche in den letzten zweitausend Jahren zeigt, daß ihre Häufigkeit mit dem Wachsen des Materialismus zugenommen hat. Vor allem ist sie in den letzten sechzig Jahren in dem Verhältnis gestiegen, wie die vornehmlich auf materiellem Denken beruhende Wissenschaft selbstbewußt, umfassend und in ihrem ausgedehnten Ablehnen alles Spirituellen ge-

Diagramm 18

Die Zusammensetzung der Erde

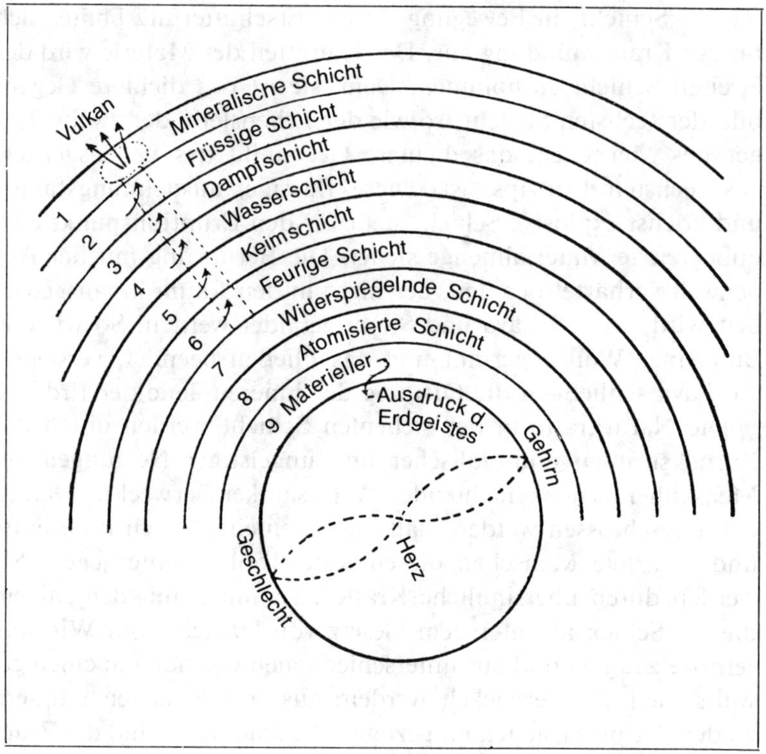

wachsen ist. Während es in den ersten tausend Jahren nach Christus nur sechs Ausbrüche gab, ereigneten sich die letzten fünf innerhalb von einundfünfzig Jahren.

Die erste Eruption in der christlichen Ära, durch die Plinius der Ältere*) ums Leben kam, zerstörte im Jahre 79 n. Chr. die Städte Herkulanum und Pompeji. Die anderen Ausbrüche folgten in den Jahren 203, 472, 512, 652, 982, 1036, 1158, 1500, 1631, 1737, 1794, 1822, 1855, 1872, 1885, 1891, 1906.

In den ersten tausend Jahren waren sechs Ausbrüche, im zweiten Jahrtausend zwölf, von denen sich die letzten fünf innerhalb eines Zeitraumes von einundfünfzig Jahren ereigneten.

Von den gesamten achtzehn Ausbrüchen fanden die ersten im sogenannten „finsteren Mittelalter" statt. Das waren die 1600 Jahre, in denen die westliche Welt von den im allgemeinen als „Heiden" bezeichneten oder von der römischen Kirche beherrscht wurde. Die übrigen haben in den letzten dreihundert Jahren, besonders in der letzten Hälfte des 19. Jahrhunderts, stattgefunden. In dieser Zeit liegen Beginn und Aufschwung der modernen Wissenschaft, die aufgrund ihrer materiellen Tendenzen beinahe die letzten Spuren der Spiritualität in die Enge getrieben hat. Daher ereigneten sich fast ein Drittel aller Ausbrüche innerhalb dieser Jahre.

Um diesem demoralisierenden Einfluß entgegenzuwirken, wurde der Menschheit in dieser Zeit von den stets zu ihrem Segen wirkenden Älteren Brüdern der Weisheit eine Menge esoterischen Wissens vermittelt. Es ist daran gedacht, daß es möglich sein sollte, durch das Offenbaren dieser Kenntnisse und durch

---

*) Gaius Plinius Secundus der Ältere, vielseitiger römischer Schriftsteller, * 24. n. Chr., + 79 n. Chr. Als Offizier und kaiserlicher Finanzbeamter war er weit herumgekommen. Zuletzt war er Flottenkommandant. Seine in 37 Büchern erhaltene „Naturalis historia" ist ein naturwissenschaftliches Sammelwerk mit besonderem Interesse für erdkundliche, medizinische und kunstgeschichtliche Probleme.

die Erziehung der wenigen, die sie in sich aufnehmen wollen, die Flut des Materialismus einzudämmen, die sonst über ihre Vertreter sehr ernsthafte Folgen bringen würde. Menschen, die das Vorhandensein des Geistigen lange geleugnet haben, sind nicht imstande, ihr inneres Gleichgewicht zu finden, wenn sie bemerken, daß sie nach dem Verlust ihres physischen Körpers noch leben. Ihnen kann ein Schicksal zuteil werden, das zu traurig ist, als es mit Gleichmut zu betrachten. Dieser Materialismus ist eine Ursache der gefürchteten „Pest“. In der gegenwärtigen Inkarnation ist jener Grund vielleicht nicht zu finden, doch er ist die Folge früheren materialistischen Glaubens und materialistischer Bejahung.

Wir sprachen vom Ableben des Älteren Plinius während der Zerstörung von Pompeji. Es ist interessant, das Schicksal eines solchen Gelehrten zu verfolgen. Nicht das individuelle Geschick interessiert uns. Doch es wird die Art und Weise beleuchtet, wie der esoterische Wissenschaftler im Gedächtnis der Natur liest, wie Eindrücke in diesem entstehen und wie sich die Auswirkung der früheren Wesenszüge in gegenwärtigen Entwicklungsströmungen äußern.

Stirbt ein Mensch, löst sich sein physischer Körper auf. Die Gesamtheit seiner Kräfte aber kann in der siebenten oder Widerspiegelnden Erdenschicht gefunden werden. Sie bildet eine Art Speicher, in dem sie die vergangenen Formen als Kräfte aufbewahrt. Wenn wir die Todesstunde eines Menschen kennen und diesen Aufbewahrungsort durchforschen, ist es möglich, in ihm die Form des Verstorbenen zu finden. Sie ist nicht nur in der siebenten Schicht verwahrt. Die achte oder Atomistische Schicht vervielfältigt sie, so daß jeder beliebige Typus von anderen Menschen wieder hervorgebracht und abgeändert werden kann. So werden sie wieder und wieder zur Bildung neuer Körper verwendet. Die verstandesmäßigen Bestrebungen einer Persönlichkeit wie Plinius des Älteren können tausend Jahre später wiederholt werden und sind teilweise die Ursache der gegenwärtigen Ernte materialistisch denkender Wissenschaftler geworden.

Es gibt für moderne Gelehrte noch viel zu lernen und zu verlernen. Obwohl sie aufs äußerste bekämpfen, was sie „illusorische Ideen" der esoterischen Wissenschaftler nennen, werden sie doch gezwungen sein, deren Wahrheiten anzuerkennen und eine nach der anderen anzunehmen. Es ist nur eine Frage der Zeit, wann sie nicht mehr umhin können, alle zu akzeptieren.

Mesmer*) — er war von den Älteren Brüdern gesandt worden — wurde verlacht. Als man die von ihm entdeckte Kraft jedoch „Hypnotismus" statt „Mesmerismus" nannte, wurde sie auf einmal wissenschaftlich.

Im Jahre 1889 sagte Frau Blavatsky, eine treue Schülerin der östlichen Meister**), daß die Erde außer den beiden Bewegungen, die Tag und Nacht sowie die Jahreszeiten verursachen, eine dritte vollführe. Sie wies darauf hin, daß die Neigung der Erdachse durch eine Bewegung verursacht wird, die den Nordpol mit der Zeit an die Stelle gegenüber der Sonne bringt, an der sich jetzt der Äquator befindet, und noch später dorthin, wo gegenwärtig der Südpol ist. Sie betonte, daß das den alten Ägyptern bekannt gewesen sei. Das berühmte Planiglobium***) von Dendara****) zeige, daß man in jenem Land Kenntnis von drei

*) Franz Anton Mesmer, Arzt und Theologe * 1734 in Iznang am Bodensee, + 1815 Meersburg. Er erfand die nach ihm Mesmerismus genannte Behandlungsmethode mit „tierischem (animalischem) Magnetismus", die Heilkraft des Magnetismus.

**) Helena Petrowna Blavatsky, russische Theosophin, * 1831 in Jekaterinoslaw, + 1891 in London. Mitbegründerin der Theosophischen Gesellschaft.

***) Ein Planiglobium ist die kartographische Darstellung der Erdhalbkugeln, die Darstellung in der Ebene.

****) Dendera, ägyptisch Tentore, oberägyptischer Ort am linken Nilufer mit einem guterhaltenen Tempel der Göttin Hathor aus dem 3. bis 1. Jahrhundert vor Christi.

solchen Bewegungen gehabt habe. Diese Darlegungen wurden gemeinsam mit ihrem unübertroffenen Werk „Die Geheimlehre“ verlacht.

Vor einigen Jahren entdeckte der Astronom G. E. Sutcliffe aus Bombay, daß Laplace*) einen Fehler in seinen Berechnungen gemacht hat. Er wies das mathematisch nach. Durch diesen Beweis sowie die Entdeckung und Richtigstellung jenes Irrtums wurde das von Frau Blavatsky angeführte Vorhandensein einer dritten Erdbewegung bestätigt. Die Neigung der Erdachse brachte auch eine Erklärung für die bis dahin beunruhigende Tatsache, daß Versteinerungen tropischer Pflanzen und Fossilien in der Polarzone gefunden wurden. Eine solche Bewegung würde entsprechend der jeweiligen Lage zur Sonne in allen Teilen der Erde zu gegebener Zeit tropische und eiszeitliche Perioden hervorrufen. Herr Sutcliffe sandte einen Bericht mit Beweisen darüber an die Zeitschrift „Nature“, die sich jedoch weigerte, ihn zu veröffentlichen. Als der Autor seine Entdeckung in einer Flugschrift herausbrachte, zog er einen erschreckenden Sturm von Schmähungen auf sich. Er war ein anerkannter und gründlich Studierender der „Geheimlehre“. Das erklärt die feindselige Aufnahme seiner Entdeckung und ihre unvermeidlichen Begleiterscheinungen.

Später jedoch konstruierte ein Franzose, ein Mechaniker, kein Astronom, einen Apparat, der die weitgehende Möglichkeit der

---

*) Pierre Simon Marquis Laplace, französischer Mathematiker und Astronom, 1749—1827. Er war unter Napoleon Kanzler des Senats und entwickelte eine Nebularhypothese über die Entstehung des Planetensystems, nach der sich aus einer in Rotation befindlichen gasförmigen Urmaterie infolge der Fliehkraft Teile abgespaltet haben sollen, aus denen die Planeten entstanden seien. Laplace wies die Unveränderlichkeit der großen Halbachsen der Planetenbahnen und damit die Stabilität des Planetensystems nach und begründete die Theorie des Potentials und der Kugelfunktion.

Existenz einer solchen Bewegung aufzeigte. Dieses Gerät wurde in der „Luisiana Purchase Exhibition“ in St. Louis ausgestellt und von Camille Flammarion als verdienstvoll für die Forschung wärmstens gutgeheißen. Hier war etwas Greifbares, etwas „Mechanisches“ vorhanden. Der Herausgeber des „Monist“ beschrieb den Erfinder als einen Mann, der wegen seines Glaubens an ein angebliches Wissen der alten Ägypter an dieser dritten Bewegung unter etwas „mystischen Einbildungen“ arbeite. Doch in diesem Fall übersah er jenen Bericht; er sagte, er habe deswegen den Glauben an die Theorie von Herrn Beziau nicht verloren. Er veröffentlichte eine Erklärung und einen Aufsatz von ihm, in dem die Bewegung und ihre Wirkungen auf die Erdoberfläche mit ähnlichen Ausdrücken wie denen von Frau Blavatsky und Herrn Sutcliffe beschrieben wurde. Herr Beziau war nicht ausdrücklich als Okkultist bekannt; daher wurden seine Entdeckungen gutgeheißen.

Man könnte viele Beispiele anführen, die zeigen, daß esoterische Lehren später von der Wissenschaft bestätigt wurden. Eine von ihnen ist die Atomtheorie, die in der griechischen Philosophie und später in der „Geheimlehre“ vertreten wird. Sie wurde 1897 von Professor Thomson*) „entdeckt“.

In A. P. Sinnetts 1896 in Leipzig veröffentlichtem wertvollem Buch „Das Wachstum der Seele“ stellte der Autor fest, „daß sich außerhalb der Umlaufbahn des Neptun zwei Planeten befinden, von denen nach seiner Ansicht jedoch nur einer von den modernen Astronomen entdeckt werden würde**). In der Zeitschrift „Nature“ von August 1906 wird mitgeteilt, daß Professor Barnard im Jahre 1892 durch das 36zöllige, mehrere

---

*) Sir Joseph John Thomson, 1856—1940, englischer Physiker, Professor in Cambridge und an der Royal Institution, Mitbegründer der modernen Atomphysik. Er erhielt 1906 den Nobelpreis.

**) Siehe Anhang, Anmerkung 16.

Sammellinsen enthaltende Lick-Fernrohr*), einen solchen Planeten entdeckt habe. Er hatte sich darin nicht geirrt. Dennoch hatte er mit der Veröffentlichung seiner Entdeckung vierzehn Jahre gewartet. Darüber braucht man nicht bekümmert zu sein. Die Hauptsache ist, daß der Planet vorhanden ist, und daß zehn Jahre, bevor Professor Barnard den Anspruch erhob, ihn entdeckt zu haben, in A. P. Sinnetts Buch über ihn geschrieben worden war. Vermutlich hätte die Ankündigung des neuentdeckten Planeten vor 1906 Verwirrung in einige allgemein anerkannte Theorien gebracht.**)

Es gibt viele solcher Theorien. Die Kopernikanische ist nicht absolut richtig. Auch gibt es viele Fakten, die durch die gepriesene Nebeltheorie allein nicht geklärt werden können. Der berühmte dänische Astronom Tycho Brahe***) lehnte die Kopernikanische Theorie ab. Er hatte einen guten Grund dafür, dem Ptolemäischen System treu zu bleiben. Denn durch dieses wurden die Bewegungen der Planeten richtig ausgerechnet, während bei der Kopernikanischen Theorie eine Korrekturtabelle verwendet werden muß. Das Ptolemäische System ist vom Standpunkt der Empfindungswelt aus richtig; es enthält manches, was in der Physischen Welt verwendet werden kann.

Viele Menschen werden die Ausführungen auf diesen Seiten phantastisch finden. Sei es so! Mit der Zeit werden alle Kenntnis

---

*) Die Lick-Sternwarte ist eines der drei großen Observatorien Kaliforniens. Sie wurde nach dem Stifter ihres Fernrohres, dem Privatmann James Lick, 1796—1876, benannt, 1888 eingeweiht und liegt auf dem Mount Hamilton, gut 20 km östlich von San Jose in 1283 m Meereshöhe. Ihr Drei-Meter-Spiegel ist der drittgrößte der Welt; das Fernrohr hat einen Durchmesser von fast einem Meter.

**) Siehe Anhang, Anmerkungen 17—19.

***) Tyge Brahe, genannt Tycho, * 1546 auf Schonen, +1601 in Prag als Hofastronom Kaiser Rudolf II. Seine Planetenbeobachtungen führten seinen Gehilfen Johannes Kepler (1571—1630) zur Entdeckung der Gesetze der Planetenbewegung.

der hier dargestellten Tatsachen erhalten. Dieses Buch ist nur für die wenigen geschrieben, die ihre Gedanken von den Fesseln der orthodoxen Wissenschaft und Religion befreit haben und bereit sind, seine Lehren anzunehmen, bis bewiesen wird, daß obige Theorien nicht richtig sind.

KAPITEL XIX

Christian Rosenkreuz und der Orden der Rosenkreuzer

Alte Wahrheiten in neuer Form

In der Öffentlichkeit begegnet man dem weitverbreiteten Wunsch, einiges über den Orden der Rosenkreuzer zu erfahren. Da die bedeutende Stellung, die von den Brüdern vom Rosenkreuz in der westlichen Kultur eingenommen wird, selbst bei unseren Schülern wenig bekannt ist, könnte es gut sein, darüber verbürgte Mitteilungen zu geben.

Alles in der Welt, auch unsere Evolution, unterliegt Gesetzen. Geistige und körperliche Entwicklung gehen Hand in Hand. Die Sonne ist die Lichtquelle der Erde. Wie wir wissen, bewegt sie sich scheinbar von Ost nach West. Dabei spendet sie jeweils einem Teil der Erde nach dem anderen Licht und Leben. Wie der sichtbare Körper nur ein kleiner Teil des ganzen Menschen ist, so ist auch die sichtbare Sonne nur ein Teil von ihr. Es gibt eine unsichtbare geistige Sonne. Ihre Strahlen fördern das Seelenwachstum auf einem Teil der Erde nach dem anderen ebenso, wie die physische Sonne dem Wachsen der Form hilft. Und dieser geistige Impuls wandert in derselben Richtung wie die physische Sonne, von Osten nach Westen.

Sechs- oder siebenhundert Jahre vor Christus wurde nahe der westlichen Küste des Pazifischen Ozeans eine neue geistige Woge hervorgerufen. Ihre Aufgabe war es, dem chinesischen Volk Erleuchtung zu bringen. Die Religion des Konfuzius hat bis heute im Himmlischen Reich*) viele Millionen Anhänger. Später finden wir diese Woge in der Religion Buddhas, einer Lehre, die dazu bestimmt war, das geistige Streben der Hindus und der westlichen Chinesen zu wecken. Auf ihrem Weg nach Westen zeigt sie sich unter den mit mehr Verstand begabten Griechen in den erhabenen Philosophien von Pythagoras und Plato. Schließlich zieht sie zur westlichen Welt unter die Wegbereiter der menschlichen Rasse. Hier wird sie zum ehrwürdigen Christentum.

Die christliche Religion hat ihren Weg nach Westen allmählich bis zu den Ufern des Pazifischen Ozeans genommen. Dort werden die spirituellen Bestrebungen verstärkt und konzentriert. Bevor die Woge den Ozean überquert und im Orient ein höheres und erhabeneres geistiges Erwachen vollbringt, als es jetzt irgendwo auf der Erde vorhanden ist, wird sie dort einen Höhepunkt erreichen.

So wie sich Tag und Nacht, Sommer und Winter, Ebbe und Flut nach dem Gesetz der abwechselnden Zyklen in ungebrochener Folge ablösen, so folgen einander in jedem Teil der Welt Perioden geistiger Hochflut und materiellen Rückschritts. Auf diese Weise kann unsere Entwicklung nicht einseitig werden.

Religion, Kunst und Wissenschaft sind die drei wichtigsten Mittel zur Erziehung des Menschen. Sie bilden eine Trinität, die nicht getrennt werden kann, ohne unseren Blickpunkt für das zu verzerren, was wir erforschen wollen.

Wahre Religion umfaßt sowohl Kunst als auch Wissenschaft. Sie lehrt ein schönes Leben in Übereinstimmung mit den Gesetzen der Natur.

---

*) „Himmlisches Reich“ ist eine alte Bezeichnung für China.

Wahre Wissenschaft ist Kunst und Religion in höchstem Sinn. Sie lehrt uns, Gesetze, die unser Wohlsein leiten, zu achten und uns nach ihnen zu richten. Und sie erklärt, warum ein religiöses Leben zu Gesundheit und Schönheit führt.

Wahre Kunst ist wie die Religion in ihrem Einfluß erzieherisch, wissenschaftlich und höherführend. In der Architektur finden wir eine großartige Darstellung der kosmischen Kraftlinien des Universums. Sie erfüllt den geistigen Betrachter mit machtvoller Andacht und Anbetung, geboren aus einer ehrfurchteinflößenden künstlerischen Idee der überwältigenden Herrlichkeit und Würde der Gottheit. Bildhauerkunst, Malerei, Musik und Literatur vermitteln uns einen Sinn der erhabenen Liebe Gottes, des unveränderlichen Urquells und Zieles dieser ganzen schönen Welt.

Solche allumfassenden Lehren wollen den Lebensnotwendigkeiten der Menschheit dauerhaft entsprechen. Es gab sogar in Griechenland noch eine Zeit, in der **Religion, Kunst und Wissenschaft** in den Mysterientempeln als Einheit gelehrt wurden. Zur besseren Entwicklung jedes einzelnen Sachgebietes wurde es notwendig, sie zeitweilig zu trennen.

Im „Finsteren Mittelalter“ besaß die **Religion** den alleinigen Einfluß. In dieser Zeit band sie beide, Kunst und Wissenschaft, an „Händen und Füßen“. Dann kam die Renaissance, und die **Kunst** trat auf allen ihren Gebieten ins Blickfeld. Die Religion war jedoch noch sehr stark, und die Kunst wurde nur zu oft in ihrem Dienst erniedrigt. Schließlich kam die Woge der modernen **Wissenschaft.** Sie hat sich die Religion mit eiserner Hand unterworfen.

Die Einengung der Wissenschaft durch die Religion wurde zum Nachteil für die Welt. **Unwissenheit** und **Aberglaube** verursachten unendliches Leid, obgleich die Menschheit ein erhabenes geistiges Ideal pflegte und ein höheres und besseres Leben erhoffte.

Noch unheilvoller wirkte sich der Einfluß der Wissenschaft auf die Religion aus. Denn jetzt kann sogar die Hoffnung, die einzige Gabe, die die Götter in der „Büchse der Pandora" *) zurückgelassen haben, vor dem **Materialismus** und dem Leugnen einer vernünftigen Erkenntnis des Göttlichen, dem **Agnostizismus,** verblassen.

Ein solcher Zustand kann nicht andauern. Die Reaktion muß einsetzen. Geschieht das nicht, wird Gesetzlosigkeit, wird Anarchie den Kosmos zerreißen. Um ein Unglück abzuwenden, müßten sich **Religion, Kunst und Wissenschaft** in einer höheren Äußerung **des Guten, Wahren und Schönen** als es vor der Trennung der Fall war, wieder vereinen.

Kommende Ereignisse werfen ihre Schatten voraus. Als die großen Führer der Menschheit die Tendenz zu übermäßigem Materialismus bemerkten, der jetzt die westliche Welt beeinflußt, ergriffen sie gewisse Maßnahmen, um ihm in einer günstigen Zeit entgegenzuwirken und ihn zu verwandeln. Sie wollten die wachsende Wissenschaft nicht so ausschalten, wie diese die Religion unterdrückt hatte. Denn sie sahen das Gute, das sich schließlich ergeben wird, wenn eine fortschrittliche Wissenschaft wieder Mitarbeiterin der Religion geworden ist.

Öl vermag sich nicht mit Wasser zu verbinden. Ebenso kann sich eine geistige Religion nicht mit einer materiellen Wissenschaft vermischen. Deshalb wurde versucht, die Wissenschaft zu vergeistigen und die Religion wissenschaftlich zu gestalten.

Um dieses Werk zu beginnen, kam im 13. Jahrhundert ein hoher spiritueller Lehrer nach Europa, der den symbolischen Namen Christian Rosenkreuz, das Christliche Rosenkreuz, trug. Er gründete den mystischen Orden der Rosenkreuzer, um esoterisches Licht auf die mißverstandene christliche Religion strahlen zu lassen und das Geheimnis des Lebens und Seins in Übereinstimmung mit der Religion vom wissenschaftlichen Standpunkt aus zu erklären.

---

*) Siehe Anhang, Anmerkung 20.

Seit der Geburt von Christian Rosenkreuz als Gründer der rosenkreuzerischen Mysterienschule sind Jahrhunderte vergangen. Viele Menschen betrachten sein Dasein als bloße Mythe. Die Geburt als Christian Rosenkreuz kennzeichnete im geistigen Leben der westlichen Welt den Beginn einer neuen Epoche. Dieses besondere Ich ist seither ununterbrochen in dem einen oder anderen europäischen Land physisch anwesend gewesen. Wenn seine aufeinanderfolgenden Träger verbraucht waren oder es die Umstände erforderten, den Ort seiner Wirksamkeit zu wechseln, nahm es einen neuen Körper an. Auch heute ist es als Eingeweihter hohen Grades verkörpert. Und obgleich die Welt nichts davon weiß, ist es ein aktiver und mächtiger Faktor in allen Angelegenheiten des Westens.

Jahrhunderte vor dem Aufkommen der modernen Wissenschaft arbeitete die Wesenheit von Christian Rosenkreuz mit den Alchemisten. Durch einen Vermittler regte sie die jetzt verstümmelten Werke Bacons an. Jakob Böhme und andere empfingen durch sie die Inspiration, die ihr Wirken geistig so aufschlußreich werden ließ. In den Werken des unsterblichen Goethe und in den meisterhaften Kompositionen Richard Wagners begegnet uns derselbe Einfluß. Alle unerschrockenen Geister, die sich weder durch orthodoxe Wissenschaft noch durch orthodoxe Religion einengen ließen, die Hüllen abwarfen und ohne Rücksicht auf Erniedrigung oder Schmeichelei zum geistigen Kern durchdrangen, erhielten ihre Inspiration aus derselben Quelle wie der große Geist, der Christian Rosenkreuz belebte.

Der wahre Name Christian Rosenkreuz ist eine Vereinigung der Art und der Mittel, durch die der heutige Mensch in den Göttlichen Übermenschen verwandelt wird. Das Symbol

„Christian Rosenkreuz“,
(Das) Christliche Rosenkreuz,

weist auf Richtung und Ende der menschlichen Evolution, auf den Weg und die Mittel, durch die jenes Ziel erreicht werden kann. In dem weißen Kreuz und dem grünen Stamm, der es umrankt, in der Pflanze, den Dornen, den blutroten Rosen liegt die Lösung des Weltenmysteriums verborgen, die vergangene Entwicklung, die gegenwärtige Zusammensetzung und vor allem das Geheimnis der zukünftigen Entfaltung.

Es verbirgt sich dem Laien, enthüllt aber dem Eingeweihten umso klarer, wie er Tag für Tag zu wirken hat, um den kostbarsten aller Edelsteine, den Stein der Weisen, der wertvoller als der Kohinoor,*) nein, als alle Schätze der irdischen Welt ist, in sich selbst herzustellen. Es erinnert ihn daran, wie die Menschheit in ihrer Unwissenheit in jedem Augenblick das vorhandene konkrete Material schwächt, das zur Bildung dieses unschätzbaren Juwels verwendet werden kann.

Damit der Mensch in allen Widerwärtigkeiten des Lebens standhaft und treu bleibe, zeigt das Rosenkreuz gleich einer Inspiration hoch oben die segensreiche Erfüllung, die denjenigen erwartet, der überwindet. Es weist auf Christus als den Stern der Hoffnung, den „Erstling" (1. Korinther 15, 20), der diesen wunderbaren Stein erschuf, als er den Körper Jesu bewohnte.

Forschungen erbrachten, daß in allen Religionssystemen eine der Priesterschaft vorbehaltene Lehre vorhanden war, die der Allgemeinheit nicht gegeben wurde. Auch Christus sprach in Gleichnissen zum Volk. Seinen Jüngern aber erklärte er ihren inneren Sinn, um ihnen ein für ihren entwickelten Geist geeigneteres Verständnis zu geben.

Paulus gab den **Säuglingen** oder unerfahrenen Mitgliedern der Gemeinde **„Milch"**, den **Starken** aber, die tieferes Verständnis hatten, „feste Speise" (1. Korinther 3, 2). So hat es im-

---

*) Kohinoor, persisch „Berg des Lichts". Der Koh-i-noor ist der berühmteste Diamant der Welt.

mer eine **innere** und eine **äußere Lehre** gegeben. Erstere wurde in den Mysterienschulen vermittelt, die sich von Zeit zu Zeit veränderten, um sich den Erfordernissen des Volkes anzupassen, unter dem sie zu wirken hatten.

Der Orden der Rosenkreuzer ist nicht nur eine Geheimgesellschaft, er ist eine der Mysterienschulen. Die Brüder sind Hierophanten der Kleinen Mysterien, Hüter der Heiligen Lehren. Sie sind eine geistige Kraft, die stärker im Leben der westlichen Welt ist als je eine der sichtbaren Regierungen, obgleich sie der Menschheit nicht den freien Willen nehmen dürfen.

Da der Pfad der Entwicklung stets vom Temperament des Aspiranten abhängt, gibt es zwei Wege, den **mystischen** und den **verstandesmäßigen.** Der Mystiker hat im allgemeinen geringere intellektuelle Kenntnisse. Er folgt den Eingebungen seines Herzens und bemüht sich, den Willen Gottes so zu erfüllen, wie er ihn erfühlt. Er erhebt sich selbst, ohne sich über ein bestimmtes Ziel bewußt zu sein. Am Ende gelangt er zu Erkenntnissen. Im Mittelalter waren die Völker nicht so intellektuell, wie wir es heutzutage sind. Diejenigen, die den Ruf eines höheren Lebens fühlten, folgten im allgemeinen dem mystischen Pfad. Seit dem Aufschwung der modernen Wissenschaft in den letzten hundert Jahren wird die Erde von einer Menschheit mit zunehmendem Verstand bevölkert. Der Kopf hat das Herz vollständig überboten, der Materialismus beherrscht alle geistigen Impulse, und die meisten denkenden Menschen glauben nur, was sie berühren, schmecken oder handhaben können. Deshalb ist es erforderlich, sich an ihre Vernunft zu wenden und diese zu bitten, dem Herzen zu gestatten, das zu glauben, was sie für gut heißt. Als Antwort auf dieses Verlangen streben die Lehren der Rosenkreuzer danach, wissenschaftliche Tatsachen mit geistigen Wahrheiten zu verbinden.

In der Vergangenheit wurden diese Lehren, mit Ausnahme für einige Auserwählte, allen gegenüber geheim gehalten, und selbst heute bleiben sie den meisten unter den Menschen in der Welt des Westens rätselhaft und verborgen. Alle „Enthüllungen" vergangener Zeiten, die bekundet haben, Rosenkreuzergeheimnisse zu offenbaren, waren entweder Betrug oder die Folge von Treulosigkeit einiger Außenstehender, die, zufällig oder andersartig, Bruchstücke von Gesprächen aufgefangen haben mögen. Sie sind für alle außer für diejenigen, die den Schlüssel zu ihnen besitzen, unverständlich. Es ist möglich, mit einem Eingeweihten einer Schule unter demselben Dach und zu bestimmten Zeiten in engst vertrautem Umgang zu leben, sein Geheimnis wird jedoch immer in seiner Brust verborgen bleiben, bis der Freund die Stufe erreicht hat, auf der er brüderlicher Eingeweihter werden kann. Die Offenbarung von Geheimnissen hängt nicht vom Willen der Initiierten ab, sondern von der Eignung des Aspiranten.

Wie alle anderen Mysterienorden ist der Orden der Rosenkreuzer nach kosmischen Gesetzen gebildet. Wenn wir gleichgroße Bälle nehmen und untersuchen, wie viele wir benötigen, um einen zu bedecken und den Blicken zu entziehen, werden wir finden, daß zwölf erforderlich sind, um einen dreizehnten Ball zu verbergen. Das wirkliche Atom, das im interplanetarischen Raum gefunden wird, die letztendliche Teilung der physischen Materie, ist so in zwölf um eines herum geordnet. Die zwölf Tierkreiszeichen, die unser Sonnensystem umgeben, die zwölf halben Töne der musikalischen Tonleiter, die die Oktave bilden, die zwölf Apostel, die sich um Christus sammelten, sind andere Beispiele dieser Gruppierung von zwölf und eins. Deshalb hat auch der Orden der Rosenkreuzer zwölf Brüder und einen Dreizehnten.

Es sind auch andere Teilungen zu beachten. Wir sahen, daß sich von den zwölf an unserem Evolutionsplan tätig gewesenen Schöpferischen Hierarchien fünf in die Freiheit zurückgezogen haben. Sieben sind zurückgeblieben, um sich mit unserem weiteren Fortschritt zu befassen. Dem entspricht, daß das innewohnende Ich, der Mikrokosmos, durch sieben sichtbare Öffnungen seines Körpers nach außen wirkt, durch zwei Augen, zwei Ohren, zwei Nasenlöcher und einen Mund. Fünf weitere Öffnungen sind ganz oder teilweise geschlossen, die Brustdrüsen, der Nabel und die beiden Ausscheidungsorgane.

Die sieben Rosen, die unser schönes Emblem schmücken, und dahinter der strahlende Stern mit fünf Spitzen sind Sinnbilder der zwölf Großen Schöpferischen Hierarchien, die dem sich entwickelnden menschlichen Geist in seinen vorhergehenden Bedingungen, in mineralischem, pflanzlichem und tierischem Sein, in denen er ohne Selbstbewußtsein und unfähig war, für sich zu sorgen, geholfen haben. Von diesen zwölf Scharen Großer Wesenheiten waren drei aus eigenem freien Willen und ohne jegliche Verpflichtung im und mit dem Menschen tätig.

Sie werden durch die drei nach oben weisenden Sternspitzen unseres Symbols dargestellt. Zwei weitere Große Hierarchien sind im Begriff, sich zurückzuziehen. Sie werden durch die beiden nach unten weisenden Spitzen symbolisiert. Die sieben Rosen deuten darauf hin, daß noch weitere sieben Große Schöpferische Hierarchien an der Entwicklung der Wesen auf Erden tätig sind. Da sie alle, von den kleinsten bis zu den größten, nur Teile eines großen Ganzen sind — wir nennen es Gott — ist das vollständige Emblem ein Sinnbild Gottes in seiner Offenbarung.

Der Hermetische Grundsatz sagt: „Wie oben, so unten“. Die kleineren Lehrer der Menschheit sind ebenfalls entsprechend derselben kosmischen Strahlen von sieben, fünf und eins gruppiert. Auf der Erde gibt es sieben Schulen der kleineren und fünf der Größeren Mysterien. Alle zusammen sind unter einem gemeinsamen Oberhaupt, das Befreier genannt wird, angeordnet.

Wenn immer es die Notwendigkeit erfordert, gehen sieben Brüder des Ordens der Rosenkreuzer in die Welt hinaus. Sie zeigen sich als Menschen unter Menschen oder arbeiten entsprechend der Notwendigkeit in ihren unsichtbaren Trägern mit oder bei anderen. Man muß sich bewußt sein, daß sie nie jemanden gegen seinen Willen oder gegen seine Empfindungen beeinflussen. Sie stärken nur das Gute, wo immer sie es finden.

Die zurückbleibenden fünf Brüder verlassen niemals den Tempel. Obwohl sie physische Körper besitzen, verrichten sie alle ihre Arbeit aus den inneren Welten heraus.

Der Dreizehnte ist das Haupt des Ordens. Er ist das Bindeglied zu einem höheren zentralen Rat, der aus Hierophanten der Größeren Mysterien gebildet wird, die sich nicht mit der allgemeinen Menschheit, sondern nur mit den Graduierten der kleinen Mysterien befassen.

Das Haupt des Ordens wird wie der in unserem Gleichnis erwähnte innere Ball durch die zwölf Brüder vor der äußeren Welt verborgen. Selbst die Schüler der Schule sehen ihn nie. Doch bei den nächtlichen Diensten im Tempel wird seine Gegenwart von allen **gefühlt,** wenn immer er hereinkommt; und das ist das Zeichen für den Beginn des Dienstes.

Um die Brüder vom Rosenkreuz sammeln sich als ihre Schüler eine Anzahl von „Laienbrüdern". Es sind Menschen, die in verschiedenen Teilen der westlichen Welt leben. Sie sind fähig, ihre Körper bewußt zu verlassen, wohnen den Diensten bei und nehmen an der geistigen Arbeit des Tempels teil. Jeder einzelne wurde von einem der Älteren Brüder eingeweiht, so zu handeln. Die meisten von ihnen können sich an alles erinnern, was geschehen ist. Es gibt aber auch einige wenige Fälle, bei denen die Fähigkeit, den Körper zu verlassen, in einem vorhergehenden tugendhaften Leben erworben wurde und bei denen eine Gewohnheit, Arzneien einzunehmen, oder eine im gegenwärtigen Dasein erfolgte Erkrankung das Gehirn ungeeignet gemacht hat, Eindrücke aus der Zeit, in der der Mensch außerhalb seines Körpers war, zu empfangen.

Einweihung

Im allgemeinen stellt man sich unter einer Einweihung nur eine Zermonie vor, durch die man Mitglied einer geheimen Vereinigung wird. Man meint, sie könne jedem zuteil werden, der gewillt ist, einen gewissen Preis, in den meisten Fällen eine Geldsumme, dafür zu bezahlen.

Das trifft bei der sogenannten Einweihung in brüderlichen Verbänden und den meisten unechten esoterischen Orden wohl zu. Alles in allem ist es aber eine irrige Auffassung, wenn es sich um Einweihungen in verschiedene Grade wahrer esoterischer Bruderschaften handelt. Ein wenig Verständnis für die wirklichen Anforderungen und ihre Berechtigung wird das gleich deutlich machen.

In erster Linie gibt es keinen goldenen Schlüssel zum Tempel. Der Verdienst zählt, nicht das Geld. Verdienste erwirbt man nicht an einem Tag. Sie sind das angesammelte Ergebnis vergangener guter Taten. Der Kandidat der Einweihung ist sich im allgemeinen überhaupt nicht bewußt, daß er Aspirant ist. Er lebt sein Leben in der Gemeinschaft und dient seinen Mitmenschen durch Jahr und Tag, ohne sich tiefergehende Gedanken zu machen, bis eines Tages der Lehrer, ein Hierophant der kleineren, dem Land, in dem er lebt, zugeeigneten Mysterien in sein Leben tritt. Der Kandidat hatte in sich gewisse Fähigkeiten ausgebildet, bestimmte Kräfte für Dienst und Hilfe konzentriert, die ihm im allgemeinen nicht bewußt wurden oder von denen er nicht weiß, wie sie genau zu nutzen sind. Nun ist die Aufgabe des Einweihenden leicht. Er zeigt dem Neophyten die latenten Fähigkeiten, die schlafenden Kräfte, und weiht ihn in ihren Gebrauch ein. Er erklärt oder zeigt ihm **zum ersten Mal,** wie er seine ruhende, statische Energie zu bewegender, dynamischer Kraft erwecken kann.

Eine Einweihung kann durch eine Zeremonie vollzogen werden oder nicht. Besonders bemerkt werden soll, daß sie der unausbleibliche Höhepunkt geistiger Bemühungen ist. So wie das Abdrücken eines Abzuges keine Explosion in einem Gewehr hervorrufen kann, wenn es nicht vorher geladen wurde, so kann die Initiation, ob bewußt oder unbewußt, im Kandidaten erst wirklich stattfinden, wenn die latenten Kräfte durch die erforderliche innere Entwicklung konzentriert worden sind. Die Einweihung lehrt, jene positiv zu gebrauchen.

Es besteht keine Gefahr, daß der Lehrer jemanden übersehen könnte, der die erforderliche Entwicklung erreicht hat. Jede gute und selbstlose Tat vermehrt das Leuchten und die Schwingungskraft der Aura des Kandidaten außerordentlich. So sicher wie der Magnet die Nadel anzieht, so sicher wird der Glanz des aurischen Lichts den Lehrer herbeirufen.

Selbstverständlich ist es nicht möglich, in einem für die Öffentlichkeit bestimmten Buch die Einweihungsstufen der Rosenkreuzer zu beschreiben. Das wäre ein Vertrauensbruch. Außerdem wäre es aus Mangel an Worten unmöglich, sich angemessen auszudrücken. Es ist aber erlaubt, einen Überblick zu geben und den Zweck der Einweihung aufzuzeigen.

Die kleineren Mysterien befassen sich nur mit der Evolution der Menschheit während der Erdenperiode. In den ersten dreieinhalb Kreisläufen der Lebenswoge um die sieben Weltenkörper hatten die Jungfräulichen Geister noch kein Bewußtsein erlangt. Daher wissen wir nicht, wie wir das wurden, was wir heute sind. Der Kandidat soll darüber Aufschluß erhalten, da das Bewußtsein durch die Formel des Hierophanten während der Einweihung in die erste Stufe auf jene Seite des Gedächtnisses der Natur gelenkt wird, die die Aufzeichnungen über den ersten Kreislauf enthält, in dem wir die Entwicklung der Saturnperiode kurz wiederholten. Er ist in vollem Besitz seines Tagesbewußtseins und weiß und erinnert sich an die Wirklichkeiten des Lebens im Zwanzigsten Jahrhundert. Doch er beobachtet jetzt bewußt den Fortschritt der sich entwickelnden Jungfräulichen Geister, mit denen er im Saturnkreislauf vereint war. So erfährt er, wie die ersten Schritte zur Vollendung in der Erdenperiode gegangen wurden. Sie werden ihm in einem späteren Schritt gezeigt.

Nachdem er die in Kapitel 10 beschriebenen Lehren lernte, hat er sein Wissen aus erster Hand über dieses Thema erworben. Er ist in unmittelbare Berührung mit den Schöpferischen Hierarchien und ihrem Wirken mit und an dem Menschen gekommen. Daher weiß er ihr Bemühen in der Welt zu würdigen, sich in gewissen Grenzen bei ihnen einzureihen und soweit ihr Mitarbeiter zu werden.

Wenn die Zeit der zweiten Einweihung für ihn herangekommen ist, wird seine Aufmerksamkeit in gleicher Weise auf die im Gedächtnis der Natur geschilderten Ereignisse des zweiten Erdenkreislaufs gerichtet. Dann beobachtet er vollbewußt mehr von dem Fortschritt, den die Jungfräulichen Geister gemacht haben, als Peter Ibbetson *), der sein Kinderleben in den Nächten beobachtete, in denen er „Wahrträume" hatte. Im dritten Grad folgt der Neophyt dem Mondenkreislauf, und im vierten Grad sieht er die Fortschritte, die wir in der bereits zurückgelegten Hälfte des vierten oder Erdenkreislaufs gemacht haben.

In jedem Grad erfolgt aber noch ein weiterer Schritt. Außer dem in jedem Kreislauf vollbrachten Wirken sieht der Schüler auch die während unseres gegenwärtigen Aufenthaltes auf Weltenkörper D, der Erde, in jeder entsprechenden Epoche vollendete Tätigkeit.

---

*) Peter Ibbetson ist der Held des gleichnamigen Buches von George du Maurier. Die darin gegebene anschauliche Beschreibung gewisser Phasen des Unterbewußtseins sind es wohl wert, gelesen zu werden.

Während des ersten Grades beobachtet er das Wirken des Saturnkreislaufs und seine letzte Vollendung in der Polarischen Epoche.

Im zweiten Grad folgt er der Tätigkeit des Sonnenkreislaufs und der seines Abbildes, der Hyperboräischen Epoche.

Während des dritten Grades sieht er das im Mondenkreislauf erfolgte Wirken und wie es die Grundlage des Lebens in der Lemurischen Epoche war.

Während des vierten Grades schaut er die Evolution des letzten halben Kreislaufs mit der entsprechenden Zeitenperiode unseres gegenwärtigen Aufenthaltes auf der Erde, der ersten Hälfte der Atlantischen Epoche. Sie endete, als sich die dichte neblige Atmosphäre löste und die Sonne erstmals über Land und Meer schien. Da war die Nacht der Unbewußtheit vorüber. Die Augen des innewohnenden Ich wurden vollständig geöffnet. Der Mensch erhielt die Fähigkeit, das Licht der Vernunft auf das Problem der Eroberung der Welt zu lenken. Das war die Zeit, in der er, wie wir ihn jetzt kennen, zum ersten Mal geboren wurde.

Wenn wir von alten Einweihungssystemen hören, daß der Kandidat dreieinhalb Tage in Verzückung versetzt wurde, bezieht sich das auf den Teil der soeben beschriebenen Initiation. Die dreieinhalb Tage weisen hin auf die durchlebten Stufen; sie sind keineswegs Tage von vierundzwanzig Stunden. Die Dauer der Einweihung unterscheidet sich bei jedem Kandidaten. Stets wird der Neophyt durch die unbewußte Entwicklung der Menschheit während der vergangenen Kreisläufe geführt. Wenn gesagt wurde, daß er am vierten Tag zur Zeit des Sonnenaufgangs erweckt wird, ist das der mystische Ausdruck dafür, daß seine Einweihung in die Tätigkeit des unwillkürlichen menschlichen Werdegangs aufhörte, als die Sonne über der reinen Atmosphäre von Atlantis aufging. Dann wird der Kandidat auch als „Erstgeborener“ begrüßt.

Nachdem der Schüler mit dem Pfad vertraut gemacht wurde, den wir in der Vergangenheit gegangen sind, führt ihn der fünfte Grad bis zum äußersten Ende der Erdenperiode. Dann kann eine glorreiche Menschheit die Früchte dieser Epoche sammeln und sie von den sieben Weltenkörpern, auf denen wir uns an jedem Offenbarungstag entwickeln, auf den ersten der fünf dunklen Weltenkörper, die unseren Aufenthalt in den Kosmischen Nächte bilden, mitnehmen. Der dichteste von ihnen liegt in der Region der Abstrakten Gedanken. Er ist in Wirklichkeit das „Chaos", von dem auf Seite 257 ff geschrieben wurde. Dieser Weltenkörper ist auch der Dritte Himmel. Wenn Paulus davon spricht, daß er in den Dritten Himmel erhoben wurde und dort Dinge sah, die er rechtmäßigerweise nicht offenbaren könne, verwies er damit auf Erfahrungen, die der fünften Einweihungsstufe der gegenwärtigen Rosenkreuzer-Mysterien entsprechen.

Nachdem im fünften Grad das Ende gezeigt wurde, wird der Kandidat mit den Mitteln bekannt gemacht, durch die dieses Ziel in den restlichen dreieinhalb Kreisläufen der Erdenperiode erreicht werden kann. Die vier verbleibenden Grade dienen dieser Aufklärung.

Durch die Einsicht, die er auf diese Weise gewinnt, wird er fähig, einsichtsvoll mit den für das Gute tätigen Kräften zu wirken. So hilft er, unsere Befreiung zu beschleunigen.

Um eine allgemeine irrtümliche Annahme zu beseitigen, möchten wir dem Schüler deutlich machen, daß wir nicht Rosenkreuzer sind, weil wir die rosenkreuzerischen Lehren studieren. Selbst die Aufnahme in den Tempel berechtigt uns nicht, uns mit diesem Namen zu bezeichnen. Der Verfasser beispielsweise ist nur ein Laienbruder, ein Schüler, und nennt sich keinesfalls Rosenkreuzer.

Wir wissen wohl, daß ein junger Mensch, der die Mittelschule besucht hat, noch nicht zum Lehren geeignet ist. Er müßte erst das Gymnasium und die Universität absolvieren. Und auch dann mag er sich noch nicht dazu berufen fühlen, Lehrer zu werden. Ebenso ist es in der Schule des Lebens. Wenn ein Mensch Stufen der Rosenkreuzer-Mysterien-Schule durchlaufen hat, ist er noch kein Rosenkreuzer. Absolventen verschiedener Schulen der kleineren Mysterien rücken in die fünf Schulen der höheren Mysterien auf. In den ersten vier gehen sie durch die vier Großen Einweihungen, und am Ende erreichen sie den Befreier. Bei ihm empfangen sie Erkenntnisse über andere Evolutionen. Es wird ihnen freigestellt, hier zu bleiben und ihren Brüdern zu helfen oder als Helfer in andere Evolutionen einzugehen. Diejenigen, die sich zum Bleiben entscheiden, erhalten je nach ihren Erfahrungen und ihrer natürlichen Neigung verschiedenartige Aufgaben. Die Brüder des Rosenkreuzes befinden sich unter diesen Mitfühlenden, und es ist ein Unrecht, den Rosenkreuzernamen in den Schmutz zu ziehen, indem wir ihn auf uns selbst anwenden, wenn wir nur Schüler ihrer hohen Lehren sind.

In den letztvergangenen Jahrhunderten waren die Brüder im Verborgenen für die Menschheit tätig. Allnächtlich zur Mitternachtsstunde findet im Tempel ein Dienst statt, in dem die Älteren Brüder überall in der westlichen Welt die Gedanken der Sinnlichkeit, der Habsucht, der Selbstsucht und des Materialismus sammeln. Sie suchen sie in reine Liebe, Wohlwollen, Altruismus und geistiges Bestreben umzuwandeln und so in die Welt zurückzusenden, um alles Gute emporzuheben und zu ermutigen. Unterstützt werden sie von denjenigen Laienbrüdern, denen es möglich ist, ihre weltliche Arbeit zu verlassen, denn manche von ihnen wohnen in Ländern, in denen es zur Mitternachtszeit des Tempels Tag ist. Würde es diese starke Quelle geistiger Schwingungen nicht geben, hätte der Materialismus schon längst alle spirituellen Bestrebungen erstickt. Denn vom geistigen Standpunkt aus hat es niemals eine dunklere Zeit gegeben als die letzten dreihundert Jahre des Materialismus.

Nun aber ist die Zeit gekommen, in der die Methode verborgener Bemühung durch offene Anstrengung ergänzt werden soll, um danach zu streben, bestimmte logische und regelmäßig aufeinanderfolgende Lehren über den Ursprung, die Evolution und die zukünftige Entwicklung von Welt und Mensch zu geben. Dabei wird sowohl der geistige als auch der wissenschaftliche Gesichtspunkt aufgezeigt. Die Lehre soll so vermittelt werden, daß sie von der Vernunft und der Logik unterstützt wird und den Verstand deshalb überzeugt, weil sie eine vernünftige Lösung aller Geheimnisse enthält. Sie fordert keine Fragen heraus, vermeidet sie aber auch nicht, und ihre Erklärungen sind tiefgründig und klar.

Aber, und das ist ein sehr wichtiges Aber. **Die Rosenkreuzer betrachten ein intellektuelles Verstehen Gottes und des Weltalls nicht als Ziel in sich**; weit entfernt davon. Je größer der Verstand ist, umso größer ist die Gefahr seines Mißbrauchs. **Diese wissenschaftliche, logische und erschöpfende Lehre ist gegeben, damit der Mensch in seinem Herzen glaubt, was sein Verstand gutgeheißen hat, und er ein religiöses Leben beginnen möge.**

Die Rosenkreuzer-Gemeinschaft

Die Rosenkreuzer-Gemeinschaft wurde gegründet, um die in diesem Buch dargestellte Lehre zu verbreiten. Sie ist eine „Beratende Vereinigung“, und wenn sie vollzählig ist, umfaßt sie die Zahl zwölf.

Diese Zwölf haben nicht die Absicht, eine Organisation aufzubauen, denn sie sehen das Übel, das sich bei anderen geistigen Bemühungen um Macht und Einfluß gegenüber einzelnen Menschen ergeben hat und wie die höchsten Ideale geopfert wurden. Deshalb begnügt sich die Rosenkreuzer-Gemeinschaft damit, der Welt die Lehren der Älteren Brüder zu übergeben, und gestattet es jedermann, sie mit nach Hause, in seine Kirche, sein Leben zu nehmen und sie, so gut er kann, anzuwenden. An einigen Orten haben sich Studierende zusammengeschlossen und Gemeinschaftszentren zu gegenseitiger Studienhilfe gebildet. Doch sie werden weder von der Rosenkreuzer-Gemeinschaft festgelegt noch handeln sie nach den von ihr aufgestellten Regeln.

Dem Unterricht dienen **Vorbereitungskurse.** Für sie kann sich jedermann einschreiben lassen. Ausgenommen hiervon sind Hypnotiseure, Berufsmedien, -hellseher, -chiromanten und -astrologen. Gebühren oder Beiträge werden nicht erhoben. Für Geld kann man unsere Lehre nicht kaufen. Fortschritt ist abhängig von der Leistung. Die anfallenden Kosten für die Verbreitung der Darstellung des Rosenkreuzerischen Christentums werden durch freiwillige Spenden getragen.

Nach Beendigung des Vorbereitungskurses wird man für die Dauer von zwei Jahren auf die Liste der regulären Studenten gesetzt. In dieser Zeit dürfte der Betreffende von der Wahrheit der Rosenkreuzerlehren so erfüllt werden, daß er vorbereitet ist, seine Verbindungen zu allen anderen esoterischen oder religiösen Orden mit Ausnahme der **christlichen Kirchen** und der **Fraternalorden** zu lösen und die Verpflichtung anzunehmen, durch die er **Prüfling** wird.

Durch die erwähnte Bedingung wollen wir in keiner Weise andeuten, daß alle anderen esoterischen Schulen wertlos seien. Im Gegenteil. Viele Wege führen nach Rom. Doch wir werden das Ziel mit wesentlich geringerer Anstrengung erreichen, als wenn wir einer von ihnen im Zickzackkurs von Pfad zu Pfad folgen. Unsere Zeit und unsere Energien sind begrenzt. Außerdem sind sie durch familiäre und gesellschaftliche Verpflichtungen, die durch die Selbstentwicklung nicht vernachlässigt werden dürfen, weiter eingeschränkt. Mit der halben Kraft, die wir rechtmäßig für uns selbst aufwenden dürfen, ist haushälterisch umzugehen. Und es ist das Verschwenden der uns zur Verfügung stehenden spärlichen Augenblicke zu vermeiden, weshalb die Führer auf dem Austritt aus allen anderen Orden bestehen.

Die Welt bietet eine Anzahl von Gelegenheiten. Wenn wir von einer einen Vorteil erwarten, müssen wir in einer gewissen Richtung des Bemühens leistungsfähig sein. Die Entwicklung unserer geistigen Kräfte wird uns die Fähigkeit geben, unseren schwächeren Brüdern zu helfen oder zu schaden. Zu rechtfertigen ist nur, wenn die Leistung stets im Dienst der Menschheit steht.

Die Rosenkreuzermethode zum Erlangen der Vollkommenheit unterscheidet sich von anderen Systemen in einem besonderen Punkt. Schon am Anfang beabsichtigt sie, den Schüler von der Abhängigkeit von anderen Menschen zu befreien, ihm höchstes Selbstvertrauen zu geben, so daß er imstande sein kann, unter allen Umständen allein zu stehen und mit allen Verhältnissen fertig zu werden. Nur derjenige, der selbstsicher ist, kann den Schwachen helfen.

Wenn sich Menschen in einer Gruppe oder einem Kreis mit **negativen** Tendenzen für Selbstentwicklung treffen, werden Ergebnisse im allgemeinen nach dem Grundsatz, daß es leichter ist, mit den Gezeiten zu treiben als gegen den Strom zu schwimmen, in kurzer Zeit erreicht. Das Medium ist, wie auch immer, nicht Herr seiner Handlungen, aber Sklave von Kontrollgeistern. Deshalb sind solche Zusammenkünfte von Prüflingen zu meiden.

Selbst Kreise, in denen man sich in positiver Geisteshaltung trifft, werden von den Älteren Brüdern nicht empfohlen. Denn die latenten Kräfte aller Mitglieder konzentrieren sich so, daß Visionen der Inneren Welten teilweise von den Fähigkeiten anderer herrühren. Die Wärme der brennenden Kohle ist durch die umliegenden Kohlen in der Mitte des Feuers höher. Ähnlich verhält es sich in einem solchen Kreis. Der in ihm hervorgebrachte

Hellseher, und sei er noch so positiv, ist wie eine Gewächshauspflanze selbst zu abhängig, um mit der Pflege von anderen betraut zu werden.

Deshalb führt jeder Prüfling in der Rosenkreuzer-Gemeinschaft seine Übungen in der Zurückgezogenheit und Einsamkeit seines Raumes aus. Es ist möglich, daß Ergebnisse bei diesem System langsamer erreicht werden; aber wenn sie sich zeigen, werden Kräfte offenbar, die durch ihn selbst ausgebildet wurden. Sie sind verwendungsfähig und von allen anderen Menschen unabhängig. Außerdem bildet die Rosenkreuzer-Methode in der gleichen Zeit, in der sie geistige Fähigkeiten entwickelt, den Charakter. Das schützt den Schüler davor, nachgiebig gegen die Versuchung zu sein, göttliche Kräfte für weltliches Ansehen preiszugeben.

Wenn der Prüfling die notwendigen Anforderungen erfüllt und die Probezeit abgeschlossen hat, kann er eine Anfrage für individuelle Unterweisung durch die Älteren Brüder an die Weltzentrale in Oceanside richten.

Die Weltzentrale der Rosenkreuzer

Nachdem die Rosenkreuzer-Gemeinschaft gegründet worden war, wurde es für die Verbreitung der in diesem Buch gegebenen Lehre und zur Förderung der Aspiranten notwendig, ein ständiges Heim und Möglichkeiten für die Bewältigung der erforderlichen Arbeiten zu finden. Dafür wurde in der südwestlichsten Stadt der Vereinigten Staaten, in Oceanside, Kalifornien, neunzig Meilen südlich von Los Angeles und vierzig Meilen nördlich von San Diego, ein Stück Land gekauft.

Es hat eine hervorragende Lage, zum Westen einen wundervollen Ausblick auf den Pazifischen Ozean und im Osten auf schöne, schneebedeckte Berge.

Südkalifornien bietet außergewöhnliche Möglichkeiten für geistiges Wachstum. Die Ätheratmosphäre ist hier dichter als in irgend einem Teil der Welt, und **Mount Ecclesia,** wie die Weltzentrale der Rosenkreuzer-Gemeinschaft genannt wird, in dieser Hinsicht besonders begünstigt.

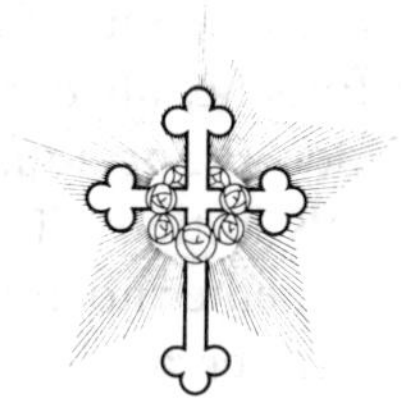

Die Symbolik des Rosenkreuzes

Wenn nach dem Sinn eines Mythos, einer Legende oder eines Symbols von esoterischem Wert geforscht wird, ist es durchaus notwendig, zu erkennen, daß ein Gegenstand in der dreidimensionalen Welt von allen Seiten betrachtet werden kann oder, besser gesagt, betrachtet werden müßte, um ein vollständiges und genaues Verständnis von ihm zu erhalten. Alle Symbole haben mehrere Aspekte. Jeder Blickpunkt enthüllt eine andere Erscheinungsform, und alle sind gleich beachtenswert.

Als Ganzes betrachtet enthält das wundervolle Symbol des Rosenkreuzes zusammen mit der Methode für das Erlangen der Vollkommenheit den Schlüssel zur vergangenen Evolution, zur gegenwärtigen Wesenheit und zur künftigen Entfaltung des Menschen. Wird es mit einer einzigen Rose im Mittelpunkt dargestellt, symbolisiert es das geistige Ausstrahlen der vierfachen Träger, des physischen Körpers, des Lebens- und des Empfindungsleibes sowie des Verstandes aus sich selbst. Ist der Geist in seine Werkzeuge eingezogen, ist er der **innewohnende** menschliche Geist geworden. Es gab eine Zeit, in der das nicht möglich war, eine Zeit, in der der dreifache Geist über seinen Trägern weilte und nicht in der Lage war, in sie einzugehen. Damals hatte das Kreuz keine Rose. Es symbolisierte die Bedingungen des frühesten Drittels der Atlantis. Ja, es gab sogar eine Zeit, in der der oberste Teil des Kreuzes fehlte, und die Konstitution des Menschen durch das Tau (T) dargestellt wurde. Das war in der Lemurischen Epoche, als der Mensch nur den physischen, den Lebens- und den Empfindungsleib besaß, ihm aber der Verstand fehlte. Damals hatte er Tiernatur. Er folgte rückhaltlos seinem Verlangen. In einer noch früheren Zeit, in der Hyperboräischen Epoche, hatte er auch keinen Empfindungsleib. Er besaß nur den physischen und den Lebensleib. Der werdende Mensch war keusch wie die Pflanze und ohne Verlangen. Zu dieser Zeit konnte er nicht durch ein Kreuz dargestellt werden. Er wurde durch einen geraden Schaft, einen Pfeiler (I), symbolisiert.

Dieses Zeichen war als ein phallisches angesehen worden, als ein Emblem, das die Zügellosigkeit des Volkes zeigte, von dem es verehrt wurde. Tatsächlich ist es ein Symbol für die Zeugung. Doch das Wort Zeugung ist keineswegs sinnverwandt mit Entwürdigung. Im Gegenteil. Der Pfeiler ist der unterste Teil des Kreuzes und symbolisiert den werdenden Menschen in seinem pflanzenähnlichen Sein. Die Pflanze ist leidenschafts- und begierdelos, unschuldig. Sie zeugt und setzt ihre Art auf eine so reine, keusche Weise fort, daß sie, richtig verstanden, ein Vorbild für die gefallene und leidenschaftliche Menschheit ist, die in ihr ein Ideal verehren sollte. Mit Bedacht wurde sie den früheren Menschen auch als Leitbild gegeben. Phallus und Yona, die in den griechischen Mysterientempeln verwendet wurden, waren von den Priestern in diesem Sinne gegeben worden. Über dem Tempel standen die rätselhaften Worte: „Mensch, erkenne dich selbst!“ Richtig verstanden, ist dieses Motto gleichbedeutend mit dem Rosenkreuz. Denn es zeigt die Ursache für das Fallen in das Verlangen, die Leidenschaft und die Sünde, und gibt den Schlüssel zur Freiheit, wie auch die Rosen am Kreuz den Pfad der Befreiung weisen.

Die Pflanze ist unschuldig, **aber nicht tugendhaft**. Sie hat weder Verlangen noch Wahlmöglichkeit. Der Mensch besitzt beides. Seinem Wunsch entsprechend kann er dem Begehren folgen oder nicht, denn er soll lernen, sich selbst zu beherrschen.

Als er pflanzenähnlich und hermaphroditisch war, konnte er aus **sich selbst heraus** ohne Mithilfe eines anderen zeugen. Er war keusch und unschuldig wie die Pflanzen. Doch er war auch so unbewußt und unbeweglich wie sie. Um sich zu entwickeln und um belebt zu werden, mußte er das Verlangen haben, und um sich leiten zu lassen, einen Verstand besitzen. Daher wurde die Hälfte seiner schöpferischen Kraft zurückgehalten, um einen Kehlkopf und ein Gehirn zu bilden. Damals hatte der Mensch eine runde Gestalt. Sie ähnelte der eines Embryos. Der gegenwärtige Kehlkopf war ein Teil des schöpferischen Organs, das am Kopf haftete, als sich der Körper streckte. Die Verbindung zwischen beiden zeigt sich noch heute, wenn der Junge, dem der aktive Pol der Zeugungskraft innewohnt, beim Eintritt in die Pubertät seine Stimme verändert. Dieselbe Kraft, die dem Aufbau eines anderen **Körpers** dient, wenn sie **nach außen** gegeben wird, bildet das Gehirn, wenn sie **zurückgehalten** wird. Das wird deutlich, wenn wir bedenken, daß krankhafte geschlechtliche Leidenschaft zu Geisteskrankheit führen kann, während der tiefgründige Denker wenig Neigung für Liebespraktiken verspüren wird. Er setzt seine gesamte schöpferische Kraft ein, um Gedanken hervorzubringen, statt sie in Sinnengenuß zu verschwenden.

Als der Mensch begann, einen Teil seiner schöpferischen Kraft für den oben erwähnten Zweck zurückzuhalten, war sein Bewußtsein **nach innen** gerichtet, um die erforderlichen Organe zu bilden. Er konnte sie **sehen**. Unter Anleitung der Schöpferischen Hierarchien verwendete er für die Planung von Organen die gleiche schöpferische Kraft, die er heute in der äußeren Welt gebraucht, um Pläne für die Herstellung von Luftschiffen, Häusern, Autos, Telefonen und so weiter auszuarbeiten. Damals war er sich nicht bewußt, wie jene nach außen strömende Hälfte der schöpferischen Kraft zur Erzeugung eines anderen Körpers verwendet wurde.

Die Zeugung erfolgte unter Führung von Engeln. Zu gewissen Zeiten des Jahres vereinigten sie die werdenden Menschen in großen Tempeln, und dort wurde der Zeugungssakt vollzogen. Der Mensch wurde sich dieser Tatsache nicht bewußt. Seine Augen waren noch nicht geöffnet worden. Und obgleich es für ihn nun erforderlich war, einen Partner zu haben, der die Hälfte der schöpferischen Kraft oder den anderen Pol für die Fortpflanzung besaß, die er selbst zurückbehielt, um mit ihr Organe zu bilden, **erkannte** er sein Weib zunächst nicht. Soweit die Physische Welt in Betracht kam, war er im normalen Leben im Innern in sich verschlossen. Wenn er aber in so vertraute und enge Berührung mit einem anderen Menschen gebracht wurde, wie es beim Zeugungsakt der Fall ist, war es anders. Dann drang der Geist für einen Augenblick durch die Hülle des Fleisches, und Adam **erkannte** sein Weib. Er hatte aufgehört **sich selbst zu kennen;** sein Bewußtsein konzentrierte sich mehr und mehr aus sich heraus auf die **Außenwelt,** und er verlor die **innere Wahrnehmung.** Diese kann erst dann vollständig wiedergewonnen werden, wenn er dahin gekommen ist, zur Zeugung keinen Partner mehr zu benötigen, und wenn er die Geisteskraft erlangt hat, durch die er seine **ganze** schöpferische Kraft nach Belieben verwenden kann. Dann wird er sich wieder **selbst erkennen,** wie er es zu den Zeiten seines pflanzenähnlichen Seins getan hatte; das aber mit dem sehr wesentlichen Unterschied, daß er seine schöpferische Fähigkeit bewußt und nicht allein zum Hervorbringen seiner eigenen Art gebrauchen wird, sondern zu dem, was immer er schaffen will. Seine gegenwärtigen Zeugungsorgane wird er dazu nicht verwenden. Der Kehlkopf wird das schöpferische **Wort sprechen,** so wie er vom Geist durch die gleichwertige Gestaltung des Gehirns dazu angeleitet wird. So werden diese beiden Organe, die jeweils durch die Hälfte der schöpferischen

Kraft geschaffen wurden, mit der Zeit zu dem Mittel werden, durch das der Mensch schließlich ein unabhängiger, selbstbewußter Schöpfer wird.

Schon in unserer Zeit kann er den Stoff durch seine Gedanken und durch seine Stimme formen. So haben beispielsweise Gedanken in wissenschaftlichen Versuchen ein Bild auf einer photographischen Platte hervorgerufen, und die menschliche Stimme bildete geometrische Figuren im Sand und so weiter. Je selbstloser der Mensch wird, umso mehr wird er die eingebundene schöpferische Kraft erlösen. Das wird seine Gedankenkraft mehren und ihn befähigen, sie zum Emporführen anderer Menschen zu nutzen, statt zum Planen, wie diese unterworfen werden können. Er wird lernen, **sich selbst** zu beherrschen und aufhören mit den Versuchen, andere beherrschen zu wollen, außer es würde zeitweilig **zu ihrem Wohl,** niemals aber aus selbstsüchtigen Gründen getan. Nur wer sich selbst beherrscht, ist fähig, andere zu regieren, und berufen, wenn es sein muß und zu ihrem Besten geschieht, ein Urteil über sie zu fällen.

So sehen wir, daß die gegenwärtige leidenschaftliche Fortpflanzungsweise zur rechten Zeit wieder von einer reinen und wirksameren Art abgelöst werden wird. Auch das wird durch das Rosenkreuz symbolisiert, bei dem sich die eine Rose im Mittelpunkt befindet. Der aufrechte Stamm des Kreuzes stellt den Körper dar, die beiden horizontalen Arme und der obere Balken den Kopf. **Die Rose befindet sich an der Stelle des Kehlkopfes.**

Sie ist wie jede andere Blüte das Fortpflanzungsorgan der Pflanze. In deren grünem Stiel fließt das farb- und leidenschaftslose Pflanzenblut. Die blutrote Rose ist Symbol für das leidenschafterfüllte Blut der Menschheit, aber in der Rose ist der Lebensstrom nicht sinnenhaft; er ist keusch und rein. So ist die Pflanze ein hervorragendes Sinnbild der Zeugungsorgane in dem reinen und heiligen Zustand, den der Mensch erreichen wird, wenn er sein Blut vom Verlangen gesäubert und gereinigt hat, wenn er keusch, rein und christusgleich geworden ist.

Deshalb sehen die Rosenkreuzer mit ganzer Seelenkraft dem Tag entgegen, an dem die Rosen auf dem Kreuz der Menschheit blühen werden. Und deswegen begrüßen die Älteren Brüder die strebende Seele mit den Worten des Rosenkreuzergrußes: „Mögen die Rosen auf deinem Kreuze blühen!" Und deshalb wird der Gruß in den Versammlungen der Gemeinschaftszentren gegeben und von den versammelten Freunden mit den Worten erwidert: „Und auch auf Deinem!"

Johannes spricht von seiner Reinigung und sagt, daß derjenige, der „aus Gott geboren ist", nicht sündigen könne, **denn er behalte seinen Samen, seinen Lebenskeim, in sich** (1. Joh. 3, 9). Für den Fortschritt ist es unbedingt notwendig, daß der Aspirant keusch sei. Doch es muß auch daran gedacht werden, daß vollkommene Ehelosigkeit erst von demjenigen Menschen verlangt wird, der eine Stufe erreicht hat, auf der er bereit für die großen Einweihungen ist. Auch haben wir gegenüber der Gesamtheit die Pflicht, das Menschengeschlecht fortzupflanzen. Wenn wir geistig, moralisch, physisch und finanziell dazu in der Lage sind, können wir uns dem Zeugungsakt als einem heiligen, auf dem Altar der Menschheit niederlegten Opfer zuwenden, nicht aber zu sinnlichem Vergnügen. Auch sollte diese Handlung nicht in einer unfreundlichen, strengen Gemütsverfassung vollzogen werden, sondern in froher Selbsthingabe für die Erlaubnis, einen Freund, der das Wiedergeboren-Werden sucht, mit einem Körper zu versehen und eine Umgebung zu schaffen, die er zu seiner Entwicklung benötigt. So können wir auch ihm helfen, das Blühen der Rosen auf seinem Kreuz zu pflegen.

Morgen- und Abendübung für Rosenkreuzerschüler

Die Abendübung

(Erwähnt auf Seite 113)

Die Abendübung, die **Rückschau,** ist für den Fortschritt des Aspiranten auf dem Pfad der Vollkommenheit von größerem Wert als jede andere Methode. Sie hat eine so weitreichende Wirkung, daß sie ihn befähigt, sowohl die Lehren dieses Lebens zu erlernen, als auch solche, die zukünftigen Leben vorbehalten sind.

Nach dem abendlichen Ins-Bett-Gehen sollte der Körper entspannt werden. Dann beginne der Schüler **in umgekehrter Reihenfolge** auf die Geschehnisse des Tages zurückzublicken. Er fange mit den Ereignissen des Abends an und gehe zu den Vorkommnissen des Nachmittags, des Vormittags und des Morgens über. Dabei bemühe er sich, jede Szene so wahr wie möglich **vorzustellen;** er suche alles, was sich in jedem Geschehen ereignet hat, **vor seinem geistigen Auge nachzugestalten. Das Ziel sei, seine Handlungen zu beurteilen. Er stelle fest, ob seine Worte ausdrückten, was er zu sagen beabsichtigte, oder einen falschen Eindruck hinterließen, und ob er seine Erfahrungen im Verhältnis zu anderen überschätzte oder unterbewertete.** Bei jedem Geschehen blicke er auf seine moralische Haltung. Er frage sich, ob er bei den Mahlzeiten aß, um zu leben, oder lebte, um zu essen, um Gaumenfreuden zu genießen. Er beurteile sich selbst, tadle, wo **Tadel** notwendig ist, und **lobe,** wo er Lob verdient.

Manchmal fällt es Menschen schwer, solange wach zu bleiben, bis die Übung beendet ist. In diesen Fällen ist es zulässig, im Bett zu sitzen, bis der herkömmlichen Methode gefolgt werden kann.

Der Wert der Rückschau ist außerordentlich groß; er übersteigt bei weitem unser Vorstellungsvermögen.

In erster Linie stellen wir die Harmonie **bewußt** und rascher wieder her, als es im Schlaf möglich wäre. Dadurch überlassen wir diesem einen größeren Anteil der Nacht für äußere Tätigkeiten, als ohne Rückschau.

In zweiter Linie erleben wir auf diese Weise **allnächtlich** unser Fegefeuer sowie den ersten Himmel und prägen unserem Geist die täglichen Erfahrungen durch das **Gefühl für das Rechte** ein. So entgehen wir nach dem Tod der Läuterung, dem Purgatorium, und sparen Zeit, die wir sonst im ersten Himmel verbringen müßten.

Schließlich, aber nicht letztlich, gewinnen wir täglich die Quintessenz der Erfahrungen, die das Seelenwachstum fördert. Wenn wir sie unserem Geist einfügen, leben wir wirklich in einer Geisteshaltung und Entwicklung die den Leitlinien folgen, im allgemeinen aber sonst zukünftigen Leben vorbehalten wären. Bei gewissenhafter Durchführung dieser Übung löschen wir unerwünschte Vorkommnisse aus unserem unterbewußten Gedächtnis. So werden **unsere Sünden getilgt. Unsere Aura beginnt, in geistigem Gold zu leuchten, das aus der Rückschau auf die Erfahrungen eines jeden Tages abgeleitet wird. Und dadurch ziehen wir die Aufmerksamkeit des Lehrers auf uns.**

Diejenigen, „die reinen Herzens sind“, sagt Christus, „werden Gott schauen“ (Matth. 5, 8). Der Lehrer wird unsere Augen öffnen, sobald wir reif sind, in die „Halle des Lernens“, in die Empfindungswelt, einzugehen. In ihr gewinnen wir die ersten

Erfahrungen eines bewußten Lebens außerhalb des physischen Körpers.

Die Morgenübung

Die zweite Übung, die **Konzentration,** wird am Morgen, möglichst unmittelbar nach dem Aufwachen, durchgeführt. Der Schüler sollte nicht erst aufstehen, um die Vorhänge zu öffnen oder sonstiges, nicht unbedingt Notwendiges tun. Wenn er sich im Körper wohlfühlt, sollte er sich zunächst entspannen und beginnen, sich zu konzentrieren. Das ist sehr wichtig, denn der Geist ist im Augenblick des Erwachens aus der Empfindungswelt zurückgekehrt. In dieser Zeit ist die Berührung des Bewußtseins mit ihr leichter wiederzugewinnen als zu einer anderen Zeit des Tages.

Wir erinnern uns an den vierten Vortrag im Buch „Das Rosenkreuzerische Christentum". In ihm wird dargestellt, daß die Ströme des Empfindungsleibes während des Schlafes fließen und sich ihre Wirbel in dieser Zeit mit außerordentlicher Geschwindigkeit bewegen und drehen. Sobald der Mensch wieder in seinen physischen Leib eintritt, werden alle diese Bewegungen durch die Dichte der Materie und durch die Nervenströme des Lebensleibes, die die Botschaften vom und zum Gehirn leiten, fast angehalten. Es ist das Ziel dieser Übung, den physischen Körper in derselben Weise ruhigzustellen und unempfindlich wie im Schlaf zu machen, obgleich der Geist in ihm vollkommen wach, rege und bewußt ist. So schaffen wir die Bedingung, durch die die Sinneszentren des Empfindungsleibes beginnen können, sich zu drehen, während sie sich innerhalb des physischen Körpers befinden.

Konzentration ist ein oftmals verwirrendes und nur für wenige Menschen wirklich verständliches Wort. Wir wollen versuchen, es zu erklären. Das Wörterbuch gibt verschiedene Hinweise, die alle diesen Begriff berühren. Einer lautet: „Zu einem Mittelpunkt ziehen". Ein anderer erklärt in bezug auf die Chemie: „Durch Beseitigung wertloser Bestandteile auf höchste Reinheit und Kraft zurückzuführen".

Auf unser Problem bezogen, sagt uns eine dieser Begriffsbestimmungen, daß wir die Kraft unserer Gedanken verstärken, wenn wir sie auf ein Zentrum, einen Punkt konzentrieren. Hier gilt der Grundsatz, daß die Strahlen der Sonne kraftvoller wirken, wenn sie mit einem Vergrößerungsglas aufgefangen werden. Stellen wir uns auf ein Objekt oder auf ein Problem ein und schalten wir alle anderen Gedanken aus, wird unsere gesamte Denkkraft zur Lösung dieses Problems genutzt. Wir können uns dabei derart vertiefen, daß wir das Abfeuern einer Kanone über unserem Kopf überhören würden. Menschen können sich so in ein Buch vertiefen, daß sie alles andere vergessen. Der Aspirant des geistigen Hellsehens sollte die Fähigkeit erwerben, sich von einer Idee, auf die er sich konzentriert, genauso in Anspruch nehmen zu lassen, daß er die Welt der Sinne aus seinem Bewußtsein ausschließt und seine ganze Aufmerksamkeit der geistigen Welt zuwendet. Wenn er das gelernt hat, wird er die von spirituellem Licht beleuchtete geistige Seite einer Sache oder einer Idee sehen und in sich so eine Kenntnis der inneren Natur der Dinge erwerben, von der irdische Menschen nicht einmal träumen können.

Hat er diese Abstraktionsstufe erreicht, beginnt das Sinneszentrum des Empfindungsleibes sich langsam im physischen Körper zu drehen. So wird es für sich selbst Raum schaffen. Zur rechten Zeit wird diese Bewegung bestimmter, und es erfordert immer weniger Anstrengung, sie in Gang zu halten.

Der Konzentrationsinhalt sollte eine hohe und erhabene Idee umfassen und den Schüler aus Raum und Zeit herausnehmen. Am besten eignen sich die ersten fünf Verse des Johannesevangeliums. Satz für Satz und Morgen für Morgen geübt, werden sie dem Aspiranten zur rechten Zeit eine wundervolle Einsicht in den Urbeginn unseres Universums und die Ordnung der Schöpfung geben, eine Einsicht, die jedes Studieren aus Büchern bei weitem übertrifft.

Wenn der Schüler nach einiger Zeit gelernt hat, die Idee, auf die er sich konzentriert, fünf Minuten lang festzuhalten, kann er versuchen, sie plötzlich fallenzulassen, ohne sie durch etwas anderes zu ersetzen. Er denke an nichts, warte nur und beobachte, ob etwas in die Leere hereinkommt. Zur rechten Zeit wird sie durch die Begebenheiten und Szenen der Empfindungswelt ausgefüllt werden. Nachdem der Aspirant sich daran gewöhnt hat, kann er selbst den einen oder anderen Gegenstand zu sich hereinholen. Ein solcher wird kommen und dann kann er ihn erforschen.

Die Hauptsache dabei ist, daß sich der Aspirant durch **Befolgen der obigen Unterweisungen selbst reinigt. Seine Aura wird anfangen zu leuchten und ganz gewiß die Aufmerksamkeit eines Lehrers auf sich ziehen.** Dieser wird jemanden abordnen, ihm zu helfen, wenn es für den nächsten Schritt nach oben erforderlich ist. Auch wenn Monate oder Jahre ohne **sichtbare** Ergebnisse vergehen, sollte man sich darauf verlassen, daß ein Bemühen niemals umsonst gewesen ist. Die Großen Lehrer sehen es und wissen es zu würdigen. Sie sind ebenso darauf bedacht, unsere Unterstützung zu erhalten, wie wir Wert darauf legen, arbeiten zu können. Sie erkennen die Gründe, warum es für uns unzweckmäßig ist, das Wirken für die Menschheit in diesem Leben oder gerade zu dieser Zeit aufzunehmen. Einmal werden die hemmenden Bedingungen vergehen und wir werden zu dem Licht zugelassen, in dem wir selbst sehen können.

In einer alten Legende wird erzählt, daß nach einem Schatz in der Stille der Nacht und in völligem Schweigen gegraben werden soll. Wird dabei ein einziges Wort gesprochen, bevor der Schatz gehoben ist, verschwindet er wieder. Es ist ein mystisches

Gleichnis, das sich auf die Suche nach geistiger Erleuchtung bezieht. Wir verlieren die Erfahrungen unserer Konzentrationsstunden, wenn wir über sie sprechen oder anderen Menschen von ihnen erzählen. Übermittlungen durch das Wort können sie nicht vertragen; sie würden dadurch ins Nichts zerrinnen. Durch Meditation können wir ihnen ein vollkommenes Wissen der kosmischen Gesetze entnehmen, die allem zugrundeliegen. Dann braucht die Erfahrung selbst im einzelnen nicht weitergegeben zu werden. Und wir werden sehen, daß die Schale nur den wertvollen Kern vor uns verbarg. Das Gesetz hat universelle Bedeutung. Das wird sich zeigen, wenn es die Begebenheiten des Lebens erklären und uns lehren wird, wie man gewisse Verhältnisse nutzen und andere vermeiden kann. Zum Wohl der Menschen kann das Gesetz nach Belieben des Entdeckers offen dargelegt werden. Das von ersterem enthüllte Erlebnis wird dann in rechtem Licht erscheinen; es ist nur von vorübergehendem Interesse und nicht weiterhin beachtenswert.

Deshalb sollte **der Aspirant alles, was während der Konzentration geschieht, als heilig betrachten, und es streng für sich behalten.**

Außerdem **sollte er sich davor hüten, die Übungen als lästige Aufgabe zu empfinden. Sie sind unser höchstes Recht. Er achte ihren Wert!** Nur wenn wir sie in diesem Licht sehen, können wir ihnen gerecht werden und ihren vollen Segen empfangen.

ANHANG

Anmerkungen

1. Zu Seite 11:

In der ersten deutschen Ausgabe hatte Max Heindel dem „Wort an den Weisen" folgenden Absatz hinzugefügt:

„Zum Abschluß dieses Vorwortes ergreife ich die Gelegenheit, die Übersetzungsarbeit zu würdigen, die ich durchgesehen und in bezug auf die Fachausdrücke verbessert habe, so daß dieselben Ausdrücke angewandt sind, die mir ursprünglich von den **‚Älteren Brüdern'** in Deutschland, denen ich diese Erkenntnis verdanke, überliefert wurden. Ich habe auch das Bedürfnis, der Übersetzerin für ihre schöne Wiedergabe der Gedichte zu danken. Sie hat sowohl den Geist als auch die Worte und den Rhythmus beibehalten; eine schwer zu vollendende Kunst."

2. Zu Seite 18:

Im amerikanischen Original heißt es „vulture", zu deutsch „Geier". Nach der Prometheussage sei es ein Adler gewesen, der „als täglicher Gast" an Prometheus „Leber zehren durfte" (Gustav Schwab, „Die schönsten Sagen des klassischen Alterums", Stuttgart 1837; Brockhaus Enzyklopädie, Wiesbaden, 1972, Band 15, Seite 175: „. . . ein Adler fraß ihm täglich die Leber ab, die nachts nachwuchs"; „Das moderne Lexikon", Gütersloh, Berlin, 1977, Band 15, S. 112).

3. Zu Seite 59:

In der von Max Heindel persönlich durchgesehenen ersten deutschen Ausgabe von „The Rosicrucian Cosmo-Conception" sind die englischen Begriffe „vital body“ sowohl mit „Ätherleib“ als auch mit „Lebensleib“, „dense Body“ mit „physischem Körper“ oder „physischem Leib“, in anderen Schriften mit „sichtbarer“, auch „irdischer Leib“ oder „Körper“ übersetzt worden. Die synonyme Verwendung dieser Begriffe durch den Autor ist in der vorliegenden Übertragung beibehalten worden.

4. Zu Seite 187:
In den englischen Ausgaben von 1920, 1937 und 1977 heißt es: „. . . and if a common nomenclature is not agreed upon writers and teachers . . .“. Die Übersetzung in der von Max Heindel durchgesehenen ersten deutschen Ausgabe lautete: „. . . und wenn Autor und Schüler sich nicht einer gemeinsamen Terminologie bedienen . . .“. In späteren deutschen Ausgaben lautete der Text: „. . . und wenn die Autoren und Lehrer . . .“ (Jeweils Seite 177).

5. Zu den Seiten 261 und 263:
In den ersten englischen Ausgaben von „The Rosicrucian Cosmo-Conception“ ist die Autorenschaft der „Physica“ auf den Seiten 250 und 251 dem Rosenkreuzer Johann Amos Comenius zugeschrieben worden. Dieser Irrtum findet sich auch noch in der bei W. B. Conkey Company, Hammond, Indiana, verlegten Auflage von 1948 und in sämtlichen bisherigen deutschsprachigen Ausgaben.

Tatsächlich ist der Verfasser der von Max Heindel zitierten „Physica“ der niederländische Mediziner und Chemiker, der Rosenkreuzer Johann Baptist van Helmont, * Brüssel 1577 oder 1579, + ebenda 30. Dezember 1644. Van Helmonts Schriften wurden 1648 von seinem Sohn, dem Naturforscher und Philosophen Franciscus Mercurius van Helmont unter dem Titel „Ortus medicinae vel opera et opuscula omnia“ herausgegeben.

1652 erschien daraus in Amsterdam „Ortus medicinae, i. e. initia physica inaudita".

6. Zu Seite 329:
King James Bible, auch „Authorized Version" oder "King James Version" genannt, eine englische Fassung der Bibel, herausgegeben 1611, ausgearbeitet unter König James I. von England, *1566 +1625; sie hat im englisch-amerikanischen Sprachraum eine ähnliche Bedeutung wie die Lutherbibel im deutschen Sprachbereich.

7. Zu den Seiten 322ff u. a.:
Einige Passagen aus der englischen Ausgabe dieses Buches könnten heute, über ein dreiviertel Jahrhundert nach dem erstmaligen Erscheinen des Werkes, aufgrund des Fortschreitens von Geschehen und Erkenntnis zu Mißverständnissen führen und möglicherweise kränkend wirken. Das wäre nicht im Sinne Max Heindels, der sie in späteren Schriften selbst anders darstellte. Eine Aufnahme dieser jüngeren Veröffentlichung würde zu einem Abweichen vom ursprünglichen Buchinhalt führen. Durch notwendiges behutsames, wohldurchdachtes Bearbeiten und Herausnehmen der betreffenden Sätze ist weder eine Veränderung noch eine Verfälschung der Rosenkreuzerlehre von Max Heindel vorgenommen worden oder beabsichtigt.

Kurz vor Drucklegung der vorliegenden Neuübertragung trafen von The Rosicrucian Fellowship, Oceanside, Mitteilungen über neueste Forschungen ein, nach denen das gesamte Kapitel „Zurück zur Bibel" in Max Heindels erstem dreihundertseitigen Manuskript von „The Rosicrucian Cosmo-Conception" noch nicht vorhanden gewesen ist. Dadurch bestätigen sich Notwendigkeit und Berechtigung der besagten Bearbeitung in doppelter Weise.

8. Zu Seite 344:
In der amerikanischen Originalausgabe wird das Wort „Jehova“ verwendet. Es ist eine durch Zusammensetzung aus den beiden Gottesnamen des Alten Testaments „Adonaj“ (hebräisch „mein(e) Herr(en)“) und „Jahwe“ entstandene falsche Lesart des Gottesnamens, dessen Aussprache in Vergessenheit geraten war und erst in neuerer Zeit wiederentdeckt wurde. In der vorliegenden Übertragung wird die richtige Schreibweise „Jahwe“ verwendet.

9. Zu Seite 395, Mithras:
Mithras, persisch Mithra, indisch Mita, ist in Indien der arische Gott des Rechts und des Vertrages. In der späteren persischen Religion ist er der Erlösergott, der von den Römern bis weit nach Germanien verbreitet wurde. Der Kult, der im 3. Jahrhundert nach Christus seinen Höhepunkt erreichte, fand in Höhlen, Mithräen, statt; auf deutschem Boden unter anderem in Trier, Saalburg, Heddernheim und Dieburg. Mithras wurde als Überwinder der Finsternis gefeiert und daher später mit dem Sonnengott gleichgesetzt.

10. Zu Seite 395, Tammuz:
Tammuz ist der summerisch-babylonische Gott der Vegetation. In seinem Sterben und Auferstehen verkörpert er den Kreislauf der Vegetation, der von Ischtar aus der Unterwelt befreit wurde.

11. Zu Seite 395, Sutr:
„Surt, der höchste Lichtgott, der starke Herrscher von oben.“ (Finn Magnusen, Myth. Lex., S. 457, nach Wolfgang Golther, Germanische Mythologie, Leipzig, 1895, S. 540.)

> „Dann kommt jener Fürst
> Zum Gericht gefahren,
> Der Höchste von oben,
> Der alles beherrscht.

Urteil beschließt er,
Schlichtet Zwiste
Und sichert Ordnung
Mit ewiger Satzung."

(Wilhelm Jordan, Die Edda, Frankfurt a. M, 1890, S. 46.)

„Dann kommt ein andrer,
Der allerhehrste,
Nimmer wag ich
Zu nennen ihn;
Wenige sehn
Weiter vorwärts,
Als bis Walvater
Dem Wolfe naht."

(Edda, zweiter Band, Götterdichtung und Spruchdichtung, übertragen von Felix Genzmer, in: Felix Niedner, Hrsg., Thule, Altnordische Dichtung und Prosa, Jena, 1920, S. 47.)

12. Zu Seite 395, Giml:

„Einen Saal seh ich stehen —
die Sonn' überstrahlt er —
Mit Gold gedeckt auf Gimles Höhen
Dort werden wohnen wackere Scharen
Und Glück genießen, das nimmer vergeht."

Vǫluspó, Der Seherin Gesicht, Strophe 6 (Wolfgang Golther, a. a. O., S. 542).

"Ich seh' einen Saal,
Schöner als die Sonne,
Belegt mit Gold,
Im Lee der Glutwelt.
Da werden wohnen
Die würdig Bewährten
Und nimmer gefristeter
Freude genießen."

(Völu-Spâ, Der Wala Weissagung, Vers 59. Wilhelm Jordan, Die Edda, Leipzig, 1890, Seite 46.)

Anmerkung zur Völu-Spâ:

„gimlè, für gimbhlè, aus gim, Feuer, und hlè = deutschem und englischem Lee, d. i. Schirm, Schutz, in Lee-Seite, d. h. vom Winde abgekehrte Seite. . . . Danach wäre dieser elysische Palast vorgestellt im Himmel, aber diesseits, erdwärts vom Empyreum, dem Feuerhimmel.“ (Jordan, a. a. O., Seite 56)

„Am südlichsten Ende des Himmels ist der Ort, der von allen der schönste ist und glänzender als die Sonne: Er heißt Gimle und wird bestehen, wenn auch Himmel und Erde untergehen, und die rechtschaffenen Menschen werden dort in Ewigkeit wohnen.“

„In Giml ist das himmlische Jerusalem, das aus Gold und Edelsteinen glänzte, nicht zu verkennen.“ (Golther, a. a. O., S. 542.)

13. Zu Seite 395, Horus:

Horus, der ägyptische Sonnengott, wird als Falke dargestellt. Er symbolisiert Licht und Stärke. Die ägyptischen Könige betrachteten sich als Verkörperungen von Horus, dem Sohn von Isis und Osiris.

14. Zu Seite 419:

„Das Wort **dharma** (Pali **dhamma**), gewöhnlich mit „Gesetz“, „Lehre“, „Religion“ usw. übersetzt, hat in dem Sinne, wie es im Buddhismus gebraucht wird, in den abendländischen Sprachen keine Entsprechung. Es bedeutet die von Buddha in ihrer universalen kosmischen Gesetzlichkeit erkannte Natur der Dinge, eine Gesetzlichkeit, in der unsere Begriffe von Naturgesetz einerseits, Moralgesetz andererseits durchaus in einen Begriff zusammenfließen, dessen Nuance dem abendländischen Denken fremd ist. Der **dharma** ist die wahre, hinter den Dingen (von denen als etwas Wesenhaftem im Buddhismus gar nicht gesprochen wird) verborgene geistige Realität, wie sie sich dem Geistes-

auge **(dharmacaksus)** des Buddha oder Heiligen offenbart, die höchste geistige Wesenheit, wie Buddha sie geschaut hat, und zu deren Erfassung man im Wege der Meditation gelangt."
(Dr. Hermann Beckh, Buddhismus [Buddha und seine Lehre], Berlin und Leipzig, 1916 [Sammlung Göschen], Seite 20).

15. Zu den Seiten 71 und 454:
Neuere Forschungen und Überlegungen ergaben, daß Max Heindel mit „Kaukasier" an dieser Stelle weniger den Menschen aus dem Kaukasus als vielmehr den Eurasier, den Indoeuropäer, den Indogermanen, den Weißen im allgemeinen meint.

16. Zu Seite 537:
Alfred Percy Sinnett, „The Growth of the Soul", London, 1896, Übersetzung ins Deutsche von Elsbeth Heinecke, „Das Wachstum der Seele", Leipzig, o. J., Seite 231:

„Mit der Evolution des Neptun stehen . . . noch zwei andere Planeten in Verbindung, die physikalisch zu unserem System gehören, obwohl sie noch nicht durch das Teleskop entdeckt worden sind. Der eine derselben könnte schon auf diese Weise entdeckt werden, aber der äußerste derselben liegt gänzlich außer dem Bereiche der physikalischen Instrumente, da nicht nur seine Entfernung für unsere Begriffe ganz außerordentlich groß, sondern auch das Licht, das er als Reflex des von der Sonne zu ihm gedrungenen Lichtes auf uns zurückwirft, ganz außerordentlich schwach ist. Schon vom Neptun aus erscheint die Sonne nicht wie die glühende Scheibe, als die wir sie sehen, sondern nur wie ein kleiner Fleck inmitten des unendlichen Firmamentes. Die zwei äußersten Planeten, von denen wir hier sprechen, befinden sich in Entfernungen vom Mittelpunkte unseres Systems, die so gut wie die der andern Planeten nach dem Gesetze berechnet werden können, das in der Astronomie „Bode's Gesetz" genannt wird; daher wissen wir, obschon bis jetzt keiner von beiden entdeckt worden ist, daß der Radius der Bahn, in welcher sich der entfernteste derselben bewegt, etwas über 10000 Millionen englischer Meilen beträgt. (Die Entfernung des Neptun von der Sonne beträgt bekanntlich 2700 Millionen englischer Meilen.) In einer solchen Entfernung kann das Licht höchstens die Dunkelheit sichtbar machen, . . . obwohl wir nicht erwarten können, augenblicklich viel über die Kette des Neptun zu lernen, . . . können wir uns doch wenigstens hinsichtlich derselben einen richtigen Begriff machen, daß wir uns merken, daß diese Kette — in ihrem jetzigen Entwicklungsstadium — drei physische Planeten in sich faßt."

17. Zu Seite 538:
Die von Max Heindel erwähnte Mitteilung in der Zeitschrift „Nature" vom August 1906 lautet:

„Eine unerklärte Beobachtung

Prof. Barnard stellt die folgende Beobachtung fest, die er, weit zurückliegend, am 13. August 1893 machte und für die er noch keine Erklärung finden konnte. Während der Untersuchung der Venus mit dem 36-inch Lick Refraktor mit oh. 50 m (G. M. T.) am 13. August 1892 sah er einen Stern von ungefähr der siebten Größe in dem gleichen Feld wie der Planet und ungefähr 1′ Süd und 14 s plus/minus vorausgehend. Die Position dieses Objektes würde deshalb alpha 6 h. 52 m. 30 s., delta +17° 13′ 6 sein, und an dieser Stelle scheint kein solcher heller Stern zu sein, noch stimmt sie überein mit der Position eines B. D. Sternes. Der tatsächliche Abstand von der Venus würde die Möglichkeit des unbekannten Objektes ausschließen, ein intramerkurialer Planet zu sein, obgleich es einen unwahrscheinlichen planetarischen Körper innerhalb (interior) zur Venus nicht ausschließt.

Obgleich seit der Beobachtung 14 Jahre vergangen sind, hat Prof. Barnard bisher gezögert, die Ergebnisse zu veröffentlichen. Jetzt aber denkt er, daß sie in einem schriftlichen Bericht untergebracht werden sollten. Da seine Aufzeichnungen sehr genau sind, kann die wissenschaftliche Möglichkeit eines Fehlers nicht gegeben sein, es sei denn, der unbekannte Körper wäre einer der helleren Asteroiden und Ceres, Pallas, Juno und Vesta. Anders ausgedrückt, bis jetzt ist das Ergebnis völlig unbegreiflich." („Astronomische Nachrichten" Nr. 4106). Nature, Nr. 74, August 1906, Seite 339.

18. Zu Seite 538:
Außerdem erschien in der Septemberausgabe der Zeitschrift „Nature" noch folgender Hinweis:

„Ein unentdeckter planetarischer Nebel

Bei der Untersuchung von Platten, die mit den 10-inch Brashear Linsen von Bruce' photographischem Teleskop aufgenommenen wurden, entdeckte Prof. Barnard das Bild eines feinen planetarischen Nebels, der nicht in den Katalogen zu sein scheint. Die ungefähre Position des Nebels für 1855 ist alpha = 11 h. 7 m., delta = +15° 42′. In derselben Region scheinen eine ganze Anzahl von Spiralnebeln und nebelhaften Sternen zu sein (Astronomische Nachrichten, Nr. 4112)." Nature, Band 74, September 1906, Seite 474.

19. Zu Seite 538:
Die Veröffentlichung von Professor Barnard in den „Astronomischen Nachrichten", Nr. 4112, Seiten 123 und 124 lautet:

„Von einem planetarischen Nebel

Eine meiner Platten mit der 10-inch*)-Brashear-Linse von Bruce' photographischem Teleskop zeigt einen feinen planetarischen Nebel, der nicht in den Katalogen erscheint.

Dieses Objekt ist recht groß für einen Nebel dieser Kategorie; die Photographie zeigt, daß es ungefähr 2½′ im Durchmesser zu sein scheint. Mit dem 40-inch-Teleskop ist sein planetarischer Charakter wegen der Schwäche seines Äußeren nicht leicht zu erkennen. Bei bester Sicht sind die Umrisse jedoch ganz deutlich. Im Zentrum hat es einen hellen, aber nicht genau zu bestimmenden Kern, der nicht Stern ist. Am südlichen Rand des Nebels ist ein 15 m Stern. Der Kern des Nebels wurde verglichen mit den nördlichen der beiden hellen vorausgehenden Sterne (diese Sterne sind 4′ getrennt nördlich und südlich).

Delta alpha = +0 m 57 s 75 (4 Durchgänge)

Delta alpha = −0′ 12″ 6 (2 Maße)."

20. Zu Seite 543:

Pandora, griechisch die „Allgeberin", war ursprünglich der Beiname der griechischen Erdengöttin. In der Sage von Hephästos ist Pandora die geschaffene schöne Frau. Sie wurde mit der „Büchse der Pandora", die voller Übel war, zu Epimetheus, dem Bruder von Prometheus — er hatte den Göttern das Feuer geraubt — geschickt. Als Pandora aus Neugier die Büchse öffnete, drang mit den Übeln das Leiden in die Welt.

---

*) 1 inch (Zoll) = 2,54 cm.

PERSONEN- UND SACHREGISTER

Personen- und Sachregister

A

B

C

D

E

F

G

H

Herz

I

J

K

L

M

Mensch

N

P

Q

R

S

T

Tiere

U

V

W

Y

Z

WEITERE ROSENKREUZER-BÜCHER VON MAX HEINDEL

ROSENKREUZER-PHILOSOPHIE IN FRAGE UND ANTWORT, BAND 1

In diesem Buch werden 189 Fragen aus den verschiedenen Lebensgebieten auf Grund der esoterischen Forschung des Autors beantwortet. (358 Seiten)

ROSENKREUZER-PHILOSOPHIE IN FRAGE UND ANTWORT, BAND 2

Dieser Band gibt auf 165 Fragen informative Antworten über tieferliegende Gebiete: Geistige Schau, Einweihung, Wiedergeburt, Gesundheit und Heilung, die unsichtbaren Welten und das Leben nach dem Tod. (400 Seiten)

DAS ROSENKREUZERISCHE CHRISTENTUM

Ein grundlegendes Einführungswerk in die esoterisch-gnostischen Tiefen des Christentums, die Mysterien von Geburt und Tod und das Leben in den unsichtbaren Welten. (444 Seiten)

ROSENKREUZER-MYSTERIEN

Ein Überblick über den Sinn des Lebens und die Konstitution des Menschen im Lichte der Geheimlehren der Rosenkreuzer, mit einer Gegenüberstellung der drei Theorien Theologie, Materialismus und Wiedergeburtslehre. (140 Seiten)

DIE MYSTERIEN DER GROSSEN OPERN

Der Autor erläutert in diesem Buch die wahre Natur der Musik und ihre Beziehung zum menschlichen Geist sowie den tiefen esoterischen Kern der Mythen und Legenden, wie er den Opernwerken „Parsifal", „Tannhäuser", „Lohengrin", „Der Ring des Nibelungen" und der Faustdichtung zugrunde liegt. (150 Seiten)

OKKULTE PRINZIPIEN DER GESUNDHEIT UND HEILUNG

Ein hervorragendes Buch, das den Weg zu dauernder Gesundheit durch Befolgen esoterischer Prinzipien zeigt. „Krankheit ist die Wirkung von Unwissenheit, Heilung angewandtes Wissen". (246 Seiten)

DAS GEWEBE DES SCHICKSALS

Die Ausführungen sind das Ergebnis der persönlichen esoterischen Forschungen des Autors, durch die er die geheimen Gesetze, die treibenden Kräfte im menschlichen Leben, ergründete. (126 Seiten)

BRIEFE AN STUDENTEN

Der warme, symphatische Geist, der aus den Briefen spricht, macht das Buch zu einem wertvollen Helfer auf dem Weg geistigen Forschritts. (212 Seiten)

LEHREN EINES EINGEWEIHTEN

Der Autor gibt in diesem Buch viele Aufschlüsse über das kommende Zeitalter und die geistigen Kräfte, die der Mensch bis dahin entwickelt haben wird. (212 Seiten)

NACHLESE EINES MYSTIKERS

In einer Serie von Abhandlungen des Autors werden praktische Mystik, die Bedeutung der Sakramente und Dogmen, wie die unbefleckte Empfängnis, Ostern und der wiederkommende Christus dem Verständnis des Schülers erschlossen. (200 Seiten)

ALTE UND NEUE EINWEIHUNG

Dieses Buch befaßt sich mit der Einweihung in den alten atlantischen Mysterienschulen und der christlich-mystischen Einweihung in unserer heutigen Zeit. Außerdem werden wertvolle Hinweise über den Vorgang der Transfiguration des Menschen gegeben. (140 Seiten)

FREIMAUREREI UND KATHOLIZISMUS

Dieses Buch gibt wertvolle Aufschlüsse über die kosmischen Wurzeln der beiden Institutionen „Freimaurerei" und „Katholizismus" oder, esoterisch ausgedrückt, den Söhnen des Feuers und des Wassers. Es ist besonders wertvoll für Menschen, die tieferes Wissen suchen. (112 Seiten)

DIE MYSTISCHE AUSLEGUNG VON WEIHNACHTEN

Weihnachten, die jährliche Geburt des kosmischen Christusimpulses in unsere Erde und dessen Wirksamkeit in der Befruchtung des geistigen und physischen Lebens. (44 Seiten)

DIE MYSTISCHE AUSLEGUNG VON OSTERN

Ostern, ein Ereignis von mystisch-esoterischer Bedeutung, das die jährliche Befruchtung der Erde durch den kosmischen Christus beendet. (60 Seiten)

NATURGEISTER UND NATURKRÄFTE

Eine Sammlung wertvoller esoterischer Informationen über diese unsichtbaren Kräfte. (56 Seiten)

URTYPEN

sind die Kraftquellen der verschiedenen Körper und deren Kräfte, ihr Aufbau ist das Ergebnis seelischen Wachstums. (33 Seiten)

vergriffen, Neuauflage in Vorbereitung

Bücher von Max Heindel und Augusta Foss-Heindel

VEREINFACHTE WISSENSCHAFTLICHE ASTROLOGIE

Lehrbuch zur Berechnung des Horoskops. Im Anhang befinden sich ein esoterisches Lexikon und eine Tabelle der Planetenstunden. (174 Seiten)

DIE BOTSCHAFT DER STERNE „MEDIZINISCHE ASTROLOGIE“

In diesem Buch werden fundamentale astrologische Interpretationen in klarer, leicht verständlicher Sprache gegeben. Eines der anerkannt besten astrologischen Ausdeutungsbücher. 36 Horoskopbeispiele verschiedener Erkrankungen sind eingehender Besprechung unterzogen. Völlig neu übersetzte Ausgabe. (574 Seiten)

ASTRODIAGNOSE — Ein Führer zur Heilung

Ein umfassendes Buch dieser Art mit Körperorganbesprechungen und Anleitungen zum Lesen des Geburtshoroskopes sowie Angaben über natürliche Behandlungsmethoden. Von besonderem Wert für Menschen, die sich mit Heilung und Krankenpflege befassen, aber auch für die gesamte Gesundheitslehre. Über 100 Geburtsbilder werden diagnostisch besprochen und durch Fingernageldiagnose vervollständigt. (320 Seiten)

ERDGEBUNDEN
Augusta-Foss-Heindel

Was sind erdgebundene Geister, und wie können sie auf die Menschen einwirken? (24 Seiten)

Bücher anderer Autoren

DAS GEHEIMNIS DER DRÜSEN
Verfasser: Ein Schüler der Rosenkreuzerlehren
Herausgeber: Rosenkreuzer-Gemeinschaft e.V., Deutsche Zentralstelle

Dieses Buch wurde aus dem Wissen Max Heindels von einem seiner Studenten geschrieben. Es wird allen Freunden als Wegweiser zum Studium der Rosenkreuzerlehren empfohlen. In ihm ist die Wirkungsweise der verschiedenen Drüsen des physischen Körpers und deren Wechselbeziehung zu den anderen Trägern des Ich dargestellt. Außerdem wird auf die Persönlichkeitsbildung der verschiedenen Drüsentypen eingegangen.

DAS ÄTHERSEHEN UND WAS ES ENTHÜLLT
Verfasser: Ein Schüler der Rosenkreuzerlehren
Herausgeber: Rosenkreuzer-Gemeinschaft e.V., Deutsche Zentralstelle

Im Wassermannzeitalter wird das Äthersehen immer mehr Allgemeingut werden. Es ist deshalb nicht verwunderlich, wenn sich viele Menschen mit außergewöhnlichen Fähigkeiten und Phänomenen auseinandersetzen und nach wissenschaftlichen Erklärungen suchen. Das vorliegende Buch ist keine leichte Lektüre, aber wer Grundkenntnisse in den Naturwissenschaften besitzt, wird darin überraschende Lösungen finden und der Zukunftsentwicklung mit Verständnis entgegensehen. (176 Seiten)

DER SONNENZYKLUS DES JAHRES
Robert Trafford

Wertvolle Lebenshilfen durch die zwölf Monate des Jahres und bedeutsame monatliche Meditationsthemen. Eine empfehlenswerte Schrift. (84 Seiten)

HÄUSERTABELLEN 1—66°
Herausgeber: Malson Rosicrucienne, Aubenas, Frankreich

Diese Häusertabellen wurden von THE ROSICRUCIAN FELLOWSHIP (Oceanside, California, USA) erarbeitet. Sie sind mehrsprachig und enthalten die Häuserpositionen nach Placidus sowie ein Umrechnungsbeispiel für die südliche Erdhälfte. Die Besonderheit ist das umfangreiche Verzeichnis der wichtigsten Städte der Erde, in welchem jeweils Breite, Länge und Zeit aufgeführt sind. — Das Vorwort weist auf die Bedeutung der Rosenkreuzer-Astrologie hin. (243 Seiten)

ERNÄHRUNG UND LEISTUNG
Hella Gerhardt

Ein Ratgeber für die Umstellung der Ernährung von der „Normalkost" auf Vegetarismus.

URSPRUNG UND ENTSTEHUNG DER ROSENKREUZER-GEMEINSCHAFT
Herausgeber: Rosenkreuzer-Gemeinschaft e.V., Deutsche Zentralstelle

Ein kurzer Überblick über die Geschichte der Gemeinschaft seit ihrer Gründung im Jahre 1909. Mit einem Vorwort über das Rosenkreuzertum im allgemeinen. (40 Seiten)

Zu beziehen durch:
Rosenkreuzer-Gemeinschaft e. V.
(The Rosicrucian Fellowship, gegr. von Max Heindel)
Postfach 11 12 18, D-6100 Darmstadt 11
Postgirokonto: 709 71-601, Postgiroamt Frankfurt am Main
(BLZ 500 100 60)